Internationale Automobil-Markenzeichen

Neckar

Harald H. Linz

Internationale Automobil-Markenzeichen

Ihre Geschichte und Bedeutung

Seehamer Verlag

Abbildungen auf Seite 2:

oben: *„Scheib“ aus Ansbach ist eine von vielen Replika-Firmen, die sich besonders dem Nachbau von klassischen „Bugatti“-, „MG TD“- und „Mercedes-Benz“-Fahrzeugen widmete. Ein Firmenzeichen existiert im Grunde nur für die „Scheib-Mercedes-Benz“-Roadster-Replik, wo anstelle des „Mercedes-Benz“-Sterns ein „S“ im Ring eingesetzt wurde.*

unten: *Ab 1932 wurden in einer von „Fiat“ übernommenen „NSU“-Fertigungsanlage in Heilbronn italienische Fiat-Personenwagen als „NSU-FIAT“ gebaut. Auch die „Deutsche Fiat AG“ stellte eine Reihe in Italien populär gewordener Mittelklasse- und Kleinwagen her, u. a. den „NSU-FIAT 1100“, einen Viertürer mit zentrisch angeordneten Nebelscheinwerfern.*

Aufgrund der alten – schlechten – Vorlagen wurden viele Embleme von Frau R. Ostermayer und von Herrn H. H. Linz neu gezeichnet.

Überarbeitete Neuausgabe 1998
Seehamer Verlag GmbH, Weyarn

Umschlaggestaltung: Bine Cordes, Weyarn
Printed in Italy
ISBN 3-932131-40-1

Inhalt

Vorwort

Als die Vorfahren in voller Rüstung zur Schlacht auszogen, trugen sie auf ihren Schildern ihr spezielles Wappen. Ihre Knappen trugen das Banner, auf dem sich ebenfalls zur Unterscheidung Zeichen für die einzelnen Kompanien befanden. In friedvolleren Zeiten bediente sich der Ritter eines Helms mit eigener Charakteristik, versehen mit der Helmzier. Insbesondere bei den beliebten Turnierkämpfen konnte man diese geschmückten Helme und Wappenschilde bewundern. Beim Bau von Automobilen begann man sich dieser Rangabzeichen und Herkunftsembleme zu erinnern.

„Markennamen und Markenzeichen sind Symbole, welche Automobilmarken den guten Ruf und Leistung sowie Luxus und Robustheit vermitteln können. Sie stehen also für das Ganze, für Produkte, Dienstleistungen und sogar für jedes Unternehmen selbst." Die Firmenzeichen dienen der Produktunterscheidung. Sie genießen im allgemeinen gewerblichen Rechtsschutz und sollen zugleich auch Qualität und Zuverlässigkeit garantieren.

In der ganzen Welt sind solche Firmenzeichen zu einem Begriff für sogenannte Markenerzeugnisse der Wirtschaft geworden. Ihre Entstehung liegt jedoch besonders bei der Automobilindustrie noch gar nicht allzu lange zurück. Den Charakter eines Automobils soll man an seinem Markenemblem erkennen.
Je nach Intention fallen sie darum phantasievoll, manchmal auch einfach oder wie kostbare Kleinodien aus. Man kann sagen, daß ein Markenemblem die Seele eines Automobils darstellt.

Zu Beginn der Motorisierung dachte noch niemand daran, die Automobile nach Herstellerfirmen zu unterscheiden. Diese frühen Vehikel waren immer eine Sensation, und technische Gesichtspunkte bzw. die recht unterschiedliche Bauweise besaßen weit größere Aussagekraft. Während daher der Name der Herstellerfirma meist nur auf dem Typenschild oder im Inneren des Automobils zu lesen war, wurden nach der Jahrhundertwende, als sich die Standardbauweise allmählich durchzusetzen begann, auch das Firmensymbol in Form eines Namenszuges oder einer stilisierten Darstellung bzw. auch die Anfangsbuchstaben des Firmengründers und der Firmenname am Kopf des Kühlers angebracht. In der Zeit um 1907 wurde demzufolge die Seriennummerntafel unter die Haube verlegt und der Kühlerkern für eine gestempelte Messingschrift benutzt. Bei dieser Stempelung handelte es sich meist um den Namen der Herstellerfirma. Die größte dieser Art maß in diagonaler Laufrichtung nicht weniger als sechzig Zentimeter.

Um 1910 und bis in die Vorkriegszeit lösten Plaketten aus Email bzw. Glasuren diese Art von Prägungen ab. Die Plaketten waren oft sehr präzise, äußerst schön gearbeitet und in ihrer Vielfarbigkeit von juwelenhafter Qualität. Als Platz für die Markenplakette wurde der obere Teil des Kühlerrahmens in der Mitte der Frontseite bestimmt, und alsbald entdeckte man die krönende Kühlerverschraubung als Basis für Kühlerfiguren.

Die Grundlage für Glasurembleme war ein gestempeltes und mit dem gewünschten Muster der jeweiligen Automobilhersteller versehenes Stück Kupferlegierung, das in einer massiven Stempelpresse verarbeitet wurde. Auf diese Weise entstanden Erhebungen und Ränder, in die man geschmolzenes farbiges Glas einlaufen ließ. Nach der Pressur wurden die Plaketten abgekühlt, zugeschliffen, plattiert und später poliert.

Um 1930 gingen die Automobilhersteller von Emailplaketten auf Chrom über. Fahrzeuge der amerikanischen Marke „Chrysler" aus dem Jahr 1939 zeigten noch eine Kombination von Schriftzug und Emailplakette. Einige Automobilhersteller, so auch „Standard" in England und „REO" in Amerika, verwendeten ein teilglasiertes Emblem. Die Glasurenschilder, teuer in der Herstellung und nur noch selten gebräuchlich, wurden zuletzt für die „Corvette"-Modelle der Marke „Chrysler" der späten siebziger Jahre verwendet.

Viele dieser Zeichen und Embleme haben eine Geschichte: Manchmal ist es lediglich der Markenname – vielleicht aus einem Wortspiel entstanden –, der das Zeichen bildet, andere Embleme berühmter Hersteller stellen heraldische Wappenbilder dar, und wieder andere sind künstlerische Abbildungen und Abzeichen, listig und geheimnisvoll ausgedacht, zum Zweck der Repräsentation und Identifizierung. Es entstanden imposante und spektakuläre Entwürfe für Automobilembleme, so z. B. für den englisch-französischen „Talbot", der das gesamte Familienwappen des Earl of Shrewbury and Talbot, einer alteingesessenen und gut situierten Adelsfamilie, auf einem Schild zeigte. Auch wurden viele Wappen und Embleme im Auftrag der Automobilhersteller von Künstlern entworfen, die zum Teil gar nicht mit der Heraldik vertraut waren. Bekannt ist der Automobilkonstrukteur und Grafiker Ernst Neumann-Neander, der u. a. auch für die österreichische Automobilfabrik „Austro-Daimler" ein Markenemblem mit dem österreichischen Doppeladler schuf. Jeder Hersteller wollte seinen Konkurrenten mit einem imposanteren Emblem voraus sein.

Die meisten Embleme dieser Art wurden von zwei verschiedenen Konzernen hergestellt, die sich auf Formgebung von Namensplaketten spezialisierten. Es handelte sich dabei um die „D. L. Auld Company" und die „Gustav Fox Company". Die „Bastian Brothers", „C. H. Hanson", die „Ford Metal Specialities" und die „Ross-Adseal" gehörten zu den weniger bekannten Herstellern von Markenzeichen und Emblemen.

Zweiteilige Namensschilder waren noch attraktiver und natürlich auch teurer. Sie wurden hauptsächlich von Automobilherstellern der Luxusklasse verwendet. Ganzmetallembleme, entweder bemalt oder nur poliert, fanden bei den amerikanischen Marken „Kissel" und MacFarlan" ihre Verwendung.

Ob spielerisch verschnörkelt oder stilisiert wiedergegeben - immer wieder finden sich Embleme, die in irgendeiner Art beflügelt sind. Denn Flügel sind Symbol für Schnelligkeit, Leichtigkeit und Eleganz. Um ihren Automobilen „königliches Flair" und Majestät zu verleihen, verwendeten einige der Hersteller auch verschiedenste Arten von Kronen und heraldischen Figuren. Bei den amerikanischen Automobilmarken „Cadillac", „Frazer", „Ford" und „Packard" sowie „Dagmar" und „Gardner" wurde eine Krone in Verbindung mit dem jeweiligen Namensschild verwendet. In zahlreichen Markenemblemen und Kühlerfiguren findet man Tiere, Kreuze, Figuren und andere symbolische und phantastische Zeichen. Auf der Frontseite des früheren italienischen „Bianchi" - seit den achtziger Jahren unter dem Markenamen „Lancia" bekannt geworden - waren ein Adler und ein Kreuz angebracht, das Wappen von Savoyen. Insbesondere die griechische Mythologie ist reich an Namen und Symbolen, die man sich zunutze machte. Vor allem dienten die Namen von Göttinnen und Göttern, so z. B. „Hercules", „Diana" usw., als Anregung für den Markennamen. Eine der berühmtesten Marken dürfte hier wohl „Minerva" gewesen sein, benannt nach der Göttin der Weisheit und der Kunst. Die englische Marke „Trojan" zeigte als Kühlerfigur einen stolzen trojanischen Helden.

Glück und Erfolg erhofften sich die Hersteller vieler Automobile für ihre Produktionen. Daran dachte man vermutlich auch beim französischen „Brasier", der das vierblättrige Kleeblatt im Emblem führte, das man – neben dem Mailänder Stadtwappen – aber auch auf dem italienischen „Alfa Romeo" und auf dem französischen „Citroën" finden konnte: Im Markenzeichen überlebte bis heute der Glaube an die glückbringenden Eigenschaften.

Kühlerfiguren, die für zahlreiche Automobile verwendet wurden, gab es genauso in zahllosen Ausführungen - vom einfachen Hasen über den Adler bis hin zum Jaguar. Immer sollten diese Tierfiguren die Schnelligkeit und Kraft der Wagen symbolisieren. Auch Glücks-Maskottchen, kunstvolle nackte Jungfrauen oder weibliche Grazien bis hin zu mythologischen Gestalten waren willkommene Motive für den Kühler.

Am bekanntesten dürften die Kühlerfiguren der „Mercedes"-Modelle – der berühmte, im einem Ring gefaßte Dreizack-Stern – sowie die „Flying Lady" oder „Spirit of Ecstasy" („Geist des Verzückung") der englischen Automobilmarke „Rolls-Royce" sein. Nicht zu vergessen den Jaguar der englischen „Jaguar Cars Ltd".

Allerdings schob die Gesetzgebung in späteren Jahren der Verwendung von Kühlerfiguren, die infolge ihrer Ausführung im Straßenverkehr eine gewisse Verletzungsgefahr mit sich bringen konnten, einen Riegel vor. Selbst die namensgebundene Raubkatze der „Jaguar"-Automobile mußte die Flucht vor den Behörden ergreifen, denen die spitzen Zierstücke schon ein Dorn im Auge waren, als Automobile noch mit Pferden zusammenstießen.

Manchmal drängt sich die Vermutung auf, daß zahlreiche Automobilproduzenten womöglich bis heute in den Herstellerlisten vertreten wären, wenn sie genauso viel Zeit und Aufwand in die Perfektion ihrer Automobile gesteckt hätten wie in die Wahl ihrer Markennamen und Gestaltung ungewöhnlich attraktiver Markenembleme. Trotzdem gab es immer wieder schlichte und bescheidene Markenzeichen, die gerade auch für einige Luxusfahrzeuge benutzt wurden.

So unterschiedlich die Fahrzeuge der Automobilfirmen waren, so verschieden waren manchmal auch die jeweiligen Embleme. Zum Beispiel führte die amerikanische Automarke „Oldsmobile" allein über 250 verschiedene Zeichen seit Einführung der Marke.

Markenzeichen vermitteln auf einen Blick ein Bild der Marke und geben wichtige Aufschlüsse über das Fahrzeug. Insbesondere der Käufer konnte sich am Markenzeichen orientieren. Seit den späten achtziger und insbesondere in den neunziger Jahren gleichen sich die Fahrzeuge der unterschiedlichsten Hersteller zusehends.

Das Markenzeichen hat an Bedeutung verloren und wird tendenziell auch so behandelt: Mehr und mehr werden Markenembleme heute aus Plastik hergestellt, die Zeichen aus Metall und Email verschwinden langsam von den Fahrzeugen. Die Zeit phantasievoller Gestaltungen von oft juwelenhafter Schönheit scheint fast vorbei.

Dieses Buch über Automobilmarkenzeichen soll dem Leser die Welt dieser Schutz- und Firmenzeichen sowie der dahinterstehenden Automobilunternehmen und der Geschichte des Automobils überhaupt im Überblick eröffnen. Es soll auch auf die Vielfalt der Möglichkeiten im Automobilbau hinweisen. Bei weitem nicht alle Zeichen und Embleme können hier gezeigt werden – viele sind verschollen und tauchen nie wieder auf – aber es wurde versucht, die wichtigsten und interessantesten auszuwählen. Vielleicht entdecken Automobilinteressierte in diesem Buch einen Hauch von dem Glanz und der Romantik, die von den Zeichen und damit eben auch von den Automobilen, insbesondere den Oldtimern, ausgehen.

Harald H. Linz

Hinweise zu Anstecknadeln

Grundsätzlich lassen sich vier verschiedene Typen von Anstecknadeln für Sammler unterscheiden. Es sind dies die klassischen *Nadeln, Broschen,* der *Knopf* und der *Pin*. Im Buch kennzeichnen folgende Symbole das Vorhandensein von Anstecknadeln einer bestimmten Automarke für Sammler:

1. Ⓝ für *Nadel*
2. Ⓑ für *Brosche*
3. Ⓚ für *Knopf*
4. Ⓟ für *Pin*

Wesentlich für Sammler ist allerdings nicht die Befestigung, sondern die Tatsache, daß es sich um ein originales Abzeichen handelt.

Kleine Typologie

1. *Anstecknadeln* sind einfache, nach unten gebogene Nadeln, die von zahlreichen Automobilherstellern für Fans und Sammler herausgegeben werden. Dazu gehören Daimler-Benz genauso wie unbekanntere Firmen. Die Herausgebe der Nadeln wird von den jeweiligen Konzernen völlig unterschiedlich bewertet, und so kommt es, daß manche alte Firmen noch relativ häufig am Sammlermarkt vertreten sind (z. B. Presto), andere wiederum so gut wie gar nicht. Besonders beliebt sind die Anstecknadeln jedoch bei den Japanern und Franzosen.
2. Zusammen mit den Anstecknadeln sind *Broschen* die in Deutschland wohl beliebtesten Abzeichen für Sammler. Sie besitzen auch die längste Tradition.
3. Der *Knopf* oder *„Button"* besitzt eine feste Knopflochplatte (engl. „yoke") und eine Gewindeschraube mit Rändelmutter (sog. „screw back"). Derartige Abzeichen wurden früher im Knopfloch am Revers getragen und waren für ältere US-amerikanische Anstecker recht beliebt.
4. *„Pins"* oder *„Sticker"* sind die moderne Version der Anstecknadel und bestehen aus einem kurzen Dorn mit Klemme. Während in Frankreich und in der Schweiz diese neue Form des Abzeichens sehr beliebt ist, finden in Deutschland und Holland Sticker - genauso wie Buttons - bei Sammlern kaum Beachtung. Der Grund liegt vor allem darin, daß Pins erst in neuerer Zeit von einigen Automobilherstellern in großen Stückzahlen und billiger Ausführung ausgegeben werden. Bei Firmen, die traditionell Abzeichen führen, waren vorher mit Sicherheit Nadeln vorhanden, die dann natürlich für Sammler wertvoller sind.
5. Daneben existieren ganz vereinzelt echte alte *Manschettenknöpfe* mit Automobilmarkenzeichen
(z. B. Benz, Mercedes, Faun), *Krawattenspangen* oder *Sonderformen* wie Anhänger für Uhrketten.

Situation der Sammler

Das Sammeln von Anstecknadeln ist in letzter Zeit immer schwieriger geworden: Es werden immer mehr Fälschungen in Umlauf gebracht, die zum einen dadurch ermöglicht wurden, daß Sammler ihre Originale Prägern zur Verfügung stellten. Zum anderen lassen aber auch Kfz-Hersteller ihre Bestände aus Museen und Fan-Shops fälschen und bringen sie für teures Geld auf den Markt.

Darüber hinaus besteht ein gewisses Mißverhältnis zwischen der häufig billigsten Anfertigung neuer Abzeichen und der Art, wie man von seiten der Firmen mit den begehrten Sammelobjekten umgeht: Nicht selten ist es sehr mühsam, ein Exemplar zu erhalten. Wirklich Interessierte und Sammler würden wohl lieber für einen angemessenen Preis ganz „legitim" ein angemessenes Abzeichen erwerben.

Gerhard Goltz/Hermann Hasenknopf

Markenzeichen von A bis Z

D 1900–1901

Die „Allgemeine Automobil-Gesellschaft Berlin GmbH“ in Berlin produzierte in den Jahren 1900 und 1901 Kleinwagen mit Einzylinder-Motoren, die von Professor Klingenberg konstruiert waren. Im Jahre 1901 wurde das Unternehmen in den deutschen Elektro-Konzern AEG (**A**llgemeine **E**lectricitäts **G**esellschaft) integriert. Emil Rathenau wurde Teilhaber der AEG und gründete die „**N**eue **A**utomobil **G**esellschaft“, die bis 1934 Automobile der Marke „NAG“ herstellte.

AAG

*Die Markenbezeichnung AAG stand für „**A**llgemeine **A**utomobil **G**esellschaft“.*

Ⓝ

E 1912–1914; 1930

Abadal war ein in Spanien bekannter Rennfahrer für Fahrräder und Automobile. Bereits 1904 hatte er sich in Madrid auch als Vertriebsagent für spanische „Hispano-Suiza“-Automobile einen Namen gemacht. 1913 begann in seiner 1908 gegründeten Firma „F.S. Abadal y Cia“ in Barcelona der Bau von Automobilen. Diese Produktion, u. a. Vierzylinder- und Sechszylinder-Wagen mit dem Markennamen „Abadal“, hielt bis Ende der 20er-Jahre an. Um 1916 hatte Abadal die Generalvertretung für den amerikanischen Buick. Noch 1926 baute man Fahrzeuge, die den Namen „Abadal-Buick“ trugen.

ABADAL

Der Markenname „Abadal“ leitet sich vom Namen des spanischen Firmengründers Don Francisco Paco Serramelera y Abadal ab.

I 1949–1971

Carlo Abarth war in Turin/Italien als Auspuffanlagen-Hersteller und Automobiltuner bekannt. Als Karl Abarth 1908 in Wien geboren, wanderte er mit seinen Eltern nach Italien aus, wo er Ende der 40er-Jahre seine ersten eigenen Sport- und Rennwagen unter dem Namen „Abarth“ herstellte. Auf Basis italienischer Serienfahrzeuge, u. a. auch von Fiat, entstanden die unterschiedlichsten Coupés und Rennversionen. Im Juli 1971 kam das Tuning- und Auspuffanlagen-Unternehmen zum italienischen Fiat-Konzern. Carlo Abarth verstarb im Oktober 1979 im Alter von 70 Jahren in Österreich.

ABARTH

Abarth wählte sein Sternzeichen, den Skorpion, als Firmenzeichen. Das schräg geteilte Wappen in den Farben Gold und Rot zeigte den Skorpion in Schwarz.

ⓃⒷⓀ

USA 1909–1918

Die Automobil-Marke „Abbott-Detroit“, später nur noch „Abbott“ genannt, wurde 1909 als „Abbott Motor Car Company“ in Detroit, Michigan/USA gegründet. Von 1909 bis 1916 baute man zunächst Vier- und Sechszylinder-Motoren. Später wurden auch Achtzylinder-Typen mit amerikanischen „Herschell-Spillman“-Aggregaten produziert. 1916 hatte man den Firmennamen in „Consolidated Car Corporation“ umgewandelt. Der Sitz wurde nach Cleveland, Ohio/USA, verlegt, und ab 1917 wurden von der inzwischen „Abbott Corporation“ getauften Firma nur noch Wagen mit dem Markennamen „Abbott“ gefertigt. Im Januar 1918 kam das endgültige Aus für diese Marke.

ABBOTT; ABBOTT-DETROIT

Der Name „Abbott“ bzw. „Abbott-Detroit“ stand für den Firmengründer Charles Abbott und die Niederlassung seiner Automobilfirma, die Stadt Detroit im amerikanischen Bundesstaat Michigan.

GB 1920–1927

Bereits 1914 existierte die von dem genialen Motoren- und Motorrad-Ingenieur Granville Bradshaw gegründete Firma „ABC Motors Ltd“, die bis 1919 unter diesem Namen in Hersham, Walton-on-Thames, Surrey/England ihren Betrieb hatte. 1920 gründete man die neue „ABC Motors (1920) Ltd“, die sich bis 1922 hielt. Sie war die Nachfolgefirma der „All British Engine Motor Co.“. Von 1921 bis 1925 erhielt der nun gebaute ABC einen luftgekühlten Zweizylinder-Boxermotor. Zwei Jahre später wurde die ABC-Automobil-Produktion wieder aufgegeben. Rund 1500 Einheiten wurden gebaut, bevor die Marke vom Automobilmarkt verschwand.

ABC

*Die englische Automobilbezeichnung „ABC“ setzte sich aus den Initialen der Firma „**A**ll **B**ritish **C**ompany“ zusammen.*

GB 1908– heute

Die britische Sportwagenmarke „AC“ gehört zu den ruhmreichen und ältesten Marken ihres Heimatlandes. Schon 1907 gründete man die Firma „Auto Carriers Ltd“, die ihren Sitz in Thames Ditton, Surrey/England hatte, und kurze Zeit später entstand bereits der erste „Sociable“. Ab 1921, dem Jahr, in dem S. F. Edge bei AC Direktor wurde, entwickelte sich die britische Marke zu einem führenden Sportwagenunternehmen. Noch heute sind die AC-Cobras – deren geistiger Vater Carroll Shelby war – Vorbilder für zahlreiche Repliken. Verwendung fanden u. a. V-Achtzylinder-„Ford“-Motoren. 1989 sprach man vom „AC Ace“ (As) und 1992 vom neuen „AC Cobra Lightweight Mk IV“ mit „Ford“-Motor.

AC

*Die Markenbezeichnung „AC“ im runden Emblem ist Abkürzung für „**A**uto **C**arriers Limited“ (carrier – engl./dt. = Bote, Fuhrmann). Die ersten Fahrzeuge wurden noch als kleine Lieferwagen eingesetzt.*

Ⓑ Ⓟ

ADAMS; ADAMS-HEWITT

Die Firma „Adams Manufacturing Co. Ltd“ in Bedford/England baute in den Jahren 1905 bis 1914 die verschiedensten Automobile mit Zwei- und Vierzylinder-Motoren. Diese Fahrzeuge trugen zunächst den Markennamen „Adams-Hewitt“, bis zur Produktionseinstellung dann nur noch den Namen „Adams“. Edward Ringwood Hewitt, ein talentierter Techniker, leitete zusammen mit dem Geschäftsmann A. H. Adams die Autoproduktion. Adams kam am 12. April 1912 bei dem Untergang des britischen Luxusliners „Titanic“ ums Leben. Sein Slogan lautete: „Pedal drücken, das ist alles!“

Das Markenzeichen der Firma „Adams Manufacturing Co. Ltd“ war ein oben offener Lorbeerkranz, in den der Anfangsbuchstabe „A“ für „Adams“ hineingewunden war.

GB 1905–1914

ADLER

Von 1900 bis 1939 baute man in Frankfurt am Main unter den Firmennamen „Adler Fahrradwerke vorm. Heinrich Kleyer AG“ bzw. „Adlerwerke vorm. Heinrich Kleyer AG“ die „Adler“ genannten Automobile. Adler wurde zum führenden Schreibmaschinen-, Automobil- und Motorrad-Unternehmen. Das erste Adler-Automobil besaß noch einen französischen Einzylinder-„De Dion-Bouton“-Motor. Im Juni 1937 lief der 150000. Adler-Wagen vom Band. Bereits 1933 gab es Sechszylinder-Wagen, so z. B. den Typ „Diplomat“. Ein weiteres berühmtes Modell war der erst 1938 eingeführte „Adler Trumpf Junior“. Nach Aufgabe der Automobilherstellung konzentrierte man die Produktion auf Adler-Trumpf-Schreib- und Büromaschinen.

Das „Adler“-Markenzeichen zeigt ein mit der Spitze nach unten gerichtetes Dreieck, in dem der Adler integriert ist. Nach der Idee des Firmengründers Heinrich Kleyer steht er symbolisch für Schnelligkeit und Leichtigkeit seiner Fahrzeuge. Ⓝ Ⓑ Ⓚ

D 1900–1939

AERMACCHI; MACCHI

Der Name „Aermacchi“ steht hauptsächlich für Flugzeug- und Motorradbau. 1946 wurde erstmals ein Aermacchi-Kleinautomobil des Typs „Macchitre MB 1“ gebaut. Es entstanden zunächst Lasten-Dreiräder, die man bis in die 50er-Jahre hinein produzierte. Die speziell für kommunale Zwecke verwendeten und als „Macchi“ bekannt gewordenen Wagen hatten Zweizylinder-Motoren. Nach dem Zweiten Weltkrieg wandte sich die in „Società Commerciale Aeronautica Macchi“ umbenannte Firma in Varese/Italien dem Bau von Motorrädern zu. 1963 startete man erneut mit einem Kleinwagen-Projekt namens „Gabry“. Seit den 70er-Jahren lag die Leitung von „Aermacchi“ bei „Harley-Davidson“. Als „Cagiva“ ist die Motorradabteilung heute wieder ein selbständiges Unternehmen.

„Aermacchi“ führte verschiedene Embleme, z. B. den einfachen Namenszug in Verbindung mit stilisierten Flügeln (Flugzeugbau) oder eine Kombination mit dem Emblem der amerikanischen Motorradfirma „Harley-Davidson“. Ⓑ Ⓚ

I 1946–etwa 1963

AERO

„Aero“ war ursprünglich eine Sportflugzeugfabrik in der Tschechoslowakei. Aus bescheidenen Anfängen entwickelte sich die Produktion von Kleinflugzeugen. Die ab 1929 gebauten Aero-Automobile wurden von der gleichnamigen Flugzeugfabrik des Dr. Vladimir Kâbeš in Prag-Vycany/ČSSR hergestellt. 1931 waren 1245 Exemplare des bekannten „Aero 10“-Kleinwagens verkauft. Vor allem für ambitionierte Motorsportler waren die Aero-Automobile von Interesse. 1947 wurde der Aero-Automobilbau eingestellt. Der Flugzeugbau lief noch bis 1980 unter anderem Namen weiter.

Das Markenemblem der tschechoslowakischen Flugzeug- und Automobilfirma zeigte den einfachen Namenszug „Aero“, angebracht in schräger Stellung auf dem Kühlergrill. Ⓝ Ⓑ

ČSSR 1929–1947

AÉROCARÈNE

Aus dem im Jahre 1945 hergestellten französischen Dreirad-Kleinsportwagen „Aérosport-Desbenoît“ entwickelte sich im Jahre 1946 ein weiterer Dreirad-Kleinsportwagen, der unter dem Markennamen „Aérocarène“ vertrieben wurde. Dieser besaß einen Zweizylinder-Motor, ferner eine keilförmige, aerodynamische Karosserieform und an allen Rädern eine hydraulische Lockheed-Bremse. Als Hersteller wurde Christian Desbenoît in Courbevoie bei Paris genannt. Man plante noch einen weiteren Typ, der die Bezeichnung „1100“ erhalten und von einem Vierzylinder-"Desbenoît-Jacquemin"-Motor angetrieben werden sollte. Das Projekt blieb allerdings in der Planung stecken.

Der Markenname „Aérocarène“ bedeutet übersetzt in etwa „Luftkiel“ und bezieht sich auf die aerodynamisch zugeschnittene Karosserie.

F 1947

AFA

Die „**A**ktiengesellschaft **f**ür **A**kkumulatoren- und Autobau“ (AFA) war der mächtigste Batterie-Konzern in Berlin. Die Firma lieferte rund 80% aller in Deutschland gefertigten Akkumulatoren. Im Jahre 1893 stellte man auch ein Elektroautomobil vor, das der AFA-Gründer Müller aus Amerika mitgebracht hatte und mit dem er einen eigenen Elektro-Automobilbau starten wollte. Ferner ist bekannt, daß DKW Elektrodroschken herstellte, die eine Gemeinschaftsarbeit von DKW, AEG und der AFA waren. Die „Akkumulatorenfabrik AG“ in Berlin lieferte zudem in den Jahren 1918 bis etwa 1936 elektrisch angetriebene 1,5- bis 2,0-Tonner der Marke „AFA“.

Das Markenzeichen von AFA zeigte die Initialen des Firmennamens, umschlossen von der stilisierten Stromwicklung einer Batterie.

D 1893, 1918–1936

AGA

Die „AG für Automobilbau“ in Berlin-Lichtenberg stellte von 1919 bis 1926 – und unter dem Firmennamen „AGA-Fahrzeugwerke“ in den Jahren 1926 bis 1928 – Automobile mit der Markenbezeichnung „AGA“ her. Das erste Modell basierte auf dem belgischen 6 PS starken „FN“-Motorwagen aus dem Jahre 1914. Nach dieser weniger erfolgreichen Serie baute man 1921 den „6/20 PS“ mit 1420 cm^3-Motor. Dieser Typ konnte einen Erfolg für sich verbuchen. 1926 übernahm die AGA die deutschen „Dinos“-Automobilwerke, die wiederum zum mächtigen „Stinnes“-Konzern gehörten. Schon vier Jahre vorher war die AGA zu „Stinnes“ gekommen. Mit dem „AGA 6/20 PS“ wurde 1928 die Produktion eingestellt.

*Das Markenzeichen „AGA“ zeigt ein Dreieck mit den Initialen des Firmennamens „**A**ktien **G**esellschaft für **A**utomobilbau“.*

Ⓝ Ⓑ

D 1919–1928

AJAX

Im Jahr 1906 begann die Firma „Dr. G. Aigner Automobilfabrik“ in Zürich Automobile mit dem Markennamen „Ajax“ herzustellen. Der erste Motorwagen dieser schweizerischen Marke besaß einen Vierzylinder-Motor, kombiniert mit einem Viergang-Getriebe und einem Kettenantrieb. 1907 wurde die Firma in „Ajax AG“ umgetauft. Nun gab es verschiedene Modellreihen von Vierzylindern mit unterschiedlicher Motorleistung. Ein weiterer Typ wurde von einem Sechszylinder-Motor angetrieben. Der Slogan der Firma, die 1910 den Automobilbau wieder aufgab: „Geräuschlos wie ein Elektroautomobil“.

Das rechteckige Ajax-Emblem war oben gewölbt und trug im Innern den Markennamen „Ajax“ sowie die Firmenbezeichnung und den Produktionsort. Ajax ist der Name eines griechischen Sagenhelden im Trojanischen Krieg.

Ⓚ

CH 1906–1910

AJAX

In den Jahren 1925 und 1926 stellte die Firma „Ajax Motors Company“, die zur Unterstützung der amerikanischen Automobil-Firma „Nash Motor Co.“ gegründet worden war, in Racine, Wisconsin/USA, Automobile mit Sechszylinder-Motoren und ebenfalls dem Markennamen „Ajax“ her. Diese amerikanischen Ajax-Wagen besaßen ausschließlich die gleiche Karosserie wie die des erfolgreichen „Nash“. Am 27. Mai 1926 wurde jedoch die Produktion bereits wieder eingestellt. Der Name „Ajax“ tauchte sehr viel später noch einmal bei dem sehr kompakten amerikanischen „Rambler“ aus dem Jahre 1950 auf. Dieser Wagen galt als erfolgreicher Nachfolger aus dem Hause „Nash“.

Der amerikanische „Ajax“ hatte eine Kühlerfigur, ein mit der Spitze nach oben gerichtetes Dreieck, in dem der Markenname „Ajax“ eingebunden war.

USA 1925–1926

AJS

Die Geschichte der englischen Motorradmarke „AJS“, die von 1930 bis 1933 auch einige Automobile unter dieser Markenbezeichnung gebaut hatte, reichte bis 1897 zurück. Aus der Motorenfirma „A. J. Stevens and Co. Ltd“ der Gebrüder Stevens entstand die Gesellschaft „AJS“. Motorräder dieser Marke wurden nicht nur in Großbritannien recht berühmt. Dagegen führten die Kleinwagen eher ein Schattendasein. Der AJS von 1930 basierte auf einer englischen „Clyno Nine“-Konstruktion mit Vierzylinder-“Coventry-Climax“-Motoren. Nach dem Konkurs der Muttergesellschaft im Jahre 1931 wurde die Konstruktion von der englischen Firma „Willys-Overland-Crossley Ltd“ übernommen, die nun eine Viergang-Version mit 1,5-Liter-Motor auf den Markt brachte. 1933 wurde der AJS-Automobilbau eingestellt.

Die Markenbezeichnung „AJS“ stand stellvertretend für „A. J. Stevens & Co.“.

Ⓝ Ⓚ

GB 1930–1933

AK ELLAS

Die griechische Firma „Agelopulos & Karkanis“ baute ab 1968 leichte dreirädrige Automobile unter dem Markennamen „AK Ellas“. Die Zwei-Personen-Fahrzeuge besaßen einen Moped-Motor sowie eine kleine Ladefläche.

*Der Name „**AK** Ellas“ dürfte vermutlich für „**A**gelopulos & **K**arkanis, (H)Ellas“ (Griechenland) gestanden haben. Das Emblem war ein mit der Spitze nach unten gerichtetes Dreieck, in dem – vermutlich – der Theseus-Tempel in Athen und der Markenname „AK Ellas“ eingebunden waren.*

GR 1968

ALBA

Von 1906 bis 1908 wurden von den Firmen „Alba Automobilwerke“ und „Alba Automobilwerke AG“ in Triest – damals noch zum österreichisch-ungarischen Kaiserreich gehörend – die „Alba“ genannten Automobile mit 35/40 PS-Motor hergestellt. Das Unternehmen wurde auch unter dem Namen „Fabbrica di Automobili Alba S.A.“ bekannt. 1907 stellte man den „Alba“ ohne Karosserie, aber mit 6,8-Liter-“Aster“-Motor auf dem Pariser Automobilsalon aus. Es waren Vierzylinder-Typen mit verschiedener PS-Leistung im Programm. Bis 1908 wurden lediglich neun Exemplare hergestellt, und 1909 mußte die Firma liquidiert werden. 1911 verkaufte man die letzten „Alba“-Fahrzeuge, und kurz darauf verschwand der Markenname aus den Verkaufslisten.

Alba führte ein rundes Markenemblem auf dem Fahrzeugkühler: Es zeigte eine Rose, die aufgehende Sonne und ein Lenkrad mit Säule, das von einem „Alba-Fahrer“ gehalten wurde.

A 1906–1908

ALBANY

1971 gründete Bryan Shepherd in Christchurch, Hampshire/England, ein Unternehmen, das sich ausschließlich auf die Herstellung nostalgischer Automobile konzentriert. Diese werden unter dem Markennamen „Albany" von der Firma „Albany Motor Carriage Co. Ltd" nach dem Vorbild historischer Fiat- und Opel-Fahrzeuge gebaut und vertrieben. Jährlich baut „Albany" rund 150 Exemplare im typischen „Edwardian"-Stil. Selbst alte englische Lieferwagen auf Basis des Ford-Modells „Transit" werden von diesem inzwischen recht bekannten Unternehmen hergestellt.

GB 1971– heute

Das Markenzeichen dieser Nostalgie-Fahrzeuge zeigt den schwungvollen Schriftzug „Albany". Der Name leitet sich wohl von der Frau des britischen Thronprätendenten Karl Eduard, Louisa Gräfin von Albany (1753-1824), ab.

ALBION

Die „Albion Motor Car Co. Ltd" mit Sitz in Scotstoun, Glasgow/Schottland, stellte ab dem Jahr 1900 Personenwagen her, die den Markennamen „Albion" erhielten. Schon 1899 war das Unternehmen T. Blackwood Murray und Norman Fulton gegründet worden. Der erste Motorwagen aus dem darauffolgenden Jahr besaß einen Zweizylinder-Boxermotor. Weitere Fahrzeuge folgten in den nächsten Jahren. So gab es u. a. 1903 einen weiteren Zweizylinder, dem im Jahr 1906 ein Vierzylinder-Typ zur Seite gestellt wurde. Der Vierzylinder-15 PS-Typ mit erstmals verwendetem Wellenantrieb galt als einer der letzten Albion-Personenwagen. Nach 1913 konzentrierte man sich auf die Herstellung von Nutzfahrzeugen, Omnibussen und Zugmaschinen, durch die das schottische Unternehmen besser bekannt wurde.

GB 1900–1913

„Albion" ist ein poetischer Name für Britannien.

Ⓑ Ⓚ

ALFA ROMEO

In der Mailänder „Darracq"-Tochterfirma etablierte sich eine Gruppe von Initiatoren der neuen Gesellschaft „**A**nonima **L**ombardo **F**abbrica **A**utomobili", kurz „ALFA" genannt, aus der 1919 „Alfa Romeo" wurde. 1930 gehörte Alfa Romeo, die inzwischen ruhmreiche Personen-, Renn- und Sportwagen hergestellt hatte, zum Staatskonzern „IRI". Die Marke wurde insbesondere in den 20er-Jahren durch große Wettbewerbe bekannt, an denen Fahrzeuge der Firma teilgenommen hatten. 1982 begann die Zusammenarbeit mit „Nissan" in Japan, und Ende der 80er-Jahre wurde Alfa Romeo vom Autogiganten Fiat/Turin übernommen.

I 1910– heute

Der Markenname „Alfa Romeo" entstand aus dem Firmennamen „ALFA" und dem Namen des 1914 zur Firma gekommenen Eisenbahn-Ingenieurs Nicola ***Romeo****. Das Zeichen bilden die beiden Stadtwappen von Mailand, die mehrmals leicht abgeändert wurden.*

Ⓝ Ⓑ Ⓚ Ⓟ

ALLARD

Von 1937 bis 1945 wurden von der Firma „Adlards Motors Ltd" in Putney, London/England Rennsportwagen unter dem Markennamen „Allard" hergestellt. In den Jahren 1946 bis 1960 baute man die legendären Allard-Automobile unter dem neuen Firmennamen „Allard Motor Co. Ltd" in Clapham, London/England weiter. Verwendung fanden u. a. Cadillac-, Chrysler-, Ford- und Mercury-Antriebsaggregate. Die Allard-Rennsportwagen wurden häufig bei Wettbewerben und auch noch Mitte der 90er-Jahre bei Oldtimer-Rennen sehr erfolgreich eingesetzt. Den Höhepunkt im Allard-Automobilbau stellte der „Allard J 2 X" dar.

GB 1937–1960

„Allard" ist der Familienname des Firmengründers Sidney H. Allard. Im Markenemblem stand er in einem waagrechten Oval mit rotem Untergrund.

Ⓝ Ⓑ

ALLDAYS; ALLDAYS & ONIONS

Von 1898 bis 1918 fertigte die Firma „Alldays and Onions Pneumatic Engineering Co. Ltd" mit Sitz in Birmingham/England die bekannt gewordenen „Alldays". Die Firma zählte zu den ältesten britischen Motoren-Herstellern. Die ersten Fahrzeuge dieses Unternehmens waren Dreiräder mit französischen „De Dion-Bouton"-Motoren. Einige Jahre später folgten Motorräder und der Vierradwagen „Alldays Traveller", der als echter Reisewagen bezeichnet wurde. Meist trugen die Automobile den Markennamen „Alldays & Onions"; aber auch als „Alldays" wurden sie vertrieben. Nach 1918 entstanden nur noch „Enfield"- bzw. „Enfield-Alldays"-Automobile sowie „Enfield"-Motorräder.

GB 1898–1918

Das Markenemblem von „Alldays & Onions" zeigte eine gelungene grafische Kombination der Anfangsbuchstaben „A" und „O", verbunden mit dem Namen des Herstellungsortes.

Ⓝ

ALLRIGHT; ALLREIT

Die Firma „Köln-Lindenthaler Metallwarenfabrik" in Köln-Lindenthal stieg über ihren Fahrrad- und Motorradbau in den Automobil-Sektor ein. Der erste „Allright" – auch als „Allreit" bekannt gewordene Motorwagen – wurde im Jahre 1908 als Voiturette mit V-Zweizylinder-Motor vorgestellt. Diese Fahrzeuge waren im Grunde genommen von primitiver Bauart und standen hinsichtlich ihrer Konstruktion Motorrädern noch sehr nahe. Da man mit der Konkurrenz im Automobilbau nicht mithalten konnte, stellte man den Allright-Motorwagenbau 1912 wieder ein. Die Firma „Paul Henkel, Kraftfahrzeugbau" in Suhl/Thüringen wurde nach 1928 Nachfolgefirma der „Köln-Lindenthaler Metallwarenfabrik".

D 1908–1912

Markenzeichen war der geschwungene Schriftzug „Allright" („gut gebaut"). Unter anderem gab es auch ein rundes Firmenlogo, das neben dem Firmen- und Markennamen auch die Initialen „K" und „G" (für Vertrieb von „Krieger-Gnädig"-Motorrädern) zeigte.

Ⓝ

ALLSTATE

Die „Kaiser-Frazer Corporation“ in Willow Run, Michigan/USA, baute von 1952 bis 1953 Limousinen, die unter dem Markennamen „Allstate“ im Süden, Westen und in den südwestlichen Regionen der USA vertrieben wurden. Theodore V. Houser, Vizepräsident von „Sears, Roebuck & Co.“, einem renommierten amerikanischen Warenhaus, hatte einen Sitz in der „Kaiser-Frazer Corporation“ und verkaufte den Allstate auch über seine Warenhauskette (1953 bereits auch die italienischen „Vespa“-Motorroller). Eine Besonderheit des Allstate war der blau lackierte Motor. 1952 gab es Vier und Sechszylinder Versionen, die meistens von „Willys“ geliefert wurden.

Das Markenzeichen der amerikanischen Limousine zeigte im Hintergrund den Umriß Nordamerikas, über den der Markenname „Allstate“ („in allen Staaten“) gesetzt war.

Ⓝ Ⓑ

USA 1952–1953

ALPINE

Bereits im Jahre 1954 kam es durch Jean Rédélé in Dieppe/Frankreich zur Gründung der Gesellschaft „Société des Automobiles Alpine“, die – wenn auch unter anderem Firmennamen – bis heute existiert und eng mit „Renault“ zusammenarbeitet. Der erste Alpine-Sportwagen basierte auf dem französischen „Renault 4 CV“-Kleinwagen. Aus diesem Alpine-Prototyp wurde im Laufe der folgenden Jahren eine lange Reihe berühmter Alpine-Sportcoupés entwickelt, die man mit Kunststoffaufbauten versah und mit denen Firmengründer Rédélé sich persönlich an Autorennen beteiligte. Bekannt war der „Alpine A 110“, der auch als Lizenzausgabe im Ausland gebaut wurde. Seit 1973 gehört Alpine zur staatlichen „Regie Renault“.

Das Markenemblem von „Alpine“ zeigte den Buchstaben „A“.

Ⓝ

F 1955– heute

ALTA

Sport- und Rennwagen des Markennamens „Alta“ wurden von 1931 bis 1947 von der ehemals in Kingston-by-Pass, Surbiton/England, unter dem Namen „Alta Car & Engineering Co. Ltd“ seßhaften Firma hergestellt. Firmengründer war Geoffrey Taylor, der als Rennfahrers, und Konstrukteur fungierte. Auf englischen Rennstrecken konnten sich die Alta-Fahrzeuge stets gut behaupten. Der erste Alta wurde noch von einem Vierzylinder-1074 cm^3-Motor angetrieben. In den Jahren 1938/39 gab es einen Kompressor-Alta, dem eine Limousine folgte, von der rund 15 Einheiten gebaut wurden. Nach dem Zweiten Weltkrieg konzentrierte sich Alta auf die Fertigung von Formelrennwagen. Der Alta-Sportwagenbau wurde eingestellt.

Die engl. Automobilmarke führte verschiedene Markenzeichen, wie z.B. den Markennamen „Alta“ mit Zusatzinitialen „H“ und „W“ von der engl. Rennwagenfirma „H. W. M.“. Taylor erklärte die Markenbezeichnung mit einer Buchstaben-Zusammenziehung aus dem Ortsnamen „Alberta“.

GB 1931–1947

ALVA; ALVA SPORT

Die Firma „Société Automobiles Alva“ in Courbevoie/Seine stellte in den Jahren 1913 bis 1923 Automobile her, die teils unter dem Markennamen „Alva“ und teils unter „Alva Sport“ bekannt wurden. Es handelte sich hierbei um verschiedene Vierzylinder-Modelle. Bekannt war der Typ „Alva Sport A“ mit französischem „S.C.A.P.“-Einbaumotor. Im Jahre 1921 wurde noch ein „AS“-Modell 2297 cm^3-Motor angeboten. Die Firma „Société Automobiles Alva“ hatte bis etwa 1923 Bestand.

Das Markenzeichen dieser französischen Firma zeigte den Markennamen „Alva“ in einem Kreis mit Flügeln und Krone. Ferner hatte man dem Zeichen das Beiwort „Sport“ angehängt.

F 1913–1923

ALVIS

Die Gesellschaft „T .G. John Ltd“ in Coventry, Warwickshire/England, stellte von 1920 bis 1921 „Alvis“-Automobile her. Von 1927 bis 1937 lief die Produktion dieser ruhmreichen Fahrzeuge über die neue Firma „Alvis Car & Engineering Co. Ltd“ und von 1967 bis zum Ende der Alvis-Automobil-Ära über die Firma „Alvis Ltd.“. Der Name „Alvis“ der renommierten englischen Automobilmarke entstand durch Übernahme des registrierten Warenzeichens von Captain G. P. H. de Frevilles Unternehmen „Aluminium Alloy Pistons Ltd“. Es wurden Alvis-Automobile als Sport- und Rennsportwagen, wie auch als Limousinen gefertigt. Eines der berühmten Modelle war der Typ „Alvis TD 12“. Im August 1967 verließ der letzte Alvis mit der Fahrgestell-Nr. 27472 das Werk.

Der Name „Alvis“ setzt sich aus „Al“ für Aluminium bzw. Alloy (Legierung) und dem lat. „vis“ Kraft“, „Stärke“) zusammen. Frühere Modelle trugen ein beflügeltes Emblem mit der Spitze des Dreiecks nach oben, aber die meisten Fahrzeuge führten das Dreieck mit der Spitze nach unten mit rotem Untergrund.

Ⓑ Ⓚ Ⓟ

GB 1920–1967

AMERICAN AUSTIN; AMERICAN BANTAM; BANTAM

Ab 1930 wurden bei „American Austin Car Co. Inc.“ in Butler, Pennsylvania/USA, durch Lizenzübernahme englische „Austin Seven“-Automobile produziert, die nun in Amerika den Markennamen „American Austin“ erhielten. Diese Fahrzeuge wurden mit extravaganten Aufbauten versehen. Im Jahre 1935 wechselte der Firmenname in „American Bantam Car Co.“. 1940 konstruierte man einen Geländewagen, der als offener, robuster Gelände- und Allzweckwagen „Jeep“ im Anschluß bei den amerikanischen Firmen Ford und Willys-Overland in den USA hergestellt wurde. 1941 wurde der neue „American Bantam“- bzw. „Bantam“-Personenwagenbau eingestellt, und man konzentrierte sich anschließend auf die Herstellung von Anhängern.

Das „American Austin“-Markenzeichen zeigte in einem waagerechten Oval den Markennamen „American Austin“, der einen stilisierten Hahn umschloß. Ⓝ

USA 1930–1941

AMERICAN LA FRANCE

USA 1910– etwa 1914

Der heute noch legendäre amerikanische Feuerwehrlöschfahrzeug-Hersteller „American LaFrance Fire Engine Co." in Elmira, New York/USA, stieg 1910 auch in den Personenwagenbau ein. „American La France" war die Nachfolgemarke von „La France", einer Marke, unter der schon 1902 bis 1903 etwa 10 bis 15 Exemplare auf den Markt kamen. Der „American La France"-Roadster dagegen wurde 1910 lediglich in ein oder zwei Einheiten gefertigt, versehen wahlweise mit Ketten- oder Wellenantrieb. Die Geschichte der wohl berühmtesten amerikanischen Automobilfirma geht auf Truckson Slocum La France zurück, der schon 1860 nach Elmira, New York/USA, übersiedelte und später Dampfspritzen baute.

„American La France" führte in ihrem Emblem das Kreuz der Tempel- bzw. Templer-Ritter („Templer-Kreuz"). Noch Jahrhunderte nach der Auflösung des geistlichen Ritterordens im Jahr 1312 bestanden Templergruppen, besonders von freimaurerischer Seite.

AMERICAN MOTORS (AMC)

USA 1968– etwa 1988

Im Jahre 1954 entstand die „American Motors Corporation" (AMC) aus der Verbindung der amerikanischen Marken „Hudson" und „Nash". Die Firma hatte in Detroit/Bundesstaat Michigan ihren Sitz. Seit 1970 war „Jeep" eine Marke von „American Motors". 1975 ließ man die Modellreihen „Javelin" und „Ambassador" fallen. Bekannt war auch der „AMC Pacer", der zunächst für die Aufnahme des deutschen Wankel-Motors konzipiert war. Doch dann kamen Sechszylinder-Motoren zum Einsatz. In den 80er-Jahren arbeitete man eng mit Renault in Frankreich zusammen, bis der französische Konzern AMC übernahm. Später kaufte Chrysler die Jeep-Marke „AMC" auf.

*Als eines ihrer ersten Embleme führte die „**A**merican **M**otors **C**orporation" ein rundes Zeichen mit dem Initialen „A" und „M". Eine neuere Version zeigte eine eckige Ausführung mit Farbsegmenten in Rot, Weiß und Blau.*

Ⓝ Ⓚ Ⓟ

AMILCAR; AMILCAR ITALIANA

I 1921–1939

1921 hatten die beiden Franzosen Emile Akar und Lamy in Paris das Automobilwerk „Société Nouvelle pour l'Automobile Amilcar" gegründet. 1924 baute die französische Firma einen Rennwagen mit leistungsfähigem 1074 cm^3-Motor, der die Basis für den Serienwagen „Amilcar CGS" darstellte. Dieses Modell wurde noch im gleichen Jahr vorgestellt und zudem international überaus populär. Die geringe eigene Kapazität verführte Amilcar zur Vergabe von Lizenzen. So bauten die deutschen „Ehrhardt-Automobil-Werke" in Zehla Mehlis den Amilcar – ebenso wie Italien den „Amilcar Italiana" und Österreich den „Grofri". Der letzte Amilcar aus Frankreich war ein 1,2-Liter-Frontantriebswagen. Er wurde 1938/39 produziert.

Der Markenname „Amilcar" soll aus der Verschleifung der Familiennamen der Gründer, Lamy und Akar, entstanden sein. Das geflügelte Pferd auf dem „Amilcar CGS"-Kühler galt als Symbol für Qualität und Eleganz.

Ⓚ

ANASAGASTI

AR 1911–1915

Im Jahre 1910 gründete Horacio Anasagasti in Buenos Aires die Firma „Horacio Anasagasti & Cia.". Anasagasti importierte schon vor 1914 Personenwagen aus Europa, so u. a. den italienischen „Isotta Fraschini". Er stellte aber auch eigene „Anasagasti"-Automobile mit französischen Ballot-Motoren her. Der talentierte Geschäftsmann nahm 1912 in Frankreich an der Tour de France und im Jahre 1913 am Coupe de l'Auto teil, um seine von ihm produzierten Fahrzeuge mit europäischen vergleichen zu können. Etwa 30 Exemplare der argentinischen Marke Anasagasti konnte er bis zum Ausbruch des Ersten Weltkriegs produzieren.

Das Markenemblem des argentinischen „Anasagasti" zeigte ein Wappenschild unbekannter Bedeutung, umschlossen vom Namen des Herstellers und dem Herstellungsort.

ANCHOR

USA 1910–1911

In den Jahren 1909 bis 1911 existierte die Firma „Anchor Buggy Co." in Cincinnati, im amerikanischen Bundesstaat Ohio. Dieses amerikanische Unternehmen, das sich vor 1909 noch „Anchor Motor Car Co." nannte, baute Automobile, die unter dem Markennamen „Anchor" vertrieben wurden. Die Fahrzeuge waren aber auch unter dem Namen „Anchor Buggy" bekannt geworden. Der hochrädrige Vierzylinder-35 PS-Motorwagen wurde in einer Zweigfirma des Automobilunternehmens, der „Anchor Carriage Company", hergestellt, setzte sich aber nicht durch. Bereits 1911 mußte die Produktion dieser Fahrzeuge beendet werden, und die Marke „Anchor" verschwand für immer vom amerikanischen Markt.

Das Markenzeichen des „Anchor" (Anker) war ein Wappen mit dem Markennamen „Anchor" und zwei Ankern.

ANSALDO

I 1919–1936

Im Jahre 1918 wurde die Firma „S.A. Giovanni Ansaldo" in Genova/Italien gegründet. Das Unternehmen entwickelte sich im Laufe der Jahre zu einem Großkonzern, der Kanonen, Lokomotiven, Flugzeugmotoren und anderes technisches Gerät produzierte. 1919 wurde mit der Gründung der Firma „S.A. Ansaldo Automobili" innerhalb des Konzerns eine Automobilproduktion aufgenommen, die bis 1936 bestand. Das erste „Ansaldo" genannte Fahrzeug erhielt die Typenbezeichnung „4" und wurde in den Werkshallen für Flugzeugmotoren gebaut. Von 1930 bis 1936 produzierte Ansaldo neben den Personenwagen auch Nutzfahrzeuge, so z. B. 2,0- und 3,0-Tonner-Lastkraftwagen mit Vierzylinder-Motoren. Noch bis 1945 war der Markenname verteten.

Der Markenname „Ansaldo" war in einem der Zeichen von einer Umrißlinie in Form einer Kanone umschlossen.

Ⓝ Ⓑ Ⓚ

ANSBACH; KAUZ

D 1910

Bereits 1906 existierte in Ansbach die Feuerwehr- und Lastkraftwagen-Firma „Fahrzeugfabrik Ansbach GmbH“, die 1910 auch Vierzylinder-Personenwagen unter dem Namen „Ansbach“ herstellte. Sie wurden aber auch als „Kauz“ bekannt. Von 1916 bis 1919 firmierte das Unternehmen unter „Fahrzeugfabrik Ansbach AG“, und in den Jahren 1919 bis 1920 war aus der Firma die „**F**ahrzeugfabrik **A**nsbach **u**nd **N**ürnberg AG“ (Faun) geworden. Der Ansbach galt als Vorläufer des später in Nürnberg hergestellten „Faun“, von dem neben Personenwagen auch Lastkraftwagen unter dem Firmennamen „Faun AG“ produziert wurden.

*Der „Ansbach“ besaß verschiedene Markenzeichen, so z. B. den geschwungenen Schriftzug „Ansbach“ oder auch ein rundes Emblem, in das man den Firmennamen und die Initialen „F“ und „A“ für „**F**ahrzeugfabrik **A**nsbach“ integrierte.*

Ⓑ

APOLLO

D 1910–1926

Von 1910 bis 1912 entstanden unter der Firmenbezeichnung „A. Ruppe & Sohn AG“ in Apolda/Deutschland Automobile, die den Markennamen „Apollo“ erhielten. Fahrzeuge dieses Markennamens wurden 1912 bis 1926 von der neuen Gesellschaft „Apollo Werke AG“ weitergebaut. Nach 1910 hatte man zunächst „Piccolo“-Motorwagen unter dem Markennamen „Piccolo-Apollo“ vertrieben. Später gebaute Fahrzeuge trugen nur noch den einfachen Namen „Apollo“. Karl Slevogt, ein bedeutender deutscher Chefingenieur, konstruierte den Typ „B“ (4/12 PS-960 cm³). Er entwickelte zahlreiche neue Modelle und schuf u. a. Gebrauchstypen, die in den Jahren 1912 bis 1914 erfolgreich im internationalen Rennsport eingesetzt wurden.

„Apollo“ ist der griechischen Gott des Lichtes und Führer der Musen, der für Klarheit und Schönheit steht. Außerdem lehnt sich der Name an den Herstellungsort, die thüringische Fabrikstadt Apolda, an.

Ⓝ Ⓑ

APPERSON

USA 1901–1926

Die Brüder Elmer und Edgar Apperson waren Begründer der amerikanischen Automobilmarke „Apperson“, die von 1901 bis 1926 existierte. Schon 1898 hatte man eine Gesellschaft namens „Haynes-Apperson Automobile Co.“ in Kokomo, Indiana/USA, gegründet. Im Oktober 1901 verließen die Brüder diese Firma, um einen eigenen Automobilbau ins Leben zu rufen. Ihre Firma „Apperson Brothers Automobile Company“ baute ungewöhnliche Motorwagen, die im Laufe der Jahre u. a. Zwei-, Vier-, Sechs- und sogar Achtzylinder-Motoren erhielten. Verschiedene Apperson-Modelle der „Apperson Automobile Co.“ wurden sogar, wenn auch nicht gerade erfolgreich, bei einigen Rennen eingesetzt. Um den 20. Juli 1926 wurde die Produktion des „Apperson“ eingestellt.

1906 gab es ein sportliches „Apperson“-Modell mit Namen „Jack Rabbit“: Das Markenzeichen zeigte ein springendes Karnickel. Ein weiteres Apperson-Modell trug ein wappenähnliches Zeichen, dessen Bedeutung nicht bekannt ist.

Ⓑ

AQUILA ITALIANA

I 1906–1917

1905 gründete der Marchese Giulio Pallavicino zusammen mit Ingenieur Giulio Cesare Cappa in Turin/Italien eine Reparaturwerkstatt für Automobile. 1906 erhielt diese Firma den Namen „Fabbrica Italiana d´Automobili Aquila“. Bis 1917 stellte man Automobile mit dem Markennamen „Aquila Italiana“ her. 1909 wurde der Firmennamen in „Aquila Italiana di L. Marsaglia“ abgeändert. 1912 stellte die Firma einen leistungsfähigen sportlichen Wagen mit Sechszylinder-Motor vor. 1914 wurde ein „Aquila Italiana“ beim Grand Prix von Lyon in Frankreich eingesetzt. Im gleichen Jahr mußte aufgrund des Ausbruchs des Ersten Weltkrieges die Herstellung von Militär-Lastkraftwagen sowie Flugzeugmotoren aufgenommen werden. 1917 erfolgte die Übernahme durch die Automobilfirma „SPA“, die 1925 wiederum in „Fiat“ aufging.

Der Markenname „Aquila Italiana“ (Italienischer Adler) sollte Namensgleichheit mit den Adler-Automobilen aus Frankfurt am Main vermeiden. Das ovale Zeichen zeigte einen grünen Adler mit ausgebreiteten Schwingen, darunter die Markennamen „Aquila“ und „Italiana“.

ARGYLL

GB 1899 – 1932

Alexander Govan produzierte ab 1899 seinen ersten „Argyll“-Motorwagen in der Gesellschaft „Hozier Engineering Co.“ in Bridgeton bei Glasgow/Schottland. Bis 1905 wurde der schottische „Argyll“ unter diesem Firmennamen hergestellt. 1905 und 1906 sowie von 1914 bis 1932 wurden Argyll-Automobile unter dem Firmennamen „Argyll Motors Ltd“ gefertigt. Von 1906 bis 1914 hatte man den Argyll auch in Alexandria bei Glasgow/Schottland produziert. Berühmt war der Argyll-Typ „Flying Fifteen“ aus dem Jahre 1910, der von einem Sechszylinder-Motor angetrieben wurde. Weitere Modelle folgten in den nächsten Jahren. 1927 sollte auch ein Sportwagen mit 50 PS-Motor gebaut werden, doch es blieb bei der Ankündigung dieses Typs. Im gleichen Jahr kam der vierte und letzte Konkurs. Mehr schlecht als recht bestand „Argyll“ noch bis zum Jahr 1932.

Das Markenzeichen „Argyll“ zeigte einen schwungvollen Schriftzug, der quer auf dem Kühler angebracht war.

ARIEL

GB 1899–1925

Die ersten „Ariel“-Fahrzeuge ab 1899 waren Quatricycles und Tricycles mit Motorantrieb. Nach einem Zweizylinder-10 PS-Wagen konzentrierte sich die Firma „Ariel Motor Co.Ltd“ mit Sitz in Birmingham/England ab 1904 auf die Produktion großer solid-konventioneller Vierzylinder-Wagen. Bekannt waren auch Fahrzeuge, die den Markennamen „Ariel-Simplex“ trugen und Ähnlichkeit mit den „Mercedes“-Automobilen aufwiesen. In den Jahren 1922 bis 1925 wurden die Ariel-Wagen unter neuer Regie gebaut. In jenen Jahren war die Firma „Ordonance Works Ltd“ in Coventry, Warwickshire/England, für den Bau des Ariel verantwortlich. Einige Zeit später erhielt die Firma den Namen „Ariel Motors (J.S.) Limited“. Die Automobilproduktion hatte man schon 1925 aufgegeben, hingegen den Motorradbau bis in die späten 60er-Jahre hinein fortgeführt.

„Ariel“ ist hebräisch und bedeutet „Feuerhand Gottes“ oder „Löwe Gottes“. Als Markenzeichen verwendete „Ariel“ u. a. ein Dreieck mit Initial „A“ und dem Markennamen.

Ⓝ Ⓑ Ⓚ

ARMSTRONG-SIDDELEY; ARMSTRONG-WHITWORTH

GB 1919–1960

Die Geschichte von „Armstrong-Siddeley“ und „Armstrong-Whitworth“ geht auf William George Armstrong zurück, der später zum Lord Cragside geadelt wurde. Von 1902 bis 1904 hatte man unter dem Namen „W. Armstrong & Co. Ltd“ in Vine Place, Sunderland/England, „Armstrong“-Automobile hergestellt. Unter dem Namen „Sir W.G. Armstrong, Whitworth & Co. Ltd“ folgte 1904 bis 1905 der Bau der „Wilson-Pilcher“-Wagen, und 1911 kam es zur Fusion mit „Siddeley Autocar Co.“ und „Deasy Motor Manufacturing Co.“. Aus der Fusion mit der Firma „Siddeley-Deasy Motorcar Co.“ mit „Armstrong-Whitworth“ im Jahr 1919 entstand die neue Firma „Armstrong-Siddeley Motors Ltd“ mit Sitz in Coventry, Warwickshire/England, die bis 1960 Automobile herstellte. Dann kam „Armstrong-Siddeley“ zu „Bristol“.

Als Markenzeichen von „Armstrong-Siddeley“ wurde eine Sphinx verwendet, nachdem einmal ein Reporter die Fahrzeuge dieser Marke als „ruhig und geheimnisvoll wie die ägyptische Sphinx“ bezeichnet hatte.

Ⓑ

ASTON MARTIN; ASTON MARTIN LAGONDA

GB 1922– heute

Schon 1913 gründeten die beiden Ingenieure Lionel Martin und Robert Bamford ihre Automobilfirma und stellten unter dem Markennamen „Martin“ das erste Automobil her. Nach den erfolgreichen Teilnahmen des Martin beim „Aston-Clinton-Bergrennen“ 1920 benannte Martin ab 1922 die weiteren Modelle „Aston-Martin“. Im Jahre 1926 wurde die Firma von W. S. Renwick und A. C. Bertelli übernommen. Inzwischen konnte man große sportliche Erfolge verbuchen. Die rasanten britischen Sportwagen errangen infolge ihrer leistungsstarken Antriebsaggregate und ihrer schnittigen Aufbauten den Zuspruch vieler Enthusiasten des Automobilbaues. 1947 wurde der britische Traktoren- und Zahnradfabrikant David Brown neuer Besitzer. 1950 kam es zur Fusion mit der britischen Marke „Lagonda“. Seit 1987 gehört Aston Martin zu Ford.

Das bekannteste Markenzeichen dürfte wohl das geflügelte „Aston-Martin“-Zeichen mit dem Markennamen sein. Daneben gab es ein rundes Emblem.

Ⓝ Ⓑ Ⓚ Ⓟ

ATS; SERENNISSIMA

I 1962–1964

Die Firma „Automobili Turismo Sport“ hatte ihren Sitz von 1963 bis 1964 in Bologna/Italien und baute von 1962 bis 1964 Sportwagen. Vor 1963 wurde der „ATS“ von der Firma „Scuderia Serenissima“ in Modena/Italien gefertigt. Gründer von ATS waren Georgio Billi, Graf Volpi di Misurata und Jaime Ortiz Patino. Im letzten Jahr der ATS-Automobilherstellung setzte man nochmals zwei Rennwagen beim Rennen um die „Targa Florio“ ein, dann erst zog man sich aus dem Rennsport zurück. Im gleichen Jahr kam das Ende für die italienische Sportwagen-Marke, und Graf Volpi versuchte vergeblich, mit neuen Sportcoupés, die unter dem alten Markennamen „Serenissima“ angeboten wurden, der Firma wieder zu Glanz zu verhelfen. 1970 kam auch hier das Ende.

„ATS“ stand stellvertretend für die italienische Firma „Automobili Turismo Sport“, und das Markenzeichen in runder Form zeigte die Initialen und einen feuerspeienden Drachen, dessen Herkunft und Bedeutung unbekannt sind. „Serenissima“ bedeutet in etwa „die Heitere“ (auch Beiname Venedigs).

AUBURN

USA 1900–1937

Die Firma „Auburn Automobile Co.“ in Auburn, Indiana/USA, entwickelte sich 1900 aus einer Firma, die ehemals Kutschen baute. Gründer Charles Eckhart stellte schon 1900 seinen ersten „Auburn“-Motorwagen her und stellte ihn der Öffentlichkeit vor. Es war ein einfacher Zweipersonen-„Gas Buggy“, der in verschiedenen Versionen in Amerika sehr beliebt wurde. Es entstand eine Reihe von legendären „Auburn“-Modellen. Schon 1917 hatte man Sechszylinder-Typen hergestellt. Aufgrund finanzieller Schwierigkeiten wurde „Auburn“ vom Industriellen Errett Lobban Cord übernommen, der die Firma sanierte. Als Cord sich mit der Herstellung des „Cord 810“ verkalkulierte, verschuldete er den Untergang seines Konzerns, der 1937 auch für die Marke „Auburn“ das Aus bedeutete.

Das Markenzeichen des legendären „Auburn“ war ein Trapez, das den Markennamen „Auburn“ beinhaltete. In ein ähnliches Zeichen war eine Papierrolle eingearbeitet. Dieses Emblem trug den Markennamen „Auburn“, den Namen eines Modells – „Beauty Six“ – sowie den des Herstellers.

Ⓝ Ⓑ Ⓚ

AUDI

D 1910–1939;
1965– heute

August Horch verließ im Jahre 1909 die von ihm zehn Jahre zuvor gegründete Firma „Horch“ und errichtete in unmittelbarer Nähe seiner alten Firma die „Audi Automobilwerke GmbH“. Standort war Zwickau in Sachsen. Bis 1939 blieb es bei diesem Namen. Der Audi von 1910 schuf sich rasch einen ausgezeichneten Ruf als Touren- und Sportwagen, wofür auch die Teilnahme an den „Internationalen Alpenfahrten“ 1911-1914 einen wesentlichen Beitrag leistete. In den 20er-Jahren traten wirtschaftliche Probleme auf. Jörgen-Skafte Rasmussen, Gründer der Marke „DKW“, übernahm 1928 das Audi-Werk, und 1932 verband man sich mit „Horch“ und „Wanderer“ zur „Auto Union“. Erst 1965 tauchte der Markenname „Audi“ erneut auf, und die neue Firma „Audi AG“ konnte sich wiederum – mit Modellen der 80er- und 90er-Jahre, dem „Quattro“, „200“ und „V8“ – einen klangvollen Namen machen.

Das lateinische „Audi“ bedeutet „höre“ (Horch) und wurde gewählt, weil der Gründer seine neue Firma nicht nochmals „Horch“ benennen durfte. Audi führte im Laufe der Jahrzehnte unterschiedliche Markenzeichen. Es gab geschwungene Schriftzüge des Namens und auch eine bekannte Kühlerfigur in Form einer Eins – symbolisch für „die Eins im Automobilbau“. In letzter Zeit setzte sich ein Oval mit braunem Untergrund und dem Markennamen „Audi“ durch.

Ⓝ Ⓑ Ⓚ

AURORE

Hora Nándor, Fahrrad-Champion und Besitzer einer Veloziped-Handlung, baute ab 1897 und bis in die 20er-Jahre im Auftrag der Budapester Postverwaltung drei- und vierrädrige Voituretten für den Paket- und Zustelldienst. Diese Fahrzeuge erhielten den Markennamen „Aurore". Es ist bekannt, daß sich Nándor das deutsche „Benz Velo" und das „De Dion-Bouton"-Quadricycle aus Frankreich zum Vorbild für seinen „Aurore" nahm. Um das Jahr 1910 war er zudem Besitzer zahlreicher Automobile aus Frankreich und den USA. Im gleichen Jahr mußte er Konkurs anmelden. 1916 hatte Nándor die Herstellung seiner „Aurore"-Post- und Behördenfahrzeuge für kurze Zeit noch einmal aufgenommen.

Die ungarische Marke „Aurore" besaß im Grunde genommen kein Markenzeichen. In dem 1897 gebauten Fahrzeug war etwa an der Einstiegstelle eine Plakette mit dem integrierten Markennamen „Aurore" angebracht. Ein weitere Plakette mit ungarischer Inschrift befand sich an der Außenseite.

H 1898–20er-Jahre

AUSTIN; AUSTIN-HEALEY

In den Jahren 1906 bis 1970 baute die Firma „Austin Motor Co. Ltd" in Longbridge bei Birmingham/England Automobile, die den Markennamen „Austin" erhielten. Bereits 1905 gründete der spätere „Wolseley"-Direktor und geadelte Lord Austin seine eigene Automobilfabrik. Sein größter Erfolg war der „Austin Seven", der in Deutschland unter Lizenz als „Dixi" und „BMW-Dixi" ins Leben gerufen wurde. 1927 wurde „Austin" dem „Nuffield"-Konzern angeschlossen. Lord Nuffield, vormals William Richard Morris, war Gründer der Autofirma „Morris". 1952 fusionierten „Austin" und „Morris" zur „British Motors Corporation" und 1953 entstand in Zusammenarbeit mit „Healey" der legendäre Sportwagen „Austin-Healey". 1965 wurde die neue „British Leyland Motors Corporation" (BLMC) aus der Taufe gehoben, und 1983 fusionierten „Austin" und „Rover" („Austin-Rover").

Das Markenzeichen von „Austin" zeigte ein stilisiertes Lenkrad und ein geflügeltes Rad. Ein weiteres Emblem mit Flügeln zeigte den Markennamen und - je nach Typ - die Zusatzbezeichnung „3000 MK III".

Ⓝ Ⓑ Ⓚ

GB 1906– heute

AUSTRO-DAIMLER

Die Geschichte der Automarke „Austro-Daimler" begann mit der österreichischen Firma „Österreichische Daimler Motoren AG", die in Wiener Neustadt/Österreich ihren Firmensitz hatte und in den Jahren 1899 bis 1934 Automobile produzierte. Die großen Tourenwagen von Austro-Daimler belegten auf der „Prinz Heinrich-Fahrt" von 1910 die ersten drei Plätze. 1911 erfolgte die Trennung vom deutschen Daimler-Unternehmen, und 1913 arbeitete man eng mit „Škoda" zusammen. 1928 erfolgte die Fusion von „Austro-Daimler" und „Puch", und ein Jahr später erschien der berühmte Typ „ADR Sport" mit Sechszylinder-Motor. Um 1936 kam auch „Steyr" zum Gemeinschaftsunternehmen „Steyr-Daimler-Puch AG", unter der der Austro-Daimler-Automobilbau 1936 beendet wurde. Von 1934 bis 1936 wurden noch Fahrzeuge dieser Marke unter dem Firmennamen „Steyr-Daimler-Puch AG" hergestellt.

*Ein Markenzeichen des österreichischen „Austro-Daimler" zeigte die Initialen „A" und „D" den Markennamen „Austro-Daimler" und den Herkunftsort „Wiener Neustadt". Ein weiteres Emblem mit k.u.k.-Doppeladler wurde von Ernst Neumann-Neander, einem bekannten Maler und Zeichner, kreiert. 1926 erschien ein rundes, moderneres Emblem mit den Initialen „A" und „D" für „**Austro Daimler**" und mit einer stilisierten Armbrust.*

Ⓝ Ⓑ Ⓚ

A 1899–1936

AUTOBIANCHI; BIANCHI

Im Jahre 1885 wurde in Mailand die Firma „Società Anonima Edoardo Bianchi" gegründet. Später baute man die bis heute auf dem Markt vertretenen Fahrräder des Markennamens „Bianchi". Hinzu kamen Motorräder, Automobile, Omnibusse und Lastkraftwagen. Bis 1939 wurde der Markennamen „Bianchi" auch für Motorfahrzeuge geführt. 1955 kam es mit finanzieller Unterstützung des italienischen Reifenkonzerns Pirelli zur Fusion mit Fiat in Turin. „Autobianchi" entstand 1957 durch die Gründung der „Autobianchi S.p.A.". Nach Vorstellung des „Bianchina" wurde der „Primula" gebaut, ein Vorläufer des später mit Frontantrieb versehenen „Fiat 124". Von 1968 bis 1975 hieß das Werk „Fiat S.p.A., Sezione Autobianchi". 1969 wurde der neue „Autobianchi A 111" vorgestellt, dem weitere Erfolgstypen, auch in Rennversion, folgten. Ab 1981 begann Fiat den Autobianchi als „Lancia" zu vertreiben.

*Für „Autobianchi" wurden die unterschiedlichsten Markenzeichen verwendet. Es gab z. B. ein Emblem in Wappenform mit den Initialen „A" und „B" für „**Auto Bianchi**". Ein weiteres Emblem zeigte das Wappen des Grafen Visconti, dessen Familie fast während des ganzen Mittelalters in Mailand herrschte. Der Adler findet sich auch im Wappen der nachfolgenden Regenten Mailands, der Sforza. Das heutige Markenzeichen lehnt sich an die Form des neuen „Lancia"-Emblems an.* Ⓝ Ⓚ

I 1957– etwa 1981

AUTO UNION

Zur Gründung der „Auto Union AG" im Jahr 1932 schlossen sich die vier sächsischen Automobilfirmen „Audi", „DKW", „Horch" und „Wanderer" zu einem Firmenverbund zusammen. Im gleichen Jahr entstand mit einem anfänglich für „Wanderer" entwickelten Sechszylinder-2,0-Liter-Motor der Prototyp eines frontangetriebenen „Audi", der als Modell „UW" in Serie ging. Von 1934 bis 1939 gab es „Grand Prix"-Rennwagen mit Zwölf- und Sechzehnzylinder-Aggregaten. Hinzu kamen Cabriolets und Coupés mit DKW-Motoren, die von 1958 bis 1965 als „AU 1000 SP" auf den Markt gebracht wurden. Zudem ist bekannt, daß Limousinen gleicher Bauart bis 1962 nicht nur als „DKW", sondern auch als „Auto Union 1000" vertrieben wurden.

Die „Auto Union" hatte als Markenzeichen vier nebeneinander stehende, verschlungene Ringe gewählt, die die Markenzeichen der vier Automarken beinhalteten. Bis heute wird das Vierring-Symbol ohne Markenembleme von der neu firmierten „Audi AG" als Markenzeichen für Audi-Modelle verwendet.

Ⓝ Ⓑ

D 1932–1965

AVANTI II

Die „Avanti“ Motor Corporation“ in South Bend, Indiana/USA, wurde im Jahre 1965 zur Fortsetzung der Produktion des früheren Studebaker-Modells „Avanti“ gegründet. Der Avanti war in den 60er-Jahren das erfolgreichste Fahrzeug von „Studebaker“. Als 1964 die Firma die Produktion aufgab, setzte die Firma „Avanti Motor Corporation“ in einigen Werkshallen der ehemaligen „Studebaker Corporation“ die Produktion des 1963 vorgestellten Avanti-Sportcoupés fort, welches von Raymond Loewy entworfen worden war. 1985 wurden beim „Avanti II“-Coupé stilistische Veränderungen vorgenommen. Im gleichen Jahr wurde die Firma wegen Zahlungsunfähigkeit verkauft. Der „Avanti II“ wird weiterhin von der neuen „New Avanti Motor Corporation“ hergestellt.

USA 1965– heute

Das Markenzeichen des „Avanti II“ zeigte den schnittigen Schriftzug „Avanti“, der von einem Pfeil durchzogen wird.

Ⓟ

AWS SHOPPER; PICCOLO

In Oberbessingen stellte die „AWS-Autoteile GmbH“ in den Jahren 1971/72 einen kleinen Stadtwagen her, der den Namen „Piccolo“ erhielt. Später verwendete man den neuen Namen „Shopper“. Es handelte es sich um einen kleinen Zweisitzer, der von einem deutschen „Glas Goggomobil“-Motor angetrieben wurde. Die Firma „Automobilwerk Shopper GmbH“ in Berlin-Pudow setzte die Herstellung des Fahrzeugs, das vorzugsweise für Inhaber des alten Führerscheins IV gedacht war, bis ins Jahr 1974 fort. Rund 1400 Exemplare des „AWS Shopper“ wurden produziert.

D 1971–1974

Das Markenzeichen für den „AWS Shopper“ zeigte die Buchstabenfolge „AWS“ – für „AutomobilWerk Shopper“.

AWZ; ZWICKAU

Im sächsischen Zwickau stellte das „VEB Automobilwerk Zwickau“ in den Jahren 1956 bis 1959 Automobile mit dem Markennamen „Zwickau“ her. Als der „AWZ P 70“-Typ „Zwickau“ bzw. „Zwickau P 70“ zur Leipziger Frühjahrsmesse 1955 durch die volkseigene Organisation I.F.A. („Industrievereinigung volkeigener Fahrzeugwerke“) erstmals der Öffentlichkeit vorgestellt wurde, sorgte der Wagen aus der ehemaligen Deutschen Demokratischen Republik wegen seines Kunststoffaufbaus für ziemliches Aufsehen. Diesem Automobilwerk – früher „Audi“ – war es vorbehalten, den ersten Serienwagen mit einer Preßstoff-Karosserie auf den Markt zu bringen. Vom „P 70“ gab es auch einen Kombi-Viersitzer. 1959 kam das Ende für diese Wagen, die vom neuen „P 50“, dem „Trabant“, abgelöst wurden.

DDR 1956–1959

*Zeichen des AWZ – für „**A**utomobil**W**erk **Z**wickau“ – war ein rundes Emblem mit integriertem Eichenlaub (?), in dem die Buchstaben „A“ und „Z“ zu lesen waren – umschlossen von der Firmenbezeichnung „VEB (**V**olks**E**igener **B**etrieb) Automobilwerk Zwickau-Sachsen“.*

Ⓝ

BAER

1908 gründete Paul Baer in Berlin die Firma „Paul Baer Motorenfabrik“, die 1911 in „Paul Baer GmbH Motorenfabrik“ umgewandelt wurde. Dieses Unternehmen konnte sich einen guten Ruf als Hersteller von Einbau- und stationären Motoren sowie von Stahllamellen-Kupplungen machen. In den Jahren 1921 bis 1926 wurden aber auch einige Automobile, die den Markennamen „Baer“ erhielten, gebaut. Der deutsche „Baer“ besaß einen Zweizylinder-700 cm^3-4714 PS-Zweitakt-Motor, eine Besonderheit für die damalige Zeit.

D 1921–1926

Das Markenzeichen dieser deutschen Kleinwagen zeigte einen Bären, der sowohl auf den Firmenchef als auch auf Berlin hinweist.

BAKER

Zu den Pionieren des amerikanischen Automobilbaus zählte insbesondere auch Walter C. Baker, der an der „Case School for Applied Sciences“ („Case-Schule für angewandte Wissenschaften“) graduiert hatte. Die Firma in Cleveland, Ohio/USA, stellte unter den Namen „Baker Motor Vehicle Co.“ (1899-1915) und „Baker, Rauch & Lang Co.“ (1915-1916) Automobile mit dem Markennamen „Baker“ bzw. „Baker Electric“ her. Bekannt war der „Baker Electric Runabout“ mit seinem Gleichstrom-„General Electric“-48 Volt-Hauptstrom-Motor. Dieses Fahrzeug erfreute sich trotz der geringen Geschwindigkeit von nur 20 km/h großer Beliebtheit. Im Jahr 1916 übernahm „Baker, Rauch & Lang“ die Elektrowagenfirma „R. M. Owen Co.“ , die Fahrzeuge des Markennamens „Owen Magnetic“ produzierte.

USA 1899–1916

Ein „Baker Electric“ von 1908, der Ausstellungsstück des Deutschen Museums in München wurde, besaß ein in goldener Farbe auf der Frontseite auflackiertes Markenzeichen.

BALLOT

Edouard und Maurice Ballot errichteten 1905 in Paris unter dem Firmennamen „Etablissements Ballot“ eine Fabrik für die Herstellung von Marine-, Industrie- und Automobilmotoren. Auch wurden Motoren für die Luftfahrt, für Motorräder sowie für Transport- und Nutzfahrzeuge hergestellt. 1919 stieg man bei „Ballot“ auch in den Automobilsektor ein und präsentierte zunächst Renn- und ab 1921 Personenwagen des Markennamens „Ballot“. Nach 1929 war man aus dem Renngeschäft ausgestiegen und konzentrierte sich auf den Bau von Sportfahrzeugen. Nach den Modellen „2 LT“ (1923), „2 LTS“ (1924) und „2 LT 6“ (1927) folgten noch weitere Typen mit Sechszylinder-“ Hispano-Suiza“ -Motor. 1932 machten wirtschaftliche Schwierigkeiten der französischen Renommee-Marke „Ballot“ ein Ende. Das Werk wurde von „Hispano-Suiza“ übernommen.

F 1921–1932

„Ballot“ führte einen Engel mit Posaune als Kühler-Maskottchen. Edouard Ballot war ursprünglich Marine-Ingenieur. So zeigte das Markenemblem einen Schiffsanker mit den Initialen E und B in Rot und Blau.

Ⓑ Ⓚ

BARISON; SIVA

Im Jahre 1907 gründete der Mailänder Ingenieur Silvio Barison die Firma „Società Italiana Vetture Automobili“ („SIVA“), die jedoch nach kurzer Zeit wieder aufgelöst wurde. 1922 entwarf Barison einen Rotationsmotor, für den er ein Patent zugesprochen bekam. Im gleichen Jahr gründete eine Gruppe von Finanziers in Livorno/Italien die Firma „Fabbrica Automobili Barison & C.“ . Man baute lediglich einen Typ mit Vierzylinder-Motor. Der Barison, der keinen Aufbau aufwies, besaß jedoch ein komplettes Chassis mit Motor. Bis zur Einstellung der produktion 1925 soll es zur Herstellung von etwa 20 Fahrzeugen ohne Karosserien gekommen sein. Die Firma wurde von der Gesellschaft „Montano“ übernommen, die im Metallwaren-Geschäft tätig war und im Automobilbau keine Ambitionen hatte.

Das Markenzeichen der Firma „Barison & C.“ zeigte ein rundes Emblem mit Schachbrettmuster und dem integrierten Firmennamen. Embleme dieser Art waren im Motor-Rennsport sehr häufig.

I 1923–1925

BARKAS

Die Betriebsvereinigung „VEB Barkas-Werke“ in Karl-Marx-Stadt/DDR, heute Chemnitz, gehörte zum I.F.A.-Kombinat „Personenkraftwagen“ und ging aus Betrieben in Frankenberg und Karl-Marx-Stadt hervor, die 1957 mit der ehemaligen „Framo“ im sächsischen Hainichen zusammengeschlossen wurden. Die Geschichte von „Barkas“ begann mit dem „Framo“-Lieferwagen. Im Jahre 1927 rollte das Transport-Dreirad „TV 300“ , Veteran des späteren „Barkas B 1000“, aus dem Hersteller-Betrieb der „Metallwerke Frankenberg GmbH“ . 1958 wurden auch Motoren für den „Trabant“ gebaut. 1961 entstand der völlig neue „Barkas B 1000“ . Von diesem Wagen gab es zahlreiche Versionen, so z. B. Kasten- und Kombiwagen. Rund 30 Jahre später kämpfte man in den Barkas-Automobilwerken erfolgreich ums Überleben.

*Das Emblem von „Barkas“ zeigte ein kleines „b“ für „**B**arkas“.*

Ⓝ

DDR 1957– heute

BARRÉ

Die Firma „G. Barré et Cie.“ in Niort, Deux-Sèvres/Frankreich bestand in den Jahren 1900 bis 1923. Barré war schon 1890 als Konstrukteur tätig. Im Jahr 1902 kamen Vierzylinder-Versionen mit Motoren von „Aster“ , „Ballot“ u. a. auf den Markt. Der französische Barré war ein typisches Beispiel für einen in einem französischen Landbezirk hergestellten Wagen, der zum größten Teil mit Komponenten anderer Automobilhersteller versehen wurde. Die ersten Barré-Automobile besaßen einen Einzylinder-4,5 PS-“ De Dion-Bouton“ -Motor, später u. a. auch Vierzylinder-8/10 PS-Aggregate. Die Firma Barré konnte nicht gegen die Massenproduktion von Automobilen der französischen Marken „Citroën“ und „Renault“ ankommen und mußte daher im Jahre 1930 ihre Werkstore schließen.

Das Markenzeichen der Firma war ein waagrechtes Oval mit dem schwungvoll integrierten Markennamen „Barré“ .

F 1900–1930

BAYLISS-THOMAS

Im Jahre 1874 wurde in Coventry, Warwickshire/England, die Firma „Bayliss, Thomas, Slaughter & Co.“ gegründet. Man baute zunächst „Excelsior“ genannte Fahrräder, und um 1896 entstand das erste Motorrad mit belgischem „Minerva“ -Motor. 1911 siedelte man nach Birmingham/England um und nahm den neuen Firmennamen „Excelsior Motor Co. Ltd“ an. Bald entstanden die ersten luftgekühlten Bayliss-Thomas-Dreiräder, denen 1921 der erste Vierradwagen folgte, der noch zeitweise den alten Markennamen „Excelsior“ trug. Weitere Bayliss-Thomas-Automobile wurden bis 1929 in Tyseley, Birmingham/England, in verwirrend vielen Ausführungen hergestellt. Ab 1925 nannte sich die Firma „Bayliss, Thomas & Co.“. Ende der 20er-Jahre verlegte man das Schwergewicht bis 1964 auf den Bau von Motorrädern.

Fahrzeuge dieser Marke führten unterschiedliche Zeichen, wie z. B. einen schwungvollen Schriftzug oder auch ein rundes Emblem mit dem Markennamen „Bayliss-Thomas“ und der Buchstabenfolge „B.T & Co.“ für den gesamten Namen des englischen Unternehmens.

Ⓚ

GB 1919–1929

BEAN

Schon vor 1914 war die Firma „A. Harper Sons & Bean Ltd“ in Tipton-Dudley, Worcestershire/England, die bereits 1901 als „A. Harper and Sons“ gegründet worden war, im Ingenieurwesen tätig. 1919 wurde mit der Übernahme der Automobilfirma „Perry Motor Car Co.“ auch der Automobilbau begonnen. Der erste „Bean“ genannte Motorwagen entstand in der neuen Firma „Harper Bean Ltd“ und besaß einen 11,9 PS-Motor. Diesem spartanischen Modell folgten im Laufe der nächsten Jahre weitere Typen. 1925 besaß der „Bean“ bereits Vierradbremsen. 1926 errichtete man die neue Firma „Bean Cars Ltd“ , doch bereits rund vier Jahre später kam u. a. mit dem Hadfield-Bean-Typ namens „Fabric Sports Saloon“ , der einen Vierzylinder-14/70 PS-2297-Motor besaß, das Ende der Marke. Bean führte auch einen großen Fahrgestell- und Omnibus- sowie Lastkraftwagenbau.

Das Markenzeichen von „Bean“ , ein Löwenkopf in Blau, war dem Stadtwappen von Dudley entnommen. Beim Bean-Emblem hingegen ist ein sitzender Löwe zu sehen. Die Bean-Nutzfahrzeuge waren mit Markennamen in einem waagrechten Oval versehen.

Ⓑ

GB 1919–1929

BEARDMORE

William Beardmores Sohn begann nach dem Tode seines Vaters im Jahre 1877 mit der Stahlproduktion. 1890 stellte er Panzerplatten her, die eine Spezialität der ehemals in Glasgow/Schottland beheimateten Firma „Beardmore“ waren. Von 1920 bis 1928 baute die „Beardmore Motors Ltd“ aber auch Automobile in drei Zweigunternehmen, in Paisley und in Coatbridge. Vor allem war es der Typ „11“ , der den Grundstock der Beardmore-Sportwagen von 1922 bildete. Beardmore fertigte übrigens auch Lastkraftwagen mit englischen „Perkins“ -Dieselmotoren. 1928 stellte man den Sportwagenbau ein und ging zur Produktion von Taxifahrzeugen über. Sir William Beardmore wurde 1921 zum Lord Invernairn geadelt und verstarb im Jahre 1936. Der Name „Beardmore“ verschwand erst 1975 aus den Geschäftslisten.

Beardmore-Automobile zeigten u. a. auch den Schriftzug „Beardmore“ in Druckbuchstaben.

GB 1920–1928

BEARDSLEY

USA 1915–1917

Volney S. Beardsley kam bereits um die Jahrhundertwende mit der Automobilindustrie in Berührung. Um 1901 gründete er zusammen mit seinem Partner Hobbs in Shelby, Ohio/USA die Firma „Beardsley & Hobbs Co.“, die in jener Zeit Automobile mit dem Markennamen „Darling“ herstellte. Ein Elektroingenieur namens John T. Shannon entwickelte im Sommer des Jahres 1913 für die neue „Beardsley Electric Car Co.“, die im Oktober 1913 in Los Angeles, Kalifornien/USA, gegründet wurde, ein neues Automobil. Dieses erhielt den Markennamen „Beardsley“ bzw. „Beardsley Electric“ und einen Elektroantrieb und wurde in rund 12 verschiedenen Versionen gebaut. Im Februar 1917 wurde bekannt, daß die Firma von der Gesellschaft „Moreland Motor Co.“ aufgekauft wurde und ihren Elektroautomobilbau aufgeben werde.

Für den amerikanischen „Beardsley“ gab es u. a. 1914 ein fahnenförmiges Emblem mit dem integrierten Schriftzug „Beardsley Electric“.

BECK

F 1920–1923

In den Jahren 1920 bis 1923 baute die Firma „Société des Automobiles Beck“, gegründet von Charles Beck-Maillard, in Lyon leichte Automobile unter dem Markennamen „Beck“, die mit Vierzylinder-Motoren von 1,5-Liter Hubraum sowie mit einem auf die Hinterachse wirkenden Getriebe versehen wurden. Als Charakteristikum des französischen Beck wurde die aerodynamische Karosserieform angesehen. Im Jahre 1920 wurde ein Beck-Wagen auf dem Brüsseler Automobil Salon ausgestellt. Ein Jahr später zeigte man eine andere Beck-Motorwagen-Version auf dem Pariser Automobil Salon. Allerdings wurden nur wenige Exemplare des Beck hergestellt und verkauft.

Das französische Beck-Automobil von 1921 zeigte auf seinem Kühler eine Figur mit wehendem Umhang und den schrägstehenden Schriftzug „Beck“.

BECKMANN

D 1900–1926

Otto Beckmann, 1841 geboren, gründete am 1. Oktober 1882 die Firma „Erste Schlesische Velocipedfabrik Otto Beckmann & Co.“ in Breslau. Der Firmengründer verstarb bereits 1899. Beckmanns Sohn Paul begann im Jahr 1898, also noch in den Kindertagen des Automobils, mit der Herstellung von Prototypen eines Motorwagens. Die Firma war Schlesiens einziges Automobilwerk. Unter dem neuen Firmennamen „Erste Schlesische Velociped- und Automobilfabrik Otto Beckmann & Cie.“ wurden auch neue Modelle vorgestellt. Die Firma gehörte zu den ältesten Unternehmen ihrer Branche in Deutschland. Auch konnte man mit Beckmann-Automobilen sportliche Erfolge bei Rennen verbuchen. 1926 wurde der Autobau aufgegeben, die Firma 1927 von „Opel“ übernommen. Paul Beckmann verstarb 1914, im Alter von nur 48 Jahren.

Beckmann-Automobile wiesen ein augenförmiges Emblem auf, versehen mit einem Lorbeerkranz. Die „Adam Opel AG“ führte in frühen Jahren ein ähnliches Zeichen, das „Opel-Auge“, das sich nur durch die abgerundeten Spitzen vom Beckmann-Emblem unterschied.

BEDFORD; BEDFORD-BUICK

GB 1907 – heute

Bedford ist hauptsächlich als englischer Nutzfahrzeug-Hersteller bekannt geworden. Um 1907 gab es aber auch „Bedford-Buick“ -Automobile. Von 1906 bis 1909 war der amerikanische „Buick“ mit Vierzylinder-2,6-Liter-Motor auf dem Markt, der auch nach England ausgeführt wurde und dort diesen Markennamen erhielt. 1909 übernahm die amerikanische „General Motors Corporation“ (GMC) die „Bedford Motors Ltd“, die damit zur ersten Tochtergesellschaft der GMC in England wurde. Drei Jahre später hatte man die Firma in „General Motors (Europa) Ltd“ umgewandelt. 1919 trug man den neuen Namen „General Motors Ltd“. Die spätere Firma „Bedford Commercial Division“ (früher Teil der „Vauxhall Motors Ltd“) baut bis heute die „Bedford Rascal“ genannten Kleinlieferwagen mit japanischem Design, ferner Busfahrgestelle, Busse, Omnibusse und Lastkraftwagen.

Der Markenname „Bedford“ bezieht sich auf den Namen einer Stadt in Mittelengland. Im Laufe der Jahrzehnte wurde das Markenzeichen mit Fabeltieren bzw. einem Vogel Greif mehrmals abgeändert. Ⓝ Ⓑ Ⓚ Ⓟ

BELLANGER

F 1912–1925

Bellanger-Automobile waren in Paris als Taxifahrzeuge bekannt. Robert Bellanger, der 1884 geboren wurde, gründete 1906 die Firma „Hagnauer & Bellanger“. Unter diesem Namen etablierte man sich als Vertriebsgesellschaft für französische „Delauney-Belleville“ – und „Westinghouse“ -Automobile. 1912 konnte Bellanger mit dem Erwerb einer Fabrik in Neuilly/Seine bei Paris seinen eigenen Automobilbau starten, der unter dem späteren Namen „Société des Automobiles Bellanger Frères“ bis 1925 durchgeführt wurde. Es entstanden auch sehr große Modelle, wie z. B. der 1921 vorgestellte Wagen mit V-Achtzylinder-6361 cm^3-50 PS-Motor. 1923 kaufte Peugeot die Anlagen in Neuilly auf, und 1928 wurde Lucien Rosengart, der die Marke „Rosengart“ ins Leben rief, neuer Besitzer. Robert Bellanger wurde später Mitglied des Abgeordneten-Hauses und auch Senator.

Das Markenzeichen der französischen Bellanger-Automobile zeigte ein waagrechtes Karo mit der Inschrift „Bellanger Frères“.

BELSIZE; MARSHALL

GB 1897–1925

Zwischen 1897 und 1925 existierte in England die Automobilmarke „Belsize“. Vorläufer der 1903 gegründeten „Belsize Motor Car and Engineering Co. Ltd“ war von 1897 bis 1902 die Firma „Marshall & Co.“, gleichfalls mit Sitz in Manchester/England. Man baute zunächst Fahrräder, denen bald schon Automobile des Markennamens „Marshall“ folgten. Aäußerlich galten diese Modelle als Kopie verschiedener englischer und ausländischer Fahrzeuge (u. a. „Hurtu“ aus Frankreich). 1901 stellte man den ersten Zweizylinder-“ Belsize“ vor, und 1906 gab es bereits einen Sechszylinder-Typ. Ab 1924 hießen alle Kleinwagen „Belsize-Bradshaw“, benannt nach dem Motorenkonstrukteur Granville Bradshaw. Ein Jahr später wurde der Automobilbau allerdings eingestellt.

Markenzeichen des englischen „Belsize“ war der schräggestellte Schriftzug „Belsize“ auf dem Kühler.

BENDIX

Vincent Hugo Bendix gründete zusammen mit einem „Holsman"-Angehörigen die Firma „Bendix Co." in Chicago, Illinois/USA. Mit der Übernahme der Automobilfirma „Triumph Motor Car Co." konnte Bendix den Automobilbau starten. Er baute einen „Highwheeler", von dem rund 7000 Exemplare verkauft werden konnten. 1908 entwickelte Bendix zwei völlig neue Wagen, den „Duplex" und den „Bendix". Der „Bendix 30" besaß einen wassergekühlten Vierzylinder-30 PS-Motor. Etwa Ende 1934 stellte der Bremsen-Hersteller Bendix einen neuen Automobil Prototyp, den „Travelling Showcase" („Reisender Schaukasten") vor, der von einem Sechszylinder-Motor angetrieben wurde. 1945 verstarb Hugo Bendix; seine Firma „Bendix Corp." kam 1983 zur „Allied Corporation" und überlebt bis heute in der Gesellschaft „Allied Signal, Inc.".

USA 1907; 1934

Das Markenzeichen der Firma „Bendix", von der es u. a. auch in Deutschland eine Tochtergesellschaft gab, zeigte den einfachen Schriftzug „Bendix" mit einem dicken, geschwungenen Unterstrich in blauer Farbe.

Ⓚ

BENELLI

Bereits 1911 kam es durch die sechs Brüder Benelli zur Gründung der Firma „Benelli S.p.A.", die bis in die 90er-Jahre hinein äußerst qualitätvolle, berühmte Motorräder baute. Im Jahre 1949 kam es bei „Benelli" aber auch zur Konstruktion eines Kleinwagens, der als „Benelli" bzw. „Benelli BBC" bekannt wurde. Die Zusatzbezeichnung ging auf die Namen der drei Konstrukteure Benelli, Beretta und Castelbarco, zurück. Diese zweitürige und viersitzige Limousine wurde 1952 auf dem Turiner Automobil Salon präsentiert. Die Anfertigung der drei Prototypen wurde vom italienischen Grafen Luigi Castelbarco finanziert und unter Beteiligung der Waffenfabrik „Beretta" durchgeführt. Die Prototypen besaßen einen luftgekühlten V-Zweizylinder-600 cm^3-21 PS-Viertakt-Motor mit Vorderradantrieb. Die geplante Serienproduktion kam nie zustande.

I 1949–1952

Das Markenzeichen der berühmten Benelli-Motorräder, wie auch der italienischen Firma selbst, zeigte einen Löwen und den Markennamen „Benelli".

Ⓝ Ⓚ

BEN HUR

Die Firma „Ben Hur Motor Co." bestand 1917 und 1918 in Willoughby, Ohio/USA, und stellte in diesen Jahren Automobile her, die den Markennamen „Ben Hur" trugen. L. L. Allen gab seinen Fahrzeugen diesen ungewöhnlichen Namen. Der amerikanische „Ben Hur" besaß einen Sechszylinder-5,0-Liter-" Buda" -Motor und war ein aus Fremdteilen zusammenmontierter Wagen, der nur in begrenzter Stückzahl produziert wurde. Die Konstruktion war von B. P. Bagny. Die ersten Fahrzeuge waren offene Versionen, sportliche zweisitzige Roadster. Bereits ab Februar 1918 annoncierte man eine neue Baureihe von 30 PS- und 40 PS-Fahrzeugen. Den „Ben Hur" gab es als siebensitzigen Tourenwagen, zweisitzigen Roadster, viersitzigen „Cloverleaf"-Roadster und auch als siebensitzigen „Tourer Sedan".

USA 1917–1918

Markenzeichen von „Ben Hur" war ein rundes Emblem mit dem Markennamen „Ben Hur" und dem Slogan „Form – Endurance – Speed" (Form - (Aus)Dauer – Geschwindigkeit). Ferner zeigte es einen „Ben Hur"-Roadster und einen römischen Streitwagen.

BENJAMIN; BENOVA

Die Firma „Maurice Jeanson" und spätere „Société Benjamin" in Asnières/Seine stellte von 1921 bis 1931 Vierzylinder-Automobile her, die bis etwa 1926 unter dem Markennamen „Benjamin" verkauft wurden. Man baute auch Automobile mit Zwei- und Dreizylinder-Motoren. Von 1923 bis 1925 hatte die „Société" auch eine kleine Voiturette mit Vierzylinder-4 PS-Motor hergestellt. Vom Typ „A" hatte man etwa 50 Exemplare produziert. Es folgten Modelle um Modelle, doch 1926 wurden bei der französischen Automobilfabrik für kurze Zeit die Werkstore geschlossen. Man versuchte den alten, inzwischen ein wenig überholten „Benjamin" unter dem Markennamen „Benova" neu herauszubringen. Verwendung fand nun ein französischer Achtzylinder-1,5-Liter-Motor von „SCAT". Der Versuch mißlang, und 1931 stellte das neue „Benova"-Unternehmen seine Tätigkeit ein.

F 1921–1931

*Der von der reorganisierten Firma 1927 neu vorgestellte „Benova" – der Name setzte sich aus „**Ben**jamin" und „**nova**" (neu) zusammen – erhielt ein querovales Markenemblem mit dem integrierten Markennamen „Benova".*

BENTALL

Die Landmaschinenfabrik „E.H. Bentall & Co. Ltd" in Heybridge, Maldon, Essex/England baute in den Jahren 1906 bis 1912 auch „Bentall"-Automobile. Es handelte sich um Zwei- und Vierzylinder-Wagen, die zur Gänze in Eigenproduktion entstanden. Mehr als 20 Einheiten jährlich wurden jedoch nie gefertigt. Bereits 1905 baute man den ersten Protoytp des „Bentall". Etwa 100 Automobile wurden hergestellt, die meist runde Kühler aufwiesen. Neben „Bingham"-Motoren wurde auch – wie beim Hochzeits-Bentall-Wagen von Miss Bentall, ein „Aster"-Antriebsaggregat verwendet. Im Jahre 1912 hatte man den Automobilbau wieder eingestellt. Ferner ist bekannt, daß William Bentalls Enkel, E. E. Bentall, um die Jahrhundertwende stationäre Benzinmotoren entwickelt hatte, die in der Landwirtschaft zum Einsatz kamen.

GB 1906–1912

*Markenzeichen des englischen „Bentall" war der schräg auf dem Kühler angebrachte Schriftzug „Bentall". Ein weiteres Emblem zeigte den gespiegelten Buchstaben B für „**B**entall" mit der Firmenzusatzbezeichnung „& Co.".*

BENTLEY

Walter Owen Bentley wurde als Konstrukteur von Umlauftriebwerken für Flugzeuge und geniale Automobilen weltberühmt. Die Firma „Bentley Motors Ltd" wurde 1920 in Cricklewood bei London gegründet und verlagerte ihren Sitz 1946 nach Crewe, Cheshire/England. Bentley hatte schon 1919 seinen ersten Wagen vorgestellt. Der Vierzylinder-3,0-Liter-Sportwagen wurde von 1921 bis 1929 in kleiner Serie gebaut. 1926 folgte ein großer Sechszylinder-Wagen. Finanzielle Engpässe machten jedoch einen Verkauf der Firma notwendig, und so kam Bentley 1931 zu Rolls-Royce. Zwei Jahre später gab es baugleiche Modelle. Nach der Vorstellung weiterer exklusiver Modelle folgte 1982 der berühmte „Bentley Mulsanne Turbo" mit V-Achtzylinder-Motor. Noch heute steht der Name „Bentley" für die gelungene Verbindung von Tradition und Fortschritt.

GB 1920 – heute

*Der Typ „Speed Six" von 1929 besaß ein grünes Emblem. Die heutigen Fahrzeuge zeigen das Emblem mit rotem Untergrund. Das markanteste am Bentley-Kühler dürfte wohl das „winged B" sein, das „geflügelte B" für den Namen „**B**entley"*

Ⓝ Ⓑ Ⓚ

BENZ; BENZ SÖHNE

Die deutschen Automobilpioniere Gottlieb Daimler und Karl Benz schufen die Voraussetzung zur Motorisierung des Kraftfahrzeugverkehrs. Am 3. Juli 1886 stellte Benz der staunenden Öffentlichkeit das erste Automobil der Welt vor. 1893 erschien bei der Firma „Benz & Cie." der erste vierrädrige Motorwagen mit dem Typennamen „Viktoria". 1899 folgte das Modell „Ideal". Im Laufe der Jahre kamen immer wieder neue Typen heraus. Weltberühmt wurde der „Blitzen-Benz", von 1909 bis 1924 Träger des absoluten Geschwindigkeits-Weltrekords. 1924 entstand eine Interessensgemeinschaft zwischen „Benz" und „Daimler" („Mercedes"), die 1926 zur Gründung von „Mercedes-Benz" führte. Dr. Ing. h.c. Karl Benz starb am 4. April 1929 im Alter von fast 85 Jahren. Zu dieser Zeit fuhren bereits 30 Millionen Automobile auf den Straßen. Zu erwähnen ist auch die Firma „Benz Söhne" in Ladenburg, in der unter Leitung von Karl (Carl) Benz und seinen Söhnen Eugen und Richard von 1906 bis 1926 in bescheidenem Rahmen Vierzylinder-Fahrzeuge mit dem Markennamen „Benz Söhne" gefertigt wurden.

Die Automobilmarke „Benz" wechselte im Laufe der Jahre ihre Markenembleme. Anfangs gab es noch schwungvolle Schriftzüge und Markenzeichen mit umgebendem Zahnkranz, die 1909 Emblemen in runder Form, häufig mit einem Lorbeerkranz, wichen. Das Markenzeichen der Firma „Benz Söhne" wies den Markennamen mit einer Zahnkranz-Umrandung auf. Ein anderes dagegen zeigte den Firmennamen, Herstellungsort und eine strahlende Sonne.

Ⓝ Ⓑ

D 1886–1926;
1906–1926

BERGMANN; ORIENT EXPRESS; LILIPUT

1894 wurde der erste „Bergmann"-Motorwagen von den „Bergmann`s Industriewerken" in Gaggenau vorgestellt, den der Ingenieur Joseph Vollmer konstruiert hatte. Die ab 1895 gebauten Wagen erhielten den Markennamen „Orient Express". Bis 1903 konnte die Automobilproduktion keinen besonderen Erfolg verbuchen, und erst mit dem Eintritt von Georg Wiss in die Firma, 1904, entstanden neue Ideen und der Firmenname: „Süddeutsche Automobilfabrik GmbH", kurz „SAF" genannt. Bei der SAF entstanden neben einer Reihe neuer und moderner Personenwagen auch Lastkraftwagen. Ab 1904 baute man den „Liliput", der von einem Zweizylinder-Motor angetrieben wurde. 1907 kooperierte man mit Benz in Mannheim bei der Fabrikation von Lastwagen und Omnibussen. 1910 übernahm Benz die Firma „SAF" in Gaggenau, die ab 1911 „Benz Werke Gaggenau GmbH" hieß.

Der „Bergmann Liliput" zeigte auf der Außenseite des oberen Wasserkastens die Schrift „Bergmann Wagen" und auf dem unteren Wasserkasten ein Emblem mit der Schrifteinfassung „Liliput".

Ⓝ

D 1894–etwa 1910

BERLIET; AMERICAN BERLIET

Marius Berliet, geboren 1866 in Lyon, begann im Jahre 1895 mit der „Berliet"-Automobilherstellung. Sein erster Motorwagen wies als Besonderheit ein Viergang-Getriebe auf. Dies war in jener Zeit äußerst ungewöhnlich. Nach seinen ersten Erfolgen konnte Berliet die Werksanlagen der Firma „Audibert-Lavirotte" erwerben, in der weitere Berliet-Modelle entstanden. „Berliet" beteiligte sich auch erfolgreich an Wettbewerbsveranstaltungen. Die amerikanische Firma „Alco" wurde auf „Berliet" in Lyon aufmerksam und konnte eine Lizenz zum Nachbau ihrer Fahrzeuge erwerben, die als „American Berliet" bekannt wurden. 1939 wurden die letzten Berliet-Personenwagen hergestellt, dann konzentrierte man sich auf die Produktion von Nutzfahrzeugen, und seit 1967 gehört die Marke zu „Citroën". 1974 wurde „Renault" und zwei Jahre später „Peugeot" neuer Eigner.

*Durch Zusammenarbeit mit der „**Ame**rican **L**ocomotive **Co**mpany" (Alco) entstand 1909 das neue Berliet-Emblem mit der Front einer Western-Lok.*

Ⓝ Ⓑ Ⓚ

F 1895–1975

BERNA

Der Schweizer Markenname „Berna" stand für den Bau hervorragender Nutzfahrzeuge. 1902 begann der Kunstschlosser Josef Wyss in Bern mit dem Bau von Berna-Automobilen. 1902 gab es den Typ „Berna Ideal", ein vis-à-vis-Wagen. Die ersten Modelle ähnelten den französischen „De Dion-Bouton" -Fahrzeugen jener Zeit. 1904, nach der Umbenennung des Unternehmens von „Josef Wyss" in „J. Wyss, Schweizerische Automobilfabrik Berna", zog die Firma nach St. Olten/Schweiz. Schon 1906 entstanden die „Motorenwerke Berna AG". 1907 wurde der Berna-Personenwagenbau eingestellt, statt dessen wurde mit der Produktion der berühmten Berna-Nutzfahrzeuge begonnen. Die Firma unterhielt mit „Saurer" in Arbon/Schweiz und sogar mit der Lokomotivenfabrik „Krauss-Maffei" in München geschäftliche Beziehungen. Um 1972 wurde es um den Berna-Lastkraftwagenbau stiller.

Die Firma verwendete für ihre Personenwagen und Nutzfahrzeuge ein Emblem, das das Wappentier von Bern, den Bären, zusammen mit dem Markennamen „Berna" zeigte.

Ⓝ

CH 1902–etwa 1972

BETHLEHEM; IDEAL

Im April 1920 annoncierte die ehemals in Allentown, Pennsylvania/USA, beheimatete Firma „Bethlehem Motor Truck Corporation" die kurz bevorstehende Serienproduktion eines Automobils, das unter dem Markennamen „Bethlehem" bekannt wurde. Für den Export erhielt dieser amerikanische Motorwagen auch zeitweise den Markennamen „Ideal". Bereits in den Jahren 1917 bis 1926 baute man unter dem Firmennamen „Bethlehem Motors Corporation" 2,5- und 4,0-Tonner-Lastkraftwagen namens „Bethlehem". Zunächst stellte man große Stückzahlen her, doch während des Ersten Weltkriegs sanken diese Zahlen rapide. 1926 wurde der Bethlehem-Lastkraftwagen-Bau ganz aufgegeben.

Das Emblem zeigte den Markennamen „Bethlehem" und den über der heiligen Stadt Bethlehem im östlichen Palästina aufgehenden Stern. Auch eine Stadt im amerikanischen Bundesstaat Pennsylvania trägt den Namen „Bethlehem".

USA 1917–1926

BEVERLEY-BARNES

Eigentümer der englischen Automobilmarke „Beverley-Barnes" waren die Belgier Dolphens, Flamand und Graf Lenaerts. Von 1924 bis 1931 baute man anspruchsvolle Achtzylinder-Reihenmotorwagen. Diese Fahrzeuge blieben teure Exklusivfahrzeuge, von denen nur 15 Exemplare bis 1930 hergestellt wurden. Es ist auch bekannt, daß der 2,0-Liter-ohc-Motor des Beverley-Barnes auch im englischen „Burney Special", einem Stromlinienfahrzeug, zum Einbau kam. Die Beverley-Barnes-Automobilproduktion war im Grunde genommen nur ein Seitenzweig und ein großes Hobby von Dolphens. Die „Beverley Works Ltd" in Barnes/London wurde im Jahre 1943 an die Metallgießerei-Firma „Omes Ltd" verkauft, und damit verschwand der Markenname für immer vom Automarkt.

Für den Beverley-Barnes verwendete man ein wappenähnliches Emblem, in dem die Initialen B und B für „Beverley-Barnes" sowie der Markenname selbst zu lesen waren. Der Markenname leitete sich von der Firma „Beverley" und dem Londoner Stadtteil Barnes ab.

GB 1924–1930

BIANCHI; AUTOBIANCHI

Die Fahrradfabrik Edoardo Bianchis baute ihre ersten motorisierten Dreiräder 1899, denen bald darauf erste große Vierzylinder-Wagen mit dem Markennamen „Bianchi" folgten, die in Mailand gebaut wurden. Es gab sogar Bianchi-Rennwagen mit 11,4-Liter-Antriebsaggregaten. In den 20ern folgten biedere Fahrzeuge mit 1,3- bis 2,3-Liter-Motoren. Man konnte zwar einen gewissen Umsatz erreichen, kam aber gegen den Autoproduzenten Fiat in Turin nicht an. In den 30er-Jahren baute man lediglich den Bianchi-Typ „S 9", der im Modelljahr 1936 als neuer „S 5" mit Synchron-Getriebe und Hydraulik-Bremsen neu vorgestellt wurde. 1939 wurde der Bianchi-Automobilbau aufgegeben. 1957 nahm man die Produktion mit der neuen Automarke „Autobianchi" wieder auf. In der Fahrradherstellung lebte der Name „Bianchi" bis in die späten 80er-Jahre weiter.

Das Markenemblem des „Bianchi" zeigte das Wappen der Mailänder Grafen Visconti; der Adler entstammt dem Wappen der Familie Sforza, den auf die Viscontis folgenden Regenten Mailands.

(N) (B) (K)

I 1899–1939;
1957–etwa 1981

BIGNAN

Schon 1914 hatte Jacques Bignan die Idee, sich als Motorenkonstrukteur selbständig zu machen, doch verhinderte der Ausbruch des Kriegs diesen Plan. Erst nach dem Ersten Weltkrieg konnte er seinen ersten „Bignan" vorstellen. Er startete die Automobilproduktion in den alten „Grégoire"-Anlagen in Poissy/Frankreich. 1919 gründete er die Firma „Etablissements Industriels Bignan", aus der dann die „Automobiles Bignan" in Courbevoie/Seine wurde. 1923/24 stellte Bignan einen 16-Ventil-Wagen vor. Mit diesem Modell siegte er in jenen Jahren im Tourenwagen-Grand Prix von Spanien. 1928 gewann er die Rallye Monte Carlo. Nachdem schon 1928 das Konkursverfahren eingeleitet worden war, mußte Bignan 1930 den Autobau aufgeben. Henri Preloux von der Firma „EHP" übernahm den Betrieb und baute noch rund fünf Jahre Automobile.

Bignan zeigte auf einem seiner Sportmodelle ein stilisiertes Storchen-Emblem, umgeben von einem Kreis und mit der Bezeichnung „Bignan Sport". 1920 waren auch Fahrzeuge mit dem einfachen Schriftzug „Bignan" auf dem Markt.

F 1919–1930

BITTER

Erich Bitter, der 1933 geboren wurde, begann seine Motorsport-Karriere mit einem „NSU Prinz II" und profilierte sich später als Porsche- und Abarth-Rennfahrer. 1969 eröffnete er ein Autozubehörgeschäft und stieg 1973 mit einer Sportwagen-Konstruktion in den Markt ein. Bitter hatte zudem auch die Vertretung der Firmen „Abarth", „Intermeccanica", „NSU", „Saab" und „Volvo" übernommen. In Zusammenarbeit mit Opel realisierte Bitter seinen „Bitter CD", der auf „Diplomat" -Basis entstand. Zwischen 1974 und 1980 wurden 395 Exemplare gebaut. Der von Bitter entwickelte „Indra" kam bei der italienischen Firma „Intermeccanica" zur Vorstellung. 1979 gab es den „Bitter SC", der ständig modifiziert und in den 80er-Jahren auch mit Allradantrieb angeboten wurde. Nach einem überwundenen Konkurs führt Bitter seinen Autobau bis heute erfolgreich fort.

Das Markenzeichen zeigte den einfachen Schriftzug „Bitter" oder auch ein Emblem mit dem Markennamen und dem Buchstaben B für „Bitter".

(N)

D 1973 – heute

BIZZARRINI

Giotto Bizzarrini, im Juni 1926 in Livorno geboren, zählte zu den bedeutendsten Automobilkonstrukteuren Italiens. Er arbeitete für „Ferrari", insbesondere den „Ferrari 250 GTO" und „Iso", d. h. den „Iso Grifo". Seit 1962 baute er in seiner in Livorno gegründeten Firma „Prototipo Bizzarrini S.r.l." einzelne Prototypen. Ab 1965 gab es bei „Bizzarrini" Sportwagen in begrenzter Serie, die von amerikanischen V-Achtzylinder-"Chevrolet" -Motoren angetrieben wurden. Man stellte aber auch kleinere Coupés mit 1,5- und 1,9-Liter-Aggregaten her. Diese Versionen wurden bis ins Modelljahr 1969 gebaut. 1991 sah man Bizzarrini noch mit einem „Bizzarrini Picchio", einem den Gruppe C-Rennwagen ähnlichen Straßensportwagen-Prototyp, auf diversen italienischen Rennstrecken.

Bizzarrini-Markenzeichen gab es in verschiedenen Ausführungen. Eines davon war ein rundes Emblem mit Strahlenkranz, einem Vogel Greif, dem Markennamen „Bizzarini" und dem Produktionsort „Livorno", gelb auf rotem Untergrund.

I 1965–1969

BLACK

Seth C. Black in West Chester, Pennsylvania/USA, war Zimmermann mit eigener Zimmerei, doch als Hersteller eines „Black" genannten Dampfmotorwagens im Jahre 1902 ging er in die amerikanische Automobilgeschichte ein. Angeblich hatte er noch einen weiteren Motorwagen gebaut, doch liegen hierüber, wie auch über sein erstgebautes Automobil, keine näheren Informationen vor.

Markenzeichen war der Schriftzug „Black", doch steht nicht genau fest, ob er tatsächlich auch zur Verwendung kam, zumal es in jener Zeit noch eine weitere amerikanische Automobilfirma namens „Black" gab, die ähnliche Automobile, jedoch mit Benzinmotor-Antrieb, baute.

USA 1902

BLÉRIOT; BLÉRIOT WHIPPET

BLÉRIOT

F 1921–1922;
GB 1920–1927

Der Ingenieur, Pilot und Flugzeugtechniker Louis Blériot, 1872 geboren, flog erstmals 1909 mit seinem selbstkonstruierten Eindecker über den Ärmelkanal. Er gründete die „Blériot Aeronautique S.A." in Surèsnes/Seine, die von 1921 bis 1922 Blériot-Automobile mit Zweizylinder-8/10 PS-Motoren und Kardanwellenantrieb baute. Der Blériot galt als französische Ausgabe des englischen „Blériot-Whippet", der bei der Firma „Air Navigation & Engineering Co. Ltd" in Addlestone, Surrey/England, von 1920 bis 1927 hergestellt wurde. Bei der französischen Firma „Blériot" entstanden von 1919 bis 1923 auch Motorräder dieses Markennamens. Im Ersten Weltkrieg baute man vor allem Jagdflugzeuge, später Militär- und Sportflugzeuge sowie Flugboote. Louis Blériot verstarb am 1. August 1936 in Paris.

Das „Blériot" -Firmenzeichen zeigte sich in verschiedenen Ausführungen, u. a. als langgezogenes Dreieck mit dem „Blériot"-Schriftzug in geschwungenen Buchstaben. Daneben gab es auch einen einfachen Schriftzug.

BMC; BLMC

GB 1952–1968.;

Die „**B**ritish **M**otor **C**orporation Ltd ", kurz „BMC" genannt, entstand 1952 durch den Zusammenschluß mehrerer britischer Automobilmarken wie „MG ", „Triumph ", „Wolseley" und „Riley". Die Voraussetzungen hierfür hatten die beiden Gründer, Lord Herbert Austin („Austin") und Lord Nuffield (William Richard Morris – „Morris") geschaffen. Man hatte Verbindungen zu „Austin-Healey", „Healey" und der britischen Tochtergesellschaft „Van den Plas" (Karosserie-Bau), die in Belgien unter dem Namen „Vandenplas" residierte. 1966 fusionierte BMC mit „Jaguar". 1968 wurde aus der Gesellschaft die „British Leyland Motor Corporation", kurz „BLMC", die dann ab 1978 unter dem Firmenkürzel „BL-Limited" firmierte. Die eigentliche „British Leyland Limited" wurde im Jahre 1984 aufgelöst.

Das BMC-Firmenlogo war ein rundes Zeichen mit dem integrierten Firmennamen „British Motor Corporation Ltd" und der Kurzbezeichnung „BMC".

Ⓝ Ⓑ Ⓚ

BMW

D 1928– heute

Die „**B**ayerische **M**otoren **W**erke AG" (BMW) mit Sitz in München entstand in ihrer Urform 1919 aus den ehemaligen „Bayerischen Flugzeugwerken AG". Man hatte sich in den „Otto" -Anlagen eingerichtet. Nach 1918 wurde zunächst der Motoren-, dann der Motorradbau begonnen, dem 1928 der Bau des ersten BMW-Automobils folgte. Grundlegend war die Übernahme der ostdeutschen Firma „Fahrzeugfabrik Eisenach", wo man später den „Dixi" baute. Von 1929 bis 1932 nahm man sich des englischen „Austin Seven"-Lizenzwagens an und stellte ihn unter „BMW-Dixi" her. Dieser Kleinwagen bildete die Grundlage für weitere berühmte Modelle von BMW. 1952 startete erneut der eigene Automobilbau mit Sechs- und Achtzylinder-Typen. 1966 kam die Marke „Glas" zu BMW, und die Entwicklung der folgenden Jahrzehnte führte zu einer großen Palette von Mittel- und Luxusklasse-Wagen.

Aus dem Flugmotorenbau stammte auch das stilisierte Propellerzeichen von 1917, das später in vier Segmente in den bayerischen Landesfarben Weiß und Blau aufgeteilt wurde. Durch die Jahrzehnte hindurch blieb das Zeichen bis heute in seiner Grundform erhalten.

Ⓝ Ⓑ Ⓚ Ⓟ

BNC

F 1923–1931

Im Jahre 1923 begann man in der Firma „Bollack, Netter & Cie." (BNC) in Levallois-Perret/Seine mit der Herstellung eines Kleinwagens, eines „Cyclecars" mit der Markenbezeichnung „BNC". Das Fahrzeug gehörte zu den besseren und erfolgreicheren Sport- und Rennwagen der 20er- und 30er-Jahre. Der BNC wurde wahlweise vom französischen „Ruby" – oder „SCAT" -Motor angetrieben. 1925 gab es den BNC mit Kompressor. In den 20ern machte man durch zahlreiche Teilnahmen an Cyclecar-Wettbewerben, so am Bol d'Or-Rennen und in Le Mans, verstärkt auf sich aufmerksam. Zwischen 1928 und 1931 brachte die Firma in Reuil-Malmaison „AER" genannte Automobile heraus, doch 1931 kam mit dem Achtzylinder-5,0-Liter-„BNC" das Ende für diese Firma.

*Das Markenzeichen der Firma „**Bol**lack, **N**etter & **C**ie." von 1927 zeigte ein stehendes, an den Ecken abgerundetes Dreieck, in dem die Markenbezeichnung „BNC" und ein Kühler der französischen Marke angebracht waren.*

Ⓑ

BOB

D 1919–1925

In den Jahren 1919 bis 1925 baute die am 15. Januar 1919 gegründete Firma „Bob-Automobil-Aktiengesellschaft" bzw. später „GmbH" in Berlin Kleinwagen mit dem Markennamen „Bob". Der schlanke, zweisitzige Bob erhielt einen Vierzylinder-Motor mit 800 bis 1300 cm^3 Hubraum. Der Bob war zudem dank seiner robusten Bauweise für Überlandtouren geeignet. Dieser Kleinwagen konnte einen recht guten Verkaufserfolg verbuchen, fand aber keine große Verbreitung. 1920 und 1921 wurde aus der Firma die „Bob Automobil-Gesellschaft Carpzow & Wachsmann". Ab Anfang 1925 geriet die Gesellschaft in wirtschaftliche Schwierigkeiten, und die Produktion mußte auf Grund zu großer Konkurrenz im Automobilbau eingestellt werden.

Das Firmenlogo der „Bob-Automobil-GmbH" zeigte den Markennamen „Bob", der von drei „Armen" umschlossen wird.

BOLLÉE; LEON BOLLÉE

F 1895–1933

Léon Bollée führte die Arbeit seines Vater Amédée im Automobilbau fort und stellte 1895 einen Benzinmotorwagen des Markennamens „Bollée" vor, der bald von anderen Firmen, wie „De Dietrich" in Frankreich, in Lizenz gebaut wurde. In Le Mans entstanden bis 1914 schwere Tourenwagen und schnelle Rennwagen. Man baute eine größere Reihe von Motorwagen, wobei die letzten Fahrzeuge 8,0- und 12,0-Liter-Motoren und eine exklusive Ausstattung besaßen. Nach 1918 war man aus dem Geschäft, es kam keine nennenswerte Produktion mehr zustande, und die Betriebsanlagen wurden von „Morris" in England übernommen, so daß in der Folge Fahrzeuge mit dem Namen „Morris-Bollée" hergestellt wurden. Von 1931 bis 1933 bei der „Société Nouvelle Léon Bollée" gebaute Wagen trugen noch einmal den Namen des Gründers „Léon Bollée".

*Markenzeichen war der Schriftzug „Léon Bollée" auf der Außenseite am oberen Wasserkasten des Messingkühlers. Das Markenzeichen eines Dampfmotorwagens von Amédée Bollée trug den Namen „La Mancelle" und den Buchstaben B für „**Bollée**".*

BOND

Vom „Bond“ gab es ein geflügeltes Markenzeichen mit integriertem Markennamen, sowie ein Emblem mit der Inschrift „Minicar“.

Die Firma „Sharp's Commercials Ltd“ in Preston/England, die später besser als „Bond Minicar, Sharp's Commercial Ltd“ bekannt wurde, baute von 1949 bis 1964 den „Bond“-Kleinwagen. Von 1965 bis 1970 erfolgte die Herstellung unter dem Namen „Bond Cars Ltd“, und von 1971 bis 1974 produzierte die Firma „Reliant Motor Co. Ltd“ in Tamworth/England, die „Bond“ aufgekauft hatte. Aus dem lange beliebten Dreirad-Kleinwagen wurde 1963 ein GT mit „Triumph-Herald“ -Motor. Die Firma „Reliant“ nahm sich nach der Übernahme des Fahrzeugs an und brachte es mit attraktivem Design 1970 neu heraus. 1967 gab es bereits das vierrädrige Coupé „Bond Equipe 2,0-litre“. Schöpfer des „Bond Minicar“ und der Bond-Sportwagen war Lawrence („Laurie“) Bond.

GB 1949–1974

(DEUTSCH-)BONNET; D. B.; RENÉ BONNET

Das Markenzeichen von „René Bonnet“ zeigte den Markennamen, zusammen mit der Rennflagge und der Nationalflagge Frankreichs sowie einem springenden Steinbock (?), vermutlich Sternzeichen von René Bonnet.

Ⓚ

René Bonnet war zunächst „Citroën“-Vertreter. Der geschäftstüchtige Unternehmer verband sich im Jahre 1938 mit dem Ingenieur Charles Deutsch und gründete mit ihm die Firma „Automobiles D.B.“. Man stellte Sport- und Rennwagen auf der Basis des französischen „Panhard“ her. 1962 trennten sich die beiden, und Bonnet gründete die Firma „Société Bonnet & Cie.“ in Champigny-sur-Marne/Seine. Nun begann er unter Verwendung von „Renault“ -Komponenten eigene Sportwagen zu konstruieren und herzustellen. 1965 verkaufte er sein Unternehmen an die Firma „**M**écanique **A**éronautique et **Tra**ction“ (MATRA), einen Konzern, der seit Jahren mit dem Bau von Raketen, Satelliten und flugtechnischen Steuerungsanlagen hervorragende Leistungen erzielte.

RENÉ BONNET

F etwa 1962–1965

BORGWARD

Markenzeichen der deutschen „Borgward“ -Automobile war ein senkrechtes, in vier Segmente unterteiltes Karo in den Farben Rot und Silber, den Stadtfarben der Hansestadt Bremen.

Ⓝ

Die Automobilmarke „Borgward“ gehörte zu den bedeutendsten in Deutschland. Im Jahre 1939 begann man „Borgward“ genannte Automobile mit 2,3-Liter-Motoren herzustellen. Sie entstanden in den „Carl F. W. Borgward Automobil- und Motoren-Werken“ in Bremen, wo auch Fahrzeuge mit den Markennamen „Hansa“ und „Hansa-Lloyd“ gebaut wurden. Bekannt waren die Versionen „Hansa 1500“ mit tropfenförmigen Karosserien und 1,5-Liter-Aggregaten von 1949. Es folgte eine neue Baureihe, die den „Borgward 1800“, das beliebte „Borgward Isabella“ -Coupé, den großen „Borgward 2300“ mit Sechszylinder-Motor und den „Borgward P 100“ mit 2,3-Liter-Motor umfaßte. Zum Borgward-Konzern, der als Nutzfahrzeug- und Personenwagenhersteller 1961 Konkurs anmelden mußte, gehörten auch das beliebte Kleinwagenfabrikat „Lloyd“ und das Lieferwagenmodell „Goliath“.

BORGWARD

D 1939–1961

BRASIER; GEORGES RICHARD

Bis zuletzt trugen die „Brasier“ -Fahrzeuge als Emblem das berühmte alte „trèfle à quatre feuilles“, ein vierblättriges Kleeblatt in grüner Farbe. Auch auf verschiedenen Rennfahrzeugen der italienischen Marke „Alfa Romeo“ war ein grünes Kleeblatt angebracht. Ⓝ Ⓑ

Henri Charles Brasier wurde 1864 in Ivry la Bataille/Frankreich geboren. Von 1896 bis 1901 war er Teilhaber der französischen Autofirma „Mors“, wo er gleichzeitig für die Konstruktion verantwortlich war. 1897 begann Georges Richard in Ivry mit dem Lizenzbau eines deutschen Benz, dann importierte er den belgischen „Vivinus“, verkaufte ihn aber ebenfalls unter dem Markennamen „Georges Richard“. 1902 engagierte er Brasier, der drei Jahre später die Geschäfte übernahm und die von ihm konstruierten Wagen unter dem neuen Markennamen „Brasier“ herausbrachte. Richard, der sich von seinem Unternehmen trennte, baute dann später „Unic“ -Automobile. Bis 1930 baute „Brasier“ hervorragende Automobile. Doch der Absatz war inzwischen immer schwieriger geworden, und die Marke „Brasier“ wurde – wie andere – Opfer der Depressionszeit.

Brasier
PARIS

F 1897–1930

BRENNABOR; BRENNA

Der Markennamen ist die slawische Bezeichnung für Brandenburg a. d. Havel, dem Sitz der Automobilniederlassung.

Ⓝ Ⓑ

Im Jahre 1871 gründeten die Brüder Carl, Hermann und Adolph Reichstein in Brandenburg a. d. Havel „Brennabor Werke“, wo man zunächst Kinderwagen und andere Korberzeugnisse fertigte. Über die Konstruktion eines „Brennabor“ -Motorrads entstand 1907 die „Brennaborette“, ein Einzylinder-Dreirad-Wägelchen. 1908 wurde der erste Vierradwagen produziert, der als „Brennabor“ zur Vorstellung kam. 1911 wurden solche Fahrzeuge unter dem Namen „Brenna“ in London vertrieben. Vor 1914 gab es schon Vierzylinder-Wagen, aber erst nach 1918 wurde die Marke populärer und nahm an Renommee und Umfang zu. Brennabor setzte unterschiedliche Wagen bei zahlreichen Wettbewerben erfolgreich ein. 1926 gab es den Sechszylinder-Typ „A“ und einen neu produzierten Lastkraftwagen. Mit dem Typ „Ideal“ (1929-1931) kam das Ende von Brennabor.

D 1908–1934

BREVETTI FIAT; FIAT

*Der Markenname „Brevetti Fiat“ bedeutet „Patent Fiat“, wobei „Fiat“ für „**F**abbrica **I**taliana **A**utomobili **T**orino“ steht.*

Ansaldi gründete 1878 zusammen mit Tarizzo die „Società Tarizzo-Ansaldi“, mit dem Ziel der Produktion von Maschinen verschiedener Art. 1884 trennten sich die beiden wieder. Ansaldi errichtete eine neue Firma und produzierte Kanonen, Granaten und Marine-Motoren. Später erhielt die Firma den neuen Namen „Micheli Ansaldi & C.“, und 1905 kam man mit Fiat in Turin ins Geschäft. Die „Società Fiat-Ansaldi“ entstand, und Vierzylinder-Wagen wurden unter Verwendung von Plänen des „Brevetti Fiat“ gefertigt. Aus Resten von „Fiat-Ansaldi“ entstand ein neues Unternehmen namens „Brevetti Fiat“. Ab 1906 trugen die vorherigen „Fiat-Ansaldi“-Fahrzeuge den Markennamen „Brevetti Fiat“. 1908 wurde die Firma von Fiat aufgelöst und in den Konzern eingegliedert. Bis etwa 1912 gab es den „Brevetti Fiat Tipo due“.

FIAT
BREVETTI
TORINO

I 1906– etwa 1912

BRIGGS & STRATTON

USA 1919–1924

In der Firma „Briggs & Stratton Co.“, mit Sitz in Milwaukee, Wisconsin/USA, wurden in den Jahren 1919 bis 1924 auch Kleinfahrzeuge mit „Briggs & Stratton“-Motoren unter gleichlautendem Markennamen produziert. Der weltweit größte Hersteller luftgekühlter Motoren baute in jenen Jahren Kleinstautomobile unter Verwendung von Patenten von A. O. Smith, der ein „Smith Flyer“-Fahrzeug mit Motorradmotor konstruiert hatte. Der „Briggs & Stratton“ hatte anfänglich fünf, später nur noch vier Räder. Bei den ersten Modellen gab es ein fünftes einzelnes Nachlaufrad, das mit einer Art Hilfsmotor verbunden war, welches den zweisitzigen Wagen antrieb. Noch heute ist „Briggs & Stratton“ in den Staaten und auch in Europa bestens bekannt.

Das Markenzeichen zeigte ein Karo, in dem ein liegendes Rechteck integriert war. In diesem Emblem waren der Markenname „Briggs & Stratton“ sowie „4 cycle“ (Viertakt) und „Gasoline Engines“ (Benzinmotoren) zu lesen. Spätere Zeichen zeigten nur noch den Markennamen „Briggs & Stratton“.

BRISCOE

USA 1914–1921

Unter dem Firmennamen „Briscoe Motor Corporation“ wurden „Briscoe“ genannte Automobile in Jackson, Michigan/USA, hergestellt. Hierbei handelte es sich insbesonders um von Benjamin Briscoe konstruierte Wagen, deren Ursprünge in Frankreich lagen. Briscoe hatte auch dort für einige Zeit Automobile gebaut. In den Staaten wurden mehrere tausend Fahrzeuge hergestellt, die von betriebseigenen Vierzylinder-2,5-Liter-Motoren angetrieben wurden. Im Modelljahr 1916 baute man sogar einen V-Sechzehnzylinder-Wagen des Markennamens „Briscoe“. Die ersten Fahrzeuge dieser Marke wiesen noch Einzelscheinwerfer („Zyklopenauge“) auf, die direkt im Kühler eingebaut waren. Im August 1921, nach Einstellung des Briscoe, wurde aus diesem der neue „Earl“ genannte Motorwagen.

Im Markenzeichen war der Name „Briscoe“ von einer stilisierten Lilie, der „Fleur des Lis“, dem Emblem der französischen Könige seit 1147, umgeben.

BRISTOL

GB 1946– heute

Die englische Marke „Bristol“ entstand erst im Jahre 1946 als Automarke, bereits ab 1910 war aber die Firma als Flugzeughersteller bekannt und zählte damit zu den ältesten auf der Welt. „Bristol“ wurde als Ableger der Flugzeugfirma „Bristol Aeroplane Co.“ gegründet. Bereits 1945 übernahm sie einen bedeutenden Anteil der „Frazer-Nash“-Sportwagenfabrik, die bis 1939 deutsche BMW-Typen in Lizenz baute. Bald gab es „Frazer-Nash-Bristol“-Wagen, deren Aufbauten denen des „BMW 328“ glichen. 1946 stellte man den ersten „Bristol 400“ vor, dem im Laufe der Jahrzehnte weitere und immer exklusivere Fahrzeuge folgten. Bekannt war auch der „Bristol-Zagato GT“, ein viersitziges Sportcoupé mit einer italienischen „Zagato“ -Karosserie. Im Modelljahr 1992 wurden die Bristol-Luxuswagen-Modelle „Beaufighter“, „Brigand Turbo“ und „Britannia“ herausgebracht.

Das „Bristol“-Markenzeichen lehnte sich mit einem Schiff, das den Hafen verläßt, stark an das Wappen der Küstenstadt Bristol an. Spätere Modelle trugen nur noch das bekannte Wappen mit dem integrierten Markennamen.

(K)

BRITON

GB 1908–1928

Zwischen 1908 und 1928 war in Großbritannien die Automobilmarke „Briton“ auf dem Markt. Hergestellt wurde der Wagen zunächst in Wolverhampton, Staffordshire/England. Verantwortlich für den Bau des „Briton“ war 1908 und 1909 die Firma „Star Cycle Co. Ltd“, die schon Automobile mit dem Namen „Starling“ gebaut hatte. Der Briton galt als Nachfolger des Starling und wurde als robuster Kleinwagen mit Zwei- und auch Vierzylinder-Motoren produziert. Von 1909 bis 1928 erfolgte der Bau durch die Firma „British Motor Co. Ltd“, die von Edward Lisle jun. gegründet worden war. Nach dem Krieg war auch eine sportliche Briton-Version erhältlich. Bevor 1930 die Produktion eingestellt wurde, baute man noch einen großzügigen Wagen, der den Namen „Star“ erhielt.

Markenzeichen des „Briton“ war der schwungvolle Schriftzug des Markennamens.

BROUGH SUPERIOR

GB 1935–1939

Georges Brough, für seine Motorräder bestens bekannt, stellte in den Jahren 1935 bis 1939 auch Sportwagen her, die den Markennamen „Brough Superior“ trugen. Angetrieben wurden sie von amerikanischen Sechszylinder-3,5-Liter-„Hudson“-Motoren. In Nottingham/England entstanden auch einige Cabriolets und Limousinen, die man sogar teilweise mit V-Zwölfzylinder-„Lincoln Zephyr“ -Motoren versehen hatte. Der Ausbruch des Zweiten Weltkrieges setzte der geplanten weiteren Herstellung des „Brough Superior“ ein frühes Ende.

Das Markenzeichen des englischen „Brough Superior“ stellte ein Queroval mit dem integrierten Markennamen „Brough Superior“ dar.

(N) (B)

BRUSH

USA 1907–1913

Im Jahre 1907 begann Alanson P. Brush mit der Herstellung eines kleinen Einzylinder-Wagens mit Kettenantrieb und Vollgummirädern. Dieses Fahrzeug erhielt den Markennamen „Brush“. Der Erfolg dieses kleinen Wagens war vielversprechend. Dann folgte ein Zweizylinder-Typ, den A. P. Brush und sein Partner Frank Briscoe, der ebenfalls – aber unter dem Markennamen „Briscoe“ – Automobile herstellte, zum Bau allerdings an die amerikanische Firma „Oakland“ verkauften. Im Zusammenschluß mit der Gesellschaft „United States Motor Corporation“ ging es mit der Marke „Brush“ bald zu Ende, und 1913 kam es gar soweit, daß man die Automobilfirma schließen mußte.

In den wenigen Jahren ihres Bestehens führte „Brush“ mehrere Markenzeichen. Meist blieb es jedoch bei der Verwendung einfacher Großbuchstaben für den Markennamen.

BSA

Es ist bekannt, daß die englische Firma „**B**irmingham **S**mall **A**rms“ (BSA) seit dem Jahr 1907 zu den Pionieren des Vorderradantriebs gehörte. Die ersten Fahrzeuge dieser Marke baute man als große und konventionelle Tourenwagen. Nach Übernahme durch die englische Renommee-Firma „Daimler“ waren die Fahrzeuge jedoch in vieler Hinsicht mit den Automobilen jenes Hauses identisch. Ein BSA-Dreiradwagen mit Zweizylinder-Motor und Vorderradantrieb erschien im Modelljahr 1929, dem 1932 ein gleich konzipierter Vierradwagen folgte. Bis 1939 hatte man diese Versionen hergestellt. Bereits 1931 hatte BSA die englische Automobilmarke „Lanchester“ übernommen, womit ein Markenverbund einer breiten Angebotspalette entstanden war. BSA war auch wegen seiner Motorräder berühmt geworden.

GB 1907–1926; 1929–1940

Das Markenzeichen der BSA-Automobile – u. a. des Modelljahrs 1935 – zeigte in einem Queroval die integrierte Markenkurzbezeichnung mit stilisierten Blättern als Rahmung.

Ⓝ ⒷⓀ

BUC; BUCCIALI

Bucciali gilt auch heute noch als Marke der Mysterien – eine Marke, über die viel Wahres und auch Unwahres geschrieben wurde. Die beiden französischen Brüder Angelo und Paul-Albert Bucciali, Flugzeugbauer und Eisenbahn-Großaktionäre, hatten in den Jahren 1923 bis 1933 in Paris etwa 150 exklusive Automobile unter dem Markennamen „Bucciali“ hergestellt, die auch unter der Kurzbezeichnung „Buc“ bekannt wurden. Der „Bucciali“ war im Grunde genommen ein kompliziertes Fahrzeug, das sich nicht mit Überzeugung verkaufen ließ. Das Modell „Double Huit“ („Doppel-Acht“) mit zwei Achtzylinder-Motoren sorgte in den Jahren 1931 bis 1933, dem Jahre der „Bucciali“ -Produktionseinstellung, für Schlagzeilen – vor allem durch den Diebstahl der Prototyp-Motoren.

F 1922–1933

Das Markenzeichen des Bucciali bzw. Buc zeigte den verschlungenen Buchstaben B oder einen eckigen „Bucciali“ -Schriftzug.

BUGATTI

Eine der legendärsten Marken Frankreichs dürfte wohl „Bugatti“ gewesen sein. Der Name stand in erste Linie für ebenso schnelle wie schöne Automobile aus der ersten Hälfte unseres Jahrhunderts. Von diesen legendären Fahrzeugen wurden in rund 50 Jahren nur 8000 Exemplare hergestellt, doch existieren weltweit immerhin noch etwa 1500 Fahrzeuge, die fahrbereit und in bestem Zustand sind. Die Marke wurde von dem italienischen Automobilpionier Ettore Isidoro Arco Bugatti gegründet. 1990 tauchte der Markenname erneut in Verbindung mit einem neuen Bugatti-Luxuswagen auf, der jedoch mit den ehemals gebauten Fahrzeugen nichts mehr gemeinsam hat. Dem Modell von 1991, „Bugatti EB“, folgte der Typ „EB-110“, dem wiederum der Luxuswagen „Bugatti EB-112“ zur Seite gestellt wurde, der 1993 der Star auf den Automobilsalons war.

I 1909–1918; F 1918–56; 1990–heute

Das übliche „Bugatti“ -Markenzeichen ist ein waagrechtes Oval mit dem integrierten Markennamen „Bugatti“ auf rotem Untergrund, umschlungen von einer Perlenkette. Daneben ist auch der silberne und tanzende Elefant als Kühlerfigur des „Bugatti Royale“ bekannt. Ⓝ Ⓑ Ⓚ

BUICK

Der ehemalige Installateur David Dunbar Buick aus Schottland begann zunächst mit dem Bau von Motoren, dem 1903 die Fertigung seines ersten „Buick“ genannten Automobils folgte. Die „Buick Motor Car Co.“ in Detroit, Michigan/USA, kam 1908 zu „General Motors“ und bildet bis heute eine Renommee-Marke des amerikanischen Konzerns. D. D. Buick verstarb bereits 1929 bettelarm, sein Unternehmen hingegen entwickelte sich mehr und mehr zu einem bedeutenden Automobilproduzenten. Die Marke zählte zu der oberen Mittelklasse amerikanischer Automobile. 1993 konnte Buick sein 90-jähriges Firmenjubiläum feiern. In den Jahren 1993/94 kamen Modelle wie der „Park Avenue“ (171 bis 208 PS) oder der „Regal Gran Sport“ (173 PS) heraus.

USA 1903– heute

Ein Buick-Markenzeichen zeigte den Schriftzug vor einem querstehenden Rahmen

Ⓝ Ⓑ Ⓚ Ⓟ

BUTENUTH; ECONOM

Im Jahre 1950 versuchte der deutsche Ingenieur Hellmuth Butenuth mit einem Kleinwagen in den Automobilbau einzusteigen. Im Juni desselben Jahres zeigte er die ersten beiden Prototypen mit 250 cm^3-“ ILO“ -Motor. Die Karosserie hatte eine Pontonform und wies zudem beim ersten Exemplar üppigen Zierat auf, um die Schlichtheit der Aufmachung zu verdecken. Buthenuth taufte den Wagen „Teddy“, in Anlehnung an den Berliner Bären. Der Preis je Modell sollte bei etwa 2000 Mark liegen, doch kam es nie zu einer Serienproduktion: Butenuth blieb auf seinen drei Exemplaren sitzen. Der Ingenieur baute zudem Lieferwagen, die den Markennamen „Econom“ trugen, und hatte sich auch als Berliner Ford-Händler einen Namen gemacht.

D 1950

Das Butenuth-Markenzeichen war in Triangelform gestaltet, die den Namen „Butenuth“ und den „Berliner Bären“ enthielt.

Ⓑ

CADILLAC

Im Jahre 1899 kam es zur Gründung der „Detroit Automobile Company“ in Detroit, Michigan/USA. Chefkonstrukteur war in jener Zeit Henry Ford. Nach ihm wurde Henry Leland neuer Lonstrukteur und rettete die alte Firma. Schon 1893 hatte Henry Martin Leland zusammen mit dem reichen Holzhändler William H. Murphy die Firma „Pontiac Buggy Co.“ in Pontiac, Michigan, gegründet, aus der dann die „Oakland Motor Car Co.“ entstand. Die neuen Konstruktionen erforderten einen anderen Firmennamen. Aus der Firma wurde so die „Cadillac Automobile Co.“. Später wurde Cadillac innerhalb des US-Autogiganten „General Motors Corporation“ (GMC) zu einer der großen amerikanischen Automobilmarken. Die Marke war mit Ein-, Vier-, Sechs- und V-Acht-, V-Zwölf- und V-Sechzehnzylinder-Motoren vertreten und bringt bis heute exklusive Fahrzeuge auf den Markt.

USA 1903– heute

Für den Markennamen erinnerte man sich des Gründers der Stadt Detroit, Antoine de la Mothe Cadillac (1658 – 1730). Das erste Markenzeichen der früheren „Cadillac Automobil Co.“ war ein Kranz- und Kronen-Emblem, dessen Ursprünge im Französischen zu finden sind. Ⓝ Ⓑ Ⓚ Ⓟ

CALTHORPE

GB 1906–1932

In den Jahren 1906 bis 1932 baute die Firma „Calthorpe“ in Birmingham/England u. a. Fahrräder und „Calthorpe“ genannte Automobile. Diese britische Marke hatte eine lange Renntradition auf kontinental-europäischem Boden. 1906 gründete man die „Calthorpe Motor Co.“ und 1907 stellte man weitere Modelle vor, die hauptsächlich von englischen „White & Poppe“-Motoren angetrieben wurden. Ab 1912 gab es Fahrzeuge mit eigenen Vierzylinder-16/20 PS-Motoren, und es wurde eine Firma „Calthorpe Motor Co. (1912) Ltd“ gegründet. 1913 bis in die 20er-Jahre baute man den „Calthorpe Minor“. Nach weiteren Änderungen des Firmennamens folgten Typen wie der „12“ von 1923, dem 1925 ein Sechszylinder-15,7-Liter-Wagen zur Seite gestellt wurde. 1928 wurde die Produktion eingestellt, die Calthorpe-Motorradmarke verschwand aber erst um 1939 vom britischen Markt.

Eines der bekanntesten Markenzeichen von „Calthorpe“ zeigte ein Queroval mit dem Markennamen „Calthorpe“.

Ⓝ

CARDEN; NEW CARDEN

GB 1913–1923; 1923–1925

Der „Carden“ war ein typischer Vertreter der Cyclecars und wurde von 1913 bis 1923 in Teddington, Middlesex/England, hergestellt. Als Antrieb diente zunächst ein Einzylinder-Motor, der schon bald durch ein luftgekühltes Zweizylinder-Boxeraggregat im Heck ersetzt wurde. Der Carden war in jenen Jahren in England recht beliebt, doch mit dem Rückgang des Cyclecar-Booms kam 1923 das frühe Ende dieser britischen Marke, wobei auch der neue englische „Austin“ zum Niedergang der Firma beitrug. John Valentine Carden, später Sir John V. Carden, war Konstrukteur der Fahrzeuge. Einen umgewandelten „Carden“ hatte man 1923 nach Umbenennung der Firma als „New Carden“ vorgestellt; er wurde aber auch als „Sheret“ vertrieben. 1925 wurde auch die Produktion dieses neuen Wagens eingestellt. John Carden kam 1935 bei einem Flugzeugunglück ums Leben.

Das Markenzeichen der englischen „Carden“ -Kleinwagen zeigte den großzügigen Schriftzug „Carden“ auf der Frontseite des Kühlers.

CARTER TWIN ENGINE

USA 1907–1908

In den Jahren 1907 und 1908 baute die Firma „Carter Motor Car Corporation“ in Hyattsville, Maryland/USA, unter der Leitung von Howard A. Carter Automobile, die den Markennamen „Carter Twin Engine“ erhielten. Ein kardanwellengetriebener fünfsitziger Tourenwagen wurde zum Preis von etwa 5000 US-Dollar angeboten. Von 1921 bis 1922 baute man auch Fahrzeuge des Markennamens „Cartermobile“. Die Firma wurde zudem als Hersteller von „Washington“ genannten Automobilen verzeichnet. Als Exportfahrzeug erhielt der Carter Twin Engine übrigens den Namen „Carter Duplex“.

Fahrzeuge des Markennamens „Carter Twin Engine“ zeigten am Kühler ein doppeltes Herz, in dem der Markenname integriert war. Dieses Markenzeichen mit dem doppelten Herzen stand wohl symbolisch für den doppelten Motor des „Carter Twin Engine“.

CASE

USA 1910–1927

Der amerikanische „Case“ war ein konventionelles Automobil, das 1910 bis 1927 bei der von Jerome Increase Case in Racine, Wisconsin/USA, gegründeten und sehr bekannten Firma „J. I. Threshing Machine Co.“ gebaut wurde. Die Firma stellte vor allem Dresch- und Dampfzugmaschinen sowie landwirtschaftliche Traktoren her. 1914 brachte das Unternehmen eine Reihe von Motorwagen der Typen „25“, „35“ und „40“ auf den Markt. 1918 wurde dieser Serie ein Wagen mit Sechszylinder-“Continental“ -Motor zur Seite gestellt. Dieses Modell wurde in drei Ausführungen – „Touring“, „Sedan“ und „Sport“ – angeboten. 1923 kostete ein siebensitziger Case-Tourenwagen rund 1990 US-Dollar. Vier Jahre später stellte „Case“ die Automobilproduktion ein. Bis heute werden jedoch landwirtschaftliche Maschinen und Geräte entwickelt und hergestellt.

Firmen- und Case-Automarkenzeichen war der „Old Abe“, ein amerikanischer Adler, der bei den Chippewa-Indianern auftauchte. 1904 wurde der Adler von Case mit einem Erdglobus verbunden, auf dem stand.

Ⓝ Ⓑ Ⓚ

CEIRANO

I 1901–1904; 1919–1931

Die Geschichte der italienischen Ceirano-Automobile ist genauso verwirrend wie die Familienchronik der Ceiranos selbst. Unter „Ceirano“ liefen in Italien Automobile unterschiedlicher Herkunft. Das erste Automobil der Marke, ein durch die Brüder Ceirano in Turin gebautes Renault-Lizenzfahrzeug, entstand bereits 1901. Nach mehrmaligem Besitzerwechsel wurde „Ceirano“ 1904 aufgelöst. Giovanni Ceirano und sein Sohn Ernesto errichteten kurze Zeit später eine neue Firma, die ihre Produkte unter der Bezeichnung „SCAT“ vertrieb. 1917 verkauften sie ihre Anteile, entwickelten eine neue Konstruktion und brachten 1919 wieder neue Fahrzeuge unter dem alten Namen „Ceirano“ heraus. Man baute nun sportliche Vier- und Sechszylinder-Wagen, denen auch Lastkraftwagen folgten, die über Fiat vertrieben wurden. 1930 wurde Ceirano vom Fiat-Konzern übernommen.

Ein Emblem des italienischen „Ceirano“ war ein geflügeltes Queroval, in dem der Markenname „Ceirano“ eingebunden war.

Ⓑ Ⓚ

CEMSA; CEMSA-CAPRONI

I 1946–1950

Die Firma „**C**aproni **E**lettro**m**eccanica **Sa**ronno“, kurz „Cemsa“ genannt, stellte im Jahre 1947 auf dem Pariser Automobil Salon den Prototyp eines Wagens mit wassergekühltem Vierzylinder-Boxermotor aus. Das Fahrzeug besaß einen Vorderradantrieb. Der Cemsa, auch als „Cemsa-Caproni“ bekannt geworden (nach Gianni Caproni; Konstrukteur war jedoch ein italienischer Professor namens Antonio oder Franco Fessio) wurde als Familienwagen auf mehreren Ausstellungen gezeigt, zu einer Serienproduktion kam es jedoch nie. Im Jahre 1950 beendete die italienische Firma „Caproni-Agostini“ in Trient ihre Tätigkeit, und im selben Jahr gründete Caproni ein neues Unternehmen, das als „Aero Caproni Trento“ firmierte und die Entwicklung von Schul-, Übungs- und Segelflugzeugen übernahm.

Das Markenzeichen von „Cemsa“ war der Schriftzug des Namens in Druckbuchstaben vor einem roten Kreis mit Ring.

CERTUS

Unter dem Firmennamen „Diercks & Wroblewski" mit Sitz in Offenburg baute man in den 20er-Jahren Karosserien. Später wurde das „Certus-Werk" Nachfolgefirma dieses Unternehmens. In den Jahren 1927 bis etwa 1929 wurden dort auch Automobile gebaut, die den Markennamen „Certus" erhielten. Der kurzlebige deutsche „Certus" wurde wahlweise als Vier- bzw. Achtzylinder-Motorwagen vorgestellt. Die Antriebsaggregate stammten von der französischen Einbaumotorenfirma „SCAP" .

Das Markenzeichen der Firma „Certus" zeigte ein markantes Bauwerk, vermutlich in Oldenburg.

D 1927–1929

CHADWICK

Die Firma „Lee S. Chadwick" in Chester, Pennsylvania/USA, stellte unter dem Markennamen „Chadwick" von 1903 bis 1916 Automobile her. Lee Sherman Chadwick, der 1875 geboren wurde, war einer der ganz großen Pioniere und erfolgreichsten Automobilkonstrukteure in den Vereinigten Staaten. Der erste Tourenwagen besaß einen Vierzylinder-24 PS-Motor und wurde für 4000 US-Dollar angeboten. 1905, nach der Herstellung von rund 15 Fahrzeugen, verlegte er sein Geschäft in größere Anlagen und baute nochmals 25 Automobile, bevor 1906 er seinen berühmten Sechszylinder-11,2-Liter-„Chadwick Six" vorstellte. 1908 bestimmten neue „Chadwick"-Rennwagen das Renngeschehen, so auch beim Vanderbilt Cup. 1910 geriet Chadwick in finanzielle Schwierigkeiten, und ein Jahr später verließ der Gründer die Firma. Bis 1915/16 hatte man noch Chadwick-Automobile gebaut.

Bei den „Chadwicks" war meist der geschwungene Namenszug auf den Kühlern angebracht.

USA 1903–1916

CHALMERS; CHALMERS-DETROIT

Hugh Chalmers gründete in den Jahren 1907/08 die Firma „Chalmers Motor Car Co." in Detroit, Michigan/USA. Zusammen mit der Firma „Thomas Detroit Co." wurde im Jahre 1908 die neue Gesellschaft „Chalmers-Detroit Motor Co." errichtet, die zunächst Fahrzeuge des Markennamens „Chalmers-Detroit" produzierte, anschließend wurden sie nur noch „Chalmers" genannt. Der amerikanische Chalmers war zu seiner Entstehungszeit eines der populärsten Automobile der USA. Er galt als echter sportlicher Wagen und setzte sich als Vorläufer der in den 20er-Jahren in den USA so beliebten „Runabouts" durch. Ab 1917 arbeitete Hugh Chalmers mit der Automobilfirma „Maxwell" zusammen. Im Juli 1919 verkaufte er seine Anteile an „Maxwell". Der letzte Chalmers besaß amerikanische „Lockheed"-Bremsen. 1923 verschwand das Markenzeichen vom Markt.

*Markenzeichen der Firma „Chalmers" war ein rundes Emblem, in dem die Initialen „CMC" für „**C**halmers **M**otor **C**ompany" sowie der Markenname „Chalmers" integriert waren.*

Ⓚ

USA 1908–1910;
1910-1924

CHAMPION

Nach Kriegsende 1945 konzentrierte sich die „Zahnradfabrik Friedrichshafen" (ZF) auf ein Kleinwagen-Projekt. ZF entwickelte in Zusammenarbeit mit dem deutschen Dipl. Ing. Hermann Holbein wegen Mangel an motorisierten Nahverkehrsmitteln unter Oberingenieur Albert Maier den zweisitzigen Kleinstwagen „Champion", der einen luftgekühlten Einzylinder-200 cm^3-„Triumph"-Heckmotor hinter dem Getriebe erhielt. Insgesamt baute man fünf Einheiten. 1949 gründete Holbein seine Firma „Hermann Holbein Fahrzeugbau" in Herrlingen, Ulm. Der gewünschte Erfolg mit dem „Ur-Champion" blieb aus – trotzdem nannte Holbein auch seinen Lizenzwagen „Champion". Nach mehreren Firmenumwandlungen wurde der letzte Champion von 1954 zum neuen „Maico", der bis 1958 mit Modifizierungen gebaut wurde.

Das Markenzeichen der ersten „Champion"-Kleinwagen zeigte ein rundes Emblem, das die Initialen „H. H." aufwies für „Herman Holbein" sowie den integrierten Markennamen „Champion". Daneben gab es den Buchstaben C („ Champion") mit einer Krone.

Ⓝ

D 1947–1954

CHANDLER; CHANDLER-CLEVELAND

Frederick C. Chandler, Gründer der Firma „Chandler Motor Car Co." – später „Chandler-Cleveland Corporation" – mit Sitz in Cleveland, Ohio/USA, baute von 1913 bis 1929 Automobile dieses Markennamens. Die ersten Fahrzeuge dieser Marke orientierten sich im Aussehen noch an „Lozier"– Chandler hatte vorher für „Lozier" gearbeitet -, aber bald folgten Sechszylinder-Wagen mit elektrischem „Westinghouse"-Anlasser. Der Preis des fünfsitzigen Tourenwagens lag bei rund 1785 $. Tourenwagen und Limousinen erhielten den gleichen Motor, die Karosserien kamen von der Firma „Fisher Body Co.". 1919 entstand eine neue Tochterfirma, die Automobile mit dem Namen „Cleveland" bzw. „Chandler-Cleveland" baute. Der „Chandler-Cleveland Six" wurde bis 1925 gebaut. 1928 gab es Achtzylinder-Modelle, ein Jahr später übernahm die „Hupp Motor Car Co." sämtliche Anteile der Firma.

Chandler führte unterschiedliche Embleme auf den Fahrzeugen, z. B. im Modelljahr 1920 ein Zeichen mit Markennamen, das von einem waagrechten Rechteck mit verschmälerten Längsseiten gerahmt war. Ⓝ Ⓑ Ⓚ

USA 1913–1929

CHAPARRAL

Schon von 1962 bis etwa 1966 gab es in den USA eine Rennwagenmarke namens „Chaparral". Der deutsche Chaparral hatte mit seinem Vetter in Amerika nur den Namen gemeinsam. Konstrukteur Walter Scheuer war passionierter Oldtimer-Sammler in Frankfurt am Main. 1986 entstanden die ersten Konstrukionszeichnungen für die Herstellung eines Vierzylinder-Sportwagens zum Verkaufspreis von rund 35000 DM. Aus Kostengründen wurde aus dem preiswerten Vierzylinder ein luxuriöser Sechszylinder-2,9-Liter-145 PS-„Ford"-Roadster der Mittelklasse, der die Markenbezeichnung „Chaparral 290 GT" erhielt. 1988 sprach man von einer Vertriebsfirma namens „CEP Classic Cars GmbH", die diesen Roadster vertreiben sollte. Der deutsche Sportwagen mit dem rasant klingenden Namen blieb wohl in der Planung stecken und ging vermutlich nie in Serie.

Der Name „Chaparral" kommt aus dem Baskischen und bezeichnet einen Erdvogel, der zu den extrem schnellen Laufvögeln gezählt wird (amerikanisch „Roadrunner" oder „Chaparral-Bird"). Das deutsche Chaparral-Emblem zeigte das Frankfurter Stadtwappen, das Scheuer mit Erlaubnis führen durfte.

D 1986–etwa 1990

CHARRON; CGV

F 1901–1930

Im Jahre 1900 gründeten die drei ehemaligen Rennfahrer Fernand Charron, Léonce Girardot und Voigt die Firma „Charron, Girardot & Voigt" in Paris. Es wurden zunächst Vierzylinder-Wagen mit Kettenantrieb hergestellt, die unter der Markenbezeichnung „CGV" für die Familien-Anfangsbuchstaben der drei Gründer vertrieben wurden. 1906 führte Fernand Charron die Produktion großer Renn- und Tourenwagen der Marke „Charron" in seiner Firma „Société des Automobiles Charron Ltd" in Putenaux/Seine fort. Es gab sogar Lastkraftwagen dieses Markennamens. Bis zum Jahr 1930 existierte Charrons Firma. 1931 wurden die Anlagen von der französischen Personenwagen- und Nutzfahrzeugfabrik „Unic" erworben.

Ein Markenzeichen für den französischen „Charron" von 1910 besaß in runder Anordnung den Buchstaben C für „Charron" und die Bezeichnung „Ltd" (= Limited – mit beschränkter Haftung). Hier wird ein gebräuchlicher Schriftzug gezeigt.

Ⓑ

CHATER-LEA

GB 1907; 1913–1922

Eine der berühmtesten britischen Motorradmarken war ohne Zweifel „Chater-Lea" der Firma „Chater-Lea Limited" in London. Bevor man unter William Chater Lea 1903 in den Motorradbau einstieg, war die seit 1890 bestehende Firma auf die Herstellung von Rohrmuffen und anderen Teilen für Fahrzeugindustrie und Rahmenhersteller spezialisiert. Im Jahr 1913 wurde auch mit der Produktion von Automobilen unter diesem Markennamen begonnen. Der erste Prototyp war schon 1907 vorgestellt worden. Man verwendete Vierzylinder-Motoren, kombiniert mit einem Kardanwellenantrieb. Bereits nach dem Ersten Weltkrieg wurde trotz guter Verkaufserfolge die Chater-Lea-Automobilproduktion zugunsten der Motorradherstellung wieder aufgegeben. Bis 1922 wurde der Chater-Lea noch in Serie produziert.

Markenzeichen des englischen „Chater-Lea" war der geschwungene Schriftzug auf der Frontseite des Fahrzeugkühlers. Diesen Schriftzug gab es in verschiedenen Ausführungen, da er auch für Motorradmodelle zur Verwendung kam.

Ⓑ Ⓚ

CHECKER

USA 1923–1982

Morris Markin, der im Jahre 1913 als russischer Emigrant völlig mittellos nach Nordamerika kam, gründete im Jahre 1923 die Firma „Checker Motors Corporation" in Kalamazoo, Michigan/USA, die sich auf die Herstellung von Taxifahrzeugen spezialisierte. Als Antrieb für den ersten „Checker" diente ein amerikanischer Vierzylinder-22,5 PS-" Buda" -Motor. Die Fahrzeuge sprangen durch ihr typisches Schachbrettmuster als Seitenstreifen und die Checker-Dachaufsteller ins Auge. Im Laufe der nächsten Jahrzehnte entstanden unzählige Modelle mit den unterschiedlichsten Motoren. Erst 1959 wurden Checker-Automobile für den privaten Bedarf gefertigt. Anfang 1977 wurde mit einem Besitzwechsel langsam das Ende des Checker eingeleitet. Das letzte Automobil rollte am 12.Juli 1982 vom Fließband.

Der renommierte Markenname „Checker" bedeutet „Schachbrettmuster". Bedeutende Historiker des amerikanischen Films kennen genau die Anzahl der Zelluloid-Streifen, in denen „Yellow Cab Driver" und ihre Checker-Cabs zum tragenden Bestandteil der Filmhandlung zählen.

CHENARD-WALCKER

F 1901–1946

Von 1901 bis 1946 wurden in Frankreich „Chenard-Walcker" -Personenwagen gebaut. Bis 1907 nannte sich die Firma in Asnières/Seine „Chenard, Walcker & Cie.". Von 1907 bis 1937 firmierte sie als „S. A. des Anciens Etablissements Chenard & Walcker" in Gennevilliers/Seine. 1937 wurde aus dem Werk die „Société des Constructions Mécaniques Chenard & Walcker". Von der Marke gab es sowohl Motorräder und hervorragend gebaute Automobile als auch Lastkraftwagen. Ein Chenard-Walcker gewann 1923 das erste 24-Stunden-Rennen von Le Mans. Man baute erfolgreiche Renn- und Tourenwagen. Kurz vor dem Zweiten Weltkrieg gab man den Motorenbau auf und verwendete u. a. Vierzylinder-Aggregate von „Citroën" und „Matford". Nach dem Krieg fertigte man ausschließlich Lieferwagen, bis die Firma 1951 von „Peugeot" übernommen wurde.

Berühmtestes Emblem des französischen „Chenard-Walcker" war der napoleoanische Adler Frankreichs, Symbol für das Kaiserreich, für Mut und militärischen Stolz.

Ⓑ Ⓚ

CHEVROLET

USA 1911– heute

Louis J. Chevrolet, geboren 1878 in Chaux de Fonds, Kanton Neuenburg/Schweiz, wurde ein hervorragender Ingenieur und Konstrukteur. Zusammen mit seinem Bruder Arthur wanderte er 1900 nach Amerika aus und machte sich dort seßhaft. Bei „General Motors" wurde L. J. Chevrolet mit einem „Buick" des „GM" -Konzerns Jahre später Autorennfahrer. 1911 gründete er die Firma „Chevrolet Motor Company" in Detroit, Michigan/USA, die im Laufe der folgenden Jahrzehnte eine bedeutende Stellung im Imperium des William Crapo Durant einnehmen sollte und noch in den 90er-Jahren an vorderster Spitze der amerikanischen Automobilhersteller stand. Bedeutende Modelle waren der „Corvette"-Sportwagen, die „Corvair" -Limousine oder der Sportwagen „Camaro". Chevrolet verstarb im Jahre 1941. Er konnte den Erfolg seiner Firma nicht mehr miterleben.

Das runde Zeichen des Sportmodells „Corvette" war rot und zeigte gekreuzte Rennflaggen. Zu Beginn verwendete man noch ein Markenzeichen in annähernd ovaler Form.

Ⓝ Ⓑ Ⓚ Ⓟ

CHEVRON

GB 1961– heute

A. Derek Bennett gründete 1961 in Salford, Lancastershire/England die Firma „A. D. Bennett & Co.". Zunächst stellte Bennett spezielle 750 cm^3- und 1172 cm^3-Formel-Rennwagen her. Später folgte ein Formel Junior-Wagen, und erstmals tauchte ein Zweisitzer mit dem Markennamen „Chevron" auf. Ab 1966 firmierte die neue „Chevron Cars Ltd" in Bolton, Manchester. 1971 wurde der „Chevron B 19" gebaut, der erste offene Sportwagen von Derek Bennett, versehen mit einem 2,0-Liter-„Ford BDA 1600"-Motor. Als A. D. Bennett im Frühjahr 1978 bei einem Drachenflug tödlich verunglückte, wurde die Firma bis in ihre Grundfesten erschüttert. Nur mit Mühe konnte man sich über Wasser halten. Im gleichen Jahr stellte man den „Chevron B 40" mit englischem „Hart"-Motor vor. Die Firma existiert bis heute als Sport- und Rennwagenhersteller.

Der Markenname „Chevron" stammte eigentlich aus dem Baukunst-Sektor und bedeutet in etwa „Zacken-Ornament". Das Markenzeichen zeigte den Markennamen in schwarzen Buchstaben auf gelbem Untergrund.

Ⓑ

CHIC

Der Flugzeugbauer William Clarence Chick, begann nach seiner Rückkehr aus dem Ersten Weltkrieg 1918 in Adelaide/Australien eine eigene Firma aufzubauen, die den Namen „Clarence Park Motor and Engineering Works" erhielt. 1919 verkaufte er die Firma und ging wieder nach England, wo er sich über Automobile und deren Komponenten informierte. 1923 reiste er mit drei Verträgen in der Tasche per Schiff nach Australien zurück. In Zusammenarbeit mit diesen englischen Firmen ging er an den Bau eines Automobils, das den Namen „Chic" erhielt. Es kam zur Gründung der Firma „Chic Cars Ltd". Die Karosserien für die „Chic"-Automobile entwarf W. C. Chick selbst. Als Antrieb dienten Vierzylinder-„Meadows"-Motoren aus England. Nach etwa 50 Exemplaren wurde 1929 der Automobilbau aufgegeben.

Der Markenname leitete sich natürlich vom Namen des Firmengründers „Chic" ab, konnte aber auch als „Charme" verstanden werden. Das mit Flügeln versehene Markenzeichen zeigte den Namen „Chic" und eine Weltkarte mit besonderer Hervorhebung des Herkunftslands Australien.

AUS 1923–1929

CHIRIBIRI

Antonio Chiribiri, der bereits für die Automobilfirmen „Züst" („Brixia-Züst") und „Isotta-Fraschini" in Italien tätig war und aus Venedig/Italien stammte, gründete 1910 ein eigenes Unternehmen und baute in Turin Flugzeugmotoren, die einen exzellenten Ruf hatten. 1913 begann Chiribiri mit der Konstruktion und Serienproduktion von Kleinwagen des Markennamens „Chiribiri". Vittorio Valenta, der bei „Chiribiri" Geschäftsführer war, machte sich nach dem Zweiten Weltkrieg als führende Persönlichkeit bei Fiat in Turin einen klangvollen Namen. Bis 1927 wurden Chiribiri-Automobile gefertigt, wobei sich Tazio Nuvolari seine ersten Rennfahrer-Lorbeeren mit einem „Chiribiri Monza" verdiente. 1924 gab es noch den Typ „Milano". Im Modelljahr 1928 wurde der Chiribiri-Betrieb von dem italienischen Automobilproduzenten „Lancia" übernommen.

Chiribiri-Wagen trugen ein Markenzeichen in querovaler Ausführung mit einer Jugendstil-Umrankung, in dem der Markenname „Chiribiri" zu lesen war. Ein einfacheres Zeichen zeigte ein breitrechteckiges Emblem mit abgerundeten Ecken und dem integrierten Namen „Chiribiri".

I 1913–1927

CHRYSLER

Die Marke „Chrysler" wurde von Walter Percy Chrysler gegründet, der 1875 geboren wurde. Es heißt auch, daß 1912 tatsächlich Chrysler, und nicht Henry Ford, das Fließband erfunden habe. 1916 arrivierte Chrysler zum Präsidenten von „Buick", einer Marke, die bis heute zum amerikanischen „General Motors"-Imperium gehört. 1922 sanierte er die heruntergewirtschaftete Firma „Maxwell-Chalmers", nahm 15 Millionen Kredit auf und stieg als Großaktionär ein. Der Grundstein für die heute noch existierende „Chrysler Corporation" in Detroit, Michigan/USA, war gelegt. Im Laufe der Jahrzehnte entstanden die unterschiedlichsten Modelle mit leistungskräftigten Sechs- und V-Achtzylinder-Motoren. Schon 1928 kamen zunächst die Marke „Dodge", später u. a. die Marken „De Soto", „Plymouth", „Imperial", „Simca", „Maserati" und „Lamborghini" zum Chrysler-Konzern hinzu.

Ein Emblem hatte die Form eines Siegels mit Markennamen „Chrysler", das Markenzeichen „Chrysler Imperial" zeigte das Rutenbündel der römischen Liktoren (lat. „fasces" und Symbol der ital. Faschisten) zusammen mit dem Schriftzug „Chrysler Imperial".

Ⓝ Ⓑ Ⓚ Ⓟ

USA 1923– heute

CIP

Im Jahre 1921 geriet die italienische Automobilfirma „**S**ocietà **T**orinese **A**utomobili **R**apid" (Star) mit ihrem „Rapid" in Schwierigkeiten. Constantino Petromilli kaufte die Reste der liquidierten Firma und begann 1922 in Turin Kleinwagen mit der Markenbezeichnung „CIP" („**C**yclecar **I**taliana **P**etromilli") herzustellen. Bekannt war der „CIP 1075 N" mit Vierzylinder-1075 cm^3-Motor. Er war einer der wenigen italienischen Cyclecars und wurde von Petromilli selbst konstruiert. Die Karosserie der Modelle „1075 N" und „1075 S" mit zwei oder vier Plätzen war extrem simpel. Eine Rennversion wurde nie verwirklicht, und 1923 stand die CIP-Automobilproduktion vor ihrem Ende.

Das Markenzeichen der italienischen CIP-Automobile zeigte ein rundes Emblem mit aufgehender stilisierter Sonne und deren Strahlen, sowie den Firmennamen, die Markenbezeichnung und den Namen des Herstellungsortes Turin.

I 1922–1924

CISITALIA

Der Name „Cisitalia" steht für einen berühmten italienischen Rennwagen der 50er- und 60er-Jahre. Der erste Wagen dieser Marke, der auf mechanischen Komponenten des „Fiat 1100" basierte, wurde von Piero Dusio in Turin gebaut und trug die Bezeichnung „D 46" (Dusio 1946). Der Argentinier Dusio hatte sich einen Namen als Fußballstar, Autorennfahrer und Textilindustrieller gemacht. Während des Zweiten Weltkrieges gründete er 1943 die Firma „Cisitalia" und verlegte sich auf die Produktion von Werkzeugmaschinen, Tennisschlägern, Fahrrädern – und eben auch Automobilen. Von 1947 bis 1964 entstanden nicht nur reine Wettbewerbsfahrzeuge, sondern auch sportliche Coupés. Es gab auch einen Formel-Rennwagen mit einem von Porsche entwickelten Zwölfzylinder-1,5-Liter-Motor und Allradantrieb, den Piero Dusio in Auftrag gegeben hatte und der nie zum Einsatz kam.

„Cisitalia" wählte einen goldenen Steinbock mit goldener Umrandung und blauem Hintergrund als Markenemblem. Die Bezeichnung „Cisitalia" stand für den Namen der italienischen Firma „Consortio Industriale Sportiva Italia".

I 1946–1965

CITO

Über die „Cito-Werke" in Köln-Klettenberg ist heute nur wenig bekannt. Fest steht jedoch, daß dieses Unternehmen als „Cito-Fahrrad-Werke AG" bereits zur Jahrhundertwende Fahrräder gebaut und um 1903 mit Ein- und Zweizylinder-„Fafnir"-Motoren bestückte Cito-Motorräder hergestellt hatte. Von 1905 bis 1909 entstanden aber auch Cito-Automobile, zunächst begann unter Verwendung deutscher „Omnimobil"-Komponenten. Das erste Modell trug noch den Markennamen „Citomobil". 1906 gab es neue Modelle mit französischen Zweizylinder-„Aster"- und deutschen Vierzylinder-„Fafnir"-Aggregaten. Betriebseigene Motoren verwendete man bei der „Cito-Werke AG" für die Vierzylinder-Typen „10/16 PS" und „18/20 PS" des Modelljahres 1908. Im folgenden Jahr wurde der Cito-Automobilbau eingestellt. Bis 1927 wurden noch Motorräder dieser Marke gebaut.

Der Name „Cito" kommt aus dem Lateinischen und bedeutet „schnell". Ein rundes Cito-Emblem zeigte noch den Marken- und Firmennamen „Cito-Fahrrad-Werke AG – Koeln-Klettenberg".

Ⓝ Ⓑ

D 1905–1909

CITROËN

F 1919– heute

Der Pionier im französischen Automobilbau, André Citroën, wurde 1878 als Sohn eines polnischen Einwanderers geboren und gründete 1919 seine eigene Automobilfirma. Der Entwurf seiner ersten Fahrzeuge stammte noch von dem versierten „Le Zèbre"-Konstrukteur Jules Salomon. Es entstanden dann revolutionäre Vierzylinder-Versionen des Citroën. Den legendären „Citroën C3 Trèfle" baute Opel 1924 unter Lizenz als „Laubfrosch". Dann folgte der „Traction Avant", die bekannte „Gangsterlimousine". Nach dem Zweiten Weltkrieg waren es vor allem der „2 CV" (1948) und der „DS 19" (1955), die Citroën zu großem Ruhm verhalfen. 1966 arbeiteten Citroën und NSU kurzzeitig zusammen. Von 1968 bis 1979 gab es eine Zusammenarbeit mit Maserati (" Maserati SM"). „Panhard" war schon 1965 zu Citroën übergegangen, und 1974 kam die Marke zu Peugeot.

André Citroëns Erfindung winkelförmig verzahnter Zahnräder, die auffallend geräuscharm liefen (Pfeilverzahnung) wurde in Form des Doppelwinkels zum Markenzeichen seines damals noch kleinen Unternehmens.

Ⓝ Ⓑ Ⓚ Ⓟ

CITYBOY

D 1982– Ende 80er

Im August 1982 kam im oberbayerischen Wielenbach bei Weilheim ein Minimobil mit dem sinnigen Markennamen „Cityboy" auf den Markt. A. W. Fries, der Konstrukteur dieses Fahrzeugs und Gründer der „Minimobil-Wagen Fries GmbH", nannte das Fahrzeug schlicht eine „Ökonomische Alternative". In einem Zweigunternehmen stellte Fries auch Nutzfahrzeuge, u. a. Kehrmaschinen her. Fries plante eine Automobilproduktion von etwa 100 Exemplaren dieser Marke. 1984 führte die Firma, die inzwischen den Namen „MW Kleinwagen GmbH" trug, die Produktion des „Cityboy" mit deutschem 50 cm^3-4 PS-„Fichtel & Sachs"-Motor durch. Der Preis lag nun bei stolzen 9000 DM. Der „Cityboy" durfte auch auf Autobahnen gefahren werden. 1985 stellte man als „Deutschlands einziger Kleinmobil-Produzent" den Cityboy und das Elektromobil-Cabrio „Sonnyboy" aus.

Markenzeichen des Cityboy-Modells „4.99 Automatik" war ein kreisrundes gelbes Emblem an der Frontseite, in dem die Buchstaben M und W in Schwarz angebracht waren. Diese standen als Abkürzung für „Minimobil Wagen" .

CIZETA-MORODER; CIZETA

I 1988– heute

Ende 1988 tauchte in Italien eine völlig neue Sportwagenmarke namens „Cizeta-Moroder" auf. Das Modell „Cizeta-Moroder V 16 T" mit 560 PS starkem V-Sechzehnzylinder-Motor wurde als damals einziger Sechzehnzylinder-Sportwagen der Welt bezeichnet. Das Aggregat bestand aus zwei Achtzylinder-Reihen, die in V-Form angeordnet wurden. Mit vier Ventilen pro Zylinder ergab sich insgesamt die stolze Anzahl von insgesamt 64 Ventilen, die über vier Nockenwellen gesteuert wurden. Der in Claudio Zampollis Unternehmen, der Firma „Cizeta Motors" in Modena, vorgestellte Prototyp war ein in Rot lackiertes absolutes Geschoß. Der erste Serienwagen „V 16 T" wurde bereits 1988 fertiggestellt, die letzte Version besaß einen V-Sechzehnzylinder-6,0-Liter-515 PS-Motor. 1991 stieg der Bozener Giorgio Moroder aus dem Geschäft aus, und Zampollis Renner hieß von nun an „Cizeta".

*Der Markenname „Cizeta-Moroder" stammte von **C**laudio **Z**ampolli (C. Z. = ital. „Ci Zeta") und dem Bozener Filmkomponisten Giorgio Moroder. Das ehemalige Markenzeichen des „Cizeta-Moroder": drei Wölfe.*

ČKD

CSSR 1912

Im Jahre 1991 konnte die in Prag seßhafte Firma „CKD Praha AG" („**C**eskomorovska **K**olbenka **D**aňkovka"), die über die Grenzen des Landes hinaus für die Herstellung von mittelschnell laufenden Dieselmotoren für Schiffe und Lokomotiven sowie für die Produktion von Stromerzeugungs-Aggregaten bekannt wurde, auf eine 120jährige Firmengeschichte zurückblicken. Die Anfänge des Unternehmens wichen von den Anfängen anderer weltberühmter Maschinenbau-Unternehmen nicht ab. In den ersten Jahrzehnten des 20. Jahrhunderts wurde eine Kraftwagenabteilung gegründet, und so wurde das Produktionsprogramm der Firma weiter vergrößert. Mit den ersten Personen- und Lastkraftwagen der neuen Typen wurden in ganz Österreich-Ungarn Propagationsfahrten unternommen. Im Jahr 1912 erwarben die „Praga"-Wagen das Diplom und die Silbermedaille in Warschau.

Das Markenzeichen der Firma „CKD" mit ihren zahlreichen Tochtergesellschaften zeigte ein rundes Emblem, in dem die Markenbezeichnung „CKD" von einem Ring umschlossen war.

CLÉMENT; CLÉMENT-BAYARD

F 1899–1922

Einige der bedeutendsten französischen Marken waren „Clément", „Clément-Bayard" und „Clément-Gladiator". Adolphe Gustave Clément zählte zu den Automobilpionieren seines Landes. 1901 hatte er die Vertretung der seit 1896 gebauten „Gladiator"-Automobile Alexandre Darracqs inne. Bereits diese Motorwagen kamen unter dem Namen „Clément-Gladiator" oder auch nur als „Clément" in den Handel. 1903 erschienen eigene Konstruktionen, die sich Fahrzeuge der Marken „De Dion-Bouton" oder „Panhard et Levassor" zum Vorbild machten. Die neuen Motorwagen trugen nun den Markennamen „Clément-Bayard". Es gab hiervon die unterschiedlichsten Ausführungen. Nachdem Clément nach England ging, entstanden auch dort Automobile, die als „Clément-Talbot" vertrieben wurden. Bis 1922 wurde produziert.

Markenzeichen war ein Zeichen mit dem Gallischen Hahn, einem Rad sowie der Fabrikmarke und dem Firmennamen. Für einige „Clément-Bayard"-Motorwagen des Modelljahres 1913 führte man eine Abbildung des Ritters Bayard, dem Stadtheiligen von Mezières. Ⓑ

CLULEY

GB 1922–1928

Die Leichtmechanikfirma „Clarke, Cluley & Co." in Coventry, Warwickshire/England, die auch Fahrräder fertigte, stellte von 1922 bis 1928 leichte Automobile unter dem Markennamen „Cluley" her. Schon 1904 gab es einen Dreiradwagen, der den Namen „Globe Cymocar" führte und der in den „Globe Works" entstand. Dann beschlossen die beiden Brüder C. J. und N. F. Cluley, in den Automobilbau einzusteigen. Zusammen mit A. Alderson, der auch schon für „Lea-Francis" tätig war, entstanden 1921/22 die ersten Cluley-Automobile, versehen mit Vierzylinder-Aggregaten. 1923 gab es einen Sechszylinder-16-PS-Typ, dem bald ein Vierzylinder-14/50 PS-Wagen folgte. Angesichts der starken Konkurrenz „Austin" und „Morris" mußte Cluley die Produktion stark einschränken. Es folgten noch weitere Modelle, doch 1928 mußte die neue „Clarke, Cluley Ltd" ihre Produktion aufgeben.

Das „Cluley" -Markenzeichen von 1923 bestand aus einem querovalen Emblem, in dem der Markenname „Cluley" zu lesen war.

CLYDE

In den Jahren 1901 bis 1932 stellte man in Großbritannien „Clyde"-Automobile unter unterschiedlichsten Firmennamen her. In den rund 30 Jahren des Firmenbestehens verließen nur etwa 245 Exemplare und 15 Nutzfahrzeuge die Werkshallen der „Clyde Motor Co." in Leicester/England. Um 1930 gab es bei „Clyde" einen 8 PS- und einen 11,9 PS-Wagen. Nach dem Bankrott erhielt das Unternehmen finanzielle Hilfe der Firmen „Aster", „Bayliss-Thomas", „Clement-Talbot", „Lea-Francis", „JAP", „New Imperial", „Riley" und „White & Poppe". Es entstand zwar noch eine kleine Reihe von Clyde-Automobilen, die man aus Restbeständen zusammengebaut hatte, aber 1932 kam das endgültige Aus für den Clyde.

GB 1901–1932

Als Markenzeichen der englischen „Clyde" -Automobile fand u. a. ein geschwungener Schriftzug des Markennamens Verwendung.

Ⓝ

CMN

Im Jahre 1919 kam es zur Gründung der Firma „**C**ostruzioni **M**eccaniche **N**azionali S.A." in Mailand, die Motoren und Sportwagen der Bezeichnung „CMN" baute. Die Firma hatte sich vom Flugzeugbau und Ingenieurwesen auf den Automobilbau verlegt. Zu diesem Zweck wurden 1920 die gesamten Anlagen der liquidierten Automobilfirma „De Vecchi S.A." aufgekauft. Schon 1919 stellte man einen „CMN" -Sportwagen mit Vierzylinder-2297 cm3-15/20 PS-Reihenmotor als erstes Modell her. Dieser Wagen wurde 1919 beim Targa Florio-Rennen in Sizilien eingesetzt. Enzo Ferrari war eng mit „CMN" verbunden. Er begann 1919 dort seine Rennfahrerkarriere. Um 1920 arbeitete man mit der „Officine Meccaniche Toscane" in Pontedera zusammen. 1922 wurde noch ein Sechszylinder-25 PS-CMN herausgebracht, dann kam das Ende für diese italienische Sportwagenmarke.

I 1919–1923

*Markenzeichen der italienischen CMN-Sportwagen waren die Initialen CMN für „**C**ostruzioni **M**eccaniche **N**azionali S.A.", die fast die gesamte Fläche des Fahrzeugkühlers in Anspruch nahmen.*

COBRA

1959 siegte der Texaner Carroll Hall Shelby mit einem englischen „Aston Martin" beim Rennen in Le Mans. Zwei Jahre später begann er in Santa Fe Springs, Kalifornien, mit importierten Komponenten des legendären englischen „AC Cobra". C. H. Shelby konnte nämlich die amerikanische „Ford Motor Co." und die Firma „AC Cars Ltd" dazu überreden, den V-Achtzylinder-4,261-Liter-Ford-Motor und das Fahrgestell des „AC"-Modells „Ace" (As) zu verbinden. So entstand 1961 einer der größten Sportwagen aller Zeiten, der amerikanische Cobra, der noch heute von zahlreichen Automobilherstellern kopiert wird. Der Ende 1961 fertiggestellte Prototyp ging bei der von Shelby gegründeten Firma „American Shelby" in Los Angeles, Kalifornien, in Produktion. Weitere Cobras mit leistungsstärkeren Motoren folgten, so z. B. der „Cobra 427" mit 7,0-Liter-Motor.

USA 1961–1967

Das Markenzeichen der amerikanischen „Cobra" -Renner zeigte natürlich eine züngelnde Cobra in blauer Farbe, umgeben von einem roten Ring und mit weißem Markenschriftzug „Cobra".

Ⓝ Ⓚ

COCKERELL

Der Markenname „Cockerell" ist unweigerlich mit der deutschen „Megola", einem der unorthodoxesten Motorräder verbunden, die jemals gebaut wurden. 1919 begann Friedrich („Fritz") Cockerell in seiner Münchener Firma „Friedrich Cockerell, Fahrzeugmotoren" mit der Herstellung von Motorrädern, die den Namen „Cockerell" und „Megola" führten. Man baute ab 1924 aber auch fortschrittliche Fahrzeuge mit Frontantrieb sowie Diesel- und Flugzeugmotoren. Zunächst entstanden Cockerell-Automobile mit vierzylindrigen Zweitakt-Motoren mit 800 cm^3 Hubraum und zwei Vergasern. Ein Jahr später versuchte er mit einem Sechszylinder-1100 cm^3-Wagen mit zwei Druckvergasern bei der „Targa Florio" in Sizilien zu starten. Es blieb infolge aufgetretener Mängel beim Versuch. Eine Serienherstellung wurde nicht eingeleitet, und 1926 verschwand die Marke.

D 1924–1926

Ein weniger bekanntes Motorrademblem der Marke „Cockerell" zeigte einen Hahn, der auf die Bedeutung des Namens „Cockerell" hinweist. Ein anderes Emblem in Form eines Querovals beinhaltete den Druckbuchstaben-Schriftzug „Cockerell".

COLOMBE

Von 1920 bis 1925 stellte die Firma „Automobiles Colombe", auch unter der Bezeichnung „Doué, Durand & Cie." bekannt, in Colombes/Seine Automobile mit dem Markennamen „Colombe" her. Der erste französische Colombe-Cyclecar wurde 1920 aus Fremdkomponenten („ Ford Model T") assembliert und mit einem Vierzylinder-Motor gleichen Modells kombiniert. Das einzelne Rad dieses Dreirad-Wagens befand sich, im Gegensatz zu späteren Modellen, an der Heckseite. 1923 folgte ein zweisitziger Dreirad-Wagen, versehen mit französischem Einzylinder-345 cm^3-3,5 PS-„Bouchon" -Motor sowie mit Friktions-(Reibrad)-Antrieb und einer Kette, die auf das lenkbare Vorderrad führte. 1924 wurde ein einsitziger „Colombe" beim Bol d 'Or-Rennen eingesetzt. Firmenpartner Villard hatte sich inzwischen selbständig gemacht und baute „Villard"-Automobile.

F 1920–1925

Der Colombe führte auf seinem Kühler ein waagrechtes Emblem, das den Schriftzug „Colombe" aufnahm. Der Markenname („Weiße Taube") leitet sich vom Herstellungsort Colombes/ Seine ab.

COMMONWEALTH

Die „Commonwealth Motors Co." in Chicago, Illinois/USA, war Nachfolgefirma der früheren „Partin Manufacturing Co.", die in den Jahren 1912 bis etwa 1917 „Partin" - bzw. „Partin-Palmer"-Automobile hergestellt hatte. Nun wurden Automobile gebaut, die den Namen „Commonwealth" erhielten. Das Taximodell „Checker" war Vorläufer der später so berühmten „Checker"-Taxifahrzeuge. „Checker" ließ zu dieser Zeit noch Automobile bauen und wandte sich zwecks einer Herstellung dieser Fahrzeuge an die Firma „Commonwealth", für die der neue Auftrag nicht uninteressant war. Doch es stellte sich heraus, daß man den Großauftrag nicht bewältigen konnte, und so mußte „Checker" die Fertigung in eigener Regie übernehmen. 1922 wurde die Commonwealth-Produktion eingestellt, und auch das Modell „Goodspeed" von 1922 war rasch vergessen.

USA 1917–1922

Der Markenname „Commonwealth" bedeutet „Gemeinwohl" und steht für den Bund der zum früheren British Empire zählenden Staaten. Das Markenzeichen bestand aus dem Schriftzug „Commonwealth" in roter Farbe auf blauem Untergrund. Außerdem waren Firmenname und Fabrikationsort zu lesen.

CONDOR

CH 1922

Schon 1893 wurde die später berühmt gewordene Fahrrad- und Motorradfabrik „Condor S.A." in Courfaivre/Schweiz gegründet. 1922 stieg man in den Schweizer Automobilmarkt mit Herstellung eines „Condor" genannten Kleinwagens für zwei Personen ein. Als Antrieb für diesen Condor wurde ein Schweizer Vierzylinder-1,2-Liter-„MAG"-Motor, kombiniert mit einem Kardanantrieb, verwendet. Doch nur wenige Automobile konnten tatsächlich verkauft werden. Bis in die späten 80er-Jahre war die Firma noch in der Zweirad-Branche aktiv und hatte auch die Schweizer Armee jahrelang mit leistungskräftigen Motorrädern beliefert.

„Condor" führte u. a. einen stilisierten Kondor (Riesengeier) der südamerikanischen Anden sowie den Markennamen als Zeichen.

Ⓝ Ⓑ

CONDOR

D 1965–1972

Hans Sick van Hees, einer der renommiertesten und exklusivsten Herrenausstatter in München, war Motorsport-Enthusiast und betätigte sich auch als Rennfahrer u. a. bei Bergrennen. 1965/66 hatte van Hees die Idee, einen „Gruppe 6"-Rennsportwagen zu bauen und ihn einzusetzen. Er verband sich mit dem talentierten Kraftfahrzeug-Techniker Manfred Behnke, dessen Bruder Peter und mit Dieter Matzatis. Der gesamte Karosserieaufbau des „Condor" genannten Grundmodells von 1966 war der Verdienst von Hans Sick van Hees. Der der Urform aus Holz und Gips nachempfundene Aufbau wurde mit dem von Peter Behnke kopierten und nachgebauten „Lotus B 23"-Chassis verbunden. Die Karosserie wurde aus Glasfiber gefertigt. Rund 15 modifizierte Exemplare entstanden bis 1972, die auch an verschiedenen Rennen erfolgreich teilnahmen.

Das von Behnke-Schwager Dieter Matzatis entworfene runde „Condor"-Emblem war in Gold gehalten, mit blauem Rand, und trug den konvex gewölbten Schriftzug „Condor" in Schwarz. Darunter war ein schwarzer, fliegender Kondor zu sehen.

CONNAUGHT

GB 1949–1957

Der englische „Connaught", der in den Jahren 1949 bis 1951 von der Firma „Continental Cars Ltd" in Send, Surrey/England, hergestellt wurde, war ein erfolgreicher britischer Entwurf, allerdings ohne ausreichende finanzielle Unterstützung. Die Firma war vom englischen Bugatti-Spezialisten Rodney Clarke zusammen mit R. M. Oliver und Kenneth McAlpine, dem Sohn eines Bauunternehmers, gegründet worden. Von 1951 bis 1957 war die neue Gesellschaft „Connaught Engineering Ltd" Produktionsträger. Der 1949 vorgestellte „Connaught L2" war als schnittiger Roadster angeboten worden. Als Antrieb wählte man einen englischen Vierzylinder-1,8-Liter-„Lea-Francis"-Motor. Hauptsächlich bekannt wurden die „Connaught"-Formel-Rennwagen. Sie profilierten sich auf allen Rennstrecken. Im Modelljahr 1957 wurde die Fertigung aller Fahrzeuge eingestellt.

Das Markenzeichen von „Connaught" zeigte sich konvexer Form, in der der Markenname integriert war.

CONSTANTINESCO

F 1926–1928

In den Jahren 1926 bis 1928 existierte die Automobilfirma „G. Constantinesco" in Paris mit gleichnamigen Fahrzeugen. Der Rumäne Georges Constantinesco mit britischer Staatsbürgerschaft war ein begabter Ingenieur, der für die Luftwaffe der Allierten im Ersten Weltkrieg Synchronisationsgetriebe bereitstellte. Sein 1926 auf dem Pariser Automobil Salon ausgestellter Constantinesco hatte den Namen „5 CV". Er besaß einen Zweizylinder-0,5-Liter-Motor sowie eine stufenlose Kraftübertragung. Gegenüber den Modellen anderer Hersteller war der Wagen zu teuer, und bereits 1928 verschwand die französische Marke vom Automarkt.

Das Markenzeichen des französischen „Constantinesco" bestand aus einem waagrechten viereckigen Rahmen mit dem Markennamen „Constantinesco".

CONTINENTAL; YALE

USA 1907–1909

Zwischen 1907 und 1909 stellte die Firma „University Automobile Company" in New Haven, Connecticut/USA, Automobile her, die zunächst den Markennamen „Yale" trugen. Im gleichen Jahr 1907 entstand der „Yale University Automobile Club". Die Firma „Yale Automobile Co." wurde später in „Continental Automobile Manufacturing Co." mit weiterem Sitz in New Haven/USA umgewandelt. Der neue „Continental" kam in drei Modellen zur Vorstellung. Es wurden dreisitzige Runabouts und sechssitzige Tourenwagen angeboten. Die Fahrzeuge besaßen meist einen Vierzylinder-Motor. Der Runabout (Karosserieform) besaß einen Vierzylinder-25 PS-Motor, und der Tonneau (Karosserieform) einen Vierzylinder-30 PS-Motor. Das dritte Tourenwagen-Modell wies ein Vierzylinder-35 PS-Aggregat auf.

Ein Markenzeichen des „Continental" aus dem Jahre 1908 zeigte den schwungreichen Schriftzug „Continental" mit dem Zusatz „Roadster" an dessen unterem Ende.

COOPER; MINI-COOPER

GB 1946–1956

John Cooper und sein Vater Charles gründeten die Firma „Cooper Car Co. Ltd" in Surbiton, Surrey/England, und begannen 1946 mit der Herstellung von einsitzigen „Cooper"-Automobilen mit 500 cm^3-Motor. Weitere Typen erhielten „Fiat 500 (Topolino)"-Komponenten sowie „JAP"-Speedway-Motoren. Die Firma stellte dann Sportwagen für sich und Eric Brandon her, denen auch Formel-3-Renner folgten. So begann Coopers Karriere als Rennwagenhersteller. Jack Brabham, der große Rennfahrer, interessierte sich für die Rennwagen und fuhr für Cooper Rennen. Die letzten frontangetriebenen Sportmodelle von Cooper wurden 1954 mit Spezialrahmen und „Jaguar C"-Motor vertrieben. So entstand der „Cooper-Jaguar". 1960 kam es zum Bau des beliebten „Mini Cooper", der 1994 in neuer und luxuriöser Ausführung angeboten wurde und rund 150 km/h schnell ist.

Unter anderem gab es ein rundes Emblem mit dem Schriftzug „Cooper" Das neueste Emblem des „Mini Cooper" ist rund mit einem Lorbeerkranz und seitlichen stilisierten Flügeln.

Ⓝ Ⓑ Ⓚ

CORBIN

Die Firmengeschichte von „Corbin“ in New Britain, Connecticut/USA, geht bis in das Jahr 1849 zurück. Ab 1903 stellte die „Corbin Motor Vehicle Corporation“ als Tochtergesellschaft der „American Hardware Corporation“, die ebenfalls in New Britain/USA seßhaft war, „Corbin“ genannte Automobile her. 1905 wurden weitere Personenwagen gebaut. Die ersten beiden Modelle wurden mit luftgekühlten Motoren angetrieben. 1910 stellte man Fahrzeuge mit wassergekühlten Vierzylinder-Aggregaten her. Zu dieser Zeit gab es den Typ „The Full Juweled Corbin“. 1912 wurde die Automobilproduktion eingestellt. Das Mutterunternehmen hatte keinen Einfluß auf die Automobilfiliale. Noch um 1966 existierte eine Firma namens „P. & F. Corbin“, mit Niederlassungen in New York, Chicago und Philadelphia/USA, die hauptsächlich automatische Türschließer fertigte.

Das „Corbin“-Markenzeichen zeigte den Schriftzug „Corbin“ in einem offenen Queroval. Ein weiteres Zeichen war ein Oval in geschlossener Form mit dem Markennamen „Corbin“ in Druckbuchstaben.

USA 1903–1912

CORD

Eine der ruhmreichen Automobilmarken Amerikas in den 20er- bis 30er-Jahren war „Cord“. Errett Lobban Cords steile Karriere endete in dem von ihm errichteten „Auburn-Cord-Duesenberg“-Imperium. Er beteiligte sich an der Firma „Auburn Automobile Co.“ in Auburn, Indiana/USA, die er 1924 übernahm und sanierte, ebenso die Firmen „Duesenberg“ und den Motorenproduzenten „Lycoming“. 1929 erschien der Cord-Typ „L 29“ mit eleganter, niedrig gebauter Karosserie und Achtzylinder-„Lycoming“-Motor, der die Vorderräder antrieb. Die Wirtschaftskrise zwang E. L. Cord zur Unterbrechung der Fahrzeugherstellung, die er 1935 weiterführte. Der neue „Cord 810“ mit Frontantrieb und versenkbaren Scheinwerfern wurde im Volksmund zum „Fahrenden Kühlschrank“ erklärt. Im letzten Jahr 1937 folgte noch der Typ „Cord 812“ mit Kompressor-Motor.

Das Markenzeichen von „Cord“ hat viel mit den Waffen der Familie McCord's oder Mackorda aus Schottland gemein und scheint diese abzuwandeln. Später wurden die Pfeile im Emblem sowie die Herzen in einer Reihe auf einem horizontalen Balken plaziert.

Ⓝ Ⓑ Ⓚ

USA 1929–1937

COTTIN-DESGOUTTES

Um 1904/05 gründete der Ingenieur Pierre Desgouttes eine Firma namens „Société des Automobiles Pierre Desgouttes et Cie.“. Einer der Aktionäre war der reiche Industrielle Cyrille Cottin, und so errichtete man 1906 ein neues Unternehmen mit dem Namen „Automobiles Cottin et Desgouttes“, und bis 1933 entstanden schwere, luxuriöse und teure Automobile unter der Bezeichnung „Cottin et Desgouttes“. Der erste Wagen besaß einen Sechszylinder-9,5-Liter-45 PS-Reihenmotor. Einer der ersten Autokataloge umfaßte eine größere Reihe, angefangen von einem Vierzylinder-24/40 PS-Wagen, über ein 18/22 PS-Modell, bis hin zum 50/70 PS-Typ. 1931 gab es ein Modell, welches die Bezeichnung „14 CV VA Sans-Secousse“ erhielt. Im gleichen Jahr kam ein Achtzylinder-Typ auf den Markt, und zwei Jahre später kam das Ende für diese Marke.

Auf den Kühlern der französischen „Cottin et Desgouttes“-Fahrzeuge prangte ein Emblem, in dem der Markenname, die Produktionsorte Lyon und Paris sowie ein Fünfzackstern abgebildet waren. Ein weiteres Zeichen stellte einen schräg auf dem Kühler angebrachten eleganten Schriftzug dar.

F 1905–1933

CRANE; CRANE-SIMPLEX

Die „Crane Motor Car Co.“ baute in Bayonne, New Jersey/USA, von 1912 bis 1915 und ab 1915 in New Brunswick, New Jersey/USA, Sechszylinder-Automobile mit dem Markennamen „Crane“. Henry Middleton Crane, 1874 geboren, war Konstrukteur dieser Fahrzeuge. Vorgestellt wurden u. a. die Typen „Model 3 Crane Six“ (1912) und „Model 4 Crane Six“ (1914). Die Firma „Simplex Automobile Co.“ in New Brunswick/USA, die seit 1907 eine getreue Nachbildung des deutschen „Daimler“-Motorwagens baute, kaufte 1915 die ruinierte „Crane“ auf. Bis 1918 wurde der neue „Simplex Model 5 Crane“ gebaut. Von 1922 bis 1924 erfolgte der „Crane-Simplex“ -Automobilbau durch die neue Gesellschaft „Crane Simplex Co. of N. Y.“ in Long Island City, New York/USA. Der „Crane-Simplex“ besaß fast ausschließlich Sechszylinder-9,0-Liter-Motoren. Henry M. Crane starb im Jahr 1956.

„Crane-Simplex“ führte einen geschwungenen Schriftzug auf dem Fahrzeugkühler. Ein weiteres Modell zeigte ein Dreieck mit den die Markennamen „Simplex“ und „Crane“. Der Name saß in einem Kreis mit Adler, unter dem wiederum ein Wappen angeordnet war.

USA 1912–1915;
1915–1924

CRESPI

Tulio Crespi, 1938 in Buenos Aires/Argentinien geboren, gründete 1961 in seiner Heimatstadt eine Autowerkstatt. Dort lernte er den deutschen Ingenieur Kurt Delfose kennen, der einen Monoposto (Basis „NSU“) konstruierte. Crespi wollte nun eigene Sport- und Rennwagen unter dem Markennamen „Crespi“ herstellen und gründete die „Tulio Crespi, Carrocerias de Competicion, Carrocerias Duera de Serie“. 1962 wurde der erste Rennwagen mit dem Namen „Tulia“ vorgestellt – der erste vollständige Monoposto, der für ein Rennen konstruiert wurde. Das Unternehmen produzierte Gran Turismo-Wagen und Rennwagen der Formel-2 und Formel-4. Das Programm reichte bis zum Formel-1-Boliden. Nach weiteren Typen folgte 1972 das „Tulieta GT“-Coupé und das „Convertible“. Noch 1987 baute man Fahrzeuge, so z. B. den „Spiaggia“, versehen mit Renault-Komponenten.

Das Markenzeichen des argentinischen „Crespi“ zeigte neben dem Markennamen und dem des Herstellerlands Argentinien auch die Nationalflagge und ein Lenkrad vor dunkelblauem Hintergrund. Weitere Symbole dieses Markenzeichens sind in ihrer Bedeutung unbekannt.

AR 1962–
etwa Anfang 90er

CROCO

Die Idee zum Bau eines geländegängigen Fahrzeugs kam im Jahre 1976 auf, und bereits ein Jahr später war der erste Geländewagen kreiert. Das Vielzweckmobil wurde in der Schweiz konzipiert und von der Firma „Technique d` Avant Garde“ (TAG) hergestellt. 1978 wurde der „Croco“ genannte Prototyp vorgestellt, und im November 1982 lief das erste Modell, das noch den Namen „KISS“ trug, bei der Firma „Croco AG“ in Zürich – auch als „Crocomobil“ in Holzikon-Heliport/Schweiz bekannt – als Serienfahrzeug vom Band. Das Geländefahrzeug war wasserdicht und voll schwimmfähig. Getestet wurde es auch durch das Schweizer Militär. Als Antrieb diente ein luftgekühlter Einscheiben-30 PS-“ Wankel“ - Motor. Bis 1984 experimentierte man am „Croco“ herum, bis der Badener Karl Rinker die Konstruktion übernahm, den Wagen umbaute und ihm den neuen Namen „Rhino“ gab.

*Die erste Bezeichnung „KISS“ stand für den Slogan „**Keep It Simple Save**“, das spätere Kunstwort „Croco“ hingegen kam von „**Cross Country**“, was soviel wie „querfeldein“ bedeutet. Das Wappentier der Schweizer Firma „Croco AG“ war natürlich das Krokodil oder englisch „crocodile“.*

CH 1977–etwa 1984

CROSSLEY

GB 1904–1937

Die Firma „Crossley Brothers Ltd“ in Gorton, Manchester/England, die von 1904 bis 1910 – und als „Crossley Motors Ltd.“ von 1910 bis 1937 – Automobile des Markennamens „Crossley“ gebaut hatte, war eine der ältesten Motorenfabriken Großbritanniens. Einer der ersten Motorwagen von 1904 war ein schwerer Kettenwagen, dem 1906 ein Crossley mit Kardanantrieb folgte. Die hervorragende Reputation der englischen Renommee-Marke fand ihre Bestätigung in den Kriegsjahren 1914 bis 1918, eine Zeit, in der Crossley Hauptlieferant der Britischen Armee war. Ein Sechzylinder-Modell folgte 1927, und ab 1932 baute man auch kleinere Versionen des „Crossley“ mit 1,1-Liter-Antriebsaggregaten. Im Modelljahr 1937 gab man die Automobilherstellung auf, und in den Werksanlagen in Manchester/England wurden im Fremdauftrag andere Automobile assembliert.

Das Markenzeichen von „Crossley“, ein weißes Kreuz auf grünem Untergrund, dürfte vermutlich aus dem Wappen der Familie „Cross“, „Crosse“ oder „Crossley“ stammen. Das Kreuz zeigt relativ große Ähnlichkeit mit dem sogenannten „Templerkreuz“. Es wird auch dem „Maltheserkreuz“ gleichgestellt. Ⓚ

CSEPEL

H 1937– heute

Bei „Csepel“ handelte es sich um eine frühere ungarische Maschinen-/Waffen-/Motorrad-/Personenwagen- und heute noch bestehende Lastkraftwagenmarke. Die ungarische Firma „Manfred Weiss, Stahl- und Metallwerke AG“ baute im Jahre 1937 Motorräder des Markennamens „Csepel“, denen ab 1949 Automobile folgten. Sitz dieses Unternehmens war die Donauinsel Csepel bei Budapest. Ursprünglich produzierte diese große Maschinen- und Waffenfabrik Automobile, dann stellte man auf Motorräder um. Aus einer ehemaligen Flugzeugfabrik heraus entstand im Jahre 1949 die Firma „Csepel Autogyar“ („Csepel Automobilwerke“). Um 1950 wurde der Lastkraftwagenbau verstärkt, der bis heute im Vordergrund steht. Man arbeitete mit „Steyr“ in Österreich, „Ikarus“ und „Raba“ in Ungarn, „Jelcz“ in Polen sowie „Cummins“ in England zusammen.

Der bekannte Markenname „Csepel“ leitet sich von der Donauinsel Csepel, südlich von Budapest, ab. Es gab verschiedene „Csepel“-Schriftzüge, für die man u. a. auch einen Fünfzackstern verwendete. Ⓝ Ⓑ

CUBITT

GB 1920–1925

Der „Cubitt“ war einer von den zahlreichen Versuchen britischer Hersteller, nach den Jahren des Ersten Weltkriegs ein gutes Automobil für die Massenherstellung zu kreieren. Bereits 1815 hatte Thomas Cubitt das Familienunternehmen ins Leben gerufen. Von 1920 bis 1925 entstanden aber in der „Cubitt`s Engineering Co. Ltd“ in Aylesbury, Buckinghamshire/England, auch Automobile des Markennamens „Cubitt“. Man baute u. a. Vierzylinder-2,8-Liter-16/20 PS-Wagen mit Karosserien, die in den ehemaligen Werksanlagen der Firma „Iris Motor Car Co.“ entstanden waren. Geplant war die Herstellung einer großen Modellreihe, die allerdings aufgrund finanzieller Schwierigkeiten nie realisiert wurde. Das Unternehmen wurde J. S. Napier und S. F. Edge anvertraut. Trotz Investitionen kam 1925 das unaufhaltsame Ende für Cubitt.

Das Markenzeichen von „Cubitt“ stellte ein quer liegendes Karo mit integriertem „Cubitt“ -Schriftzug dar.

CUDELL

D 1898–1908

1897 gründete Max Cudell die Firma „Cudell & Co. Motoren- und Motorfahrzeug-Fabrik“ in Aachen, die bis 1900 unter diesem Namen firmierte. Von 1900 bis 1902 hieß die Gesellschaft „AG für Motor- und Fahrzeugbau vorm. Cudell“, von 1902 bis 1905 war es die „Cudell Motor-Compagnie mbH“. Die letzte Firmennamenänderung erfolgte 1905 mit der „Cudell Motoren-Gesellschaft mbH“ in Berlin, die 1908 die letzten Cudell-Automobile baute. Mit der Herstellung von Motoren der Bauart „De Dion“ stieg man in den Automobilbau ein. Es entstanden auch Nachbauten der „De Dion-Bouton“-Dreiräder. 1899 wurde der „Cudell“ -Patent-Vierradwagen produziert, dem 1902 bis 1904 weitere Fahrzeuge nach französischem Vorbild folgten. Unter Karl Slevogt baute man nun Vierzylinder-Wagen. Der „Phoenix“ war seiner Zeit voraus, trotzdem aber schlecht verkäuflich.

„Cudell“ führte einen einfachen Schriftzug und ein rundes Markenemblem auf der Frontseite der Fahrzeuge.

CUSHMAN

USA 1920–1980

Im Jahre 1920 gründete Everett Cushman die Firma „Cushman Motor Co., Inc.“ in Lincoln, Nebraska/USA. Man stellte leichte landwirtschaftliche Zweitakt-Motoren, dann Einzylinder-Aggregate her, die Verwendung als Bootsmotoren fanden. In den 20er-Jahren verband sich Cushman mit der Firma „Easy Manufacturing Co.“ des Charles D. Ammon, und 1935 wurde zunächst ein Roller für Lieferzwecke konstruiert. Es entstand der erste „Cushman Scooter“, der noch von einem Cushman-Waschmaschinenmotor angetrieben wurde. 1939 baute man den „Auto Glide“, der während des Zweiten Weltkriegs bei der US Army eingesetzt wurde. Ein weiteres Fahrzeug war der „Cushman Truckster“ von 1953, der u. a. als Service- und Wartungsfahrzeug diente. „Cushman“ baute noch 1969 „Golf“-Wagen, ging aber in den amerikanischen Bootsmotorenfirmen „Johnson“ und „Evinrude“ auf.

„Cushman“ führte übrigens auf den Golf-Wagen den einfachen Schriftzug „Cushman“ . Ⓟ

CYKLON; CYKLONETTE

D 1902–1929

Franz Hüttel in Erlau, Sachsen, stellte unter dem Markennamen „Cyklon“ zunächst Fahrräder her. Ab 1905 baute und vertrieb er „Cyklonette“ genannte Motordreiräder mit angetriebenem Frontrad. Bis 1923 wurde diese Version noch in Berlin gefertigt. Inzwischen gründete man die neue Firma „Cyklon Maschinenfabrik“, aus der dann die „Cyklon Automobilwerke GmbH“ in Mylau wurden und in der von 1919 bis 1922 im Auftrag des Großaktionärs Jacob Schapiro der deutsche „Schebera“-Kleinwagen produziert wurde. 1927 folgte ein Vierzylinder-Modell „9/40 PS“. Schapiro, der u. a. auch Besitzer von „Dixi“ war, veranlaßte eine Markenzusammenlegung, so daß „Cyklon“ im Modelljahr 1928 „Dixi 9/40 PS“ angeboten wurde. Im selben Jahr ging Dixi allerdings an „BMW“ über, und die Marke „Cyklon“ verschwand ein halbes Jahr später aus der Automobilszene.

*Ein Zeichen zeigte ein stehendes Oval mit den Buchstaben „CMF“ für „**C**yklon **M**aschinen **F**abrik“. Das Zeichen für „Cyklonette“ war ein Queroval mit einem Blätterzweig und dem Markennamen.* Ⓑ

DACIA

Die Firma „Dacia, Uzina de Autoturisme Pitesti, Progesull, Ploiesti“ in St. Gageni, Pitesti/Rumänien, auch als „Auto Dacia“ bestens bekannt, stellte seit 1968 Personenwagen auf der Basis des französischen Renault-Typs „R 12“ in Lizenz her. Diese Fahrzeuge trugen den Markennamen „Dacia“. Ab 1969 baute das rumänische Automobilwerk den Dacia-Typ „1300 L Break“. Erst im Jahre 1977 gaben die Franzosen den Export für dieses Modell frei. Der Wagen wurde in Deutschland als viertürige Limousine und als „Break“ mit Heckklappe vertrieben. Bis 1983 wurde dieses Modell gebaut. Im November 1986 zeigte „Dacia“ auf der Birmingham Auto Show in England den neuen „Dacia Duster“, einen Geländewagen mit 1,6-Liter-Renault-Motor. 1991 kamen der „Dacia 1310 TX“, der „Dacia 1325“ sowie der kleine „Dacia 500“ auf den Markt.

R 1968 – heute

Der Markenname „Dacia“ kommt aus dem Lateinischen und bedeutet „Rumänien“.

Ⓝ Ⓑ

DAEWOO

Unter dem Markennamen „Daewoo“ wurden von der in Cheong-cheon-Dong, Buk-Gu, Incheon/Südkorea beheimateten Firma „Daeowoo Motor Co. Ltd“, der Nachfolgefirma der „Saehan Motor Company“, ab 1967 Automobile produziert. „Daewoo“ ist in den westlichen Ländern wenig bekannt, obwohl dieses Autowerk bereits seit 1972 eng mit „General Motors USA“ zusammenarbeitet. Aus dieser Verbindung entstand die Modellpalette, so z. B. der „Daewoo Maepsi-Na“, ein „Opel Kadett“ der 70er-Jahre mit 1,5-Liter-Motor. Bekannt war aber auch der „Opel Rekord“ von 1979, der bei „Daewoo“ ab 1981 produziert und unter dem Namen „Royale“ verkauft wurde. Die japanische „Toyota Motor Co. Ltd“ ist an Daewoo finanziell beteiligt. Die jüngsten Modelle „Tico“ und „Racer“ sowie die Eigenentwicklung „Espero“, eine viertürige Limousine, erschienen 1993/94.

ROK ca. 1967 – heute

"Daewoo"-Markenemblem ist der Schriftzug „Daewoo“ in Druckbuchstaben sowie ein muschelförmiges Emblem.

Ⓝ Ⓟ

DAF

Die Brüder Hubertus J. (1900-1979) und Wim A.V. van Doorne (1906-1978) eröffneten im April 1928 in Eindhoven/Niederlande eine Maschinenschlosserei und Schmiede, aus der die Firma „Van Doorne`s Bedrijfswagenfabriek DAF N.V.“ entstand. Dort wurde anfangs der 30er-Jahre der Bau von Anhängern und geschweißten Leichtmetall-Aufliegern aufgenommen. 1958 stieg man auch in den Automobilbau ein. Der erste „DAF“ des gleichen Jahrs trug die Bezeichnung „600“ und erhielt ein DAF-"Variomatic"-Antriebssystem (Fliehkraftkupplung, Keilriemen auf konischen Trommeln). Der „DAF 600“ erregte großes Aufsehen. 1962 wurde diesem Modell das berühmte „Daffodil“ mit 750 cm^3-30 PS-Motor zur Seite gestellt. Den DAF-Pkw-Bau gab man 1975 auf, nachdem „Volvo“ die Fertigung übernommen hatte und aus dem „DAF 66“ der neue „Volvo 66“ geworden war.

NL 1958 -1975

Das Markenemblem der ehemaligen „DAF“-Automobile zeigte eine Blattfeder über dem Fahrzeugrad, symbolisch für die Produktion von Hinterachsen, Nutzfahrzeugen sowie Personenwagen.

Ⓝ Ⓑ Ⓚ

DAIHATSU

Die „Daihatsu Motor Co. Ltd.“ mit Sitz in Osaka/Japan, die auch „Dai“ genannt wird, gilt als eine der ältesten Automobilhersteller Japans und wurde von Yoshiaki Yasunaga, dem Vorstand des „Osaka Institute of Technology“ – heute „Universität Osaka“, gegründet. 1907 wurde die Firma in „Hatsudoki (Motorenwerke) Seizo Kabushiki Kaisha“ umbenannt. Erst 1952 entstand die neue „Daihatsu Kogyo Co.“, die ab 1953 den ersten dreirädrigen Personenwagen „Bee“ (Biene) baute, dem 1958 vierrädrige Wagen folgten. In jenem Jahr begann die eigentliche Pkw-Produktion. Neben einer Reihe von Modellen folgten in den 80er-Jahren die Typen „Cuore“, „Charade“ und „Charmant“. Das Programm von 1993/94 umfaßte die Modelle „Leeza Spider“ und „Opti Targa“ sowie Elektrofahrzeuge.

J 1958 – heute

*Der Markenname „Daihatsu“ (seit 1950/51) setzt sich aus dem Ort Osaka-„**Dai**“ und der Bezeichnung „**Hatsu**doki“ (Motorenwerke) zusammen. In frühen Jahren gab es noch ein Queroval. Inzwischen zeigt man nur noch den Buchstaben D für „Daihatsu“.*

Ⓝ Ⓚ Ⓟ

DAIMLER

Gottlieb Daimler leistete Pionierarbeit beim technischen Aufbau der Verkehrsmotorisierung. 1872 trat Daimler in die „Gasmotorenfabrik Deutz AG“ ein, wo er später technischer Direktor wurde. In dieser Firma arbeitete er mit seinem späteren Mitarbeiter Wilhelm Maybach eng zusammen. Dieser konstruierte 18 Jahre später das erste „Mercedes“-Modell, das eine neue Ära im Automobilbau einleitete. Schon 1885 hatte Daimler das erste Motorrad nach einer Maybach-Konstruktion gebaut. Mit dem Einbau des Benzin-Motors in eine Kutsche schuf Daimler 1886 das erste vierrädrige Automobil, und 1899 wurde ein Stahlfahrgestell entwickelt, in dem derselbe V-Zweizylinder-Motor zum Einsatz kam. Paul Daimler führte erfolgreich die „Daimler-Motoren Gesellschaft“ (DMG) weiter, und 1926 entstand durch eine Fusion mit der „Benz & Cie.“ die heutige „Daimler-Benz AG“.

D 1886–1902

Das damalige „Daimler“-Markenemblem, die drei Spitzen, steht für die motorisierte Beförderung per Luft, zu Wasser und zu Lande. Daneben gab z. B. eine runde Metallplakette, die u. a. die Inschrift „Daimler Wagen – Daimler-Motoren-Gesellschaft – Cannstatt-Württemberg“ trug.

Ⓝ Ⓑ Ⓚ

DAIMLER

Daimler gilt als ältester britischer Automobilhersteller. Die deutsche „Daimler-Motoren-Gesellschaft“ (DMG) in Cannstatt konnte mit ihren ersten Motoren und Automobilen viele große Erfolge im In- und Ausland verbuchen. Die Marke „Daimler“ gab es zweimal, nämlich in Deutschland und heute noch in England. Vorreiter dieser Marke war der Geschäftsmann Harry J. Lawson. Erst 1895 kam das erste englische „Daimler“-Automobil heraus, und 1906 erfolgte die Gründung der „Daimler Motor Co. Ltd“. Bis etwa 1903 gab es Zwei- und Vierzylinder-Modelle. Unter Benutzung der deutschen Daimler-Patentrechte entstand also die englische Marke „Daimler“, die mit der Konstruktion der deutschen DMG später nichts mehr gemeinsam hatte. Das britische Königshaus bevorzugt bis heute die großen, repräsentativen „Daimler Double Six“-Automobile von „Daimler of Coventry“.

GB 1896 – heute

Markenemblem der englischen „Daimler“ war zunächst der Namenszug „Daimler“, der erstmals mit dem Modell „SP 250“ herauskam. Die späteren Daimler-Automobile trugen nur noch den geschwungenen Buchstaben D für „Daimler“ auf dem geriffelten Kühlergrill.

Ⓝ Ⓑ Ⓚ

F 1933–1950

Emile Darl'mat wanderte 1911 nach Amerika aus und kam 1920 aus San Francisco, Kalifornien, wieder nach Paris zurück, um dort eine Peugeot-Reperaturwerkstatt zu gründen. Er plante einen Sportwagenbau, unter Verwendung von Peugeot-Komponenten. Zu seinen Gönnern gehörten der Karossier Marcel Pourtout aus Reuil, Malmaison/Frankreich, und der Zahnarzt Paulin, der auch maschinentechnisch recht begabt war. Im Jahre 1933 konnte man den ersten „Darl'mat" auf dem Pariser Salon bewundern. Es war ein „Peugeot 301"-Coupé, dessen Stahldach elektrisch voll versenkbar im Kofferraum verschwand. Ein späteres Darl'mat-Modell erhielt tief ausgeschnittene Türen. Der offene Sportwagen wurde von vier hochstehenden, fließenden Kotflügeln „eingerahmt". Von 1936 bis 1938 wurden 106 „Peugeot-Darl'mat" hergestellt. 1950 wurde der Bau aufgegeben.

DARL'MAT

Ein Schiff auf blauen Wellen, in denen der Name des Herstellungsortes – Paris – integriert war, war Markenzeichen von Darl'mat. Über dem Schiff war der Name des Herstellers – „Darl'mat" – festgehalten. Das ganze Wappenemblem wurde von einer Klaue gehalten und besaß einen roten Hintergrund.

F 1896–1935

Alexandre Darracq, Offizier und Ritter der Ehrenlegion, wurde 1855 in Bordeaux/Frankreich geboren und war wie Adolphe Clément einer der ganz großen Unternehmer in der französischen Fahrradindustrie. Den Weg zum Automobilgeschäft fand Darracq mit der 1896 in Surèsnes/Seine gegründeten Firma „Etablissements Perfecta" und dem 1898 hergestellten Elektro-Coupé. Ebenfalls 1898 gründete er die neue Gesellschaft „Société Alexandre Darracq & Cie", in der bis 1928 Personenwagen der Marke „Darracq" hergestellt wurden. 1920 wurde „Darracq" mit den Firmen „Sunbeam", „Clément-Talbot" ("Talbot") zur Gesellschaft „STD" zusammengeschlossen. 1935 kam der wirtschaftliche Zusammenbruch, und Antoine Lago ("Talbot-Lago") übernahm die französischen Marken „Talbot" und „Darracq", die auch in England registriert waren.

DARRACQ

Alexandre Darracq führte auf seinen Fahrzeugen ein rundes Markenemblem, in dem ein überkröntes Wappen mit vermutlich drei Lilien und einem Wagen abgebildet war. Darum waren der Markenname „Darracq" sowie der Produktionsort „Paris" vermerkt.

Ⓑ

J 1912– heute

Die Ursprünge des „Datsun" gehen auf das Jahr 1912 bzw. die Gründung der „Kwaihinsha Motor Car Works" in Tokio zurück. Drei Ingenieure bauten unter Mithilfe eines in den USA ausgebildeten Fachmanns den Prototyp eines leichten Personenwagens, dem man die Bezeichnung „Dat" gab. Ab 1914 wurde eine kleine Serienfertigung begonnen. Man baute auch Lastwagen, für die ein größerer Bedarf bestand. 1925 verband sich „Kwaishinsha" mit der „Jitsuyo Jidosha Seizo", die Automobile des Namens „Lila" produzierte. Ab 1926 wurden gemeinsam Dats anstelle des Lila angefertigt. Um 1931/32 entstand eine neue Automobilherstellung, und aus dem Dat wurde der „Datson". Im Programm waren kleine Limousinen, Tourer und Sport-Zweisitzer. Bald darauf gab es eine weitere Umbenennung in „Datsun", und 1934 entstand die „Nissan Motor Co.".

DAT; DATSON; DATSUN; NISSAN

*„Dat" entstand aus den Initialen der drei Firmengründer **D**en, **A**oyama und **T**akeuchi. Später wurde aus dem Dat der „Datson" („Sohn des Dat") und nach kurzer Zeit unter Bezugnahme auf das japanische Symbol der Sonne der neue Name „Datsun".*

Ⓝ Ⓚ

GB 1967–etwa 80er

Adrian Evans konstruierte den Davrian-Typ „Imp", der bei der London Racing Car Show 1966 erstmals vorgestellt wurde. Der Sportwagen mit Kunststoffkarosserie ging ein Jahr später in Serie. Als Antrieb verwendete man verschiedene Komponenten, wie auch den Motor des englischen „Hillman Imp". 1967, im Jahr des Produktionsbeginns, kam es zur Gründung der „Davrian Developments Ltd." in Clapham/England, die 1976 nach Tregaron, Dyfed/England, umsiedelte und ab 1977 eine kleine Reihe von neuen Modellen schuf. 1980 ließ sich die Firma, die immer wieder neue Varianten von kleinen Sportwagen mit Kunststoffaufbauten unter dem Markennamen „Davrian" fertigte, in Lampeter/Wales nieder. Im Modelljahr 1982 kam es zur Reorganisation und kurzzeitigen Liquidation der Firma. Die neue „Corray Car Co." konnte noch 1984 monatlich rund 20 Einheiten fertigen.

DAVRIAN

Der Markenname „Davrian" kommt vom walisischen Nationalspruch „y ddraig goch ddyry cychwyn" („der rote Drachen gibt Kraft"). Dieser Drache ist im Markenzeichen der englischen Firma wie auch in der walisischen Nationalflagge zu finden.

F 1897–1934

Die Bedeutung der neuen Motorfahrzeuge wurde von Baron Eugène de Dietrich schon früh erkannt. 1896 konnte De Dietrich die Patente für die Herstellung einer leichten Voiturette (Kleinwagen) des französischen Automobilpioniers Amédée Bollée erwerben. Noch im selben Jahr gründete er die „De Dietrich et Cie." in Lunéville/Lothringen. Neben den deutschen „Daimler"- und „Benz"-Wagen war der De Dietrich bald das am weitesten verbreitete Fahrzeug in der Frühzeit des Automobils. Ab 1908 erhielten alle von De Dietrich hergestellten Fahrzeuge den Namen „Lorraine-Dietrich". Der bis etwa 1933 hergestellte Typ „16 CV" wurde zum bekanntesten Wagen in den 20er-Jahren. Ab 1928 hießen die zumeist großen, schweren Reise- und Sportautomobile der Firma nur noch „Lorraine". Bis 1934 wurde die Produktion fortgesetzt.

DE DIETRICH; LORRAINE(-DIETRICH)

Das „Lothringer Kreuz" mit dem doppelten Querbalken war Emblem der französischen Automobilmarken „De Dietrich", „Lorraine-Dietrich" und „Lorraine".

Ⓑ

F 1883–1933

Comte Albert de Dion, der auch als „Le Comte Mecanicien" („Mechaniker-Graf") bezeichnet wurde, gründete 1882 die Firma „De Dion, Bouton et Cie." in Puteaux/Seine, aus der sich eine berühmte Automobilfirma entwickelte. Im März 1893 ließ sich der Graf die noch heute im Fahrzeugbau gebräuchliche De Dion-Hinterachse patentieren. Neben Benzin-Einbaumotoren entstanden 1894 weitere Motor-Dreiradwagen des Markennamens „De Dion". Das Dreirad blieb zehn Jahre lang im Produktionsprogramm der Firma. Dann ging man zum Bau von Vierradwagen über. Etwa 1908 wurden die zunächst einfachen Wagen von Fahrzeugen für die Luxusklasse abgelöst, versehen mit V-Achtzylinder-Aggregaten. Doch dann begann der Niedergang der Firma, die ab 1933 ihre Tore schließen mußte.

DE-DION-BOUTON

Das Markenzeichen von „De-Dion-Bouton" zeigt ein geflügeltes Rad, die Worte „Marque Deposée" („mit Handelsregister-Eintrag") und den Namen des Fahrzeugtyps am Rand des Zeichens – darunter die Anschrift des Herstellerwerks „12 Rue Ernest, Puteaux, Seine".

Ⓑ

DEERE; DEERE-CLARK

USA 1906–1907

Bereits 1897 baute W. E. Clark aus Moline/USA ein luftgekühltes Einzylinder-Automobil. 1905 überredete er die Landmaschinenfabrik „John Deere Company", ihn bei seinem Automobilprojekt finanziell zu unterstützen. „John Deere" kaufte die marode Firma „Clark-mobile Co." mit Sitz in Lansing, Michigan/USA, auf, und 1906 begann man unter dem neuen Firmennamen „Deere-Clark Motor Car Co." in Moline, Illinois/USA, mit dem Automobilbau. In den Jahren 1906 und 1907 stellte die Firma Automobile mit dem Markennamen „Deere-Clark" (1906) und „Deere" (1907) her. Man bot Tourenwagen, Limousinen und Runabouts mit wassergekühlten Vierzylinder-Motoren an. 1907 wurde der „Deere" aus dem Programm genommen. „John Deere" ist heute noch einer der berühmtesten Landmaschinenhersteller der Vereinigten Staaten und ein Landtechnik-Unternehmen in Deutschland.

Markenzeichen des amerikanischen „Deere"-Motorwagens war ein verschlungener Druckbuchstaben-Schriftzug. Hingegen zeigte „John Deere" in einem abgerundeten Viereck-Emblem einen springenden Hirsch „deer". Ⓝ

DE LA CHAPELLE; STIMULA

F 1905–1914; 1978–heute

1978 stellte der Enkel des Firmengründers, Xavier de la Chapelle, auf dem Genfer Salon einen Nachbau des bekannten und legendären „Bugatti 55"-Roadsters unter dem wieder aus der Taufe gehobenen Markennamen „Stimula" vor. Die alte Firma „De la Chapelle Frères et Cie." hatte bereits von 1905 bis 1914 Automobile mit diesem Markennamen und vor der Jahrhundertwende sogar Motorräder und Dreiräder gefertigt. Nach Jahren der Produktion geriet die in Brignais bei Lyon seßhafte Firma von Xavier de la Chapelle – die anfangs noch „Automobiles Stimula" hieß und etwa 1987 zur „Automobiles De la Chapelle" umbenannt wurde – in finanzielle Schwierigkeiten. 1994 wurde sie von „DLC Technologie" übernommen, die vom „Designstudio Barré Associés" gegründet worden war.

„De la Chapelle" führte ein Queroval mit integriertem Markennamen sowie den roten Buchstaben C für den Hersteller „de la Chapelle". Für neuere Fahrzeuge des Namens „Stimula" wurde ein Queroval mit dem Schriftzug „Stimula" auf rotem Grund verwendet.

DELAGE

F 1905–1954

"Delage" war viele Jahre lang eine der angesehensten und im Automobilsport erfolgreichsten Marken Frankreichs. Louis (Lucien) Delage errichtete 1905 mit Augustin Legros einen Automobilbetrieb, in dem zunächst „Helbé"-Fahrzeuge assembliert wurden. Kurze Zeit später, noch 1905, entstand der erste „Delage". 1914 erzielte Parry Thomas mit einem Delage-6,0-Ltr.-Rennwagen den Sieg im amerikanischen 500-Meilen-Rennen von Indianapolis. Während des Zweiten Weltkriegs fertigte Delage Kriegsmaterial und Fahrzeuge für das Militär. 1935 wurde Delage von der noch älteren Marke „Delahaye" übernommen, die 1949 den letzten Delage herausbrachte. In den frühen 30ern waren Delage-Achtzylinder-Sportwagen vom Typ „D 8 S" und „D 8 SS" den „Bugatti"- und „Hispano-Suiza"-Automobilen fast ebenbürtig. 1953 wurden Delage und Delahaye von „Hotchkiss" übernommen.

Bei „Delage" verwendete man ein blaues Queroval mit dem Markennamen „Delage" in goldfarbenen Buchstaben als Emblem.

Ⓝ Ⓑ Ⓚ

DELAHAYE

F 1894–1954

1845 machte sich der Franzose Brethon in Tours/Frankreich selbständig und eröffnete eine mechanische Werkstatt. Emile Delahaye erwarb diesen Betrieb 1887 und fing Jahre später an, sich mit den ersten Fahrzeugen von „Benz" und „Daimler" aus Deutschland zu beschäftigen. Aus diesem Interesse heraus entstand 1894/95 der erste „Delahaye"-Motorwagen in der neuen Firma „Emile Delahaye". Bekannt waren seine Fahrzeuge vor allem vor und kurz nach dem Zweiten Weltkrieg. Die Firma „Automobiles Delahaye" (1906-1954) wurde in späteren Jahren einer der bedeutendsten und ersten Motorenhersteller. Die Firma, die 1935 die französische Firma „Automobiles Delage" übernommen hatte, wurde im Jahre 1954 in die Automobil- und Waffenfabrik „S.A. des Automobiles Hotchkiss" eingegliedert.

*Ein „Delhaye"-Emblem zeigte eine Schmalform mit integriertem Markennamen. Nachkriegs-Automobile von Delahaye trugen neben ihren Markenemblemen am Kühler ein „GFA" („**G**énérale **F**rancaise de Construction **A**utomobile").* Ⓝ Ⓑ Ⓚ

DELAUNEY-BELLEVILLE

F 1904–1950

Die ehemalige Lokomotiven- und Schiffskesselfabrik „Delaunay-Belleville" begann im Jahre 1904 unter dem Namen „S.A. des Automobiles Delaunay-Belleville" in St. Denis/Seine mit der Herstellung von Automobilen gleichen Namens. Diese Firma stand schon bald in gutem Ruf, und ihre qualitativ hervorragenden Automobile galten als „Rolls-Royce von Frankreich". Die Delaunay-Bellevilles wurden fast nur noch mit Chauffeur gefahren. Einer der berühmtesten Kunden war Zar Nikolaus II. von Rußland. Sein 70 PS starker Tourenwagen mit dem Ehrentitel „SMT" („Sa Majesté le Tsar") wurde der „Wagen des Zars". 1922 gab es eine Reihe von Vierzylinder-Wagen, und es folgten auch Typen mit Sechszylinder-Aggregaten. 14 Nachkriegswagen hatte man gefertigt, und der letzte „Delaunay-Belleville" entstand 1948. Noch 1946 bis 1950 baute man den „Rovin"-Kleinwagen.

"Delaunay-Belleville" führte den schräggestellten Namensschriftzug auf den Kühern und u. a. auch ein Emblem, das die Form eines Kühlers mit integriertem Markennamen „Delaunay-Belleville" zeigte. Ⓑ

DE LOREAN

USA/GB 1980–1982

Die Sportwagenmarke „De Lorean" kann man als „Sternschnuppen-Marke" bezeichnen, denn was so erfolgreich begann, endete mit einem Fiasko. John Zachary de Lorean wurde 1925 als ältester von vier Söhnen eines Ford-Arbeiters in Detroit, Michigan/USA, geboren und arbeitete sich zu einer führenden Persönlichkeit im „General Motors"-Imperium hoch. Er wurde im Alter von 44 Jahren 1969 zum Generaldirektor ernannt und 1972 Vizepräsidenten von „GMC". De Lorean plante nun den Einstieg in den eigenen Automobilbau und stellte, nachdem er 1973 „GMC" verlassen hatte, Anfang 1981 den ersten für Serie in Frage kommenden Prototyp auf dem Genfer Salon vor. Im Juni 1981 begann die Produktion des V-Sechszylinder-Flügeltürers-„De Lorean" in Nordirland. Mit der Ölkrise kamen Probleme für De Lorean auf, und 1982 stand man vor dem Konkurs.

*Das Markenzeichen des irischen „De Lorean" zeigte die Initialen „DMC" für John Zachary de Loreans kurzlebiges Unternehmen „**D**e Lorean **M**otor **C**ompany".*

Ⓟ

DE MARÇAY

F 1920–1921

1920 und 1921 stellte die Firma „De Marçay et Cie." in Paris Automobile mit dem Markennamen „De Marçay" her. Das französische „De Marçay"-Cyclecar besaß einen luftgekühlten V-Zweizylinder-987 cm^3-"Anzani"-Motor. Ferner wies dieser rund 300 kg schwere Wagen ein Dreigang-Getriebe sowie einen Wellenantrieb auf und erreichte eine Geschwindigkeit von rund 70 km/h. Der De Marçay besaß jedoch kein Differential, und sein Aufbau hatte Ähnlichkeit mit dem des bekannten englischen „GN"-Wagens. Das Fahrzeug wurde von einer ehemaligen Flugzeugfirma gebaut. Im Jahre 1922 verschwand die Marke „De Marçay" endgültig vom französischen Automarkt.

Die Firma „De Marçay" zeigte auf Prospekten von 1920 den Schriftzug „De Marçay".

DEMOT

USA 1909–1911

In den Jahren 1910 und 1911 stellte die Firma „Demot Car Company" in Detroit, Michigan/USA, Automobile her, die zeitweise den Markennamen „Demot", „De Mot" bzw. auch „Demotcar" trugen. Das amerikanische Unternehmen bot zunächst einen leichten Zweisitzer-Runabout als „Little Detroit" an, versehen mit einem wassergekühlten Zweizylinder-8/10 PS-Motor. Die Vorstellung des ersten Demot-Automobils sollte im September 1909 erfolgen, und bereits im August 1910 war die Firma „Demot Co." bankrott. Die Produktion der Automobile wurde trotz Konkursverwaltung bis 1911 fortgeführt. Im Dezember 1911 erfolgte die Gründung einer neuen Gesellschaft, die den Namen „Ritter Automobile Company" erhielt. 1912 gebaute Motorwagen erhielten den Markennamen „Ritter".

*Die Markennamen „Demot", „De Mot" bzw. „Demotcar" wurden an den amerikanischen Namen „**Det**roit **Mot**or Car" angelehnt und als Abkürzung verwendet. Markenzeichen war ein rundes Emblem mit integriertem Markennamen „Demot".*

DENNIS

GB 1899–1915

John Dennis gründete im Jahre 1895 eine neue Firma in Guildford, Surrey/England, aus der sich Jahre später das Renommee-Unternehmen „Dennis Brothers Ltd" herauskristallisierte, an dessen Gründung auch sein Bruder Raymond Dennis mitbeteiligt war. In den Jahren 1899 bis 1915 wurden „Dennis" genannte Personenwagen hergestellt. Der erste Motorwagen trug den Namen „Speed King" und besaß als leichter Zweisitzer noch einen 3,5 PS-"De Dion"-Motor. Schon 1904 folgte das erste Dennis-Nutzfahrzeug, das zum Vorbild weiterer Fahrzeuge, insbesonders von Ein- und Doppeldecker-Bussen, wurde. Dennis baute auch für das Londoner Warenhaus „Harrods Ltd" kleine Lieferwagen. Das englische Nutzfahrzeug-Unternehmen hat bis heute einen guten Namen als Hersteller von Feuerwehrlöschfahrzeugen und Omnibussen. Es gehört inzwischen zur „Hestair Duple Ltd".

"Dennis" verwendete hauptsächlich querovale Embleme, in denen der Firmename „Dennis" zu lesen war. Dann folgten Markenzeichen, die nur noch den Namen „Dennis" zeigten, wobei das Initial D mit den Endbuchstaben IS waagrecht verschlungen war.

Ⓑ

DENZEL; WD

A 1949–1959

Der Wiener Automobilhändler und Sportfahrer Wolfgang Wilhelm Denzel, geboren 1908 in Graz, baute in den Jahren 1949 bis 1959 auf verkürztem „Volkswagen Käfer"-Chassis zweisitzige Roadster, die in alpinen Rallye-Wettbewerben zahlreiche Klassensiege errangen. Denzel hatte 1938 eine eigene Autofirma in Wien gegründet. Nach dem Krieg konstruierte er ab 1948 seinen eigenen Sportwagen, der die Bezeichnung „Denzel Sport" erhielt. Man verwendete u. a. Teile von „Volkswagen". 1949 begann er Sportwagen-Karosserien auf „VW Kübel"-Chassis, die noch aus Restbeständen des Krieges stammten, aufzusetzen. Die Fahrzeuge besaßen 1,3- und 1,5-Liter-"Porsche"-Motoren. Denzels Fahrzeuge trugen zunächst die Bezeichnung „WD", dann den Markennamen „Denzel". Anfang der 90er-Jahre wurde die „Wolfgang Denzel Kraftfahrzeuge AG" von Sohn Peter Denzel geführt.

Das runde Markenzeichen der „WD"-Sportwagen, die 1957 zum „Denzel" wurden, beinhaltetet die Initialen „WD" für „Wolfgang Denzel".

DE SANCTIS

I 1958–etwa 1966

Die ehemalige Fiat-Repräsentanz „Automobili De Sanctis" wurde von Gino de Sanctis in Rom gegründet und baute in den Jahren 1958 bis 1965/66 einige Sport- und Rennwagen, u. a. auch mit „Ford"-Motoren. Es gab den „De Sanctis" als Formel Junior-, Formel 850-, Formel Ford- und Formel-2- sowie als Formel-3-Rennwagen. 1958 entstand ein einsitziger Rennwagen mit 750 cm^3-Heckmotor, dem einer der ersten Formel-Junior-Wagen mit Fiat-Motor folgte. Sohn Lucio de Sanctis, der selbst einige „De Sanctis"-Rennwagen bei Wettbewerben fuhr, steuerte u. a. auch einen Formel-Junior-750 cm^3-Monoposto. 1961 verwendete man Ford- und BMC-Antriebsaggregate. Mit einem neuen Rennwagen konnte „De Sanctis" in den Jahren 1961, 1962 und 1963 verschiedene Erfolge bei Rennen verzeichnen. Anschließend baute man wieder Formel-2- und Formel-3-Rennwagen.

Die „De Sanctis"-Sport- und Rennwagen führten ein rundes Emblem mit dem Markennamen und Produktionsort der Fahrzeuge. Die Bedeutung der integrierten „drei Spitzen" ist unbekannt.

DESMOULINS

F 1920–1923

In den Jahren 1920 bis 1923 stellte die „Automobiles Bi-Moteurs Emile Desmoulins" in Paris die „Desmoulins"-Automobile mit zwei verschiedenen Motoren her. Es handelte sich dabei um 1131 cm^3- bzw. 1590 cm^3-Antriebsaggregate der französischen Automobil- und Motorenfirma „Ballot", die je einzeln an den Seiten des Wagens montiert waren. Von einem Getriebe sah man ab. Das Unternehmen bot den „Desmoulins" in verschiedenen Versionen an, so z. B. als Modell „Sport" mit zwei Einzylinder-7 PS-Motoren. Der Typ „Tourisme" besaß einen normalen Vierzylinder-7 PS-Motor, und das Modell „L'Universelle-Souveraine" war mit einem Achtzylinder-Motor mit 8 PS-, 12 PS- oder 20 PS-Leistung ausgestattet. Es gab auch ein Modell „Motor-Sid-Car" mit 6 PS starkem Motor.

Das Markenzeichen von „Desmoulins" (moulin = Mühle) zeigte Mühlen, umgeben vom Schriftzug „Automobiles Bi-Moteurs Emile Desmoulins Ingenieur A & M".

DE SOTO

USA 1928–1960

Die „Chrysler Motors Corporation“ in Detroit, Michigan/USA, gründete mit den Firmen „Plymouth“ und „De Soto“ eigenständige Betriebe und Automarken. Bereits die 1928 vorgestellten Modelle von De Soto konnten sich mit den Fahrzeugen von „Oldsmobile“ und „Pontiac“ durchaus messen. Wurde der 3,2-Liter-Wagen von De Soto noch kritisch mit den preisgünstigeren „Nash“-Fahrzeugen verglichen, so bot man doch bereits 1930 ein Achtzylinder-Modell als billigsten Achtzylinder-Wagen der Welt an. 1934 wurde auch ein Sechszylinder-Typ angeboten, der jedoch bei „Chrysler“ gebaut wurde. Bald folgte ein 4,0-Liter-Modell des „SE“-Typs. Obwohl sich im Jahr 1954 die Marken „Plymouth“ und „De Soto“ zusammenschlossen, mußte ab November 1960 die De Soto-Produktion drastisch eingeschränkt werden. Der letzte Wagen kam 1961 auf den Markt.

Der Name „De Soto“ leitet sich von dem kubanischen Gouverneur Hernando de Soto her, der in Amerika als Entdecker des Mississippi gilt und auch an der Eroberung Perus teilgenommen haben soll.

Ⓝ Ⓑ Ⓚ

DE TAMBLE

USA 1908–1913

Von 1908 bis 1913 stellte man den amerikanischen „De Tamble“ her. Verantwortlich für den Bau dieser Automobile war von 1908 bis 1909 die Firma „Speed Changing Pulley Co.“ in Indianapolis, Indiana/USA, die von Edward S. de Tamble geleitet wurde. Von 1909 bis 1913 wurde der De Tamble unter dem Firmennamen „De Tamble Motor Company“ in Anderson, Indiana/USA, hergestellt. Die Firma stellte einen kleinen Runabout mit Zweizylinder-Motor vor. 1909 kam ein konventioneller Vierzylinder-Wagen hinzu. Beim 1911er New Orleans-Memphis-Rennen konnte ein De Tamble den ersten Preis verzeichnen. Von 1908 bis 1910 wurden etwa 2000 Fahrzeuge des Namens „De Tamble“ hergestellt. 1913 kam das Ende dieser amerikanischen Marke.

Die Firma „De Tamble“ führte für ihre Motorwagen ein querovales Emblem, in dem man den schwungvollen Markennamen, die Firmenbezeichnung und den Produktionsort der Automobile lesen konnte.

DE TOMASO

I 1965– heute

Alejandro de Tomaso wurde 1928 als Sohn eines sozialistischen Ministers der Ära vor Perón in Buenos Aires geboren. Er wurde zunächst als italo-argentinischer Rennfahrer bekannt. Von der Technik der „OSCA“-Automobile aus Italien fasziniert, betätigte er sich zunehmend als Konstrukteur und gründete im Jahre 1959 in Modena eine kleine Sportwagenfirma namens „Alejandro de Tomaso Automobili“. De Tomaso baute ein Automobil- und Motorradimperium auf, zu dem u. a. die Automobilmarken „De Tomaso“, „Innocenti“, ehemals auch „Maserati“, und die Motorradmarken „Benelli“ und „Moto Guzzi“ gehörten. Ab 1965 baute man die unterschiedlichsten Luxus-Sportwagen, so die Modelle „Mustela“ (1969), „Pantera“ (1971) und u. a. den „Longchamp“ (1973). Seit De Tomasos Schlaganfall im Januar 1993 führt Sohn Santiago die Geschäfte weiter.

Markenzeichen der italienischen Sportwagenmarke „De Tomaso“ ist das Brandzeichen für Rinder der argentinischen Familie de Tomaso. Es ähnelt dem stilisierten Buchstaben T und steht in einem aufrechten Rechteck mit abgerundeten Ecken. Hintergrund ist die argentinische Nationalflagge. Ⓝ Ⓚ

DEUTZ; MAGIRUS-DEUTZ

D 1907–1911;
1938– heute

1907 bis 1911 baute man in der „Gasmotorenfabrik Deutz AG“ in Köln-Deutz Motorwagen, die den Markennamen „Deutz“ trugen. Bereits 1872 entstand die von Eugen Langen finanzierte „N.A. Otto & Cie.“ als Vorgängerfirma der Gasmotorenfabrik. Dort hatte Nikolaus August Otto seinen ersten atmosphärischen Viertakt-Motor gebaut. Im Jahre 1906 ging die „GFD“ daran, die Serienfertigung eines Automobils in Angriff zu nehmen, dessen Grundlage eine Konstruktion Ettore Bugattis war. Bis 1909 gab es nur einen Versuchswagen, und ein parallel entstandener 1,3-Liter war die Basis für den späteren Typ „13“, mit dem der Italiener 1908 seine eigene Produktion in Molsheim begann. Ein weiteres Modell wurde bei Deutz bis 1913 gebaut, dann stellte man auf Produktion von Nutzfahrzeugen um. Durch einen Firmenzusammenschluß entstand um 1938 der Markenname „Magirus-Deutz“.

Die Personenwagen der deutschen Marke „Deutz“ trugen ein querovales Emblem in den Farben Zinnoberrot, Weiß und Schwarz. Es enthielt den Markennamen „Deutz“ und ein Wappen mit dem Namen „Otto“.

Ⓝ Ⓑ Ⓚ

DE VAUX

USA 1930–1932

Norman de Vaux begann seine Karriere im Jahre 1903 als „Buick“-Verkäufer. Später nahm er die Marken „Auburn“ und „Reo“ hinzu. 1921 führte er „Chevrolet“-Montage-Werksanlagen, und 1925 wurden die „Durant“- und „Star“-Vertriebsoperationen in Kalifornien unter der Kontrolle von De Vaux zusammengezogen. Inzwischen plante er einen eigenen Automobilbau, und so entstanden von 1931 bis 1932 die „De Vaux“ genannten Automobile. Unter dem Namen „De Vaux-Hall Motor Corporation“ in Grand Rapids, Michigan/USA, wurden Sechszylinder-Wagen gebaut. 1931 erschien das Modell „De Vaux 6-75“. De Vaux kaufte die ehemaligen „Cord 810/812“-Karosserie-Preßanlagen. Mit der Übernahme der maroden „Continental Motors Corporation“ in Detroit, Michigan/USA, gründete er um 1932 die „Continental Automobile Co.“.

Zeichen von „De Vaux“ war der Markenname.

DE VECCHI

I 1905–1917

Im Jahre 1903 kam es zur Gründung der Firma „De Vecchi, Strada & C.“ in Mailand. Bis 1908 wurde dieser Name beibehalten. Der italienische „De Vecchi“ war ein konventioneller Wagen, der meist einen Vierzylinder-10/12 PS-Motor erhielt. Im Jahre 1904 stellte das Unternehmen einen 14 PS-Wagen vor, und 1908 stieg man in den Rennsport ein. Im März gleichen Jahres wurde die neue Gesellschaft „De Vecchi & C.“ errichtet, die bis 1917 – nun unter dem Namen „Officine Meccaniche De Vecchi S.A.“ firmierend – Personenwagen dieses Markennamens herstellte. Noch 1914 gab es u. a. Vierzylinder-14/20 PS-, 16/20 PS- und 20/30 PS-Motoren. Während des Krieges wurde die Produktion zugunsten der Fertigung von Last- und Ambulanzwagen vorübergehend eingestellt. 1920 wurde das Unternehmen mit der Firma „Costruzioni Meccaniche Nationali“ (CMN) zusammengeschlossen.

Das runde „De Vecchi“-Markenemblem zeigte die Hände eines „De Vecchi“-Autofahrers, die ein Steuerrad lenken. Ferner war auf diesem Zeichen der Markenname „De Vecchi“ wie auch der Herstellungsort „Milano“ (Mailand) zu lesen.

DFP

F 1906–1926

Der französische DFP wurde von Walter O. Bentley, dem Initiator der heute noch ruhmreichen englischen Luxuswagenmarke „Bentley" in Großbritannien vertrieben. Die ersten Automobile der Marke „DFP" wurden 1906 vorgestellt. Hierbei handelte es sich um Voituretten mit Einzylinder-Motoren, denen im Modelljahr 1908 ein DFP-Vierzylinder-Typ folgte. Als Antrieb diente ein französisches „Chaupis-Dornier"-Antriebsaggregat. Einige Fahrzeuge von DFP setzte man auch bei Rennen ein, so auch 1914 bei der „Tourist Trophy" (TT), als Bentley mit einem 2,0-Liter-Wagen auf den 6. Platz kam. Der letzte DFP wurde Ende 1925 hergestellt.

*Markenzeichen war ein waagrechtes Emblem, in dem die Markenbezeichnung „DFP" für die Firmengründer **D**oriot, **F**landrin und **P**arant sowie wahlweise der Produktionsort „London" oder „Courbevoie" bei Paris integriert waren. Über die Bedeutung des gezeigten Hunds ist nichts bekannt.*

DIANA

D 1922–1923

Die Firma „Diana Automobilwerk GmbH" in München stellte in den Jahren 1922 und 1923 kleine Dreiradwagen mit dem Markennamen „Diana" her. Der deutsche Diana besaß einen Vierzylinder-Motor und einen Rohrrahmen. Das Automobil erlangte keine besondere historische Bedeutung. In Zusammenarbeit mit den „Bayerischen Motorenwerken" (BMW) in München sollte ein Versuchswagens mit Zweizylinder-Boxermotor und Vorderradantrieb entwickelt werden, doch kam es niemals zu einer Fertigung.

Das Markenzeichen des deutschen „Diana" bildete ein waagrecht stehendes Karo mit der Geburts-, Mond- und Jagdgöttin Diana.

DIATTO

I 1905–1927

Die Brüder Giovanni Battista (verstorben 1912), Vincenzo, Giovanni und Pietro Diatto gründeten 1905 die Firma „Fratelli Diatto", in der bis 1927 Automobile mit dem Markennamen „Diatto" hergestellt wurden. Schon vor 1905 baute man auch Trambahnen. Für den Automobilbau der neuen „Ing. Vittorio & Pietro Diatto – Fonderia Officine Meccaniche" hatte man sich mit dem Automobilunternehmen von Adolphe Clément, der „Adolphe Clément-Bayard" in Frankreich, in Verbindung gesetzt. Es gab sogar Achtzylinder-2,0-Liter-Wagen mit Kompressor, einen Lastkraftwagenbau, und man hatte „Bugatti"-Flugmotoren hergestellt. Ab 1927 hatte man von der Fertigung weiterer „Diatto"-Automobile wieder abgesehen. 1945 gab es „Diatto" noch, und im Juli 1955 fusionierte man mit der „Veglia S.p.A." in Turin, die Armaturen produzierte.

Das „Diatto"-Markenzeichen der späteren Jahrgänge war nahezu identisch mit dem „Bugatti". Ein früheres Emblem von „Diatto" zeigte ein Fünfeck mit dem Firmennamen „Diatto Fréjus" und dem Schriftzug „Torino" (Turin). Die Bedeutung des Symbols ist nicht bekannt. Ⓝ Ⓚ

DIAVOLINO; PICCOLINO

I 1982–?; CH 1982–1987; 1987–ca. 90er

Etwa in den Jahren 1982/83 wurde in Turin eine Kleinserie eines Mini-"Willys Jeeps" unter dem Markennamen „Diavolino" aufgelegt. 1985 griff man das italienische Automobilprojekt in der Schweiz auf. Im März gleichen Jahres wurde ein Minicabriolet auf dem Genfer Salon ausgestellt. Die Karosserie bestand aus eingefärbtem Polyester, die mechanischen Komponenten stammten von der italienischen Firma „Lawil S.p.A.". Als Antrieb für den Diavolino wurde ursprünglich ein luftgekühlter italienischer 250 cm^3-12 PS-Zweitakt-"BCB"-Motor verwendet, später gab es auch japanische „Honda"-Kleinmotoren. Hersteller des Diavolino war die Firma „ZBR Automobile AG" in Zürich. Im April 1985 wurde hier auch die Firma „Diavolino AG, Automobile" gegründet, und im Modelljahr 1987 entstand aus dem Diavolino der neue „Piccolino".

Der Markenname „Diavolino" („Teufelchen") war im oberen Teil der Frontseite in die Karosserie eingepreßt.

DIEDERICHS

F 1912–1914

Charles Diederichs entstammte einer Familie in Bourgoin, Isère/Frankreich, die mehrere Textilmaschinenfabriken besaß. In einem Tochterunternehmen, der „Société des Automobiles Diederichs" in Charpennes, Rhône/Frankreich, versuchte man sich in den Jahren 1912 bis 1914 mit dem Bau von „Diederichs" genannten Automobilen. Verwendet wurden für das Fahrzeug u. a. auch „Luc Court"-Motoren. Bereits 1878 war durch Diederichs ein Dreirad mit Dampfmotor entstanden, und zwischen 1899 und 1901 wurden in Zusammenarbeit mit Frédéric Diederichs ein oder zwei Prototypen für das geplante Fahrzeug hergestellt. Diese Wagen wurden in einer separaten Fabrik in Charpennes gebaut. Eine Serienproduktion wurde 1912 eingeleitet – allerdings hatte man bis zur Einstellung der Produktion bei Kriegsanfang 1914 nicht mehr als 60 Fahrzeuge der Marke gebaut.

"Diederichs" führte u. a. den schräg auf dem Kühler angebrachten, verschlungenen Schriftzug „Diederichs". Es gab aber auch ein rundliches Emblem mit der Inschrift „Société des Automobiles Diederichs".

DINOS

D 1921–1926

Die Marke „Dinos", die in den 20er-Jahren recht bekannt war, ist heute nahezu vergessen. Produzierendes Unternehmen waren von 1921 bis 1926 die „Dinos Automobilwerke AG" in Berlin-Tempelhof. Die Firma war aus dem Zusammenschluß von „Loeb & Co." und der Automobilfabrik „Carl Rüttger" in Hohenschönhausen hervorgegangen. Der sportliche „Dinos" gilt als Nachfolger des „Luc", der von „Loeb & Co." gefertigt worden war. Er wurde von Konstrukteur Robert Dunlop entworfen und von ihm selbst bei Wettbewerben gefahren. Unterstützt wurde Dinos vom „Stinnes"-Konzern. Konstrukteur Joseph Vollmer hatte noch einen Vierzylinder-2,0-Liter-Hochleistungsmotor entwickelt. Ende 1925 wurde die Herstellung des Dinos zugunsten von Personenwagen der Marke „AGA", ebenfalls „Stinnes", eingestellt. Bis 1926 wurden noch Dinos-Sport- und Rennwagen vertrieben.

Für den „Dinos" verwendete man unterschiedliche Markenzeichen, meist aber den Markennamen „Dinos", mit seitlich angebrachten Flügeln.

Ⓝ Ⓑ

DIXI

D 1904–1928

Im Jahr 1903 kam für die „Fahrzeugfabrik Eisenach AG“ die große Wende. Heinrich Ehrhardt und mit ihm der „Ehrhardt“-Konzern zogen sich aus der Gesellschaft zurück. Damit hörten auch die Patente und Lizenzen des französischen „Decauville“ auf. Als technischer Direktor der „Fahrzeugfabrik Eisenach“ in Eisenach/Thüringen konstruierte Willy Seck im Jahre 1903 den ersten Wagen, der im Frühjahr 1904 den Markennamen „Dixi“ erhielt. Die vorher noch „Wartburg“ genannten Wagen sollten von den „Decauville“-Lizenzkonstruktionen der Ehrhardtschen Ära unterschieden werden. Nach Vorstellung verschiedener Typen entschied man sich bei „Dixi“ 1927 für den Lizenzbau des englischen „Austin Seven“, der die Bezeichnung „Dixi DA 1“ erhielt. Der „Dixi“ von 1928 und die Übernahme der „Fahrzeugfabrik Eisenach“ wurden zum Grundstein des „BMW“-Automobilbaus.

Das lateinische „Dixi“ bedeutet „ich hab's gesagt“, womit ein Direktor 1903 seinen Vortrag beendet haben soll. Unter anderen gab es ein dreieckiges Emblem mit abgerundeten Ecken.)

Ⓝ Ⓑ

DIXIE FLYER

USA 1915–1923

In den Jahren 1915 bis 1923 baute die Firma „Kentucky Wagon Manufacturing Co.“ in Vincennes, Indiana/USA, und Louisville, Kentucky/USA, Automobile, die den Namen „Dixie“ erhielten, aber vorwiegend unter „Dixie Flyer“ bekannt und vertrieben wurden. Im Februar 1916 hatte man einen neuen Dixie Flyer annonciert, der angeblich noch als „Kentucky Car“ bekannt wurde. Für diesen neuen Dixie Flyer wurden amerikanische „Hercules“-Komponenten beim Bau verwendet. 1915 gab es noch amerikanische „Lycoming“-Antriebsaggregate, aber auch amerikanische „Herschell-Spillman“-Motoren kamen zum Einsatz. 1922 wurde Dixie Flyer – zusammen mit der „Jackson“-Automobilfabrikation – von der Firma „National“ übernommen, wodurch 1924 aus dem „Dixie Flyer“ der neue National-Typ „6-31“ entstand.

Am 2. Juni 1920 wurde bei einem amerikanischen Handelsregister ein neues Dixie Flyer-Markenzeichen angemeldet: ein Queroval, in dem der Name „Dixie“ und darin wieder in einer Rechteckform mit abgerundeten Ecken der Markenzusatz „Flyer“ zu lesen war.

DKW

D 1928–1966

Einer der bisher erfolgreichsten Kleinwagenbauer war Ingenieur Jörgen-Skafte Rasmussen, der zwischen den beiden Weltkriegen das deutsche Volksautomobil „DKW“ schuf. Die Motorradfabrik „DKW“ im sächsischen Zschopau war in den 20er-Jahren mit leichten Zweitakt-Motorrädern groß geworden. 1928 kamen Kleinwagen dazu, Zweitakt blieb DKW-Prinzip. Frontantriebsmodelle seit 1931 machten DKW zum zweitgrößten deutschen Automobilproduzenten. Nach dem Krieg gingen aus der „Auto Union“, der „DKW“ seit 1932 angehörte, die Zweitakt-Fabrikate der ehemaligen DDR hervor. Große Hoffnung galt dem kleinen „DKW Junior“, dessen Fertigung 1959 bei der neuen „Auto Union“ in Ingolstadt erfolgte. Die kleine Modellreihe „AU 1000“, „1000 SP“, (Coupé und Cabriolet) fand wenig Anklang, aus dem „AU 1000“-Nachfolger „DKW F 102“ wurde 1966 der erste „Audi“.

Die Farben im Markenzeichen der DKW-Automobile sind die sächsischen Landesfarben.

Ⓝ Ⓑ Ⓚ

DOBLE

USA 1914–1931

Der bedeutende Pionier für die Entwicklung des Dampfkraftwagens dürfte wohl der Amerikaner Abner Doble gewesen sein, der 1895 in San Francisco, Kalifornien/USA, geboren wurde und bereits 1909 sein erstes Dampfautomobil gebaut hatte. Von 1914 bis 1931 wurden in den USA Automobile mit dem Markennamen „Doble“ hergestellt. 1920 hatte Doble die Firma „Doble Steam Motors Corporation“ in Emeryville, Kalifornien/USA, gegründet. 1923 hatte man einen „Doble Model E“ auf der San Francisco Car Exhibition mit amerikanischem „Murphy“-Aufbau vorgestellt. Im April 1931 ging Doble in Liquidation. Im Juli 1961 verstarb der talentierte Konstrukteur Abner Doble in Santa Rosa, Kalifornien/USA.

Bei „Doble“ führte man unterschiedliche Markenzeichen, z. B. ein rundes Emblem, das die Markenbezeichnung „Doble Steam Motors“ und den Firmensitz Kalifornien aufwies.

DODGE BROTHERS; DODGE

USA 1914– heute

Die Automobilmarke „Dodge“ geht auf die Brüder John F. Dodge, geb. 1864, und Horace E. Dodge, geb. 1868, zurück. Als ehemalige Fahrradfabrikanten stellten sie bald auf die Fabrikation von kleinen Verbrennungsmotoren um und belieferten damit die „Ford Motor Co.“ in Detroit, Michigan/USA. Im Jahre 1914 begann man mit der Herstellung des ersten „Dodge“ genannten Automobils, und im gleichen Jahr entstand die neue Gesellschaft „Dodge Brothers Company“. Der erste Vierzylinder-Wagen war gut gebaut und von vollständig konventioneller Bauart. Im Juli 1918 erwarb Walter P. Chrysler, Begründer der Marke „Chrysler“ und Chef der „Chrysler Corporation“, die Firma „Dodge Brothers Co.“ für 175 Millionen US-Dollar. 1939 konnte Dodge die ersten Diesel-Motoren präsentieren. Neben Lastkraftwagen werden bis heute Personenwagen und Pick-ups der hergestellt.

Das frühere „Dodge“-Markenzeichen stellte einen Globus mit einem doppelten Dreizackstern, dem Hexagramm dar. Neben anderen Zeichen gab es auch einen einfachen Schriftzug

. Ⓝ Ⓑ Ⓚ Ⓟ

DONNET; DONNET-ZÉDEL

F 1924–1932

Die Firma „Société Française des Automobiles Zédel“, die früher mit der Schweizer Firma „Zürcher & Lüthi“, die Einbaumotoren und Motorräder herstellte, eng verbunden war, baute ab 1906 in Pontarlier, Doubs/Frankreich sowie in der Schweiz Automobile mit dem Markennamen „Zédel“. Die Herstellung des französischen „Donnet-Zédel“ hingegen begann im Jahre 1924 in Nachfolge des „Zédel“: Die Firma „S.A. des Automobiles Donnet“ in Nanterre und Neuilly baute eine Reihe gut verkäuflicher Vierzylinder-Wagen und übernahm im Jahre 1930 die Baurechte an einem kleinen Zweitakter von „Desguingand“ aus Frankreich. Donnet versuchte 1931, einen frontgetriebenen Sechszylinder-Typ herauszubringen, der aber nicht mehr in Serie ging. Im Jahre 1934 übernahm „Simca“ in Frankreich die Werksanlagen.

Donnet führte u. a. als Markenzeichen ein Rechteck in Hochfomat mit integriertem Buchstaben „D“ für „Donnet“. Es gab auch den waagrecht auf dem Kühler angebrachten Schriftzug „Donnet-Zédel“ oder ein Rechteck mit den Initialen „D“ und „Z“. Ⓝ Ⓑ Ⓚ

DORNIER DELTA; ZÜNDAPP; DELTA II

D 1948–1958; 1968–1972

Die Firmenchronik des renommierten deutschen Flugzeugherstellers „Dornier" geht bis in das Jahr 1862 zurück. Um 1948 tauchte der Name auch im Zusammenhang mit einem Kleinwagen-Projekt von Claudius Dornier jun. auf. Im Herbst 1954 startete dieses „Dornier Delta" genannte Automobil zu ersten Versuchsfahrten rund um München. Dornier suchte Interessenten für den Serienbau. „Zündapp"-Chef Fritz Neumayer nahm sich des ersten „Delta" an und ließ das Fahrzeug umbauen. 1957 stellten die „Zündapp Werke" in Nürnberg den viersitzigen „Zündapp Janus" vor, konstruiert unter dem vorläufigen Namen „Delta" bei den „Dornier Werken". Der bis Ende 1958 hergestellte 250 cm^3-Kleinwagen hatte vier Plätze, wobei die Passagiere Rücken an Rücken saßen. Claudius Dornier jun. baute 1968 noch den „Dornier Delta II", ein Kleinnutzfahrzeug.

In Anlehnung an den griechischen Buchstaben „Delta", der in der Mathematik ja auch als Symbol für das Dreieck steht, kam das kleine Fahrzeug, dessen Seitensilhouette eindeutig eine Dreiecksform aufwies, zu dieser Bezeichnung. Ⓝ Ⓑ

DORRIS

USA 1905–1926

Zwischen 1896 und 1897 baute George Preston Dorris, der in Nashville, Tennessee/USA, geboren wurde und sich in St. Louis, Missouri/USA, niederließ, bereits an einem ersten experimentellen Motorfahrzeug herum. 1898 verband er sich mit seinem langjährigen Freund John L. French und gründete eine Firma, die den Namen „St. Louis Motor Carriage Co." erhielt. 1905 ging French nach Peoria, Illinois/USA, und Dorris errichtete eine neue und eigene Automobilfirma. Seine ersten Einzylinder-8/10 PS-Wagen trugen noch den Markennamen „St. Louis". Erst die Fahrzeuge, die von 1906 bis 1926 hergestellt wurden, hießen „Dorris", weil sie innerhalb der „Dorris Motor Car Company" entstanden. Es wurden Vier- und Sechszylinder-Wagen gebaut. Bis 1928 gab es auch noch Lastkraftwagen. Dorris verstarb 1968 im Alter von 94 Jahren.

Dorris-Markenzeichen war ein Kreis mit integriertem Sechseck, in dem der Markenname „Dorris" zu lesen war. Firmennamen und Produktionsort liefen kreisförmig um das Sechseck herum. Es gab auch ein quergestelltes Karo, in dem der Markenname „Dorris" zu lesen war.

DORT

USA 1915–1925

Der Eisenwarenhändler und Kutschwagenhersteller Joshua Dallas Dort, seit 1886 im Geschäft, begann im Jahr 1903 mit der Vermietung einer Fabrikhalle an „Buick", ehe er 1915 in Flint, Michigan/USA, selbst mit dem Bau von „Dort" genannten Automobilen ins Geschäft einstieg. Seine Automobile erhielten amerikanische Vierzylinder-"Lycoming"-Antriebsaggregate. Der „Dort" als preisgünstiges und wirtschaftliches Fahrzeug ließ sich gut verkaufen. Erst im Modelljahr 1924 entschloß man sich, auch einen Sechszylinder-Typ ins Programm mit aufzunehmen. Einen Lizenzwagen des amerikanischen „Dort" gab es auch in Kanada, wo er den Namen „Gray-Dort" führte. Beide Fabrikate verschwanden jedoch durch zunehmenden Konkurrenzdruck im Jahre 1925.

Das runde Dort-Markenzeichen wies den Markennamen „Dort", den Herstellungsort und einen Lorbeerkranz auf, der den Markennamen halbseitig umrandete.

DRAGON

USA 1920–1921

Bereits 1908 gründete man in Chicago, Illinois/USA, die Firma „Dragon Automobile Works". Man wollte den Automobilbau aufnehmen, doch eine Produktion fand nie statt. Im Juli 1920 tauchte erneut eine Firma in Chicago/USA auf, die den Namen „Dragon" führte, die „Dragon Motors Corporation". Man druckte bereits Werbeprospekte und annoncierte die Herstellung von Tourenwagen, die dem amerikanischen „ReVere"-Auto jener Zeit ähnlich sahen. Neben einem Modell "Victoria" gab es dann auch einen Roadster namens „Pip". Weiterhin wurden der „Dragon Speedster" und Tourenwagen sowie Vier- bzw. Sechssitzer-Tourenwagen produziert. Als Antrieb dienten Vierzylinder-58 PS-Motoren. 1921 wurde der Automobilbau eingestellt.

Die Firma „Dragon" („Drachen") führte den Buchstaben „D" in einer Wappenform.

DUBONNET

F 1933–1936

Die Familie Dubonnet aus Courbevoie/Seine war für Herstellung von Spirituosen bekannt. Jacques Dubonnets Enkel André, geboren 1897, wurde auch als „König des Aperitifs" bezeichnet. Daneben erfand er die Feder/Einzelradaufhängung. Dubonnet war enthusiastischer Rennfahrer (auch Grand Prix) und ließ von 1933 bis 1936 einige Automobile bauen, die als „Dubonnet"-Spezialversionen bekannt wurden. Als Antrieb dieser Fahrzeuge verwendete man „Hispano-Suiza"- und „Ford"-Motoren. Der „Dubonnet" fiel hier insbesonders durch sein außergewöhnliches Design auf. Dubonnet, der auch einen Sitz im Aufsichtsrat von „Simca" hatte, war oft gern gesehener Gast bei Automobilrennen und wurde Opfer eines nicht verschuldeten Autounfalls im Jahre 1977, an dessen Folgen er drei Jahre später, im Alter von 84 Jahren, verstarb.

Dubonnet führte einen einfachen Schriftzug mit Schattierung.

DUER

USA 1907–1910

In den Jahren 1907 bis 1910 brachte die bereits 1898 gegründete Firma „Chicago Coach & Carriage Co." in Chicago, Illinois/USA, Automobile mit dem Markennamen „Duer" hervor. Erst um 1905 hatte Charles Duer begonnen, sich für einen Einstieg in den Automobilbau zu interessieren. Zunächst wurden Versuchsfahrzeuge entwickelt, und 1907 gingen die Wagen in Serie. Beim „Duer" handelte es sich um hochrädrige Zweisitzer, sogenannte „Highwheeler", die man mit einer Hebellenkung und einem Zweizylinder-12/15 PS-Motor versah. Ein Jahr später versetzte man das Antriebsaggregat an die Frontseite des Fahrzeugs unter eine Kühlerhaube. Dieser Wagen wurde auch als „Chicago Runabout" bekannt. Mit dem Jahre 1910 kam das Ende der „Duer"-Motorwagenproduktion.

"Duer" führte u. a. den Schriftzug „Duer" auf den Kühlern.

DÜRKOPP

Nikolaus Dürkopp machte im Jahre 1867 in Bielefeld ein Reparaturwerk für Nähmaschinen auf. 1878 gab es die „Dürkopp & Co.", wo man sieben Jahre später mit dem Bau von Fahrrädern begann, denen 1886 stationäre Motoren folgten. Über diese Motoren kam man 1897 zum Bau von ersten Automobilen, denen ab 1899 zahlreiche Modelle von Personen- und Lastkraftwagen sowie Spezial- und Sonderfahrzeuge des Namens „Dürkopp" folgten. Bereits 1898/99 baute man einen Rennwagen mit Zweizylinder-Motor und Kettenantrieb. Nach 1903 gab es Drei- und Sechszylinder-Wagen. 1908 stellte „Dürkopp" eine erste Innenlenker-Limousine vor, und der „Dürkopp" von 1910 war ein kompakter Wagen mit schweren Holzrädern. 1927 wurde der Automobilbau eingestellt, und man konzentrierte sich auf die Fertigung von Industrie-Nähmaschinen und Förderanlagen.

D 1899–1927

Die Fahrzeuge trugen zunächst einen schräg auf den Fahrzeugkühlern angebrachten „Dürkopp"-Schriftzug. Dann gab es bei „Dürkopp" ein mit der Spitze nach oben zeigendes Dreieck, in dem der Buchstabe „D" für „Dürkopp" sowie ein Turm (Bielefelder Wahrzeichen ?) zu sehen waren. Ⓝ Ⓑ

DUESENBERG

Frederick (Fred) Duesenberg wurde 1877 in Deutschland geboren. Seine Familie wanderte dann nach Amerika aus. Zusammen mit seinem Bruder August konstruierte er 1904 ein erstes Automobil in Des Moines, Iowa/USA. Doch erst 1920 wurde der eigentliche Duesenberg-Automobilbau in Indianapolis, Indiana/USA, eingeleitet. Das erste Modell war der Typ „A", versehen mit V-Achtzylinder-4,2-Liter-100 PS-Motor, dem weitere Modelle folgten. 1925 kam das finanzielle Ende für „Duesenberg", und ein Jahr später wurde die Firma von Errett Lobban Cord übernommen. Im Todesjahr von Fred Duesenberg 1932 kam noch der Typ „SJ" heraus. Bis 1937 bestand der Duesenberg-Autobau. 1966 plante Fritz Duesenberg die Wiederaufnahme der Duesenberg-Produktion, doch es blieb bei vereinzelten Prototypen, deren Design 1970 für den neuen amerikanischen „Stutz" herangezogen wurde.

USA 1920–37; 1966

Markenzeichen der legendär gewordenen „Duesenberg"-Automobile war der amerikanische Adler in stilisierter Form. Zunächst wurde er für „Duesenberg"-Produkte in der Zeit um den Ersten Weltkrieg verwendet. Ⓑ

DU PONT

"Du Pont" war eine der amerikanischen Automobilmarken, deren guter Ruf nie bis Europa drang. Man stellte bei „Du Pont Motors, Inc." in Philadelphia, Pennsylvania/USA, Fahrzeuge der Spitzenklasse her. Das erste der Du Pont-Automobile war im Jahre 1920 gebaut worden und besaß einen Vierzylinder-Motor eigener Herstellung. Bekannter wurden jedoch Du Ponts mit „Continental"-Motoren der 20er-Jahre. Es gab auch einen Du Pont-Rennwagen, mit dem Charles Moran 1928 am Rennen von Le Mans in Frankreich teilnahm. Ein weiterer Wagen wurde speziell für das 500-Meilen-Rennen in Indianapolis, Indiana/USA, gebaut. 1927 gab es den Du Pont mit Achtzylinder-"Continental"-Antriebsaggregat, das bis 1931, dem letzten Jahr der Du Pont-Automobilproduktion, eingesetzt wurde.

USA 1920–1932

Automobile der Marke „Du Pont" besaßen hauptsächlich hochformatig viereckige Embleme, in denen die Initialen „dP" für „Du Pont" sowie der vollständige Markenname angebracht waren. Als Kühlerfiguren verwendete man eine Reihe nackter Meerjungfrauen.

DUX

Die „Dux Automobilwerke AG" in Wahren bei Leipzig war die Nachfolgefirma der Automobilabteilung von „Polyphon", in der von 1904 bis 1909 das „Polymobil" hergestellt worden war. Gustav Schürmann, ein von „Bergmann" (SAF) in Gaggenau zu Polyphon geholter Ingenieur, schuf für die neue „Dux"-Typenreihe einen starken Vierzylinder-Blockmotor, der auch im bekannten Dux-Lastkraftwagen Verwendung fand. Nach dem Ersten Weltkrieg erschien noch ein großes Dux-Sechszylinder-Modell, doch die Umsätze gingen zurück. 1927 verschwand die deutsche Marke „Dux" vom Markt, nachdem „Presto" den Betrieb übernommen hatte. Beide Firmen kamen 1927 zur „Nationalen Automobilgesellschaft" (NAG), die ihren leichten und mittleren Lastkraftwagenbau in das Dux-Werk verlegte. 1929 erwarben die „Büssing"-Lastkraftwagenwerke diese Fabrikationsstätte.

D 1909–1926

Bekannt für die Dux-Automobile war ein rundes Emblem mit dem integrierten Markennamen „Dux". Ⓝ Ⓑ

D-WAGEN

Die Firma „Deutsche Werke AG" in Haselhorst bei Spandau, Berlin, ehemals staatliche Waffenfabrik, war nicht nur wegen der Herstellung von Motorrädern bekannt, die unter dem Markennamen „D-Rad" vertrieben wurden. Es gab auch eine Produktion von Automobilen, die den Markennamen „D-Wagen" führten. Diese Fahrzeuge wurden allerdings nur von 1924 bis 1927 hergestellt. Schon am 1. April 1925 war die Umwandlung in „Deutsche Kraftfahrzeugwerke AG" vollzogen, und 1926 firmierte das Werk unter „Deutsche Industriewerke AG". Im gleichen Jahr wurde in dem Betrieb auch die Montage von amerikanischen „Durant"- und „Rugby"-Automobilen durchgeführt, die gleichfalls 1927 wieder aufgegeben wurde.

D 1924–1927

Der in einem Dreieck-Emblem integrierte Markenbuchstabe „D" stand für „Deutschland". Ⓝ Ⓑ Ⓚ

D`YRSAN

Die von Konstrukteur Marquis Raymond Siran de Cavanac in Asnières/Seine gegründete Firma „Raymond Siran, Cyclecars d'Yrsan" stellte in den Jahren 1923 bis 1930 erstklassige dreirädrige Sportwagen mit dem Markennamen „D'Yrsan" her. Selbst in England hatten diese vollständig in Frankreich entwickelten Cyclecars einen guten Ruf. Man verwendete u. a. französische Vierzylinder-750 cm^3- und 1100 cm^3-Motoren von „Ruby" und „SCAP". Die D'Yrsan-Automobile spielten bei französischen Rennen zwischen 1927 und 1930 eine erhebliche Rolle. Auch Motorräder wurden hergestellt. Trotzdem brachte die Weltwirtschaftskrise auch für „D'Yrsan" den finanziellen Ruin.

F 1923–1930

Das Markenzeichen des „D'Yrsan" zeigte ein Rechteck im Querformat mit dem Markennamen „D'Yrsan". Der Name setzte sich aus einigen Buchstaben im Namen des französischen Marquis zusammen. Hauptsächlich zeigte man den großen Buchstaben „Y" auf den Kühlern.

EAM; NUVOLARI

Die Firma „SYSTEC – Edelsbrunner GmbH“, die ihren Sitz in München hat und von Erich Edelsbrunner zur Jahreswende 1991/92 gegründet worden ist, stellte auf der in München abgehaltenen „Auto '94 – Greger Racing Show“ einen Roadster mit dem Namen „Nuvolari S 1“ vor. Für das Unternehmen war dies eine Weltpremiere. Pate des modernen Hochleistungs-Roadsters, dessen Basis der englische „Riley M.P.H.“-Roadster von 1934 ist, war der italienische Rennfahrer Nuvolari. Der Nuvolari S 1 wird als offener, zweitüriger Zweisitzer angeboten und kann mit Vierzylinder-Motoren unterschiedlicher Hubräume von „Ford-Power-Products“ versehen werden, kombiniert mit einem Fünfgang-Getriebe. Ferner besitzt der offene „EAM Nuvolari S 1“ einen tragenden Kastenprofilrahmen. „EAM“ verwendet nur hochwertige Materialien und fertigt jedes Fahrzeug von Hand.

D 1993 – heute

*Als Markenzeichen von „EAM“ („**E**dels-brunner **A**utomobile **M**ünchen“) wurde Tazio Nuvolaris Maskottchen, die Schildkröte, übernommen. Das Logo zeigt eine goldene Schildkröte mit blauen Buchstaben in einem im Panzer der Schildkröte ausgesparten Feld.*

EARL

Im März 1921 warb Benjamin Briscoe den ehemaligen „Willys-Overland“-Vizepräsidenten Clarence A. Earl an und machte ihn zum Präsidenten seiner „Briscoe Motor Corporation“. Nachdem Briscoe später neue Automobilideen in die Tat umsetzen wollte, kam es durch C. A. Earl zur Organisation der Firma „Earl Motors, Inc.“ in Jackson, Michigan/USA. Man plante die Herstellung eines völlig neuen Vierzylinder-Wagens. Von 1921 bis 1923 stellte man nun „Earl“ genannte Fahrzeuge her. Der „Earl“ gilt als Nachfolger des amerikanischen „Briscoe“. Es gab offene und geschlossene Modelle, die man mit Vierzylinder-Aggregaten versah. Jedoch wurden nur etwa 2000 Exemplare gebaut, dann kam das frühe Ende des Earl.

USA 1921–1923

Das Markenzeichen zeigte ein rundes Emblem mit integriertem Markennamen „Earl“.

EBS

Im Jahre 1924 stellte die Firma „Ernst Bauermeister & Söhne“ in Berlin einen Dreirad-Wagen der Markenbezeichnung „EBS“ her. Dieser Wagen war im Grunde genommen ein Motorrad, welches mit unterschiedlichen Aufbauten versehen werden konnte. Der Fahrersitz war dem eines Motorrads gleich. An der Heckseite des Fahrzeugs gab es eine Art Kabine, die zwei Personen Platz bot. Für den deutschen „EBS“, der auch als Taxifahrzeug und Lastenmotorrad zum Einsatz kam, dienten Einzylinder-Motoren in der 200 cm^3-, 250 cm^3- und 350 cm^3-Klasse. Der Antrieb erfolgte über eine Kette, eine Welle führte zur Hinterachse. EBS fertigte Motorräder mit 198 cm^3- bis 796 cm^3-Motoren robuster Bauweise. Ab 1928 gab es noch ein 198 cm^3-EBS-Motorrad mit englischem „Villiers“-Zweitaktmotor. Die Fahrzeuge von EBS waren noch bis 1930 auf dem Markt.

D 1924–etwa 30er

*Markenzeichen von EBS war ein großes Karo mit integriertem querstehenden Karo, in dem die Markenbezeichnung „EBS“ für „**E**rnst **B**auermeister **S**öhne“ zu lesen war.*

Ⓑ

EDMOND

1920 und 1921 stellte die Firma „Shand Motor & Engineering Co. Ltd“ in Lee Green bei London ein Cyclecar mit dem Markennamen „Edmond“ her. Die ebenfalls in London seßhafte Firma „Sir J. F. Payne-Gallwey, Brown & Co. Ltd“, die auch „Swallow“-Fahrzeuge herstellte, fungierte als Vertriebsunternehmen für den englischen Edmond. Das Edmond-Cyclecar besaß einen englischen Zweizylinder-5/7 PS-"Coventry-Climax"-Motor sowie einen einzelnen Kettenantrieb. Das Unternehmen bot den Zweisitzer für 198 englische Pfund an. Dennoch mußte 1921 schon frühzeitig die Produktion eingestellt werden.

GB 1920–1921

Die Firma führte auf ihren Fahrzeugen ein mit der Spitze nach oben zeigendes Fünfeck. Eingestellt war der Markenname „Edmond“.

EDSEL

Mit riesigen Kosten und noch größeren Hoffnungen wurde der neue „Edsel“ als eigenständige Marke im September 1957 von der „Ford Motor Company“ ("Lincoln-Mercury-Division“, „Edsel Division“ – „Ford Motor Company“) in Detroit, Michigan/USA, lanciert. Innerhalb von nur zwei Jahren entwickelte sich der Edsel als gehobener Mittelklassewagen zum größten Flop in der Geschichte des amerikanischen Automobilbaus. Die traurige Bilanz waren bis 1959 Verluste in Millionenhöhe. Für Edsel-Fahrzeuge wurden u. a. V-Achtzylinder-5,9-Liter- sowie V-Achtzylinder-6,7-Liter-Motoren verwendet. Besonderes Merkmal des amerikanischen Edsel war die ungewöhnliche Form seines Kühlergrills, der mehr einem Pferdehalfter ähnelte und im Volksmund mit den verschiedensten Spottnamen belegt wurde.

USA 1957–1959

Als Kühlerfigur und Markenzeichen verwendete man den in einen Kreis gestellten Buchstaben „E“ für „Edsel“, dem Vornamen des Vaters von Henry Ford II.

Ⓚ

EFFYH

Etwa 1950 bis 1953 wurden von der Firma „Thorkil Grue“ in Kopenhagen Automobile des Markennamens „Effyh“ hergestellt und vertrieben. Der 500 cm^3-Motor erhielt seinen Platz im Heck des Monoposto. In jenen Jahren wetteiferte man auf den Rennstrecken des Landes mit Kleinwagen. Eine Marke, die hierbei in etlichen Exemplaren mit großem Erfolg vertreten war, war eben der Effyh, konstruiert von den Brüdern Folke und Yngve Håkansson aus Arlöv/Schweden. Der meistbekannte Effyh-Fahrer war Åke („Halpannan“) Jönsson. Der kleine Effyh-Sportwagen besaß unabhängige Radaufhängungen sowie Viertel-Elliptikfedern. Über das Antriebsaggregat dieses Sportmodells wie über die Konstrukteure und die dänische Firma liegen keinerlei näheren Informationen vor. Der Wagen wurde jedoch in vielen Rennen der 500 cm^3-Klasse eingesetzt, die Produktion hielt nicht lange an.

S/DK ca. 1950–1953

Als Markenzeichen verwendete man den schräg auf dem Kühlergrill angebrachten Schriftzug „Effyh“.

EGO

D 1921–1927

Nach Ende des Ersten Weltkriegs suchte die in Berlin ansässige Firma „Mercur Flugzeugbau GmbH" nach einem neuen Betätigungsfeld und verlegte sich auf das Automobil, nachdem durch den Versailler Vertrag der Flugzeugbau verboten war. 1921 wurde eine neue Firma namens „Ego-Werke" gegründet. Die 1921 bis 1927 dort gebauten „Ego"- Kleinwagen waren rassige Fahrzeuge, die insbesondere durch den berühmten Rennfahrer Rudolf Carraciola einen hervorragenden Ruf erlangten: Mit einem Zweisitzer dieser Marke konnte er 1923 seinen ersten Sieg auf der deutschen Avus-Rennbahn verzeichnen. Nach dem Konkurs der Firmen „Mercur" bzw. „Ego" wurde das Gesamtunternehmen von der Firma „Hiller" übernommen, die den „Ego" unter Verwendung ihrer Vierzylinder-Motoren noch zwei Jahre weiter produzierte.

Bei „Ego" verwendete man den schrägstehenden, schwungvoll gestylten Schriftzug „Ego", der bei einigen Modellen sogar ein zweitesmal auf dem oberen Wasserkasten des Kühlers angebracht war.

Ⓝ Ⓑ

EHP

F 1921–1929

"EHP" in Courbevoie bei Paris baute von 1921 bis 1929 Automobile mit gleichlautender Bezeichnung. Die schnellen und kleinen Sportwagen besaßen zunächst Vierzylinder-903 cm³-„Ruby"-Motoren. In Palma de Mallorca wurden sie unter dem Namen „Loryc" in Lizenz gefertigt. Für den EHP verwendete neben französischen Motoren der Firma „CIME" auch Aggregate von „SCAP". Um 1928 wurde auch die französische Automobilmarke „Bignan" von den „**E**tablissements **H**enri **P**recloux" (EHP) kontrolliert, nachdem die Gesellschaft „Automobiles Bignan" Konkurs angemeldet hatte. Trotzdem kam 1929 das Ende der Marke.

Die Markenbezeichnung „EHP" stand für „Etablissements Henri Precloux" und zeigte diese Kurzbezeichnung in einem waagerechten Karo-Emblem, das auf den Kühlern der Sportwagen angebracht war.

EHRHARDT; EHRHARDT-SZAWE

D 1904–1922; 1922–1924

Heinrich Ehrhardt war Großindustrieller in Thüringen. Er gründete dort die „Fahrzeugfabrik Eisenach", die Automobile der Markennamen „Wartburg" und „Dixi" herstellten. 1904 verließ er dieses Unternehmen und begann einen eigenen Automobilbau, den er von 1904 bis 1922 unter dem Markennamen „Ehrhardt" durchführte. Vorläufer war der „Ehrhardt-Decauville", der bis 1904 über eine französische „Decauville"-Lizenz gebaut wurde. Es folgten Zwei- und später Vierzylinder-Versionen des „Ehrhardt". In Zella-Mehlis/St. Blasien in Thüringen wurden diese Fahrzeuge bis zum Verkauf seiner Firma 1922 an den Süßwaren-Fabrikanten Kanold („Sarotti") – der auch die Karosserie-Firma „Szabo & Wechselmann" („Szawe") aufgekauft hatte – gebaut. Die dann bis 1924 noch in Berlin gefertigten Fahrzeuge trugen die Bezeichnung „Ehrhardt-Szawe".

*Das Markenzeichen von „Ehrhardt" besaß eine kuppelartige Form. Inner der Umrandung waren der Markenname „Ehrhardt" und ein Buchstabe „E" (für „**E**hrhardt"?) in einem Stern integriert.*

Ⓝ

EHRLICH

GB etwa 80er

1947 baute Dr. Josef Ehrlich in England ein Motorrad, das den Markennamen „Ehrlich" erhielt. Als Antrieb diente ein englisches Zweitakt-348 cm³-Antriebsaggregat mit zwei Arbeitskolben und einem gemeinsamen Verbrennungsraum. Jahre später war Ehrlich mit seiner Firma „Ehrlich Engineering Ltd" in Bletchley, Milton Keynes/England, zur Konstruktion von Rennwagen übergegangen. Noch 1983 baute man Automobile, insbesondere Wettbewerbsfahrzeuge, die den Markennamen „Ehrlich" trugen.

*"Ehrlich" führte ein Emblem mit den Initialen „EMC", wohl für „**E**hrlich **M**otor **C**ompany". Die seitlichen Umrisse könnten Motorkühlrippen dargestellt haben. Auch hierüber liegen keine konkreten Informationen vor.*

ELCAR

USA 1915–1931

Die Firma „Elkhart Carriage Co." in Elkhart, Indiana/USA, betrieb ihr Geschäft bereits über 30 Jahre, bevor sie 1905 bis 1909 ihre ersten Automobile produzierte. Es handelte sich dabei um 30/35 PS-Motorwagen. Von 1909 bis 1911 baute man als Nachfolger einen 4,2-Liter-Wagen, der den Markennamen „Sterling" erhielt und 1911 vom „Komet" abgelöst wurde. 1915 wurde die „Elkhart Carriage & Motor Co." eigens für die Herstellung eines neuen Wagens, der den neuen Namen „Elcar" erhalten sollte, errichtet. Zunächst verwendete man für diese Wagen, die noch den Namen „Pratt-Elkhart" trugen, Vierzylinder-"Lycoming"-Motoren. Später wurde das Unternehmen in „Elcar Motors Company" umfirmiert, 1916 auch der Markenname in „Elcar" umbenannt. Mitte der 20er-Jahre bis 1931 gab es den Elcar mit Achtzylinder-"Lycoming"-Reihenmotoren.

Die Firma führte ein wappenähnliches Markenemblem, in dem der Markenname „Elcar" und der Werbeslogan „a well built car" zu lesen waren. Ein anderes „Elcar"-Markenzeichen war eine Fünfecksform, die den Markennamen, Hersteller und Herstellungsort enthielt.

Ⓚ

EL.DI.CAR

el·di·car

D 1992– heute

Peter Waskönig begann schon 1984, sich mit Elektromobilen zu beschäftigen. Da der Aktionsradius für Elektro-Automobile sehr gering war, kam er auf die Idee, einen binären Antrieb zu entwickeln. Der junggebliebene 62jährige baute nun nach eigenen Entwürfen Elektro-Automobile, die als „el.di.car" bekannt wurden. Die ersten Fahrzeuge waren Elektro-Transporter. Zwei Motoren (12 kW-Elektro und 23 kW-Diesel) trieben wahlweise die Achse an. Die meisten Komponenten kamen aus der Großserie ("Audi", „Kubota", „Lancia", „Opel" und „VW"). Seit Februar 1994 hatte „el.di.car" 14 Exemplare des Öko-Transporters „number one" ausgeliefert. Neben dem Bau der Typen „number one" und „number two" (neunsitziges Auto oder Kastenwagen) entwickelte die Firma „el.di.car GmbH" in Ramsloh auch einen zweisitzigen Elektro-Personenwagen ("number three").

*Die Bezeichnung „el.di.car" ist eine Abkürzung für „**E**lektro **D**iesel **C**ar". Ein senkrecht stehendes Oval zeigt einen stilisierten Blitz mit vier Rädern als Emblem.*

ELGIN

USA 1915–1925

Die Firma „Elgin Motor Car Corporation" in Argo, Illinois/USA, stellte in den Jahren 1916 bis 1923 und 1924/25 in Indianapolis, Indiana/USA, Automobile her, die den Markennamen „Elgin" erhielten. Die Firma fertigte in frühen Jahren Uhren. Sie erwarb später die marode Firma „New Era Motor Car Co." aus Joliet/USA und streckte ihre Fühler nach der amerikanischen Automobilindustrie aus. Man startete die Produktion mit Vierzylinder-Wagen, denen 1918 ein Sechszylinder-21 PS-ohv-Typ zur Seite gestellt wurde. Die interessantesten Elgin-Versionen, wie der „Six" ("6") mit magnetischem „Cutler-Hammer"-Gangwechsel-Getriebe, folgten im Jahr 1922. Im Juni 1923 erhielt die Firma den Namen „Elgin Motors, Inc.", und im Februar 1924 stand sie bereits unter Konkursverwaltung. 1925 stellte man die Produktion des Elgin ein.

Zeichen des „Elgin Six" war ein rundes Emblem mit drei übereinandergestellten Dreiecken und der Bezeichnung „Elgin Six". Ein anderes Zeichen in runder Form mit eingearbeitetem liegendem Rechteck enthielt den Markennamen „Elgin". Der äußere Ring zeigt die Aufschrift „Capable Six". Ⓑ

ELITE; ELITE-DIAMANT

D 1920–1928

Die sächsischen „Elite"-Automobile aus Brand-Erbisdorf zählten in den 20er-Jahren zur Oberklasse des deutschen Automobilbaus. Zum Kundenkreis dieser Renommee-Marke gehörte u. a. auch der ehemalige Reichspräsident Paul von Hindenburg. Etwa ein halbes Dutzend jener exklusiven Fahrzeuge, von den von 1920 bis 1928 immerhin 3000 Exemplare gebaut wurden, haben bis heute überdauert. Die „Elite-Motorenwerke AG" baute zunächst einen Vierzylinder-10/38 PS-Typ. Später nahm man den Namen „Elite-Werke AG" an, und nach dem Ersten Weltkrieg zog man unter Beteiligung von J. S. Rasmussen ("DKW") die Serienfertigung von Automobilen auf. Es gab nun Vier- und Sechszylinder-Wagen wie auch Elektro-Automobile ("GeHa"). 1921 kam das Typenprogramm der „Rex-Simplex"-Autos hinzu. Selbst mit „Opel" war man geschäftlich liiert.

Bekannt war das „Elite"-Kühleremblem mit seinem achtzackigen weißen Stern auf rotem Untergrund mit schwarzer Umrandung. Mit dem Jahr 1928 erschien eine flügelförmige Verzierung über dem Kühlerblock, in dem das Markenzeichen befestigt war. #N #B

ELMORE

USA 1900–1912

Vom Ein- bis zum Vierzylinder-Wagen reichte die Modellpalette der von 1900 bis 1912 in Clyde, Ohio/USA, hergestellten Elmore-Automobile. Deren Antriebsaggregate waren sämtlich Zweitakter. Die zuerst ketten-, später kardangetriebenen Modelle hatten den Motor unter dem Sitz. Im Jahre 1909 wurde die Gesellschaft „Elmore Manufacturing Co." von William („Billy") Crapo Durant, dem Eigentümer der amerikanischen „General Motors Corporation" (GMC), erworben und in seinen Automobilkonzern eingegliedert. Sitz des Imperiums ist noch heute Detroit, Michigan/USA. Drei Jahre danach endete die Elmore-Automobilproduktion. Das letzte Modell dieser Marke war ein neuer Vierzylinder-Wagen, der mit 30-PS- oder 50-PS-Motor erhältlich war.

"Elmore" ist der Name eines kleinen Gebiets in der Nähe von Clyde, Ohio/USA, wo sich der Firmensitz ursprünglich befand. Als Markenemblem wurde u. a. der geschwungene Schriftzug „Elmore" verwendet.

EL NASR; ELTRAMCO

ET 1958– heute

Die „El Nasr Automotive Manufacturing Co." in Wadi Hof, Helwan bei Kairo, wurde im Jahre 1958 gegründet. Sie galt als Pionierfirma im Auto- und Nutzfahrzeugbau Ägyptens. Diese Firma entstand durch Beschluß des ägyptischen Präsidenten, und knapp zwei Jahre später ermöglichte ein mit Fiat in Turin abgeschlossener Lizenzvertrag den Zugang zum nötigen technischen Know how. „El Nasr" fertigt seitdem europäische Personenwagen-Typen von „Fiat" (Italien) und „Polonez" (Polen) in Lizenz. Mitte der 80er-Jahre erschienen die Versionen „Nasr 128" ("Fiat 128") und „Nasr 131" ("Fiat 131") sowie „El Nasr Ritmo" ("Fiat Ritmo") auf dem Markt. Man baute auch Nutzfahrzeuge in Verbindung mit Fiat und Magirus-Deutz. Hinzu kamen der spanische „SEAT"-Pkw und der rumänische „ARO"-Geländewagen.

Markenzeichen von „EL Nasr" ist ein wappenartiges Gebilde mit dem Markennamen in arabischer Schrift. Ferner werden ein Kolben, ein Pleuel und ein Rad mit Flügeln gezeigt. Die Kurzbezeichnung „Eltramco" bezieht sich auf den Firmennamen „Egyptian Light Transport Co.".

ELVA

GB 1959–1969

Der britische Ingenieur Frank Nichols begann im März 1955 in Bexhill on Sea, Sussex/England, mit der Herstellung seiner schnellen und bei Rennen recht erfolgreichen „Elva"-Rennfahrzeuge. Absicht war es gewesen, einen billigen und doch robusten Rennsportwagen (Monoposto und Sportrennwagen) zu bauen. Nichols gründete dann die Firma „Elva Engineering Co.", aus der 1961 die Gesellschaft „Elva Cars (1961) Ltd" in Rye, Sussex/England, entstand. Einer der bekanntesten Wagen dieser Firma dürfte wohl der noch in den 50er-Jahren entwickelte „Elva Courier" sein, der mehrmals modifiziert wurde und als Baukastenwagen mit 1,6-Liter-"M.G."-Motoren erhältlich war. Um 1962 fand man einen Partner in der Firma „Trojan Ltd" in Croydon, Sussex/England, die alle Rechte und Pläne sowie Fertigungsteile für den „Elva Courier" erhielt.

Die „Elva"-Embleme waren rund, z. B. mit auf die Spitze gestelltem Dreieck, in dem der Markenname „Elva" zu lesen war. Ein ähnliches Emblem trug den Namen der Marke und die Typenbezeichnung „Courier". Ⓝ

ÉLYSÉE

F 1921–1925

Die Firma „Cl. Bonnet" in Colombes/Seine stellte von 1921 bis 1925 Automobile mit dem Markennamen „Élysée" her. Es gab kleine und leichte Wagen, die von Bonnet konstruiert wurden und Vierzylinder-779 cm^3-Motoren besaßen. Andere Automobile und kleine Cyclecars erhielten wahlweise Vierzylinder-779 cm^3- bzw. 1995 cm^3-Motoren sowie 10 PS-1988 cm^3-Aggregate. Es ist zu vermuten, daß das französische Unternehmen zeitweise auch unter dem Namen „Automobiles Élysée" in Paris firmierte, wo diese riemenangetriebenen Vierzylinder-Motorwagen hergestellt wurden. Um 1921 baute man neben Automobilen auch Zubehörteile. 1925 wurde die Élysée-Automobilfertigung wegen Unrentabilität eingestellt.

Antoine Achkar Bonnet ließ am 2. Juli 1921 den Markennamen „Élysée" in das Handelsregister von Paris eintragen. Markenzeichen war der Markenname in Druckbuchstaben.

EMERY

GB 1963–1966

Die Firma „Paul Emery Cars Ltd“ in Fullham, London/England, befaßte sich vorwiegend mit dem Tunen des bekannten englischen „Hillman Imp"-Heckmotor-Kleinwagens und stellte ab 1963 Grand Turismo-Wagen her, die unter dem Markennamen „Emery“ vertrieben wurden. Im Januar 1964 wurde der „Emery GT“ auf der „Racing Car Show“ in London gezeigt, wobei es sich hier um ein zweisitziges ultraflaches Coupé mit Fließheck und vor der Hinterachse eingebautem „Hillman Imp"-Motor handelte. Mit diesem Modell kündigte man einen Serienbau an, jedoch entstanden tatsächlich nur zwei oder drei Exemplare. 1966 folgten weitere erfolgreiche Wagen, die man bei zahlreichen Klassenrennen einsetzte. Der englische „Emery GT“ besaß nun einen Ford-Motor und einen Fiberglas-Aufbau. Emery baute übrigens auch die bekannten „Emeryson"-Rennsportwagen.

„Emery“ führte ein Markenzeichen in querovaler Ausführung, das den Markennamen „Emery“ enthielt. Der obere und untere Teil des Buchstabens „E“ lief in einem Bogen aus.

EMF

USA 1908–1912

In den Jahren 1909 bis 1912 stellte die von Walter Flanders gegründete Firma „Everitt-Metzger-Flanders Co.“ (EMF) in Detroit, Michigan/USA, „EMF“-Automobile her. Der amerikanische EMF war ein etwas schwacher, hinsichtlich seiner Karosserie jedoch großer Wagen und besaß einen wassergekühlten Vierzylinder-2,7 Liter 30 PS Motor sowie einen Wellenantrieb und ein Dreigang-Getriebe. Das Unternehmen stellte den von William E. Kelly konstruierten Wagen als Runabout und als Tourenwagen-Version vor. Die Markenbezeichnung „EMF“ verschwand, als die Marke „Studebaker“ ihre Automobile herausbrachte.

*Die Marke „EMF“ für „**E**veritt-**M**etzger-**F**landers“ verwendete u. a. ein Zeichen, in dem die Buchstabenfolge „EMF“ sowie die Bezeichnung „30“ (für 30 PS) zu lesen waren.*

EMPIRE

USA 1909–1919

Automobile des Markennamens „Empire“ wurden von 1909 bis 1919 durch die Firma „Empire Motor Car Co.“ hergestellt. Man hatte hierzu die früheren Werksanlagen der Firma „Mohawk Cycle Works“ aufgekauft. Die ersten Fahrzeuge dieser Marke wurden als Zweisitzer angeboten, versehen mit einem Vierzylinder-20 PS-"G.B. & S."-Motor. Der Wagen wurde als „Der kleine Aristokrat“ vertrieben. Der Empire war das erste Fahrzeug, das am Indianapolis Motor Speedway im Dezember 1909 teilgenommen hatte. 1912 zog Empire von Indianapolis, Indiana/USA, nach Greenville, Pennsylvania/USA. Dort erhielt das Werk den neuen Firmennamen „Greenville Metal Products“. Die neu hergestellten Fahrzeuge wurden für ein Modelljahr mit dem Markennamen „Fay“ bedacht und von der eigens für den Vertrieb errichteten Firma „Empire Automobile Co.“ vertrieben.

Die Firma „Empire“ verwendete u. a. ein Markenzeichen bekannten Tempelbzw. Templerkreuzes, in dem man den Markennamen „Empire“, den Firmennamen und den Produktionsort untergebracht hatte.

EMW; EISENACH

DDR 1945–1955

Das noch in den späten 80er-Jahren existierende „Wartburg“-Werk in Eisenach, Thüringen, war in den Jahren 1928/29 bis 1945 eine Automobil-Fertigungsstätte der „Bayerischen Motorenwerke“ (BMW). Hier wurden die Personenwagen, in München dagegen Flugmotoren und Motorräder hergestellt. Nach dem Ende des Zweiten Weltkrieges begann unter der Regie des staatlichen „Avtowelo“-Konzerns der Weiterbau des „BMW 321“. Im Jahre 1950 erfolgte offiziell die Umbenennung des Betriebes in „I.F.A.“, die Markenbezeichnung der in Eisenach nach BMW-Baumuster hergestellten Autos und Motorräder. Daher auch der Name „EMW“. Im Modelljahr 1956 übernahm das „VEB Automobilwerk Eisenach“ die Produktion des Zweitakt-"Wartburg", der auf Basis des „DKW“ entstand.

*Die Markenbezeichnung „EMW“ stand für den Firmennamen „**E**isenacher **M**otorenwerke“. Man führte das bekannte BMW-Markenemblem, für den EMW entsprechend abgeändert: Die BMW-Farbe Blau wurde gegen Rot ausgetauscht, und im Zeichen stand „Eisenacher Motorenwerk“.* Ⓝ Ⓑ

ENFIELD; ENFIELD-ALLDAY

GB 1906–1915; 1919–1925

Zu den ältesten Motorradfabriken Englands muß die Firma „Enfield Cycle Co. Ltd“ in Redditch, Worcestershire/England, gezählt werden. 1906 stieg man dort auch in den Automobilbau ein. 1915 wurde die Fertigung des „Enfield“ und 1918 die Herstellung der „Allday“ genannten Automobile eingestellt. Ab 1919, elf Jahre nach der Übernahme der Firma „Enfield", wurden die bisher in Redditch, später in Birmingham/England hergestellten Enfield-Automobile dem neuen Geschäftsnamen entsprechend „Enfield-Allday“ genannt. Man baute kleine, sportliche Drei- und Zweisitzer, die von A. C. Bertelli konstruiert wurden, der später auch jahrelang für „Aston Martin“ in England arbeitete. Der Enfield-Allday war zu teuer, um sich auf dem englischen Markt richtig durchsetzen zu können. Nach dem Ausscheiden Bertellis gab man die Produktion des „Enfield-Allday“ auf.

Enfield-Allday führte verschiedene Markenzeichen und Schriftzüge. So gab es u. a. einen Schriftzug „Enfield-Allday", bei dem der Buchstabe „A“ in den Buchstaben „E“ hineingezogen wurde.

ENZMANN

CH 1957–1969

Der Schweizer „Enzmann 506"-Sportwagen, enstanden auf Basis des „Volkswagen Käfer"-Modells, spielte eine hervorragende Rolle. Er besaß bereits in den frühen 50er-Jahren einen Kunststoffaufbau und war zudem mit der bekannten schweizerischen Sorgfalt hergestellt worden. Die Schweizer Familie Enzmann besaß ein gutgehendes Taxi-Unternehmen und eine einträgliche Autowerkstatt. Dr. Emil Enzmann, dem der deutsche „Porsche 356 Spider“ zu teuer war, hatte Eigeninitiative ergriffen. Er konstruierte einen Sportwagen mit den verschiedensten Karosserien. 1955 begann sein erster Enzmann Gestalt anzunehmen und zwei Jahre später, im September 1957, stellte Enzmann seinen Sportwagen auf der „IAA“ in Frankfurt am Main vor. Man verwendete u. a. 1,3-Liter-"Oettinger Okrasa-Volkswagen 1300 TSV"-Motoren. 1968/69 wurde der Automobilbau aufgegeben.

Der im September 1957 auf der „Internationalen Automobil Ausstellung“ (IAA) vorgestellte „Enzmann"-Sportwagen trug die Bezeichnung „506". Es handelte sich dabei um die Nummer des Ausstellungsstandes.

ERA

GB 1933–1952

Die „**E**nglish **R**acing **A**utomobiles Ltd“ wurde im November 1933 gegründet und baute 1934 bis 1945 in Dunstable, Bedfordshire/England, sowie von 1946 bis 1952 in Bourne, Lincs/England, erstklassige Rennwagen, die unter der Markenbezeichnung „ERA“ bei zahlreichen Rennen zum Einsatz kamen und auch verkauft wurden. Der britische ERA wurde von Raymond Mays, der selbst Fahrzeuge des Markennamens „Raymond Mays“ entwickelte, konstruiert. Weitere Konstrukteure waren aber auch Humphrey T. Cook und Peter Berthon. Bis 1939 wurden 24 große Rennen auf ERA gewonnen. 1952 wurde die Produktion der englischen Rennwagenmarke eingestellt. Die wohl berühmtesten Rennwagen sind die beiden blaulackierten Typen „Romulus“ und „Remus“ des thailändischen Prinzen Bira-bongse, der mit diesen Fahrzeugen einen Sieg nach dem anderen davontrug.

Das erste Markenzeichen von „ERA“ zeigte die drei Buchstaben vor einer aufgehenden Sonne. Das englische „era“ bedeutet „Zeitalter, Ära“ und stand somit auch für den Aufbruch in ein neues Zeitalter des Motorsports und die steile Karriere der englischen ERA-Rennwagen. Ⓚ

ERSKINE

USA 1926–1930

In den Jahren 1926 bis 1930 wurden Fahrzeuge der Marke „Erskine“ von der „Studebaker Corporation“ in South Bend, Indiana/USA, hergestellt. Der Erskine war ein klein dimensionierter, kompakter Wagen und besaß einen seitengesteuerten Sechszylinder-2,3-Liter-2394 cm^3-sv-Motor. Er wurde aus diesem Grund als Automobil mit „europäischem Einschlag“ bezeichnet und führte auch auch den Beinamen „The little Aristocrat“ („Der kleine Aristokrat“). 1928 gab es den „Erskine Royal“ mit Sechszylinder-2619 cm^3-Antriebsaggregat. Ab 1930 wurden die Erskine-Wagen vergrößert. 1930, im letzten Jahr des Bestehens, baute man einen 3,4-Liter-Typ. 1933 versuchte Albert R. Erskine sich das Leben zu nehmen und wurde daraufhin in eine Heil- und Pflegeanstalt eingewiesen.

Der „Erskine“ erhielt seinen Namen nach Albert Russell Erskine, dem Präsidenten der „Studebaker Corporation“. Markenzeichen war ein rundes Emblem mit dem „E“. Ein weiteres Emblem zeigte den vollständigen Markennamen und zwei Kleeblätter, umgeben von Ringen. Ⓝ Ⓑ Ⓚ

ESA

A 1917–1926

Die Firma „Egon Seilnacht, Maschinen- und Rennwagenbau“ in Atzgersdorf bei Wien wurde am 20. Februar 1917 von Egon Seilnacht gegründet. In den Jahren 1917 bis 1926 wurden hier Automobile der Markenbezeichnung „ESA“ hergestellt. 1917 kam ein 16 PS-Wagen heraus, der bis 1919 in Produktion stand. Seilnacht stellte Zwei- und Dreisitzer her, die mit einer „Boattail“-, d. h. mit einer bootsförmigen Karosserie, versehen wurden. Verwendung fanden hierbei Vierzylinder-3/8 PS- bzw. auch ein Sechszylinder-16 PS-Motor. Diese sehr leichten Fahrzeuge bildeten bei Rennen die eigene Cyclecar-Kategorie. 1920 nahm ein österreichischer ESA am amerikanischen Indianapolis-Rennen über eine Distanz von 200 Meilen teil und im gleichen Jahr erzielte der ESA bei der Londoner „Olympia Show“ einen Schönheitspreis.

*Das Markenzeichen des österreichischen ESA wurde von einem an den Ecken abgerundeten Fünfeck gebildet, in dem die Kurzbezeichnung „ESA“ für „**E**gon **S**eilnacht **A**tzgersdorf“ eingebracht war.*

ESSEX; ESSEX TERRAPLANE

USA 1919–32; 1932

Die 1918 ins Leben gerufene Automobilmarke „Essex“ gehörte zur Firma „Hudson Motor Car Co.“, die ihren Sitz in Detroit, Michigan/USA, hatte. Das Hudson-Tochterunternehmen „Essex“ wurde am 16. Januar 1919 gegründet und hatte sich im Marktsegment der preiswerten Vierzylinder-Wagen angesiedelt. Anfang der 20er-Jahre schnellte der Verkauf schon auf über 30000 Einheiten, und 1924 erhielt die Billigmarke „Essex“ das Sechszylinderaggregat des „Hudson“. Essex offerierte das Massenmodell „Essex Super Six“ in vielen Karosserie-Varianten und mit Sechszylinder-Motor. Bekannt war auch der „Essex Coach“ von 1922, der einen Vierzylinder-2860 cm^3-Motor besaß. Um die Rückschläge der Jahre 1929 bis 1932 bei Hudson auszugleichen, wurde 1932 noch der „Essex Terraplane“ eingeführt. Der Essex-Bau selbst wurde 1932 eingestellt.

"Essex“ ist der Name eines Countys im Südosten Englands. Unter anderem gab es Sechseck-Embleme die den Firmennamen und den Namen des Produktionsorts führten. Ⓝ Ⓑ Ⓚ

EVERITT

USA 1909–1912

Schon 1908 kam es in Detroit, Michigan/USA, durch Walter Flanders zur Errichtung der Gesellschaft „**E**veritt-**M**etzger-**F**landers“ (EMF). Der amerikanische „Everitt“ war im Grunde genommen der EMF, nachdem Walter Flanders nach internen Differenzen die Firma verlassen hatte. Statt dessen stellte die „Metzger Motor Car Co.“ in Detroit/USA, die von den Partnern Everitt und Metzger 1909 gegründet wurde, von 1909 bis 1912 Automobile mit dem Markennamen „Everitt“ her. Bekannt war der „Everitt Four 30“. Das letzte Modell des „Everitt“ war ein Sechszylinder-38 PS-Wagen. 1912 gab es auch noch einen Vierzylinder-25,6 PS-"Continental"-Typ. In diesem Jahr stellte man bei der Firma „Metzger Motor Car Co.“ die Automobilproduktion ein; anschließend entstand die „Everitt Motor Car Co.“, die 1913 in „Flanders Motors Co.“ umbenannt wurde.

Unter anderem war auf den Kühlern des „Everitt“ der geschwungene Markenschriftzug angebracht. Es gab aber auch ein Markenzeichen querstehendes Karo, in dem der „Everitt“ integriert war.

EXCALIBUR

USA
1961– etwa 1993

Das Design des amerikanischen „Excalibur“ erinnerte an die klassischen deutschen „Mercedes-Benz“-Rennsportfahrzeuge der 20er- und 30er-Jahre. Designs wie schrägstehende Kotflügel, rostfreie Auspuffrohre und chromblitzende Doppelhörner machten ihn zum ungewöhnlichen und charakteristischen Fahrzeug. Er besaß zudem einen handgeschweißten Stahlrahmen mit handgefertigter Leichtmetall-Karosserie. Die Geschichte des „Excalibur“ begann in den 50er- und 60er-Jahren mit Versuchsfahrzeugen für die Marken „Kaiser“ und „Studebaker“. 1961 entwickelte Brooks Stevens den avantgardistischen „Excalibur“ mit V-Achtzylinder-Motor. Mit einer Jahresproduktion von knapp 300 Exemplaren gehörte „Excalibur“ in den 70ern zu den großen Repliken-Herstellern. Bis in die frühen 80er-Jahre wurde das Fahrzeug produziert, Mitte 1993 aber von dem neuen „Bici“ abgelöst.

Stevens benannte seinen Traumwagen nach dem Schwert Excalibur des britischen Sagenkönigs Artus. In stilisierter Form ist es als Markenzeichen auf dem Kühler dieses rasanten Sportwagens, ähnlich dem deutschen „Mercedes-Stern“, angebracht. Zudem erscheint der Schriftzug „Excalibur“.

EXCELSIOR

B 1903–1932

Die im Jahre 1905 erstmals durch die Firma „Société des Automobiles Excelsior“ vorgestellten „Excelsior“-Automobile wiesen zunächst Ein-, Zwei- und Vierzylinder-Motoren von „Aster“ aus Frankreich auf. Erst später verwendete man Antriebsaggregate eigener Herstellung, deren Konstruktion von Arthur de Coninck stammte. Vor allem wurden die Excelsior-Sechszylinder-Typen bestens bekannt, die auch in Rennen erfolgreich zum Einsatz kamen. „Albert I“, ein 1921 vorgestellter 4,8-Liter-Wagen mit drei Vergasern und Vierrad-Vakuumbremsen, galt lange Zeit als einer der besten und aufwendigsten Wagen des europäischen Raums. Er erreichte 160 km/h, wurde aber nur in geringer Stückzahl gefertigt. 1928 übernahm die belgische Automobilfabrik „Imperia“ den Betrieb. Der letzte „Excelsior“ wurde noch im Dezember 1930 auf dem Brüsseler Automobil Salon ausgestellt.

Um 1911 verwendete man bei „Excelsior“ einen schräg auf dem Kühler angebrachten „Excelsior“-Schriftzug. Man führte auch ein oben gewölbtes Markenzeichen mit dem Markennamen und einer aufgehenden Sonne. Das lateinische „Excelsior“ bedeutet „besser, hervorragend, ausgezeichnet“. ⓝ ⓑ

EXCELSIOR

GB 1904

Durch die Engländer Bayliss, Slaughter und Thomas kam es 1874 zur Gründung der „Bayliss-Thomas & Co.“ in Coventry/Mittelengland. Diese Firma wurde für eine Fahrrad-Produktion errichtet und man versah diese Räder mit dem Markennamen „Excelsior“. Um 1896 tauchten die ersten motorisierten Fahrräder auf. „Bayliss-Thomas“ wurde zum Pionier im englischen Motorrad-Bau. „Excelsior“ durfte sich rühmen, das erste Motorrad in England verkauft zu haben. Erst 1964 wurde die Produktion aufgegeben. Von 1904 bis 1905 kam es durch ein neues Tochterunternehmen, der Firma „Excelsior Motor Co. Ltd.“, zum Bau von leichten Automobilen, die ebenfalls den Namen „Excelsior“ erhielten. Hierbei handelte es sich um einen Dreirad-Wagen mit 4,5 PS-Motor. Von 1922 bis 1939 baute die Firma auch Automobile, die jedoch den Markennamen „Bayliss-Thomas“ trugen.

Das alte „Excelsior“-Markenemblem zeigte einen wackeren Bergsteiger mit einem Banner auf dem die Wortmarke „Excelsior“ zu lesen war. Das Markenzeichen der englischen „Excelsior“-Maschinen schmückte bereits die von „Bayliss & Thomas“ seit dem Jahre 1874 produzierten Fahrräder.

EXPRESS

D 1901–1910

Über Jahrzehnte warben die „Express-Werke“ in Neumarkt in der Oberpfalz mit dem Slogan „Älteste Zweiradfabrik des Kontinents“. Schon 1882 waren die „Express Fahrradwerke“ in Neumarkt bei Nürnberg gegründet worden. Man stellte zunächst Hochräder, dann konventionelle Fahrräder her. Später kam es zur Gründung einer neuen Gesellschaft, die den Namen „Goldschmidt“ nach einem der Initiatoren erhielt. Nach der Umfirmierung in „Express-Fahrradwerke AG, Automobil-Fabrik“ baute man 1900 die ersten Automobile, wobei es sich zunächst um Elektrofahrzeuge handelte, die den Markennamen „Express“ erhielten. Von 1905 bis 1909 setzte man den Motorwagenbau aus und erst 1910 trat man mit einem neuen Vierzylinder-Benzinmotorwagen wieder ins Rampenlicht. Im gleichen Jahr stoppte man die Fabrikation und fertigte „Express“- bzw. später „Radexi“-Motorräder.

Bei „Express“ führte man unterschiedliche Markenzeichen. Ein Zeichen zeigte ein Schwert mit dem Schriftzug „Express“. ⓝ ⓑ

EXXON

GB 1978

1978 stellte die Firma „Exxon Enterprises, Inc.“ in Florham Park, New Jersey/ USA, Elektroautomobile mit dem Markennamen „Exxon“ her. Bekannt war das „Exxon Experimental Electric Vehicle“, ein Sportwagen mit Möwenflügel-Türen, dessen Design auf dem amerikanischen „Bradley GT“ basierte. Der Exxon wurde als Sportwagen-Prototyp mit einer Glasfiber-Karosserie unter Verwendung von Graphit vorgestellt. Der mit zwölf 6-Volt-Batterien bestückte Wagen erreichte eine Geschwindigkeit von etwa 88 km/h, bei einer Reichweite von rund 100 Kilometern. Genauere Angaben hierüber, wie auch über Produktionsjahre und über den Hersteller selbst, liegen nicht vor.

"Exxon“ ist auch eine Namensvariante der amerikanischen Mineralölfirma „Esso“, deren Markenzeichen dem der Firma „Exxon Enterprises, Inc.“ ähnelt. Der Markenname „Exxon“ ist in Rot gehalten.

EYSINK

NL 1899–1920

Die Firma „Eysink“ steht im Ruf der berühmtesten holländischen Motorradfabrik. Das Unternehmen wurde bereits 1886 von D. H. Eysink in Amersfoort/Niederlande gegründet. Zunächst spezialisierte man sich auf die Herstellung von Dampfmotoren und später stellte man Fahrräder her. Von 1899 bis 1920 baute Eysink aber auch eine beachtliche Anzahl von Automobilen des gleichen Markennamens. Schon 1897 entstand der erste Prototyp einer Voiturette. Der Wagen besaß einen deutschen Zweizylinder-2,75 PS-"Benz"-Motor. Später gab es Zweizylinder-Wagen mit 10 PS- und 12 PS-Leistung. 1902 kamen Vierzylinder-10/12 PS-, 16/20 PS- und 20/30 PS-Ausführungen heraus, denen am Ende noch ein Sechszylinder-Modell folgte. 1920 wurde die Automobilproduktion eingestellt; dem Motorradbau blieb man etwa bis Mitte der 70er-Jahre treu.

Für den niederländischen „Eysink“ verwendete man unterschiedliche Schriftzüge des Markennamens „Eysink“. Bekannt war auch ein Markenemblem, das einen Vogel, den Firmennamen und Herstellungsort zeigte. Dieses Emblem dürfte aber auch auf Fahrräder verwendet worden sein. ⓑ

FAB

B 1912–1914

Die Firma „Fabrique Automobile Belge“ in Brüssel stellte in den Jahren bis 1914 Automobile unter der Markenbezeichnung „FAB“ her. Der belgische FAB war ein Produkt der Tochtergesellschaft „Ateliers Vivinus“, die ebenfalls Automobile in Belgien baute. Man begann mit der „FAB“, als die Fabrikation des „Vivinus“ zu Ende ging. Den FAB gab es in zwei Ausführungen: Vierzylinder-12/16 PS-2,0-Liter- sowie ein Vierzylinder-20/28 PS-3,5-Liter-Modell. 1912 setzte man einen Wagen der Marke FAB, einen 2,0-Liter-Wagen, beim Grand Prix von Belgien ein. 1913 nahm ein FAB am „Coup de l'Auto“ teil. FAB-Automobile waren recht oft bei Rennsport-Veranstaltungen vertreten. Jedoch kam 1914 auch für diese sportlichen FAB-Fahrzeuge das frühzeitige Ende.

*Die Markenbezeichnung „FAB“ stand als Abkürzung für den Namen der belgischen Firma „**Fabrique Automobile Belge**“. Die Initialen standen in einem runden Markenemblem.*

FACEL VEGA

F 1954–1964

Das französische „Facel Vega"-Automobilprojekt konnte nur auf eine Lebensdauer von sieben Jahren zurückblicken. Im Juli 1954 stellte „Facel" auf dem Pariser Automobil Salon den ersten „Facel" vor, der noch als Typ „Vega" bekannt wurde. Der „Facel Vega" wurde von Daninos und Jacques Brasseur 1953/54 als Wagen der Luxusklasse mit V-Achtzylinder-4,8-Liter-"Chrysler"-Motor entwickelt. Der „Excellence" wie auch der große „HK 500" mit Armaturenbrett nach Flugzeugart galten als dem Rolls-Royce oder Cadillac vergleichbare Wagen. 1959 kamen der sportliche „Facellia", dann der „Facel II" und „Facel III" hinzu. 1964 wurde der Automobilbau wegen Unrentabilität eingestellt.

*Der Markenname „Facel" stand als Abkürzung für das ehemaligen Hauptwerks „**F**orges et **A**teliers du **C**onstruction d'**E**ure et **L**oire" (FACEL) in der Nähe von Paris. Der Name „Vega" leitet sich vom hellsten Stern der nördlichen Himmelshälfte ab.* Ⓝ

FAFNIR

D 1908–1926

Die „Aachener Stahlwarenfabrik" lieferte berühmte Einbaumotoren an verschiedendste Hersteller und begann 1908 mit dem „Fafnir"-Automobilbau. Bereits vier Jahre vorher entstand aufgrund des deutschen Bausatzwagens „Omnimobil" ein Motorwagen. Diese Versionen wurden von „Fafnir" mit Zwei- und auch Vierzylinder-Aggregaten ausgeliefert und nahmen eine Idee vorweg, die in den 50er-Jahren vor allem in England populär wurde. Von 1908 bis 1914 gab es Fafnir-Motorwagen mit hängenden Einlaß-, seitlich stehenden Auslaß-Ventilen. Die Wagen galten als robust und wirtschaftlich. Nach dem Ersten Weltkrieg beschränkte sich Fafnir auf den Bau eines „Einheitsmodells" mit Vierzylinder-2,3-Liter-Motor. 1926 wurde der Automobilbau eingestellt, und 1929 gingen die Anlagen an den belgischen Reifenhersteller „Englebert" über – eine Firma, aus der später „Uniroyal" wurde.

Der Markenname „Fafnir" bezieht sich auf den schatzhütenden Drachen, der von Siegfried (Sigurd) erschlagen wurde. Es existierten unterschiedliche Embleme, unter anderem auch ein Sechseck mit Markennamen vor einer aufgehenden Sonne. Ⓑ

FAIRTHORPE

GB 1954–etwa 1970

1952 baute der britische Vize-Luftmarschall Donald („Pathfinder") C. T. Bennett sein erstes Automobil, das den Namen „Atom" erhielt und ein Heckmotor-Coupé darstellte. 1954 gründete D. C. T. Bennett die Firma „Fairthorpe Ltd" in Chalfont, St. Peter, Buckinghamshire/England, die den „Fairthorpe" baute. Im gleichen Jahr begann die Firma mit der Produktion des „Atom" als Zwei- und Viersitzer-Limousine. 1956 stellte man den Zweisitzer „Electron Minor" (EM) vor. 1960 folgte das Modell „Zeta", an das der Bau leichter Sportwagen anschloß. Die von Hand gefertigten Fairthorpe-Automobile erreichten keine nennenswerten Stückzahlen. Unter Torix Bennett, D. C. T. Bennetts Sohn, entstanden bis 1968 Bausatz-Roadster. Noch 1969 hatte man den „Fairthorpe TX S 2000" mit „Triumph TR 7"-Motor gefertigt.

"Fairthorpe" führte einen einfachen Schriftzug als Markenzeichen, aber auch eine doppelte Rennflagge in einem Queroval.

FALCON

D 1921–1926

Zwei Jahre nach dem Ende des Ersten Weltkrieges wurde aus der Autowerkstatt des Gottlieb Hartlieb in Sontheim bei Heilbronn eine kleine Produktionsstätte unter dem eingetragenen Namen „Falcon Automobilwerke GmbH". Die Firma siedelte ein Jahr später nach Oberramstadt bei Darmstadt um, da man in selben Jahr die „Deutsche Munitionsfabrik Max Walbinger" aufkaufen konnte. In Oberramstadt konnte man auch die Fabrikanlage der ehemaligen „Neuen Röhrwerke AG" erwerben, so daß nun die Falcon-Automobilproduktion bis 1926 begann. Zunächst entstanden um 1921/22 der „Falcon CA 6" sowie das Modell „Falcon CA 8" mit Sechszylinder-Motor. Der „Falcon CA 6" war ein kleines sportliches Fahrzeug, das es in drei Versionen (Drei- oder Viersitzer, Tourenwagen, Limousinen) gab. Als letztes Modell kam der „Falcon T VI" auf den Markt.

Das runde Markenemblem des deutschen Falcon-Automobils zeigte einen Falken sowie den Markennamen "Falcon".

FALCON-KNIGHT

USA 1927–1929

John A. Nichols jun. war Präsident der Firma „Falcon Motor Corporation", die zwar ihren Sitz in Detroit, Michigan/USA, hatte, aber von 1927 bis 1929 die bekannten „Falcon-Knight"-Automobile in Elyria, Ohio/USA, herstellte. Die dort gebauten Fahrzeuge erhielten einen Sechszylinder-45 PS-"Knight"-Schieberventil-Motor. Am 31. Mai 1927 verließ der 3000. Falcon-Knight die Werksanlagen in Elyria/USA. 1928 kam das Werk zur „Willys-Overland Co.". Das Unternehmen bot den Falcon-Knight in offener und geschlossener Ausführung an. Bekannt war der Typ „Gray Ghost Roadster" („Grauer Geist Roadster") von 1928, den man mit einem 20 PS-Motor bestückte. Alle etwa ab 1929 noch in Elyria/USA hergestellten Falcon-Knight-Automobile, die „Knight"-Schiebermotoren besaßen, erhielten den neuen Markennamen „Knight".

Das runde Markenzeichen zeigte einen auf der Hand des Falkners sitzen Falken. Zudem war der Markenname „Falcon-Knight" enthalten.

FARMAN

F 1920–1931

Die Firma „Automobiles Farman" in Billancourt/Seine stellte von 1920 bis 1931 „Farman"-Automobile her. Schon vorher war ein „Farman"-Motorwagen mit einem Zweizylinder-12 PS-Motor entstanden. Jedoch blieb der gewünschte Erfolg damit aus. Die als verwegene Rennfahrer bekannten englisch-französischen Brüder Henri (Henry) und Maurice Farman stellten dann auf die Aviatik um, nachdem sie ein Automobil eigenen Namens gebaut hatten. Auf dem ersten Pariser Automobil Salon nach dem Krieg, im Herbst 1919, war „Farman" wieder mit von der Partie. Man stellte ein imposantes Sechszylinder-6,6-Liter-Farman-Chassis aus. Im Jahre 1929 folgte das letzte Farman-Modell, der Typ „NF 2" mit neuen, von „Farman" entwickelten „Alpax"-Leichtmetallrädern, der bis 1931 assembliert wurde. Dann widmete man sich erneut dem Flugzeugbau.

Signet war ein geflügeltes „F" für „Farman" in einem Kreis, der in der unteren Hälfte den Renommee-Namen „Farman" trug sowie die Empfehlung „La voiture française de grand luxe".

Ⓚ

FARUS

BR 1981- etwa 90er

Die Firma „Farus Industria de Veiculos, Esportivos Ltd" in Belo Horizonte, Minas Gerais/Brasilien, stellte bereits vor 1982 sportliche Wagen in kleiner Serie vor. Das Unternehmen gehörte zur Industriegruppe der Familie Russo. Die brasilianische Firma stellte den „Farus" unter Verwendung von Kunststoff-Karosserien her. Selbst das Chassis kam aus eigener Entwicklung und Produktion. Der Farus wurde seit 1983 als Modell „ML 929" mit 1,3-Liter-Motor oder als Typ „TS 1,6" mit 1,6-Liter-Aggregat angeboten. Man verwendete hierbei Motoren von Fiat oder Volkswagen. Wahlweise konnten diese Antriebsaggregate auch mit Äthylalkohol umgerüstet werden. Nach längerer Pause stellte man 1990 unter neuem Firmennamen „Tecvan Technologia de Vanguardo Ltd" das Sportcoupé „Quadro" mit 2,0-Liter-"Chevrolet- bzw. „Volkswagen"-Motor her.

*Die Markenbezeichnung „Farus" leitet sich von „**Fa**milie **Rus**so" ab. Markenzeichen war sehr wahrscheinlich das Wappen der Familie Russo, seitlich umgeben von den Initialen „F" und „R" für „Familie Russo".*

FAS

I 1906–1912

Im März 1906 gründete man in Turin die Firma „Fabbrica Automobili Standard SA". Der Prototyp erhielt die Markenbezeichnung „FAS-Standard". Man beabsichtigte eine Automobilproduktion von etwa 400 Exemplaren, doch wurden nur wenige Vierzylinder-14/20 PS-"FAS"-Automobile gebaut. Infolge geringer technischer Erfahrung im Automobilbau war die Firma von vornherein zum Scheitern verurteilt. 1907 kam das Werk mit einem Minusbetrag von etwa 71000 italienischen Lire in die roten Zahlen. Schon ein Jahr später betrug der Schuldenberg bereits 370000 Lire, womit die Firma kurz vor dem Bankrott stand. Trotzdem überlebte man bis 1912. Dann übernahm Michele Ansaldi die Werksanlagen zur Rüstungsproduktion. Auf dem Gelände wurde später von „Fiat" eine Vertriebsgesellschaft errichtet, die noch bis 1983 existierte.

*Die Bezeichnung „FAS" stand natürlich für „**F**abbrica **A**utomobili **S**tandard". Als Markenemblem verwendete man u. a. ein rundes, geflügeltes Zeichen, in dem die geschwungenen Initialen „FAS" untergebracht waren.*

FAST

I 1919–1925

Arturo Concaris gründete im Jahre 1913 in Turin die Firma „Fabbrica Italiana Motori Aviazione", kurz „FIMA" genannt. Hierbei handelte es sich um ein groß angelegtes Werk, das sich 1916 auf die Reparatur von Motoren der Firma „Gnôme & Rhône" und „Hispano-Suiza", wie auch auf die Herstellung von Ersatzteilen spezialisierte. Nach dem Ende des Ersten Weltkriegs gründete Concaris 1919 die Firma „Fabbrica Automobili Sport Torino". Die Automobilproduktion wurde auf Sportwagen aufgebaut, die aber auch als Limousinen Verwendung fanden. Der „Tipo Uno" („Typ 1") war das erste Werk von Concaris. Dieser Sportwagen erhielt einen Vierzylinder-2991 cm^3-80 PS-Motor, kombiniert mit einem Dreigang-Getriebe. 1923 war Concaris gezwungen, seine Firma zu verkaufen, die nun unter „Fabbrica Automobili Sport Torino (FAST) di Ing. Orasi" firmierte.

Die Bezeichnung „FAST" stand für „Fabbrica Automobili Sport Torino". Man führte ein mit einem Adler (?) überdecktes orangefarbenes Viereck mit dem integrierten Markennamen. Der Adler in goldener Farbe sollte vermutlich die Schnelligkeit der Automobile symbolisieren.

FAUN; KAUZ

D 1922–1927

Bereits vor dem Ersten Weltkrieg stellte die „Fahrzeugfabrik Ansbach" Fahrzeuge mit dem Markennamen „Kauz" her, die zur Basis des 1922 in Nürnberg gebauten „Faun"-Personenwagens wurden. Die „Nürnberger Löschgeräte-, Automobil-, Lastkraftwagen- und Fahrzeugfabrik Karl Schmidt" – die aus der 1898 gegründeten „Nürnberger Feuerlöschgerätefabrik Julius Christian Braun" hervorging – hatte sich 1918 mit der Ansbacher Firma liiert und brachte von nun an ihre Feuerwehr- und Lastkraftwagen unter der Marke „Faun" auf den Markt. Die dem ehemaligen „Kauz" nachfolgenden Personenautomobile wurden jedoch nur bis ins Modelljahr 1927 produziert. Anschließend konzentrierte man sich auf die Herstellung von Nutz- und Spezialfahrzeugen, für die „Faun" auch noch Mitte der 90er-Jahre einen ausgezeichneten Ruf hatte.

„Faun" stand zunächst als Abkürzung für den Firmennamen „Fahrzeugwerke Ansbach und Nürnberg". Seit 1918 steht der Name auf der Kühlerhaube oder dem Lamellennetz des Kühlers. 1923 kam ein stilisiertes Faun-Gesicht auf blauem Grund hinzu.

ⓃⒷ

FAVORIT; KROBOTH

CSR 1928–1933;
D 1945–1955

Der deutsche Techniker und Konstrukteur Gustav Kroboth baute 1928 in seiner Heimatstadt Sternberg im Sudetenland/Tschechoslowakei einen sportlichen Kleinwagen mit wassergekühltem Einzylinder-550-cm^3-Zweitakt-Frontmotor und Pendelachse, der den Namen „Favorit" erhielt. Dieses Modell wurde von 1930 bis 1933 in der Tschechei in Serie gebaut. Das Projekt wurde vom Wolle-Hersteller Grohmann finanziell unterstützt. Nur wenige Wagen der Marke wurden gefertigt, bis Grohmann das Interesse am Automobilbau verlor. Die Fahrzeuge, die eine gewisse Ähnlichkeit mit dem berühmten ostdeutschen „Dixi"-Kleinwagen hatten, erhielten einen Rohrrahmen sowie eine spezielle Front- und Hinterrad-Aufhängung. Kroboth baute 1954 und 1955 in Seestall bei Landsberg erneut „Kroboth"-Automobile, die wesentlich besser bekannt wurden.

Die „Favorit"-Fahrzeuge trugen einen Schriftzug mit dem Markennamen.

FEJES

H 1923–1928

Der ungarische Ingenieur Jenö Fejes arbeitete zu Beginn des Jahrhunderts bei der amerikanischen Firma „Westinghouse" in Le Havre/Frankreich. Diese Gesellschaft gründete später in Arad (heute Rumänien) eine Filiale unter dem Firmennamen „MARTA", bei der Fejes als Werkstattleiter fungierte. Später verließ er dieses Unternehmen und wurde technischer Direktor bei einer ungarisch-österreichischen Gesellschaft, die unter dem Firmennamen „Ganz-Fiat" Flugzeugmotoren produzierte. 1922 gründete Fejes in Budapest ein eigenes Unternehmen mit Namen „Magyar Lemezmotor es gepgyár r.t." ("Ungarische Plattenmotor-Fabrik"), und von 1923 bis 1928 entstanden dort auch Automobile mit dem Markennamen „Fejes". Diese mit recht einfachen Produktionsmitteln entstandenen Motorwagen wurden von Vierzylinder-1,3-Liter-Motoren angetrieben und boten vier Personen Platz.

Bei „Fejes" wurden einfache Schriftzüge des Markennamens „Fejes" und auch rechteckige Embleme verwendet, in denen der Marken- sowie der gesamte Firmenname zu lesen waren.

FELBER

A 1952–1953

Der österreichische Techniker Ernst Marold konstruierte im Alter von 21 Jahren in der väterlichen Autowerkstätte in Wilfleinsdorf bei Bruck a. d. Leitha sein erstes Fahrzeug. Ende 1951 nahmen die Brüder Marold den Chef der bekannten Motorrad-Seitenwagen-Fabrik „A. Felber & Co." zu einer Probefahrt mit und konnten ihn damit überzeugen. „Felber" baute nun 1952 und 1953 tatsächlich eine kleine Anzahl dieser sogenannten „Autoroller" mit Zweizylinder-400 cm^3-"Rotax"-Zweitakt-Motoren. Der offene Dreirad-Wagen mit seiner Ganzstahl-Karosserie war sehr beliebt und folgte in seiner Auslegung dem Kleinwagen-Trend der 50er-Jahre. Der unermüdliche Konstrukteur und Verbesserer des Dreirad-Wagens, Ernst Marold, blieb der Firma treu und wurde 1970 Drittelgesellschafter bei „Felber & Co.", 1980 dann Alleininhaber. Später wurde die Firma von „Elektrolux" aufgekauft.

Markenzeichen war ein beflügeltes Wappen mit dem integrierten Buchstaben F für „Felber". Darüber war der gesamte Markenname „Felber" noch einmal angebracht.

Ⓝ

FELBER

CH 1971– etwa 80er

Der Schweizer Bauunternehmer Willy H. Felber, Jahrgang 1921, begann 1971 in Morges bei Lausanne/Schweiz mit der Herstellung von nostalgisch anmutenden Sportwagen eigener Konstruktion. Seine Fahrzeuge erhielten den Markennamen „Felber" und das „FF"-Markenemblem. Felber wurde noch vor Jahren als einer der exklusivsten Automobilhersteller der Welt bezeichnet. Seine Automobile wurden meist mit italienischer Ferrari- bzw. Lancia-Technik versehen. In Einzelanfertigung oder kleiner Serie entstanden Roadster, Cabriolets und Geländewagen. Auch Modifikationen am italienischen „Autobianchi A 112" oder am amerikanischen „Pontiac Firebird" wurden von Felber durchgeführt. Eine Verbindung zwischen der österreichischen Motorrad-Seitenwagen-Fabrik „Felber" und dem schweizerischen Hersteller gab es nie.

Markenzeichen des renommierten Schweizer Unternehmens war ein senkrecht stehendes Rechteck mit blauem Untergrund und den Buchstaben „FF". Die Bedeutung des doppelten Buchstabens F ist unbekannt.

Ⓝ

FELDMANN; NIXE

D 1905–1912

Die Firma „Westfälische Automobilgesellschaft Bernhard Feldmann & Co." in Soest/Westfalen stellte in den Jahren 1905 bis 1912 Automobile mit dem Markennamen „Feldmann" her. Die Fahrzeuge wurden aber auch unter dem Namen „Nixe" recht bekannt. Als Großhandlung für Automobilzubehör hatte die Firma begonnen. Der Automobilbau wurde 1905 mit dem Bau der „Feldmann"- bzw. „Nixe"-Voiturette eingeleitet, für die übrigens die berühmten „Fafnir-Omnimobil"-Bausatzkomponenten Verwendung fanden. Der Wagen selbst erhielt einen Zweizylinder-6 PS-Motor der „Fafnir"-Automobilfirma. Bis 1908 wurde das „Feldmann"-Modell noch hergestellt, dann folgte ein Tourenwagen mit Vierzylinder-10/25 PS-Motor. Selbst Sportwagen mit 40 PS-Triebwerken entstanden, doch 1912 wurde die Automobilproduktion eingestellt.

Das Unternehmen führte u. a. den schrägstehenden Schriftzug „Feldmann".

FEND

D 1948–1953

Ingenieur Fritz M. Fend in Rosenheim/Bayern gründete 1947 seine Firma „Technischer Fertigungsbetrieb Fritz M. Fend". Sein „Fend Flitzer" wurde bei Kriegsversehrten recht beliebt und konnte am 19. Juni 1948 seine offizielle Premiere feiern. Nach mehreren Modifikationen wurde der Wagen 1949 mit einem 38 cm^3-"Victoria"-Motor auf der Technischen Messe in Frankfurt am Main neu vorgestellt. Erneute Modifikationen beinhalteten einen 100 cm^3-"Fichtel & Sachs"-Motor. Im Sommer 1949 erweiterte die Firma „Fend Kraftfahrzeug GmbH" ihr Produktionsprogramm um einen kleinen Lastenroller. Rund 30 dieser Fend-Fahrzeuge konnten produziert werden. 1952 suchte Fend einen neuen finanziellen Partner, und ein Jahr später entstand aus dem „Flitzer" der neue „Messerschmitt"-Kabinenroller. Etwa im Herbst 1989 kam Fend mit dem „Fend 2000" heraus.

Das Markenzeichen zeigte annähernd die Form eines stilisierten Flugzeugs sowie den Markennamen „Fend Flitzer". Für den „Fend 2000" bzw. „F 2000"-Kabinenroller vom Ende der 80er-Jahre verwendete man als Markenzeichen ein rundes Emblem mit dem Buchstaben F.

Ⓝ

FERBEDO

D 1923–1926

Bereits im Jahr 1898 wurde die Firma „Ferdinand Bethäuser" in Fürth von dem Kunstschlosser Bethäuser (1870 – 1926) gegründet. Man begann zunächst mit der Herstellung von Panzerschränken. Dieses Unternehmen gilt als eine der ältesten Spezialfabriken für Kinderfahrzeuge in Deutschland und war auch noch in den 90er-Jahren bestens in dieser Branche vertreten. In den Jahren 1923 bis 1926 baute „Ferbedo" unter diesem Markennamen aber auch einen kleinen dreisitzigen Personenwagen, eine Voiturette mit einem deutschen 1,9 PS-"Breuer"-Einbau-Motorradmotor. In den Jahren 1923/24 stellte die Firma „Ferdinand Bethäuser" in Nürnberg-Doos auch ein allerdings recht merkwürdiges Vierrad-Motorrad her, auf dessen Sattelbank bis zu drei Personen hintereinander Platz nehmen konnten.

*Der Markenname „Ferbedo" ist Abkürzung für den gesamten Namen der Nürnberger Firma „**Fer**dinand **Be**thäuser – **Do**os". Als Markenzeichen führte man ehemals den einfachen Schriftzug „Ferbedo". Heute ist es ein senkrechtes rotes Karo mit dem Markennamen.*

FERGUS; FERGUSON

GB/USA 1915;
USA 1949;
GB 1961– etwa 70er

In britisch-amerikanischer Gemeinschaftsarbeit entstand im Jahre 1915 ein von J. B. Ferguson in seiner Firma „Joseph B. Ferguson Ltd" in Belfast/Nordirland konstruierter Sportwagen, der von einem Vierzylinder-ohc-Motor angetrieben wurde. Das Fahrzeug sollte in Irland gefertigt werden, doch der Plan wurde nie realisiert. Ein anderes Projekt, 1949 in New York/USA bei „Fergus Motors, Inc." entwickelt, sollte ebenfalls unter dem Namen „Fergus" Gestalt annehmen – ein Sportwagen, basierend auf Serienteilen des englischen „Austin A 40". Auch dieses Projekt kam über das Stadium des Prototyps nicht hinaus. Ein Nachkomme von J. B. Ferguson, Harry Ferguson, wurde britischer „Traktorenkönig" und konstruierte um 1961 eine Limousine mit Allrad-Antrieb und später Rennwagen, wie z. B. den „Ferguson P 99".

Joseph B. Ferguson verwendete für seine Fahrzeuge eine Abkürzung seines Familiennamens. Für die Rennwagen von Harry Ferguson kam u. a. der Schriftzug „Ferguson" zur Verwendung.

Ⓝ Ⓑ Ⓚ

FERRARI

Ferrari

I 1940– heute

Der 1898 geborene und 1988 verstorbene Enzo Ferrari wurde als „Pionier im italienischen Automobilbau“ bezeichnet. Schon 1919 arbeitete er für die Firma „CMN“ und ging kurze Zeit später zu „Fiat“ wo er als Testfahrer fungierte. Seine 1920 gegründete Firma in Maranello bei Modena ging 1969 als „Società Esercizio Fabbriche Automobile e Corso Ferrari“ in den Besitz von Fiat über, nachdem der „Commendatore“ Enzo Ferrari 1963 ein Beteiligungsangebot des Hauses Ford ausgeschlagen hatte. Schon 1939 erfolgte die Gründung der „Auto Avio Costruzioni“, die ab 1940 Rennwagen herstellte, die aber nicht unter dem Namen „Ferrari“ an den Start gehen durften. Erst 1947 tauchte der erste richtige „Ferrari“-Rennwagen auf. Es folgten starke Zwölfzylinder-Wagen, und Ferrari stieg in die Formel-1-Rennszene ein. Es folgten „zahmere“ Modelle, wie z. B. die Typen „160“ bis „250“, „340“ bis hin zum „Superamerica“, „512 BB“ und „Mondial 8“, die zu unsterblichen Klassikern wurden. Für das 1994er-Modell „Ferrari F 355“ mit deutlicher Leistungssteigerung auf 380 PS lag schon eine endlose Reihe von Bestellungen vor. Der Preis dieses Typs liegt bei etwa 208 000 DM.

Anfang Juni 1997 konnte „Ferrari“ das 50jährige Firmenjubiläum feiern. Höhepunkt war zweifellos das großartige Treffen von annähernd 300 erlesenen Klassikern aus aller Welt mit großartigem Schaulaufen in Rom/Italien. Wirtschaftlich ging es aufwärts: 1996 wurden 3.364 „Ferrari's“ gebaut, für 1997 peilte man einen Milliarden-Umsatz an.

Im selben Jahr bot „Ferrari“ u. a. die Modelle „F 355 Berlinetta“ (380 PS); „F 355 Spider“ (380 PS); „550 Maranello“ mit Zwölfzylinder-485 PS-Triebwerk, Fastback und runden Heckleuchten an. Hinzu kamen die Typen „456 GT“ (442 PS) und „F 50“ (520 PS), dessen Produktion Ende 1997 eingestellt werden sollte.

Markenzeichen von „Ferrari“ ist der „Springende Hengst von Ravenna“: Als Enzo Ferrari 1923 beim „Großen Preis von Ravenna“ gewann, wurde er von Gräfin Paolina Baracca gebeten, das Wappen ihres Sohnes als Glücksbringer zu übernehmen. Das schwarze „cavallino rampante“ („hochgehende Pferd“) auf gelbem Grund – Gelb ist die Farbe der italienischen Stadt Modena – ist heute noch auf den Luxus-Sportwagen wie auf den Formel-1-Rennern von „Ferrari“ zu sehen. Es gab das Emblem als Dreieckswappen mit den Initialen „S“ und „F“ ("Scuderia Ferrari") wie auch als senkrecht stehendes Rechteck mit integriertem Markennamen "Ferrari".

ⓃⒷ Ⓟ

FIAM

I 1921–1926

Von 1921 bis 1927 stellte die Firma „Fabbrica Italiana Automobile e Motori“ Vierzylinder-Automobile der Markenbezeichnung „FIAM“ her. Das Unternehmen war eine Zweigfirma der „s.a.s. Marzoli, Magri & C.“ in Brescia/Italien. Man baute neben Automotoren auch Antriebsaggregate für Schiffe. Die kleinen FIAM-Automobile besaßen Motoren nach dem „Brevetto Sorelli“ („Patent Sorelli“). 1923 wurde „FIAM“ aufgelöst, aber schon ein Jahr später tauchte die Firma mit ihrem Gründer und Ingenieur Peano erneut als Automobilhersteller in Turin/Italien auf. 1925 wurde eine neue Serie dieses Kleinwagens mit verändertem Rahmen und vier verschiedenen Karosserien – „A“, „B“, „C“ und „D“ – entwickelt. Bis 1926 entstanden ein Innenlenker, ein dreisitziger „Torpedo“, ein Sportwagen und ein zweisitziger Spider. 1925 erwarb „Manfred Weiss“ in Budapest die Herstellungsrechte für FIAM.

*"FIAM" ist die Abkürzung von „**F**abbrica **I**taliana **A**utomobili e **M**otori“. Diese Markenbezeichnung stand in einem quadratischen Emblem.*

F.I.A.T.; FIAT

I 1899–1906;
1907– heute

Am 11. Juli 1899 gründete eine Gruppe von Automobil-Enthusiasten und Motorsportfreunden in Turin/Italien eine Automobilfirma, die unter der Bezeichnung „F.I.A.T.“ eingetragen wurde. Später verzichtete man auf die Punkte im Markennamen. Erstes Produkt der Firma war ein Zweizylinder-3,5 PS-Wagen des Typs „Duc vis-à-vis“ mit einer Höchstgeschwindigkeit von knapp 40 km/h. Für den ersten 679 cm³-Wagen sowie für die folgenden Fiat-Modelle war zunächst Chefkonstrukteur Aristide Faccioli verantwortlich. Unter dem „Konzernfürsten“ Giovanni Agnelli nahm die Firma einen enormen Aufschwung und ist heute mit zahllosen Zweigstellen auf der ganzen Welt vertreten. 1919 leitete Fiat mit dem Typ „501“ in Europa die Massenproduktion ein. Mit Konstruktion des „508 Ballila“ und seiner Vierzylinder-995 cm³-Motoren gelang Fiat 1932 ein Sportmodell außergewöhnlicher Klasse. In kontinuierlicher Reihe gab es bei Fiat eine Fülle von Neuerungen in Technik und Formgestaltung, angefangen mit dem „Cinquecento", über den „Punto", Uno", „Tipo", „Tempra“ und „Cromo V6“ von 1994 bis hin zum ersten neuen Fiat-Sportwagen seit langer Zeit.

Unter dem Dach der „Fiat“-Holding gibt es die Geschäftsbereiche „Fiat Auto“ (inklusive „Lancia“, „Alfa Romeo“, „Maserati“ und „Ferrari“) mit einem Umsatz von rund 42.2 Milliarden DM (1996) Nutzfahrzeuge („Iveco“) mit rund 10.8 Milliarden DM, Land- und Baumaschinen („New Holland“) sowie einer Reihe kleinerer Geschäftsbereiche.

Die Modellpalette des Jahres 1997 bestand u. a. aus den Typen „Cinquecento“, „Palio Weekend“, „Marea Weekend“, „Barchetta“, „Bravo“, „Brava“ und „Ulysse“. Zudem sprach man vom „Worldcar“, das in Brasilien bereits auf 400.000 produzierte Exemplare kam.

Im Laufe des jahrzehntelangen Firmenbestehens führte „Fiat“ unterschiedlichste Markenzeichen – angefangen mit Jugendstil-Emblemen bis hin zum heutigen, auf vier Karos aufgeteilten „FIAT“-Schriftzug in Druckbuchstaben oder den fünf schräg nach rechts oben stehenden Chromlinien. Der Werbespruch, der sich bereits über Jahrzehnte behaupten konnte, lautet „Fiat – mare, terra, cielo“ („FIAT – zu Wasser, zu Lande und in der Luft“).

Das schrägstehende Rechteck mit den fünf verchromten Leisten ist die aktuellste „Fiat“-Markenzeichen-Version.

Ⓝ Ⓑ Ⓚ

FILIPINETTI

FILIPINETTI STRADALE

CH 1967–1973

Georges Filipinetti war Gründer einer Automobilfirma in Grandson/Schweiz und Initiator des „Filipinetti-GT“-Coupés mit Glasfiber-Karosserie. Der Filipinetti wurde mit einem 1,6-Liter-70 PS-"Volkswagen 1600"-Motor versehen. 1966 kam es zur Vorstellung des zweisitzigen Prototypen, der von dem Schweizer Stardesigner Franco Sbarro entworfen war, und für 1967 war eine Serienproduktion in begrenzter Stückzahl geplant, die jedoch nie realisiert wurde. Das Fahrzeug besaß eine recht sportliche 2+2-sitzige Fastback-Karosserie aus Kunststoff. Die errichtete „Scuderia Filipinetti“ beauftragte u. a. den englischen Ingenieur und Rennfahrer Michael Parks, eine Sportausführung des „Fiat 128 Rallye“ zu entwickeln. Später entstanden die Modelle „Filipinetti Stradale“ und „Filipinetti Corsa“. 1972 tauchte der „Filipinetti Spider X1/9 Corsa“ auf. 1973 wurde die Automobilproduktion eingestellt.

Vom Serienmodell unterschied sich der „Filipinetti Stradale“ nur durch ein an der Seite angebrachtes Wappen der „Scuderia Filipinetti“ und den Schriftzug „Filipinetti Stradale“. Diesen Schriftzug fand man auch auf dem Kofferraumdeckel und auf der Motorhaube.

FISCHER

CH 1909–1918

Martin Fischer (1866-1947) war Mitbegründer der Schweizer Automobilfirma „Turicum“ und baute von 1908 bis 1918 Motorwagen, die den Markennamen „Fischer“ erhielten. Es handelte sich dabei um Vierzylinder-Wagen mit Reibrad-Antrieb, die in Frankreich auch von „Delaugère & Clayette“ und in den USA bei „Aristos Co.“ in Lizenz gefertigt wurden. Fischer hatte einige Automobile auch mit ventillosen Schiebermotoren ausgestattet, die zum Teil bis nach Südamerika ausgeführt wurden. Bis 1913 hatte man rund 180 Automobile bei der Gesellschaft „Fischer Wagen AG“ hergestellt. Kurz vor dem Ersten Weltkrieg entstanden noch zwei große Sechszylinder-Automobile. Nach 1918 nahm Martin Fischer die Herstellung nicht mehr auf, sondern entwickelte für die Firma „SIG“ einen Kleinwagen mit zwei Tandem-Sitzen, der aber nicht in Serie ging.

Das von Fischer konstruierte Innenzahn-Getriebe diente als Kühleremblem, das zeitweise auch auf dem Armaturenbrett angebracht war.

FKFS; KAMM; KAMM-WAGEN

D 1936–1939

Professor Dr. Ing. Wunibald Kamm war an der Technischen Hochschule in Stuttgart tätig und Verfechter der Stromlinienform. Bekannt wurde sein „Kamm“ bzw. „Kamm-Wagen“ – auch nur „K-Wagen“ – genanntes aerodynamisches Versuchsfahrzeug. Das „Forschungsinstitut für Kraftfahrzeugwesen und Fahrzeugmotoren in Stuttgart“ (1930-1945), das von Prof. Kamm geleitet wurde, baute 1936 im Auftrag der Reichsregierung auf Serienfahrwerken, u. a. auch auf dem „BMW 335”, einige Versuchsfahrzeuge mit „K-Heck“ bzw. „Kamm-Heck“, eine Form eines Wagenaufbaus mit „abgeschnittenem Heck“. Diese ungewöhnliche aerodynamische Form ist seitdem als „K(amm)-Heck“ bekannt. Der Stuttgarter „FKFS”-Personenwagen, Typ „K 1“ von 1938, gilt als verschollen. Im Deutschen Museum in München kann ein anderer „FKFS”-Versuchswagen bewundert werden.

*Das Markenemblem von „FKFS“ auf der Frontseite des Versuchswagens zeigte die Markenbezeichnung „FKFS“ für „**F**orschungsinstitut für **K**raftfahrzeugwesen **S**tuttgart“ sowie den gesamten Namen der deutschen Kfz-und Motoren-Forschungsanstalt.*

FLANDERS

USA 1909–1912

Walter Flanders war einer der ersten, der sich für die Massenproduktion von amerikanischen Automobilen einsetzte. Flanders war noch 1908 in der Einführungsphase des „Ford Model T“ bei der „Ford Motor Co.“ in Detroit, Michigan/USA, als Produktionsleiter angestellt. Man konnte für den neuen „Flanders Twenty“ ("Flanders 20”) von 1909 die Werksanlagen der in Konkurs gegangenen Automobilfirma „De Luxe Motor Car Co.“ erwerben. Als Antrieb für das Modell „Twenty“ diente ein Vierzylinder-20-PS-Motor, daher auch diese Typenbezeichnung. Ein größeres Modell wurde als „EMF“ vertrieben. Den Vertrieb beider Marken übernahm „Studebaker”, wo zwar bereits einige „Buggys“ gebaut, aber vor 1912 die Automobilproduktion nicht ernsthaft betrieben worden war. Nach 1912 hießen alle EMF ("**E**veritt – **M**etzger – **F**landers”)- und „Flanders”-Automobile „Studebaker”.

Das Markenzeichen des „Flanders Twenty“ auf den Kühlern bestand aus dem Markennamen in Kombination mit einem geschwungenen Band, in dem die Typenbezeichnung „Twenty“ in Buchstaben- und Zahlenform zu lesen war.

FLORENTIA

I 1903–1912

1903 gründete man in Florenz die „Fabbrica di Automobili Florentia”, die im selben Jahr von der „Fabbrica Toscana di Automobili“ übernommen wurde. Die seit 1901 bestehende Firma behielt den Markennamen „Florentia“ bei. Frühere Wagen dieser Marke wiesen Zweizylinder-Motoren auf. Der bekannte Konstrukteur Catteneo entwickelte den „Florentia“ mit Assistenz von Antonio Chiribiri, der Fahrzeuge des Markennamens „Chiribiri“ ins Leben rief. Ab 1905 wurden die französischen „Rochet-Schneider”-Motoren in Lizenz gebaut sowie die Nachbaurechte für diese Automobile erworben. Es wurden nun Vierzylinder-16 PS- und 24 PS-Wagen gefertigt. 1906 gab es einen 4,4-Liter-18/22 PS-"Florentia”. Nach dem Bau weiterer Vier- und auch Sechszylinder-Modelle stellte man den Automobilbau ein und konzentrierte sich auf die Produktion von Motoren.

Die „Florentia”-Automobile zeigten den waagrechten Schriftzug „Florentia“ – vermutlich in poliertem Messing. „Florentia“ steht für die Stadt Florenz in der italienischen Toskana.

FMR; MESSERSCHMITT; FEND

D 1957–1961

Der Regensburger Ingenieur Fritz M. Fend, der 1947 seine erste Firma „Technischer Fertigungsbetrieb Fritz M. Fend“ eröffnet hatte, gründete 1957 die „Fahrzeug- und Maschinenbau GmbH“ in Regensburg. Mitbegründer war der Bremsen-Zulieferer des Kabinenrollers und Fabrikant Valentin Knott. Unter der Firmenbezeichnung „FMR“ wurde die Serienproduktion des „Messerschmitt”-Kabinenrollers (auch „Menschen in Aspik“ oder „Schneewittchensarg“ genannt) geführt. Durch einen Kredit des Freistaats Bayern in Höhe von rund zwei Millionen Mark konnten die Regensburger Fertigungsanlagen erworben werden. Das Fahrzeug erhielt auch ein neues Markenzeichen. Etwa 75000 Einheiten des „Messerschmitt KaRo 200“ – für „**Ka**binen**ro**ller“ – wurden am Fließband gefertigt. Von 1958 bis 1960/61 gab es den „KaRo“ mit 500 cm^3-"Sachs”-Motoren.

Die Firma „Fahrzeug- und Maschinenbau Regensburg“ (FMR) führte verschiedene Markenembleme, so z. B. drei stehende Karos mit den Initialen „FMR”. Bekannt war auch der stilisierte „Messerschmitt”-Vogel, integriert in einem runden Emblem. Ⓝ Ⓑ

FN

B 1899–1935;
1963–1965

Die Waffenfabrik „Fabrique Nationale d’Armes de Guerre S.A.“ (FN) in Herstal bei Liège (Lüttich) betrieb den Motorrad- und Automobilbau lediglich als Seitenlinie, avancierte indessen zu Belgiens wichtigstem Hersteller. Den ersten Motorwagen von FN mit Zweizylinder-Motor entwarf der Italiener F. de Cosmo. Bald darauf verwendete man Vierzylinder-Aggregate. Die belgischen FN-Automobile ließen sich gut verkaufen und nahmen um den Ersten Weltkrieg an einigen Wettbewerbsveranstaltungen mit relativ guten Erfolgen teil. Eine bedeutende Anzahl großer und robuster Wagen wurde sogar exportiert. 1935 wurde der FN-Personenwagenbau aufgegeben, man konzentrierte sich verstärkt auf den Motorrad- und Nutzfahrzeugbau, der bereits 1930 begonnen hatte. Die letzten Automobile waren geländegängige Allradwagen für die Armee, gebaut von 1963 bis 1965.

Man führte verschiedene Markenzeichen, z. B. ein senkrechtes Rechteck mit integrierten Initialen „FN“ und seitlichen Flügeln. Ein anderes Zeichen zeigte eine runde Form mit Pedalwerk eines Fahrrads wie auch ein Gewehr mit Bajonett (FN-Produkte Fahrräder und Waffen). Ⓝ Ⓑ Ⓚ

FOD

I 1924–1927

Am 1. August 1925 kam es zur Gründung der „Fonderie Officine De Benedetti", die von 1924 bis 1927 in Turin Automobile der Markenbezeichnung „FOD" herstellte. Zuvor lautete die Firmenbezeichnung „S.A. Fonderie Officine Francesco De Benedetti". Die neue Firma konstruierte einen Prototypen mit Vierzylinder-18 PS-Motor. Dieser Wagen wurde infolge seiner charakteristischen Merkmale populär. Auch war von Ingenieur Francesco De Benedetti ein V-Achtzylinder-"Gran Sport"-Wagen geplant, der jedoch über die konstruktive Ausführung auf dem Zeichenbrett nicht hinauskam. Firmeninhaber De Benedetti hatte mit dem „FOD", der früher auch als „De Benedetti" bekannt war, eine Serienproduktion eingeleitet. Die Firma „SAM" lieferte die Motoren für die Fahrzeuge, mit zweisitzigen Aufbauten aus Aluminium. Bis 1927 verließen mehrere 100 Exemplare des FOD das Werk.

*Die Markenbezeichnung „FOD" stand für den Namen des italienischen Herstellers „**F**onderie **O**fficine **D**e Benedetti", und als Emblem wurde ein Queroval mit den Initialen „FOD" und einer Art Lorbeerkranz geführt.*

FOGLIETTI

I 1948– etwa 1960

Bereits 1948 gründete Ernesto Foglietti in Mailand eine mechanische Werkstatt, die den Namen „Foglietti" erhielt. Foglietti spezialisierte sich auf die Präparation von Sportwagen und Fertigung von kleinen, einsitzigen Rennwagen, die später den Markennamen „Foglietti" erhielten. Von 1958 bis 1960 bot „Automobili Foglietti" verschiedene Versionen an, wobei es sich vorwiegend um Formel Junior-Rennwagen handelte. Für die Sport- und Rennwagenfirma „OSCA" präparierte „Foglietti" den bekannten italienischen „OSCA 1100 Sport", und selbst für einen Fiat-Sportwagen mit V-Achtzylinder-Motor war diese Motortuningfirma tätig. Im Jahr 1958 hatte der Ingenieur Foglietti einen der ersten speziellen Formel Junior-Rennwagen Italiens entwickelt. Noch 1970 widmete sich Ernesto Foglietti dem Tunen von Motoren, insbesonders für Alfa Romeo-, Fiat- und Lamborghini-Modelle.

"Foglietti" führte ein rundes Markenemblem mit einem Karo, das eine Raubkatze, den Markennamen „Foglietti" sowie den Herstellungsort „Milano" (Mailand) zeigte.

FORD

USA 1903– heute

1899 wurde in Amerika die „Detroit Automobil Co." gegründet. Die Wagen sollten Gebrauchsfahrzeuge für den einfachen Bürger sein. 1903 kam der erste amerikanische „Ford" auf den Markt. Schon Henry Fords früheres Modell „999" wurde als Serienwagen ein durchschlagender Erfolg. Im gleichen Jahr gründete er die „Ford Motor Co.", die sich bald einen ruhmreichen Namen schaffen konnte. Motoren kamen von den amerikanischen „Dodge"-Brüdern. Bekannt war das legendäre „Ford Model T" („Tin Lizzy" = „Blechliesel") von 1908. Nach 19 Jahren gab man die Produktion dieses Typs auf. Man hatte 15007033 Stück davon gebaut. Es folgten Modell um Modell: 1958 erschien der sportliche Zweisitzer „Thunderbird", 1966 z. B. der „Ford GT 40". Noch etwa Mitte der 80er-Jahre galt Ford in Dearborn, Michigan/USA, als zweitgrößter Automobilhersteller der Welt.

Fast unverändert blieb nur das Markenzeichen mit dem eleganten Schriftzug „Ford", das zunächst in den Kühler eingeprägt war, später als blau emaillierte Metallplakette millionenfach auf den Straßen der Welt unterwegs war und ist.

Ⓝ Ⓑ Ⓚ

FORD

D 1931– heute

Die deutsche Tochtergesellschaft der „Ford Motor Co.", Detroit, Michigan/USA, unterhielt bis in die 20er-Jahre hinein in Stolp/Pommern, heute Polen, eine Importagentur, die die für den Verkauf in Deutschland bestimmten Fahrzeuge aus Kopenhagen bezog. Im Modelljahr 1931 entstand in Köln-Niehl das neue Ford-Werk, wo der in den USA konzipierte, aber gänzlich in Deutschland produzierte Typ „Köln" hergestellt wurde. Auch der „Eifel" und später der „Ford V 8" entstanden hier. 1939 folgte der „Ford Taunus", dem dann der neue „Ford M 12" zur Seite gestellt wurde. Er trug noch für kurze Zeit den amerikanisch inspirierten Weltkugel-Kühlergrill. 1952 begann Ford in Berlin mit der Montage des „Ford Model T", später des „Ford Model A". In den 60er-Jahren kam die neue „Escort"-Baureihe auf den Markt, der man wiederum in den folgenden Jahren neuere Typen angliederte.
Selbst im Motorsport war „Ford Deutschland" stark vertreten. Schon am 26. Januar 1977 startete der „Ford"-Typ „Fiesta", versehen mit einem Vierzylinder-1,1-Liter-53 PS-Motor, zu einem Dauerlauf-Versuch auf der Strecke Köln–München-Hamburg. Nach 139 Tagen Nonstop-Fahrt unter den Augen der Öffentlichkeit hat der „Marathon-Fiesta" am 13. Juni mit ein und demselben Motor 301741 Kilometer zurückgelegt. Die „Ford-Werke AG" in Köln/Deutschland führte in den frühen neunziger Jahren einen langjährigen Praxistest mit 100 Elektroautomobilen durch, die auf dem „Ford Escort Express" (Kombi) basierten. Auch der neue „Ford Ka" von 1997 war eine völlig neue Fahrzeugkategorie: ein Automobil, das perfekt dem Stil unserer Zeit entsprach. Er war ein Kleinwagen, der Fahrspaß mit hoher Wirtschaftlichkeit verband. Basis für die jüngste Version eines der erfolgreichsten Motoren seiner Klasse: der 1,3-Liter-Endura-E-Motor. Ihn gab es mit zwei Leistungsstufen (37 kW/50 PS und 44 kW/60 PS).

Als Markenzeichen diente anfangs die blaue „Ford-Pflaume", seit 1933 mit der Beischrift „Deutsches Erzeugnis". Die ersten Nachkriegswagen schmückte der Kölner Dom mit dem Niehler Schornstein, aber auch die emaillierte Weltkugel mit dem Typennamen „Taunus" wurde in dieser Zeit verwendet. Für den neuen „Taunus 12 M" wurde ein neues Zeichen, zwei ineinanderliegende Querovale, die die Buchstaben „F" und „K" für „Ford Köln" trugen, entworfen. Ab 1957 standen die drei Kronen des Kölner Stadtwappens im Zeichen, bis endlich 1968 der Markenname „Ford" in einem Queroval vor blauem Untergrund, ähnlich dem amerikanischen Emblem, Verwendung fand.

Ⓝ Ⓟ

FORD-MONTIER; MONTIER

F 1923–1932

Die Pariser „Garage Montier" des Ford-Agenten Charles Montier, der vor dem Ersten Weltkrieg einige Kleinwagen eigener Konstruktion gebaut und später bei „Darracq" gearbeitet hatte, modifizierte in den 20er-Jahren eine Anzahl „Ford Model T"-Fahrzeuge. Mit diesen Wagen trat Montier auch bei den „24-Stunden-von-Le Mans" an. Ab 1926 verwendete Montier sogar Vierrad-Bremsen. Seine Ford-Roadster mit ohv-Motoren – später auch auf „Ford Model A"-Basis – gingen sogar als Monoposti an den Start. Der „Ford-Montier" oder „Montier-Ford" war in Frankreich ein recht bekannter Wagen, von dem im Kundenauftrag über 50 Exemplare gebaut wurden. Einige Fahrzeuge wurde auch unter dem Namen „Montier Spezial" an den Start gebracht.

Das Markenzeichen des französischen „Ford-Montier" bzw. „Montier-Ford" zeigte beide Schriftzüge in verschlungener Form.

FOSTORIA

USA 1915–1917

Die „Fostoria Light Cars Co." in Fostoria, Ohio/USA, stellte von 1915 bis 1917 Automobile mit dem Markennamen „Fostoria" her. Bei den Fahrzeugen handelte es sich um leichte viersitzige Wagen, die von einem Vierzylinder-2,1-Liter-"Sterling"-Motor angetrieben wurden. Den Motor hatte man sich von der in Milwaukee, Wisconsin/USA, beheimateten Firma „Sterling Motors" liefern lassen. Der Fostoria war ein „assembled car", ein aus Fremdkomponenten zusammenmontierter Wagen. Im Dezember 1915 hatte man die Werksanlagen der Firma „Storm Buggy Co." erworben. Bis zum Oktober 1916 konnten etwa 2000 Fahrzeuge der Marke produziert werden. Später wurde das alte Unternehmen reorganisiert, erhielt dabei den neuen Firmennamen „Seneca Motor Car Co.", und die neu hergestellten Automobile trugen nun den Markennamen „Seneca".

Bei „Fostoria" führte man ein Markenemblem in querovaler Form, in dem der Markenname „Fostoria" in einer Art Schriftrolle integriert war. Zudem waren der Name der Herstellerfirma sowie der Produktionsort angebracht.

FRAMO

D 1927–1939

Die „Metallwerke Frankenberg, Sachsen GmbH" wurden im April 1923 von Jörgen S. Rasmussen, dem Inhaber der „Motorenwerke Zschopau" in Zschopau/Sachsen und Begründer der deutschen Automobilwerke „DKW", sowie von den Ingenieuren Figura und Blau, gegründet. Die Firma „Framo" entwickelte sich langsam zu einem renommierten Zulieferer. Von 1927 bis 1933 wurden unter diesem Namen auch kleine Dreirad-Wagen mit Zentralrohrrahmen und 198 cm^3-6 PS-"DKW"-Zweitakt-Motoren gebaut, die man für Lieferzwecke und zum Personentransport einsetzte. Dem „Framo Stromer 200" folgte 1934 ein Vierradwagen ("Piccolo"). Der Wagen war den „DKW" sehr ähnlich, besaß aber einen Heckantrieb. Bereits 1935 wurde der Framo-Personenwagen aber zugunsten des „DKW" wieder eingestellt. Bis 1939 fertigte man noch Lieferfahrzeuge.

Ein Framo-Zeichen zeigte eine wappenähnliche Form mit schwarzer Umrandung, schwarzem „F"-Initial vor rotem Hintergrund und schwarzem „Framo"-Schriftzug auf hellblauem Untergrund. Die Markenbezeichnung „Framo" leitete sich von „Frankenberg Motor" ab. Ⓝ Ⓑ

FRANKLIN

USA 1901–1934

Herbert H. Franklin gründete 1895 die „H. H. Franklin Manufacturing Co." in Syracuse/USA. Bis 1917 blieb es bei diesem Namen. Zusammen mit John Wilkinson gründete er eine Automobilfabrik. Es waren zuvor bereits Versuchsfahrzeuge entstanden. Wilkinson gilt als Pionier des luftgekühlten Motors in ohv-Bauweise. In dieser Ausführung erschien 1901 der erste „Franklin"-Motorwagen, dem im Laufe weiterer Jahre unterschiedliche Modelle folgten, bis hin zum Sechs- und Achtzylinder-Wagen. Wilkinsons Nachfolger wurde Glenn Shoemaker, der sich sogar an das Projekt eines V-Zwölfzylinder-Motors mit Kompressor wagte. Die exklusiven Wagen von „Franklin" waren von ausgezeichneter Qualität, aber auch sehr teuer. Sie wurden nur in geringer Stückzahl abgesetzt. 1934 erschien der letzte „Franklin", basierend auf einem amerikanischen „REO" (Fahrgestell/Karosserie).

Erst 1930 erhielt ein Markenzeichen seinen Platz auf den Kühlern der „Franklin"-Automobile. Zum Beispiel gab es den einfachen Schriftzug des Markennamens oder ein dreieckiges Emblem mit abgerundeten Ecken, das eine Hand zeigte, die Blitze schleuderte. Ⓚ

FRAZER NASH

GB 1924–1957

Captain Archibald („Archie") G. Frazer Nash und H. R. Godfrey stellten zusammen einen sportlichen Wagen her, der als"GN" bekannt wurde. Dieser Dreirad-Wagen wurde zum Vorbild für den späteren „Frazer Nash", einen wuchtigen und kräftigen Sportwagen. Die Firma „GN", bei der H. R. Godfrey leitende Funktion hatte, verschwand vom Markt, und 1924 begann Frazer Nash mit der Herstellung eigener Sportwagen, die seinen Namen trugen und bis 1957 im Modellprogramm standen. Hochfrisierte und z. T. aufgeladene Sportmotoren mit ein oder zwei obenliegenden Nockenwellen ließen die britische Marke „Frazer Nash" zu einer der erfolgreichsten im internationalen Rennsport avancieren. 1959 stellte man bei der neu entstandenen Firma „AFN" in Isleworth, Middlesex/England, den Automobilbau ein und konzentrierte sich auf den Export von „Porsche"-Wagen.

Das Markenzeichen des „Frazer Nash" zeigte ein flaches, querstehendes Karo mit abgerundeten Ecken. Im Emblem hatte man den Markennamen „Frazer Nash" integriert. Ein weiteres, ähnliches Emblem zeigte eine runde Form mit den Markennamen „Frazer Nash" und „BMW". Ⓚ

FREDERICKSON

USA 1914

Im Jahre 1914 baute die Firma „Frederickson Patents Co." in Chicago, Illinois/USA, unter Leitung von Clayton E. Frederickson Automobile, die unter gleichnamigem Markennamen vertrieben wurden. Es handelte sich dabei um zweisitzige Cyclecars, in denen der Beifahrer hinter dem Fahrer, also in Tandem-Sitzanordnung saß. Dieses Fahrzeug, versehen mit einer Reibrad-Kraftübertragung und kombiniert mit einem Riemenantrieb, wurde zu einem Preis von rund 375 US-Dollar vertrieben. Im Grunde genommen wurde der amerikanische „Frederickson" lediglich als Demonstrationsmodell für eine neue Art eines Zweitakt-Motors gebaut. Man plante aber trotzdem, als Motoren- und Automobilhersteller in den amerikanischen Markt einzusteigen. 1930 bis 1932 entstand in Muscatine, Iowa/USA, noch der „Littlemac".

Die Firma „Frederickson Patents Co." zeigte den „Frederickson"-Schriftzug, angebracht auf dem Kühler des gleichnamigen Motorwagens.

FREMONT

USA 1921–1922

Im September 1913 wurde mit einem Stammkapital in Höhe von rund 2000000 US-Dollar in Fremont, Ohio/USA, die Firma „Fremont Motors Corporation" gegründet. Von 1921 bis 1922 wurden Automobile des Markennamens „Fremont" hergestellt. Zunächst wurde der Wagen in den aufgekauften Fabrikanlagen der Firma „Taylor Motor Truck Co." gefertigt. Er war aus Fremdkomponenten zusammenmontiert und mit einem amerikanischen Sechszylinder-"Falls"-Motor versehen. Die Karosserien der „Fremont"-Fahrzeuge hatten ein ausgesprochen ansprechendes Design. Der Fremont wurde zu einem Preis von rund 1800 US-Dollar in der Hauptsache für den Export gebaut. Es gab auch Lastkraftwagen dieses Markennamens. Im Sommer 1922 konnte „Fremont" die „All American Truck Co." erwerben, doch bereits im November 1924 stand man unter Konkursverwaltung.

"Fremont" führte ein dreieckiges Kühleremblem, das den Markennamen „Fremont" aufnahm und im oberen, spitzförmigen Teil vermutlich eine aufgehende, strahlende Sonne zeigte.

FRISKY; MEADOWS

Ab 1957 baute der bekannte Motorenhersteller „Henry Meadows (Vehicles) Ltd" in Wolverhampton/England auch Automobile, die den Namen „Frisky" erhielten. Die Kleinwagen wurden aber auch unter dem Namen „Meadows-Frisky" bekannt, später blieb es beim „Frisky". Der „Meadows-Frisky" hieß in seiner Urform um 1956 noch „Phoenix-Frisky" und sollte auch in Skandinavien produziert werden. Doch es blieb nur bei der Planung. Entworfen wurde der Frisky von Captain Raymond Flower für „Meadows". Flower war ein englischer Offizier und Rennfahrer, der sich Mitte der 50er-Jahre in Ägypten mit Ideen und Plänen für den Bau von Super-Rennwagen sowie Luxusfahrzeug getragen hatte. 1957 wurde der Frisky erstmals auf dem Genfer Autosalon ausgestellt. 1964 kam, nach Vorstellung weiterer und stärkerer Versionen, das Ende der vierrädrigen Frisky-Automobile.

Der Markenname „Frisky" bedeutet in etwa „lebhaft, munter". Der Name „Meadows" hingegen bezieht sich auf Henry Meadows, den Gründer der renommierten britischen Motorenbaufirma.

Ⓑ

GB 1957–1964

FSO; POLONEZ; POLSKI FIAT

In den Jahren 1936 bis 1939 entstanden bei der Firma „Fabryka Samochodow Osobowych" in Warschau Lizenzausgaben des italienischen „Fiat 508" und „Fiat 508 C", die auch während des Zweiten Weltkrieges noch gebaut wurden. Im Modelljahr 1968 lief die Herstellung polnischer Ausführungen des „Fiat 1300" bzw „Fiat 1500" an, und 1979 stellte man den „Polonez" mit dem Motor des „Fiat 125" vor. In der gleichen Fabrik entstanden auch der damals recht bekannte „Syrena" wie auch der nicht weniger bekannte „Warszawa". Der „FSO Polonez" entwickelte sich zu einem eigenständigen Typen von „FSO" und trägt inzwischen nicht mehr das „Polski-Fiat"-Markenemblem.

*"FSO" stand für den Firmennamen „**F**abryka **S**amochodow **O**sobowych", und Markenzeichen war ein rundes Emblem, das die Initialen „f" und „S" miteinander verschmolz. „Polski-Fiat" zeigte den Schriftzug in einem zweigeteilten, schräggestellten Viereck.* Ⓝ

PL 1936– heute

FULDAMOBIL

Im März 1950 tauchte erstmals das deutsche „Fuldamobil" auf. Initiator war ein „Bosch"-Autoelektrik-Teilegroßhändler und Eigentümer der Firma „Elektromaschinenbau Fulda GmbH". Dieses Unternehmen baute von 1950 bis 1969 etwa 1500 „Fuldamobil" genannte Kleinwagen. Die Dreirad-Rollermobil-Konstruktion wurde von Norbert Stevenson entwickelt. Das erste Fuldamobil besaß noch einen deutschen 200 cm^3-"Zündapp"-Motor und einen Aluminiumblechaufbau. Ab 1956 entstanden größere Aufbauten und ab 1957 Kunststoff-Karosserien mit drei Sitzen. Man hatte inzwischen dem einzelnen Hinterrad ein zweites angegliedert. Der britische Importeur York Nobel erwarb eine Lizenz dieses Wagens, der später auch in Griechenland und anderswo als „Attica" gebaut wurde. 1964 wurde die Fuldamobil-Produktion eingeschränkt und drei Jahre später gänzlich aufgegeben.

Markenzeichen des „Fuldamobil" stellte ein senkrecht stehendes Rechteck mit Stadtwappen von Fulda und dem Markennamen „Fuldamobil" sowie dem späteren Herstellungsort Wilhelmshaven. Das Kreuz steht für die Abtei Fulda, die drei Lilien symbolisieren drei Heilige der Stadt Fulda.

D 1950–1969

FULLER

In den Jahren 1908 bis etwa 1910 stellte die Firma „Angus Automobile Co." in Angus, Nebraska/USA, Automobile unter dem Markennamen „Fuller" her. Die Firma wurde von den Brüdern C. M., L. E. und C. E. Fuller geleitet. Mit dem Aufkauf eines Einzylinder-Motors aus St. Louis, Missouri/USA, begann man die Herstellung des ersten Fuller-Motorwagens. Im Grunde genommen handelte es sich hierbei um eine motorisierte Kutsche. Ab 1908 wurde der Fuller-Automobilbau professionell betrieben. Es entstanden zunächst Tourenwagen in verschiedenen Ausführungen. Verwendung hierfür fanden Vierzylinder-Antriebsaggregate. Es entstand aber auch ein Sechszylinder-Typ mit einer Leistung von 60 PS. Fuller-Automobile wurden zeitweise auch als „Angus" vertrieben. Etwa 400 Exemplare des Fahrzeugs wurden bis etwa 1910 hergestellt.

Die Firma „Fuller" führte auf ihren Fahrzeugkühlern den schrägstehenden Schriftzug „Fuller".

USA 1908–
etwa 1910

FWD; BADGER

Bereits 1908 konstruierten William Besserdich und sein Schwiegervater Otto Zachow einen Dampfmotorwagen mit Vierradantrieb. Die ersten Fahrzeuge trugen noch die Bezeichnung „B & Z" für „Besserdich & Zachow". Dieser Wagen bildete die Basis für die von 1908 an existierende Firma „Badger Four Wheel Drive Automobile Co.", die ihren Sitz in Clintonville, Wisconsin/USA, hatte und bis 1912 Personenwagen des Markennamens „Badger" herstelllte. Ab diesem Jahr trugen die neuen Fahrzeuge die neue Markenbezeichnung „FWD". Hierbei handelte es sich ausschließlich um Nutzfahrzeuge. 1963 hatte „FWD" den amerikanischen Feuerwehrfahrzeug-Hersteller „Seagrave Fire Apparatus" übernommen, und 1968 wurde FWD der Firma „Paradynamics, Inc." einverleibt. Noch heute ist FWD als Hersteller von schweren Allrad-Fahrzeugen für zivile und militäre Nutzung existent.

*Man führte als Markenzeichen u. a. ein rundes Emblem, das die Buchstabengruppe „FWD" für „**F**our **W**heel **D**rive" aufnahm.*

USA 1912– heute;
USA 1908–1912

GADABOUT

Die Firma „Gadabout Motor Corporation" in Newark, New Jersey/USA, stellte 1914 und 1915 und in Detroit, Michigan/USA, in den Jahren 1915 und 1916 Automobile her, die unter dem Markennamen „Gadabout" vertrieben wurden. Der rechtsgesteuerte Wagen wurde als zweisitziges Cyclecar vorgestellt, in dem man Seite an Seite sitzen konnte. Das Fahrzeug besaß einen wassergekühlten Vierzylinder-12-PS-"Sterling"-Motor mit amerikanischem „Schebler"-Vergaser und einer Magnetzündung. Die Karosserie bestand aus einem Weidengeflecht, ungewöhnliches Merkmal dieses Gadabout. Das Projekt wurde von Philip Heseltine finanziell unterstützt, und Walter Greunberg war Konstrukteur. Ab Sommer 1916 firmierte das Unternehmen unter der neuen Bezeichnung „Heseltine Motor Corporation"; die weitere Automobilproduktion lief unter dem Namen „Heseltine".

Für den alten „Gadabout" verwendete man einen ungewöhnlich verschnörkelten Schriftzug, der auf der Kühlerfront angebracht war.

USA 1914–1916

GAGGENAU

D 1905–1911

Nach Fahrzeugen der deutschen Marken „Orient Express“ und „Liliput“ brachten die „Bergmann Industriewerke“ in Gaggenau – ab dem Modelljahr 1905 als „**S**üddeutsche **A**utomobil**f**abrik GmbH“ (SAF) firmierend – zwei Vierzylinder-Wagen des Markennamens“ Gaggenau“ heraus. Sie wurden wahlweise von großen 4,7- oder 8,9-Liter-Motoren angetrieben. In den Jahren 1907 bis 1909 bewältigte als erstes Automobil ein Gaggenau die Ost-West-Durchquerung Afrikas. Allmählich überwog die Herstellung von Lastwagen, so daß die Fertigung von Gaggenau-Personenwagen mehr und mehr verringert wurde – zumal man mit den deutschen Benz-Werken einen Vertrag über die Produktion weiterer Lastkraftwagen abschließen konnte, die als „Benz-Gaggenau“ ihre Reise antraten. 1910 wurde der Betrieb von Benz zur Gänze übernommen.

Die Firma „Gaggenau“ führte auf den Fahrzeugkühlern u. a. auch einen schrägstehenden „Gaggenau“-Schriftzug.

Ⓑ

GALY

F 1954–1957

Die Firma „Automobiles Galy, Forges et Ateliers de la Vence et de la Fournaise“ in Paris stellte in den Jahren 1954 bis 1957 Kleinwagen her, die als „Galy“ vertrieben wurden. Bekannt war der „Galy Vibel“, ein kleines, zwei- bis dreisitziges Coupé mit einer Stahlkarosserie, mit Rohrrahmen, Sicherheits-Windschutzscheibe und Einzylinder-250 cm^3-“AMC Guepard 55“-Viertakt-Motor, der etwa 15 PS leistete. Den Motor hatte man mit einem Dreigang-Getriebe kombiniert. Die Karosserie des „Galy“ wies verblüffende Ähnlichkeit mit dem bekannten deutschen „Glas Goggomobil“ der 50er-Jahre auf, das von der „Hans Glas GmbH“ hergestellt wurde. Eine weitere Galy-Version erhielt als Zweisitzer mit der Pontonlinie eine Panorama-Heckscheibe. Eine offene Ausführung wurde unter der Bezeichnung „Vistand“ bekannt. Eine Serienproduktion des „Galy“ wurde nie eingeleitet.

Als Markenzeichen verwendete die Firma „Automobiles Galy“ eine Wappenform mit vier Spitzen, in der der „Gallische Hahn“ (?) saß. Dessen Hahnenkamm zierte der „Galy“-Schriftzug.

GANZ

H 1902

Joseph Ganz war Erbe eines ungarischen Unternehmens in Budapest, das bereits seit 1888 Verbrennungsmotoren produzierte. Ganz konnte sich einen Namen als Konstrukteur von Kleinwagen in Deutschland, in der Schweiz (Marke „Rapid“) und in Ungarn machen. Der ungarische Konstrukteur und Ingenieur Donát Bánki (1859-1922) war in der „Ganz“-Fabrik tätig. Später lernte dieser János Csonka, den Leiter der Maschinenwerkstatt an der Technischen Universität kennen. Die beiden konstruierten den ersten Vergaser der Welt, den sie im Frühjahr 1893 zum Patent anmeldeten. Schon 1897 hatte Bánki bei „Ganz“ ein Motorrad bauen lassen, dem einige Motor-Dreiräder folgten. Im Sommer 1902 kam es zum Bau eines Ganz-Automobils mit Zweizylinder-Motor. 1923 erfolgte ein Lizenzbau von „Büssing“ und später fertigte man „Ganz-Fiat“-Lastkraftwagen.

Ein Markenzeichen von „Ganz“ zeigte ein Fünfeck mit dem Markennamen „Ganz“ und der Jahreszahl „1844“, dem Jahr, in dem Abraham Ganz die erste Fabrik in Ungarn eröffnete. Ein weiteres Ganz-Emblem zeigte eine ähnliche Form, jedoch mit einem Blitz, der für Starkstromanlagen steht. Ⓑ

GARBÁTY

D 1924–1927

Die deutsche Automobilfirma „Auto-Werke Garbáty“ in Mainz wurde von Moise Gorbáty gegründet. Gorbáty wurde 1883 in einem kleinem Dorf namens Juravitchy in der Gegend von Moghilev/Weißrußland geboren und kam über viele Umwege nach Mainz, wo er sich endgültig niederließ. Im Juni/Juli 1920 betätigte er sich als Autohändler und 1923/24 beschloß er, in eigener Regie „Garbáty“-Automobile (in Anlehnung an die damals sehr bekannte Zigarettenfirma „Garbáty“) herzustellen. Von 1924 bis 1927 wurde der Kleinwagen in angeblich rund 400 Exemplaren, auch als Taxi, gebaut. Der Wagen wurde von Vierzylinder-1,2-Liter-“CIME“-Motoren aus Frankreich angetrieben. Möglicherweise gab es bis 1927 auch Phaetons und Limousinen. Garbáty war Opfer der Nationalsozialisten: Er wurde im September 1942 in den Gaskammern von Auschwitz ermordet.

Die Automobilmarke „Garbáty“ verwendete ein Achteck mit blauem Untergrund als Kühleremblem, in dem in Gold der Markenname und die Bezeichnung „Auto-Werke“ zu lesen waren.

GARFORD

USA 1908–1909;
1911–1913

Die Firma „Garford Manufacturing Co.“ in Elyria, Ohio/USA, die von Arthur L. Garford, dem Präsidenten der Firmen „Cleveland Automatic Machine Co.“ und „Federal Manufacturing Co.“ in Elyria, Ohio/USA, gegründet worden war, stellte von 1907 bis 1911 für die „Studebaker Corporation“ in South Bend, Indiana/USA, Fahrgestelle her. Der amerikanische Garford, der in seiner ersten Ausführung noch den Doppelnamen „Studebaker-Garford“ trug, erhielt einen Zweizylinder-16 PS-Motor, dann folgten Vierzylinder-20 PS-, 28 PS- und 30 PS-Fahrzeuge. Das „Garford Model A“ von 1907 besaß einen Vierzylinder 30 PS-Motor. Um 1912 kam „Garford“ unter Kontrolle des fast legendären John N. Willys. Man fertigte auch „Garford“ genannte Lastkraftwagen, die in England als Lizenzbau den Namen „Gilford“ trugen. 1913/14 verschwand die Personenwagenmarke „Garford“.

Die Firma „Garford“ führte verschiedene Markenzeichen, z. B. einen einfachen Schriftzug „Garford“ oder ein Queroval mit dem Markennamen „Garford“ in Druckbuchstaben.

GASI

D 1921– etwa 1936

Der Ingenieur Edmund Sielaff war u. a. auch Gewinner eines Wettbewerbs für einen neuen Flugmotor im Jahre 1912. Acht Jahre später begann er in seiner Firma „Gasi-Motorradwagen GmbH“ in Berlin-Dahlem mit dem Bau eines „Gasi“-Kleinwagens. Doch die geplante Serienproduktion konnte nicht realisiert werden: Der Wagen blieb ein Einzelstück. Der Gasi-Tandem-Zweisitzer wurde als Dreirad-Wagen vorgestellt und besaß eine im Tulpenstil („Prinz-Heinrich-Wagen“) gehaltene Karosserie mit hoch ausladendem Bootsheck. Als Antrieb diente ein luftgekühlter Einzylinder-500 cm^3-Motorrad-Motor. 1923 baute Sielaff einen Vierradwagen mit fabrikneuem Zweizylinder-“BMW R 32“-Motorrad-Motor. 1927 folgte ein weiteres Sielaff-Fahrzeug, und 1936 entstand nochmals ein Wagen mit neuem Aufbau. Dieser sportliche zweisitzige Roadster erregte sogar großes Aufsehen.

*„Gasi“ war die Kurzbezeichnung für „**Ga**ry **Si**elaff“. Man führte ein Queroval als Emblem, in dem die Markenbezeichnung „Gasi“ integriert war.*

GATEAU

F etwa 80er–heute

Die Firma „Automobiles Gateau, Division Automobile d'Yvars S.A." in Yvre-sur-Seine und in Saint Gilles, Croix de Vie/Frankreich, baute bereits vor den 80er-Jahren Fahrzeuge für Körperbehinderte. Bekannt war hierbei auch der „Gateau Eczo 3" aus den frühen 80er-Jahren. Dieses Modell in drei Versionen erhielt einen Diesel- bzw. einen Benzinmotor. Die „Automobiles Gateau" besitzt ein Spezial-Team für die Entwicklung von Fahrzeugen für Behinderte. Der französische Gateau eignet sich vor allem für Behinderte, die auf einen Rollstuhl angewiesen sind, denn bei den Fahrzeugen läßt sich die Bodenplatte elektrisch heben oder senken, auf die der Rollstuhl abgestellt wird. Bekannt ist der „Gateau Le Vision" der frühen 90er-Jahre, der von einem englischen 617 cm^3-15 PS-"Perkins"-Dieselmotor angetrieben wird und sich für etwa 20000 DM gut verkaufen ließ.

Die französische Firma „Automobiles Gateau" verwendet für ihre Kleinautomobile u. a. auch ein extravagantes, stilisiertes „G"-Emblem für „Gateau".

GATSO

NL 1938–1950

Der in Heemstede/Niederlande seßhafte Holländer Maurice („Maus") Gatsonides war ein sehr bekannter Rallye- und Langstreckenfahrer und Sportwagen-Konstrukteur. Bereits 1938 suchte Gatsonides nach einem komfortablen, aber auch schnellen Untersatz. Am Ende plante er in eigener Regie und auf amerikanischer „Ford Mercury" Basis (Projekt „2205") ein Fahrzeug mit eleganten, fließenden Linien und besonders attraktiver Form. Der Wagen besaß zwei große Scheinwerfer und ein gewölbtes Schutzgitter. Als Antrieb für das „Ford Mercury"-Chassis diente ein V-Achtzylinder-4,0-Liter-110 PS-Motor. Der „Gatso" bzw. „Gatso-Mercury" wurde von Gatsonides 1939 bei einem Rennen in Zandvoort/Niederlande eingesetzt. 1946 kam der „Gatford"-Sportwagen-Prototyp heraus, und von 1948 bis 1950 wurden weitere Sportwagen gebaut, die ein Glaskuppeldach besaßen.

*„Gatso" leitete sich vom Namen des Konstrukteurs „Gatsonides" und der „Gatford" von „**Gatso**nides" und „**Ford**" ab. Man führte den Schriftzug „Gatso" mit großem und schwungvollem Anfangsinitial „G". Auf dem „Ford Mercury"-Fahrzeug war der Name „Mercury" als Schriftzug angebracht.*

GAULOISES; MS GAULOISES

F etwa 70er – 80er

Seit etwa den 70er-Jahren rührt der französische Zigarettenhersteller „Gauloises" mit kreativen Neuschöpfungen des bekannten „Citroën 2 CV" die Werbetrommel. Als „Gauloises" bzw. „MS Gauloises" wurde 1983 ein zum offenen Roadster umgebauter „2 CV" in Kiel vorgestellt, der nach Abschluß der Kampagne verlost wurde. „Gauloises" hatte bei einer Hamburger Firma bereits über sechs Umbauten des „2 CV" für die Werbung durchführen lassen. Es gab eine „Zeitungs-Ente" mit komplett eingerichteter Schreibstube, eine „Mini-Ente", die – ihres Heckteils entledigt – als Sportzweisitzer umfunktioniert wurde und eine „Oldi-Ente" mit vergrößertem Heck und Citroën-"Gangster-Limousinen"-Kühlerhaube. Bekannt war eine „Kasten-Ente" mit Reißverschluß-Bemalung, eine „Truck-Ente" und die „Cabrio-Ente". Die „Gauloises"-Ente wurde im typischen Blau lackiert.

Für die „Citroën 2 CV"-Sonderversionen zeigte man das berühmte „Gauloises"-Markenzeichen, den „Gaulois" („Gallier") bzw. dessen beflügelten Helm, der auf jeder Zigarettenpackung zu finden ist.

GAZ; ZIM

SU/GUS 1932– heute

Die „Gorkovskij Avtomobilnij Zavod" ist eine russische Automobilfabrik in Gorki, die Ende der 20er-Jahre in Zusammenarbeit mit „Ford" in Detroit, Michigan/USA, entstand. Ab 1932 wurden hier Automobile hergestellt, die in ihrem Design weitestgehend noch dem amerikanischen „Ford Model A" bzw. dem „Ford Model AA"-Lastkraftwagen mit Vierzylinder-3,3-Liter-Motor entsprachen. 1936 folgte dem „GAZ-A" der erste in eigener Regie entstandene sowjetische Personenwagen, der die Bezeichnung „M 1" („Emka" oder „Emmchen" genannt) erhielt und bis 1941 in Gorki gebaut wurde. Es folgten die Modelle „GAZ-11", „GAZ-12" ("ZIM"), und während des Zweiten Weltkriegs gab es den „GAZ-67". Der Typ „GAZ-13" ("Tschaika") von 1958 war eine große Repräsentationslimousine. Noch 1992 zeigte man den „Volga GAZ 3105", der den früheren „Tschaika" ersetzen sollte.

*Die russische Automobilfabrik „GAZ" für „**G**orkovskij **A**vtomobilnij **Z**avod" zeigte für ihre unterschiedlichen Modelle die verschiedensten Markenzeichen, z. B. querovale oder rechteckige Embleme im Hochformat.*

Ⓝ Ⓑ

GENERAL ELECTRIC; GEC

USA 1898–etwa 1901; 1983

Der amerikanische Elektrokonzern „General Electric" entstand aus einer Gründung des Elektro-Pioniers Thomas Alva Edison. Nach weiteren Fusionen entstand 1892 aus dem Zusammenschluß der „Edison General Electric Co." mit der „Thomson-Houston Co." die „General Electric Co.". 1898 konstruierte dort Professor Elihu Thomson eine Dampfmotorkutsche mit Vierzylinder-Dampfmotor. Thomson entwarf auch einen Zwei- und später einen Vierzylinder-Motor. Die Fahrzeuge wurden in West Lynn, Massachusetts, und in Schenecdady, New York/USA, gebaut und mit Thomsons Motoren versehen. Die Versionen „Victoria" (1898), „Runabout" (1900) und „Surrey" (1901) blieben jedoch nur Versuchsfahrzeue und wurden auch unter der Bezeichnung "GEC" bekannt. 1983 unternnahm „General Electric" noch einen Versuch mit einem „Hybrid-Automobil".

*Das Jugendsstil-Markenzeichen der „**G**eneral **E**lectric **C**ompany" (GEC), das über Jahrzehnte hinweg nur geringfügig verändert wurde, wies die Initialen „G" und „E" für den Markennamen „General Electric" auf.*

GENERAL MOTORS; GMC

Die „General Motors Corporation" (GMC) war eine Gründung von William („Billy") Crapo Durant, der seinen Einstieg als Konzerninhaber mit dem Aufkauf der Marke „Buick" 1904 vorbereitete. 1908 folgten die Automobilmarke „Cadillac", später noch „Oldsmobile" und „Oakland" ("Pontiac"). Viele Zulieferfirmen und auch weniger bedeutende Automobilhersteller konnten von „General Motors" aufgekauft werden. Auch kam die amerikanische Karosseriefirma „Fisher Body" hinzu. 1925 folgte „Vauxhall" (England), 1929 „Opel" (Deutschland) und 1931 „Holden" (Australien). Die englische Lastwagenmarke „Bedford", die zu „Vauxhall" gehörte, war eine „GM"-Gründung. Nutzfahrzeuge von „GM" werden in den USA als „GMC" vertrieben.

USA 1908–heute

General Motors verwendete um 1927 ein wappenähnliches Emblem mit seitlichen Flügeln. Das Markenzeichen von heute zeigt ein Viereck mit blauem Untergrund und weißen, unterstrichenen Initialen „GM" für „General Motors".

Ⓝ Ⓑ Ⓚ Ⓟ

GEORGES IRAT; IRAT

F 1921–1946; 1914–1953

1914 gab es in Paris die Firma „Automobiles Irat", die eigene Fahrzeuge mit dem Markennamen „Irat" hergestellt hatte. In den Jahren 1921 bis etwa 1946 existierte die angesehene französische Sport-, Touren- und Kleinwagenmarke „Georges Irat" in Chatou, Seine-et-Oise/Frankreich. Von etwa 1914 bis 1953 wurden Fahrzeuge auch unter dem einfachen Markennamen „Irat" gebaut. Der „Georges Irat" der ersten Baureihe besaß einen Vierzylinder-2,0-Liter-Motor mit obenliegender Nockenwelle. Neben einer Reihe von Georges Irat-Automobilen folgte 1928 durch Georges Irats Sohn Michel ein neues sportliches Modell mit der Bezeichnung „Michel Irat CB 2" mit 1086 cm³-Motor. Ab 1929 stellte man schwere und luxuriöse Fahrzeuge mit Sechs- und Achtzylinder-"Lycoming"-Motoren vor. 1946 verschwand „Georges Irat", war aber als „Irat" noch bis 1953 im Prototypen-Geschäft.

Das Emblem des französischen „Georges Irat" zeigte ein hochformatiges Rechteck, in dem die verbundenen Initialen „G" und „I" für „Georges Irat" sowie der Markenname „Georges Irat" eingestellt waren.

Ⓑ Ⓚ

GIANNINI

I 1963– heute

Bereits 1920 existierte die Firma „Giannini". 1927 kam der „Itala-Giannini" heraus, den man auf der „Mille Miglia" im gleichen Jahr bei einem Rennen einsetzte. 1932 gründeten Attilio und Domenico Giannini das Unternehmen als neue „Costruzioni Meccaniche S.p.A." in Rom. Diese Firma spezialisierte sich zunächst vorwiegend auf das „Frisieren" oder „Tunen" bzw. Präparieren von Fiat- und Alfa Romeo-Sport- und Rennmotoren. Dann ging man zum Bau von Rennfahrzeugen über. Bekannt war hierbei 1936 der „Giannini" mit Vierzylinder-660 cm³-48 PS-"Fiat"-Motor. Nach 1945 schloß sich „Giannini" mit der Firma „Bernardo Taraschi" für kurze Zeit zusammen, und man baute die berühmten „Giaur"-Sportwagen. Auf Basis von Fiat-Modellen baut die „Società Meccanica Industriale Giannini Automobili S.p.A." noch heute ihre Sonderversionen.

„Giannini" führte ein wappenähnliches Markenzeichen, in dem der Markenname „Giannini", ein blitzartiges Symbol, der Herstellungsort „Roma" und ein Ausschnitt der karierten Rennflagge zu sehen waren. Ein anderes Logo zeigte den einfachen Druckbuchstaben-Schriftzug „Giannini".

Ⓚ

GILBERN

GB 1959–1974

Bereits 1958 existierte die Firma „Gilbern Cars Ltd", die von Giles Smith und Bernard Frieze in Llantwit/Wales gegründet worden war. Frieze war als Ingenieur früher bei einem Unternehmen tätig, das für Ford Glasfiber-Aufbauten herstellte. Der erste „Gilbern" war der Typ „GT Mk I", ein Coupé mit zwei Türen. Im ersten Jahr des Bestehens konnte man von diesem Modell nur etwa 11 Wagen herstellen, wobei man auch den Vierzylinder-"Austin-Healey"-Motor einbaute. Von 1960 bis 1966 wurde der „Gilbern GT" gebaut. Von 1969 bis 1979 gab es den „Invader Mk I", versehen mit V-Sechszylinder-"Ford"-Motor. Dann kam der „Invader Mk III" auf den Markt, der einzige „Gilbern", der ausschließlich fertig montiert lieferbar war – alle anderen konnten auch als Bausatz bezogen werden. 1974 kam das Ende der Firma „Gilbern Sports Cars (Components) Ltd" und damit auch des „Gilbern".

*Der Markenname „Gilbern" setzte sich aus den Vornamen der Firmengründer „**Gil**es" und „**Bern**ard" zusammen. Das Markenemblem zeigt einen roten Drachen, das walisische Freiheitszeichen bzw. Freiheitssymbol, auf grünem Untergrund.*

Ⓑ

GILLET

B 1974– heute

Der 1945 geborene belgische Techniker, Konstrukteur und Rennfahrer Tony Gillet hatte sich auch schon vor Jahren als Rennwagen-Konstrukteur einen Namen gemacht. 1973 konstruierte er ein „Mean" genanntes Automobil. Neben anderen Aktivitäten gründete Gillet 1986 in Namur/Belgien die Firma „Tony Gillet Center S.A.", und ein Jahr später erschien das von ihm erfundene und konstruierte belgische „Donky"-Kinderautomobil im Maßstab 1:6 – nach dem Vorbild des niederländischen „Donkervoort Super Seven"-Sportwagens. Im Januar 1992 machte Gillet in seiner neuen Firma „Gillet Automobiles S.A." erneut von sich reden, diesmal durch seinen ungewöhnlich futuristisch kreierten „Gillet Vertigo"-Roadster mit 324 PS-Turbomotor. 1993 lag der Preis dieses Fahrzeugs bereits bei rund 170000 DM.

Die Firma, heute „Gillet Automobiles Gillet S.A.", führte noch zu Beginn der 90er-Jahre ein sehr schmales, stehendes Oval mit gelbem Zackenrand und dem silbernen Initial „G" für „Gillet" auf rotem Hintergrund.

Ⓝ Ⓑ Ⓚ

GILLETTE

USA 1916

Der Name „Gillette" ist mit Rasierklingen und Rasierapparaten verbunden. Aber die Firma wollte sich einst auch einen guten Ruf als Automobilhersteller erwerben. Die Geschichte dieses automobilen Abenteuers begann schon mit dem Jahr 1907, in dem die ehemals in New York/USA seßhafte Firma „Simplex Automobile Co." begann, Automobile des Markennamens „Simplex" zu bauen. Bis 1913 wurden diese Wagen in New Brunswick, New Jersey/USA, weitergebaut. Nach Namenwechseln und finanziellem Ärger wurde die Firma 1914 vom Kaugummi-Fabrikanten William Wrigley Jr. aufgekauft, der sie 1916 an „Gillette" veräußerte. Zur Herstellung des „Amplex" errichtete man die neue Firma „Gillette Motor Car Co.". Vermutlich wurde nur ein „Gillette"-Prototyp mit „Knight"-Drehschieber-Motor gebaut. Bei „Gillette" stellte man zudem einen „Wilmo" genannten Motor her.

Der Namensschriftzug „Gillette", in zahlreichen Werbe- und Markenzeichen verewigt, wurde bis heute nur geringfügig verändert. Es gab ein u. a. ein waagrechtes Karo-Emblem mit integriertem Namenszug „Gillette", das wohl auch am „Gillette"-Motorwagen-Prototyp angebracht war.

GINETTA

GB 1957– heute

Die Brüder Bob (Firmenleiter), Douglas (Werksleiter), Ivor (Konstrukteur) und Trevor Walklett (Designer) galten als Sportautomobil-Enthusiasten und begannen 1957 gemeinsam Sportwagen des Markennamens „Ginetta" herzustellen. Der erste „Ginetta" wurde mit einer Karosserie versehen, die dem bekannten „4 C LT Maserati" ähnelte. Ivor Walklett modifizierte einen englischen „Wolseley Hornet", und so kam es zum Bau des „Ginetta G 1", dem Modelle um Modelle folgten. 1984/85 präsentierte die Firma „Ginetta Cars Ltd" in Scunthorpe/England ihren neuen „G 25", ein zweisitziges Mittelmotor-Coupé. Noch im Herbst 1992 erschienen bei „Ginetta" die Modelle „G 33" und „G 32", der entweder mit 1,6-Liter-"Ford"- oder 1,9-Liter-"Peugeot"-Motor geordert werden konnten. 1993 wurde der „Ginetta G 33" mit V-Achtzylinder-"Rover"-Triebwerk angeboten.

Woher der Markenname „Ginetta" stammt, ist nicht bekannt. Als Emblem diente ein fast dreieckiges, stilisiertes „G" in schwarzer Farbe, in dem der Markenname „Ginetta" in kleiner silberner Schrift auf gelbem und kreisförmigem Untergrund integriert ist.

Ⓟ

GLADIATOR

F 1896–1920

Die Firmengeschichte des französischen „Gladiator“ begann im Jahre 1896. Die Firma „Société Gladiator“ in Pré-Saint Gervais sowie in Puteaux/Seine bei Paris baute bis 1920 Automobile mit dem Markennamen „Gladiator“. Die Herstellung erfolgte in Zusammenarbeit mit der Firma „Clément“ aus Frankreich und unter britischer Regie. Die neue Firma erhielt den Namen „Clément, Gladiator & Humber (France) Ltd“. Der erste Gladiator besaß einen Einzylinder-4 PS-Motor und zudem motorradähnliche Räder. Vor 1904 gab es auch Vierzylinder-Typen mit 2,1-Liter- und 2,7-Liter-Motoren. 1909 ging „Gladiator“ an die französische Firma „Vinot & Deguingand“ in Puteaux über. Gladiator-Wagen verzeichneten vor dem Ersten Weltkrieg gute sportliche Erfolge. Nach verschiedenen weiteren Typen wurde 1920 die Gladiator-Automobilproduktion eingestellt.

Die Firma „Gladiator“ führte verschiedene Markenschriftzüge mit verschlungenen Buchstaben. Diese Embleme fand man hauptsächlich auf Fahrrädern und Motorradern; sie konnten in dieser Form auch auf den Automobilen angebracht gewesen sein.

GLAS; GOGGOMOBIL

D 1955–1968

In der „Hans Glas GmbH Isaria Landmaschinenfabrik“ in Dingolfing begann man 1951 mit dem Bau eines Motorrollers, dem 1955 das kleine „Goggomobil“ folgte. Im Modelljahr 1958 stellte „Glas“ die Typen „Isar 600“ und „Isar 700“ vor. Dann folgten die Vierzylinder-„Glas“-Modelle „1004“ und „1204“ (ab Modelljahr 1961). Als Typ der Spitzenklasse erschien 1965 der V-Achtzylinder-Wagen „2600“ mit einer italienischen „Frua“-Karosserie. Aufgrund der zu umfangreichen Modellpalette und einer demzufolge nicht rationell zu betreibenden Fertigung bei rückläufigen Umsätzen kam es zu finanziellen Schwierigkeiten. Diese führten so weit, daß „Glas“ 1968 von den „Bayerischen Motorenwerken“ (BMW) aufgekauft wurde. Das „Glas 1700“-Coupé wurde noch eine Zeitlang mit BMW-Emblem vertrieben, und auch den „V 8“ gab es als „BMW V 8-3000“.

1955 bis 1968 führte man bei „Glas“ ein geflügeltes Emblem, das den Buchstaben „G“ beinhaltete und leicht verändert bereits beim „Goggo“-Motorroller Verwendung gefunden hatte.

Ⓝ Ⓚ

GN

GB 1910–1925

Im Jahre 1910 begann die Firma „Godfrey-Nash Ltd“, auch als „GN Motors Ltd“ bekannt geworden, mit Sitz in Hendon, Middlesex/England, unter Howard R. Godfrey und Archibald Frazer-Nash mit der Herstellung leichter und sportlicher Automobile. Der englische GN, der als Prototyp erstmals 1910 zur Vorstellung kam, war ein besonders sportliches Cyclecar und Vorgänger des englischen „Frazer Nash“ sowie des „HRG“. Man installierte zunächst englische V-Zweizylinder-1100 cm³-“JAP“- und belgische „Antoine“- bzw. französische „Peugeot“-Motoren in den ersten GN-Wagen. 1922 verließen Frazer Nash und Godfrey die Firma, die nach Mai 1923 wieder in „GN Ltd“ umbenannt wurde. 1924 und 1925 wurden sogar noch einige Wagen mit kettenangetriebenem Chassis und französischen Vierzylinder-11,9 PS-“Anzani“-Motoren assembliert.

*Der Markenname „GN“ wurde aus den Namen der beiden Firmengründer, den Ingenieuren „**G**odfrey“ und „Frazer **N**ash“ gebildet. Markenzeichen war ein Emblem mit den etwas eckigen Buchstaben „GN“, die von einem beflügelten Rad „gekrönt“ wurden.*

GNÔME & RHÔNE

F 1919

Die „Société des Moteurs Gnôme et Rhône“ in Paris war eine sehr bekannte Firma für Flugmotorenbau. 1914 hatte man sich außerdem mit der „Société des Moteurs Rhône“ verbunden, die von dem Ingenieur Louis Verdet gegründet worden war. Nach dem Ende des Ersten Weltkriegs war der Bau von Flugzeugen verboten und man suchte nach einem neuen Betätigungsfeld, das man zunächst in der Herstellung von Motorrädern und ab 1919 auch in den „Gnôme et Rhône“-Automobilen fand. Die Fahrzeuge waren hervorragend gebaut und wurden von betriebseigenen Sechszylinder-40 PS-Motoren angetrieben. Ferner erhielten sie auch Vierrad-Bremsen. Allerdings wurden nur drei Automobile der Marke „Gnôme et Rhône“ tatsächlich gefertigt.

Das „Gnôme et Rhône“-Markenemblem zeigte den siebenzylindrigen Sternmotor, der von der französischen Flugmotorenfirma hauptsächlich gebaut worden war. Im Markenemblem wurde er von stilisierten Flügeln flankiert.

Ⓝ Ⓑ Ⓚ

GOBRON-BRILLIÉ; GOBRON

F 1898–1930

Als „Gobron-Brillié“ erschien in Boulogne-sur-Seine/Frankreich im Jahr 1898 ein Automobil mit Zweizylinder-Triebwerk, in welchem sich indessen vier Kolben bewegten. Der erste Wagen dieser französischen Marke, die von Gustave Gobron und Eugène Brillié gegründet wurde, besaß noch Vollgummireifen, und bis 1902 verwendete man einen Kettenantrieb. 1903 konnte der Rennfahrer Arthur Duray den absoluten Weltrekord mit einer Geschwindigkeit von 134,3 km/h verzeichnen. Im gleichen Jahr verließ Mitgründer Brillié die „Société Gobron-Brillié“, um sich selbständig zu machen und eigene „Brillié“ genannte Fahrzeuge zu konstruieren. Die weiterhin in Boulogne/Frankreich hergestellten Fahrzeuge, die es bis 1922 gab, trugen nun den neuen Markennamen „Gobron“. 1930 kam der letzte Gobron-Motorwagen heraus.

Über die Bedeutung des zahnradähnlichen „Gobron-Brillié“-Markenzeichens liegen keine näheren Informationen vor.

GOLIATH

D 1931–1963

Die „Hansa-Lloyd- und Goliath-Werke“ in Bremen stellten 1931 ihren ersten Personenwagen der Marke „Goliath“ vor. Es handelte sich um einen dreirädrigen Zweisitzer, der den Typennamen „Pionier“ trug. Bis 1939 hatte man den Einzylinder-200 cm³-Zweitakt-Motor in dreirädrigen Lieferwagen eingebaut, die noch nach dem Zweiten Weltkrieg existierten. Die Fahrzeuge wurden zu dieser Zeit von der Bremer „Borgward“-Gruppe gebaut. Als Personenwagen der unteren Mittelklasse erschien erst im Modelljahr 1950 ein neuer Goliath-Typ „GP 700“ mit Zweizylinder-Zweitakt-Motor und Frontantrieb. Kurze Zeit später folgte ein etwas größeres Modell mit Benzineinspritzung. Im Modelljahr 1958 entwickelte sich aus dem Goliath der neue „Hansa 1100“. Mit dem Zusammenbruch des „Borgward“-Imperiums 1961 wurde auch die Produktion des so beliebten Goliath für immer eingestellt.

Der „Borgward“-Konzern führte für seine Zweigmarke „Goliath“ z. B. den einfachen Schriftzug „Goliath“, der u. a. auf den Dreirad-Lieferwagen zu finden war. Ein neueres Zeichen zeigte den Schriftzug „Goliath“, bei dem der Buchstabe „G“ in Doppellinie über die Restbuchstaben führte.

Ⓝ Ⓑ

GORDINI

F etwa 30er –1957

Amédée Gordini war ein in Frankreich bekannter Rennfahrer und Automobilkonstrukteur. In Paris baute der Tuning-Spezialist Gordini in den 30er-Jahren Fiat- und Simca-Modelle zu schnellen Rennern um. Im Jahre 1939 konnte er mit seinen „Gordini Specials“ das 24-Stunden-Rennen von Le Mans bestreiten, wo er sogar den Leistungsindex gewann. Seit 1946 arbeitete er eng mit der französischen Automobilfirma Simca zusammen und stellte in eigener Regie auch vereinzelte Cabriolets her, die natürlich den Simca zur Basis hatten. 1951 machte sich Gordini mit einer eigenen Firma selbständig. Er baute nun fünf Jahre lang erstklassige Sport- und Rennwagen, darunter von 1952 bis 1955 Monoposti für die Formel-2 und -1. Gordinis Formel-1-“Grand Prix“ von 1956 war die letzte Eigenkonstruktion, die den Markennamen „Gordini“ trug.

„Gordini“ zeigte auf den Frontpartien seiner Fahrzeuge ein querformatiges Sechseck mit rotem Untergrund und grünen, eckigen „Gordini“-Druckbuchstaben, die sich der Form des Zeichens anpassen.

GORDON; GORDON-KEEBLE

GB 1960–1961; 1964–1967

1959 gründeten John S. Gordon und Jim Keeble die Firma „Gordon Automobile Co. Ltd“ in Slough, Buckinghamshire/England, später „Keeble Cars Ltd“ in Southampton/England. Ein „Gordon“-Prototyp diente im Sommer desselben Jahres einer amerikanischen Filmgesellschaft als Privatwagen für den Hauptdarsteller Bill Travers in dem MGM-Film „Der grüne Helm“. Aus diesem Prototyp entstand kurze Zeit später der „Gordon-Keeble“. 1960 bis 1967 produzierte man einen aufwendig gebauten „GT“, der von einem amerikanischen V-Achtzylinder-“Chevrolet“-Motor angetrieben wurde. Der Wagen war in seiner Herstellung zu teuer, um rentabel zu sein. Nach der Fertigung von 95 Exemplaren wurde die Produktion wieder aufgegeben.

Markenzeichen des „Gordon“ war der Kopf eines Hirschs mit stolz vorgezeigtem Geweih, der in der unteren Hälfte in einer Krone eingebettet ist. Darunter lief der Markenname „Gordon“ in einem geschwungenen Band.

GRADE

D 1921–1926

Hans Grade, deutscher Flugzeug- und Flugmotorenkonstrukteur, Verfechter des Zweitakt-Prinzips und Altmeister des deutschen Motorflugs, wurde am 17. Mai 1879 in Köslin/Pommern geboren. Von 1921 bis 1926 baute der talentierte Techniker aber auch einige Kleinwagen, die den Markennamen „Grade“ erhielten und zunächst einen luftgekühlten Einzylinder-500 cm^3-9 PS-“Grade“-Motor erhielten. Die Kraftübertragung erfolgte mittels eines Lederriemens auf das Hinterrad. 1920 wurde Grades Firma „Hans Grade Werke GmbH“ in eine AG umgewandelt. Selbst in Österreich hatte man den Grade, jedoch unter dem Namen „Austro-Grade“, hergestellt. 1923 entstand die „Austro-Grade Automobilfabrik AG“ in Wien, doch rund drei Jahre später wurde der Bau des Kleinwagens, den es inzwischen mit Ein-, Zwei- und Vierzylinder-Motor gab, wieder aufgegeben.

Das Markenzeichen des „Grade“-Automobils zeigte ein Flugzeug in einem Kreis, auf dessen Flügeln der Markennamen „Grade“ zu lesen war.

Ⓑ

GRÄF & STIFT

A 1906–1940

Wilhelm Stift hatte nach der Gründung seiner nicht sehr erfolgreichen Firma „Celeritas“ mit seinem Sohn Willy Geschäftskontakte zu den drei Brüdern Gräf aufgenommen. 1906 brachte man als einen der ersten Wagen eigener Konstruktion einen „Gräf & Stift“-Vierzylinder-Wagen heraus. Es ist bekannt, daß der österreichische Erzherzog Franz Ferdinand 1914 in einem „Gräf & Stift 28/32 PS“-Motorwagen in Sarajewo erschossen wurde. In den 20er-Jahren entstanden bei „Gräf & Stift“ einige starke Sechszylinder-Modelle und 1929 auch ein Reihenachtzylinder. Nach der erzwungenen Montage von Sechszylinder-“Citroën“-Modellen im Jahr 1934 und von „Ford V 8“-Typen 1936 endete 1940 die Personenwagenproduktion zugunsten des Lastwagenbaus. 1971 fusionierte das Unternehmen mit der „ÖAF“, einer anderen österreichischen Nutzfahrzeugfirma.

Am 25. Mai 1921 wurde als Markenzeichen von „Gräf & Stift“ der sogenannte „Nußdorfer Löwe“ registriert. Der Löwe wurde zur Kühlerfigur. Eigentliches Markenzeichen war eine Emailplakette mit einer römischen „I“ in einem Kreis, die man als „Benotung“ bzw. Qualitätsmerkmal verstand. Ⓝ Ⓑ Ⓚ

GRAHAM-PAIGE; GRAHAM

USA 1927–1941

1908 gründete Joseph Paige in Detroit, Michigan/USA, eine kleine Automobilfabrik namens „Paige“. Neben Personenwagen stellte die amerikanische Firma auch landwirtschaftliche Geräte her. 1927 entschloß sich Paige, den Betrieb den Brüdern Joseph, Ray und Robert Graham zu verkaufen. Paige hatte mit einer größeren Zahl verschiedener Konstruktionen und Modelle operiert; die Brüder Paige konzentrierten sich auf eine Modellreihe von Sechs- und Achtzylindern, die zunächst als „Graham-Paige“, ab 1931 nur noch als „Graham“ auf den Markt kamen. 1934 erschien ein Achtzylinder-Kompressor-Typ, und 1935 bot man nur noch Sechszylinder-Modelle an, aber ebenfalls aufgeladen. Nach dem Zweiten Weltkrieg schloß sich die Firma „Graham-Paige Motors“ dem „Kaiser“-Konzern an; auf den „Graham“-Fließbändern wurden nun ausschließlich „Frazer“-Automobile produziert.

Für den „Graham-Paige“ führte man ein hochformatiges Zeichen mit dem Markennamen und drei behelmten Soldaten - mit Bezug auf die drei Brüder Graham(?). Ⓝ Ⓑ Ⓚ

GRAMM

USA 1902; CDN 1913

1902 annoncierte der Generaldirektor der „Motor Storage & Repair Co.“, Benjamin A. Gramm, die abgeschlossene Entwicklung eines Dampfmotorwagens. Dieses Fahrzeug sollte in Chilicothe, Ohio/USA, in Serie gebaut werden. Der „Gramm“ bzw. „Gramm Steam“ wurde lediglich eine Saison lang hergestellt. Es gab aber auch noch Benzinmotorwagen, die bis 1908 als „Logan“ bzw. „Gramm-Logan“ vertrieben wurden. Ab etwa 1908 produzierte zudem die Firma „Gramm Motor Truck Co.“ in Lima, Ohio/USA, Lastkraftwagen des Namens „Gramm“. In Walkersville, Ontario/Kanada, stellte man, jedoch nur 1913, gleichnamige „Gramm“-Personenwagen her. Das Cyclecar mit hintereinander angeordneten Sitzen wurde von einem luftgekühlten Zweizylinder-Motor angetrieben. Nach Aufgabe des Personenwagenbaus konzentrierte man sich verstärkt auf die Lastkraftwagenproduktion.

Die Firma „Gramm“ führte ein wappenähnliches Emblem für ihre Fahrzeuge mit dem Markennamen „Gramm“.

GRAY

USA 1922–1926

O. J. Mulford, Sohn eines Nutzholzhändlers, war Buchdrucker und betätigte sich auch als Bootsbauer, bevor er zusammen mit einem Bankier namens John S. Gray eine eigene Firma, die „Gray Motor Co.", gründete. Man plante zunächst die Herstellung von Bootsmotoren. Gray war übrigens Fords größter Aktionär und Präsident dieses Unternehmens bis zu seinem Tode. Die Ähnlichkeit des im Jahre 1922 angebotenen amerikanischen „Gray"-Motorwagens mit dem zeitgenössischen „Ford Model T" war kein Zufall. Gray-Chef Klingensmith kam von der Firma „Ford Motor Co." und zog im Stil seines Vorbilds in Detroit, Michigan/USA, eine Großserien-Produktion auf, die jedoch auf Dauer im Preis nicht mit der großen Konkurrenz mithalten konnte. Im Modelljahr 1926 mußte die Herstellung des Gray-Vierzylinders mit erheblichen Verlust eingestellt werden.

Das wappenähnliche Markenzeichen zeigte den Markennamen „Gray" sowie den gesamten Firmennamen.

Ⓝ

GRÉGOIRE

F 1903–1924

Bereits im Jahre 1898 existierte in Paris das Unternehmen „Emile Ouzou et Cie.", in dem Motoren gefertigt wurden. 1900 entstanden Voituretten mit den Markennamen „Soncin" und „Ouzou". Die Fahrzeuge waren von J.-P. Grégoire konstruiert worden. In seiner Firma „Grégoire et Cie." in Poissy, Seine-et-Oise/Frankreich baute er von 1903 bis 1924 eigene Automobile namens „Grégoire" bzw. Motoren für Motorräder. Der 1904 vorgestellte Motorwagen erhielt einen Einzylinder-8 CV-Motor. Dann folgten Versionen mit Zweizylinder- und Vierzylinder-Motoren. „Grégoire" errang einen guten Ruf bei Voituretten-Wettbewerben (1906 bis 1913). Fünf Jahre später kam die Firma unter Kontrolle der „Forges et Ateliers de la Française" und stellte 17 Sportfahrzeuge der französischen Marke „Bignan" her. 1924 wurde die französische Firma von Jacques Bignan Motorenbau übernommen.

Die Firma „S.A. des Automobiles Grégoire" führte ein Queroval mit integriertem Markennamen als Markenzeichen.

Ⓑ

GRIFFIN

GB 1976–etwa 80er

Im Jahre 1976 baute ein englisches Unternehmen, vermutlich die „Griffin Co. Ltd", „Griffin"-Automobile. Der Griffin wurde als englischer „Reliant Scimitar" für den „armen Mann" bezeichnet. Das Fahrzeug als „GT"-Ausführung wurde auf einer Basis gebaut, die dem englischen „Morris Minor"-Lieferwagen nicht unähnlich war. Neben einer speziell behandelten Karosserie, die sehr sorgfältig verarbeitet war, wies der Griffin, der sogar im Windkanal getestet wurde, auch noch ein Hardtop auf. Für den Wagen waren zudem eine dritte Tür und eine herunterklappbaren hintere Sitzbank vorgesehen, so daß das Innere im Handumdrehen zu einem Vierpersonenwagen mit großer Ladefläche umgewandelt werden konnte. Über die englische Firma ist wenig bekannt, jedoch existierte sie vermutlich bis in die 80er-Jahre.

Markenzeichen war ein Queroval mit integriertem Markennamen „Griffin".

GRIFFON

F 1906–10;
1921–24

Die Firma „Établissements Griffon" in Courbevoie/Seine wurde 1902 gegründet und widmete sich vorwiegend der Herstellung von Ein- und Zweizylinder-Motorrädern sowie speziell für den Motorsport bestimmter Maschinen. Die Firma konnte einen bedeutenden Platz unter den zahlreichen französischen Motorradherstellern einnehmen. Die „S.A. des Cycles Griffon" baute daneben aber auch Fahrräder, Dreiräder und ab 1906 auch „Griffon" genannte Automobile. Der Bau dieser Motorwagen mit Einzylinder-Motoren wurde bis 1910 durchgeführt. Nach dem Ersten Weltkrieg begann man 1921 bis 1924 erneut damit, Automobile zu fertigen. Die Motorradmarke „Griffon", die in den 20er-Jahren von „Peugeot" übernommen wurde, tauchte letztmals in den 30er-Jahren auf.

Bei „Griffon" führte man die unterschiedlichsten Markenzeichen und Schriftzüge in verschiedenen Schriftarten. Welches Zeichen das Automobil führte, ist nicht bekannt.

Ⓑ

GRIFFON

CH 1970– etwa 1975

Jean-Louis Burgnard, der eigentlich immer schon Rennwagen-Konstrukteur werden wollte, war tagsüber Student, nachts betätigte er sich als Kraftfahrzeug-Mechaniker und am Wochendende nahm er die Aushilfsstellung eines Tankwarts an. In Genf bestand er dann sein Ingenieurdiplom mit Auszeichnung. Burgnards Diplomarbeit war die Studie und Realisation eines Rennwagen-Prototyps. 1970 baute er den „Griffon 1000", den der bekannte Schweizer Rennfahrer Charles Ramu-Caccia erwarb und sich damit den Titel des „Schweizer Meisters" der Kategorie Sportwagen holte. Jean-Louis Burgnard blieb immer selbständiger Konstrukteur und baute die unterschiedlichsten Rennwagen (Freie Formel, Formel-"Renault", Formel-3). Die Griffon-Automobile wurden in Choulex/Genf bis etwa 1975 gefertigt. Alle mechanischen Komponenten entstanden in den eigenen Werkstätten.

Jean-Louis Burgnard verwendete für seinen Schweizer „Griffon 1000"-Sportwagen ein wappenähnliches Markenzeichen, in dem er den sagenhaften „Vogel Greif" einsetzte.

GRINNALL

GB 1982– heute

Mark Grinnall ist Spezialist für englische „Triumph TR 7"-Umbauten und konnte sich dafür bereits in den 80er-Jahren einen Namen machen. Er übernahm die Werkstatt seiner Eltern und beschäftigte sich zunächst mit Reparatur und Restaurierung englischer „Triumph"-Fahrzeuge. Seine Automobilfirma „Grinnall Cars" in der Nähe von Stourport, Worcestershire/England, wurde um 1982 gegründet. Grinnalls Versionen, die auf dem britischen „Triumph TR 7" basierten, erhielten einen V-Achtzylinder-145 PS-3,5-Liter-"Rover SD 1"-Motor. Bekannt war auch der „Grinnall Scorpion 3" der frühen 90er-Jahre, der von der inzwischen in „Grinnall Specialists Cars" umgewandelten Firma geschaffen wurde. Vier Optionen standen für diesen Dreiradwagen zur Verfügung: beginnend mit einem Dreizylinder-75 bhp- bis hin zum Vierzylinder-1100 cm^3-110 bhp-Triebwerk.

Mark Grinnall verwendete für seine Umbauten ein Markenzeichen, das den Markennamen „Grinnall", den Buchstaben „G" und die Bezeichnung „V 8" für V-Achtzylinder-Motor zeigt. Ein Grinnall-Markenzeichen aus dem Modelljahr 1991 hatte querovale Form mit integriertem Markennamen.

GROFRI

In den ehemaligen k.u.k.-Artilleriewerkstätten in Atzgersdorf bei Wien begannen Robert Gross und Leopold Friedmann unter der Firmenbezeichnung „Gross & Friedmann" ihre „Grofri"-Automobilproduktion. Schon am 22. März 1921 wurde aus dem Unternehmen die Firma „Grofri Werke AG, Motorfahrzeug- und landwirtschaftliche Maschinenfabrik". Die zunächst gebauten Fahrzeuge ähnelten dem deutschen „Pluto"-Motorwagen. Der „Grofri" erhielt einen Sechszylinder-12/40 PS-Motor und wurde als luxuriöser Wagen vorgestellt. Auch bei einigen Wettbewerben wurde er erfolgreich eingesetzt. 1925 konnte das österreichische Unternehmen sogar die Lizenz zum Bau französischer „Amilcar"-Automobile erwerben. 1927 wurde der Autobau eingestellt, die Firma – nach der Liquidation 1931 – 1934 aus dem Handelsregister gelöscht.

A 1921–1927

*„Grofri" verwendete ein rundes Emblem, das den Namen „Grofri", eine Zusammensetzung aus „**Gro**ss" und „**Fri**edmann", zeigte. In diesem Emblem hatte man einen Stern eingebunden, der von einem Kreis umgeben war.*

GRYFF

Am 1. Oktober 1960 gründete J. P. Läubin in Basel, nach Übernahme einer Tankstelle als Garantie, die Firma „Gryff Motors, J. P. Läubin". Er begann bald mit dem Präparieren von Formel-3-Rennwagen, die er auch selbst bei Rennen steuerte. Dann übernahm er eine „Fiat-Abarth"-Vertretung. 1969 begann Läubin in eigener Regie Buggies in Serie herzustellen. Die Wagen erhielten die Bezeichnung „Deserter". Haupt- und Markenname war „Gryff". Läubin stellte rund 30 Exemplare seines „Gryff Deserter"-Buggys her, bevor er 1973 seine Geschäftstätigkeit, wie auch den Rennsport und seinen Werkstatt- und Tankstellenbetrieb, einstellen mußte. 1977 begann er erneut im Automobilsektor, wobei auch wieder eigene Konstruktionen auftauchten, so u. a. ein Chassis für eine „Ford Cobra"-Replik, dem ein Transporter, basierend auf einem „Volkswagen Käfer"-Fahrgestell folgte.

CH etwa 1960–1973; 1977

Der Markenname „Gryff" geht auf den „Vogel Greif" („Gryff") zurück. In Basel gab es auch eine so benannte Zunft. Mit dem selbst kreierten stilisierten Greifen entstand nun das bis in die späten 70er-Jahre verwendete Markenemblem.

GSM

Der von der Firma „GSM" 1958 bis 1966 hergestellte „GSM Dart" war ein zweisitziges Kunststoff-Coupé auf Stahlrohrrahmen mit englischem „Ford Ten" oder „Ford Cortina"-Antriebsaggregat. Bob van Niekerk und Willie Meißner, Studenten der bekannten Stellenbosch University und Automobil-Enthusiasten, wurden als Initiatoren des englischen „GSM" genannt. Die beiden planten die Fertigung eines eigenen Rennwagens. Im Januar 1958 konnte Meißner den ersten Prototyp steuern, und im März des gleichen Jahres gründeten die beiden Partner die neue Gesellschaft „Glass Sport Motor Co. (Pty) Ltd" in Bottlecary, Kapstadt/Südafrika. Im Oktober 1960 errichtete man die Firma „GSM Cars Ltd" in West Malling, Kent/England, die den Lizenzbau der südafrikanischen und attraktiven Dart-Sportwagen aufnahm. 1966 kam das Aus für GSM.

ZA/GB 1958–1966

*Die Markenbezeichnung „GSM" stand für „**G**lass **S**port **M**otor". In den drei Vierecken des Markenzeichens waren die Initialen eingegliedert. Zudem gab es auch ein Zeichen für den „Dart" („Wurfpfeil"), das vermutlich eine Pfeilspitze oder einen ähnlichen Gegenstand darstellte.*

GURGEL

Dr. Ing. Joao Augusto Conrado do Amaral Gurgel gründete im Jahre 1966 in Saõ Paulo/Brasilien die Firma „Mecan. Ind. e Com. Ltda.", die später den Namen „Gurgel Veiculos" erhielt und am Ende als „Gurgel S.A." geführt wurde. Dieses brasilianische Unternehmen beschäftigte sich zunächst mit der Entwicklung eines geländegängigen Jagdwagens auf Basis des deutschen „Volkswagen Käfer"-Modells. Das Fahrzeug erhielt den Namen „Gurgel Xavante" und einen Aufbau aus Kunststoff. Weitere Gurgel-Typen besaßen zunehmend 4 x 4-Charakter. So gab es die Gurgel-Modelle „X-12"und „X-15". Diese Versionen waren aber auch mit Zweiradantrieb lieferbar und hießen „Gurgel Carajas". Interessant war auch der Gurgel-Kleinbus, der im Modelljahr 1984 zur Vorstellung kam, die Bezeichnung „G-800" trug und mit Kunststoffaufbau und Boxermotor vertrieben wurde.

BR 1966–heute

Das Markenzeichen von „Gurgel" ist ein senkrecht stehendes Rechteck, in dem man den Buchstaben „G" und den Markennamen „Gurgel" selbst einpaßte.

GUTBROD

Wilhelm Gutbrod gründete 1926 zunächst in Stuttgart-Feuerbach, dann in Ludwigsburg, die Firma „Standard Fahrzeugfabrik GmbH". Das erste Produkt war das „Standard"-Motorrad. 1932 begann Joseph Ganz, Chefredakteur des Fachblatts „Motor-Kritik" mit Konstruktionszeichnungen für einen Kleinwagen, den Ganz scherzhaft „Maikäfer" nannte und der ein Pendant zum deutschen „Hanomag Komißbrot" werden sollte. Gutbrod interessierte sich für dieses Kleinmobil, und so entstand der „Standard Superior" mit Zweizylinder-400 cm^3-12 PS-Motor. 1936 beendete man den „Standard Superior"-Bau. Es folgten Drei- und Vierrad-Lieferwagen. Auf Intervention der englischen Automobilfabrik „Standard" hatte Gutbrod seine Fahrzeuge nach dem Ende des Zweiten Weltkriegs nur noch unter dem Markennamen „Gutbrod" verkauft.

D 1949–1954

Unter verschiedenen Markenemblemen gab es bei „Gutbrod" auch ein Wappenzeichen mit Hirschgeweihen und dem Markennamen „Gutbrod". Heute führt die renommierte Firma ein Zeichen, in dem der obere Teil des Buchstabens „G" eine weite Linie zieht, unter der gesamte Markenname steht. Ⓝ

GUY

Die 1914 von Sydney Slater Guy gegründete „Guy Motors Ltd" in Wolverhampton/England, eine bekannte Lastkraftwagen-Herstellerfabrik, baute in den Jahren 1919 bis 1925 auch eine Reihe von luxuriösen V-Achtzylinder-Personenwagen mit Markennamen „Guy". Es gab aber auch eine Reihe von „Guy"-Vierzylinderwagen. Bekannt waren auch die Guy-Luxusfahrzeuge, wie z. B. der sündhaft teure V-Achtzylinder-4,1-Liter-4972 cm^3-"Guy". Hierbei ließ man sich bei „Guy" von amerikanischen V-Achtzylinder-"Cadillac"-Versionen inspirieren. Nach der Aufgabe des Automobilbaus wandte man sich bei „Guy Motors" wieder der Produktion von Nutzfahrzeugen zu. Man fertigte Omnibusse, Lieferwagen, Lastkraftwagen. Im Jahr 1975 verschwand mit der Eingliederung des Unternehmens in die „Guy Division of British Leyland Corporation" (BLMC) der einst berühmte Markenname „Guy".

GB 1919–1925

Die Kühlerfigur der englischen „Guy"-Automobile stellte einen Indianerkopf mit Federschmuck dar. Das Markenemblem zeigte sich als annäherndes Oval mit dem Markennamen „Guy". Ⓝ Ⓚ

Der „BMW-Dixi 3/15“ aus dem Modelljahr 1930 ist eines der beliebtesten Sammlerstücke bei Oldtimer-Enthusiasten. Der „Dixi“ – ein Lizenzprodukt des englischen „Austin Seven“ – wurde zunächst in Eisenach/Thüringen gebaut und 1928 von den „Bayerischen Motorenwerken“ (BMW) in München übernommen.

1929 erschien bei der englischen Waffenschmiede „Birmingham Small Arms“ (BSA) das BSA-Modell „Three Wheeler“, ein Kleinwagen mit – wie der Name sagt – drei Rädern, Zweizylinder-Motor und Vorderradantrieb. Markant war die Kühlerfigur mit dem geflügelten Pegasus aus der griechischen Mythologie.

GUYOT SPÉCIALE; GUYOT

Markenzeichen war ein schräg auf den Kühlern angebrachter „Guyot"-Schriftzug oder auch, je nach Ausführung, ein Queroval mit den Buchstaben „GS" für „Guyot Spéciale".

F 1925–1931

Albert Guyot, geboren 1882, besaß in Orléans eine kleine Werkstatt und gehörte zu den großen Rennsport-Enthusiasten. Seine bemerkenswerte Karriere begann bereits vor dem Ersten Weltkrieg als Autorennfahrer. Zusammen mit Albert Schmidt hatte er 1923 die Idee, eine neue französische Automobilmarke ins Leben zu rufen. Ein Jahr später war es soweit: Man gründete die Firma „Établissements Albert Guyot et Cie.". Von 1923 bis 1930 wurden in Clichy/Frankreich vermutlich rund 30 Fahrzeuge des Markennamens „Guyot" hergestellt, zu denen einige Achtzylinder-5,2-Liter-"Continental"-Versionen zählten. Bereits 1925 erschien der „Guyot Spéciale", der einen nach „Burt-McCallum"-Patenten gebauten Motor erhielt. Es war ein Sechszylinder-1984 cm^3-Schiebermotor mit „Cozette"-Kompressor. 1931 wurde der Bau des „Guyot" wie des „Guyot Spéciale" aufgegeben.

GWK

Die Firma „G.W.K. Limited" verwendete für ihre Kleinwagen ein Queroval, in dem die Initialen der Firmengründer „Grice", „Wood" und „Keiller" enthalten waren

GB 1911–1931

Die Engländer Arthur G. Grice, J. Talfourd Wood und C. M. Keiller konstruierten in Gemeinschaftsarbeit den „GWK"-Sportwagen, der in Beckenham/England 1911 als erster Prototyp entstand. In den Jahren 1911 bis 1914 hatte die Firma „G.W.K. Limited" ihren Sitz in Datchet, Buckinghamshire/England, 1914 wurde das Werk nach Maidenhead, Berkshire/England, verlegt und blieb dort bis 1931. Noch 1912 wurde die „Rotary Units Ltd" für die Fertigung eines speziellen Fünfzylinder-Rotationsmotors gegründet. Zu Beginn der 20er-Jahre verließen die drei Gründer die gemeinsame Firma. Der GWK war ein wirtschaftlicher und anspruchsvoller Kleinwagen mit Zweizylinder-"Coventry-Simplex"-Motor. Nach dem Ersten Weltkrieg gab es auch eine Vierzylinder-Ausführung. 1926 war die Konkurrenz mit besseren Fahrzeugen indessen zu groß geworden

HAGEN; URBANUS; KAW

Markenzeichen war u. a. ein mit der Spitze nach oben zeigendes Dreieck, in dem in einem Ring die Buchstaben „KAW" für „Kölner Akkumulatorenwerke" integriert waren. Ein weiteres Emblem zeigte lediglich die runde „KAW"-Markenversion.

D 1898 – 1903

Die bekannte Batteriefabrik „Gottfried Hagen AG" in Köln, die ihr 155. Firmenjubiläum unter ihrem Chef Alexander Hagen-Freusberg feiern konnte, lieferte nicht nur Akkumalatoren, sondern stellte für einige Zeit Elektromobile mit dem Markennamen „Hagen", „Urbanus" bzw. mit der Bezeichnung „KAW" her. Von 1894 bis 1906 war die Akkumulatorenfabrik unter dem Firmennamen „Kölner Akkumulatorenwerke" eingetragen. So kam es zur Markenbezeichnung „KAW-Akkumulator". 1898 nahm man den Bau von elektrisch angetriebenen Personenwagen auf. Das Fahrzeug trug den Namen „Hagen", wurde aber auch unter der Bezeichnung „KAW" bekannt. Im Jahr 1904 errichtete man eine eigene Produktionshalle, wo man bis 1909 etwa 1500 Fahrzeuge unter dem gesetzlich geschützten Namen „Urbanus" baute.

HALLADAY

Der Markenname „Halladay" bezieht sich natürlich auf den Gründer Lou P. Halladay. Man führte ein rundes Emblem, das den geschwungenen Schriftzug „Halladay" zeigte.

USA 1905 – 1922

Die Ursprünge der amerikanischen Firma „Halladay" liegen bei der Firma „Erie Motor Carriage & Manufacturing Co." in Anderson, Indiana/USA. Lou P. Halladay, der als junger Mann im Werk seines Vaters, der „Marion Cycle Works" in Marion, Indiana/USA, gearbeitet hatte, kaufte im Jahre 1902 die Firma „Erie Motor Carriage & Manufacturing Co." auf. Mit verschiedensten Firmennamen und -sitzen baute man in den Jahren 1905 bis 1922 Automobile des Markennamens „Halladay". Das Fahrzeug gab es u. a. als Vierzylinder- und als Sechszylinder-Wagen. Verwendung fanden amerikanische „Rutenber"- und „Oswald"-Motoren. Produziert wurden ausgesprochen konventionelle Tourenwagen, obgleich auch vereinzelt Limousinen gebaut wurden. Im März gleichen Jahres wurde der Bau aller Halladay- und Falcon-Automobile eingestellt.

HALLAMSHIRE

Für die „Hallamshire"-Fahrzeuge verwendete man einen Schriftzug an den Kühlern, bei dem sich die Buchstaben vom ersten großen bis hin zum letzten verjüngten.

GB 1900 – 1906

Die Firma „Durham Churchill & Co. Ltd" in Brightside, Yorkshire/England, baute in den Jahren 1900 bis 1906 Automobile, die den Markennamen „Hallamshire" erhielten. Mit den eleganten und für sie perfekt gebauten Hallamshire-Fahrzeugen wagte das englische Unternehmen den Versuch, in den Automobilmarkt einzusteigen. Churchill hatte vorher bereits die bekannten englischen „Champion"-Reibrad-Kupplungen gebaut. Der erste Hallamshire war ein recht originelles Fahrzeug mit einem wassergekühlten Einzylinder-7 PS-„Simms"-Motor und „Tonneau"-Karosserie. Als letztes Produktionsjahr des Hallamshire wurde das Jahr 1906 genannt. Diese Fahrzeuge erhielten noch einen Vierzylinder-14/18 PS-„Aster"-Motor. Der „Hallamshire" wurde auch in verschiedenen Bergrennen eingesetzt.

HAMPTON

Der Markenname „Hampton" leitet sich von dem Ort Hampton-in-Arden, Warwickshire/England, ab. Für die Fahrzeuge verwendete man den schrägstehenden und schwungvollen Schriftzug „Hampton".

GB 1911–1933

1911 konstruierte Walter Paddon den ersten „Hampton"-Prototyp. Ein Jahr danach gründete er für die Herstellung eines Vierzylinder-12/18 PS-„Chapuis-Dornier"-Motorwagens des Markennamens „Hampton" die „Hampton Engineering Co. Ltd" in King's Norton, Birmingham/England. Von 1912 bis 1914 gab es auch Motorräder dieses Markennamens. Der Hampton wurde in zahlreichen Versionen weitergebaut. 1925 und 1926 schwankten die Verkaufszahlen. 1926 baute die um 1924 errichtete Firma „Stroud Motor Manufacturing Co. Ltd" in Gloucestershire/England den Hampton in neuer Ausführung. Bekannt war der Hampton mit Zwölfzylinder-Motor von Ende 1925. Drei Jahre später stellte man einen neuen Sechszylinder-Wagen, den Typ „15/45", vor. Nach 1933 verschwand die Marke „Hampton", die auch mit der deutschen Autofirma „Röhr" zusammenarbeitete.

HANOMAG

D 1924 – 1939

Die Ursprünge der Firma „Hanomag" in Hannover kann man bis in das Jahr 1870 zurückverfolgen. Schon sieben Jahre danach begann „Hanomag" mit dem Bau der ersten Verbrennungsmotoren. Zwei Jahre später machte sich das deutsche Unternehmen einen Namen durch die Herstellung leistungsfähiger Lokomotiven. 1912 nahm man Acker- und Kettenschlepper sowie Lastkraftwagen in die Produktion auf. Im Jahr 1923 verließ das erste Automobil die Werkshalle. Es handelte sich dabei um das noch heute berühmte „Kommißbrot", einen Kleinwagen, der vom Konstrukteur Fidelis Böhler entwickelt worden war. Dieser Wagentyp hatte Pontonform und war qualitativ hervorragend. Kurze Zeit stellte Hanomag auf größere Modelle um. In den 30er-Jahren waren die Typen „Kurier", „Rekord" und „Sturm" besonders erfolgreich. 1939 wurde der Personwagenbau eingestellt.

Mit Aufnahme der ersten Dieselmotorenproduktion 1929 kam es vermutlich zur Einführung des ersten Firmenzeichens, das speziell für die Personenwagen der Firma benutzt wurde. Es gab das berühmte Kleinwagen-Hanomag-Emblem, das u. a. auch in einem geflügelten Dreieck zu finden war.

Ⓝ Ⓑ

HANSA

D 1906 – 1939

Der Jurist Dr. Robert Allmers, Jahrgang 1872, war zuerst Zeitungsverleger. Aufgrund seiner Erfindung eines Automobilgetriebes mit direktem Eingriff (1904) gründete er zusammen mit dem deutschen Ingenieur August Sporkhorst einen Versuchsbetrieb, der unter dem Firmennamen „Hansa Werke GmbH" in Varel bei Oldenburg fungierte und aus dem kurze Zeit später die Firma „Hansa Automobil-Gesellschaft mbH" entstand. 1913 ging diese in die „Hansa Automobilwerke AG" über. In den Jahren 1906 bis 1939 wurden hier Automobile mit dem Markennamen „Hansa" gefertigt. Man stellte u. a. Vier-, Sechs- und auch Achtzylinder-Wagen hervorragender Qualität her. Nach 1945 wurde der Name „Hansa" zunächst für den neuen „Borgward 1500" verwendet. 1958 lebte die Marke als „Hansa 1100" ein letztesmal auf: mit Vierzylinder-„Goliath"-Boxermotorwagen und neuem Styling.

Die ersten Personenwagen dieses Markennamens besaßen noch Kühler, in die man den Markennamen eingepreßt hatte. Dann gab es querovale Markenembleme, in denen der Markenname „Hansa" in den unterschiedlichsten Schriftarten zu finden war.

Ⓝ Ⓑ

HANSA-LLOYD

D 1921–1929

Außer den während des Ersten Weltkrieges gebauten Lastkraftwagen erhielten 1921 bis 1929 jene Personenwagen die Markenbezeichnung „Hansa-Lloyd", die in aufwendiger Achtzylinder-ohc-Konstruktion bei den Bremer Werken Robert Allmers' entstanden. Vom Hans-Lloyd gab es 4,7- wie auch 5,3-Liter-Modelle, die sich jedoch nicht so gut verkaufen ließen. Auch eine Wiedervereinigung mit „Hansa" im Jahr 1914 – beide Marken gehörten dem Industriemagnaten Jacob Schapiro – blieb erfolglos. Durch Bankenvermittlung ging Hansa-Lloyd noch im Modelljahr 1929 in den Besitz von „Borgward" über, der den Markennamen „Lloyd" in den späten 40er-Jahren für seine Kleinwagen-Baureihe wieder aktivierte. Diese bestand bis zum Ende des „Borgward"-Imperiums von Carl Friedrich Wilhelm Borgward im Jahre 1961.

Gebräuchlichstes Markenzeichen war ein mit der Spitze nach oben zeigendes Dreieck, wobei die seitlichen Schrägen zusätzlich einen Lorbeerkranz erhielten. Das Emblem zeigte die Worte „Hansa-Lloyd", den Herstellerort „Bremen" und den Buchstaben „H", links und rechts vom Buchstaben „L" flankiert.

Ⓝ Ⓑ Ⓚ

HASSLER

USA 1917

Die „Hassler Motor Company" in Indianapolis, Indiana/USA, stellte 1917 Automobile mit dem Markennamen „Hassler" her. Bereits 1898 hatte Robert R. Hassler, der Firmengründer, an einem Motorbuggy herumexperimentiert, der jedoch nie auf den Markt kam. In seiner eigenen Firma „Robert R. Hassler, Inc." wurden Stoßdämpfer, Kraftübertragungen und andere Autokomponenten produziert. Für die Tochterfirma „Hassler Motor Co." war die Serienproduktion eines von ihm konstruierten Automobils geplant. Der erste Hassler, verbunden mit einem „Brown-Lipe"-Getriebe, wurde als rund 1650 US-Dollar teurer Zweisitzer-Roadster angeboten, bestückt mit einem Vierzylinder-3,7-Liter-„Buda"-Motor und Drahtspeichen-Rädern. Verschiedene Fahrzeuge wurden im Sommer 1917 auf der „Chicago Automobile Show" ausgestellt.

Hassler führte ein konkav-konvex geformtes Markenzeichen, in dem der Markenname „Hassler" in gleicher Form integriert war.

HATAZ

D 1921–1925

Das „Automobilwerk Hans Tautenhahn" in Zwickau/Sachsen stellte in den Jahren 1921 bis 1925 den „Hataz"-Kleinwagen her. Dieses Fahrzeug besaß zwei Tandemsitze. Es gab auch Sport-, Zwei- und Dreisitzer-Typen. Als Antrieb des ersten Hataz diente ein Vierzylinder-4/12 PS-„Steudel"-Motor, der bald gegen ein 4/14 PS starkes Antriebsaggregat ausgetauscht wurde. Im Gegensatz zu zahlreichen anderen Kleinwagen dieser Zeit war der deutsche Hataz bemerkenswert sorgfältig gebaut, ohne jedoch große konstruktive Besonderheiten aufzuweisen. 1925 stellte man auf der Leipziger Messe einen Hataz mit 18 PS-Motor aus. Auch wurde er in verschiedenen Karosserie-Typen angeboten. Erst 1924 vergrößerte man, trotz der Kleinwagen-Konkurrenz, die Fertigungskapazitäten. Die Firma übernahm sich finanziell und mußte ein Jahr später ihre Produktion wieder einstellen.

Das Fahrzeug besaß ein nach unten zeigendes Dreiecks-Emblem, in dem der Markenname „Hataz" für „Hans Tautenhahn – Zwickau", untergebracht war. Der Buchstabe „T" war hierbei so ausgelegt, daß er die Markenbezeichnung „Hataz" überdachte.

HATFIELD

USA 1917–1924

Die Familie Hatfield in Sydney, New York/USA, war seit dem 19. Jahrhundert als Hersteller von Kutschwagen und Schlitten bekannt. An dem Unternehmen besaß W. T. Sherwood die größten Aktienanteile. Er war es auch, der den Einstieg in den Automobilbau befürwortete. Unter Familienmitglied L. I. Hatfield wurde des Wagenbau-Unternehmen in „Cortland Cart & Carriage Co." umbenannt, und von 1917 bis 1924 stellt man Automobile mit dem Markennamen „Hatfield" her. Zunächst verwendete man einen Vierzylinder-„G.B. & S."-, später dann Vier- und Sechszylinder-„Herschell-Spillman"-Antriebsaggregate. Es gab den „Hatfield" u. a. als offenen zweisitzigen Roadster und als Tourenwagen. Die Karosserien wirkten sehr sportlich. Zudem bestückte man den „Hatfield" mit Drahtspeichenrädern. Im Sommer 1924 war die Firma bankrott und kam unter Konkursverwaltung.

Für den „Hatfield" wurde ein rundes Markenemblem verwendet, das den Markennamen, die Firmenbezeichnung und auch den Herstellerort zeigte.

HAWA

D 1923 – 1925

In den Jahren 1923 bis 1925 baute die „Hannoversche Waggonfabrik AG“ in Hannover-Linden Automobile mit dem Markennamen „Hawa“, die vorwiegend für Landärzte empfohlen wurden und lediglich einen Schalter für Vor- und Rückwärtsfahrt besaßen. In den 20er-Jahren erhob dieser Wagen Anspruch auf das Prädikat „Volksautomobil“. Bereits 1921 wurde ein Hawa als Sperrholzautomobil und mit Motor unter dem Fahrersitz als „ganz neues, einzigartiges Gefährt“ vorgestellt. Der „Hawa“-Tandem-Zweisitzer war ein Elektromobil mit vier Akkumulatoren (16-Element-Akkumulatoren), der wahlweise mit Steuerknüppel oder mit Lenkrad zu bekommen war. Außerdem besaß der Hawa ein sogenanntes „Zyklopenauge“, also einen Einzelscheinwerfer, und wurde auch als Kleinlieferwagen angeboten. Ferner entstanden u. a. für „Apollo“, „Hanomag“, „Mauser“ und „Opel“ Karosserien.

„Hawa“ war die Kurzbezeichnung für „Hannoversche Waggonfabrik“. Bekannt war u. a. ein querovales Emblem, das den Firmennamen, die Markenbezeichnung „Hawa“ und verschiedene motorisierte Transportmittel (Lokomotive, Flugzeug, Straßenwalze oder Traktor) zeigte.

HAYNES; HAYNES-APPERSON

USA 1894; 1904 – 25; 1898 – 1904

Elwood Haynes (1857–1925) war ein berühmter amerikanischer Automobilpionier- und -konstrukteur. Schon 1894 baute er seine ersten originalen Buggy-Typen mit Einzylinder-Motor. Ein weiterer „Haynes“-Automobilbau fand 1904 bis 1925 statt. Im Modelljahr 1907 gab es von Haynes einen „Vanderbilt Speedster“, dem ein Tourenwagen-Typ mit 50 PS-Motor und Wellenantrieb zur Seite gestellt wurde. 1913 wurde ein Sechszylinder-Modell vorgestellt, und 1916 bot man sogar einen V-Zwölfzylinder-Wagen an, der auf der „New York Automobile Show“ ausgestellt wurde. Bis zum Januar 1925 entstanden angeblich noch etwa 200 Fahrzeuge mit „Brougham“- und „Sedan“-(Limousinen)-Aufbauten. Von 1898 bis 1904 hatte die Firma „Haynes-Apperson Co.“ in Kokomo, Indiana/USA, Automobile mit dem Markennamen „Haynes-Apperson“ gefertigt.

Das Markenzeichen des amerikanischen „Haynes“ zeigte sich als Wappen mit dem Namen „Haynes“, einem frühen „Highwheeler“ (hochrädriger Wagen mit Artillerierädern) und der Inschrift „America's First Car“ („Amerikas erstes Automobil“). Ⓚ

HE

GB 1920 – 1931

Die Firma „Herbert Engineering Co. Ltd“ in Caversham, Berkshire/England, war während des Ersten Weltkriegs auf Reparatur von Flugzeugmotoren spezialisiert. Nach Kriegsende plante man die Herstellung von Automobilen, wobei man sich einer Konstruktion von Roland J. Sully bediente. Das erste „HE“-Modell besaß einen Vierzylinder-1795 cm^3-sv-Motor. 1921 setzte man ein spezielles zweisitziges HE-Modell auch auf der renommierten englischen Brookland-Rennbahn ein. Ein Sechszylinder-2,3-Liter-2290 cm^3-Motor trieb einen weiteren HE-Typen an, der die Bezeichnung „16/55“ trug. 1927 bot man den HE „16/65“ mit Sechzylinder-2,3-Liter-Motor an. Infolge der Weltwirtschaftskrise kam es zur Schließung der „Herbert Engineering Co. Ltd“, und ab 1931 verschwanden die erstklassig gebauten HEs vom englischen Markt.

Der erste 1920 gebaute Wagen erhielt die Bezeichnung „HE“ für „Herbert Engineering“. Das Markenzeichen zeigte einen stilisierten Kühler, über dem waagerecht die beiden Buchstaben „HE“ angebracht wurden.

HEALEY

GB 1946 – 1954

Der englische Konstrukteur und erfolgreiche Rallye-Fahrer Donald Healey (1898–1988) baute auf Basis eines englischen 2,5-Liter-„Riley“ 1946 den ersten „Healey“. Aus diesem 1946er war bis 1950 der „Silverstone“-Roadster entwickelt worden. Über eine Zusammenarbeit mit „Nash“ in den USA entstand der „Nash-Healey“ für den US-Markt, der bis 1954 gebaut wurde. Healey stattete für britische Kunden seine Sportwagen mit dem Vierzylinder-2,7-Liter-„Austin A 70“-Motor aus. Über geschäftliche Beziehungen zwischen „Austin“ und „Healey“ entstand der legendäre „Austin-Healey“. 1954 gab Healey seine eigene Fertigung in Warwick/England auf, und „Austin“ baute den „Austin-Healey“ im eigenen Werk. 1968 lief der Vertrag aus; daraufhin verband sich Healey mit „Jensen“. Von 1972 bis 1976 baute die „Jensen Motors Ltd“ den „Jensen-Healey“-Sportwagen.

Ein rechteckiges Emailschildchen trug das Markenzeichen des englischen „Healey“: den Markennamen „Healey“, die britische Nationalflagge und vermutlich Baulichkeiten von Warwick/England, wo die Sportwagen gebaut worden waren.

HEIM

D 1921–1926

Franz Heim gründete im Jahr 1920 die Firma „Badische Automobilfabrik Heim & Cie.“ in Mannheim. Heim war ein bekannter und erfolgreicher „Benz“-Fahrer und -Konstrukteur. Seit 1910 war er in der „Benz“-Rennwagen-Abteilung angestellt. Heim begann 1921 mit der Herstellung von Automobilen, die seinen Namen erhielten. Hierbei handelte es sich um präzise, formschöne und schnelle Sportwagen. Der Konstrukteur fuhr seine Kreationen selbst bei zahlreichen Rennen. Seine ersten Fahrzeuge waren zweisitzige Kleinwagen mit deutschen Vierzylinder-„Selve“-Motoren. Ab 1923, dem Jahr, in dem Franz Heim verstarb, produzierte „Heim“ nur noch einen Tourenwagen mit Sechszylinder-Zweivergaser-Königswellenmotor. Bekannt ist der „Heim Tourensportwagen 8/40“ des Modelljahrs 1923. 1926 wurde der Sportwagenbau eingestellt.

Das Markenzeichen der „Heim“-Automobile war rund und trug den Firmennamen „Badische Automobilfabrik“, den Namen des Produktionsorts „Mannheim“ sowie den Markennamen „Heim“ selbst. Der Buchstabe „H“ umschloß hierbei den Wortrest des Markennamens „Heim“. Ⓝ Ⓑ

HEINKEL

D 1955 – 1958

Prof. Ernst Heinrich Heinkel (1888–1958) war zeit seines Lebens eng mit der Technik, insbesonders mit Flugzeug-, später mit dem Automobilbau, verbunden. Er war ein genialer Flugeugkonstrukteur, der durch die Konstruktion des ersten Raketen-Flugzeugs weltweit zu Ruhm gelangte. Heinkel produzierte ab 1952 auch ein 125 cm^3-Leichtmotorrad, ein 50 cm^3-Moped mit Zentralrohrrahmen aus Preßstahl sowie den „Heinkel Tourist“-Roller mit 149 cm^3-Zweitakt-Motor. In den Automobilbau stieg „Heinkel“ im Jahre 1955 mit der „Heinkel Kabine“ ein. Der Konstrukteur ließ sich hierbei von der italienischen „ISO Isetta“ inspirieren. In seiner in Stuttgart seßhaften „Ernst Heinkel AG“ wurde der dreirädrige Heinkel-Kabinenroller bis 1958 hergestellt. Der Kleinwagen wies eine Ähnlichkeit mit der „BMW Isetta“ auf und wurde auch in Lizenz gebaut.

Der Heinkel-Kabinenroller, auch als „Heinkel Kabine“ bezeichnet, führte u. a. auf der Frontseite den geflügelten Buchstaben „H“ für „Heinkel“, unter dem der Markenschriftzug „Heinkel“ zusätzlich angebracht war. Der Flügel am Buchstaben „H“ stand vermutlich symbolisch für den Heinkel-Flugzeugbau. Ⓝ Ⓑ

HEINZ; PHANTOM CORSAIR

USA 1938

Im Jahr 1938 baute die amerikanische Firma „Bohman & Schwartz“ in Pasadena, Kalifornien/USA, den „Phantom Corsair“, der auf dem legendären amerikanischen „Cord 812“ basierte. Der Financier, H. J. Heinz, war millionenschwerer Gewürzfabrikant und Besitzer des weltweiten „Heinz“-Suppen- und Konserven-Imperiums. Sein Sohn Rust Heinz ließ den Zukunftswagen der 30er-Jahre bauen. Verwendung für dieses Fahrzeug fand ein Achtzylinder-4,8-Liter-4731 cm³-190 PS-Motor des „Cord 810“. Alle vier Räder besaßen eine Abdeckung. Bei dem Fahrzeug gab es weder Schlüssel noch ein Schloß. Ein Knopf löste den Servomotor aus, anschließend öffneten sich die Türen elektrisch und ein Teil des Daches hob sich hydraulisch an. Das Design dieses aerodynamisch zugeschnittenen Fahrzeugs, das etwa 24000 US-Dollar kostete, stammte von Rust Heinz höchstpersönlich.

Der Schriftzug „Phantom Corsair“ stammt von einem Prospekt, der Markennamen „Heinz“ findet sich an jedem Produkt des amerikanischen Gewürz-, Suppen- und Konservenherstellers „Heinz“.

HELIOS

D 1924 – 1926

Bereits 1903 konnte die Elektrofabrik „Helios Electricitäts-AG“ in Köln-Ehrenfeld die Patente und Herstellungsunterlagen der Firma „Motorlastwagenfabrik Rudolf Hagen & Cie.“ aus Köln-Müngersdorf erwerben. Bei der „Helios AG“ wurden nun bis zur Liquidation 1917 Lastkraftwagen gebaut. Auch wurden die ehemaligen „Hagen“-Automobile gefertigt. In den Jahren 1924 bis 1926 wurde aber in der Automobilabteilung von „Helios“ auch ein Kleinwagen des Markennamens „Helios“ hergestellt, der mit einem deutschen Zweizylinder-972 cm³-10 PS-Viertakt-„Immendingen“-Motor versehen war. Das Antriebsaggregat wurde mittels Wasser gekühlt, und zudem besaß der Wagen ein angeblocktes Dreigang-Getriebe mit Kardanantrieb. Vertrieben wurden die Helios-Automobile von der „Gemeinschaft Deutscher Automobilfabriken“ (GDA).

Helios ist der Sonnengott in der griechischen Mythologie. Der Name bezieht sich auf das ursprüngliche Elektrizitätsunternehmen. Das runde Markenzeichen zeigte eine strahlende Sonne, den Markennamen „Helios“ und die Beiworte „Automobilbau AG – Köln“.

HENRY J

USA 1950 – 1954

Die „Kaiser-Frazer Corporation“ in Willow Run, Michigan/USA, stellte in den Jahren 1950 bis 1954 Automobile mit dem Markennamen „Henry J“ her. Der „Henry J“ war ein billigeres Modell mit Vierzylinder- bzw. Sechszylinder-„Willys“-Motor. Der Wagen wurde als zweitüriges und viersitziges Fließheck-Coupé vorgestellt. Etwa 82000 Exemplare der Marke „Henry J“ wurden verkauft. Ende 1952 stellte die amerikanische Automobilfirma einen weiteren Typ namens „Vagabond“ her. Ein Jahr später verband sich das Automobilunternehmen „Willys“ mit „Kaiser“, und 1954 setzte man den „Henry J“ wieder ab. Bis zu diesem Zeitpunkt konnten 120000 Fahrzeuge vertrieben werden. Brook Stevens, Konstrukteur des späteren „Excalibur“, hatte 1952 für seinen früheren „Excalibur J“-Versuchswagen ein Henry J-Chassis verwendet.

Markenzeichen war der Schriftzug „Henry J“, der einer Unterschrift glich. Das Fahrzeug erhielt seinen Namen nach dem Firmengründer Henry J. Kaiser.

HERCULES

D 1930 – 1937

Die Firmengeschichte von „Hercules“ in Nürnberg kann bis in das Jahr 1880 zurückverfolgt werden. Mit Fahrrad- und Motorradfabrikation machte sich das Unternehmen einen weltbekannten Namen. Zunächst hatten sich die „Hercules Werke“ in Neumarkt, später in Nürnberg, angesiedelt und stellten im Jahr 1905 ihr erstes Motorrad vor. Erst 25 Jahre später versuchte man sich bei „Hercules“ im Bau von Automobilen. Das Ergebnis war ein in den Jahren 1930 bis 1937 gebauter Kleinwagen, der von einem deutschen 200 cm³-„ILO“-Motor im Heck angetrieben wurde. Der zweisitzige Hercules-Kleinwagen, der eine ähnliche Form wie der bekannte „Hanomag“ aufwies, wurde jedoch nur in geringer Stückzahl produziert. 1963 kam die Firma „Nürnberger Hercules Werke GmbH“ in den Besitz von „Fichtel & Sachs“. Sie existiert bis heute.

Der griechische Halbgott und Held „Hercules“ oder Herakles löste zwölf ihm gestellte schwierigste Aufgaben, um Unsterblichkeit zu erlangen. Der Name steht symbolisch für Kraft, Stärke und Mut.

Ⓝ Ⓑ

HERTZ; YELLOW CAB

USA 1925 – 1928; 1915

Der „Hertz“ entstand aus der Mietwagenfirma von John D. Hertz. Der Wagen wurde in den Jahren 1925 bis 1928 von der „Yellow Cab Manufacturing Co.“ gebaut. Begonnen hatte alles mit Walter L. Jacobs, einem cleveren Geschäftsmann aus Chicago/USA. Er kam 1918 auf die Idee, „Ford Model T“-Autos aufzukaufen und diese gegen ein Entgelt zu vermieten. Die Flotte von urspünglich zwölf Autos vergrößerte sich innerhalb von acht Monaten auf 20 Fahrzeuge. Nach fünf Jahren hatte Jacobs einen Fuhrpark von 565 Wagen. Er verkaufte sein Unternehmen an John D. Hertz, der sich 1910 mit einem Taxiunternehmen etabliert und 1915 mit der Herstellung von Taxis begonnen hatte. Diese trugen den Namen „Yellow Cab“. 1920 folgte sein neuer „Ambassador“, aus dem der „Hertz“ entstand, und 1925 verkaufte er sein Unternehmen an „General Motors“.

Das Markenzeichen des amerikanischen „Hertz“ hatte die Form eines stilisierten Herzens mit schräg integriertem Markennamen. Das Zeichen war mit drei Schrauben an der Karosserie befestigt. Jahre später wählte man für die Verwendung im Mietwagen-Geschäft einen einfachen Schriftzug.

HFG

GB 1920 – 1921

Der 1920 und 1921 von der englischen Firma „Portass & Son“ in Sheffield/England in kleiner Stückzahl gebaute „HFG“-Zweisitzer war ein relativ kleiner Wagen, der von einem luftgekühlten Zweizylinder-9 PS- bzw. 12 PS-Boxermotor angetrieben wurde, kombiniert mit einem Reibradantrieb. Bereits 1899 kam es durch Charles Portass zur Gründung einer Firma, die wissenschaftliche und optische Instrumente herstellt. 1907 kam sein Sohn Stanley Moore Portass in das Unternehmen, welches nun in „C. Portass & Son Ltd“ umfirmiert wurde. Während der Kriegsjahre 1914 bis 1918 stellte die Firma Kriegsmunition und Flügelteile her. Nachdem man 1921 die kurze Automobilherstellung aufgegeben hatte, führte man das Unternehmen als „Heeley Motor and Manufacturing Co.“ fort. Bis etwa 1930 wurden dort die verschiedensten Aufbauten für Nutzfahrzeuge gefertigt.

Das „HFG“-Markenzeichen besaß konkav-konvexe Form mit seitlich angedeuteten Flügeln. Im Zeichen waren die Buchstaben „HFG“ eingebracht.

USA 1959

Das berühmteste amerikanische Rennen sind die „500-Meilen-von-Indianapolis" im Bundesstaat Indiana. Die Sehnsucht nach Lorbeeren führte zahlreiche Konstrukteure zum Bau spezieller Fahrzeuge für dieses Rennen. Eines davon war der amerikanische „Hildegas", auch „Hildegas Indy Special" genannt, der 1959 von der Firma „Hildegas" in Indianapolis, Indiana/USA, vorgestellt wurde. Dieser Rennwagen erhielt einen wassergekühlten V-Achtzylinder-5400 cm³-ohv-Motor mit 300 PS Leistung. Das Fahrzeug besaß zudem ein Viergang-Getriebe. Dieser über 300 km/h schnelle Rennwagen wurde 1960 bei den „500-Meilen" eingesetzt, konnte aber keine besonderen Erfolge einfahren. Allerdings gewann der „Hildegas Indy Special" in den 90er-Jahren zahlreiche Oldtimer-Grand Prix-Wettbewerbe.

HILDEGAS

Das hochrechteckige Markenzeichen des amerikanischen Rennwagens „Hildegas" bzw. „Hildegas Indy Special" war in zwei Teile gegliedert. In der oberen Hälfte mit gelbem Untergrund saß der Buchstabe „H" für „Hildegas", in der unteren Hälfte der gesamte Markenname.

GB 1907–1978

Im Jahre 1870 war William Hillman noch als Werkmeister in John Starleys Fahrradfabrik in Coventry, Warwickshire/England, tätig. 1907 verband er sich mit dem talentierten französischen Konstrukteur und Rennfahrer Louis Coatalen: Man plante, in Coventry/England Automobile herzustellen. Coatalen, der bereits für „Humber" in England gearbeitet hatte, schuf einen guten Vierzylinder-25 PS starken Wagen, der den Markennamen „Hillman" erhielt. Bald baute man bei der „Hillman Motor Car Co." ein Sechszylinder-Modell. Coatalen ging anschließend zu „Sunbeam". Später kamen die drei Marken wieder im „Rootes"-Konzern zusammen: 1928 kam „Hillman" zu „Rootes", ein Jahr später auch „Humber". In den 30er-Jahren kam von „Rootes" der 1,2-Liter-„Minx" auf den Markt. 1970 übernahm „Chrysler" den Konzern. 1977 verschwand der Name „Hillman".

HILLMAN

Zunächst trugen die Hillman-Automobile den einfachen Buchstaben „H" am Kühler. Das erste Hillman-Kühleremblem entstand 1928. Es folgten einige andere Embleme. Das bekannteste Markenzeichen trug jedoch das Modell „Hillman Minx" aus dem Jahr 1934: Die drei Turmspitzen und Wahrzeichen von Coventry. Ⓝ Ⓑ Ⓚ

J 1953 –1967

Die japanische Firma „Hino Company Ltd" ist für ihre Nutzfahrzeuge besser bekannt als für ihre von 1953 bis 1967 gefertigten „Hino"-Automobile. Schon 1910 wurde die „Hino" als „Tokyo Gas Industry Co. Ltd" gegründet. Acht Jahre später wurde dort der erste Diesel-Lastkraftwagen gebaut. Etwa im März 1953 erhielt die Firma eine Lizenz für den Bau des französischen „Renault 4 CV". Im gleichen Jahr verließen die ersten „Hino-Renault", u.a. als Taxifahrzeuge, das Werk. 1959 stellte die neugegründete „Hino Motors Ltd" eine Lizenz des „Renault Dauphine" als Hino-Modell „Contessa 900 Sedan" vor. 1961 gab man den Bau dieses Typs auf, und 1964 trat man mit dem neuen „Contessa 1300" mit Vierzylinder-Motor ins Rampenlicht. Nachdem die Firma 1965 von „Toyota" übernommen wurde, wurde zwei Jahre später der Hino-Personenwagenbau eingestellt.

HINO

Eines der Hino-Markenzeichen, das auch bei Lastkraftwagen verwendet wurde, zeigte den geflügelten Schriftzug „Hino" auf rotem Untergrund. Ⓝ

E 1904 –1944;
F 1911–1938

1904 gründeten Damian Mateu Bisa, Francisco Seix und der Schweizer Ingenieur und Motoren-Konstrukteur Marc Birkigt die Firma „Sociedad Anonima La Hispano-Suiza, Fabrica de Automoviles" in Barcelona. Im Gründungsjahr 1904 wurden bereits zwei Modelle mit einem 10 PS-Motor gebaut. Diesen Fahrzeugen folgte im selben Jahr ein 14/16 PS-Wagen. 1905 wurde die Baureihe mit einem Vierzylinder 20 PS-Hispano-Suiza fortgesetzt, der eine Geschwindigkeit von 87 km/h erreichte. Der erste Sechszylinder-60- bzw. 75 PS-Wagen wurde 1907 hergestellt. Ab 1913 kam es zu einer Erweiterung der Fertigungsanlagen von „Hispano-Suiza". Von 1919 bis 1931 war der Hispano-Suiza-Typ „H 6" das teuerste Automobil Europas. Das Modell des Jahres 1926 war eine absolute Spitzenleistung im Automobilbau des spanischen Unternehmens.

HISPANO-SUIZA

Das „Hispano-Suiza"-Markenzeichen in den spanischen Nationalfarben Rot und Gelb symbolisierte die Vereinigung von Schweizer Technik mit spanischem Kapital. Der kleine Kreis steht für ein sich drehendes Rad, der äußere für die Verbundenheit beider Länder. Ⓝ Ⓑ Ⓚ

F etwa Anfang 90er – heute

Etwa im Oktober 1992 tauchte ein neues französisches Amphibienfahrzeug mit Rückstoßantrieb unter dem Markennamen „Hobbycar" auf. Als Hersteller wurde die in Thenay bei Blois/Loire seßhafte Firma „Hobbycar S.A." genannt, die von Serge Demarais und François Wardavoir gegründet wurde. Bei dem Wagen, der im Oktober 1992 auf einer Automobilausstellung in Berlin zur Vorstellung kam, handelte es sich um einen modernen Schwimmwagen mit Kunststoff-Karosserie und 1,9-Liter-92 PS-„Citroën"-Turbomotor, kombiniert mit einem Allradantrieb und „Hydrojets". Im Modelljahr 1993 standen neue Fabrikate in der Entwicklung: so u. a. eine Nutzfahrzeug-Variante des unsinkbaren Hobbycar-Amphibienfahrzeugs. Bekannt wurde der 1994er-„Hobbycar Passport", ein Familienwagen der Extraklasse.

HOBBYCAR

Über die Bedeutung des Markenzeichens von „Hobbycar" liegen keine näheren Informationen vor. Das runde Emblem zeigt den Markennamen „Hobbycar" und die Bezeichnung „B 612" in Hell- und Dunkelblau. Bei den weiteren abgebildeten Zeichen könnte es sich um astronomische Zeichen handeln. Ⓟ

D 1954 –1955

Jakob Oswald Hoffmann wird zu Recht als einer der bedeutendsten „Selfmade-Männer" der deutschen Nachkriegszeit bezeichnet. 1947 baute er zunächst Fahrräder, denen 1948 ein Auftrag der „Auto Union" folgte: Er sollte 10000 Rahmen für das „DKW-R 125"-Motorrad produzieren. 1949 stieg er mit einer Herstellerlizenz für die italienischen „Vespas" in den Roller-Markt ein. 1954 konstruierte er ein 2,80 Meter langes Coupé, für das er vergeblich einen Käufer suchte. Dann konstruierte er zusammen mit seinem Versuchschef Hans Röfer einen neuen Kleinwagen, wobei er italienische „ISO Isetto"-Konstruktionen mit einfließen ließ. Im gleichen Jahr stellte er zwei erste komplette Wagen dieser „Hoffmann Auto Kabine 250" vor. Nach einem Rechtsstreit mit „Piaggio" („Vespa") und „BMW" und dem Konkurs im November 1954 kam im Jahre 1955 das totale Ende.

HOFFMANN

Die „Hoffmann-Werke" führten den Kleinbuchstaben „h" in einem Kreis als Firmenmarkenzeichen. Ein weiteres Emblem zeigte eine ähnliche Wappenform, wie sie „Vespa" in Italien führte, mit oben genanntem „h" und dem Markennamen „Hoffmann". Ⓝ

AUS 1948 – heute

Der Kutschwagenbaubetrieb „Holden & Frost“ wurde 1886 in Adelaide/Westaustralien gegründet. Der Zusammenschluß von „Holden`s Motor Body Builders Ltd“ und der „General Motors Australia“ führte im Jahre 1931 zur Gründung der Firma „General Motors-Holden's (Pty.) Ltd“. Das erste Holden-Automobil nach dem Krieg, der „FX“, war in Wirklichkeit ein 1938er „Buick“. 1954 folgte der Typ „FJ“, eine verbesserte Version mit modifiziertem Aufbau. 1969 erschien das Modell „Torona“, das später mit Sechszylinder-3300 cm³-193 PS zur Vorstellung kam. Das Holden-Programm der 80er-Jahre enthielt u. a. den „Gemini“, eine Exportversion des japanischen „Isuzu“. 1988 arbeiteten „Holden“ und „Toyota“ eng zusammen. 1994 entstand bei der „Holden Special Vehicles“ (HSV) das Sondermodell „HSV Senator 5000 i“.

HOLDEN

Im Jahre 1920 entwarf man ein neues Emblem mit dem Löwen der „Wembley-Ausstellung“ in London, der das britische Weltreich repräsentiert. Unter seinen Pranken liegt im runden Wappen ein roh behauener Stein, der möglicherweise den Vorläufer eines Rades darstellen soll.

Ⓑ

J 1962 – heute

Soichira Honda (1906–1991) war seit frühester Kindheit eng mit der Technik verbunden. Er erlebte das große Erdbeben 1923 in Tokio. Nach sechs Jahren Lehrzeit eröffnete er 1928 mit eigenem Kapital in Hamamatsu eine „Art Shokai“-Niederlassung als Autoreparaturwerkstatt. Während des Zweiten Weltkriegs begann er Motoren herzustellen und investierte dann sein Kapital in Rennwagen und Boote. 1948 wurde die „Honda Motor Co.“ für die Herstellung von Motorrädern gegründet, und 1962 stieg man in den Honda-Automobilbau ein. Es folgten Sportwagen, V-Acht- und V-Zwölfzylinder-Rennwagen, denen sich Kleinlieferwagen und Limousinen anschlossen. Das Renommee dieses japanischen Unternehmens nahm auffallend zu. Seit dem Erscheinen der „Honda Civic“-Limousine 1972 hatte man den internationalen Durchbruch geschafft.

HONDA

Eines der ersten Markenzeichen von „Honda“ waren zwei vollkommen symmetrische chinesische Schriftzeichen in einem Kreis. Das heutige Emblem in rechteckiger Form mit angerundeten Ecken zeigt den Buchstaben „H“ für „Honda“ im Zentrum.

Ⓝ Ⓚ

D 1909 – 1939

August Horch hatte schon 1896 bei „Benz“ in Mannheim gearbeitet, ehe er drei Jahre später in Köln seine eigene Firma errichtete. Dort baute er seine ersten „Horch“ genannten Motorwagen. Zunächst gab es den „Horch“ als Zweizylinder-Wagen mit Kardanantrieb. Rund zehn Fahrzeuge dieser Bauart entstanden in Köln, dann siedelte der Konstrukteur nach Reichenbach im Vogtland über, und 1903 fand er nun in Zwickau/Sachsen die richtige Fertigungsstätte, um weitere Automobile mit seinem Namen herzustellen. 1909 verließ er die Firma und baute sich ein neues Unternehmen auf, das mit den „Audi“-Automobilen zu Weltruhm kam. Indessen wurde in Zwickau der Horch-Automobilbau seit 1932 als „Auto Union“ – bis 1939 fortgeführt. 1945 wurden die „Horch-Werke“ in der sowjetischen Besatzungszone verstaatlicht.

HORCH

Das bedeutendste Markenzeichen dürfte wohl der überkronte Messing-Buchstabe „H“ für „Horch“ gewesen sein. Nachdem die „Auto Union“ die Firma Horch übernommen hatte, gab es drei Zeichen: die Kühlerfigur (eine geflügelte Kugel), den gekrönten Buchstaben „H“ und die vier Ringe der „Auto Union“.

Ⓝ Ⓑ Ⓚ

GB 1914 – 1919;
1919 – 1929

1914 tauchte der erste Sportwagen der ehemals in Bath, Somerset/England, beheimateten Firma „Horstmann“ auf. Er wurde von einem Vierzylinder-Motor angetrieben und war auch noch 1919 recht erfolgreich. Der „Horstman“, wie er später hieß, wurde nun auch mit englischen 1,4-Liter- oder 1,5-Liter-Motoren von „Coventry-Climax“ angetrieben. Dann kamen Motoren von „Anzani“ und „Coventry-Simplex“ hinzu. Der Horstman war ein leistungsfähiger Sport- und Tourenwagen für den anspruchsvollen Fahrer. Fahrzeuge dieser englischen Marke wurden auch in verschiedenen Wettbewerben eingesetzt, doch 1929 wurde die Produktion, die nicht besonders rentabel erschien, eingestellt. Im Jahre 1962 verstarb Firmengründer Sidney Horstman, doch sein Name überlebte noch Jahre später in den verschiedensten Produkten seiner Familienfirma.

HORSTMAN(N)

Fahrzeuge des Namens „Horstmann“ gab es bis 1919; ab diesem Jahr wurden die Wagen unter dem Markennamen „Horstman“ vermarktet, da Sidney Horstmann seinen Namen in „Horstman“ abänderte.

GB etwa 1988 – heute

Im Januar 1988 machte das neue englische „Hoskyns“-Elektromobil von sich reden. Im Juli umrundete Karl Joe Schwarzkopf-Bowers, der für die britische Computer-Firma „Hoskyns Group plc“ in London arbeitete, London auf der rund 200 Kilometer langen Autobahn „M 25“. Er war die erste Person, die die Stadt nonstop mit einem elektrisch angetriebenen Automobil umfahren hatte. Der auch als „Hoskyns Alto Duo“ bezeichnete, rund 75 km/h schnelle Vierrad-Wagen mit 10 kW-Elektromotor wurde von Schwarzkopf-Bowers konstruiert. Die Planung erfolgte mittels Computer. Der „Hoskyns Alto Duo“ war Produkt von bewußtem Umweltdenken, der Erfahrung heutiger Automobiltechnik und innovativer High-Technologie. Noch anfangs 1990 suchte Schwarzkopf-Bowers nach einem geeigneten Sponsor.

HOSKYNS

Die englische Firma „Hoskyns Group plc“ verwendete neben dem „Hoskyns“-Schriftzug in Kleinbuchstaben auch ein fünfeckiges Emblem, das den Markennamen „Hoskyns“ und die Bezeichnung „XXV Years Ahead“ („25 Jahre voraus“) in Blau auf silbernem Untergrund zeigte.

F 1903 – 1955

Die Firma „S.A. des Anciens Etablissements Hotchkiss et Cie.“ war eine der renommiertesten französischen Automobilmarken. Ihre Gründung geht auf Benjamin Berkeley Hotchkiss zurück. L. V. Binet übernahm nach dem Tode von B. B. Hotchkiss die Kontrolle über die Firma, doch zwei Jahre später wurde sie mit britischem Kapital reorganisiert. In Friedenszeiten war „Hotchkiss“ nicht ausgelastet, und so kam man auf die Idee, Automobile herzustellen. Von 1903 bis 1955 entstanden nun in St. Denis/Seine Automobile, die diesen Markennamen trugen. Es gab Vierzylinder-Wagen, schnelle Rennwagen, Sechszylinder-9,5-Liter-Modelle, und von 1915 bis 1919 baute man „Hotchkiss“-Motoren für „Morris“ und „BSA“ in England. 1935 kamen der Automobilhersteller „Grégoire“, 1955 „Delahaye“ zu Hotchkiss hinzu. Im gleichen Jahr wurde der Pkw-Bau eingestellt.

HOTCHKISS

Das Markenzeichen von „Hotchkiss“ zeigte wie die italienische Waffen- und Automobilfabrik „Ansaldo“ zwei gekreuzte Kanonen. Beim „Hotchkiss“-Emblem erkennt man in der Mitte eine Schale mit brennendem Zunder, eine Anspielung auf den Firmenursprung als Rüstungsfabrik.

Ⓑ Ⓚ

HOTZENBLITZ; EL SPORT

D 1988 – heute

1988 plante Thomas Albiez zusammen mit anderen Enthusiasten die Konstruktion eines zeitgemäßen und umweltgerechten Kleinautomobils. Zunächst wurde im gleichen Jahr die „Hotzenblitz-Mobile GmH" in Ibach gegründet. Nach rund 19 Monaten stand der erste, zunächst noch „Hotzenblitz 2000" genannte Wagen fahrbereit auf den Rädern. Einen kapitalkräftigen Sponsor fand man in Alfred Ritter, dem Inhaber des renommierten Schokoladen-Konzerns: Im Juli 1990 beteiligte er sich am Projekt der kleinen Automobilfirma. Nun konnte man einen weiteren Prototypen, der als „EL Sport" bekannt wurde, fertigstellen, und im April 1991 errichtete man die neue „Hotzenblitz-Mobile GmbH & Co. KG". Der „El Sport" ist ein 2,70 Meter langes und 600 Kilogramm schweres viersitziges Elektroautomobil. Noch heute wird der „Hotzenblitz" in modifizierter Ausgabe gebaut.

*Die gewählte Typen-/Markenbezeichnung „El Sport" bezieht sich auf „**El**ektroautomobil" und „Ritter **Sport**", das Schokoladenprodukt des Financiers Alfred Ritter. Von „Hotzenblitz" sprechen die Bauern der Gegend, wenn ein hoch versicherter Hof abgebrannt ist.*

HRG

GB 1936 – 1956

Automobile der englischen Marke „HRG" waren besonders erfolgreich. Die Firma „H.R.G. Engineering Co. Ltd" in Tolworth, Surrey/England, wurde von E. A. Halford, G. H. Robins und H. R. Godfrey gegründet. Der schnelle HRG-Roadster besaß einen englischen Vierzylinder-„Singer"-Motor. Es wurden rund 250 Exemplare dieses Fahrzeugs produziert, bevor man 1956 die Produktion wieder aufgab. Der britische HRG profilierte sich insbesonders bei zahlreichen internationalen Wettbewerbsveranstaltungen. In den Jahren 1948 und 1951 gewannen HRG-Fahrzeuge sogar den begehrten Alpenpokal. Nach der Einstellung des HRG 1956 verlegte sich das englische Unternehmen auf die Fabrikation von Motor-Konversionen für andere Marken. 1965 entstand nochmals ein HRG, ein Versuchswagen mit Rohrrahmen und „Ford Cortina"-, dann „Vauxhall VX 4/90"-Motor.

*Die Markenbezeichnung „HRG" stand vermutlich stellvertretend für die Initialen der drei Firmengründer **H**alford, **R**obins und **G**odfrey, vielleicht aber auch für **H. R. G**odfrey. Markenzeichen bildete ein breites Achteck mit den integrierten Initialen, umgeben von einer Art Strahlenkranz.* Ⓚ

HUDSON

USA 1909 – 1957

Die Firma „Hudson Motor Car Co." wurde 1909 von mehreren Ex-Angestellten der amerikanischen Automobilfirma „Olds Motor Works" gegründet. J. L. Hudson, amerikanischer Warenhaus-Magnat und Geschäftsmann in Chicago, Michigan/USA, gab der Marke seinen Namen. Das erste Fahrzeug war einen Vierzylinder-20 PS-„Twenty"-Roadster, dem 1910 der „Hudson Express", eine abgemagerte Version des „20", folgte. 1911 wurden die ersten großen Tourenwagen vorgestellt. Ab 1913 erschien eine größere Reihe von Sechszylinder-Wagen, und 1919 präsentierte man den neuen „Essex", den „kleineren Bruder" des Modells „Hudson Super Six". Bestens bekannt war der „Hudson Eight" („8") mit Achtzylinder-Triebwerk, und 1951 tauchte die berühmte „Hornet"-Serie auf. 1954 verband man sich mit „Nash" zur neuen „American Motors Corporation" (AMC).

Die beiden Schiffe in einem „Hudson"-Emblem sollten den Abenteuergeist der Ingenieure symbolisieren. Die beiden Türme stehen für Standhaftigkeit und Redlichkeit der Hersteller. Ⓝ Ⓑ Ⓚ

HUDSON

GB 1991 – heute

Mitte 1991 berichteten Zeitungen über einen neuen englischen Dreirad-Wagen, der den Markennamen „Hudson" und die Typenbezeichnung „Free Spirit" („freier Geist") erhielt. Verantwortlich für Konstruktion und Bau dieses dreirädrigen Fahrzeugs mit Einzelrad an der Heckseite war die in Norwich/England seßhafte Firma „Hudson Components Cars WKG" des Roy Webb, der keineswegs ein Fremder in der Kit-Car-Szene war. Das flache und einsitzige Fahrzeug wies eine Frontpartie auf, die einem Haifischmaul ähnelte, besaß zwei Scheinwerfer, die zwischen den überdeckten Reifen und der Karosserie integriert waren, einen kleinen rot lackierten Überrollbügel und eine kleine Abdeckung des Hinterrades. Man plante schon die Herstellung eines weiteren „Hudson Free Spirit"-Modells mit Platz für zwei Personen. Als Basis für den Unterbau diente ein französischer „Renault R 5".

Die englische Firma „Hudson" verwendete für ihren Dreiradwagen ein senkrecht stehendes Karo mit stilisierten seitlichen Flügeln. Unter dieser Abbildung hatte man zudem den Markennamen „Hudson" angefügt. Ⓝ

HUMBER

GB 1898 – 1976

Der Brite Thomas Humber gründete im Jahr 1867 eine Fahrradfabrik, die schon in den 90er-Jahren des 19. Jahrhunderts mit Automobilen experimentierte. Zur Automobilfabrik wurde die Firma jedoch durch den Lizenzbau der Dreiräder von Léon Bollée. Eine Eigenproduktion war 1904 das Modell „Humberette", ein leichter Wagen mit französischem Einzylinder-„De Dion-Bouton"-Motor. 1908/09 wurden die „Humber"-Werksanlagen nach Coventry, Warwickshire/England, verlagert, und von da an produzierte man eine ganze Reihe interessanter Automobile. Besonders elegant geriet der „Humber Saloon", von dem 1927 etwa 4000 Exemplare gebaut wurden. 1928 schloß sich „Humber" mit der britischen Autofirma „Hillman" zusammen. 1964 kam die Firma zu „Chrysler".

Das bekannteste Emblem von „Humber" war ein Queroval, in dem der Markenname zu lesen war. Es gab auch noch ältere Fahrzeuge, auf deren Kühlern der verschnörkelte Schriftzug „Humber" angebracht war. Ⓝ Ⓑ Ⓚ

HUMBERSTONE

GB 1977

1978 stellte die englische Firma „Chris Humberstone Design" in Woking, Surrey/England, ihre überarbeitete Ausführung eines Sportwagen-Modells unter dem Markennamen „Humberstone" mit Typenbezeichnung „Alfa Romeo Sextet" vor. Der sechssitzige „Humberstone Alfa Romeo Sextet" mit Sicherheitsglas und bronzefarbenem Sonnendach wurde bereits 1977 erstmals auf dem Genfer Automobil Salon präsentiert. Basis war ein „Alfa Romeo"-Modell.

*Das Markenzeichen der englischen Design-Firma zeigte zwei Löwen, die ein wappenähnliches Gebilde mit den Buchstaben „CHD" für „**C**hris **H**umberstone **D**esign" halten. Unter dem Zeichen war die gesamte Bezeichnung des Unternehmens zu lesen.*

HUMMER; AM GENERAL

USA 1991 – heute

Die Firma „AM General Corporation“ in Wayne, Michigan/USA, wie auch in South Bend, Indiana/USA, baute von 1974 bis 1984 Lastwagen mit dem Markennamen „AM General“. Bei dieser Firma stellte man auch Jeep-ähnliche, „Hummer“ genannte Geländewagen her. In den frühen 90er-Jahren tauchte der Name „Hummer“ nochmals in den USA auf. Der „Hummer“, seit dem Irak-Krieg als General Schwarzkopfs Wüstenstürmer bekannt, wurde nun als Geländewagen-Sensation der US-Army eingesetzt und für den zivilen Markt aufgerüstet. Der amerikanische „AM General Hummer“, besaß als Militär-Jeep einen V-Achtzylinder-5,2-Liter-157 PS-Dieselmotor, Dreigang-Automatik und Allradantrieb. In der modifizierten Version wurde die Leistungsstärke des Motors auf 6,2 Liter erhöht und auf 152 PS abgesenkt. Man bot eine Klimaanlage, aufgepolsterte Sitze und weiteren Komfort.

Für den „Hummer“ verwendete die Firma „Solid Cars – Vertriebs & Service GmbH“ aus Unterschleißheim bei München im Modelljahr 1993 eine schwarze, an den Ecken abgerundete Plakette mit der Inschrift „HUMMER“ und der Bezeichnung „Limited Edition“.

HUPMOBILE

USA 1908 – 1940

Zusammen mit dem Geschäftsmann Charles D. Hastings gründeten die Brüder Robert und Louis Hupp im Jahre 1908 in Detroit, Bundesstaat Michigan, eine Automobilfabrik, in der man leichte, einfache Vierzylinder-Wagen unter dem Markennamen „Hupmobile“ herstellte. Automobile dieses Markennamens wurden von 1908 bis 1940 in den verschiedenen Ausführungen gebaut. Der Wagen ließ sich infolge seiner guten Qualität erfolgreich verkaufen. Man verzichtete sogar auf ein großes Programm von Modellvarianten und beschränkte sich auf wenige Standard-Modelle. Mit Mühe aber überstand die Firma „Hupp Motor Car Company“ die Weltwirtschaftskrise, doch die in den 30er-Jahren herausgebrachten Stromlinienwagen mit Karosserien von „Cord“ ließen sich auch nicht in großen Stückzahlen absetzen. Im Sommer 1940 stellte man bei „Hupp“ den Hupmobile-Automobilbau für immer ein.

Ein Markenzeichen des amerikanischen „Hupmobile“ zeigt drei Dreiecke, den Buchstaben „H“, ein Wappen und die Türme eines Kastells.

Ⓝ Ⓚ

HUSQVARNA

S 1943

Die schwedische Firma „Husqvarna Vapenfabriks AB“ in der Kleinstadt Husqvarna, die bereits 1867 gegründet worden war, vertrat als Waffenfabrik Spitzentechnik. Zu Beginn des neuen Jahrhunderts begann man mit der Herstellung von Fahrrädern, denen 1903 der erste Motor dieser Marke folgte. In den Jahren 1932 bis 1935 stand die Marke an erster Stelle bei Motorradrennen in der 500 cm³-Klasse. Im Jahr 1943 baute „Husqvarna“ den Prototyp eines Dreirad-Wagens. Dieses Projekt wurde streng geheimgehalten, und nur wenige Angestellte wußten davon. Das Fahrzeug war für die Serienproduktion geplant und erhielt einen luftgekühlten 500 cm³-„Husqvarna“-Zweitakt-Motor. Vermutlich blieb es bei diesem Einzelexemplar mit Kettenantrieb. Der „Husqvarna“ sollte auch einen „DKW“-Motor erhalten und muß eine „Saab“-ähnliche Frontpartie besessen haben.

„Husqvarna“-Produkte trugen u. a. ein Emblem mit dem gekrönten Buchstaben „H“ für „Husqvarna“ in einem Kreis. Mit dem gelben „H“ auf blauem Untergrund ergaben sich die Nationalfarben Schwedens. Der Innenteil der Krone war rot gehalten.

Ⓝ Ⓑ Ⓚ

HYMMEN

D 1900/1910

Die Geschichte der auf kontinuierliche Produktionsverfahren spezialisierten Bielefelder Maschinenfabrik „Hymnen“ geht bis in das Jahr 1892 zurück. Firmengründer Theodor Hymmen (1867–1942) baute ab 1892 mit wenigen Mitarbeitern Maschinen und Stahlkonstruktionen. Bereits im Jahre 1900 wurde ein Vierrad-Motorwagen in einer separaten Abteilung gebaut. Auch 1910 hatte diese Abteilung einen weiteren „Hymmen“-Motorwagen in ihrem Produktionsprogramm, wobei beide Fahrzeuge vermutlich im Auftrag von Kunden hergestellt wurden. Bekannt ist, daß es sich um offene Wagen handelte, die mit großzügigen, gut gepolsterten Ledersitzen und Frontmotoren ausgerüstet waren. Neben Ballonreifen gab es auch schmale, flache und freiliegende Kotflügel.

Für den deutschen „Hymmen“-Motorwagen verwendete man ein querstehendes Karo-Emblem, in dem man den Markennamen „Hymmen“ integriert hatte.

HYUNDAI

ROK 1974 – heute

Bereits 1967 wurde in Südkorea die Firma „Hyundai Motor Co.“ gegründet, doch erst im November 1968 begann man die Automobilproduktion mit einer Ausführung, die den gleichen Namen wie ein europäischer Typ erhielt, nämlich „Cortina“. Seit dem Januar 1969 stellte die Firma auch Lastkraftwagen, Kipper und den ersten Bus Südkoreas her. „Hyundai“ machte sich die Erfahrungen des japanischen Großkonzerns „Mitsubishi“ zunutze, der das koreanische Unternehmen unterstützte. Erst im Oktober 1974 wurde auf dem Turiner Automobil Salon in Italien das erste originale Hyundai-Automobil, der „Pony“, ausgestellt. Dieser Wagen war als Limousine und Coupé mit 1200 cm³-Triebwerk, später 1400 cm³- und dann 1600 cm³-Motor erhältlich. Später behielt man die Namen der Modellreihe bei, Technik und Design hingegen wurden ständig verbessert. Neue Export-Modelle wie „Stellar“, „Sonata“ u. a. folgten.

„Hyundai“ führte als Markenzeichen zunächst einen Schriftzug in Druckbuchstaben; in den 90er-Jahren aber ein Queroval mit eingeschlossenem, schrägstehendem Buchstaben „H“ für den koreanischen Markennamen „Hyundai“.

Ⓝ Ⓟ

IENA

I 1922 – 1925

Im Jahre 1922 kam es zur Gründung der „Industria Economica Nazionale Automobili di Tommasi & Rizzi“ in Lodi/Italien, die bis 1925 bestand und Automobile der Markenbezeichnung „IENA“ herstellte. In den drei Jahren des Bestehens wurden etwa 150 Exemplare der Marke „IENA“ gebaut, die mit wassergekühlten französischen Vierzylinder-„Chapuis-Dornier“-Motoren versehen wurden. Zwei verschiedene Versionen, so auch ein 750 cm³- und ein 1000 cm³-Motorwagen, wurden hergestellt. Bei den Fahrzeugen handelte es sich um Cyclecars in sportlicher Ausführung. Da die italienische Firma mit anderen Unternehmen gleicher Branche preislich nicht Schritt halten konnte, mußte 1925 die IENA-Automobilproduktion für immer eingestellt werden.

Die Firma „Industria Economica Nazionale Automobili di Tommasi & Ricci“, Kurzbezeichnung „IENA“, verwendete für ihre Produkte u. a. einen Schriftzug des Markennamens in geschwungenen Großbuchstaben.

IFA

Die Gesellschaft „Auto Union", die im Jahre 1932 durch Zusammenschluß der sächsischen Automobilmarken „Audi", „DKW", „Horch" und „Wanderer" gegründet worden war, wurde nach dem Zweiten Weltkrieg verstaatlicht. Zum Werksinventar gehörten Prototypen eines bereits 1939 entwickelten größeren Dreizylinder-DKW-Wagens. Erst im Frühling 1948 wurde die Konstruktion auf der Leipziger Messe als Modell „DKW F 9" vorgestellt. Das Fahrzeug mit „IFA"-Emblem besaß einen Dreizylinder-900 cm^3-Zweitakt-Motor. Zwar verzögerte sich die Fabrikation dieses Typs, doch brachte die „Industrievereinigung volkseigener Fahrzeugwerke" (IFA) in Zwickau und Eisenach/DDR das Modell „F 9" etwas früher zur Serienproduktion als die 1949 in Ingolstadt und Düsseldorf neu gegründete „Auto Union". Weitere IFA-Produkte waren der „EMW", der „Wartburg" und „Trabant".

DDR 1948 – 1956

Die „IFA" verwendete unterschiedliche Markenzeichen. So gab es z. B. ein Karo mit dem Markennamen „IFA" und der Bezeichnung „VEB" für „Volkseigener Betrieb".

Ⓝ Ⓑ

IMESA

Die Firma „Industrias Motrices Espanolas S.A.", kurz „IMESA" genannt, wurde im Juni 1983 in Pologono de Sabon-Arteixo, La Coruña/Spanien, gegründet. Dieses relativ junge Unternehmen nahm sich des spanischen Seat an und brachte laufend neue Karosserie-Versionen heraus. Die Firma baute die verschiedensten Modelle dieser Marke zu Sondermodellen um. Nachdem man zu Beginn einen abgeänderten Seat vorgestellt hatte, wurde dieser vom Instituto Nacional de Tecnica Espacial (INTA) geprüft und für gut befunden. Im April 1985 baute die Firma ihre Produktion auf. 1986/87 gab es einen IMESA-„Pick-up", der auf dem spanischen „Seat Malaga Diesel" basierte. In den Modelljahren 1991/92 wurden über das Seat-Netz in Spanien die speziellen Pick-up-Modelle, die teilweise auch im „Freizeit-Look" vorgestellt wurden, weiter vertrieben.

D 1983 – heute

Das Markenzeichen des „IMESA" stellte den Buchstaben „I" in einem Ring sowie den gesamten Markennamen dar.

IMP

In den Jahren 1960 bis 1963 kam es durch die Firma „North East Engineering Co.", die in Turin/Italien unter „Intermeccanica" firmierte, zum Bau von etwa 20 zweisitzigen Coupés, die von der Firma „Intermeccanica-Puch" die Markenbezeichnung „IMP" erhielten. Der IMP wies in seinem Äußeren eine starke Ähnlichkeit mit dem italienischen „Fiat-Abarth" („Abarth-FIAT") dieser Zeit auf. Er hatte jedoch nur über einen Umweg mit der italienischen Marke „Fiat" zu tun, denn der „IMP 700 GT" war auf der Karosserie-Plattform der österreichischen „Steyr-Puch"-Kleinwagen aufgebaut und besaß einen Zweizylinder-650 cm^3-48 DIN-PS- bzw. 500 cm^3-29 PS-Heckmotor. Der IMP entstand u. a. auf Initiative des Puch-Urneffen als Produkt des Thondorfer (Graz) Kundendienstleiters Johann Puch. 1963 wurde die Herstellung des IMP in Frank Reisners „Intermeccanica" aufgegeben.

I/A 1960 – 1963

Der „IMP" führte ein wappenähnliches Emblem, das von einem Ring umschlossen war. Über die Bedeutung des integrierten Symbols liegen keine Informationen vor. Die Kleinbuchstaben „i" und „m" dürften für „Intermeccanica" gestanden haben.

IMPERIA

1923 wurde in Köln eine Firma gegründet, deren Inhaber Dr. H. C. Becker war. Dieser baute zunächst Motorräder mit dem Markennamen „Imperia", die sich an englische Konstruktionen anlehnten. Von 1924 bis 1935 wurden Imperia-Motorräder unter den Firmennamen „H. C. Becker & Co.", „Köln-Kalker Maschinenfabrik AG" in Köln-Kalk, „Imperia Fahrzeugwerk GmbH" in Bad Godesberg und zuletzt „Imperia Werk Aktiengesellschaft" gefertigt. Bereits 1924 und 1925 kam es zu Versuchen mit Automobilen bei „Imperia", doch erst 1934 begann man mit Prototypen. Der einsitzige Rennwagen erhielt einen Stromlinienaufbau und einen Heckmotor. Das Coupé wies einen Dreizylinder-750 cm^3-Zweitakt-Sternmotor im Heck auf. 1935 wurden beide Fahrzeuge auf der Frankfurter Automobilausstellung gezeigt. Kurz nach 1935 verschwand der Imperia wieder.

D 1935

Bei „Imperia" gab es u. a. eine stilisierte Krone, deren Zacken vom Markennamen „Imperia" gebildet wurden. Ein weiteres Emblem zeigte den Markennamen „Imperia", umgeben von einem querstehenden Rechteck mit runden Ecken.

Ⓝ Ⓑ

IMPERIAL

Die Firma „Imperial Automobile Co." in Jackson, Michigan/USA, baute in den Jahren 1908 bis 1916 Automobile mit dem Markennamen „Imperial", die vorwiegend als Tourenwagen zur Vorstellung kamen. Dieses Nachfolgeunternehmen der „Jackson Carriage Co." baute den „Imperial" als Mittelklassewagen mit Vierzylinder-Motor. Es gab ihn auch als Roadster. 1914 gab es von Imperial vier verschiedene Fahrgestelle mit Vierzylinder-4,9-Liter- und Vierzylinder-5,2-Liter- sowie Sechszylinder-7,0-Liter-Motoren. Das Unternehmen wurde schließlich von J. I. Handley aufgekauft, der auch die Marken „Handley", „Handley-Knight" und „Marion-Handley" ins Leben rief. Durch die Fusion von „Imperial" und „Marion" in Indianapolis/USA, entstand die neue Gesellschaft „Mutual Motors Corporation". 1916 stellte man den Imperial ein, dem der neue „Marion-Handley" folgte.

USA 1908 – 1916

Das Markenzeichen des Imperial zeigte sich in Wappenform mit aufgesetzter Krone und integriertem Markennamen „Imperial".

INDIAN

Aus der Zusammenarbeit des Fahrradproduzenten George W. Hendee mit Oscar Hedström entstand ein „Indian" genanntes Motorrad, das am 25. Mai 1901 vorgestellt werden konnte und dem jahrzehntelang weitere berühmte Modelle folgten. Etwa 1905 baute man schon drei- und vierrädrige Versuchsautomobile. 1910 entstand ein weiterer „Runabout"-Motorwagen, der jedoch den Namen „Hendee" trug. Im Jahre 1928 wurden in der inzwischen zur „Indian Motorcycle Co." umgewandelten Firma drei weitere Automobile gebaut (u. a. ein Coupé und ein Roadster), die zum Teil von einem Zweizylinder-„Indian"-Motorrad- bzw. von einem Vierzylinder-„Continental"-Motor angetrieben wurden. 1929 stellte man den Bau des „Indian" wieder ein.

USA 1928 – 1929

Markenzeichen der „Indian Motorcycle Co." war hauptsächlich der schräggestellte, verschnörkelte Schriftzug „Indian". Ein rundes Emblem zeigte den Kopf eines Indianers, umgeben von den Bezeichnungen „Indian Motorcycle", „The Hendee Manufacturing Co." sowie „Springfield, Massachusetts". Ⓝ Ⓑ

INNOCENTI

Die Geschichte von „Innocenti“ als Automobilhersteller begann im Jahre 1960. Ferdinando Innocenti (1891–1966) handelte in frühen Jahren mit Stahlrohren, für deren Produktion er 1931 in Lambrate, Mailand/Italien, einen Betrieb einrichtete, der 1933 den Firmennamen „S.A. Fratelli Innocenti“ erhielt. 1946 begann man die Fabrikation eines Motorrollers, der als „Lambretta“ berühmt wurde und dem weitere motorisierte Zweiräder folgten. Das erste Personenwagen-Modell des Markennamens „Innocenti“ wurde im Jahre 1960 in Lizenz („Austin A 40“ der „British Motor Corporation“) gebaut. Dann folgte die italienische Ausgabe des „Austin-Healey Sprite“ als „Innocenti 950“. Weitere Modelle unterschiedlichster Leistungsklassen schlossen sich an. 1972 kam man zur „British Leyland“, 1976 zu „De Tomaso“ und in den frühen 90er-Jahren über „Maserati“ zu „Fiat“.

I 1960 – heute

Das ovale Markenzeichen zeigte den Kleinbuchstaben „i“ für „Innocenti“, der zudem noch in einem Ring stand. Ein weiteres Emblem zeigte lediglich den Kleinbuchstaben „i“.

Ⓝ Ⓚ Ⓟ

INTERMECCANICA

Frank Reisner, geboren in Ungarn, ist ein technisches Genie. 1959 kam er mit seiner Familie nach Italien, wo er in Turin die „Costruzioni Automobili Intermeccanica“ gründete. Die erste Produktion erhielt die Markenbezeichnung „IMP“. Um 1965 verband er sich mit den amerikanischen Firmen „Apollo“, „Griffith“ und „Omega“. Man stellte nun ab 1967 Fahrzeuge mit italienischen Karosserien und amerikanischen Motoren her. 1968 erhielten die neu hergestellten „Torino“-Wagen mit 5,0- sowie 5,7-Liter-Aggregaten den Zusatznamen „Italia“. Ab 1976 gab es die neue Gesellschaft „Automobili Intermeccanica“ in Santa Ana, Kalifornien/USA. 1980 vertrieb man den „Intermeccanica Speedster“, der in fast genau 400 Exemplaren gebaut wurde. Nach den Versionen „Intermeccanica Corvette Roadster“ und „Intermeccanica Cabrio“ kam 1980 das Ende dieser einst so renommierten Marke.

I/USA 1967 – heute

„Intermeccanica“ führte ein wappenähnliches Markenzeichen, das den Markennamen, wie auch einen Stier zeigte. Dieser könnte symbolisch für den Namen des Herstellerortes Turin in Italien gestanden haben („Torino“, “Toro“ = Stier).

INTERNATIONAL; IHC

Die Geschichte der „International Harvester Co.“ (IHC) begann bereits 1831 mit der Herstellung des ersten mechanischen Getreidemähers, den C. H. McCormick erfunden hatte. Im Jahre 1902 schloß sich „McCormick“ mit der „Deere Harvester Co.“ und drei weiteren Firmen der Landmaschinenbranche zur „International Harvester Co.“ zusammen. Bei „McCormick“ entstanden 1902 nun die ersten „International“ bzw. „IHC“ genannten “Highwheeler“ mit zunächst Zwei-, dann Vierzylinder-Motor. 1907 gab es einen weiteren IHC-Motorwagen in offener Ausführung. 1910 und 1911 folgten Tourenwagen mit konventionellen Rädern und Luftreifen. Erst 1937 wurden erneut Personenwagen („Station-Wagons“) mit Sechszylinder-Motoren gefertigt. 1961 gab es einen Allrad-„International Scout“, der bis 1980 gebaut wurde

USA 1902 – 1911;
1937 – 1980

Bei „International“ verwendete man u. a. einen „International“-Schriftzug, schräg auf dem Kühler angebracht. Es gab auch ein „IHC“-Emblem, bei dem der Buchstabe „H“ das „C“, und der Buchstabe „I“ das „H“ überdeckte. Alle drei Initialen zusammen ergaben ein rundes Emblem. Ⓝ Ⓑ Ⓚ

INTER-STATE

Im Jahre 1909 begann die im Februar gleichen Jahres gegründete Firma „Inter-State Automobile Co.“ in Muncie, Indiana/USA, Automobile des Markennamens „Inter-State“ herzustellen. Die ersten Modelle wie z.B. das „Model 28“ wurden mit Vierzylinder-4,7-Liter-Motoren versehen. 1911 kam „Model 34“, auch als „Bulldog“ bekannt geworden, auf den Markt. Dieses besaß elektrische Scheinwerfer und einen elektrischen Starter. Im gleichen Jahr erschien noch „Model 35“ mit 50 PS-Motor, das als fünf- und siebensitziger „Torpedo Tourer“ vertrieben wurde. Im Oktober 1914 wurde die Firma reorganisiert und hieß nun „Inter-State Motor Co.“. Man baute nun ein billigeres Modell mit der Bezeichnung „Inter-State T“ mit Vierzylinder-„Beaver“-Motor, der noch bis 1918 produziert wurde. Ein Jahr später erwarb „General Motors Corporation“ die Werksanlagen.

USA 1909 – 1918

„Inter-State“-Automobile zeigten als Markenzeichen den Markennamen, der oben und unten von einem Pfeil eingegrenzt wurde.

INVICTA

Im Jahr 1925 gründeten der Brite Noel Macklin, der sich schon um 1920 als Automobil-Konstrukteur versucht hatte, und sein Partner Oliver Lyle, ein Zuckerfabrikant, in Conham, Surrey/England, die Firma „Invicta Cars“. Man begann mit der Herstellung von kleinen Sportwagen, die den Markennamen „Invicta“ erhielten. Als Antrieb diente zunächst ein Sechszylinder-2,5-, dann ein 3,0-Liter-Motor von „Meadows“. Der Invicta wurde aufgrund seiner hervorragenden Qualität und Leistung rasch bekannt und beliebt. 1928 stellte man ein Fahrzeug mit 4,5-Liter-Aggregat vor. Wirtschaftliche Probleme schoben der englischen Produktion 1938 einen Riegel vor. Der Name blieb jedoch erhalten. Von 1946 bis 1950 wurden in Virginia Water, Surrey/England, nochmals 20 Exemplare mit Sechszylinder-„Meadows“-Motoren („Black Prince“) gefertigt.

GB 1925 – 1938;
1946 – 1950

Das lateinische „Invicta“ bedeutet „unbesiegt“, „unüberwindlich“. Diesen Namen hatte man an den Kühlern der Fahrzeuge auf einer querrechteckigen Plakette angebracht. Ein weiterer Schriftzug zeigte den Markennamen „Invicta“ mit großen Anfangs- und Endbuchstaben. Ⓚ

IPE

Die Firma „Ipe-Autogesellschaft mbH“ mit Sitz in Berlin wurde um 1919 gegründet und stellte ab diesem Jahr zweisitzige „Ipe“-Kleinwagen mit Notsitz her. Das Fahrzeug besaß einen seitengesteuerten Vierzylinder-1017 cm³-12 PS- bzw. einen Vierzylinder-1020 cm³-4/14 PS-Motor. Außerdem fand das Fahrgestell für einen „Ipe“-Lieferwagen Verwendung. Der kurzzeitig bis 1921 gefertigte Ipe wurde als Kleinwagen herkömmlicher Bauweise angeboten, jedoch nur in begrenzten Stückzahlen hergestellt. Aufgrund von Absatzschwierigkeiten konnte sich der Wagen nicht durchsetzen.

D 1919 – 1921

Die Firma „Ipe“ führte in einem ihrer Prospekte den Schriftzug „Ipe“ in altertümlich anmutender Druckbuchstabenform.

IRIS

GB 1905 – 1915

Lucien Alphonse Legros, 1864 geboren, gründete zusammen mit seinem Partner Guy Knowles 1905 in Willesden, im Nordwesten Londons, die Firma „Legros & Knowles Ltd“, die bis 1906 unter diesem Namen firmierte. Von 1906 bis 1910 hieß die Londoner Firma „Iris Cars Ltd“, und 1910 wurde unter gleichem Namen ein Unternehmen in Ayllesbury, Buckinghamshire/England, eröffnet. Die ersten Fahrzeuge der Marke „Iris“ waren schwerfällig, die verwendeten Motoren galten als nicht ausgereift. Es gab Vierzylinder-15 PS-, 25 PS- und 35 PS-Motorwagen. Weitere Modelle, in verbesserter Version, folgten in den nächsten Jahren. Bis zum Beginn des Ersten Weltkriegs baute man eine Reihe gut verarbeiteter Typen, so auch Wagen mit Vierzylinder-15,8 PS- oder Sechszylinder-40 PS-Motor. 1915 wurde der Automobilbau eingestellt.

1909 gab es ein emailliertes „Iris“-Blumenemblem in blauer und grüner Farbe. Auf Clive Harrington geht das ungewöhnliche „Iris“-Maskottchen zurück, das auf den rautenförmigen Kühlern angebracht war. René Legros entwarf die Kühlerfigur der griechischen Göttin Iris.

ISDERA

D 1983 – heute

1983 präsentierte der Ingenieur Eberhard Schulz aus Warmbronn bei Stuttgart einen zweisitzigen Spyder mit „Volkswagen Golf GTI“-Motor vor der Hinterachse. Hierbei handelte es sich um einen unkonventionellen Sportwagen mit Gitterrohrrahmen und Kunststoff-Karosserie. Dieses Fahrzeug ging als „Isdera 033i“ in Serienproduktion. Auf dem Genfer Automobil Salon 1985 zeigte die Firma „Ingenieurbüro für Styling, Design und Racing“ (ISDERA) einen neuen Flügeltürer mit V-Achtzylinder-400 PS-Motor namens „Isdera Imperator 080i“. In den Modelljahren 1991/92 fand man den „Spyder 036i“ als offenen Zweisitzer mit niedriger Frontschiebe und 3,0-Liter-231 PS-Motor, desgleichen den „108i“ als Flügeltüren-Sportwagen mit Achtzylinder-330 PS-Triebwerk. Ein weiteres Modell war der „Isdera Commendatore 112i“ mit Zwölfzylinder-410 PS-„Mercedes-Benz“-Motor.

Das Markenzeichen des schwäbischen Isdera-Sportwagens zeigt einen Adler vor himmelblauem Untergrund. Der Markenname „Isdera“ leitet sich von „Ingenieurbüro für Styling, Design und Racing“ ab.

Ⓝ

ISO

I 1953 – 1979

1948 stellte die „Isothermos“ mit Sitz in Bresso bei Mailand, die in großem Umfang thermische Anlagen produzierte, auch einen „Furetto“ genannten Motorroller mit 65 cm^3-Zweitakt-Motor her. 1952/53 entwickelte die Firma „Iso S.p.A. Veicoli“ einen zweisitzigen Kabinenroller, der zudem Platz für ein Kind wie auch Kleingepäck bieten sollte. 1953 wurde der „Iso Isetta“-Kleinwagen vorgestellt und ab 1955 auch bei BMW in München als „BMW Isetta“ in Lizenz gebaut. Renzo Rivolta engagierte zudem im Modelljahr 1962 den Konstrukteur Giotto Bizzarini von „Ferrari“ (Sportwagen „Bizzarini“). Man begann Hochleistungs-Sportwagen herzustellen, und so entstand der legendäre „Iso Rivolta“ mit V-Achtzylinder-„Chevrolet“-Motor, dem die Typen „Grifo“, „Lele“ und „Fidia“ folgten. 1979 verschwand die Marke Iso. 1991 tauchte jedoch ein völlig neues Iso-Automobilprojekt auf.

Der Markenname „Iso“ bezieht sich auf den Firmennamen „Isothermos“. Der Name „Grifo“ meint den mythologischen „Vogel Greif“, der auch im „Iso Rivolta“-Markenemblem stand.

Ⓝ Ⓑ Ⓚ

ISOTTA-FRASCHINI

I 1900 – 1949

Cesare Isotta und die Brüder Vincenzo, Oreste und Antonio Fraschini gründeten am 27. Januar 1900 die neue Gesellschaft „Società Milanese d'Automobili Isotta, Fraschini & C.“. Man baute zunächst einen Einzylinder-Motorwagen. Später konstruierte Giustinio Cattaneo Vierzylinder-Wagen, die bald größere und luxuriösere Ausmaße annahmen. Der Konstrukteur erfand zudem eine Allradbremse, die man in diese „Isotta-Fraschini“-Automobile einbaute. In den 20er-Jahren gab es das sehr teure Modell „Tipo 8“ mit Achtzylinder-ohv-Motor. Im Modelljahr 1936 schloß sich die „Fabbrica Automobili Isotta-Fraschini“ dem italienischen Caproni-Konzern („Cemsa“, „Cemsa-Caproni“) an, der 1948 mit der Marke nochmals ein Comeback versuchte. Der „Monterosa“ mit seinem V-Achtzylinder-Motor wurde aber nur in einer kleinen Versuchsserie gebaut.

Das Markenzeichen von „Isotta-Fraschini“ bestand aus den Buchstaben „IF“ für „Isotta-Fraschini“ mit dem Zusatz „Milano“, dem Herstellungsort. Das „Isotta-Fraschini“-Markenzeichen gab es u. a. auch mit Lorbeerkränzen umgeben.

Ⓝ Ⓚ

ISUZU

J 1953 – heute

Die Firma „Isuzu Motors Ltd“ betrachtet die Gründung von „Tokyo Automobile Industries Co.“ am 9. April 1937 als ihren Gründungstag. Sie bezeichnet sich als einen der ältesten Automobilhersteller Japans. Bereits 1934 tauchte der erste Vierzylinder-Lastkraftwagen der Marke „Isuzu“ mit Dieselaggregat auf. 1949 hatte man den Firmennamen „Isuzu Motors Ltd“ eingeführt. Isuzu mit Firmensitzen in Kawasaki und Fusisawa bot dann eine umfassende Fahrzeugpalette an, die vom kleinen Personenwagen bis zu Schwertransportern und Bussen reichte. Inzwischen wurde „General Motors“ Haupanteilseigner von der Firma, die auch noch heute Personenwagen unterschiedlicher Leistungsklassen und Ausführungen anbietet. So gab es 1994 den „Isuzu Amigo“ („Opel Frontera Sport“), der auch mit Vierzylinder-2,6-Liter-Motor angeboten wurde.

Schon 1974 wurde das alte „Isuzu“-Markenemblem gegen ein neues Logo ausgetauscht. Es zeigt zwei weiße Säulen. Eine repräsentiert die Isuzu-Gesellschaft. Die andere stellt die Kunden dar. Die weiße Farbe symbolisiert Ehrlichkeit und Zuverlässigkeit, die rote Fortschritt und Initiative.

Ⓝ Ⓑ

ITALA

I 1904 – 1934

Matteo Ceirano von der Firma „Fratelli Ceirano“, verließ 1903 seinen Familienbetrieb, um eine neue Firma zu gründen, die dann den Namen „Itala Fabbrica Automobili S.A.“ erhielt. Firmensitz war Turin in Italien. Nach einem Versuch mit einem Kleinwagen, der einen französischen „De Dion-Bouton“-Motor aufwies, kam es zur Herstellung sportlicher Tourenwagen nach deutschem „Mercedes“-Vorbild. Diese Fahrzeuge waren für ihre Robustheit bekannt und bewährten sich in zahlreichen Wettbewerben. Ein Itala war es auch, mit dem Prinz Borghese im Jahre 1907 die Langstreckenfahrt Peking – Paris gewann. Mit dem Bau schwerer Luxus- und Tourenwagen vermochte sich „Itala“ indessen nicht unbeschadet durch die 20er-Jahre zu manöverieren. 1934 wurde das letzte Itala-Produkt der einst so renommierten italienischen Marke vorgestellt und die Firma aufgelöst.

Der Name „Itala“ ist eine romantische und patriotische Bezeichnung für „Italien“ und wird wie ein Mädchen-Kosename benutzt. Der Markenname „Itala“ wurde in wappenähnlicher Form auf gelbem Untergrund an den Kühlern der Fahrzeuge gezeigt.

Ⓑ Ⓚ

IVECO

NL/I 1975 – heute

Der niederländischen Firma „Industrial Vehicles Corporation" (IVECO B.V.) mit Firmensitz in Amsterdam, die am 1. Januar 1975 ihre Arbeit aufnahm, lag ein Vertrag zugrunde, den die „Fiat S.p.A." in Turin und die „Klöckner-Humboldt-Deutz AG" in Köln bereits 1974 geschlossen hatten. Etwa in diesem Jahr fusionierten „Fiat Veicoli Industriali S.p.A.", die Gesellschaften „Officine Meccanica" (OM), „Lancia S.p.A." und „Unic" in Frankreich. In gemeinsamer Arbeit und Einbringung technischem Knowhows wurden nun u. a. Nutzfahrzeuge hergestellt. Man baute aber auch kleinere Lieferwagen. IVECO war ein Firmenverbund, der in der europäischen Nutzfahrzeugindustrie den zweiten Platz einnahm. Zum Firmenverbund gehört auch die „IVECO-Magirus AG" in Ulm.

Die Kurzbezeichnung „IVECO" steht für „Industrial Vehicles Corporation". Man führte den schwarzen Schriftzug auf gelbem Untergrund an den Kühlern verschiedenster internationaler Fahrzeuge, so z. B. „Magirus", „Fiat", „Unic", „Lancia" oder „OM".

Ⓝ Ⓑ Ⓚ Ⓟ

JACKSON

USA 1903 – 1923

Die „Jackson Automobile Company" in Jackson, Michigan/USA, die im Juli 1902 gegründet wurde, baute von 1903 bis 1923 Automobile, die den Markennamen „Jackson" trugen. Es gab Ein-, Zwei- und Vier-, Sechs- und Achtzylinder-Modelle. 1910 wurde der Jackson als Vierzylinder-Typ gebaut, der bis 1916 in Produktion war. 1913 wurde ein eleganter Tourenwagen mit V-Achtzylinder-ohv-„Northway"-Motor vorgestellt. 1914 hatte Jackson auch die Firma „Fuller Buggy Company" übernommen. Von 1916 bis 1918 kam es zum Bau von V-Achtzylinder-Modellen mit ohv-„Ferro"-Motoren. Auch nach dem Ersten Weltkrieg bot man den Jackson der neuen „Jackson Motor Corporation" wieder an, jedoch mit Sechszylinder-Motoren. Ab 1920 baute man auch „Jackson" genannte Lastkraftwagen. 1923 wurde der Pkw und Lastkraftwagenbau eingestellt.

„Jackson" führte den Schriftzug „Jackson" in verschiedenen Versionen.

JAGO; GEOFF JAGO

GB 1971 – heute

Geoffrey Jago wurde 1936 in England geboren. Nach seiner Lehrzeit im Maschinen- und Karosseriebau startete er im Jahre 1960 sein eigenes Geschäft in Porchester. 1969 verlegte er sich mit Richard Park in Chicester, Sussex/England, auf den Automobilsektor. Jago baute zwei Jahre später sein erstes „Jago"-Geländefahrzeug. Seine Fahrzeuge wurden z. T. auch als „Geoff Jago" bekannt. Dieses erste Fahrzeug basierte auf dem englischen „Ford Anglia 105 E". Vier Jahre später stellte er den Aufbau seiner Konstruktion auf die „Ford Escort"-Basis um. Sowohl der „Mk I" wie auch die „Mk II"-Serie des englischen Ford Escort dienten als Bausatz für den Jago. 1981 stellte die „Geoff Jago Custom Automotive" Jeep-Fahrzeuge der Bezeichnung „Jago G.J." (Geoff Jago) vor. Der 1987er-„Samurai" erhielt einen 1,1- bis 2,0-Liter-„Ford"-Motor, und 1992 gab es den „Sandero" basierte.

Das runde Markenemblem zeigte die Initialen „G" und „J" für „Geoff Jago". Es gab auch ein Markenzeichen in querformatiger Sechseckform, in dem der Markenname „Jago" untergebracht war.

JAGUAR

GB 1945 – heute

Die Geschichte des englischen „Jaguar" begann schon 1922, als William Lyons mit der Herstellung von Motorrad-Seitenwagen („Swallow Sidecars") begann. 1929 ging man mit der englischen Automobilfirma „Standard" eine Verbindung ein. Die neue „SS Cars Ltd" baute den legendären „SS 100" („Standard Swallow"), aus dem nach 1945 der eigentliche „Jaguar" wurde. 1948 präsentierte man den „XK 120", dem die Versionen „XK 140" und „XK 150" folgten. 1961 gab es den berühmten „Jaguar E-Type" als Sechszylinder- und ab 1971 auch als Zwölfzylinder-Typ. Nach dem Modell „XJS" von 1983 folgten weitere luxuriöse Typen. 1966 kam die Firma zur „BMC" (später „British Leyland"). Heute gehört das Unternehmen zu „Ford" in den USA. Als neuestes Modell von 1994 zeigte „Jaguar Cars" in Coventry, Warwickshire/England, den „Jaguar XJ 220 C" mit V-Sechszylinder-3,5-Liter-Motor.

Das Markenzeichen des englischen „Jaguar", ein fauchender Jaguar, versteht sich von selbst. Ein anderes Emblem zeigt einen springenden goldenen Jaguar vor grünem Hintergrund. Die früheren „SS"-Fahrzeuge trugen diese beiden Buchstaben in einem geflügelten Sechseck.

Ⓝ Ⓑ Ⓚ

JAWA

CSR 1934 – 1939

Die Firma „Zborojovska Ing. Janiček" in Prag begann 1929 unter Leitung von Dr. František Janiček mit der Herstellung von Motorrädern nach einer deutschen „Wanderer"-Lizenz. 1934 wurden die Nachbaurechte für den frontgetriebenen „DKW" erworben, der – auf etwas längerem Fahrgestell – als „JaWa 700" ein gut verkäufliches, wirtschaftliches Automobil darstellte. Im Mai gleichen Jahres wurde bei den „1000-Meilen-der-Tschechoslowakei" u. a. ein offener zweisitziger JaWa-Sportwagen mit „Jaray"-Stromlinien-Karosserie eingesetzt. In den späten 30er-Jahren folgten weitere Frontantriebswagen bei „JaWa". Nach 1945 gab es so gut wie keine JaWa-Automobile mehr, mit Ausnahme einiger Versuchswagen. Die JaWa-Motorradproduktion hingegen wurde noch Jahrzehnte hindurch erfolgreich fortgeführt.

Bei „JaWa", Abkürzung für „Janiček" und „Wanderer", wurde ein Queroval mit dem Markennamen „JaWa" verwendet. Es gab auch ein Emblem, das man speziell im JaWa-Motorradbau verwendete und zudem das tschechische „CZ"-Motorradzeichen mit stilisierten Flügeln zeigte.

Ⓝ Ⓑ

JBR

E 1921–1923

In den Jahren 1921 bis 1923 baute der Madrider Zahnarzt und frühere Rennfahrer José Boniquet Riera in Barcelona eine Reihe von Cyclecars, die die Markenbezeichnung „JBR" (José Boniquet Riera) trugen. J. B. Riera war als Enthusiast für motorlose „Downcars" bekannt geworden. Er versah den spanischen JBR oder „Boniquet" mit einem französischen 904 cm^3-„Ruby"-Motor. Als Prototyp erhielt er noch einen luftgekühlten Motor und einen Riemenantrieb, doch besaßen die in Serie gegangenen JBR-Automobile wassergekühlte Motoren und einen Wellenantrieb. Im Jahre 1913 gewann J. B. Riera mit seinem JBR das Rennen um die 750 cm^3-Klasse für die „Armangué Trophy". 1924 und 1925 baute er noch Automobile mit dem Markennamen „Storm", und 1947 konstruierte er den Prototyp für einen Dreirad-Wagen namens „Riera".

Für den spanischen „JBR" verwendete man ein Queroval als Markenzeichen, in dem man die Initialen von José Boniquet Riera emblemausfüllend integrierte.

„Ein bißchen Blech, ein bißchen Lack, fertig ist der Hanomag": So wurde insbesondere über den Typ „Hanomag 2/10 PS" – auch als „Kommißbrot" oder „Mäxchen" bezeichnet – gespöttelt. Dieses Modell wurde von dem gezeigten Vierzylinder-„Hanomag 3/16" aus dem Jahr 1929 abgelöst.

Im März 1923 wurde die britische Sportwagenmarke „MG" (Morris Garage) aus der Taufe gehoben. Die neuen Fahrzeuge waren hoch geschätzt und trugen als Markenemblem ein rotes Oktogon mit den Initialen „MG".

JEANNEAU

F etwa 70er – heute

Die Firma „Jeanneau“ ist in Frankreich einer der größten Hersteller von Kleinwagen, die hauptsächlich unter dem Markennamen „Jeanneau“, als „Jeanneau Microcar“, aber auch nur als „Microcar“, und ehemals auch mit dem Typennamen „Charly“ hergestellt und vertrieben wurden. Es gab bei Jeanneau verschiedene Modelle mit unterschiedlichen Antriebsaggregaten, so z. B. das Modell „L“ und den Typ „GL“, die mit Benzinmotoren bestückt wurden. Das Unternehmen ist zudem recht bekannt für die Verwendung aufwendiger Polyester-Karosserien. Besonders groß ist die Auswahl von „Microcar“-Fahrzeugen. Bereits 1981 begann die Firma „Constructions Nautiques Jeanneau“ in Les Herbiers/Vendée mit der Fabrikation von Kleinwagen, die den Markennamen „Microcar“ erhielten, aber auch unter dem Namen „Jeanneau“ oder „Microcar Jeanneau“ bekannt wurden.

Die Firma führte u. a. als Markenzeichen den Namen „Jeanneau“ in schräg stehender Druckbuchstabenform.

JEEP

USA 1963 – heute

Der „Jeep“ entstand im Jahr 1940 über einer „Bantam“-Konstruktion: Der US-Generalstab aus „Camp Hollabird“ im US-Staat Maryland richtete im Juni 1940 an 135 Unternehmen eine Ausschreibung für die Konstruktion eines Universal-Geländewagens mit Allradantrieb. „Bantam“ führte eine Konstruktion vor. Dann präsentierte „Willys-Overland“ den „Quad“, der das Rennen machte. Bis zum Kriegsende hatte „Willys-Overland“ über 580000 Wagen des Jeep gebaut. 1950 ließ man den Namen „Jeep“ gesetzlich schützen. 1963 wurde die „Willys Motors, Inc.“ in „Kaiser Jeep Corporation“ umbenannt, und der Jeep wurde zur selbständigen Marke. 1970 kam „Kaiser“ zu „American Motors“ (AMC), die in den 80er-Jahren zu „Renault“ und dann zu „Chrysler“ übergingen. Seither wird der Jeep in verschiedensten Ländern in Lizenz hergestellt.

Heute führt man den einfachen Namensschriftzug „Jeep“, zwischenzeitlich auch in Kleinbuchstaben gehalten. Wahrscheinlich hatten Militär-Testfahrer „Jeep“ als Spitznamen (TV-Serie „Popeye“) eingeführt.

Ⓝ Ⓟ

JEG; QT

BR 1973 – etwa 80er

1973 wurde die Firma „Dacunha Veiculos & Mecanica S.A.“ in Saõ Bernardo do Campo/Brasilien gegründet. 1976 begann die neue „Dacunha QT S.A. Engenharia Industria e Comcercio“ mit der Herstellung eines Jeep-ähnlichen Geländewagens namens „Jeg“. Dieser Wagen basierte auf dem „Volkswagen Käfer“ und bot ihn in geschlossener oder in offener Ausführung mit Zwei- bzw. Vierradantrieb an. Der Standard-Motor besaß zwei Vergaser und brachte 1,6-Liter Hubraum auf. 1985 erschien der „Jeg TL 4 x 4“, wobei hier der „Volkswagen Transporter“ als Basis verwendet wurde. Auf das verkürzte Fahrgestell wurde die Stahlblech-Karosserie aufgebaut. Diesen Typ gab es als Fahrzeug mit Planverdeck oder auch mit Hardtop. Ein 1,6-Liter-54 PS starkes „Volkswagen“-Aggregat war Antrieb für diese Version des brasilianischen Geländewagens.

Die Bezeichnung „QT“ ist Abkürzung für die ersten Buchstaben im portugiesischen Alphabet. Sie stehen aber auch für „Qualquer Terrano“, was übersetzt „jedes Land, Gelände“ bedeutet. Die Marken- bzw. Typenbezeichnung „Jeg“, wurde rot auf schwarzem Untergrund gezeigt.

JEHLE

FL 1978 – heute

Der Automobildesigner Xaver Jehle stellte 1978 auf dem Genfer Automobil Salon sein Erstlingswerk mit Namen „Jehle Safari“ vor. Nachdem er sein eigenes Design-Studio in Schaan, Fürstentum Liechtenstein, errichtet hatte, zeigte er 1982 den ungewöhnlich keilförmig und futuristisch aussehenden „Jehle Saphier“, der als Coupé mit dem Plattform-Rahmen des „Volkswagen Käfer“ und einem 1,5-Liter-50 PS-„VW“-Motor versehen wurde. Die Karosserie des „Saphier“ bestand aus Polyester mit Versteifungen aus Leichtmetall. Zum Ein- und Aussteigen wurde bei diesem Fahrzeug das gesamte Mittelteil hochgeklappt. Das Flaggschiff der Modellreihe war der dreisitzige „Super-Saphier“, der auch mit einem 1000 PS-Motor zu haben war. Nach den Typen „Pantera“, „Saphier“ und „Longchamp“ bot die „Xaver Jehle Car & Motor Engineering“ 1990 den „Jehle Artemis“ mit Zwölfzylinder-500 PS-Motor an.

Jehle verwendete u. a. den schrägstehenden Druckbuchstaben-Schriftzug „Jehle“ für seine Fahrzeuge.

JENATZY

B 1898 – 1903

1893 bis 1897 entwarf und baute der belgische Elektroingenieur und legendäre Rennfahrer Camille Jenatzy eine Anzahl Elektroautomobile, die aber Einzelstücke blieben. Eine Serie erster Fahrzeuge begann er 1898 in seinem Pneumatikprodukte-Betrieb in Brüssel herzustellen, und im gleichen Jahr erregte er Aufsehen mit seinem zeppelinförmig karossierten Wagen „La Jamais Contente“ („...die nie Zufriedene“), mit dem er 1899 auf die damals sagenhafte Rekordgeschwindigkeit von 105,876 km/h kam. Einige Elektro- und Benzinfahrzeuge baute Jenatzy später noch in Paris, doch entstanden auch einige von ihm entwickelte benzin-elektrisch betriebene Automobile bei der belgischen Tochterfabrik der „Martini“-Waffenfabrik in Lüttich (Liège)/Belgien.

Auf seinen Prospekten zeigte Jenatzy unterschiedliche „Jenatzy“-Schriftzüge, wobei der von etwa 1903 stammende und in Belgien verwendete Schriftzug am bekanntesten wurde.

JENSEN; JENSEN-HEALEY; JENSEN

GB 1938 – 1976;
1972 – 1976;
1983 – heute

Die Brüder F. Alan Jensen und Richard A. Jensen gründeten Mitte der 20er-Jahre ein Werk für Spezialaufbauten, und 1936 errichtete man eine Automobil-Karosseriefirma. Zwei Jahre später enstand der erste englische „Jensen“-Tourer auf Basis des „Ford V 8“. Erst ab 1949 konnte man von einer eigentlichen Automobilproduktion sprechen, als man mit einem „Jensen“-Sportwagen mit Sechszylinder-4,0-„Austin“-Motor an die Öffentlichkeit trat, der später als Modell „Interceptor“ seinen Siegeszug antrat. Es folgten große Cabriolets und Coupés mit amerikanischen V-Achtzylinder-Aggregaten. Von 1972 bis 1976 wurde der „Jensen-Healey“ gebaut; 1977 wurde die „Jensen Motors Ltd“ liquidiert, tauchte aber 1983 erneut auf und baut nun neuerdings wieder Fahrzeuge mit Markennamen „Jensen“.

Zunächst führte man in einem Fünfeck mit abgerundeten Ecken den überkrönten Buchstaben „J“ für „Jensen“. Neuere Zeichen gab es mit einem geflügelten runden Emblem und dem Markennamen „Jensen“ auf gelbem Untergrund.

Ⓝ Ⓑ

JEWETT

USA 1923 – 1926

Die amerikanische Automarke „Jewett“ entstand über die Tochterfirma der Gesellschaft „Graham-Detroit Motor Car Co.“ in Detroit, Michigan/ USA. Diese Firma mit Namen „Jewett Motors, Inc.“ (gegr. 1921) baute von 1923 bis 1926 die „Jewett“-Automobile. Der Wagen war im Grunde genommen nichts anderes als ein kleinerer „Paige“, der als „Jewett“ angeboten wurde. Für den „Jewett“ wurden Sechszylinder-Motoren der eigenen Fabrik, wie auch amerikanische „Continental“-Antriebsaggregate verwendet. Frühere Fahrzeuge erhielten auch 4,1-Liter-Motoren, es gab u. a. 1925 auch kleine 2,5-Liter-Versionen mit „Front Wheel Drive“ (Frontantrieb). Die letzten Fahrzeuge 1925 erhielten noch hydraulische Bremsen. Im Januar 1927 ließ man den Namen „Jewett“ fallen, und der ehemalige Jewett wurde zum neuen „Paige 6-45“.

Das amerikanische Fahrzeug erhielt ein querformatiges Sechseck als Markenemblem, in dem der Markennamen „Jewett“ integriert war. Der Name selbst kam von Harry M. Jewett, dem Präsidenten der Automobilfirma „Graham-Detroit Motor Car Co.“.

Ⓝ Ⓑ Ⓚ

JIOTTO

J 1989 – heute

Ende Dezember 1989 tauchte der neue „Jiotto Caspita“-Sportwagen der Superlative auf. Dieser über 300 km/h schnelle „Caspita“ wurde von der Firma „Fuji Heavy“ auf der „Tokyo Motor Show“ vorgestellt. Die Firma fertigte auch Automobile des Markennamens „Subaru“, und bereits Ende 1991 sollte dieser Wagen in Serienproduktion gehen und für über 1 Million Mark – allerdings nicht als „Subaru“ – verkauft werden. Als Antrieb für das Fahrzeug diente ein Zwölfzylinder-3,5-Liter-450 PS-Motor. Der Flügeltürer bezog sein Triebwerk von „Motori Moderni“ aus Italien, einem exklusiven Formel-1-Triebwerkhersteller. 1993 wurde ein erstes „Jiotto Caspita“-Exemplar bei der japanischen Firma „Dome Co. Ltd.“, ebenfalls in Kyotto, gebaut. 1994 gab es den „Caspita“ mit 585 PS starkem Motor, Sechsgang-Getriebe und mit Preßluft-Wagenhebern, die in die Karosserie integriert waren.

Der „Jiotto Caspita“ zeigt auf seiner Karosserie den futuristisch aussehenden Schriftzug „Caspita“.

JOHNSON

USA 1905 – 1912

Prof. Warren S. Johnson war in den 1880er-Jahren als Lehrer im Wisconsiner „Whitewater State College“ angestellt. Er erfand ein spezielles elektrisches Thermostat und gründete 1901 die Firma „Johnson Service Co.“ in Milwaukee, Wisconsin/USA, wo man zunächst einen 1,0-Tonner Lastwagen baute, dem weitere Versionen mit größerer Kapazität folgten. In den Jahren 1905 bis 1912 stellte man Personenwagen mit dem Markennamen „Johnson“ her. 1905 und 1906 trugen einige Fahrzeuge auch den Markennamen „Auto Carriage“. Es handelte sich um einen vierzylindrigen Dampfkraftwagen für den Personentransport, mit einer enorm großen Kühlerhaube. Für den Antrieb fand ein Einzylinder-30 PS-Motor Verwendung. Nach 1907 baute man Sechszylinder-Typen mit Benzinmotor. 1911 entstand der „Silent Johnson“ (30, 40 und 50 PS).

Bei „Johnson“ verwendete man u. a. den einfachen Namensschriftzug „Johnson“ in Druckbuchstaben.

JONZ

USA 1908 – 1911

Chester Charles Jonz errichtete 1908 zusammen mit seinem Bruder Ellsworth in Beatrice, Nebraska/USA, die Firma „Jonz Automobile Co.“. Noch im gleichen Jahr entstand ein Dreizylinder-Runabout, der den Markennamen „Jonz“ erhielt und auf der „Chicago Automobile Show“ zur Ausstellung kam. 1910 konnte „Jonz“ eine neue Fabrik in New Albany, Indiana/USA, errichten. Man baute nun in geringer Stückzahl weitere Automobile, bevor die Firma erneut unter Konkursverwaltung stand. Der amerikanische Jonz besaß Motoren mit wahlweise zwei, drei oder vier Zylindern. Ferner erhielt er ein einfaches Luft- bzw. Dampfkühlsystem. Das Unternehmen bot den Wagen als offenen Zwei- bis Fünfsitzer an. Es gab auch Coupés und Taxen dieser Marke. 1912 kam das endgültige Aus.

Der „Jonz“-Schriftzug war u. a. in Druckbuchstaben halbrund am Kühler angebracht.

JORDAN

USA 1916 – 1931

Edward S. Jordan war seit 1906 für Thomas B. Jeffereys Automobilfirma in Kenosha, Wisconsin/USA, als Werbemanager tätig. 1916 verließ er die Firma und machte sich mit einem eigenen Unternehmen selbständig, das als „Jordan Motor Car Co., Inc.“ in Cleveland, Ohio/USA, bekannt wurde. Seine ersten Fahrzeuge waren sogenannte „assembled cars“, also Wagen, die aus Teilen fremder Hersteller zusammenmontiert wurden. Man verwendete u. a. auch für diese konventionellen Tourenwagen und Roadster Sechszylinder-29,4 PS-„Continental“-Motoren. Jordans Autos besaßen Drahtspeichenräder als Standardausführung und Sechszylinder-5,0-Liter-Motoren. Bestens bekannt war auch sein „Playboy“-Roadster von 1920. Nach dem Bau von eleganten und leistungsstarken V-Achtzylinder-Wagen konnte Jordan im Modelljahr 1926 noch etwa 11000 Fahrzeuge verkaufen.

Unter verschiedenen Markenzeichen gab es bei „Jordan“ auch 1929 ein wappenähnliches Emblem mit dem Markennamen „Jordan“ und einem nach unten gerichteten Pfeil (?).

Ⓝ Ⓑ

JOSWIN

D 1920 – 1926

Die Firma „Motorenwagenfabrik Josef Winsch“ – später „Joswin-Motorwagenfabrik“ in Berlin-Halensee – stellte 1920 bis 1924/26 Sechszylinder-Touren- und Sportwagen mit dem Markennamen „Joswin“ her. Diese Fahrzeuge fanden in der automobilen Fachwelt viel Beachtung. Nach dem Ersten Weltkrieg mußten aufgrund des Versailler Vertrags die Anlagen der deutschen Flugmotorenindustrie zur Zerstörung durch die Siegermächte freigegeben werden. Der neue Joswin-Personenwagenbau nahm die Chance wahr, und man bestückte die Fahrzeuge mit übrigen Motoren. Man baute auch deutsche „Mercedes“-Flugmotoren ein, die aus Heeresbeständen stammten und umgebaut werden mußten. Bekannt war der Joswin mit 28/95 PS-Motor, der nach dem Umbau 24/60 PS leistete. Der in kleiner Serie hergestellte, luxuriöse Joswin verschwand allerdings bald darauf vom Markt.

Der Markenname „Joswin“ setzt sich aus dem Namen des Herstellers, Josef Winsch, zusammen. Hauptsächlich wurde ein Queroval mit integriertem Markennamen „Joswin“ verwendet. Ein Dreiecks-Emblem wurde vom Markennamen „Joswin“ überdeckt.

JOWETT

GB 1906 – 1954

Die Brüder Benjamin (geb. 1877) und William Jowett (geb. 1880) konstruierten bereits 1900 ihren ersten Verbrennungsmotor in einer kleinen Werkstatt in Idel, in der Nähe von Bradford/England. Dann stellte man Fahrräder her, denen ab 1906 innerhalb der neuen Firma „Jowett Motor Manufacturing Co. Ltd" die ersten „Jowett" genannten Automobile folgten. 30 Jahre lang gab es den englischen Jowett ausschließlich als Zweizylinder-Wagen, ehe im Modelljahr 1936 ein Typ mit Vierzylinder-Boxermotor angeboten wurde. Neue Wege ging „Jowett" nach dem Zweiten Weltkrieg mit dem im Jahre 1947 vorgestellten „Javelin", der ringsum Einzelradaufhängung (Drehstäbe) sowie eine selbsttragende Karosserie erhielt. Mit dem „Jowett Jupiter"-Modell besaß die Firma auch einen Sportwagen, der bis 1954 im Modellprogramm stand.

Im Jowett-Markenemblem wurde der berühmte „Jowett"-Motor mit querlaufenden Zylinder wie auch der geflügelte Markenname „Jowett" dargestellt.

Ⓚ

JULIEN

F 1946 – 1950

Die „Société Études Automobiles M.A. Julien" in Paris stellte von 1946 bis 1950 Kleinwagen unter dem Markennamen „Julien" her. Konstruiert war der Julien von dem französischen Ingenieur Maurice A. Julien; er zählte zu den diversen französischen Kleinautomobilen, mit denen man versuchte, eine Massenmotorisierung einzuleiten. Der „Julien MM 5" war als zweisitziger Roadster mit spitzer Frontpartie ausgebildet. Dieses Modell ging sogar Ende 1947 in Produktion. Ein weiterer Typ namens „Julien MM 7" wies eine schmale Hinterradspur und eine Starrachse auf. Bis September 1950 wurde dieses Modell in einigen hundert Exemplaren gefertigt. Schon im Oktober 1949 wurde von „Julien" ein neues Modell angeboten, der in die Kotflügel integrierte Scheinwerfer erhielt. Allerdings erkannte man rasch, daß dieser Typ eine Kopie des „Rovin"-Modells „D 3" war.

Das Markenzeichen von „Julien" mit seitlich angedeuteten Flügeln zeigte die Initialen „MAJ" für „Maurice A. Julien".

JUNIOR

E 1955 – 1956

Die Firma „Distribuidora Marcom" in Barcelona stellte Ende 1955 den dreirädrigen „Junior"-Wagen her. Das „Junior A – Modelo 3 R-197" war ein winziges, einem Jahrmarktswägelchen ähnliches Fahrzeug, versehen mit einem spanischen Einzylinder-197 cm^3-etwa 8 PS-„Hispano-Villiers"-Zweitakt-Motor, der mittels Luft gekühlt wurde und das einzelne Hinterrad antrieb. Das Fahrzeug besaß ein Dreigang-Getriebe mit Rückwärtsgang, eine Plastik-Karosserie ohne Türen, ein Plastikverdeck und einen Zentralrohrrahmen sowie eine fast senkrecht stehende Frontscheibe. Außerdem wies der kleine Sportwagen hydraulische Stoßdämpfer und mechanische Bremsen an allen drei Rädern auf. Der „Junior" war 2,25 Meter lang und verbrauchte rund 4,0 Liter Treibstoff auf 100 Kilometer. Der rund 240 Kilogramm schwere Wagen erreichte eine Geschwindigkeit von etwa 70 km/h.

Für den „Junior"-Typ „A" verwendete man ein Markenzeichen mit stilisierten Flügeln am Buchstaben „A" – wobei man den Markennamen „Junior" darübergesetzt hatte.

KAISER

D 1911–1913

Justus Christian Braun war seit 1898 Lizenznehmer der englischen „Premier"-Fahrräder. Wenig später begann er mit der Herstellung von Feuerlöschfahrzeugen. 1911 kam es infolge einer Kooperation der „Nürnberger Feuerlöschgeräte- und Maschinenfabrik vorm. Justus Christian Braun AG" mit der „Premier Cycle Co. Ltd" („Premier Fahrrad GmbH"), die Fabriken in Nürnberg und in Eger/Österreich besaß, zur Gründung der „Justus Christian Braun-Premier Werke AG" in Nürnberg. Unter dem Markennamen „Kaiser" stellte die Firma eine Reihe von Elektro-Automobilen und mit Benzinmotor angetriebenen Fahrzeugen her. Bekannt waren u. a. die Modelle mit 6/18 PS-, 18 PS und bis zu 70 PS Leistung. 1913 und 1914 wurden die letzten Fahrzeuge auch unter dem Namen „Premier" vertrieben. Es waren Sportwagen mit 1,1-Liter-Motoren.

Markenzeichen der deutschen Kaiser-Automobile war der bogenförmige „Kaiser"-Druckbuchstabenschriftzug auf den Kühlern.

KAISER

USA 1946 – 1955

1945 verband sich der damalige „Graham-Paige"-Besitzer Joseph W. Frazer mit dem Großindustriellen Henry J. Kaiser, um eine vollständig neue Automobilreihe herauszubringen. Man plante einen „Kaiser"-Volkswagen sowie einen Luxuswagen herzustellen. 1946 wurde die neue Firma „Kaiser-Frazer Corporation" in Willow Run, Michigan/USA, gegründet und im selben Jahr im New Yorker „Waldorf-Astoria" das strenggehütete Geheimnis um den neuen „Kaiser" gelüftet. Mitte 1946 lief die Serienfertigung des ersten Kaiser-Frontantriebs-Modells, des „Kaiser Special", an. Es folgte der von Darrin entwickelte Kaiser mit Sechszylinder-3,7-Liter-100 PS-„Continental"-Motor, der die Hinterräder antrieb. Trotzdem hatte man gegenüber „Ford" und „General Motors" keine Marktchance, und 1955 wurde der Automobilbau wieder eingestellt.

Im wappenähnlichen Emblem zeigte man den Buchstaben „K" und einen Büffel, über dessen Bedeutung jedoch keine Informationen vorliegen. Unter diesem Zeichen führte man am Fahrzeug selbst noch den Namenszug „Kaiser" in Druckbuchstaben.

Ⓝ

KALMAR; TJORVEN

S 1967 – etwa 1969

„Kalmar" begann etwa 1870 mit der Reparatur von Lokomotiven und deren Waggons. 1902 gründete man die Firma „Kalmar Verkstads AB". Sie gehörte noch 1992 zur „Swedish Railway Industry Group". Ende der 60er-Jahre wurden aber auch einige Automobile gebaut, die erstmals 1969 bekannt wurden. Bereits 1964 planten „Kalmar" und das schwedische Postbüro die Herstellung eines kleinen Fahrzeugs. 1967 begann man mit der Produktion unter Verwendung von „DAF"-Teilen. Besonders bekannt wurde der „Kalmar Tjorven" mit der Mechanik des „DAF 44". Der hochbeinige Halbfrontlenker war für den Zubringer- und Verteiler- sowie den Stadtverkehr konzipiert und besaß Schiebetüren und Schiebefenster. 1969 gab es auch eine Personenwagen-Version des Tjorven mit luftgekühltem 844 cm^3-Viertakt-Benzinmotor sowie einen Pick-up.

Der Name „Tjorven" wurde von einem populären schwedischen Kinderbuch abgeleitet, der Markenname „Kalmar" bezieht sich auf eine Stadt an der Südostküste Schwedens. Der Typenname „Tjorven" war in kursiven Buchstaben gehalten und unterstrichen.

KAN

In den letzten Jahren des k.u.k.-Reiches wurden Kleinwagen des Herstellers Alois Nejedly berühmt. Diese Fahrzeuge waren sogar beim „Großen Preis des Wiener Automobil-Clubs" als Wagen mit dem geringsten Benzin- und Ölverbrauch anerkannt worden. Im Jahre 1911 wurde die „Königgrätzer Automobilfabrik Alois Nejedly" in Hradec Kralove-Kukleny (Königgrätz, später Tschechoslowakei), gegründet. Als erstes Produkt der Markenbezeichnung „KAN" entstand ein Einzylinder-7 PS-Motorwagen, dem ein Jahr später ein Zweizylinder-11 PS-Typ folgte. Die Fahrzeuge wurden in zwei- und viersitziger Version vertrieben. 1913 wandelte man die Firma in eine Gesellschaft mit beschränkter Haftung um. Im selben Jahr wurde mit der Herstellung eines Vierzylinder-20 PS-Wagens begonnen. Nach Anfertigung von etwa 400 KAN-Automobilen stellte man 1915 die Produktion wieder ein.

A 1912 – 1915

Das runde Markenzeichen mit der Markenbezeichnung „KAN" für „Königsgrätzer Automobilfabrik Nejedly" war umgeben von einem Lorbeerkranz.

KARENJY

Etwa Mitte 1986 entwickelten Konstrukteure aus Madagaskar ein Automobil, das besonders für den Einsatz in afrikanischen Ländern gedacht war und vom „Institut Malgache d'Innovation" in Fianarantosa/Madagaskar gebaut wurde. Dieser „Karenjy" war eine Mischung aus Personenwagen, Geländefahrzeug und Lieferwagen. Die Wagen präsentierte man in zwei Ausführungen, als Version „Iraka" mit Hinterradantrieb und 1,4-Liter-Benzinmotor und als „Mozana" mit Allradantrieb und 2,0-Liter-Dieselmotoren, die von „Renault" aus Frankreich stammten. Es gab offene Ausführungen mit Faltdach und geschlossene Versionen mit festem Aufbau aus Kunststoff. Man plante bereits für den Sommer 1986 die Produktion von etwa 120 Einheiten und wollte inzwischen bereits 500 „Karenjy"-Fahrzeuge herstellen.

RM 1986

Der Markenname „Karenjy" bedeutet auf madagassisch „Bummelei". Man führte den Schriftzug „Karenjy" in Druckbuchstaben, dem links ein Stier oder Ochse zur Seite gestellt wurde.

KARMANN; KARMANN-GHIA

Die Firma „Wilhelm Karmann GmbH" in Osnabrück wurde von Wilhelm Karmann gegründet. Schon seit der Jahrhundertwende baute „Karmann" Karosserien, und regelmäßig stellte man eine Fertigungsstraße für bekannte deutsche Modelle zur Verfügung. 1902 entstand die erste Karmann-Karosserie für ein deutsches „Dürkopp"-Modell. Weitere Modelle für verschiedene Automobilhersteller folgten. „Karmann" ging mit „Volkswagen" eine Bindung ein, und 1955 konnte man zusammen mit „Ghia" in Italien ein neues Modell herausbringen. Der „Volkswagen" wurde als Coupé unter dem Markennamen „Karmann-Ghia" vorgestellt und basierte auf dem deutschen „Volkswagen Käfer". Bald folgte das „VW-Karmann-Ghia"-Cabriolet, und 1961 kam der große „Karmann-Ghia" hinzu.

D 1902 – heute;
1955 – 1961

Für den „Karmann-Ghia" verwendete man einen „Karmann"-Schriftzug in Druckbuchstaben, über dem in schräger und schwungvoller Ausführung der Name „Ghia" angebracht war.

Ⓝ

KARRIER

Bei der englischen Marke „Karrier" handelte es sich im Grunde genommen um eine Lastwagenmarke, die aber auch kleine Lieferwagen baute. Die Firma „Clayton & Co. (Huddersfield) Ltd" wurde von R. E. Clayton in Huddersfield, Yorkshire/England, gegründet. Bereits 1908 entstand der erste „Karrier" genannte Lastwagen. Hinzu kamen später 2,0- und 3,0-Tonner, denen bald Dreirad-Fahrzeuge folgten. Ferner gab es dreiachsige Doppeldecker-Busse sowie kleine Lieferwagen, die die Bezeichnungen „Cob", „Colt" und „Bantam" trugen. Der „Karrier Colt" wurde von einem Zweizylinder-Boxermotor angetrieben. Von 1926 bis 1930 und von 1952 bis 1964 baute die nun unter dem neuen Firmennamen „Karrier Motors Ltd" tätige Firma auch kleinere Omnibusse. 1967 kam Karrier zu „Chrysler UK", und 1978 wurden bei der Firma die letzten Fahrzeuge gefertigt.

GB 1908 – 1978

Bei „Karrier" gab es verschiedene Schriftzüge. Einer zeigte den Markennamen „Karrier" in Druckbuchstaben auf der Frontseite der Fahrzeuge.

Ⓑ Ⓚ

KEETON

Die Firmengeschichte des amerikanischen „Keeton", der im Jahre 1908, wie auch von 1910 bis 1914 gebaut wurde, ist sehr verwirrend. 1908 gab es die Firma „Keeton Taxicab and Town Car Works" in Detroit, Michigan/USA. Im Jahre 1910 kam es zur Gründung der neuen Gesellschaft „Keeton Motor Co.", gleichfalls Detroit, Michigan/USA, die bis 1913 bestand. Der Original-Keeton der im März 1912 errichteten „Keeton Motor Car Co." wies einen dem französischen „Renault" ähnlichen Kühler auf und war mit einem Vierzylinder-3,7-Liter-Motor ausgestattet. Ferner wurde der Keeton meist mit einer „Landaulet"-Karosserie versehen. Das letzte Modell des „Keeton" aus dem Jahr 1913 – ein Sechszylinder-6,0-Liter-Typ, vermutlich mit 48 PS Leistung – wurde in drei verschiedenen Karosserieausführungen angeboten. 1913 bis 1925 wurde der Keeton auch in Kanada hergestellt.

USA 1908;
1910 – 1914

Markenzeichen des amerikanischen „Keeton" war der an der Oberkante nach innen gewölbte und links und rechts von einer Lilie gesäumte Markenname. Darüber war die Frontseite eines Automobilkühlers (?) mit stilisierten Flügeln angebracht.

KEINATH

1994 konnte die Firma „Auto Keinath GmbH" in Dettingen, Bad Urbach, ihr 60jähriges Firmenjubliäum feiern. 1934 gründete Paul Keinath die Firma „Keinath", die 1967 offizieller „Adam Opel AG"-Vertragshändler wurde. 1968 übergab Paul Keinath den Betrieb seinen Söhnen Heinz, Walter und Horst, die ihn weiter ausbauten und den Namen „Keinath" zu weiterem Erfolg führten. Seit 1970 ist „Keinath" auch im Rennsport aktiv, und „Auto-Keinath" baute einen zweisitzigen Rennwagen mit 320 PS Leistung. Der schnellste „Opel Kadett"-Serientourenwagen Süddeutschlands stammte aus dem Hause „Keinath". 1982 wurde die Idee eines Cabriolets geboren, und 1983 gab es bereits das hervorragende „Keinath KC 5"-Cabriolet, eine Neukonstruktion auf Basis des „Opel Monza 3.0 E". 1994 wurde der alte „Opel GT" in modifizierter Ausgabe als „Keinath GT" herausgebracht.

D 1934 – heute

Die Firma „Keinath" führte einen Schriftzug, bei dem der Buchstabe „K" sich von den anderen abhob. Im Firmenlogo von etwa 1984 verwendete man den Markennamen in Verbindung mit zwei Flaggen: eine zeigte den Buchstaben „K" für „Keinath", die andere war die bekannte Rennflagge.

KELMARK

Die Firma „Kelmark Motors" in Holt, Michigan/USA – später „Kelmark Engineering, Inc." in Okemos, Michigan/USA –, war schon Anfang der 70er-Jahre als Hersteller von Sportwagen sehr bekannt geworden. Alles begann bei „Kelmark" mit dem Fahrgestell eines „Volkswagen Käfer" des Baujahrs 1970. Die Kelmark-Sportwagen gehörten zu den klassisch-amerikanischen Bausätzen für das „Volkswagen Käfer"-Chassis. 1983 war „Kelmark" mit den Modellen „Kelmark GT Mk III", einem zweitürigen Coupé mit „Ferrari Dino"-Aussehen und 1,6-Liter-50 PS-Motor, sowie dem „Kelmark GT 628", einem gleichfalls zweitürigen Coupé, jedoch mit 2,8-Liter-Motor, vertreten. Um 1989 gab es eine weitere „Kelmark"-Version mit V-Achtzylinder-„Chevrolet Corvette"-Motor.

Die Bedeutung des Markensymbols ist nicht eindeutig. Es ist zu vermuten, daß man in einem Kreis den Markennamen „Kelmark" zusammen mit einer stilisierten Möwe vor einer strahlenden Sonne abbildete. Es gab aber auch den einfachen Druckbuchstaben-Schriftzug „Kelmark" auf den Fahrzeugen.

USA Anfang 70er–1989

KERSTING

Die „Kersting-Modellwerkstätten" in Waging/Oberbayern wurden im Jahre 1949 von den Brüdern Kersting zusammen mit Vater Prof. Walter (Ernst ?) M. Kersting gegründet. Zunächst wurden Spielzeugeisenbahnen aus Holz, dann aus Blech, gefertigt. Die Idee von Gerwald Kersting, Kleinwagen herzustellen, nahm aber zunehmend Gestalt an. Bereits im Juni 1949 begann man mit den ersten Arbeiten, und nach mehreren Konstruktionen war im Mai 1950 das erste „Kersting"-Kleinautomobil fertig auf die Räder gestellt. Am 6. September gleichen Jahres startete der „Kleine Kersting", wie er auch genannt wurde, mit selbsttragendem Sperrholzaufbau und Kunstlederüberzug seine Jungfernfahrt. Das weitere Modell mit 197 cm³-10 DIN-PS-„ILO"-Motor fand, wie auch das Holzmodell des „Kersting II" vom Sommer 1952, keinen Geldgeber für eine geplante Serienproduktion.

Das abgebildete Markenzeichen des „Kleinen Kersting" hatte Ähnlichkeit mit einem elektrischen Schaltzeichen mit drei eingeschlossenen Verbrauchern (Glühbirnen ?). Über die Bedeutung des Markenzeichens liegen keine näheren Hinweise vor.

D 1950 – 1953

KEWET

„KEW" in Hadsund/Dänemark stellte in den 60er-Jahren Hochdruckreiniger her und wurde von Knud Erik Westergaard geführt. Er verkaufte etwa 1989/90 sein Unternehmen und finanzierte mit dem Erlös in den frühen 90er-Jahren sein Elektromobil-Projekt „Kewet". Im Januar 1992 zeigte Ing. grad. Janko Kroschl, der seinen „Kroschl Solar-Energiesparladen" in München auf Solaranlagen und Solarfahrzeuge spezialisiert hat, auf der „Auto '92" in München den von ihm nach Deutschland importierten dänischen „Kewet El-Jet"-Elektrowagen. Das moderne Elektrofahrzeug bietet zwei Personen sowie zusätzlichem Gepäck reichlich Platz. Der „El Jet" ist ein völlig neu entwickeltes Elektromobil, dem man schon 1992 einen weiteren Typ, den „Kewet City Jet" mit 16 PS-Motor zur Seite stellen wollte. Hersteller sind die noch heute existierenden „Kewet Industries".

Die Bezeichnung „Kewet" leitet sich von „Knut Erik Westergaard" und „Elektro Technik" (ET) ab. Über die Bedeutung des Markenzeichens liegen keine näheren Hinweise vor.

KEWET

DK 1990 – heute

KIA; KIA-BRISA

Die „Kia Motors Corporation", wurde bereits am 1. Dezember 1944 von dem Koreaner Chul-Ho Kim als Zulieferfirma für die Fahrradindustrie gegründet. 1961 wurde die „Kia C-100"-Motorradproduktion aufgenommen, ein Jahr später folgte die Herstellung von dreirädrigen Kleinlastwagen unter der Bezeichnung „K-360". 1969 gab es die ersten „T-600" genannten Lieferwagen, und im Jahr 1971 startete die „Kia Motors Corporation" die Herstellung des „E-2000"- und „E-3800"-Vierrad-Lieferwagens. Unter dem Namen „Kia Industrial Co., Ltd" wurden ab 1973 in Seoul/Südkorea die ersten Personenwagen gebaut („Kia-Brisa", japanische „Mazda"-Linzenz). Jahre später stieg „Kia" bei „Ford" ein, und 1987 baute man eine „Concord" genannte Limousine mit 2000 cm³-Motor, der weitere Typen folgten (1988: „Sephia", „Pride"; 1989: „Capital" usw.).

„Kia" heißt in der koreanischen Landessprache soviel wie „Aufstieg des Ostens". Die Firma verwendete für ihre Produkte immer die drei Buchstaben „KIA", entweder in einem ovalen Emblem oder auch in modernem Styling.

Ⓟ

ROK 1973 – heute; 1979

KICK; MAX

Die Firma „Kick Design" mit Sitz in Helmond/Niederlande, wurde etwa im Jahr 1985 gegründet. Das auf die Verwendung von Verbundstoffen spezialisierte Team von Erik Spronk bietet seinen Kunden, die auch unter den bedeutendsten Konstrukteuren zu suchen sind und anonym bleiben wollen, einen breit gefächerten Service. Dieser gliedert sich in drei Arbeitsgebiete auf: Design, Engineering und Herstellung von Modellen sowie fahrbare Prototypen. Das Projekt mit dem Namen „Max" war die erste öffentliche Herausforderung dieses niederländischen Design-Teams. Im September 1987 stellte man den neuen „Max"-Sportwagen als Cabriolet-Prototyp vor. Es war ein zweisitziger Sportwagen mit Kunststoffaufbau; die mechanischen Komponenten stammten aus der Großserie der französischen „PSA Group".

Der Name „Max" leitet sich von „Maximal" ab. Man führte den Druckbuchstaben-Schriftzug „Kick" und „Max".

KICK

MAX

NL 1987 – heute

KIEFT

Bei der Firma „Kieft Cars Ltd" in Bridgend, Glamorgan/England, die von Cyril Kieft 1950 gegründet worden war, stellte man von 1955 bis 1956 Automobile des Markennamens „Kieft" her. Um 1950 baute man bereits 500 cm³-Formel-3- und andere Rennsportwagen. Bekannt war der „Kieft 1100 CC", der ein rennerprobtes Rohrrahmen-Chassis, Einzelradaufhängung und andere technische Neuerungen aufwies. Neben den Kleinrennwagen, die meist Einzylinder-499 cm³-Motoren besaßen, wurden Anfang der 50er-Jahre auch verschiedene Sportwagen-Modelle hergestellt. Stirling Moss, der berühmte englische Rennfahrer, verhalf dem Namen „Kieft" zu Ehre und Erfolgen. Im Jahre 1955 endete im Grunde genommen das „Kieft"-Geschäft, aber noch 1956 bis 1961 war Cyril Kieft im Bau ausschließlich für den Renneinsatz bestimmter Fahrzeuge tätig.

Das Markenzeichen des Kieft zeigte ein wappenähnliches Emblem, das einen Drachen und den Markennamen „Kieft" einschloß.

Ⓝ

GB 1955 – 1956

KING

USA 1896;
1910 – 1924

In den Jahren 1895/96 baute Charles Brady King in Detroit, Michigan/USA, sein erstes Automobil, das einen Vierzylinder-Verbrennungsmotor erhielt. Nach weiteren Versuchswagen entstand 1910 der eigentliche „King" genannte Motorwagen, der in Serienproduktion ging. Im gleichen Jahr hatte C. B. King sein eigenes Unternehmen unter dem Firmennamen „King Motor Car Co." in Detroit, Michigan/USA, aufgebaut, das bis 1924 existierte. Sein erstes Modell, der „Silent" (der „Ruhige") besaß einen Vierzylinder-35 PS-Motor und ein zentrales Wechselgetriebe. Nach Jahren der Unruhe und Differenzen innerhalb der Firma stellte King im Dezember 1915 ein 30 PS-Modell und einige kleine V-Achtzylinder-Versionen bis zu 4,0-Liter Hubraum vor. 1916 gab es nur noch V-Achtzylinder-Typen in zwei Ausführungen. 1924 mußte King den Automobilbau aufgeben.

Markenzeichen war der bekrönte Markenname „King". Ein weiteres „King"-Emblem hingegen zeigte den Schriftzug mit integrierter „8" (für Achtzylinder-Motor).

Ⓚ

KINGSBURY; KINGSBURY JUNIOR

GB 1919 – 1927

In den Jahren 1919 bis 1923 baute die Flugmotoren-Fabrik „Kingsbury Engineering Co. Ltd" in Kingsbury bei London „Krupp"-ähnliche („Autoped")-Roller und Motorräder mit eigenen 216 cm^3- und auch 350 cm^3-Zweitakt-Motoren. Während des Ersten Weltkriegs stellte die Firma neben Motoren auch Motorteile für Flugzeuge her. Von 1919 bis 1927 fertigte man aber auch eine Reihe von Automobilen, u. a. Lieferwagen mit dem Markennamen „Kingsbury" bzw. „Kingsbury Junior". Diese Fahrzeuge erhielten u. a. einen Zweizylinder-1021 cm^3-Motor und ein Dreigang-Getriebe mit Kardanantrieb.

Die englischen Automobile wurden nach dem Herstellerort „Kingsbury" bei London benannt und führten einen schwungvoll gestylten Schriftzug auf den Kühlern, der auch für andere Produkte verwendet wurde.

KISSEL

USA 1906 – 1931

Mit der Herstellung von landwirtschaftlichen Geräten und stationären Motoren begannen William L. Kissel und seine Brüder um die Jahrhundertwende eine Firma aufzubauen, der sie 1906 eine Automobil-Abteilung anschlossen. Als „Badger" und „Kissel Kar" erschien der erste Vierzylinder-Motorwagen, dem 1909 ein Sechszylinder-Typ zur Seite gestellt wurde. In den Jahren 1917/18 gab es sogar einen V-Zwölfzylinder. Chefkonstrukteur Charles T. Silver führte 1918 mit seinem „Silver Special Speedster" eine neue Modell-Linie ein. Der spätere Typ „Gold Bug" wurde ein Bestseller. Ab 1924 baute man auch Achtzylinder-Modelle, doch die Umsätze gingen enorm zurück. Im Vertriebskombinat mit der „New Era Motors" versuchte man sich zu erholen, doch 1931 war die „Kissel Motor Car Co." in Hartfort, Wisconsin/USA, gezwungen, den Automobilbau einzustellen.

Markenzeichen war ein rundes Emblem, das vermutlich den Götterboten und Gott des Handels, Merkur, zeigt; darüber war der Markenname „Kissel" gelegt.

Ⓝ Ⓑ Ⓚ

KLEIBER

USA 1924 – 1929

Bereits in den 1890er-Jahren experimentierte Paul Kleiber mit pferdelosen Kutschen, und nach der Jahrhundertwende fungierte er als Vertriebshändler für amerikanische „Gramm"-Nutzfahrzeuge. Im November 1913 betrieb er die Errichtung der neuen „Kleiber Motor Truck Company" zur Herstellung von „Kleiber" genannten Lastkraftwagen. Neben ihren Nutzfahrzeugen stellte die Lastkraftwagenfabrik „Kleiber" in Los Angeles und San Francisco, Kalifornien/USA, in den Jahren 1924 bis 1929 auch einige Personenwagen mit amerikanischen Sechszylinder-„Continental"-Motoren her. Diese „Kleiber"-Fahrzeuge erhielten um 1929 einen Achtzylinder-85 PS-„Continental"-Reihenmotor und wurden nur an der Pazifik-Küste vertrieben. Angeblich erwarb ein Kleiber-Enkel Ende 1984 bei der Versteigerung des Harrah-Nachlasses in Reno, Nevada/USA, ein letztes Exemplar.

„Kleiber" verwendete unterschiedliche Markenzeichen und Schriftzüge, so u. a. auch einen Schriftzug, in dem der Buchstabe „R" den ganzen Markennamen unterstrich.

KLEINSCHNITTGER

D 1950 – 1957

Der Tod des bekannten Konstrukteurs Paul Kleinschnittger am 3. Januar 1989 weckt noch heute Erinnerungen an die Anfänge bundesdeutscher Motorisierung: Der deutsche Techniker, der 1984 seinen 75. Geburtstag feiern konnte, stellte nach dem Zweiten Weltkrieg als erster einen Kleinwagen in Serie her. Die Firma „Kleinschnittger-Werke" in Arnsberg/Westfalen, kurz „KLW" genannt, wurde von ihm ins Leben gerufen. Sie stellte am 25. April 1950 mit den Kleinschnittger-Typ „F 125" eine Serienproduktion auf die Beine. Diese Fahrzeuge erhielten für den Export die Bezeichnung „Autoscooter KLW". Die bis 1957 hergestellten zweisitzigen und türlosen deutschen Sportroadster hatten Ähnlichkeit mit den Jahrmarkt-Scootern, jedoch ließen sich mit dem Fahrzeug, dem im Herbst 1954 noch der Typ „F 250" folgte, ansehnliche Fahrleistungen erzielen.

Markenemblem des Sportroadsters war ein querovales Zeichen, in dem ein geflügelter Kleinwagen abgebildet war, der oben von dem Firmennamen „Kleinschnittger-Werke GmbH" und dem Herstellerort „Arnsberg – Westfalen" unten umrandet wurde.

ⓃⒷ

KLINE KAR

USA 1910 – 1923

Die Firma „B.C.K. Motor Co." in York, Pennsylvania, später in Richmond, Virginia/USA, baute 1910 und 1911 Vier- und Sechszylinder-Automobile mit dem Markennamen „Kline Kar". Das Unternehmen wurde von James A. Kline, der 1877 in Hummelstown, Pennsylvania/USA, geboren wurde, zusammen mit Samuel E. Bailey und Joseph C. Carrell gegründet. Bevor er das Unternehmen „B.C.K." ins Leben rief, war Kline bis 1909 Konstrukteur und Generaldirektor der Firma „Pullman Motor Car Co.". Nach dem Ausstieg seiner Partner im Jahre 1911 setzte Kline die Herstellung seines „Kline Kar" in eigener Regie fort, mußte aber wegen Unrentabilität im Modelljahr 1923 seine Firma schließen. Im April 1911 hatte er die alte Firma noch in die neue Gesellschaft „Kline Kar Motor Car Corporation" umgewandelt.

Die Bezeichnung „B.C.K." bezieht sich auf die Initialen der Firmengründer Bailey, Carrell und Kline. Ein Markenzeichen zeigte den Namen „Kline Kar" mit dem Zusatz „Special".

KNOX

USA 1899 – 1914

Die „Knox Automobile Co." stellte 1899 bis 1914 Automobile her. Diese Fahrzeuge wurden neben dem Markennamen „Knox" auch als „Knox Waterless" bekannt. Von anderer Seite konnte man hören, daß man für den „Knox" auch den Namen „Old Porcupine" („altes Stachelschwein", „alter Igel") verwendete. Harry A. Knox baute seinen ersten wasserlosen („waterless"), also luftgekühlten Knox in der alten „Waltham Watch Tool Factory" in Springfield, Massachusetts/USA. 1900 hatte man etwa 15 dreirädrige Runabout-Fahrzeuge hergestellt, 1901 bereits 100 Fahrzeuge dieses Typs. Dann folgten Vierrad-Wagen, die zunächst als „Knoxmobile" bekannt wurden. Um 1901 baute man auch Knox-Nutzfahrzeuge („Knox Motor Truck Co."). 1911 wurden Personenwagen gebaut, die „Knight"-Motoren erhielten, doch vier Jahre später verschwand der „Knox" vom Markt.

Die Firma „Knox" führte den verschnörkelten Schriftzug „Knox" auf ihren Kühlern, wobei der Buchstabe „K" mit dem Endbuchstaben „X" bogenförmig verbunden war. Der gesamte Name war zudem unterstrichen.

KOCO; KOCH

D 1920 – 1926

Im Jahre 1919 gründete der enthusiastische Automobilist Carl Koch in Erfurt die Firma „Kleinauto- und Motorenwerke Koch & Co.". 1920 begann der 30jährige Koch Automobile herzustellen. Als Partner und Geldgeber fand er Johannes Topf, der sich im Flugmotorenbau einen Namen gemacht hatte. Im Frühjahr 1920 wurde der erste „Koco"-Kleinwagen vorgestellt. Dieser Zweisitzer erhielt einen luft- oder wassergekühlten Zweizylinder-1020 cm^3-Boxermotor, der 12 PS leistete. Das erste Modell trug die Bezeichnung „HK 1". Diesen Typ gab es zunächst als niedrig gebauten sportlichen Zweisitzer in Roadster-Bauart ohne Türen und als Tourenwagen mit einer Tür. Im November 1921 ging „Koch" in Konkurs, 1922 wurde der Betrieb von der „Topf GmbH" übernommen. 1925 zeigte man noch den „Koco HK 5" mit 5/25 PS-Motor, doch ein Jahr später gab man die Produktion auf.

Die Firma „Koch & Co." („Koco") – verwendete für ihre Automobile verschiedene Markenzeichen. Bekannt ist ein „Koco"-Schriftzug mit einem stilisierten Adler, der stolz seine Schwingen aufrichtet.

KOMET

D 1922 – 1924

Das Unternehmen „Komet Automobilfabrik, Buchmann & Co." in Leisnig/ Sachsen wurde 1922 gegründet und baute einen 4/12 PS- sowie einen 4/14 PS-Kleinwagen mit deutschen „Steudel"-Einbaumotoren. Die Produktion dieses „Komet"-Fahrzeugs übernahm im Jahre 1924 die Firma „Werkzeugmaschinen & Kraftfahrzeug AG C. Kenter", später „C. Kenter Automobilbau AG" in Berlin-Charlottenburg, die dazu noch einen 5/18 PS-Wagen mit deutschem „Atos"-Motor vorstellte. Ende 1924 geriet die Firma in Konkurs. Die Anlagen in Leisnig wurden von Max Curth aus Leipzig übernommen, der für kurze Zeit den 5/20 PS-„Macu"-Wagen fabrizierte. „Macu" war die Abkürzung für „Max Curth".

Der gezeigte Schriftzug stammt aus einem „Komet"-Automobilprospekt.

KOMNICK

D 1907–1927

Im Jahr 1907 stieg Karl Franz Komnick, Inhaber der Firma „Franz Komnick, Automobilfabrik AG" mit Sitz in Elbing/Ostdeutschland in den Automobilbau ein. Man bot Fahrzeuge an, die mit ihren Spitzkühlern an der Spritzwand äußerlich den damals in Frankreich populären Wagen glichen. Starke Vierzylinder-Motoren bis zu 5,6-Liter Hubraum wurden für den „Komnick"-Personenwagen verwendet. Man baute ferner Lastkraftwagen und Schlepper, die sich größter Beliebtheit erfreuten. In den 20er-Jahren stand allerdings nur noch ein einziger Typ zur Auswahl, eine Konstruktion des bekannten Ingenieurs Joseph Vollmer. 1927 gab man in Elbing die Personenwagenherstellung auf, führte jedoch die Nutzfahrzeugproduktion bis 1930 fort. Dann gingen die Rechte für die weitere Produktion an „Büssing", einen Nutzfahrzeugfabrikanten.

Der Spitzkühler der „Komnick"-Personenwagen zeigte ein rundes Emblem mit konvex geformtem Markennamen „Komnick" und schwarzem Ordenskreuz.

Ⓑ

KONDOR

D 1950

1950 kam es durch einen unbekannten Hersteller zum Bau des deutschen „Kondor"-Rennwagens. Dieser Formel-3-Rennwagen erhielt einen Zweizylinder-43 PS-500 cm^3-Motor von BMW. Der Kondor erreichte eine Geschwindigkeit von rund 160 km/h. Nähere Einzelheiten über diesen deutschen Formel-3-Rennwagen, der u. a. von E. Corecki gefahren wurde, liegen nicht vor. Möglicherweise gehörte dieser Fahrer zu den Konstrukteuren des Kondor.

Der „Kondor"-Formel-3-Rennwagen besaß ein geflügeltes Markenzeichen mit Wappen, Helm und Schild eines Ritters. Auf dem rechten Flügel ist der Name „E. Corecki" erkennbar. Ein weiterer Name – der des Fahrers oder Konstrukteurs ? – läßt sich nicht mehr genau entziffern.

KOUGAR

GB 1977 – heute

Der „Kougar Sports" war eine Entwicklung der „Starcourt Wells Ltd" in Crowborough, Sussex/England. Konstrukteur und Firmeninhaber Rick Stevens begann bereits 1970 mit der Entwicklung des Sportwagens, die im Jahr 1976 zum ersten Serienwagen führte. Technisch basierte der Kougar auf der sportlichen englischen „Jaguar S-Type"-Limousine. 1982 folgte dem „Kougar Sports" der „Kougar Monza", bei dem es sich ebenfalls um einen Bausatz-Wagen, jedoch in Cabriolet-Ausführung, handelte. Technisch basierte dieses Modell auf dem englischen „Ford Cortina" und „Ford Taunus". 1987 bot die neue „Kougar Cars Ltd" weitere Sportwagen mit V-Achtzylinder-3,5-Liter-„Rover"- und Sechszylinder-„Jaguar"-Triebwerke an. 1990 wurde die Firma verkauft, der Bau des „Kougar" wurde jedoch fortgesetzt.

Als Markenzeichen verwendete die Firma „Kougar Cars Ltd" ein Queroval, das einen Kougar zeigte, dessen Schwanzende den Buchstaben „R" des Markennamens „Kougar" bildete.

KRIÉGER

F 1897–1909

Zu Werbezwecken wurden mit „Paris Motor Cabs“ („Pariser Taxis“) sogar Rennen („Trials“) durchgeführt; hier leitete ein 1897 gegründetes Fabrikat seinen Aufstieg ein: „Kriéger“ wurde alsbald führend. Die deutschen „Lloyd“-Elektromobile, gebaut ab 1906, basierten auf französischer „Kriéger“-Lizenz, die 1905 auch nach Italien und nach Deutschland vergeben wurde. Bis 1909 firmierte das Unternehmen unter dem Namen „Compagnie Parisienne des Voitures Électriques (Système Kriéger)“. Man war inzwischen zum bekanntesten Elektrokutschen-Hersteller avanciert. Die letzten im Jahre 1909 hergestellten Kriéger-Automobile wurden mit französischen „Richard-Brasier“-Antriebsaggregaten ausgerüstet. Es handelte sich dabei um 15 PS starke Motoren, die die Vorderräder der Fahrzeuge antrieben.

Dieser „Kriéger“-Schriftzug wurde einem Automobilprospekt des französischen Unternehmens entnommen.

KRIT; K.R.I.T.

USA 1909–1916

Zu den Gesellschaftern der 1902 von Claude S. Briggs gegründeten Firma „Briggs Dental Co.“ gehörte u. a. auch Kenneth Crittenden, der 1909 die Firma „Krit Motor Car Co.“ in Detroit, Michigan/USA, ins Leben rief. Dieses Unternehmen baute bis 1919 zunächst in den alten Anlagen der Firma „Bloomstrom Co.“ Automobile der Markenbezeichnung „Krit“. Bei den früheren Fahrzeugen dieser amerikanischen Marke, die man damals noch „K.R.I.T.“ schrieb, handelte es sich um kleine drei- und viersitzige Tourenwagen, versehen mit einem Vierzylinder-Motor. 1910 hatte man rund 935 Fahrzeuge produziert, und ein Jahr später ging die Firma in den Besitz von Walter S. Russel, dem Inhaber der „Russel Wheel and Foundry Co.“ über. Im Januar 1915 war der Bankrott eingetreten, und 1916 wurde der Krit-Automobilbau aufgegeben.

Neben den „Krit“-Schriftzügen auf den Kühlern führten die Fahrzeuge auch ein „Swastika“-Emblem. Dieses auch vom NS-Regime verwendete Symbol ist ein Hakenkreuz altindischer Herkunft. Die Markenbezeichnung „Krit“ lehnte sich an den Namen des Gründers, Kenneth Crittenden, an. Ⓝ

KYOCERA

J 1994 – heute

Im Januar 1994 berichtete man vom neuen japanischen „Kyocera SCV-3“-Elektroautomobil. Dieses zweisitzige Fahrzeug besaß eine windschlüpfrige Karosserieform und Solarzellen auf dem Dach. Bei ausreichender Sonneneinwirkung liefern diese Solarzellen in entsprechender Menge genügend Strom für rund 100 km/h . Bereits 1995 wollte Japan Solarmobile als Behördenfahrzeuge zulassen. Bereits 1959 wurde die „Kyocera Corporation“ von dem damals 27jährigen Ingenieur Dr. Kazuo Inamori mit sieben weiteren Kollegen in Kyoto/Japan gegründet und ist heute ein führendes Unternehmen in den Bereichen Keramik, Computer-Laserdrucker, Solarzellen, medizinische Implantate, Funktelefone, Kameras usw. Im Juli 1994 stellte man eine verbesserte Version des „Kyocera SCV-3“ mit 6 kW-Induktionsmotor vor, die in Serie gehen sollte.

Markenzeichen von „Kyocera“ ist ein moderner Schriftzug mit einem nicht bekannten Symbol.

LA BUIRE

F 1904–1930

Bereits im Jahre 1847 kam es in Lyon/Frankreich, zur Gründung der „Société de l'Horme et de La Buire“. Dieses französische Unternehmen stellte rollendes Material für die Eisen- und Straßenbahn her. Auch Motoren für Zugmaschinen und sogar Wagen mit Dampfantrieb zählten zu ihren Erzeugnissen. 1904 entstanden bei „La Buire“ die ersten Benzin-Motorwagen, die unter dem neuen Namen „Chantiers de la Buire“ vertrieben wurden. Es handelte sich dabei um konventionelle Kettenfahrzeuge mit T-Kopf-Motor. Ein Jahr später gab es die neue Firma „Société des Automobiles de la Buire“. Nach Vierzylinder-Typen folgten bald Sechszylinder-Versionen. Automobile dieser Marke wurden bei zahlreichen Bergrennen eingesetzt. La Buire kam wie viele andere französische Autofirmen in den 20er-Jahren nicht mehr richtig zum Erfolg. 1930 wurden die letzten Wagen hergestellt.

Ursprünglich zeigte man den schrägstehenden Schriftzug „La Buire“. Später verwendete man ein rundes Emblem, das ein Wappen, die Worte „Buire Autos“ und den Herstellerort „Lyon“ einschloß. Der Hintergrund des Emblems war rot, das Umfeld des Wappens gelb. Ⓑ

LADA; VAZ

UdSSR 1967 – heute

Die ehemalige Sowjetunion schloß mit dem italienischen Großkonzern „Fiat S.p.A.“ in Turin/Italien am 4. Mai 1966 ein Abkommen mit dem Ziel, ein neues Personenwagenwerk an der russischen Wolga zu errichten. Dieser Vertrag kam mit der „Volzhsky Automobilny Zavod“ (VAZ) in Togliattigrad (später Togliatti) in Rußland zustande. Fiat leistete 1967 bei der Entwicklung eines geeigneten Pkw-Modells auf der Basis des millionenfach bewährten „Fiat 124“ Geburtshilfe. Der in Rußland gefertigte Lizenzwagen erhielt den Markennamen „Lada“. 1991 konnte das „VAZ“-Automobilwerk seinen 25. Geburtstag feiern. Nach der Vorstellung zahlreicher „Lada/VAZ“-Personenwagen mit Vierzylinder-Motoren gab es auch den Geländewagen „Lada Niva“, und im Februar 1993 zeigte man den „Lada 2110“ sowie einen „Zwerg“ genannten Kleinwagen.

Das Emblem stellt ein grafisch einem „L“ angenähertes Wikingerschiff dar. Die Wikinger waren mit ihren Schiffen (altrussisch „Ladia“) auch über die Wolga gefahren. Viele Bewohner dieser Gegend nannten ihre schiffbaren Fortbewegungsmittel in Anlehnung daran „Lada“ (altrussisch „Liebling“). Ⓝ

LAGONDA

GB 1906 – heute

1906 gründete der Amerikaner Wilbur Gunn in Staines, Middlesex/England, die „Lagonda Motor Car Company“. Seine Tourenwagen waren auch im Motorsport recht erfolgreich. In den 20er-Jahren gab es neben zuverlässigen 2,0-Liter-Typen auch leistungsstarke 3,0-Liter-Versionen. 1933 kamen ein Lagonda mit 4,5-Liter-Triebwerk und ein Roadster, der von einem 1,1-Liter-Motor angetrieben wurde, heraus. Dann konzentrierte man sich auf stärkere Automobile. Walter O. Bentley von „Bentley“ gab hierfür neue Impulse. 1945 kam „Lagonda“ zu „Aston Martin“, woraus die neue Gesellschaft „Aston Martin Lagonda“ entstand. Es folgten exklusive Wagen dieser Marke, so u. a. in den späten 80ern der elegante „Vantage“, wie auch der kostspielige „Volante“. Im März 1993 erschien der „Lagonda Vignale“ mit „Ghia“-Design und V-Zwölfzylinder-Aggregat.

Der Name „Lagonda“ ist indianischen Ursprungs. Die Ureinwohner im Gebiet des heutigen US-Staates Ohio nannten das Flüßchen, an dessen Ufern Wilbur Gunn geboren wurde, „Lagonda“. Markenzeichen war u. a. ein Queroval, das den schwungvoll gestylten Markennamen zeigte. Ⓝ Ⓑ

LA LICORNE; CORRE

F 1901–1950

J. Corre gründete 1899 in Courbevoie/Seine die Firma „Société Française des Automobiles Corre“. Von 1901 bis 1910 baute er Motorräder, denen bereits 1901 die ersten Motorwagen auf Basis des französischen „Renault“ zur Seite gestellt wurden. Diese führten noch den Markennamen „Corre“ und wurden auch bei Rennen eingesetzt. 1906 bot man Ein-, Zwei- und Vierzylinder-Versionen an. Nach dem Ausscheiden des Firmengründers J. Corre 1907 trugen die Fahrzeuge den neuen Namen „Corre-La Licorne“. Ende der 20er-Jahre erwarb Ettore Bugatti „La Licorne“. Die später hergestellten Automobile wurden jedoch ab 1934/35 unter der Bezeichnung „La Licorne“ besser bekannt. In den Jahren 1946 bis 1950 entstanden noch einige kleinere Varianten des „La Licorne“ mit Benzin-Motoren.

„La Licorne“ bedeutet „Einhorn“. Dieses wurde auch in einem runden Markenemblem mit rotem Hintergrund geführt. Es gab auch einen „Licorne“-Schriftzug in von links nach rechts kleiner werdenden Druckbuchstaben.

Ⓝ

LAMBERT

USA 1891; 1904–1917

Bereits 1891 unternahm John William Lambert mit seinem von ihm konstruierten Benzinmotorwagen Probefahrten. Hierbei handelte es sich um einen Dreirad-Wagen, der vermutlich zu den ersten Benzinfahrzeugen Amerikas gezählt werden kann. 1904 folgte diesem „Lambert“ ein weiterer Motorwagen mit dem Namen „Union“. Er wurde von der Firma „Union Sales Co.“ in Columbus, Ohio/USA, vertrieben. Alle Lambert-Automobile besaßen Reibrad-(Friktions)-Antrieb. Ab 1910 wurden Zweizylinder-Wagen des Markennamens „Lambert“ gebaut. Es gab Vier- und Fünfsitzer mit Ein- bzw. Doppelketten-Antrieb. Die größeren Versionen hingegen besaßen bereits einen Wellenantrieb. 1917 wurde der Autobau aufgeben, die „Buckeye Manufacturing Co.“ in Anderson, Indiana/USA, konzentrierte sich im weiteren auf den Fahrzeughandel.

Für die Fahrzeuge der amerikanischen Marke „Lambert“ verwendete man den schön gestalteten Namenszug „Lambert“.

LAMBORGHINI

I 1963 – heute

Ferrucio Lamborghini (1916–1993) war „Pate“ vieler erfolgreicher Menschen und Firmen. Zu den jüngsten Herstellern sportlicher Automobile gehörte die bis heute existierende Automobilfirma „Lamborghini“, die noch kurz vor 1980 den Namen „Nuova Automobili Ferrucio Lamborghini S.p.A.“ trug und in Sant'Agata Bolognese, Bologna/Italien, seßhaft war. Ab dem Jahre 1963 baute die Firma „Lamborghini“, die 1987 zu „Chrysler“ und 1994 zum indonesischen Industriekonzern „Megatech“ kam, unterschiedlichste und rasante Sportwagen, darunter den „Miura“, „Countach“, „Diablo“ usw. Auch ein Formel-1-Rennwagen des Namens „Lamborghini-Glas“ wurde hergestellt. 1990 kam das Aus für das mexikanische „Glas“-Projekt. Für 1993 hatte man die Fertigung eines „P 140“ genannten Mittelmotorwagens geplant, 1994 kam der neue „Lamborghini Diablo VT“ heraus.

Ferrucio Lamborghini verwendete für seine exklusiven Sportwagen ein wappenähnliches Markenzeichen, das den Markennamen „Lamborghini“ und einen zum Stoß ausholenden Stier zeigte. Lamborghini wählte für seine Renner Namen berühmter Kampfstiere.

Ⓝ Ⓑ Ⓚ Ⓟ

LANCHESTER

GB 1895–1956

Frederick William Lanchester (1868-1946) konstruierte und baute ab 1897 Fahrzeuge mit Boxer-Motoren, Kardanwellen und Schneckengetriebe. Der englische Konstrukteur stellte sein erstes Benzinautomobil mit Zweizylinder-Motor und Luftkühlung schon im Jahre 1895 her. Im gleichen Jahr gründete man die „Lanchester Engine Co. Ltd“ in Birmingham/England, die bis 1904 unter diesem Namen firmierte. Man stellte bis in die 50er-Jahre hinein die unterschiedlichen Versionen her, so Vier-, Sechs- und Achtzylinder-Typen. 1931 hatte die englische Firma „BSA“, die auch mit „Daimler“ verbunden war, die Kontrolle über „Lanchester“ übernommen. 1956 wurde die über 60 Jahre alte englische Automobilmarke der „Lanchester Motor Co.“ endgültig aufgegeben.

Frühere „Lanchester“-Automobile besaßen keinerlei Markenzeichen am Kühlergrill. Später kam es dann doch zur Verwendung von Abzeichen. Bekannt ist dasquerrechteckige Zeichen mit dem Markennamen.

LANCIA

I 1906 – heute

Die Automobilmarke „Lancia“, seit 1969 mit der „Fiat S.p.A.“ in Turin/Italien verbunden, war einst ein Begriff für zukunftsweisendes und hinreißendes Styling. Der Geist des berühmten Rennfahrers Vincenzo Lancia (1881–1937), der 1906 seine Firma in Turin gründete, blieb auch unter dem Zement- und Finanzkönig Carlo Pesenti erhalten, der die Firma 1955 aufkaufte. 1950 konnte Lancia das exklusive Modell „Aurelia“ vorstellen, welches von Vittorio Jano konstruiert worden war. Die „Lancia & Co., Fabbrica Automobili Torino S.p.A.“ baute 1992 den ungewöhnlich elegant gestylten „Lancia Delta HF Integrale“ mit 180 PS-Motor. Eine Reihe von Automobilen erhielten in Reihenfolge des griechischen Alphabets die Namen „Alpha“, „Beta“, „Gamma“ usw. „Autobianchi“ war wie „Lancia“ eine Tochterfirma von „Fiat“, die man auflöste. Dadurch wurde aus dem Typ „A 112“ der neue „Lancia“.

Ab 1911 schmückte das bis heute in etwas modifizierter Form verwendete „Lancia“-Markenzeichen die Automobile. In den Farben Blau, Weiß, Rot und der „Lancia“-Flagge über dem Lenkrad zeigt es eine Lanze für „Lancia“.

Ⓝ Ⓑ Ⓚ

LANDA

E 1916–1930

Juan A. de Landaluce, ein hochtalentierter spanischer Ingenieur, konstruierte bereits Motorräder, bevor er sich mit dem Bau von kleinen Sportwagen beschäftigte. Er gründete im Jahre 1916 die „Talleres Landaluce“ in Estrecho/Madrid, die bis 1922 unter diesem Firmennamen bestanden. Zunächst baute man unter Mitwirkung von Landaluce ein zweizylindriges Sportwagen-Modell. Die ersten Fahrzeuge der Marke „Landa“ erhielten Zweizylinder-Motoren, die Landaluce selbst konstruierte. 1919 gab es Zweizylinder-20 PS-Modelle, und ein Jahr später folgte ein Vierzylinder-Typ. Der Ruhm des Landa bewog selbst den spanischen König Alphonso XIII. zum Kauf eines Wagens dieser Marke. 1922 baute man nur noch Sechszylinder-Wagen amerikanischen Musters. 1923 gründete man die „Sociedad Española de Automóviles Landa“. 1930 wurde der Betrieb eingestellt.

Als Markenzeichen wurden u. a. der schön gestylte Schriftzug „Landa“ wie auch ein Dreiecksemblem mit dem Markennamen „Landa“ verwendet. Die Buchstaben „S“ und „A“ dürften hier für „Sociedad Autómoviles“, der außerdem gezeigte Buchstabe „E“ für „España“ gestanden haben.

Der italienische Sportwagenhersteller „SIATA" brachte im Modelljahr 1934 den „FIAT-SIATA Spyder" heraus. Hierbei handelte es sich um eine Zusammenarbeit mit Fiat, aus der von 1949 bis 1970 Kleinsportwagen auf Fiat-Basis entstanden.

Für „Oldsmobile"-Fahrzeuge verwendete man in den dreißiger Jahren unterschiedliche Kühlerfiguren, häufig wurde jedoch eine Person mit Flügeln dargestellt. Ransom Eli Olds war einer der ersten amerikanischen Benzinmotorenhersteller: Er brachte 1897 einen Einzylinder-Motorwagen heraus.

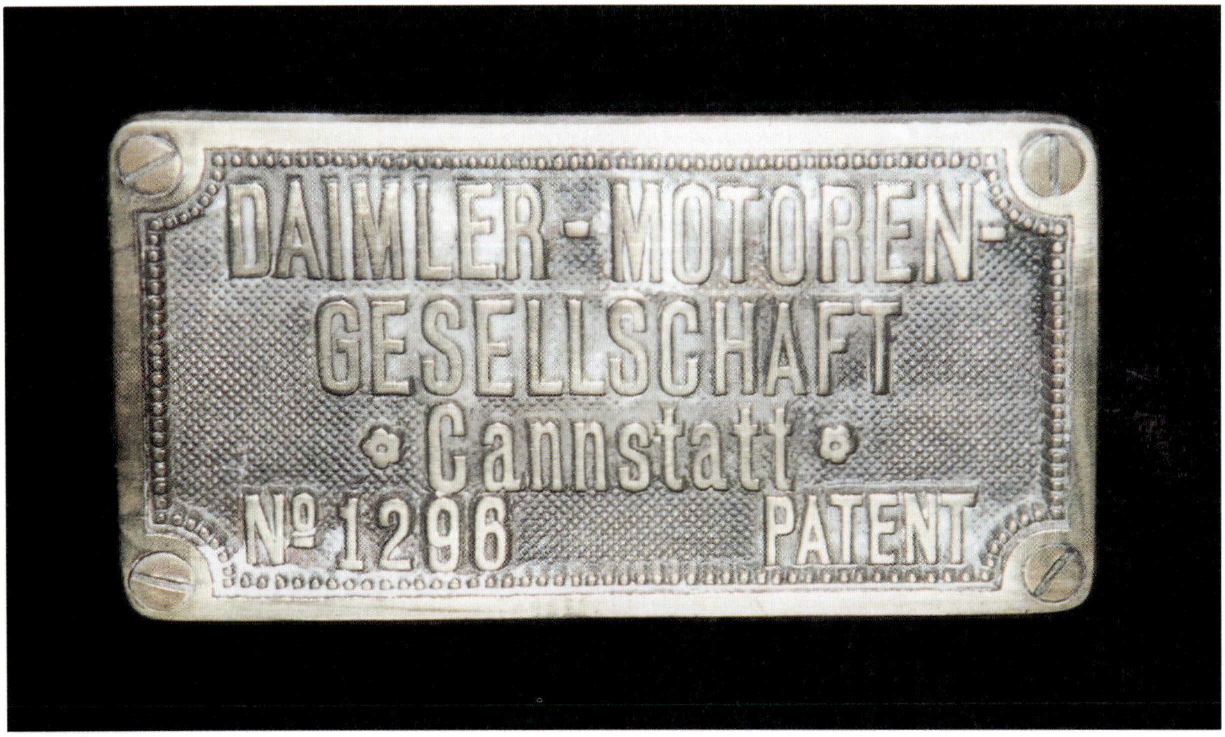

In frühen Jahren verwendete die „Daimler-Motoren-Gesellschaft" (DMG) u. a. auch schwere Messingplaketten. Diese Patent- und Namensplaketten gab es auch in runder Form, bis man später auf richtige Kühlerembleme überging.

LARRABEE

USA 1916 – 1932

In den Jahren 1916 bis 1932 baute die Firma „Larrabee-Deyo Motor Truck Company" in Binghamton/New York, Lastkraftwagen von 1,0 bis 5,0 Tonnen. Diese besaßen ab 1920 hauptsächlich Sechszylinder-Motoren. Der „Larrabee" war einer der ersten amerikanischen Trucks, die man mit Luftreifen ausgestattet hatte. Fahrzeuge dieser Marke fielen insbesondere durch ihr attraktives Design auf. 1925 bis 1927 baute die Firma auch Wagen mit amerikanischen „Buda"-Motoren, die hauptsächlich als Taxifahrzeuge verwendet wurden. Sie waren für den Einsatz in New York City bestimmt. 1932 mußte aufgrund der anhaltenden Weltwirtschaftskrise der Larrabee-Lastkraftwagenbau eingestellt werden.

Als Markenzeichen führten die Larrabee-Lkws ein querstehendes Karo mit dem integrierten Markennamen „Larrabee" sowie dem Namen des Produktionsortes „Binghamton, New York". Ein anderes Emblem zeigte wappenähnliche Form mit gleichem Text, aber in anderer Schriftart.

LA SALLE

USA 1927 – 1940

Die amerikanische „General Motors Corporation" (GMC) in Detroit, Michigan/USA, kaufte 1909 die Marke „Cadillac" auf. Deren Tochterfirma „La Salle", seit 1927 eigenständige Marke, war nicht so erfolgreich wie „Cadillac" selbst. Die Fahrzeuge von La Salle waren wuchtig, repräsentativ und hatten ein ausgezeichnetes Fahrgestell. „Convertible Coupé" nannten die Amerikaner ein zweisitziges Vollcabriolet dieser Marke. Im Heck hatte man den „Schwiegermuttersitz" angebracht, einen Notsitz. Der „La Salle V 8" gehörte zu den ersten Wagen, die wie der Cadillac serienmäßig Sicherheitsglasscheiben und ein Synchrongetriebe aufwiesen. Nachdem „Cadillac" nun Typen gleichen Preisniveaus wie „La Salle" anbot, hatte die Marke 1940 ausgedient und wurde von „GM" aus dem Programm genommen.

„La Salle" führte im Emblem eine Art Krone. Es gab aber auch Zeichen, die die Buchstabenfolge „La S" verschlungen zeigten. Ein weiteres Emblem besaß Wappenform. Der Markenname bezieht sich auf R. René Cavalier, Sieur de la Salle, der 1669 erstmals das Land am Ohio erforschte. Ⓝ Ⓑ

LATIL

F 1899 – etwa 1940

1899 baute Georges Latil (1878–1961) in Suresnes/Seine dreirädige „Latil"-Automobile mit Frontantrieb („Traction Avant"). Jedoch ging die Geschäftstätigkeit nur schleppend voran, bis Charles Blum „Latil" übernahm. Das „Traction Avant"-System wurde nun von Latil und Alois Korn verbessert. Schon 1906 wurden mit den Latil-Fahrzeugen zahlreiche Preise bei verschiedenen Rennen gewonnen. Mit Beginn des Ersten Weltkriegs fertigte man schwere Zugmaschinen mit Vierradantrieb und -lenkung. 1926 stellte man einen Kleinlieferwagen mit Vierzylinder-Motor auf dem Pariser Salon aus. Von 1936 bis 1940 baute man erneut Automobile dieses Markennamens. Ab etwa 1935 entstanden die ersten Latil-Lastwagen, und etwa im Herbst 1955 fusionierte man mit „Renault" (Lkw-Abteilung) und „Somua". Daraus entstand später die neue Nutzfahrzeugmarke „Saviem".

Bei „Latil" verwendete man hauptsächlich ein rundes Markenzeichen, das den Namen „Latil" in Buchstaben unterschiedlicher Größe zeigte. Ein neueres Zeichen führte einen einfacheren Schriftzug, bei dem die Buchstaben von der Mitte aus nach links und rechts kleiner wurden. Ⓝ Ⓑ Ⓚ

LAURIN & KLEMENT

A; ČS 1905 – 1928

Die Automobilmarke „Laurin & Klement" ist eine österreichisch-ungarische Marke und gehört zu den ältesten böhmischen Automobilfabriken. Václav Klement und Václav Laurin eröffneten im Winter 1894 in Jungbunzlau (heute Mlada Boleslav) eine kleine Werkstatt zur Herstellung von Fahrrädern, denen etwa fünf Jahre später die Motorräder und 1900 die ersten Automobil-Prototypen folgten. Ab 1905 gab es den ersten „Laurin & Klement"-Zweizylinder-Motorwagen. Ab 1912 baute man Vierzylinder-Wagen, und ein Jahr später übernahm man die Automarke „RAF". In Prag und Pilsen/Tschechoslowakei besaß die Firma Werke. Es wurden große und aufwendige Personenwagen gebaut, und auch bei Rennen wurden die Fahrzeuge erfolgreich eingesetzt. 1925 fusionierte „Laurin & Klement" mit dem tschechischen „Škoda"-Konzern, drei Jahre später entstand der neue „Škoda".

Das Markenzeichen der ersten „Laurin & Klement"-Automobile zeigte einen zweigeteilten Schriftzug. Der Buchstabe „L" verband die beiden Markennamen. Ein neueres Zeichen war rund und enthielt die Buchstaben „L & K" für „Laurin & Klement", umgeben von einem Lorbeerkranz. Ⓝ Ⓑ

LEACH; LEACH-BILTWELL

USA 1919 – 1923

In den Jahren 1919 bis 1923 stellte die Firma „Leach Motor Car Co." in Los Angeles, Kalifornien/USA, Automobile des Markennamens „Leach" bzw. „Leach-Biltwell" her. Leach-Automobile waren große, aus Fremdkomponenten zusammengebaute Wagen, sehr populär und bei Hollywood-Größen äußerst beliebt. Die ersten Modelle dieser Marke besaßen amerikanische „Continental"-Motoren, doch wurde die Firma durch ihren Typ „Power Plus Six", der von 1922 bis 1923 gebaut wurde, besser bekannt. Es handelte sich dabei um einen 5,7-Liter-107 PS-Motorwagen. Leach führte Roadster, Tourenwagen, Limousinen und andere Versionen. Bekannt war auch das Modell „Six California Top Tourer" von 1923. Im gleichen Jahr wurde der „Leach" bzw. „Leach-Biltwell"-Automobilbau wieder eingestellt.

Das Markenzeichen des „Leach" zeigte einen Bären, der auf einem Rechteck stand, in dem der Markennamen „Leach" zu lesen war.

LEA-FRANCIS

GB 1904 – 1960; 1980 – heute

Die „Lea & Francis Ltd" in Coventry, Warwickshire/England, wurde 1895 von Richard Henry Lea und Graham Inglesny Francis als Fahrradfirma gegründet. Später wurden von der „Lea-Francis Cars Ltd" auch Motorräder und Automobile produziert. Ab 1904 wurde der eigentliche „Lea-Francis"-Motorwagenbau aufgenommen. Im Laufe der Jahrzehnte folgten Drei, und Vierzylinder-Typen. Das mittelgroße und auf sportlichen Gebieten ambitionierte Unternehmen setzte mit Unterbrechungen von 1935 bis 1937 und von 1954 bis 1959 bis in das Jahr 1960 die Fabrikation fort. 1960 baute man noch einige Prototypen mit Modellnamen „Leaf-Lynx", die einen 2,5-Liter-„Ford Zephyr"-Motor erhielten. Ab 1980 wurden unter neuem Management Replika-Fahrzeuge alter Modelle gertigt, die gleichfalls den Namen „Lea-Francis" erhielten.

Der Entwurf des „Lea-Francis"-Markenzeichens wird dem Firmengründer R. H. Lea zugeschrieben. Als Zeichen verwendete er den sogenannten „Unfish", ein Mischwesen aus Einhorn („Unicorn") und Fisch aus der Symbolik des Fernen Ostens. Ⓝ Ⓚ

LEGNANO; F.I.A.L.

I 1906 – 1908

Ab August 1906 baute die „Fabbrica Italiana Automobili Legnano“, die schon vorher in Legnano/Italien seßhaft war und Marinemotoren sowie Motoren für die Industrie herstellte, auch Automobile, die hauptsächlich als „F.I.A.L.“, aber ebenso auch als „Legnano“ bekannt wurden. Das erste Fahrzeug, der Typ „A“, besaß einen Zweizylinder-6/8 PS-Motor. Dieser Wagen wies als besonderes Merkmal einen runden Kühler, drei starke Bremsen sowie „Dunlop“-Reifen auf. Zwei Exemplare des „F.I.A.L.“ bzw. „Legnano“ sind noch heute erhalten, davon ein Wagen im Museo dell'Automobili in Turin. Nur wenige Automobile der Marke wurden hergestellt, und im Jahr 1908 kam es zur Liquidation der Automobilfirma. Ein Jahr später, 1909, kaufte die Firma „Ferrario & Rosa“ die Reste der „F.I.A.L.“-Werksanlagen auf.

Neben der Abkürzung „F.I.A.L.“ für „Fabbrica Italiana Automobili Legnano“ verwendete man vermutlich auch den gezeigten „Legnano“-Schriftzug für die Automobile.

LEICHTAUTO

D 1924

Die Firma „Leichtauto GmbH“ in Berlin erschien im Jahr 1924 auf der „Berliner Ausstellung“ mit einem gummiseilgefederten Kleinwagen, der nur 160 Kilogramm wog und die Markenbezeichnung „Leichtauto“ trug. Dieses Fahrzeug besaß ferner ausreichenden Platz für zwei Personen, ein Stahlrohrgestell und eine Karosserie, die mit Kunstleder bespannt worden war. Als Antrieb dienten Einzylinder-Motoren der deutschen Firmen „Columbus“ („Horex“) und „DKW“.

In dem schildförmigen Markenzeichen „stemmte“ eine Person ein Automobil: Zeichen für die leichte Bauweise des deutschen „Leichtauto“-Fahrzeugs. Über der Wappenform hatte man zudem den Markennamen angeordnet.

LEMS

GB 1903 – etwa 1905

Im Jahre 1903 baute die Firma „London Electromobile Syndicate“ in London ein Elektroautomobil mit Markennamen „Lems“. Der englische Lems wurde als sehr leichter Vierrad-Runabout mit 1,5 PS starkem Elektromotor, einem Energiespeicher von 24 Volt/55 Ampere, Kettenantrieb und Grifflenkung versehen. Die Geschwindigkeit dieses Wagens lag bei etwa 20 km/h. Automobile der Marke „Lems“ wurden vermutlich nur bis 1905 produziert. Mit voll aufgeladenen Batterien bewältigte der Wagen eine Strecke von etwa 64,5 Kilometern. Ein Lems aus dem Jahr 1903 ist noch erhalten. Er wurde im Oktober 1982 als Leihgabe der „Gesellschaft für elektrischen Straßenverkehr“ (GES) in Essen für die Ausstellung „100 Jahre Elektro-Automobil“ in der Bayerischen Landesbank, München, zur Verfügung gestellt.

Der englische Lems zeigte den einfachen Schriftzug „Lems“ auf seinem Kühler.

LEO; TECOPLAN

CH; D; H
1989 – heute

Die Firma „tecoplan GmbH“ in St. Gallen/Schweiz (1974), Budapest, Kishunhalas/Ungarn (1989), München und Ingolstadt (1984) ist auf Entwicklungen auf dem Gebiet der Freiformflächentechnik als Zulieferant für die Automobilindustrie spezialisiert. Sie kann sich bereits auf einige Jahre Erfahrung, speziell in den Bereichen Karosserie-Außenhaut, Fahrzeug-Instandsetzung und Fahrzeug-Elektrik stützen. Im März 1989 stellte „tecoplan“ auf dem Genfer Salon ein neues, „Leo“ genanntes Kleinautomobil vor. Dieser Kleinwagen sollte in den frühen 90er-Jahren in Serie gehen. Die Entwicklung hatte bereits im Herbst 1987 begonnen. Der Leo, der in Gemeinschaftsarbeit mit dem ungarischen Bushersteller „Ikarus“ gefertigt werden sollte, wurde von einem 34 PS-„Fiat Fire“-Motor angetrieben.

Markenzeichen des luxuriösen Fahrzeugs waren drei Löwen, das Familienwappen von Graf Erich Waldburg-Zeil, dem Inhaber der „tecoplan“-Unternehmen.

LEWIS; L.P.C.

USA 1913 – 1914;
1914 – 1916

1913 baute die Firma „Lewis Motor Company“ in Racine, Wisconsin/USA (1914 bis 1916 „L.P.C. Motor Car Company“) Automobile unter dem Markennamen „Lewis“ bzw. später dann „L.P.C.“. Die Produktion wurde von William Mitchell Lewis, welcher früher in der Firma „Mitchell Company“ tätig war, finanziert. Entworfen wurde der Lewis von René Petard, der bereits den bekannten „Mitchell“-Motorwagen konstruiert hatte. Der „Lewis“ war eines der ersten amerikanischen Fahrzeuge, die mit einem Langhubmotor (Sechszylinder-5676 cm^3) versehen waren. Er wurde als fünfsitziges Tourenwagen-Modell angeboten.

Markenzeichen in schildförmigem Emblem war eine stilisierte Lilie, in der man – vermutlich mittels eines Rechtecks – den Markennamen „Lewis“ integriert hatte.

LEXINGTON

USA 1909 – 1928

1909 begann die „Lexington Motor Co.“ in Lexington, Kentucky/USA, mit dem Bau von Automobilen, die aus Fremdkomponenten assembliert wurden. Diese Fahrzeuge erhielten den Markennamen „Lexington“. Bereits 1910 stellte man die Produktion zunächst ein und zog mit den Einrichtungen nach Connersville, Indiana/USA, wo ab 1911 die Fabrikation fortgeführt wurde. Dann gründete man 1914 die neue „Lexington-Howard Co.“, die einen Vierzylinder-Wagen, dann Sechszylinder-Modelle in zahlreichen Karosserieversionen baute. 1918 erhielt die Firma wieder ihren alten Namen. In Zusammenarbeit mit der Firma „Ansted“ erschien ab 1921 auch ein „Lexington-Ansted“-Wagen. 1928 kam das Aus für den „Lexington“. E. L. Cord übernahm das Unternehmen und gliederte es in seinen Konzern ein, wo auch der berühmte „Auburn Speedster“ gebaut wurde.

Markenzeichen verschiedener „Lexington“-Automobile war der Schriftzug „Lexington“.

(B)

LEXUS; TOYOTA

J etwa 1989 – heute

Die neue Automobilmarke der japanischen Firma „Toyota Motor Corporation“ in Tokio vom Ende der 80er-Jahre hieß „Lexus“. Diese Luxuslimousine mit klassischer Stufenheck-Karosserie bot fünf Passagieren viel Platz und außergewöhnlichen Komfort. Sie entstand in rund 6jähriger Forschungs- und Testzeit und mit einem Aufwand von rund 1,5 Milliarden Mark unter Toyota-Chairman Eiji Toyoda. Der „Lexus LS 400“ von 1990 besaß einen Achtzylinder-3969 cm^3-4,0-Liter-245 PS-90 Grad-Leichtmetallmotor mit Viergang-Automatikgetriebe. In den USA, wie auch in Japan, war eine Coupé-Version des „Lexus LS 400“ mit der Bezeichnung „SC 400“ bzw. „Soarer“ bekannt. Wahlweise wurde dieses Fahrzeug von einem Achtzylinder-4,0-Liter- bzw. einem Sechszylinder-3,0-Liter-228 PS-Motor angetrieben.

Der Markenname „Lexus“ erinnert an „Luxus“, ist jedoch ein Kunstname. Man verwendete ein Queroval mit dem Initial „L“ für „Lexus“. Der Schriftzug „Lexus“ selbst ist in einer ungewöhnlichen, aber markanten Schrift gehalten. ⓃⓅ

LEY; LORELEY

D 1906 – 1927

Auch die einst berühmte deutsche Marke „Ley“ der Firma im thüringischen Arnstadt ist heute längst vergessen. Bereits 1856 gründete Rudolf Ley die „Maschinenfabrik Ley“, bei der zunächst Schuhmacherei- und sonstige Spezialmaschinen gefertigt wurden. 1904 wandte man sich bei Ley dem Bau von Automobilen zu. 1905 konstruierte Albert Ley, Bruder von Rudolf Ley, den ersten „Loreley“ genannten Vierzylinder-Motorwagen, dem im Laufe der folgenden Jahre die unterschiedlichsten Ausführungen folgten. 1908 erprobte man ein Sechszylinder-2,6-Liter-Modell. Die Firma beteiligte sich auch an diversen Langstreckenrennen, um die Belastbarkeit des „Ley“-Motors demonstrieren zu können. Wirtschaftliche Schwierigkeiten in den späten 20er-Jahren verhinderten, daß sich diese Marke durchsetzte, und so mußte man 1927 vom Automobilbau wieder absehen.

Schon 1919 verzichtete man auf den Markennamen „Loreley“, der sich vom Vornamen der Ehefrau Rudolf Leys, Lore Ley, ableitete. Später verwendete man ein dreiecksähnliches Emblem, in dem der Markenname „Ley“ in einem Kreis abgebildet war. Ⓝ Ⓑ Ⓚ

LEYLAND

GB 1920 – 1923

Bereits 1896 wurde die „Lancashire Steam Motor Co.“ gegründet. 1920 erhielt die Firma den neuen Namen „Leyland Motors Ltd.“. Unter Leitung des Rennfahrers und Konstrukteurs J. G. Parry Thomas, der 1927 mit seinem „Babs“ genannten Weltrekordwagen in die Geschichte einging, entstanden von 1920 bis 1922 luxuriöse Automobile mit Achtzylinder-Motoren, die mit dem „Rolls-Royce“ konkurrieren sollten. Der „Leyland Eight“ („8“) war der teuerste Wagen Englands. Er wurde nur in 18 Exemplaren gefertigt. Nach der Aufgabe des Leyland-Personenwagenbaus fertigte man Nutzfahrzeuge (Omnibusse u. a.). Mit Übernahme der Firmen „Standard“ und „Triumph“ plante man 1961, wieder Automobile zu bauen. 1967 kam eine Verbindung mit der Holding „BMC“ zustande, und zusammen mit „Rover“ und „Alvis“ entstand die „British Leyland“, die in den 80er-Jahren aufgelöst wurde.

Das „British Leyland“-Markenzeichen stand für einen Markenverbund. Für den „Leyland Eight“ verwendete man den Schriftzug „Leyland“, wobei der Buchstabe „L“ unterhalb des Namens stark geschwungen war. An ihm brachte man zudem die Zahl „8“ („Eight“) an. Ⓝ Ⓑ Ⓚ

LE ZÈBRE

F 1909 – 1931

Um 1907/08 lernten sich die beiden talentierten Automobilkonstrukteure Jules Salomon und Lamy kennen. Letzterer gründete später mit Emile Akar die französische Renommee-Automarke „Amilcar“. Aus diesem Zusammentreffen entstand die neue französische Automobilmarke „Le Zèbre“ („Zebra“). 1909 wurde die Firma „Société Anonyme Le Zèbre“ in Suresnes und Puteaux/Seine gegründet. Salomon ging als Konstrukteur des bekannten „5 CV“ in die Geschichte ein, und 1909 schuf er einen kleinen Vierzylinder-Wagen mit 785 cm^3-Motor, der bis 1914 in beträchtlichen Stückzahlen gefertigt wurde. Nach dem Ende des Ersten Weltkriegs stellte man bereits größere Versionen des „Le Zèbre“ mit 2,0-Liter Hubraum vor. Bei der französischen Firma experimentierte man noch zu Produktionsende im Jahre 1931 im wesentlichen erfolglos.

Die französischen Fahrzeuge führten ein Markenzeichen mit den verschlungenen Buchstaben „L“ und „Z“. Ein weiteres rundes Emblem mit einem Hintergrund aus zahlreichen Ringen zeigte den integrierten Markennamen „Le Zèbre“.

LINCOLN

USA 1920 – heute

1910 brachte Henry M. Leland die „Cadillac Motor Car Co.“ erst richtig in Schwung. Sieben Jahre später verließ er diese Firma, um selbst luxuriöse Präzisionsautomobile herzustellen. Nachdem er sich von „Cadillac“ zurückgezogen hatte, entwickelte er mit seinem Sohn den ersten „Lincoln“ mit V-Achtzylinder-5,8-Liter-81 PS-Motor. 1920 gründete man die „Lincoln Motor Co.“ in Detroit, Michigan/USA, doch die Investition amortisierte sich nicht, und 1922 wurde „Lincoln“ von „Ford“ übernommen. Ab diesem Zeitpunkt begann die steile Karriere des „Lincoln“ als Prestigemarke von Ford. 1932 gab es einen V-Zwölfzylinder-7,4-Liter-Typ, und sieben Jahre später bot man den luxuriösen „Lincoln Continental“ an, der auch noch Anfang der 90er-Jahre existierte. Am 22. November 1963 fiel John F. Kennedy in seinem „Lincoln“-Staatswagen einem Attentat zum Opfer.

Bereits in frühen Jahren verwendete man ein breit gelagertes Kühleremblem mit dem Markennamen „Lincoln“. Ein anderes Emblem zeigte ein Wappen über dem „Lincoln“-Schriftzug. Schon 1926 verwendete man als Kühlerfigur einen Windhund, den „Spring Greyhound“. Ⓝ Ⓑ Ⓚ

LINDCAR

D 1922 – 1925

Am 1. September 1920 wurde die „Lindcar Auto AG“ in Berlin-Lichtenrade von Otto und Gustav Lindemann gegründet. Bereits 1921 begann man mit der Serienherstellung eines bootsförmigen Kleinwagens mit Sperrholzaufbau, der den Markennamen „Lindcar“ erhielt. Als Antrieb diente zunächst ein luftgekühlter V-Zweizylinder-Motor. Kurz danach kam es zum Bau von luftgekühlten Vierzylinder-Typen, die später wassergekühlten Vierzylinder-Aggregaten wichen. Das bekannteste Modell war der Typ „5/15 PS“, ein Vierzylinder-1200 cm^3-Wagen, der von 1922 bis 1924 mit „Soden“-Getriebe gebaut wurde. Für den Lindcar fanden auch deutsche 1017 cm^3-„Atos“- und 1320 cm^3-„Steudel“-Motoren Verwendung. Etwa im November 1923 wurde der Lindcar-Automobilbau aufgegeben. 1924/25 erwarb die deutsche „General Motors“ die Fabrikanlagen und Einrichtungen.

In dem runden Markenzeichen hatte man den Markennamen „Lindcar“, das Lindcar-Automobil und einen Lindwurm integriert. 1929 gab es noch ein rundes Emblem mit Rad, symbolisch für die Fahrradherstellung, einem geflügelten Kopf und dem Markennamen „Lindcar“ zeigte. Ⓝ Ⓑ

LLOYD

D 1906–1914; 1950–1961

1906 wurde die „Norddeutsche Automobil- und Motoren AG" (NAMAG) als Tochtergesellschaft der Schiffahrtsgesellschaft „Norddeutscher Lloyd" gegründet. Im gleichen Jahr begann man mit der Herstellung von „Lloyd"-Automobilen, die als Lizenz des französischen „Kriéger" entstanden. Später baute Joseph Vollmer ein Modell für „Lloyd" mit Vierzylinder-Motor, der 1908 in Serie ging. Der Verkauf der Wagen ging schleppend voran. Aus diesem Grund verband man sich 1914 mit der Firma „Hansa" in Varel. Die nächsten Fahrzeuge trugen bereits den Markennamen „Hansa-Lloyd". 1950 lebte die Marke „Lloyd" im „Borgward"-Imperium wieder auf. Man baute nun Zweizylinder-300 cm^3-Modelle, die wegen ihrer mit Kunstleder überspannten Sperrholzaufbauten als „Leukoplastbomber" bekannt wurden. 1961 kam mit dem Ende von „Borgward" auch das Aus für „Lloyd".

Bei der „Norddeutschen Automobil- und Motoren AG" verwendete man für den Lloyd anfangs verschiedene Markenschriftzüge, denen dann ein mit der Spitze nach oben zeigendes Dreieck mit sieben roten Streifen folgte, das den Markennamen „Lloyd" enthielt.

Ⓝ Ⓑ

LMX

I 1969–1972

1969 wurde in Turin/Italien die „LMX Automobili s.r.l." gegründet. Dieses Automobilunternehmen baute bis 1972 sportliche Coupés der Markenbezeichnung „LMX". Michele Liprandi, geboren 1927, war Initiator des italienischen LMX. Er hatte schon 1952 sein erstes Automobil mit Flügeltüren konstruiert. Der Antrieb des LMX erfolgte über einen V-Sechszylinder-2,0-Liter-„Ford"-Motor. Es gab zweisitzige Coupés und Spider. Die Fahrzeuge wurden in Mailand präsentiert, jedoch in Turin von der „Carozzeria Eurostyle" hergestellt. Bekannt war der „LMX 2300 HXS" mit rechteckigen Scheinwerfern und rahmenloser Heckscheibe, die in das abgeschnittene Fastback mündete und als Heckklappe diente. Die Höchstgeschwindigkeit dieser Version lag bei rund 200 km/h. 1972 wurde von einer weiteren LMX-Sportwagenherstellung abgesehen.

Das Markenzeichen des italienischen LMX zeigte einen sich aufbäumenden geflügelten Drachen und darüber die Markenbezeichnung „LMX".

LOHNER

A 1896–1906

Die „k.u.k. Hof-Wagenfabrik Jacob Lohner & Co." in Wien wurde 1821 von Jacob Lohner gegründet. Sie war das erste österreichische Unternehmen, das später Automobile baute. 1896 begann man bei „Lohner" mit dem Bau eines Motorwagens. Da man mit den Leistungen nicht zufrieden war, wurden Versuche mit elektrischem Antrieb, versehen mit Komponenten der „Vereinigten Electricitäts-AG, vorm. Bela Egger & Co." („Egger-Lohner"), unternommen. Im Jahr 1900 kam Ferdinand Porsche zu „Lohner", um den Bau von Elektrofahrzeugen weiterzutreiben. Hier konnte er seine Idee von Elektromotoren, die in den Radnaben saßen, verwirklichen. Noch im gleichen Jahr wurde der erste „Lohner-Porsche" vorgestellt. Porsche ging Anfang 1906 zu „Austro-Daimler", und Lohner baute nach dessen Weggang noch einige Jahre Elektro-Omnibusse („Lohner Stoll").

Bei Lohner verwendete man u. a. den Namensschriftzug „Jacob Lohner", beim „Lohner-Porsche" ein rundes Emblem, das innen ein Dreieck mit drei „laufenden" Beinen zeigte. In den Dreiecksrand hatte man den Begriff „Lohner-Porsche-System" gesetzt.

Ⓝ

LOTEC

D 1971 – heute

Kurt Lotterschmid, Gründer der Firma „Lotec GmbH" in Kolbermoor bei Rosenheim, führte schon in den 60er-Jahren als engagierter und leidenschaftlicher Rennfahrer Reparaturen an „Porsche"-Fahrzeugen durch. Seit 1969 war er zudem im Rennwagenbau für die Formel-5 tätig. 1971 stellte er in seiner Firma einen zweisitzigen Rennwagen her, und 1983 gab es den „Lotec-BMW"-Gruppe-C-Rennwagen. Bekannt war auch der „Lotec-Mercedes 300 E Turbo" von 1986 mit bis zu 300 PS Leistung. Die neue „Lotec-Cars-Automobilbau GmbH" stellte 1990 ihren Straßensportwagen „Lotec C 1000" vor, und Mitte 1991 gab es eine Zusammenarbeit mit dem deutschen Stardesigner und Professor Luigi (Lutz) Colani. Das Ergebnis war der „Colani-Lotec Testa d´ Oro" mit Zwölfzylinder-5,0-Liter-750 PS-Motor. 1993 sprach man von einer neuen „Lotec Sirius"-Studie.

Die Markenbezeichnung „Lotec" setzt sich aus „Lotterschmid" und „Technik" zusammen. Für den Schriftzug „Lotec" wählte man eine futuristische Schrift. Beim „Colani-Lotec" hatte man dem Markenschriftzug auch die Signatur „Colani" hinzugefügt.

LOTUS

GB 1952 – heute

Die Geschichte von „Lotus" geht auf das Jahr 1947 zurück. Zu dieser Zeit war Anthony Colin Bruce Chapman begeisterter Motorradfahrer. Nach einem Unfall kauften ihm seine Eltern einen „Morris", von dem er nicht so sehr begeistert war. Einen „Austin Seven" des Jahrgangs 1930 baute er von Grund her neu auf und nahm mit ihm an etlichen Rennen teil. Diesem Wagen gab er den Namen „Lotus Seven". So wurde eine neue englische Automarke geboren, die in den folgenden Jahrzehnten Aufsehen erregen sollte. Chapman wurde Englands erfolgreichster Rennwagen-Konstrukteur. Mit seinen Rennwagen wurden zahlreiche Grand Prix gewonnen. Neben Rennwagen baut „Lotus" auch ungewöhnlich elegant gestylte Sportwagen mit leistungsstarken Motoren. 1982 verstarb A. C. B. Chapman. An der „Lotus Cars Ltd" beteiligte sich „Toyota".

Im Markenemblem von „Lotus" erkennt man das Monogramm des ehemaligen Firmenchefs Anthony Colin Bruce Chapman („ACBC") neben dem Firmen- und Markennamen „Lotus". Die Schrift ist goldfarben, der Hintergrund im bekannten „English Racing Green" gehalten.

Ⓝ Ⓚ Ⓟ

LOZIER

USA 1905–1917

Im Jahre 1880 kam es zur Gründung der Fahrradfabrik „Lozier Manufacturing Co.". 1897 wurde in der inzwischen in „Lozier Cycle Co." umgewandelten Firma von Henry Abram Lozier – unter Mitwirkung eines Kontrolleurs namens George A. Burrell – ein dreirädriger Motorwagen hergestellt. Drei Jahre später zog sich H. A. Lozier vom Geschäft zurück, und nach seinem Tod 1903 führte der Sohn Henry A. Lozier die Firma weiter. 1904 konnte Lozier seinen ersten „Lozier" getauften Motorwagen vorstellen, dem weitere Versionen der „Lozier Motor Co." mit Sitz in Plattsburg/New York folgten. Der Lozier erhielt Vierzylinder-Motoren; 1907 baute man auch Sechszylinder-9,3-Liter-50 PS-Ausführungen. 1911 gewann ein Fahrzeug beim 500-Meilen-Indianapolis-Rennen den 2. Platz. Sechs Jahre später wurde der Lozier-Autobau eingestellt.

Für den Lozier verwendete man hauptsächlich ein rundes Emblem, das ein geflügeltes Speichenrad und den Markennamen „Lozier" zeigte.

LUC; LOEB

D 1909 – 1914

Ludwig Loeb war Geschäftsführer der Firma „Loeb & Co. GmbH" in Berlin. Im August 1897 brachte er den ersten Motorwagen nach Berlin. Im Jahre 1901 gründete er den „Generalvertrieb der Benz-Patent-Motorwagen und Motoren Loeb & Co. Gmbh". Diese Firma war ein modernes Reparaturwerk, das mit allen neuzeitlichen Maschinen ausgestattet war. In der Fabrik wurden alle Ersatz- und Zubehörteile für Motorwagen, Motorboote, Motorluftschiffe sowie Maschinenteile aller Art für Versuchszwecke hergestellt. Als größtes Berliner Automobil-Reparaturwerk baute man von 1909 bis etwa 1920 auch „LUC" bzw. „Loeb" genannte Automobile mit Vierzylinder-Motoren. 1920 kam „Loeb" zum „Stinnes"-Konzern, und ein Jahr später wurde aus dem LUC bzw. Loeb der neue „Dinos"-Motorwagen. Bekannt war hierbei der Typ „8/35" mit 2100 cm^3-Motor, der bis 1924 gebaut wurde.

Bereits am 20. April 1909 ließ man ein neues Firmenemblem mit den Initialen „LUC" für „Loeb und Company" anmelden. Das runde Markenzeichen von 1910 zeigte sowohl den Firmennamen „Loeb & Co. GmbH" als auch den Herstellerort „Berlin-Charlottenburg" und im Zentrum die Buchstaben „LUC". Ⓝ Ⓑ

LUCAS

GB 1974 – etwa 1977

Joseph Lucas war Gründer einer Firma, die sich zu einem der größten englischen Hersteller auf dem Gebiet der Auto-Elektrik entwickelte. Jahrzehnte später, im Jahr 1972, entstand die „Lucas Electrical Co.". Im Laufe der Jahre umfaßte die spätere Firma „Joseph Lucas (Industries) Ltd" in Birmingham und London mehrere Zulieferfirmen und Tochtergesellschaften. „Lucas" baute auch Lieferwagen und Limousinen auf Basis des englischen „Ford Transit", jedoch mit anderen Karosserieformen. Die Versionen „Lucas CF Electric Van", das „Lucas Taxi II" und die „Lucas Limousine" genannten Fahrzeuge, die um 1974/75 zur Vorstellung kamen, waren ausgesprochene Elektromobile. Besonders bekannt war das „Lucas Electric Taxi" mit 15 PS starkem Elektromotor. Auf Basis des englischen „Bedford" gab es 1977 noch einen weiteren Lucas-Elektrowagen mit Hydrogenantrieb.

Früher führte man den bekannten Lucas-Löwen im Markenzeichen, von dem man sich etwa in den 70er-Jahren wieder trennte. An seine Stelle trat das Lucas-Diagonal „L". Dann entschied man sich für eine querrechteckige Form mit abgerundeten Ecken und dem Markennamen. Ⓑ

MACK

USA 1900 – heute

Schon vor Jahrzehnten waren die amerikanischen Firmen „International Harvester" und „Mack" Marktführer in der großen Lastkraftwagen-Klasse. Der Lastkraftwagen-Hersteller „Mack" wurde bereits 1900 in Allentown, Pennsylvania/USA, gegründet und eröffnete 1967 ein Zweigwerk in Kalifornien/USA. Mack soll auch einige Personenwagen hergestellt haben, doch konnte dies nicht nachgewiesen werden. Kaum eine andere Marke symbolisierte in solchem Maß Kraft und Stolz amerikanischer Lastwagen wie Mack in den USA. Der Truck-Hersteller vertrat eine eigene Produktionsphilosophie, die darauf beruhte, alles in eigener Regie herzustellen. So entwickelte Mack eigene Antriebsaggregate, Getriebe, Achsen, Fahrgestelle und Fahrerhäuser. Noch heute ist Mack einer der führenden Lkw-Produzenten der USA.

Jeder fünfte schwere US-Truck zeigte eine Bulldogge, die weltberühmte „Mack"-Kühlerfigur und Markenzeichen der „Mack Trucks". Heutige Lastwagen zeigen den einfachen Schriftzug „Mack" in Druckbuchstaben auf dem oberen Kühlerrand. Ⓝ Ⓑ Ⓟ

MAF

D 1908 – 1922

Ingenieur Hugo Ruppe, ein Sohn Berthold Ruppes, war einer der bedeutendsten Pioniere des luftgekühlten Automobilmotors. Später arbeitete er im väterlichen Betrieb „A. Ruppe & Sohn" in Apolda/Thüringen. Dieses Unternehmen wurde später in „Apollo Werke" umgewandelt. Zusammen mit seinem Bruder Arthur entwickelte Hugo Ruppe als Oberingenieur die „Piccolo"-Automobile. Ende 1907 schied er aus dem Familienunternehmen aus und gründete 1908 in Markranstädt die „Markranstädter Automobil-Fabrik Hugo Ruppe", die unter der Markenbezeichnung „MAF" bekannt wurde. Die MAF-Automobile mit Vierzylinder-Motor lehnten sich hinsichtlich ihrer technischen Konzeption an die Modelle des „Apollo" im Stammwerk an. 1921 schloß sich die MAF den „Apollo Werken" an, und ein Jahr später kam das Ende.

Als Markenemblem verwendete die „Markranstädter Automobil-Fabrik Hugo Ruppe" ein rundes Zeichen mit den Initialen „MAF". Ⓑ

MÁG

H 1912 – 1935

Die „Allgemeine Ungarische Maschinenfabriks-Aktiengesellschaft" („Magyar Általános Gépyár R.T.") in Budapest, die 1886 von Dániel Podvinecz und Wilhelm Heisler gegründet wurde, assemblierte zunächst Fahrzeuge aus Komponenten des deutschen „Cudell" und französischen „De Dietrich". In den Jahren 1903 bis 1908 entstanden rund 150 Automobile des „Phönix" bzw. des „Cudell-Phönix". Anschließend kam der ungarische „MÁG" als Lizenzwagen des italienischen „Fiat" heraus. Mit der Produktionsaufnahme von Flugmotoren siedelte die „MÁG" 1914 nach Mátyásföld um. Dort entstand der „Magomobil" mit Vierzylinder-Aggregat in relativ großer Stückzahl. 1926 gab es noch den „Magosupersix" mit Sechszylinder-Motor, doch drei Jahre später mußte man den Automobilbau aufgeben. Rund 2100 MÁG-Automobile wurden bis zur Aufgabe der Fiat-Lizenz 1935 gebaut.

Von 1905 bis 1909 gab es kein eigentliches MÁG-Markenemblem. In den Jahren 1912 bis 1914 verwendete man den schräg laufenden Schriftzug „MÁG". Etwa gleichzeitig gab es ein rundes Emblem mit der gesamten MÁG-Firmenbezeichnung und dem Herstellerort „Budapest".

MAHINDRA

IND 1968 – heute

Das Engagement des Hauses „Mahindra" auf dem Gebiet des Maschinenbaus begann mit der Gründung der „Mahindra & Mahindra Ltd" am 2. Oktober 1945 durch J. C. und K. C. Mahindra in Bombay zur Herstellung von „Jeeps". In Verbindung mit der amerikanischen Firma „Willys-Overland Corporation" und deren Nachfolgefirma, der „Kaiser Jeep Corporation", sowie der „American Motors Corporation" (AMC), wurde von 1954 an stufenweise die eigene Produktion von Jeep-Fahrzeugen in Angriff genommen. 1968 war dieses Projekt abgeschlossen. Nach Jahren der Jeep-Fertigung gab es 1982 ein Modell mit hohen Rädern und Allradantrieb. Dann folgten die Typen „CJ-3 B" und „CJ-4 A". Im März 1992 stellte „Mahindra & Mahindra Ltd" den „Mahindra CJ 340" und den „CJ 540" vor. Im Juni 1993 wurde der Mahindra sogar in Werdau, Zwickau/Ostdeutschland montiert.

Ursprünglich verwendete man ein rundes Emblem, das in mehrere Segmente unterteilt war und in der Mitte den Markennamen „Mahindra" trug. Heute wird nur noch der einfache Schriftzug „Mahindra" auf der Frontseite des Jeep-ähnlichen Geländewagens gezeigt.

MAIBOHM; COURIER

USA 1916 – 1922; 1922

In den Jahren 1916 bis 1922 baute die Firma „Maibohm Motors Co.“ Fahrzeuge, die den Markennamen „Maibohm“ erhielten. Diese Automobile stellte man zunächst bis 1919 in Racine, Wisconsin/USA, und ab diesem Jahr bis 1922 in Sandusky, Ohio/USA, her. Beim amerikanischen Maibohm handelte es sich um einen konventionellen Wagen, der aus Fremdteilen zusammenmontiert wurde. Bis zum Jahre 1919 verwendete man hauptsächlich einen Vierzylinder-Motor. Man baute den Maibohm in offener und geschlossener Version. Die Karosserien entstanden zum Teil bei der Karosserie-Firma „Millspaugh & Irish“. 1922 übernahm die Firma „Courier Motor Co.“, die ihren Sitz in Sandusky, Ohio/USA hatte, die Produktion des Maibohm und führte sie dann noch ein weiteres Jahr unter eigenem Namen – „Courier“ – fort.

Markenzeichen des Maibohm war ein in vier Segmente geteiltes Wappen mit dem Markennamen „Maibohm“ in der Mitte. Links oben enthielt es senkrechte, rechts unten waagrechte Streifen. Über die Bedeutung dieses Wappens liegen keine näheren Informationen vor.

MAICO

D 1955 – 1958

Ulrich Maisch gründete in Poltringen/Tübingen die „Ulrich Maisch & Co.“, aus der Anfang der 30er-Jahre die „Maico-Motorrad- und Fahrradfabrik“ – später „Otto & Wilhelm Maisch, Motorrad- und Fahrradfabrik“ mit Firmensitz in Pfäffingen/Tübingen – entstand. Berühmt wurden nicht nur die „Maico“-Motorräder, die jahrzehntelang gebaut wurden, sondern auch Kleinautomobile dieses Markennamens. 1955 ging die Konstruktion des vom früheren Rennfahrer und Konstrukteur Hermann Holbein entwickelten „Champion“-Kleinwagens an die Firma „Maico-Fahrzeugwerk GmbH“ über. Im Herbst gleichen Jahres stellte man nach einigen Modifikationen den viersitzigen „Maico 500“ vor, mit Zweizylinder-398 cm³- und später 452 cm³-Motor. Vor dem Auslaufen der Maico-Automobilfertigung im August 1958 gab es noch das Cabriolet „Maico MC 500/4“.

Der Markenname „Maico“ war die Abkürzung für „Maisch & Co.“. Als Markenzeichen verwendete man ein wappenähnliches Gebilde, in dem die Bezeichnung „Maico“ über einem großen „M“ integriert war. Die Buchstaben „c“ und „o“ bildeten die Räder eines Motorrads mit Fahrer. Ⓝ Ⓑ

MAJA

D 1923 – 1924

1923 und 1924 baute die Firma „Maja-Werk für Motor-Vierrad-Bau AG“ in München kleine zweisitzige „Maja“-Automobile, die mit dem Werbeslogan „Die Biene der arbeitenden Autowelt, des Landarztes, des Lieferanten und des Reisenden“ angeboten wurden. Als Antrieb diente ein luftgekühlter Zweizylinder-500 cm³-„BMW“-Boxermotor.

Als Markenzeichen verwendete man ein mit der Spitze nach unten zeigendes Dreieck mit abgerundeten Ecken und integriertem Markennamen „Maja“.

MAJOLA

F 1911–1928

Jean Majola gründete 1911 die gleichnamige Firma in St. Denis/Seine. Bis etwa 1920 hatte man hier den Firmensitz. „Majola“ baute sportliche Automobile in größerer Anzahl. 1914 stellte Jean Majola Rennwagen her, die mit Vierzylinder-1390 cm³-Motoren versehen wurden. Es ist bekannt, daß sich der kleine Majola-Wagen mehr durch seine Geschwindigkeit als durch sein Stehvermögen auszeichnete. Bereits 1911 kam das Modell „A“ heraus, das einen Motor erhielt, der von einem Konstrukteur namens Doutre entwickelt worden war. Nach dem Ersten Weltkrieg folgte das Modell „B“ mit 1000 cm³-Motor, und 1921 gab es den Typ „D“ mit 1390 cm³-Aggregat. 1927 baute man einen Majola-Kleinwagen mit Zweizylinder-Boxermotor, der jedoch bereits bei „Georges Irat“ entstanden war. Dies führte ein Jahr später zur gänzlichen Übernahme von „Majola“ durch „Georges Irat“.

Als Markenzeichen fungierte der Schriftzug „Majola“, wobei der Buchstabe „M“ steile und geschwungene Linien aufwies, mit dem Buchstaben „a“ hingegen eine Schleife gebildet wurde, die zum Anfangsbuchstaben zurücklief.

MANNESMANN

D 1923 – 1929

Erster Namensträger der Familie Mannesmann in Remscheid war der 1750 geborene Heinrich Mannesmann. Nach Jahren tauchte die Firma „A. & P. Mannesmann“ auf, deren Hauptartikel Feilen waren. Am erfolgreichsten dürfte der Industrielle Reinhard Mannesmann d. Ä. (1814-1894) gewesen sein. Er gilt mit Recht als „Lehrmeister der Remscheider Qualitätsmethode“. Von seinen sechs Söhnen gelang Reinhard (1856-1922) und Max Mannesmann (1957-1915) die Entwicklung einer Konstruktion, um nahtlose Rohre aus dem vollen Block zu walzen. Ab 1923 baute Mannesmann Automobile, denen 1927 bis 1929 eine Reihe von Achtzylinder-Versionen zwischen 55 PS und 100 PS Leistung folgten. Doch der erwünschte Erfolg blieb aus, und 1929 wurde nach Fertigung von rund 2000 Fahrzeugen der Automobilbau beendet.

Bei „Mannesmann“ gab es die unterschiedlichsten Markenzeichen. Ein Zeichen, das auch auf den Automobilen Verwendung fand, war ein Emblem mit doppelten Querovalen, in denen Männer einen massiven Pfeil als eine Art Rammbock benutzen. Ⓝ Ⓑ

MANTA

USA ca. 1973 – heute

Etwa im Jahr 1973 begann die amerikanische Firma „Manta Cars Ltd“ in Santa Ana, Kalifornien/USA, mit der Herstellung von stromlinienförmigen Sportcoupés, die den Markennamen „Manta“ und die Modellbezeichnung „Montage“ erhielten. Die Firma entwickelte dieses futuristische Coupé auf der Linie des bekannten englischen „McLaren“-Typs „M 6“. Zunächst erhielt das Fahrzeug einen deutschen „Volkswagen“-Motor und das Fahrgestell des gleichen Wagens. Im Jahre 1980 folgte der „Manta Mirage“, der mit Möwenflügeltüren versehen wurde. Der Roadster hatte eine „Volkswagen“-Frontaufhängung. Dann baute die Firma ein Fahrgestell eigener Entwicklung. Hinzu kamen V-Sechszylinder- und V-Achtzylinder-Motoren des amerikanischen „Chevrolet“-Modells „Corvair“. Im Modelljahr 1985 bot man noch die Modelle „Montage“, „Montage I“ und „Mirage“ an.

Als Markenzeichen für ihre Produkte verwendete die Firma „Manta Cars Ltd“ einen stilisierten Manta, der über dem Markennamen „Manta“ „hinweggleitet“.

MARATHON

F 1954 – 1955

Von der „Société Anonyme des Automobiles Marathon" in Paris wurden 1954 und 1955 Automobile des Markennamens „Marathon" produziert und vertrieben. Der Marathon war in seiner deutschen Urform – dem „Trippel SK 10" – eine Konstruktion des Amphibienautomobil-Pioniers Hanns Trippel. Nach verschiedenen Prototypen konnte dieser 1951 den „Trippel SK 10"-Kleinwagen vorstellen, der von einem Zweizylinder-Viertakt-Motor mit 600 cm³-Hubraum angetrieben wurde. Da man 1952 in Frankreich nach einem Interessenten suchte, den man in dem Rallye-Fahrer Bernard Denis fand, und zudem die Resonanz der französischen Öffentlichkeit getestet werden sollte, wurde auf dem Trippel einfach ein „Marathon"-Schriftzug angebracht. Der Motor wurde gegen ein „Panhard Dyna"-Viertakt-Aggregat ausgetauscht, und auch die Frontpartien änderte man ab.

Der Marathon zeigte ein linsenförmiges Markenzeichen, in dem man den Markennamen „Marathon" integriert hatte.

MARAUDER

GB 1950 – 1952

George N. Mackie, der von „Talbot" kam, und Peter Wilks, der als ein Mitglied der Wilks-Dynastie dem englischen „Rover"-Management angehörig war, waren zwei der Initiatoren des 1949 entstandenen „Marauder", der als Sportwagen in Serie gebaut werden sollte. 1950 wurde die „Wilks, Mackie & Co. Ltd" in Dorridge, Warwickshire/England, gegründet. Diese Firma wurde ein Jahr später in „Marauder Car Co. Ltd" umbenannt. Der Sitz wurde nach Kenilworth bei Warwickshire verlegt. Für den ersten Marauder-Sportwagen verwendete man einen „Rover 75"-Sechszylinder-Motor sowie das „Rover 75"-Chassis. Richard Mead baute die zweisitzige Karosserie. Bis 1952 stellte die Firma nur 15 Exemplare des Marauder her, den es auch als Dreisitzer gab. Schon 1952 wurde die Marauder-Produktion wieder eingestellt.

Das Marauder-Zeichen zeigte sich in einer Dreiecksform mit nach unten weisender, abgerundeter Spitze. Vermutlich zeigte das Emblem eine Art Jugendstil-Blüte. Den Untergrund hatte man in roter Farbe unterlegt.

MARAUDER

USA 1980 – heute

Im Jahr 1980 begann die Firma „Marauder & Co." in Potomac, Illinois/USA, mit der Produktion von Automobilen, die gleichfalls den Markennamen „Marauder" erhielten. Der amerikanische Marauder war ein futuristisch aussehender Sportwagen im Stil eines Rennwagens, für den Straßenverkehr aber zugelassen. Der „Marauder GT Mk II" basierte auf dem englischen „Chevron B-16", und das Modell „GT Mk III" auf dem „Lola", ebenfalls aus England stammend. Als Grundlage für den „Marauder Mk IV" diente der englische „McLaren M 6". Bei „Marauder & Co." wurden eigene Fahrgestelle entwickelt. Noch Mitte der 80er-Jahre vertrieb man den „Chevron B 16" als „Mk II", den „512 M", die „Pantera Replica" („De Tomaso Pantera"), die „Countach Replica" („Lamborghini Countach"), die „Lola Replica" und das „Di Napoli Coupé".

Im Markenemblem sind die Namen „Marauder" und die Bezeichnung „GT" sowie ein unbekanntes grafisches Symbol enthalten.

MARCHAND

I 1898 – 1909

1895 bauten die Brüder Paolo und Leone Marchand in Mailand bereits Fahrräder. Stefano Orio, ein Mechaniker aus Piacenza, wurde zusammen mit Attilio Orio Partner der Gebrüder Marchand. 1898 gründete man die Firma „Fabbrica Italiana di Vetture Automobili Marchand", aus der dann die „Marchand & Orio" wurde. Zwischen 1898 und 1900 baute man kleine Automobile unter Verwendung französischer „Decauville"-Patente, die den Markennamen „Marchand" erhielten. 1899 verstarb Stefano Orio, und die Firma wurde in „Fratelli Marchand" umgewandelt. 1902 gab es den „Marchand" u. a. als 8 PS-, 10 PS-, 12 PS-, 16 PS- und als 20 PS-Motorwagen. 1906 stellte man Vierzylinder-Versionen her, denen 1906/07 ein Rennwagen für Frédéric Dufaux folgte. 1909 erfolgte die Auflösung der neuen „Marchand & Dufaux", die Marken „Marchand" und „Dufaux" verschwanden.

Marchand führte u. a. ein rechteckiges Jugendstil-Markenzeichen, das oben konvex ausgebildet und mit dem Markennamen „Marchand", der gesamten Firmenbezeichnung „Fabbrica Italiana di Vetture Automobili" und dem Fabrikationsort „Piacenza" versehen war.

MARCOS

GB 1960 – heute

Im Jahr 1957 begann die Geschichte der englischen „Marcos"-Automobile. Marcos war eine der wenigen Marken, die sich, auf Kleinserien spezialisiert, bis in die 90er-Jahre gehalten haben. 1960 erschien der erste Marcos, konstruiert von Jem Marsh und Frank Costin. Der Rennsportzweisitzer mit „Ford Anglia"-Aggregat avancierte bald zu einem ansehnlichen Sportcoupé, der auch als Kit-Car mit „Volvo"-Motor erhältlich war. Der „Marcos 1800" war ein guter Langstreckenwagen. 1965 gab es den „Mini Marcos" auf „Mini"-Basis. 1969 stellte man eine 3,0-Liter-Version (Sechszylinder-„Volvo"-Motor) des Marcos vor, die als Alternative zum „Jaguar E-Type" bezeichnet wurde. 1975 verschwand die finanzschwache Marke „Marcos", um 1983 mit dem Modell „Mantula" erneut wieder aufzutauchen. 1992 wurde der „Martina" vorgestellt.

Marcos führte ein dreidimensionales Emblem aus Chrom. Das heutige Marcos-Emblem ist ein Queroval mit integriertem Markennamen und schrägem Balken. Ferner sind am Rand des Ovals spitz zulaufende Linien erkennbar, die dem Emblem etwas Sternenhaftes verleihen. Ⓝ Ⓑ

MARDEN

F 1975 – heute

Die Kleinwagenmarke „Marden" wurde 1975 von Teddy Marson, einem begeisterten Automobil-Fachmann, und dem Financier Denape gegründet. In Neuilly/Seine wurden nun zusammen mit Robert Barret, der Erfahrungen als ehemaliger Rennfahrer einbrachte und zudem in jener Zeit Vertriebsdirektor der „Daimler-Benz AG" in Frankreich war, Kleinwagen mit Markennamen „Marden" gefertigt. Man baute kleine Coupés mit keilförmigen Aufbauten, hydraulischen Bremsen und Aufhängung an allen vier Rädern. Selbst ein 23 PS starker, von „Sachs" („Fichtel & Sachs") gebauter „Wankel"-Rotationsmotor, fand für den Marden Verwendung. 1979 entstand die neue „Société d'Exploitation Marden-Automobile", die schon 1981 Konkurs anmelden mußte. Im Juni 1981 wurde Marden vom „SIARR"-Konzern übernommen, der den Kleinwagen weiterbaute.

Der Markenname „Marden" entstand aus den Namen der Firmengründer „Marson" und „Denape". Als Markenemblem führte man ein rundes Zeichen mit der Bezeichnung „Automobiles Marden" und ein grafisches Gebilde mit drei Rädern. Dazu kam ein Druckbuchstaben-Schriftzug „Marden".

MARION; MARION-HANDLEY

USA 1904 – 1914; 1915 – 1919

In den Jahren 1904 bis 1915 stellte die „Marion Motor Car Co." in Indianapolis, Indiana/USA, Automobile her, die unter dem Markennamen „Marion" bekannt wurden. Die ersten Fahrzeuge besaßen noch luftgekühlte Vierzylinder-16 PS-„Reeves"-Motoren. 1904 baute man bereits einen Reihen-Achtzylinder-Rennwagen namens „Comet", und 1912 bis 1914 stellte man bei Marion große Vier- und Sechszylinder-Modelle her. Nachdem die Konstruktion an die von J. I. Handley im Dezember 1914 organisierte Firma „Mutual Motors Corporation" in Jackson, Michigan/USA, verkauft worden war, trugen neue Fahrzeuge ab 1915 den Markennamen „Marion-Handley". Außerdem baute man bei Marion auch einen berühmten „Bobcat Roadster"-Rennwagen. Robert Hassler (Automarke „Hassler"), Fred Tone und Harry C. Stutz (Automarken „HCS" und „Stutz") arbeiteten für Marion.

Für den „Marion-Handley" verwendete man ein Queroval mit dem waagrechten Druckbuchstaben-Schriftzug „Marion-Handley".

MARLIN

GB 1974 – heute

1974 begann die „Marlin Engineering" in Plymouth, Devon/England, mit der Herstellung von formschönen Zweisitzern mit Kunststoff-Karosserie unter dem Markennamen „Marlin". Bei dem Fahrzeug handelte es sich um ein Klappdeck-Coupé, den Nachbau einer Sonderanfertigung, die seit 1974 in vierfacher Ausführung im Einsatz war. Der „Marlin" konnte sich schon nach kurzer Zeit auf dem englischen Automarkt behaupten. Hauptsächliche Grundlage des zweisitzigen Wagens war der ehemals recht bekannte „Morris Marina" mit 1,3-Liter- bzw. 1,8-Liter-Motor. Auch eine Reihe von englischen „Triumph"-Motoren wurden für den Marlin verwendet. Ab 1981 konnte man über 100 Einheiten des Fahrzeugs verkaufen. Im Modelljahr 1992 war Marlin mit einer „Berlinetta"-Version vertreten. Als Antrieb dienten u. a. V-Sechszylinder-2,0-Liter-„Ford"- oder Vierzylinder-„Fiat"-Motoren.

Merkenzeichen war u. a. der Schriftzug „Marlin".

MARMON

USA 1902 – 1932

1851 wurde von E. und A. H. Nordyke in Indianapolis, Indiana/USA, die „E. & A. H. Nordyke" gegründet. 1865 wurde die Firma in „Nordyke & Marmon Co." umgewandelt. Die Brüder Walter und Howard Marmon hatten sich in die Firma eingekauft und beschlossen 1902 die Herstellung von Automobilen aufzunehmen. Howard Marmon begann selbst luftgekühlte V-Vierzylinder-Aggregate zu konstruieren: Der „Marmon" war geboren, und bald folgten V-Achtzylinder-Versionen. Ferner gewann der Fahrer Ray Harroun 1909 mit einem Marmon das erste „500-Meilen-Indianapolis-Rennen". Als Gewinner dieses Rennens wurde er später weltberühmt, und nach ihm wurde sogar eine Automobilmarke „Harroun" benannt. Noch bis 1933 wurden Marmon-Automobile in den unterschiedlichsten Ausführungen gebaut.

Fahrzeuge der amerikanischen Marke „Marmon" führten unterschiedliche Markenzeichen, wie z. B. ein rundes Emblem, das den Markennamen „Marmon" und eine grafische Verzierung zeigte. Ein anderes hingegen besaß querovale Form.

Ⓝ Ⓑ Ⓚ

MARQUETTE

USA 1928 – 1931

Bereits im Jahr 1912 wurden Automobile des Markennamens „Marquette" mit Vierzylinder-Aggregaten hergestellt. Verantwortlich war die Firma „Marquette Motor Co." in Saginaw, Michigan/USA, die von „General Motors" kontrolliert wurde. Das „General Motors"-Unternehmen „Buick" kam im Jahre 1928 mit einem neuen Automobilfabrikat heraus, das erneut als „Marquette" vermarktet wurde, in Wahrheit aber ein kleinerer „Buick" war. Nun verwendete man Sechszylinder-Motoren. Das neue Fahrzeug kam jedoch zur unpassenden Zeit zur Vorstellung, denn die Weltwirtschaftskrise jener Zeit erstickte die Produktion schon in den Anfängen. Im Sommer 1931 verschwand der Wagen, der in etwa 13850 Exemplaren von der „Buick Motor Co." in Flint, Michigan/USA, gebaut wurde, wieder vom amerikanischen Automobilmarkt.

Der Markenname „Marquette" leitete sich von Jacques Marquette ab, der 1673 Illinois entdeckte und Iowa erkundete. Als Markenzeichen verwendete man ein Wappenschild mit vier Segmenten und zwei Lilien. Zudem zeigte man auf einem geschwungenen Band den Markennamen. Ⓝ Ⓑ Ⓚ

MARS

D 1906 – 1908

1898 wurde in Nürnberg die „Mars"-Fahrradfabrik gegründet, und ab 1903 begann man unter dem Firmennamen „Mars Fahrradwerke & Ofenfabrik AG" in Nürnberg-Doos mit der Herstellung von Fahrrädern, Öfen und Motorrädern, die den Markennamen „Mars" erhielten. Von 1906 bis 1908 wurden auch „Mars" genannte Motorwagen gefertigt. Die „Mars-Werke AG" baute leichte Voituretten mit Reibrad-(Friktions)-Antrieb nach deutschen „Maurer"-Patenten (Automarke „Maurer-Union"). Bekannt sind die Mars-Versionen „6/7 PS" mit wassergekühltem Einzylinder-Motor und „8/10 PS" mit Zweizylinder-„Körting"-Motor. 1908 stellte man die Produktion der damals recht populären Automobile wieder ein. Motorräder der Marke wurden bis etwa 1932 weiter gefertigt.

„Mars" ist der Kriegsgott der Römer. Mit einem Federhelm versehen wurde er in einem runden „Mars"-Emblem dargestellt. Ein weiteres Emblem zeigte den Markennamen, über dem die Silhouette der Stadt Nürnberg zu sehen war.

Ⓝ Ⓑ

MARSHALL

GB 1919 – 1920

1919 und 1920 stellte die Firma „P. F. E. Marshall" in Gainsboro, Lancashire/England, Automobile mit Markennamen „Marshall" her. Das Fahrzeug wurde jedoch nur in begrenzter Stückzahl gefertigt und erhielt wahlweise, neben Antriebsaggregaten anderer Hersteller, einen Vierzylinder-sv-„Coventry-Climax"-Motor. Das Automobilunternehmen „P. F. E. Marshall" hatte zu der „Mashall Son & Co. Ltd.", die ihren Sitz gleichfalls in Gainsboro, Lancashire/England, hatte und Dampftraktoren bzw. Dampfstraßenwalzen herstellte, vermutlich allerdings weder geschäftliche noch familiäre Beziehung.

Das rote Markenemblem von „Marshall" besaß querovale Form, in der der Firmenname, die legendäre „Britannia" mit Wappenschild und der Herstellerort „Gainsboro" integriert waren.

H 1909 – 1914;
1909 – 1912

Im Jahre 1908 errichtete die „Société des Automobiles Westinghouse“ mit Sitz in Le Havre/Frankreich, aufgrund einer Ausschreibung für städtische Omnibusse in Arad/Ungarn eine Zweigfabrik. Das Werk erhielt den neuen Namen „Ungarische Automobilfabrik AG, System Westinghouse“, und 1909 lieferte man den ersten ungarischen „Westinghouse“-Motorwagen aus. Man stellte Vier- und Sechszylinder-Wagen her, und es gab Omnibusse und sogar Doppeldecker, die heute noch in England Mode sind. Daneben wurden Automobile mit Kardan- oder auch Kettenantrieb produziert. 1912 ging die französische Firma in Konkurs und wurde von „Austro-Daimler“ übernommen. Durch Initiative einiger ungarischer Aktionäre wurde die neue Firma „Magyar Automobil Részvény Táraság Arad“ („MARTA“) errichtet, die bis 1914 Automobile mit diesem Markennamen baute.

MARTA; WESTINGHOUSE

Für einige Automobile wurde der einfache, schräg gestellte Schriftzug „Marta“ verwendet, es gab aber auch ein rundes Emblem mit Markenkurzbezeichnung, Firmennamen und dem Produktionsort Arad in Ungarn und dem Kopf einer Frau. Ⓝ

TR 1990 – heute

Im September 1990 wurde in der Türkei vom neuen Kleinstadtwagen „Marti“ berichtet. Der türkische Marti soll eine Geschwindigkeit von rund 60 km/h erreichen. Er wurde von einem türkischen Ingenieur konstruiert. In Adapazari/Türkei sei die Produktion des kleinen Elektro-Automobils ohne Abgase und ohne Lärm erfolgt. Der Kleinwagen wurde als besonders umweltfreundlich bezeichnet und sei vor allem für touristische Anlagen, Golfplätze usw. geeignet. Das Fahrzeug wurde nur in jenem Monat und zunächst nur als einziger Prototyp von der Firma „Tüvasas“ in Izmir/Türkei, hergestellt. Auf der dortigen Messe hatte es großes Interesse geweckt. Der dreisitzige Wagen besitzt zwei Batterien mit je 12 Volt/100 Ampere, die bei Bedarf in jeder Stadt wieder aufgeladen werden können.

MARTI

Als Markenzeichen verwendete man einen einfachen Druckbuchstaben-Schriftzug sowie ein rundes Emblem mit einem vermutlich türkischen Schriftzeichen.

D 1921 – etwa 1922

Im Jahr 1921 baute die Firma „Volta-Werke“ in Berlin-Waldmannslust einen sportlichen Kleinwagen mit Namen „Martinette“. Der Wagen wurde von Oberingenieur F. A. E. Martin konstruiert und fiel besonders wegen seiner „Zebra-Look“-Lackierung auf. Als Antrieb diente ein Zweizylinder-Zweitakt-Motor. Den Martinette zeigte man auch auf der Berliner Automobil Ausstellung. Etwa 100 Exemplare wurden gefertigt, von denen eine größere Anzahl in nordische Länder, hauptsächlich Dänemark, vertrieben wurde. Um 1922 wurde als Geschäftsbereich die Herstellung und der Vertrieb von Kraftfahrzeugen für Land-, Luft- und Wasserbetrieb verzeichnet.

MARTIN

*Die Markenbezeichnung „Martinette“ leitet sich vom Namen des Konstrukteurs, **Martin**, ab. Im runden Markenzeichen war entweder nur der Buchstabe „M“ oder zusätzlich auch der Martinette-Kleinwagen enthalten.*

USA 1928 – 1932

Die Firma „Martin Aeroplane Co.“ in Garden City, Long Island/USA, baute in den Jahren 1928 bis 1932 „Martin“-Automobile, benannt nach dem Initiator Captain James Vernon Martin. Der Martin galt als Versuchsfahrzeug mit aerodynamischem Styling, ging aber nie in Serie. Er erhielt einen Heckmotor und eine selbständige Radaufhängung an allen vier Rädern. 1929 wurde ein zweiter Martin präsentiert. Dieser von Miles H. Carpenter konstruierte Wagen wurde bis 1932 von der Firma „Martin Motors, Inc.“ in Washington D.C./USA und der „Martin Aeroplane“ vorgestellt. Die Firma „M.P. Moller Co.“ in Hagerstown/USA war für den Bau dieses Martin verantwortlich. Captain Martin wurde vor allem im Flugzeugwesen eine Berühmtheit.

MARTIN

Markenzeichen war der Schriftzug „Martin“, insbesondere auch für die Flugzeug-Konstruktionen der Firma.

CH 1897–1934

Bei „Martini“ handelte es sich um eine berühmte Schweizer Waffen- und Maschinenfabrik, die in Frauenfeld/Schweiz seßhaft war und von 1897 bis 1934 auch luxuriöse Automobile mit dem Markennamen „Martini“ herstellte. Die ersten Fahrzeuge besaßen noch einen Zweizylinder-Motor, dann folgten für den Serienbau V-Vierzylinder-Wagen. Die benötigten Fahrgestelle entstanden in Lizenz von „Rochet-Schneider“ in Saint Blaise. Ein Martini gehörte auch zu den Teilnehmern an der ersten Rallye Monte Carlo im Jahr 1911. 1924 übernahmen die Brüder Walter und Robert Steiger (Automarke „Steiger“) die Majorität der Martini-Aktien. In den schwierigen 20er-Jahren baute man Sechszylinder-Luxuswagen unter Verwendung von deutschen „Wanderer“-Motoren. Die Weltwirtschaftskrise führte im Sommer 1934 schließlich zur Liquidierung von Martini.

MARTINI

Bekanntestes Markenemblem von Martini ist eine Namensplakette in der der Markenname und ein Gewehr integriert sind. Ⓝ Ⓑ

F 1921–1924

Im Jahre 1921 begann die Firma „Manufacture d´Automobiles, Outillage et Cycles“ in St. Etienne/Loire neben der Herstellung ihrer Fahrräder auch eine kleine Reihe von sportlichen „Mase“-Cyclecars zu produzieren. Diese Fahrzeuge erhielten einen Vierzylinder-995 cm^3-Motor. Beim Mase baute man Motoren ein, die in eigener Regie konstruiert und gebaut wurden, obgleich auch ein französisches 1100 cm^3-„Ruby“-Aggregat seine Verwendung fand. Diese Fahrzeuge gab es auch in Coupé-Form. Über die Firma sowie über Modellreihen und Produktionszahlen liegen keine näheren Informationen vor. Sicher ist jedoch, daß 1924 der Automobilbau bei diesem französischen Unternehmen wieder eingestellt wurde.

MASE

Als Markenzeichen verwendete man den Schriftug „Mase“, wobei der hervorgehobene Buchstabe „M“ den Rest des Markennamens unterstrich.

MASERATI

I 1926 – heute

Die italienische Renn- und Sportwagenmarke wurde 1926 von den Brüdern Maserati in Bologna/Italien ins Leben gerufen. 1912 wurden die Brüder Alfieri und Ettore Maserati von „Isotta-Fraschini“ beauftragt, eine Kundendienst-Werkstätte zu übernehmen. 1914 gründete Alfieri mit seinem Bruder Ettore und seinem dritten Bruder die „Società Anonima Officine Alfieri Maserati“ in Pontevecchio bei Bologna. Inzwischen baute man für „Isotta-Fraschini“ die Rennwagen, und 1926 entstand der erste „Maserati“-Achtzylinder-Rennwagen mit der Bezeichnung „Tipo 26“, dem weitere ruhmreiche Acht- und Zwölfzylinder-Modelle, wie z. B. der „5000 GT“, „Citroën-Maserati“, „Merak“, „Khamsin“ und „Ghibli“ folgten. 1994 kam „Maserati“ zu „Fiat“, nachdem man längere Zeit unter „Chrysler“-Kontrolle stand.

Markenzeichen von „Maserati“ ist der Dreizack des römischen Meeresgottes Neptun. Wahrscheinlich wird damit ein Bezug zu Bologna hergestellt, wo auf der Piazza Nettuno ein Brunnen mit Meeresgott und Dreizack steht. Der Dreizack könnte auch für die drei Brüder stehen. Ⓝ Ⓑ Ⓚ

MATCHLESS

GB 1906 – 1914

Die Automobilmarke „Matchless“ gab es von 1906 bis etwa 1914. Gegründet wurde die Firma bereits 1878 von H. H. Collier in Plumstead/England, wo man zunächst Fahrräder herstellte. Später traten die beiden ältesten Söhne Colliers, Charles und Harry Collier, in die Firma ein, die daraufhin in die „H. Collier & Sons Ltd“ mit Sitz in London umgewandelt wurde. Vom Fahrrad kam man zum Motorrad, und 1906 plante man auch in den englischen Automobilbau einzusteigen. Man baute einen Runabout mit deutschem Zweizylinder-6 PS-„Fafnir“-Motor, doch erst 1913 folgte das „Matchless“-Dreirad mit V-Zweizylinder-8/10 PS-Motor. Spätere Typen der „Matchless Co. Ltd“ wurden mit Zweizylinder-1250 cm^3-Boxermotor bestückt. Schon 1914 baute man wieder verstärkt Motorräder, und 1918 sah man vom Bau weiterer Matchless-Automobile ab.

Matchless führte ein oben und unten spitz zulaufendes hochformatiges Zeichen mit Bändern, auf denen die Bezeichnung „Matchless Motor“ zu lesen war. Ein anderes Zeichen zeigte den in einen Kreis integrierten, geflügelten Buchstaben „M“.

Ⓝ Ⓑ Ⓚ

MATFORD

F 1934 – 1946

1934 leitete E. E. C. Mathis das „Ford“-Montagewerk „S.A. Française Matford“ in Straßburg und Asnières/Seine. Mathis baute in diesem Werk V-Achtzylinder-„Ford“-Automobile. Henry Ford wollte in Frankreich eine eigene Automobilproduktion aufstellen, und so kam es zur Kooperation von „Ford USA“ und Emile E. C. Mathis, der bereits 1905 mit dem Bau von eigenen „Mathis“-Automobilen aufgetreten war. Die von ihm 1934 bis 1946 gebauten „Matford“-Fahrzeuge waren recht beliebt. 1935 gab es den Typ „Alsace“ mit V-Achtzylinder-Aggregat, dessen Motor in den USA entwickelt wurde. 1938 kam der „Matford 60“ heraus, ebenfalls mit Achtzylinder-Triebwerk. 1939 trennte sich Mathis von Ford. Inzwischen baute man den „Matford“ mit v-förmigen Windschutzscheiben. 1947 wurde die neue „Ford S.A.F.“ in Poissy/Frankreich gegründet und 1954 von „Simca“ übernommen.

*Die Markenbezeichnung „Matford“ setzte sich aus **„Mathis“** und **„Ford“** zusammen. Als Markenzeichen führte man ein Queroval mit Markennamen „Matford“. Beim „Alsace“-Typ verwendete man ein ähnliches Emblem, das zudem den Namen „Alsace“ (Elsaß) und ein Wappen mit sechs Kronen zeigte.* Ⓚ

MATHÉ; MATHÉ-PORSCHE

A 1950 – 1952

Beim österreichischen „Mathé“ bzw. „Mathé-Porsche“ handelte es sich genaugenommen nicht um eine Automobilmarke, sondern um den Eigenbau eines Rennwagens, entstanden auf „Porsche“-Basis. Der 85jährige österreichische Rennfahrer und „Meister des Volants“, Otto Mathé, hatte bei einem Sandbahn-Motorradrennen im Jahre 1934 seinen rechten Arm verloren, ließ sich aber dadurch nicht entmutigen und blieb noch jahrelang dem Motorsport treu. 1936 hatte er sich mit einer eigenen Firma selbständig gemacht, die sich zu einem Weltunternehmen entwickelte. Noch in den 90er-Jahren vertrieb die „MVG Mathé Additive Vertriebs GmbH“ in Soltau/Deutschland die bekannten „Mathé“-Universal-Additive und -Schmierstoffe. Mathé wurde mit seinem Porsche-Eigenbau der Jahre 1950/52 recht bekannt, der zum Vorgänger der Porsche-Monoposto-Rennwagen wurde.

Das Mathé-Markenzeichen dürfte das mit der Weltkugel, dem integrierten Markennamen „Mathé“ und dem Zusatz „Additive“ sowie der Abbildung seines Rennwagens gewesen sein.

MATHIS

D 1898 – 1903; 1910 – 1950

Im seinerzeit zu Deutschland gehörenden Straßburg etablierte sich Emile Mathis 1898 als Automobilhändler und baute dann einige Versuchswagen. Das erste serienmäßig gefertigte Automobil mit seinem Namen war eine Konstruktion Ettore Bugattis, vorgestellt 1904. Erst 1910 folgte ein völlig neuer Vierzylinder-Wagen. Er wurde von „Stoewer“ in Stettin/Deutschland gebaut. In den 20er-Jahren entstanden kleine Versionen mit 1,5-Liter Hubraum, die nun im eigenen Betrieb hergestellt wurden. Viele Mathis-Wagen wurden auch im Motorsport eingesetzt, und es folgten Sechs- und Achtzylinder-Wagen hoher Leistung. Nach einem Intermezzo mit „Ford“ (1939 – 1946) versuchte Mathis dreirädrige Kleinwagen herzustellen, denen Prototypen in größerer Ausführung folgten. 1954 wurde die Straßburger Fabrik an „Citroën“ veräußert.

Bekannt war ein rundes Mathis-Emblem mit zahnradartigem Rand, der Bezeichnung „Automobiles Mathis“ und dem Herstellerort „Strasbourg“. Ein weiteres Zeichen hatte querrechteckiges Format mit gewölbter Oberseite, in dem der Markenname „Mathis“ untergebracht war. Ⓝ Ⓑ Ⓚ

MATRA

F 1965 – heute

Die „Société Mécanique Aéronautique et Traction“ („Matra“) begann bereits in den 40er-Jahren mit der Entwicklung von Flugsteueranlagen. 1964 konnte die Firma den Betrieb von „Deutsch-Bonnet“ erwerben und stieg ein Jahr später mit der Serienfertigung eines „Matra“ genannten Sportwagens in das Automobilgeschäft ein. Der „Matra Djet“ wurde ein Erfolg. Bekannt war der Typ „530“ mit Vierzylinder-„Ford“-Motor. Später engagierte man sich stark im Grand-Prix-Sport mit „Renault“, dann übernahm „Simca“ die Matra-Sportabteilung. Als „Simca“ („Chrysler France“) im „Talbot“-Konzern aufging, entstand das „Bagheera“-Mittelmotor-Coupé mit Matra-Emblem. Seit 1981 gehörte der „Matra-Ligier“ zu den Grand Prix-Favoriten. 1986 stellte man die Studie „Matra P 29“ vor, dem 1989 das Kleinwagen-Projekt „M 25“ folgte.

Bei Matra gab es unterschiedlichste Markenzeichen und Bezeichnungen wie „Matra-Bonnet“, „Matra-Simca“ und „Matra Sports“. Für „Matra Sports“ zeigte man einen Steinbock mit einer Rennflagge oder ein rundes Emblem mit der Markenbezeichnung.

Ⓑ Ⓚ

MAUDSLAY

GB 1902 – 1923

Bereits um 1807 tauchte der Name „Maudslay" in Verbindung mit technischen Maschinen auf. Erst 1901 wurde die eigentliche Automobilfirma „Maudslay Motor Co., Ltd" in Coventry, Warwickshire/England, gegründet. In dem Ingenieur-Unternehmen wurden zunächst Maschinen und unter R. W. Maudslay von 1902 bis 1923 Automobile gleichen Markennamens gefertigt. Das erste Fahrzeug wurde als Dreizylinder-20 PS-Wagen vorgestellt, dem man später Vier- und Sechszylinder-Versionen anlehnte. Bis 1914 gab es eine Reihe von Vierzylinder-Ausführungen, und 1914 stellte man den „Maudslay Sweet Seventeen" mit 17 PS-Aggregat vor. In den 20ern bot man bei Maudslay noch einen Sechszylinder-1991 cm^3-15/80 PS-Typ an, der auch auf der „Olympia Show" zur Ausstellung kam. Nach 1923 konzentrierte man sich auf die Herstellung von Nutzfahrzeugen.

Bekanntestes Markenzeichen dürften wohl ein abgerundetes Dreieck mit integriertem Markennamen wie auch ein Dreieck mit dem Markennamen „Maudslay" und dem separaten Initial „M" gewesen sein.

(B) (K)

MAURER; MAURER-UNION

D 1908 – 1909; 1923 – 1924;

Der Allgäuer Ludwig Maurer, in Nürnberg seßhaft geworden, gründete 1897 die „Nürnberger Motorfahrzeugfabrik Maurer-Union", die im Herbst 1900 zur „Nürnberger Motorfahrzeugfabrik Union GmbH" wurde. Dort wurden bis 1910 Automobile mit dem Markennamen „Maurer-Union" gebaut. Maurer verließ nach dem Konkurs 1908 dieses Unternehmen und errichtete ein neues Automobilwerk. Diese Firma wurde auf den Namen der Ehefrau, „Johanna Maurer", eingetragen, ging aber bereits ein Jahr später in Liquidation. In den Jahren 1908 und 1909 sowie 1923 und 1924 gab es die bekannten „Maurer"-Automobile. Die von dieser Firma gebauten Fahrzeuge waren mit den ursprünglichen, von Maurer entwickelten „Maurer-Union"-Wagen fast identisch. Bekannt war auch der von ihm erfundene Reibrad-Antrieb für den Maurer ein Patent besaßen.

Das Maurer-Fahrzeugtypenschild trug die Inschrift „Joh. Maurer Automobilfabrik" sowie den Namen des Herstellerorts „Nürnberg". Ein weiteres Typenschild fand sich an der Trittfläche des „Maurer-Union"-Wagens.

MAUSER

D 1923 – 1927

Von 1923 bis 1927 fertigte die renommierte und noch heute existierende Waffenfabrik „Mauser-Werke Oberndorf GmbH" in Oberndorf neben ihren Präzisionswaffen auch die bekannten „Mauser"-Einspurautomobile. Nach dem Ersten Weltkrieg hatte sich das Waffengeschäft schlagartig geändert, und man suchte nach einem neuen Betätigungsfeld. Der Konstrukteur Gustav Winkler erschien bei Mauser mit einem Fahrzeug, das eine Kreuzung zwischen Motorrad und Automobil darstellte. Winkler sah in diesem Gefährt das ideale Transportmittel und konnte „Mauser" dazu überreden, sein Fahrzeug zu bauen. Bereits Ende 1921 stellte man die ersten beiden Versuchsfahrzeuge des neuen Einspurautomobils mit stabilisierenden Seitenrädern vor. 1923 baute man noch einen konventionellen Vierzylinder-1,6-Liter-1569 cm^3-28 PS-Motorwagen.

„Mauser" führte auch für das Einspurautomobil ein mit der Spitze nach unten zeigendes Dreieck-Markenzeichen. Das konvex-konkav gewölbte Emblem mit dem Markennamen wird noch heute für die Produkte verwendet.

(N) (B)

MAVAG

H 1938 – 1942

Die „Magyar Kir. Allami Vas-, Acel- es Gepgyarak" („Ungarische königl. staatliche Eisen-, Stahl- und Maschinenfabrik") in Budapest wurde 1870 gegründet. Die kurz „MAVAG" genannte Firma hatte sich in jenen Jahren einen guten Namen als Hersteller von Eisenbahnwaggons und Schienenfahrzeugen geschaffen. 1928 konnte von MAVAG die Lizenz für Fahrzeuge der deutschen Marke „Mercedes-Benz" erworben werden, und ein Jahr später begann man mit der Herstellung des „MAVAG-Mercedes". 1938 erfolgte der Lizenzbau des deutschen V-Achtzylinder-„Ford"-Modells „Eifel", von dem ein erster und ein zweiter ungarischer Typ zur Vorstellung kamen, die hauptsächlich als Taxifahrzeuge eingesetzt wurden. Es gab auch MAVAG-Versionen mit V-Achtzylinder-2,2- bzw. 3,6-Liter-Motoren. Etwa 600 Exemplare des „MAVAG-Ford" wurden bis 1942 hergestellt.

Zwischen den Jahren 1926 und 1928 verwendete man bei der ungarischen MAVAG ein Markenemblem, in dem ein Adler und darüber der Markenname „MAVAG" integriert waren. Von 1938 bis 1950 führte man lediglich den Markennamen „MAVAG" in Druckbuchstaben mit Adler. (N) (K)

MAXWELL-BRISCOE; MAXWELL

USA 1904 – 1925

Die Marke „Maxwell" entstand aus der Überzeugung Benjamin Briscoes heraus, daß die Herstellung des amerikanischen „Buick", die er unterstützte, zu schwierig sei. Die Marke „Maxwell-Briscoe" entstand aus der seit 1903 bestehenden Zusammenarbeit des Ingenieurs Jonathan Dixon Maxwell mit Briscoe. Briscoe unterstützte Maxwell finanziell. Es wurden Zweizylinder-1647 cm^3-Motorwagen gefertigt, denen bald größere Versionen folgten. nach dem Ende des „Maxwell-Briscoe" entstand 1913 der „Maxwell", von dem man bis 1917 rund 100000 Exemplare hergestellt hatte. Der Beginn des finanziellen Zusammenbruchs begann um 1920. Zwei Jahre später waren die Marken „Maxwell" und „Chalmers" zur Gemeinschaftsmarke „Maxwell-Chalmers" fusioniert. 1925 verschwand der Markenname „Maxwell" völlig.

Maxwell führte ein durch einen Ring und den schräg gestellten Schriftzug „Maxwell" zweigeteiltes Wappenemblem. Das obere Segment war ausgefüllt, das untere besaß senkrechte Streifen. Auch einzeln kam der Schriftzug „Maxwell" zur Verwendung.

MAYBACH

D 1921–1941

Prof. Dr. Ing. Karl Maybach, Sohn des großen Motoren- und Automobil-Konstrukteurs Wilhelm Maybach und Partner der deutschen Automobilpioniers Gottlieb Daimler, war Konstrukteur für Luftschiffmotoren und rief die Luxus-Automobilmarke „Maybach" ins Leben. Diese Fahrzeuge wurden 1921 bis 1941 hergestellt. Bekannt waren u. a. die großen Sechszylinder-5,7-Liter- (1921) und Zwölfzylinder-Versionen (1929). Diese große Ausführung erhielt auch die Zusatzbezeichnung „Zeppelin". Das Modell galt als technisches Meisterwerk. Von 1929 bis 1940 wurden immerhin 330 Exemplare gefertigt. Maybach verstarb 1960, sechs Jahre später kam es zur Gründung der „Maybach-Mercedes-Benz-Motorenbau GmbH". „Maybach" ist heute in der „MTU" angesiedelt, die von der „Daimler-Benz AG" zusammen mit „MAN" gegründet wurde.

1934 verwendete man einen schwungvoll ausgeführten „Maybach"-Schriftzug. Am bekanntesten dürfte wohl das dreifach gewölbte Dreiecksemblem mit den Buchstaben „MM" für „Maybach Motorenbau" und dem Markennamen „Maybach" gewesen sein.

(N) (B) (K)

MAZDA

J 1960 – heute

Im Januar 1920 wurde die „Toyo Cork Kogyo Co. Ltd" in Japan gegründet, deren Präsident im März 1921 Jujiro Matsuda wurde. Etwa im Mai 1931 produzierte man die ersten dreirädrigen Lieferwagen, die schon den Namen „Mazda" führten. 1940 wurde der erste Prototyp einer Personenwagen-Limousine vorgestellt. Es war der erste Vierradwagen dieser Firma, dem erst 1960, nach über 20 Jahren Produktionspause, ein neuer leichter Personenwagen folgte. Bis heute hat sich die „Toyo Kogyo Co. Ltd" in Hiroshima zu einem der größten japanischen Autohersteller entwickelt. Bekannt ist zudem, daß „Mazda" zum Teil noch heute überarbeitete „Wankel"-Rotationsmotoren für die Automobile verwendet. 1971 kam es zu einer Zusammenarbeit mit der südkoreanischen Firma „Kia". Im Mai 1993 präsentierte man ein neues Flügeltürenauto mit der Bezeichnung „AZ-1".

Der Markenname bezieht sich auf den Gründer Kohei Matsuda und steht zudem für „Ahura Masdah" („Mazda"), den obersten Gott des Feuers und des Lichts. Ende der 70er-Jahre wurde der Schriftzug „mazda" zum Emblem. 1991 entstand ein neues Chromsymbol. Ⓝ Ⓑ Ⓟ

MCLAREN

GB 1966 – heute

Bruce McLaren (1937–1970) war ein bedeutender Rennfahrer und Rennwagen-Konstrukteur. Ende 1963 gründete er die Gesellschaft „Bruce McLaren Motor Racing Ltd" in England. Später erwarben McLaren und Teddy Mayer Roger Penskes Rennwagen, der die Bezeichnung „Zerex Special" trug. Man baute ein V-Achtzylinder-4,5-Liter-„Oldsmobile"-Aggregat ein. Mit dem Wagen konnte das „McLaren"-Rennteam das erste Rennen in Mosport/Kanada gewinnen. Dann konstruierte man den „McLaren M 1 A", der sehr populär wurde. Auf ihm baute ab 1965 eine McLaren-Sportwagen-Produktion auf, in der der bekannte „M 6 B GT" entwickelt wurde. 1966 begann man mit dem Bau von Formel-1-Rennwagen. 1970 verunglückte McLaren tödlich mit seinem „M 8 D". Bis heute überlebt der Name im Grand Prix-Zirkus und im neuen „McLaren F 1"-Serienwagen der Superlative.

Bei „McLaren" führte man die unterschiedlichsten Schriftzüge und Markenzeichen, wie z. B. ein wappenähnliches Emblem mit einem Ibis (Storchenvogel). Das Emblem zeigte zudem den McLaren-Rennwagen, die Rennflagge und natürlich den Markennamen „McLaren" selbst. Ⓝ Ⓟ

MCLAUGHLIN; MCLAUGHLIN-BUICK

CDN 1908 – 1922; 1923 – 1942

1870 baute die Firma „McLaughlin Carriage Co." in Oshawa, Ontario/Kanada, bereits Pferdewagen, und 1907 folgte der erste Motorwagen dieses Markennamens, der ein Jahr später in Serie ging. Das Fahrzeug selbst war von grobschlächtiger Bauart und wurde von einem Zweizylinder-Motor angetrieben. 1908 übernahm man in Lizenz den Bau der amerikanischen „Buick"-Automobile unter dem neuen Namen „McLaughlin Motor Car Co.". Der erste „McLaughlin" war dem amerikanischen „Buick" recht ähnlich und besaß einen Vierzylinder-Motor. Ab 1915 entstanden auch „Chevrolet"-Wagen bei McLaughlin, und 1918 verkaufte man die Anlagen an „General Motors CDN". Bis 1922 blieb es bei der Markenbezeichnung „McLaughlin", 1923 wurde der Name in „McLaughlin-Buick" umgeändert.Das Jahr 1942 bedeutete auch für diese Marke das Ende.

Frühere Fahrzeuge des kanadischen Unternehmens zeigten lediglich einen verschnörkelten „McLaughlin"-Schriftzug. Weitere Zeichen gab es in Karo-Ausführung mit dem Markennamen „McLaughlin" und dem integrierten originalen „Buick"-Markenemblem.

MELKUS

DDR 1960 – 1990; D 1990 – heute

Heinz Melkus, geboren 1928 in Dresden, kann auf eine langjährige Erfahrung im Motorsport zurückblicken. Nach automobilistischen Exkursionen und Rennerfolgen auf dem „Sachsenring" nahm sein Name an Renommee zu, und im Oktober 1955 eröffnete Melkus seine eigene Fahrschule. Er wurde „Meister des Sports", und 1959 baute er auf Basis eines ostdeutschen „Wartburg" seine eigene „Melkus-Wartburg"-Version, der 1960 ein Monoposto-Rennwagen in rund 500 Exemplaren folgte. Für Melkus reihte sich eine Goldmedaille an die andere. Seit 1969 stellt er unverändert seinen Flügeltüren-Sportwagen „Melkus RS 1000´" mit der Technik des „Wartburg 353", mit Dreizylinder-Zweitakt-ca. 70 PS-Motor und Kunststoffaufbau her. 1980 entstand auf Basis von „Fiat/Lada" ein Rennwagen. Mit der politischen Wende 1990 wurde die „Heinz Melkus KG" BMW-Vertragshändler.

Melkus verwendete u. a. den Schriftzug „Melkus" mit breiten Buchstaben.

MERCEDES; MERCEDES-BENZ

D 1901–1926; 1926 – heute

Im Todesjahr des Automobilpioniers Gottlieb Daimler, 1900, wurde der „Mercedes" geboren. Bereits 1899 meldete der österreichisch-ungarische Generalkonsul in Nizza, Emil Jellinek, Großkaufmann und Abnehmer von Motoren der „Daimler-Motoren-Gesellschaft", den 23 PS-„Daimler-Phoenix"-Wagen für das Rennen zur „Wache von Nizza" an. Dem ersten Vierzylinder-35 PS-Mercedes folgten im Laufe der Jahrzehnte zahlreiche und immer leistungskräftigere Modelle. Bereits 1924 bestand zwischen „Daimler" und „Benz" eine Interessensgemeinschaft, aus der dann 1926 die neue „Daimler-Benz AG" in Untertürkheim/Stuttgart entstand. Seit diesem Jahr tragen alle Automobile der „Daimler-Benz AG" den Doppelnamen „Mercedes-Benz". Bekannt wurden die „SS"-, „SSK"- und „SSKL"-Modelle, denen die „S"- und die „C"-Klasse der 90er-Jahre folgten.

Der neue Mercedes erhielt auf Bitte des Generalkonsuls den Namen seiner Lieblingstochter Mercedes. Den Mercedes-Stern hatte man 1909, das runde Emblem mit vier weiteren Sternen 1916 angemeldet. 1926 gab es ein Zeichen für die Fusion Mercedes-Benz. Ⓝ Ⓑ Ⓚ

MERCER

USA 1910 – 1925; 1931

Automobile der Marke „Mercer" galten wie die „Duesenberg"-Fahrzeuge lange Zeit als Amerikas „Rassepferde", waren jedoch niemals ernsthafte Konkurrenten. Der „Mercer" wurde in Trenton gebaut, der Name leitet sich von einer Grafschaft im Bundesstaat New Jersey ab. In F. R. Porter hatte die „Mercer Automobile Co." einen sehr erfolgreichen Konstrukteur gefunden. Initiator der Firma war jedoch der Erbauer der Brooklyn-Brücke Roebling. 1918 wurde „Mercer" zusammen mit „Locomobile" und „Crane-Simplex" Teil der „Hare´s Motor Group". Der Name „Mercer" geriet daraufhin allmählich ins Hintertreffen. Berühmtester Wagen dieser Marke war zweifelsfrei der „Mercer Runabout 25" aus dem Jahr 1911. 1925 kam das Ende des Mercer, und auch ein neuer Startversuch 1931 führte nicht zum Erfolg.

Mercer führte z. B. einen Namenszug in Jugendstil-Buchstaben, aber auch ein Wappenemblem mit integriertem Markennamen „Mercer".

MERCURY

Der amerikanische „Mercury", erstmals 1938 von der Automobilfirma „Ford Motor Co." in Detroit, Michigan/USA, lanciert, war das geistige Kind von Edsel Ford, einem Nachkommen des Firmengründers Henry Ford. Der „Mercury" der 30er-Jahre wurde als „à la luxe" oder „Super-Ford" konstruiert und lag in der Preisklasse zwischen dem V-Achtzylinder-„Ford" und dem „Ford"-Modell „Zephyr", dem billigen „Lincoln". Größere Identität gewann der Mercury erst 1949: Innerhalb der von der „Ford Motor Co." gebauten Automobile nahmen die Mercury-Typen die Stellung der luxuriösen Mittelklassewagen ein. Der hier erstmals vorgestellte „Mercury" war in Wahrheit das frühere V-Achtzylinder-„Ford"-Modell „91", welches nun einen 3,9-Liter-95 PS-Motor erhielt. In den nächsten Jahrzehnten folgten unterschiedliche Modelle mit leistungsstarken Motoren.

USA 1938 – heute

Der Name „Mercury" ist der des römischen Gottes des Handels, Merkur, der auch Götterbote und Führer auf allen Wegen war. Bei den Mercury-Automobilen erschien er im Emblem. Das Markenzeichen der 80er- und 90er-Jahre zeigt drei nach rechts abgewinkelte Linien in einem Kreis. Ⓝ Ⓚ

MESSERSCHMITT

Professor Dr. Ing. Willy Messerschmitt (1898–1978) war einer der begabtesten und größten deutschen Flugzeugonstrukteure. Nach seiner steilen Karriere mußte er sich nach dem Zweiten Weltkrieg nach einem neuen Betätigungsfeld umsehen. Zunächst baute er Fertighäuser und produzierte Nähmaschinen, bevor er sich 1950/51 dem Bau eines Automobil-Prototypen („P 51") mit Fünfzylinder-Sternmotor zuwandte. Doch erst 1953 arbeitete er mit dem Konstrukteur Fritz M. Fend aus Regensburg zusammen. Hierbei entstand der berühmte dreirädrige und zweisitzige „Messerschmitt Kabinenroller" („KR 175") mit Tandem-Sitzanordnung, der in die Automobilgeschichte einging und bis 1956 bei „Messerschmitt" und ab diesem Jahr bis 1964 unter „FMR"-Regie gebaut wurde. Messerschmitt ging Jahre später in der „MBB" auf.

D 1953 – 1962

Bei „Messerschmitt" verwendete man einen Druckbuchstaben-Schriftzug. Der Kabinenroller wurde auch unter dem Kurzwort „Karo" für „Kabinenroller" bekannt. Er führte schon 1927/28 den stilisierten Adler der Flugzeugwerke als Markenemblem. Ⓝ Ⓑ

MÉTALLURGIQUE

Der erste „Métallurgique"-Motorwagen wurde bereits im Jahre 1898 in Marchienne-au-Pont/Belgien nach deutschem „Daimler"-Vorbild gebaut. Bis Ende 1904 blieb dieser Typ im Modellprogramm. Die ersten eigenen Konstruktionen entstanden als große Vierzylinder-Wagen, die Spitzkühler aufwiesen und auch im Motorsport recht erfolgreich waren. Die Firma „Bergmann Electricitätswerke" in Berlin konnte 1909 eine Lizenz erwerben. Ihre Fahrzeuge trugen den Markennamen „Bergmann-Métallurgique". Bei Métallurgique entstanden u. a. 1,7-Liter- bis 5,0-Liter-Versionen, die alle hervorragend gebaut waren. Als Konstrukteure, die für Métallurgique gearbeitet hatten, wurden Ernst Lehmann. Paul Henze und Paul Bastien genannt. Im Modelljahr 1927 wurde der Métallurgique-Automobilbau eingestellt, die Anlagen übernahm „Imperia".

B 1898 – 1928

Bekannt war das Markenzeichen in dem man einen Sechseck-Stern mit den Buchstaben „MM" für „Métallurgique, Mardienne-au-Pont" sowie den Markennamen selbst untergebracht hatte. Ⓑ

METROCAB; MCW; METRO-CAMMELL

Die verwirrende Firmengeschichte der englischen Marken „Metro-Cammell", „Metro-Cammell-Weymann („MCW") und „Metrocab" kann nur kurz erwähnt werden. Die Firma „MCW" (auch „Metropolitan-Cammell") mit Firmensitz in Birmingham/England, ist bestens als Hersteller von Buskarosserien, Subway-Waggons und Taxifahrzeugen etabliert. MCW ging 1969 eine geschäftliche Beziehung mit „Scania" ein („Metro-Scania"-Eindeckerbus). Etwa im gleichen Jahr baute die Karosseriefirma „Metro-Cammell-Weymann Ltd", infolge Interesses am Personenverkehr in Teamarbeit einen Versuchswagen, der auch noch in den späten 80er-Jahren als „Metrocab"-Taxifahrzeug in Produktion war, wenn auch in modifizierter Version. Der „MCW Metrocab" erhielt 2,5-Liter-65 PS-„Ford"-Dieselmotoren. 1989 übernahm die „Reliant Motor Co. Ltd" das „Metrocab"-Taxigeschäft.

GB 1900 – heute

Schwarze „Metrocab"-Taxen trugen auf dem Kühlergrill das Markenzeichen „MCW", die roten bzw. dunkelblau lackierten „Reliant"-Taxen an der Frontseite den Schriftzug „Reliant", kombiniert mit einem stilisierten Adler.

METZ

1908 übernahm die Firma „C. H. Metz Co." die „Waltham Manufacturing Co." in Waltham, Massachusetts/USA, und begann Automobile unter dem Markennamen „Metz" herzustellen. 1909 begann C.H. Metz mit der eigentlichen Produktion. Die ersten Fahrzeuge erhielten luftgekühlte Zweizylinder-12 PS-Motoren und wurden als Roadster vorgestellt. Charles H. Metz entwarf auch einen Plan, in dem in 14 verschiedenen Teilpackungen der Metz in Heimarbeit zusammengebaut werden sollte. Bis 1911 bestand der sogenannte „Metz-Plan". Im April gleichen Jahres entwarf man einen neuen Wagen, der nun einen wassergekühlten Vierzylinder-22 PS-Motor besaß. 1919 gab es ein Sechszylinder-4786 cm³-45 PS-Modell namens „Master Six", und 1922 wurde der Markenname „Metz" infolge der Gründung der neuen „Motors Manufactures of Waltham, Inc." wieder in „Waltham" umbenannt.

USA 1909 – 1922

Ein Markenzeichen besaß querovale Form, in der der Markenname „Metz" wie auch der Herstellerort „Waltham, Massachusetts/USA" untergeracht waren. Ein weiteres rundes Emblem zeigte schrägstehend den verschnörkel ten Schriftzug „Metz" und den Produktionsort. Ⓝ

MEYRA

Unter der Markenbezeichnung „Meyra" baute Wilhelm Meyer in Vlotho an der Weser in den 40er- und 50er-Jahren eine Reihe von motorisierten Versehrtenfahrzeugen, aber auch Kleinwagen mit Sperrholz-Aufbauten. Später wurden Kunststoff-Karosserien verwendet. Der 1909 geborene Meyer befaßte sich mit der Herstellung von Drei- und Vierrad-Mobilen. Er nannte sein Unternehmen „Meyra Werke Wilhelm Meyer". Nach verschiedenen Versuchen baute er 1948 überdachte kleine Motorwagen für Kriegsversehrte, denen 1950 ein weiterentwickelter Motor-Krankenfahrstuhl folgte, bei dem das Aggregat im Innenraum lag. Nach Aufgabe der Produktion von Meyra-Kleinwagen konzentrierte man sich auf die Entwicklung motorbetriebener Krankenfahrzeuge. Die renommierte Firma „Meyra Wilhelm Meyer GmbH & Co. KG" existierte noch Ende der 80er-Jahre.

D 1948 – 1956

Das Meyra-Emblem zeigte den Markennamen „Meyra" und den Buchstaben „M", der auf einem Rad aufgesetzt war. Ein anderes rundes Zeichen besaß gleiche Anordnung, nannte aber zusätzlich den Firmennamen „Krankenfahrzeugfabrik Wilhelm Meyer, Vlotho a.d. Weser".

MG

GB 1924 – 1980; 1982

Cecil Kimber wurde 1992 Generaldirektor der „Morris Garages", einem Automobil-Einzelhandelsgeschäft in Oxford/England, das von William R. Morris gegründet worden war. Morris wurde Jahre später zum Sir William, dann Lord Nuffield geadelt. Kimbers Aufgabe bei „Morris Garages" war es, Spezialkarosserien zu konstruieren und zu bauen. Im März 1923 baute er einen serienmäßigen „Morris" zu einem 128 km/h-Boliden um, der die Markenbezeichnung „MG" („Morris Garages") erhielt. Obwohl Kimber seinen ersten Wagen schon 1925 „MG" nannte, wurde die „MG Car Co." erst 1927 als Bestandteil von „Morris" gegründet. 1929 zog MG von Cowley nach Aldington/England um, das bis 1980 Sitz der Firma war. Man baute Typen wie „Midget", „TA", „TB", „TC", „MG A" und den „MG B". Mit dem 1983er-„MG Metro" versuchte man an das alte „MG"-Image anzuschließen.

Für die Firmenbezeichnung „Morris Garages" entwarf Kimber das achteckige Markenzeichen mit den Initialen „M" und „G" auf rotem Untergrund.

Ⓝ Ⓑ Ⓚ Ⓟ

MIELE

D 1912 – 1914

Die in Güterlohs beheimatete Maschinenfabrik „Miele & Co." hat sich nicht nur einen Namen für Waschmaschinen, Fahrräder, Mopeds und Motorräder gemacht, sondern stellte von 1912 bis 1914 auch Automobile mit Vierzylinder-Motoren, Magnetzündung und Kardanantrieb her. In diesen Jahren entstanden die „Miele"-Typen „6/20 K. I", „9/28 K. II" und „K. III". Am 11. Juni 1912 startete der Chefkonstrukteur des Hauses, Oberingenieur H. Klemm, in Minden auf einem viersitzigen „Miele" vom Typ „Torpedo-Doppelphaeton". Infolge eines technischen Defekts auf der „Prinz-Heinrich-Fahrt", bei dem ein Vorderreifen platzte, verlor der Wagen an Zeit, bewältigte jedoch die mühevolle Strecke mit Bravour. Das Ergebnis: Miele-Autos wurden recht bekannt und beliebt, doch der Ausbruch des Ersten Weltkriegs setzte einer Weiterführung der Produktion ein frühes Ende.

Miele-Automobile führten den schwungvoll gestylten Schriftzug „Miele" auf ihren Kühlern. Für Zweiradprodukte verwendete man ein Erdball-Emblem mit durchgehendem Pfeil und dem Markennamen „Miele".

Ⓝ

MINARDI

I 1974 – heute

Das italienische „Minardi"-Team wurde 1974 von Giancarlo Minardi in Faenza bei Ravenna gegründet. Das Formel-Rennteam entstand auf eine Initiative von Minardis Vater hin. 1976 fuhr Pierluigi Martini mit einem Formel-1-„Ferrari" für das Team. 1980 wurde die Gesellschaft „Minardi Team S.p.A." eingeführt, der Firmenname jedoch bald in „Società Minardi Team Costruttore" abgewandelt. Konstrukteur war Ingenieur Giacomo Caliri. Man ließ nun Rennwagen eigener Konstruktion bei der Firma „Fly Studio" bauen. Carlo Chiti, der auch für „Ferrari" tätig war, konnte sich bereits bei „Fly Studio" einen Namen machen. Im Laufe der Jahre folgte ein Minardi-Rennwagen nach dem anderen. Der Formel-1-Rennstall „Minardi" entwickelte etwa Februar/März 1991 den ersten Boliden dieser Klasse, der mit einem PC konstruiert worden war.

Das Formel-1-Team „Minardi" führte auf den Fahrzeugen ein Trapez mit gelber Umrandung. Im Innern des Zeichens zeigte man einen gekrönten Löwen mit Schwert, die italienischen Landesfarben und den gelben Schriftzug „minardi" in Kleinbuchstaben.

MINERVA

B 1899 – 1939

1897 leitete Sylvain de Jong mit seinem Bruder Jacques eine gutgehende Fahrradfabrik in Antwerpen. Die Produkte erhielten den Namen „Minerva". Im selben Jahr begann man mit der Herstellung eines Motorrades gleichen Namens, dem 1899 der erste „Minerva"-Motorwagen mit Einzylinder-636 cm^3-5 PS-Motor folgte. Als Typenbezeichnung verwendete man den Namen „Minervette". 1902 gab es einen Vierzylinder-6 PS-Typ, der auf der Linie des „Panhard & Levassor" basierte. 1908 wurde für die „S.A. Minerva Motors" ein bedeutendes Jahr: Man übernahm die Lizenz für den ventillosen „Knight"-Schiebermotor, der nun in den Minerva-Fahrzeugen zum Einbau kamen. Nach dem Ersten Weltkrieg stellte Minerva große Luxusautomobile höchster Qualität her und zog sich zugleich aus dem Rennsport zurück. Bis 1939 wurde der eigentliche Minerva hergestellt.

Das „Minerva"-Kühleremblem mit rotem Untergrund zeigt den Kopf der römischen Göttin Minerva. Minerva ist Göttin der Künste und der Wissenschaft und Schutzpatronin der im Gewerbe und in der Industrie Tätigen.

Ⓝ Ⓑ Ⓚ

MINI; MINI-COOPER

GB 1959 – heute;
1961 – heute

Der englische „Mini", der bis heute in unzähligen Versionen gebaut und mit den unterschiedlichsten Motoren bestückt wurde, wurde im August 1994 35 Jahre alt. Es ist eines der wenigen Automobile, die bis heute produziert werden. Der Konstrukteur des legendären und millionenfach gebauten „Mini", Sir Alexander („Alec") Issigonis, starb Anfang Oktober 1988. Er hatte den Wagen mit einem quergestellten Vierzylinder-Motor 1959 im „Morris"-Konstruktionsbüro entwickelt. Er wurde als „Austin" bzw. „Austin-Mini", ab 1970 unter dem Markenbegriff „Mini" vermarktet. Als Hersteller firmierte offiziell zunächst die „Austin-Morris Division" der „British Leyland Corporation", später „BL Limited", dann „Austin Rover". Zwischenzeitlich hatte man auch den neuen zeitgemäß gestylten „Mini-Cooper" mit Dreiwege-Katalysator und 1,3-Liter-Motor herausgebracht.

Es wurden verschiedene Markenzeichen verwendet. Das bekannteste dürfte das runde Emblem des seit 1991 neu gebauten „Mini-Cooper" sein. Es zeigt einen grünen Lorbeerkranz mit dem roten Markennamen „Mini-Cooper". Beidseitig wird es von stilisierten Flügeln flankiert.

Ⓑ Ⓚ

MINI-EL

DK 1986 – heute

1986 stellte die in Randers/Dänemark seßhafte Firma „El-Trans A/S" unter ihrem Direktor Steen V. Jensen eine Art Kabinenroller der 90er-Jahre mit Markennamen „Mini-El" vor. Der dänische Elektro-Dreiradwagen wurde speziell für den dänischen und englischen Markt konzipiert, fand aber in den frühen 90er-Jahren auch seinen Exportweg nach Deutschland. Das Kunststoff-Dreirad wiegt rund 230 Kilogramm und besitzt neben einem Überrollbügel und einem Notsitz auch einen Permanent Magnet DC-3,5 kW (5 PS)-Elektromotor mit drei 12-Volt-Batterien-90 A. Die Reichweite liegt zwischen 40 und 70 Kilometern. In der Form erinnert das Fahrzeug an den ehemaligen deutschen „FMR"- bzw. „Messerschmitt KR 175"-Kabinenroller. In den frühen 90er-Jahren bot man eine verbesserte Version des „Mini-El", der nun als „Mini-El City" vertrieben wird.

Der „Mini-El" des Jahrgangs 1990 führt ein rundes Emblem, das schräg unterteilt ist. Den Markennamen „Mini-El" hatte man in Kleinbuchstaben angebracht.

MINI MOKE; MOKE

Bereits im Jahr 1960 kamen die ersten Prototypen des „Mini Moke“, basierend auf dem englischen „Mini“, heraus. In jenem Jahr gab es den „7 A Austin Moke“, der als Pilotmodell auf dem frontgetriebenen „Austin ADO 15“ und auf dem „Austin Seven“ (später „Mini“) basierte. Die ersten „Moke-Fahrzeuge besaßen noch einen 950 cm^3-Motor. Der „Mini Moke“ war ursprünglich ausschließlich für den Freizeitbedarf geplant. Ein Urmodell wurde auch als „Twini Moke“ bezeichnet. Bis man die Produktion 1967 nach Australien verlegte, baute man rund 15000 Mini Moke, und dort wurden bis 1978 nochmals rund 15000 Stück gefertigt. Bis etwa 1982 wurde das Fahrzeug in Australien auch unter dem Namen „California“ mit Vierzylinder-39 PS-Motor gebaut. 1990 tauchte das „Mini Moke“-Projekt, von „Rover“ erworben, in Italien und Portugal auf.

Der Markenname „Moke“ bedeutet „Esel“ oder „Lastesel“. An den Fahrzeugen hatte man den silberfarbenen Druckbuchstaben-Schriftzug „Moke“ angebracht.

GB/AUS 1960 – 1982;
I/P 1990 – heute

MINIMUS

Bereits im Sommer 1920 konnte die Firma „Astro-Modell-Werk GmbH, Holz- und Metallwarenfabrik“ in München-Pasing sämtliche Geschäftsanteile der „Minimus-Fahrzeug-Gesellschaft GmbH, Kleinautofabrik“ in München erwerben. Die Herstellung wurde nach Pasing verlegt. Den nun gebauten „Minimus“-Kleinwagen gab es in den Jahren 1921 bis 1924. Das erste Cyclecar noch von 1920 besaß einen luftgekühlten V-Zweizylinder-9 PS-Motor. Die Minimus-Fahrzeuge wurden anfänglich von einem deutschen „NSU“- oder „BMW“-Motorrad-Motor angetrieben. Bekannt war auch der Minimus-Typ „Eropa“. Später gab es den zweisitzigen Minimus – zum Teil in Tandem-Sitzanordnung – auch mit Vierzylinder-4/12 PS-Aggregat. Er besaß eine Sperrholzkarosserie und wurde als typisches Cyclecar jener Epoche bezeichnet.

Die Kühlerfigur des nur 3000 Millimeter langen „Minimus“ war ein handgefertigter bronzener oder verchromter Teufel, der seinen Schweif zwischen seinen Beinen nach vorne durchschwang. Markenzeichen war der Schriftzug „Minimus“ in Schwarz auf weißem Untergrund, umrandet von einem Queroval.

D 1921–1924

MITSUBISHI

Das größte Wirtschaftskonglomerat der Welt ist „Mitsubishi“. Die Firma wurde von einem Samurai gegründet: Yataro Iwasaki, geboren 1834 wurde Jungunternehmer, kaufte 1870 drei Schiffe und gründete die „Tsukumo Shokai-Handelsgesellschaft“. Im Jahre 1873 gründeten die zwei alten japanischen Samurai-Geschlechter Yataro Iwasaki und die Yamanouchis die Firma „Mitsubishi Shokai“. Von 1917 bis 1921 begann die „Mitsubishi Dockyard Works“, ein großer Werftbetrieb in Kobe/Japan, mit dem Bau von „Mitsubishi“ genannten Automobilen. Vorbild hierfür war der italienische „Fiat“. Dann folgten Lastwagen und Omnibusse und nach dem Zweiten Weltkrieg Motorroller und Lastendreiräder. Erst ab 1959 baute die Firma „Mitsubishi“, die mit den Marken „Chrysler“ und „Mercedes-Benz“ geschäftlich verbunden war, Automobile der unterschiedlichsten Leistungsklassen.

*Als Firmensymbol kombinierte Iwasaki sein Familienwappen mit den drei Diamanten mit dem der befreundeten Familie Yamanouchi, einem Dreieck aus Eichenblättern. Der Name setzt sich aus den Begriffen **„Mitsu“** (drei) und **„Bishi“** (Diamanten/Rhomben) zusammen.* Ⓝ Ⓑ

J 1917–1921;
1959 – heute

MOLINE; MOLINE-KNIGHT

In den Jahren 1904 bis 1913 baute die Firma „Moline Automobile Co.“ in Moline, Illinois/USA, „Moline“-Automobile, die zunächst als Fünfsitzer mit Zwei- bzw. Vierzylinder-Motoren angeboten wurden. Ab 1912 kam auch ein 25 PS-Wagen auf den Markt. Der Typ „Moline Dreadnaught 35“ wurde zu einem der bekanntesten Modelle des amerikanischen Unternehmens. Ab 1914 verwendete man den bekannten „Knight“-Schiebermotor, und mit dem Einbau dieser Antriebsaggregate erhielten auch die Fahrzeuge, die bis 1919 gebaut wurden, den neuen Markennamen „Moline-Knight“. 1916 gab es kleinere Motoren, die letzten „Moline-Knight“-Ausführungen besaßen Vierzylinder-3,6-Liter- bzw. 5,0-Liter-Motoren. Aus dem 1919er-“Moline-Knight“ wurde der neue „R. & V. Knight“.

Ein wappenförmiges Zeichen, das „Moline-Knight“ zeigte den mit Schild und Schwert Bewehrten Ritter Sir Galahad aus der Artus-Sage.

USA 1904 – 1913;
1914 – 1919

MONET & GOYON

Die Geschichte eines einst führenden Motorradhersteller Frankreichs begann in den Wirren des Ersten Weltkriegs. Ingenieur Joseph Monet und Adrian Goyon gründeten in Mâcon/Saone-et-Loire die Firma „Établissements Monet et Goyon“. Die beiden Partner machten es sich zur Aufgabe, ein Fortbewegungsmittel für die zahlreichen verwundeten und behinderten Soldaten zu schaffen. 1917 produzierte man dreirädrige Versehrtenfahrzeuge, die mit Hand- oder Fußbetrieb ausgerüstet waren. Die Nachfrage nach dem „Vélocimane“ genannten Fahrzeug war so groß, daß dem Unternehmen wieder neue Mittel zur Verfügung standen. Das Fahrzeug wurde wesentlich verbessert, und 1919 erschien der Motorroller „Vélauto“-Typ „T“ mit 125 cm^3-Viertakt-Motor. Von 1921 bis 1926 baute man sogar drei- und vierrädrige Autos des Markennamens „Monet & Goyon“ und der Bezeichnung „Automouche“.

„Monet & Goyon“ führte zeit des Bestehens unterschiedliche Markenzeichen, auch für die Motorräder. Zum Beispiel gab es den interessant gestalteten Schriftzug „Monet & Goyon“. Ein rundes Emblem enthielt die Initialen „MG“ für „Monet & Goyon“.

F 1921–1926

MONTEVERDI

Peter Monteverdi begann im Jahre 1956 in Basel-Binningen seine automobilen Aktivitäten mit der Übernahme einer „Ferrari“-Repräsentanz. Kurze Zeit später kam es durch Monteverdi zur Konstruktion und Herstellung von Rennsportwagen, die die Bezeichnung „MBM“ trugen. Im Herbst 1967 zeigte „Monteverdi“ den neuen „Monteverdi High Speed“, einen exklusiven Hochleistungswagen auf der „Internationalen Automobilausstellung“ in Frankfurt. Nun folgten weitere Boliden in anspruchsvoller Ausführung, die hauptsächlich von amerikanischen V-Achtzylinder-„Chrysler“-Motoren angetrieben wurden. Man fertigte aber auch Monteverdi-Limousinen und Coupés in Handarbeit, hinzu kamen Geländewagen mit Allradantrieb. Bekannt ist auch, daß ein solches Projekt für die Schweizer Armee auch mit „Saurer“ in Arbon/Schweiz, in der Entwicklung stand.

Zu Anfang gab es ein „MBM“-Markenemblem für den Namen „Monteverdi Basel Motors“ mit einer Zackenkrone. Das eigentliche „Monteverdi“-Emblem zeigte ein hochformatiges Rechteck mit Krone, in Kombination mit dem Markennamen „Monteverdi“.

Ⓝ Ⓟ

CH 1967 – heute

USA 1905 – 1930

Die Marke „Moon" existierte in den Jahren 1905 bis 1930. Louis P. Mooers entwickelte die ersten „Moon" genannten Automobile, die von Joseph Moon in der Buggy-Fabrik „Moon Motor Car Co." in St. Louis, Missouri/USA, hergestellt wurden. Bis 1913 konnte Moon als Jahresausstoß 1540 Vierzylinder-Wagen verzeichnen. Im gleichen Jahr bot man den ersten Sechszylinder-Wagen dieser Marke an. Schon 1916 gab es Moon-Automobile, die einen „Rolls-Royce"-ähnlichen Kühler erhielten. Etwa ab 1924 bestückte man den Moon mit hydraulischen „Lockheed"-Vierrad-Bremsen. 1926 wurde die neue Marke „Diana" unter Moon-Schirmherrschaft ins Leben gerufen. Man baute unter diesem Namen u. a. Achtzylinder-4,0-Liter-Wagen. Ferner gab es Automobile mit dem Markennamen „Windsor". Mit dem Ende des Kombinats „New Era" kam auch für Moon 1930 das Aus.

MOON

Eines der bekanntesten Moon-Embleme zeigte ein hochgestelltes Rechteck mit dem integrierten Markennamen „Moon", der Firmenbezeichnung und dem Herstellerort „St. Louis, U.S.A.".

Ⓝ Ⓚ

F 1897 – etwa 1898

Etwa 1897 und 1898 baute man in Paris einen Vierrad-Wagen, der als „Morel" angeboten wurde. Dieses „Qadricycle"-Fahrzeug besaß fahrradähnliche Räder und einen französischen Einzylinder-1,75 PS-327 cm³-„De Dion-Bouton"-Viertakt-Einbaumotor, kombiniert mit einem Eingang-Getriebe. Es ist möglich, daß der „Morel" von einem Unternehmen namens „Morel" bzw. „Morel & Gérard" als Lizenz von „De Dion-Bouton" hergestellt wurde. Nähere Informationen hierüber liegen jedoch nicht vor.

MOREL; MOREL & GÉRARD

Markenzeichen war eine metallene Plakette mit dem Markennamen „Morel" und Produktionsort „Paris" als Relief-Schriftzug.

GB 1910 – heute

H. S. F. Morgan gründete 1910 in Malvern Link, Worcestershire/England, eine Automobilfabrik. Dieses Unternehmen beschränkte sich auf die Fertigung von kleinen und sportlichen Dreiradfahrzeugen, in die man luft- bzw. wassergekühlte Motorrad-Motoren einbaute. Diese „Morgan"-Roadster wurden recht beliebt und in immer häufigeren Varianten – ab 1939 nun auch als Vierrad-Wagen ausgebildet – bis in die 90er-Jahre hergestellt. Ebenfalls 1939 gab es den Typ „4 x 4", der als ernsthafter Konkurrent zum britischen „MG" angesehen wurde. Später verwendete man unterschiedliche Motoren, u. a. von „Coventry-Climax", „Ford" oder „Triumph". 1968 erschien der „Morgan Plus Eight" mit V-Achtzylinder-"Rover"-Triebwerk. Die Geschwindigkeit lag bei rund 210 km/h. Das Morgan-Familienunternehmen baut noch heute seine Fahrzeuge in reiner Handarbeit.

MORGAN

Die ersten Morgan-Automobile wiesen den schrägstehenden Schriftzug „Morgan" auf. Später führte man geflügelte Embleme, die den Markennamen wie auch die Typenbezeichnung, z. B. „Super Sports", „4 x 4", „8 x 8" usw., enthielten.

Ⓝ Ⓑ Ⓚ

GB 1913 – 1983

Die Marke „Morris" entstand durch den Automobilkaufmann William Morris, später Sir William bzw. Lord Nuffield. 1913 hatte er in Oxford/England eine Autofabrik eröffnet, die sich besonders nach dem Ersten Weltkrieg zu einem führenden Produzenten entwickelte. Man baute die verschiedensten Versionen in Großserie. Bekannt war der „Bullnose" („Bullennase") mit runder Kühlerfront, die für Morris-Fahrzeuge charakteristisch wurde. Morris gliederte seinem Konzern auch die Marken „MG", „Wolseley" und andere an. 1929 erschien der „Minor" mit 850 cm³-Motor. Ferner wurde auch der bekannte englische „Mini" unter dem Namen von „Austin" und „Morris" vertrieben. „Morris" kam dann zu „British Leyland". Mit der Splittung des „BL"-Riesen in die „Austin-Rover Ltd" und „Jaguar Ltd" war für „Morris" 1983 kein Platz mehr.

MORRIS

Bekanntestes Markenzeichen dürfte wohl das Emblem sein, das erstmals auf dem „Morris Oxford" zu sehen war. Es zeigt das Stadtwappen von Oxford – einen Ochsen, der eine Furt durchschreitet. Außerdem ist der Markenname „Morris" enthalten.

Ⓝ Ⓑ Ⓚ

UdSSR 1947 – heute

Die Geburt des „Moskwitch" geht zurück auf die Zeit des deutsch-russischen Abkommens, vor der Invasion in Rußland im Jahre 1941. Bereits 1930 war in der unmittelbaren Nähe von Moskau ein staatliches Automobilwerk entstanden. In dieser Fabrik baute man zunächst Lastwagen und Personenwagen auf der Basis eines deutschen „Ford"-Modells. Aufgrund ihrer Reparationsforderungen hatten die Russen die deutschen „Opel Kadett"-Betriebsanlagen von Deutschland nach Rußland geholt. „Moskwitsch" oder „Moskvitch" entstand im Dezember 1946, als man mit Hilfe deutschen Reparationsgutes ein Werk bei Moskau errichtete, das den Firmennamen „Moskovskij Zavod Malolitraznych Avtomobilej" („MZMA") erhielt. Ab 1947 baute man auf dem „Opel Kadett" basierende Automobile. Noch in den 90er-Jahren wurden die verschiedensten Ausführungen gefertigt.

MOSKWITSCH; MOSKVITCH; ALEKO; AZLK

Beim Markenzeichen des russischen „Moskwitsch" verwendete man ein wappenähnliches Emblem, das ein Sternensymbol und den Markennamen in russischer Schreibweise zeigte.

Ⓝ Ⓑ

F 1907–1930

1901 begann die Firma „Ateliers Schaudel" in Bordeaux, Automobile unter dem Markennamen „Schaudel" herzustellen. Diese Fahrzeuge erhielten einen Zweizylinder-1,7-Liter-Frontmotor. Ferner wies der französische Schaudel einen rechten Kettenantrieb und ein Dreigang-Getriebe mit Rückwärtsgang auf. Der Motor, dessen beide Zylinder schräg angeordnet waren, erreichte mit wenigen Pferdestärken eine Geschwindigkeit von etwa 40 km/h. 1902 hatte Schaudel die Firma verlassen, die nun in „Automobiles Motobloc" umgewandelt wurde. Bis 1904 wurden Schaudel-Fahrzeuge gebaut, 1907 wurde erstmals der neue Markenname „Motobloc" verwendet. 1911 gab es sogar einen Sechszylinder-Typ. 1930 wurde der Automobilbau aufgegeben, und 1948 existierten unter diesem Markennamen Motorräder.

MOTOBLOC

Markenzeichen des Motobloc war ein Sechseck-Emblem mit konkav gewölbten Seiten. Im Innern des Zeichen hatte man drei Halbmonde eingepaßt, die die Bezeichnung „Automobiles Motobloc Bordeaux" führten. Unter diesem Emblem zeigte ein Band die Worte „Toujours en Croissant".

MOTOSACOCHE; MAXIMAG; MAG

CH 1923 – 1928

Die Brüder Armand und Henri Dufaux – nicht in Beziehung mit der Genfer Automarke „Dufaux" –, die in Carouge 1900 mit der Herstellung von Fahrrad-Hilfsmotoren begannen, wurden nicht nur durch die Motorradmarke „Motosacoche" weltberühmt, sondern auch durch Einbaumotoren der Marke „MAG". Die Firma war einst Europas größter Hersteller von Viertakt-Einbaumotoren, später der größte außerhalb Englands. 1905 entstand die neue Gesellschaft „S.A. Motosacoche Acacias Genève" in Genf, die 1922 auf dem Pariser Automobil Salon die erste „Maximag" genannte Voiturette mit der Bezeichnung „A" und Vierzylinder-1100 cm³-Motor, vorstellte. Es gab auch eine ohc-Rennversion mit Königswellen-Motor. 1929 verschwand der Schweizer Markenname „Maximag" vom Markt. Rund 200 Exemplare wurden gebaut.

„MAG" war Kurzbezeichnung für „Motosacoche Acacias Genève". Der Name „Motosacoche" bedeutet „Motor-Werkzeugtasche". Die Bedeutung des „Maximag"-Markenzeichens ist unklar.

Ⓝ Ⓑ Ⓚ

MVS

F 1986 – heute

Im Oktober 1986 wurde auf dem Pariser Automobil Salon der damals neue französische Sportwagen „MVS Venturi" mit Mittelmotor vorgestellt. Der ungewöhnlich exklusiv aussehende Wagen wurde von der Firma „Manufactures des Voitures de Sport" hergestellt, die von einer Gruppe ehemaliger „Citroën"- und „Heuliez"-Mitarbeiter gegründet wurde. Die Techniker Claude Poiraud und Gérard Godfroy experimentierten in ihrer Werkstatt in Le Mans über zwei Jahre lang mit einem Prototypen. Ergebnis mühevoller Arbeit war der „M.V.S. Venturi". Dieser „Venturi" hieß anfangs „Ventury", bis man sich zu einer anderen Schreibweise entschloß. Das zweisitzige Coupé besaß eine Kunststoff-Karosserie und einen Vierzylinder-2,2-Liter-„Peugeot"-Motor. Noch in den Modelljahren 1991/92 baute man den „MVS Venturi" als höchst exklusiven Sportwagen mit eleganter Innenausstattung.

Markenzeichen des französischen MVS ist ein Queroval mit den schrägstehenden Buchstaben „MVS" für „Manufactures de Voitures de Sport". Die Farbe der Buchstaben ist weiß, der Untergrund rot gehalten.

Ⓝ

MWD

D 1911–1912

1911 lieferte die ehemals in Dessau beheimatete Firma „Motor-Werke GmbH", besser bekannt unter der Abkürzung „MWD", Sport-, Liefer- und Lastkraftwagen mit 7/18 PS- sowie 8/22 PS-Aggregaten. Der Verkauf erfolgte nicht nur ab Herstellerwerk, sondern auch über eine eigene Filiale in Berlin-Charlottenburg. Doch 1912 wurde es relativ ruhig um die deutschen MWD-Motorwagen, obwohl es sich laut Werbung um „Präzisionsfabrikate in höchster Vollendung" handelte.

Der MWD-Motorwagen zeigte als Markenzeichen ein wappenähnliches Emblem, das die Buchstabenfolge „MWD" für den Firmennamen „Motoren Werke Dessau" führte.

Ⓝ

NACIONAL; NACIONAL R.G.

E 1948

Im Jahr 1948 wurde in Barcelona die Firma „Fábrica Nacional de Automóviles, Aviones y Motores de Aviaciónes" durch den diplomierten Ingenieur und Flieger Ramón Girona Guillaume errichtet. Der gebürtige Kubaner hatte bereits zweisitzige Flugzeuge in Barcelona gebaut. Acht Jahre lang war er bei der berühmten französischen Flugzeugfirma „Farman" beschäftigt, in der auch Automobile gleichen Namens hergestellt wurden. Sein von ihm konstruierter stromlinienförmiger „Nacional" bzw. auch „Nacional R.G." genannter Wagen erhielt einen wassergekühlten Zweizylinder-740 cm³-18 PS-Viertakt-Boxermotor unter einer ungewöhnlich langen Motorhaube. Die Geschwindigkeit lag zwischen 50 und 80 km/h. Der Wagen war als Limousine wie auch als Cabriolet geplant, doch kam der „Nacional" über das Prototypenstadium nie hinaus.

„Nacional R.G." stand für „Nacional Ramón Guillaume". Als Markenzeichen verwendete die Firma ein Emblem, das den Markennamen „Nacional", die Bezeichnung „R.G." und den Namen des Herstellerortes „Barcelona" zeigte.

NAG; NAG-PROTOS

D 1902 – 1934

Die von Professor Dr. Georg Klingenberg an der Technischen Hochschule in Berlin 1899 unternommenen Versuche, ein Automobil zu bauen, brachten ihn mit der „Allgemeinen Electricitäts-Gesellschaft" (AEG) zusammen. Dadurch kam es zur Gründung der „Neuen Automobil-Gesellschaft" (NAG). Zunächst stellt man den Einzylinder-„Klingenberg"-Motorwagen her. 1902 konnte die NAG die Firma „Wagenbau Kühlstein" übernehmen. Nun entstanden leistungsfähige Fahrzeuge der Markenbezeichnung „NAG", denen auch große Nutzfahrzeuge, Omnibusse und Löschfahrzeuge folgten. 1908 trennte man sich von der „AEG". Selbst im Motorsport wurde der NAG recht bekannt. Interessant war aber auch der V-Achtzylinder-NAG-Personenwagen. Nach der Wirtschaftskrise übernahm NAG die Firma „Protos" und anschließend noch „Presto". 1934 kam für NAG das Ende.

Die Firma führte unterschiedliche Embleme, u. a. runde Zeichen mit einem schildartigen Emblem, in dem die Markenbezeichnung „NAG", Firmenname und Herstellerort enthalten waren. Bekannt war zudem das Bienenwaben-Zeichen, das sich am „AEG"-Markenzeichen orientierte.

Ⓝ Ⓑ Ⓚ

NAPIER; NAPIER-RAILTON

NAPIER-RAILTON

GB 1900 – 1924;
1933 – 1947

1908 wurde im Londoner Ortsteil Lambeth die „D. Napier and Son Ltd" gegründet. Diese Firma baute u. a. Druckerpressen und Wiegeeinrichtungen. Bereits 1899 gründete man eine separate Automobilbau-Abteilung namens „Motor Vehicle Co.". Die Kaufleute Harvey Du Cros und Selwyn Francis Edge wurden Gesellschafter. 1900 gelang Mantague Stanley Napier der Sprung. Der Markenname „Napier" ist bekannt geworden durch aufsehenerregende Geschwindigkeitsrekorde, die durch den Einbau von Flugzeugmotoren zustandekamen. Dank Edge wurde der englische Napier der berühmteste britische Wagen bis zur Herstellung des „Rolls-Royce Silver Ghost". Schon 1904 gab es Sechszylinder-Wagen, und 1933 tauchte der „Napier-Railton"-Rennwagen mit Zwölfzylinder-24,0-Liter-Motor auf. Der Bau des eigentlichen Napier wurde schon 1924 eingestellt.

Frühere Automobile der Marke „Napier" zeigten lediglich den schrägstehenden Schriftzug „Napier". Dann zeigte ein blaues Queroval den Namenszug. Der Rennwagen besaß einen anttachierten Schriftzug.

Ⓑ

NARDI

1932 konstruierte der Automobil-Ingenieur Enrico Nardi das Einzelexemplar eines Rennwagens, der den sonderbaren Namen „Chichibio" erhielt – den Kosenamen des Dachshundes, der seinem Mitkonstrukteur Augusto Monaco gehörte. Später erhielt dieser V-Zweizylinder-998 cm³-Wagen mit Vierradantrieb den Namen „Nardi-Monaco". 1947 begann Nardi seine eigene Automobilherstellung. Mit einem neuen Partner gründete er in Turin die „Nardi & Danese", kurz „ND" genannt, in der zunächst „Nardi-Danese"-Sportwagen gefertigt wurden. 1948 wurden auch Cabriolets gebaut, und bis Ende der 50er-Jahre stellte man in der neuen „Nardi & C." mit Fiat-Teilen kleine Serien von „Nardi"-Sportwagen her. Um 1959 folgte ein V-Achtzylinder-350 PS-Nardi-Fahrzeug mit „Plymouth"-Motor. Später konzentrierte man sich auf die Fertigung der Nardi-Sportlenkräder.

„Nardi-Danese" führte u. a. ein schildartiges Emblem mit einer dreizackigen stilisierten Krone, dem Markennamen „Nardi", der Firmenbezeichnung „Nardi & C.", dem Herstellerort „Torino" (Turin) und der Bezeichnung „ND".

Ⓝ Ⓑ Ⓚ

I 1947 – etwa 1960

NARDO; V.M.

Anfang Dezember 1989 berichtete man in deutschen Tageszeitungen, daß die in Bergisch-Gladbach seßhafte Firma „V.M. – Exclusiver Fahrzeugbau GmbH" einen selbst entwickelten, „Nardo" genannten zweisitzigen Sportwagen bauen wolle, der 1991 zum Verkauf stehen sollte. Inzwischen wurde der Nardo in den Versionen „200 GT" (Variante 1 – Vierzylinder-2,0-Liter-1998 cm³-120 PS dohc-„Ford"-Einspritzmotor) und „200 GT Turbo" (Variante 2 – 2,0-Liter-1993 cm³-204 PS-dohc-16-Ventil-„Ford-Cosworth"-Reihenmotor mit Abgasturbolader) vorgestellt. Die voraussichtliche Jahresproduktion des „Nardo" sollte sich auf etwa 50 Fahrzeuge belaufen. Der Nardo ist laut Hersteller ein Sportwagen, bei dessen Entwicklung die Tradition der Roadster fortgeführt wurde.

Das Firmenlogo „V.M." in modernem Schriftstyling steht für die Namen der Firmeninhaber „Vielhauer & Menschik". Als Farben verwendete man Rot und Blau. Dieses Zeichen fand sich auch am neuen „Nardo"-Sportwagen, der nach der süditalienischen Rennstrecke benannt ist.

D etwa 1990 – heute

NASH; NASH-HEALEY

Charles W. Nash, 1864 geboren, fungierte 1912 als Chef bei „Buick" und ein Jahr später als Vorsitzender bei „General Motors". 1916 verließ er den Konzern und übernahm die „Jeffery Motor Co." in Kenosha, Wisconsin/USA. Dieser Firma gab er seinen Namen und begann 1917 in eigener Regie „Nash"-Automobile zu produzieren. Er zog eine moderne Großserienfertigung auf. Dem ersten Sechszylinder-Wagen folgten in den 20er-Jahren Versionen mit Vier- und Achtzylinder-Aggregaten. 1924 konnte Nash „Mitchell" übernehmen, wo die bekannten „Mitchell"-Automobile gebaut wurden. 1950/51 entstand in Zusammenarbeit mit dem englischen Konstrukteur Donald Healey der „Nash-Healey"-Versuchssportwagen. Vier Jahre schloß sich Nash mit „Hudson" zur neuen „American Motors Corporation" (AMC) zusammen. 1957 verschwand die Marke „Nash" vom Markt.

Unter anderem wurde ein Emblem mit Jugendstil-Elementen und dem Markennamen „Nash" verwendet. Ein weiteres Emblem zeigte ein beflügeltes, in vier Segmente geteiltes Schild, in dem das andere Emblem integriert war. Zwischen den Flügeln stand die Zahl „8" für „Achtzylinder". Ⓝ Ⓑ Ⓚ

USA 1917–1957; 1950

NATIONAL

Im Jahr 1900 begann die „National Automobile & Electric Vehicle Co." in Indianapolis, Indiana/USA, mit der Herstellung von leichten, elektrisch angetriebenen Runabouts. Schon 1900 kam es zur Umwandlung des Namens in „National Motor Vehicle Co.", deren Sitz bis 1916 Indianapolis blieb. 1903 stellte man die ersten Benzin-Motorwagen der Marke „National" her. Als Antrieb dienten Vierzylinder-„Rutenber"-Motoren. 1905 sah man von der Herstellung von Elektrofahrzeugen gänzlich ab. Der runde Kühler wurde für sieben Jahre zum Charakteristikum des National. Im Jahr 1906 stellte man den ersten Sechszylinder-Typ vor, der als einer der ersten Amerikas bezeichnet wurde. Von 1909 bis 1915 baute man Vier- und Sechszylinder-Modelle. Ab 1920 stellte man in der 1916 wieder umgewandelten Firma, der „National Motor Car & Vehicle Corporation", einfachere Automobile her.

Markenzeichen der Automobilfirma war der geschwungene Schriftzug „National".

Ⓑ

USA 1900 – 1924

NAZZARO

Am 1. Juli 1911 gründete Felice Nazzaro (1881–1940) zusammen mit seinem Schwager Pilade Masoero, mit Maurizio Fabry und dem ehemaligen Fiat-Ingenieur Arnaldo Zoller die Firma „Nazzaro & C., Fabbrica Automobili" in Turin. In den Jahren 1911 bis 1923 entstanden hier die unterschiedlichsten „Nazzaro" genannten Automobile. Nazzaro war zudem einer der absolut besten Werkspiloten bei Fiat. Er stand im Ruf eines technisch versierten Fahrers mit Sinn für Taktik. Während des Ersten Weltkriegs stellte sein Unternehmen Kriegsmaterial und Lastkraftwagen her. 1916 verließ Nazzaro seine Firma, und die Nachkriegs-„Nazzaro"-Automobile wurden nun unter neuem Management hergestellt. 1919 gründete man die „Automobili Nazzaro", und von 1919 bis 1923 wurden etwa 200 Fahrzeuge sportlicher Art gebaut.

Als Markenzeichen der italienischen „Nazzaro"-Sportwagen diente ein Querrechteck mit konvexer Wölbung im oberen Teil und integriertem Markennamen „Nazzaro".

I 1911–1923

NEANDER

Ernst Neumann-Neander wurde 1871 geboren und schuf sich einen Namen als Grafiker, Kunstmaler und Ingenieur. Er war an der Gestaltung der Münchener Zeitschrift „Simplicissimus" beteiligt und unterrichtete Grafik. Für die österreichische Automobilfirma „Austro-Daimler" schuf er ein wirkungsvolles Markenzeichen, das den österreichischen Doppeladler führte. Bei seiner „Neander Motorfahrzeug GmbH" mit Sitz in Berlin entstanden von 1934 bis 1939 auch einige Automobile des Markennamens „Neander". Die ersten Fahrzeuge hatte er jedoch bereits 1928 gebaut. Es waren Einsitzer mit an der Seite angebrachten 350 cm³-Motoren. 1934 entstand der Typ „Pionier" mit Frontantrieb und Tandem-Aufbau aus Aluminium. Von 1937 bis 1939 gab es noch einen Neander-Rennwagen mit 1100 cm³-„JAP"-Motor. Neander starb 1954 im Alter von 83 Jahren.

Das runde Markenzeichen von Neander enthielt im Inneren ein in vier Segmente geteiltes Achteck. Innerhalb dessen hatte man den Markennamen „Neander" senkrecht und waagerecht integriert. Er konnte in beiden Richtungen gelesen werden.

Ⓝ Ⓑ

D 1934 – 1939

NEC

Die „New Engine Co. Ltd“ in Willesden/London baute 1905 bis 1920 Automobile der Kurzbezeichnung „NEC“. Diese Stadtautomobile waren sehr bekannt und besaßen Vierzylinder-24 PS-Motoren. 1906 hatte der NEC ein Schwestermodell mit Zweizylinder-15 PS-Aggregat erhalten. Konstrukteur war G. F. Mort, der sich auch in der Konstruktion von Zweitakt-Flugzeugmotoren einen Namen machte. 1908 stellte NEC Modelle mit Vierzylinder-30 PS- und Zweizylinder-20 PS-Motor vor. Ein 40 PS-Typ folgte 1910. Es gab Versionen mit Limousinen-Karosserie sowie Landaulet-Ausführungen. Nur wenige Zweisitzer des englischen NEC wurden verkauft. Erwähnenswert ist der NEC mit 30 PS-Motor und offenem Tourenwagen-Aufbau, der 1907 beim „Scottish Reability Trial“ zum Einsatz kam. 1921 wurde der NEC-Automobilbau aufgegeben, in Folge stellte man Autoteile her.

Das Markenzeichen des englischen NEC, der Kurzbezeichnung für „New Engine Company“ sollte vermutlich eine stilisierte Blume mit drei Blättern darstellen. Je ein Blatt enthielt einen Buchstaben der Bezeichnung „NEC“.

GB 1905 – 1921

NECKAR

Der Turiner Automobilkonzern „Fiat“ übernahm 1929 das von der „Neckarsulmer Fahrzeugwerke AG“ (NSU) in Heilbronn erworbene Terrain, auf dem dann in Zusammenarbeit mit NSU ein Fiat-Montagebetrieb entstand. Fiat plante, einen eigenen Automobilbau unter dem Markennamen „NSU-Fiat“ zu etablieren. 1930 wurde die „NSU-Automobil AG“ in Heilbronn gegründet. NSU produzierte weiterhin die Fahrgestelle für die „NSU-Fiat“-Automobile. Nach dem Zweiten Weltkrieg entstand die „Deutsche Fiat AG“ in Heilbronn. Aus dem „NSU-Fiat“ wurde 1959 der „Neckar“ mit Vierzylinder-1089 cm³-Reihenmotor. Das Werk nannte sich jetzt „Neckar Automobilwerk AG“. Bekannt war der „Neckar Special“, ein attraktiver und dennoch robuster Vierzylinder-Wagen mit vier Türen. Etwa 1967 gab man den „Neckar“-Automobilbau wieder auf. Das letzte Modell war der „Jagst 770“.

Neben dem Schriftzug „Neckar“ gab es auch eine Schrift in Druckbuchstaben, eingefügt in ein Querrechteck mit gewölbter Ober- und Unterseite. Ein weiteres Emblem für den „Neckar-Puch 650 Spider“ von 1965 zeigte den Markennamen „Neckar“ und das „Puch“-Wappen. Ⓝ

D 1959 – etwa 1967

NESSELSDORF

In der „Kaiserlich-Königlichen Wagenfabrik vorm. Schustala & Co.“ in Nesselsdorf entstand in einer Zeit, als dieser Landstrich noch zur österreich-ungarischen Monarchie gehörte, der Prototyp eines Motorwagens mit deutschem Zweizylinder-„Benz“-Motor. Das „Präsident“ genannte Fahrzeug, an dessen Entstehung der Flugingenieur Edmund Rumpler („Rumpler“-Tropfenauto) mitgearbeitet hatte, war der Grundstein des „Nesselsdorf“-, später „Tatra“-Automobilbaus. Aus diesem Unternehmen entstand die „Nesselsdorfer Wagenbau-Fabriks-Gesellschaft, vormals Wagenfabrik Ignaz Schustala & Co.“. Hans Ledwinka machte sich bald einen guten Namen für seine Automobil- und Motorkonstruktionen. Nach Ende des Ersten Weltkriegs wurde die aus Nesselsdorf Koprivnice, die dort hergestellten Automobile wurden nun unter dem neuen Markennamen „Tatra“ vertrieben.

Die Firma „Nesselsdorfer“ führte ein Doppeladler-Wappen mit den Initialen „N“ und „W“ für „Nesselsdorfer Wagenbau“ und den Firmennamen „Nesselsdorfer“. Ein eigenes Emblem mit einigen Verzierungen besaß der „Präsident“-Motorwagen.

A/CS 1897 – 1920

NEW HUDSON

Bereits 1890 begann die Firma „Hudson & Edmunds“ in Birmingham/England mit der Fertigung von „Hudson“-Fahrrädern. Kurze Zeit später schlossen sich die Firmen „Armstrong“, ein Radnabengetriebe-Lieferant, und „Hudson“ zur neuen Gesellschaft „New Hudson Cycle Co. Ltd“ zusammen. Von 1909 bis 1957 fertigte „Hudson“ gleichnamige Motorräder, von 1912 bis 1924 auch einige Automobile dieses Markennamens. Diese wurden als Zweisitzer angeboten und besaßen neben motorradähnlichen Drahtspeichenrädern auch Radschutzbleche, die als Kotflügel fungierten. Als Antrieb diente ein Einzylinder-4,5 PS-Motor mit einem Planetengetriebe. Nach dem Ersten Weltkrieg kam es zur Herstellung eines Dreirad-Wagens mit einem Zweizylinder-„MAG“-Motor von etwa 9 PS. 1924 wurde der „New Hudson“-Autobau zugunsten der Motorräder wieder aufgegeben.

Bekannt ist ein rundes „New Hudson“-Emblem, das die Firmenbezeichnung „New Hudson Limited“, den Fabriknamen „St. George's Works“, den Produktionsort „Birmingham“, eine stilisierte fünfzackige Krone sowie einen Arm mit einer Art Streitaxt zeigte. Ⓑ

GB 1912 – 1924

NG

1978 gründete Nick C. Green seine Firma „NCG Design Ltd“ in New Milton, Hampshire/England, die in den 80er-Jahren unter der Bezeichnung „NG Cars Ltd“ einen bedeutenden Aufschwung erlebte. Erster Entwurf war ein Gran Tourisme-Coupé mit in der Mitte montiertem V-Achtzylinder-3,5-Liter-„Rover“-Motor. Dieses Fahrzeug ging jedoch nicht in Serie. 1979 folgte eine einfachere Version, die die Bezeichnung „NG TA“ erhielt. Es war ein offener viersitziger Sportwagen, der seine Linie nach den bekannten 1930er-„Aston Martin“-Fahrzeugen und eine Fiberglas-Karosserie erhielt. Ein NG-Modell löste das andere ab. Im März 1991 ging die Produktion der englischen Automobile in die Hände der Firma „GTM Cars Ltd“ über, die nun die Herstellung fortführte. 1992 bot deren Tochterfirma „NG Cars Ltd“ die Modelle „TA“, „TC“, „TD“ und „TF“ an.

Die Firma „NG“ verwendete für ihre Fahrzeuge ein ähnliches Markenemblem wie die Sportwagenmarke „MG“. Doch statt des MG-Achtecks benutzte NG ein Sechseck, in dem Initialen „N“ und „G“ für „Nick Green“ miteinander verschlungen sind. Ⓝ

GB 1978 – etwa 1991

NIESNER

NIESNER

1900 gründete der Maschinenbauer und Mechaniker Josef Niesner in Wien eine Maschinenbaufirma, die sich ab 1905 als „Josef Niesner, Mechanische Werkstätte“ auf die Herstellung von Motorrädern mit dem Markennamen „Niesner“ spezialisierte. Bis 1911 waren seine Motorräder im Produktionsprogramm, drei Jahre später mußte der Niesner-Motorradbau endgültig eingestellt werden. Bereits 1900 hatte Josef Niesner vereinzelt aber auch einfache Voituretten mit Zweizylinder-Motoren gebaut. Diese Fahrzeuge konnten sich jedoch nicht durchsetzen und verschwanden bald wieder vom Markt. Mit seinen Qualitätsmotorrädern hingegen konnte sich Niesner einen Namen machen.

Bei „Niesner“ verwendete man einen schön gestylten Druckbuchstaben-Schriftzug.

A 1900

Bei „Fiat" wurden in den zwanziger Jahren nicht nur hervorragende Personenwagen, sondern auch leistungsstarke Rennwagen gebaut. Charakteristisch für diese Fahrzeuge war auch die gezeigte Kühlerform. Die FIAT-Druckbuchstaben wurden bis in die späten dreißiger Jahre hinein mit einigen kleinen graphischen Änderungen verwendet.

Der legendäre Markenname „Bugatti" steht für ebenso schnelle wie formschöne französische Rennwagen aus der ersten Hälfte unseres Jahrhunderts (1909–1956). Charakteristisch war die Hufeisenform des Kühlers, die die meisten Fahrzeuge aufwiesen.

Der englische „Austin-Healey" war einer der beliebtesten Sportwagen seiner Zeit. Neben dem Modell „3000" ist auch der hier gezeigte Typ „100 Six" – erstmals vorgestellt im März 1956 – ein Verkaufsrenner geworden. Beim Typ „100 Six" war die Modellbezeichnung im Kühlergrill angebracht.

NIMROD; ASTON MARTIN-NIMROD

GB 1980er

Der Markenname „Aston Martin“ war seit den Anfängen der Gesellschaft mit Autorennen verbunden. Erst als David Brown sich 1963 zurückgezogen hatte, war man aus dem Renngeschäft ausgestiegen – vor allem aber wegen der steil ansteigenden Kosten. 1982 wollte sich die Gesellschaft in diesem Bereich wieder der Konkurrenz stellen und verband sich deshalb mit der englischen Firma „Nimrod Racing Automobiles“. Dieser kleine Gesellschafter-Konzern war gegründet worden, um an den Welt-Ausdauerrennen teilzunehmen. „Aston Martin“ war Dienstleister für „Nimrod“ und lieferte die benötigten Rennmotoren. Von „Nimrod“ kam der Rest. Schon am Ende des ersten Jahres ihrer Teilnahme belegte ein Nimrod in Privatbesitz den 3. Platz in der Ausscheidung und damit den 7. Platz in der Gesamtklassifizierung von Le Mans/Frankreich.

Der Name „Nimrod“ (Urenkel des Noah) heißt übersetzt in etwa „Großer Jäger“. Von daher läßt sich auch das Markenzeichen besser verstehen, das vermutlich den Helm eines Jägers darstellte. Es zeigt auch den Firmennamen „Nimrod Racing Automobiles“.

NISSAN

J 1937–1943; 1960 – heute

Die Geschichte des „Nissan“-Konzerns begann 1912 mit der Gründung der „Kwaishinsha Motor Car Works“, die nach mehreren Firmenumwandlungen 1937 als „Nissan Motor Co.“ neu gegründet wurde. Vorher waren die Initialen der drei Gründer, der Ingenieure Den, Aoyama und Takeuchi – „DAT“ abgekurzt –, zur Markenbezeichnung der ab 1930 neugebauten Wagen geworden: Zunächst führte man den Namen „Datson“, „Sohn von DAT“, ein und 1932 in Anlehnung an Japans Sonne die Bezeichnung „Datsun“. Aus dem Datsun wurde 1937 durch Fusion mit dem „Jidosha Seizo“-Konzern der „Nissan“ geboren, ein Sechszylinder-Wagen nach Vorbild des amerikanischen „Graham-Paige“. Einige Typen des Datsun/Nissan-Programms liefen schon in den 50er- bis 70er-Jahren konsequent unter „Nissan“, ab 1984 wurde die Markenbezeichnung vereinheitlicht.

Nissan fuhrte ein ahnliches Markenzeichen wie damals Datsun: im Hintergrund die rote japanische Sonne, im Vordergrund ein blaues Querrechteck mit abgerundeten Ecken und dem integrierten Markennamen „Nissan“. Inzwischen gibt es ein verchromtes Markenzeichen. Ⓝ Ⓑ Ⓚ Ⓟ

NORTHERN

USA 1902–1909

1902 begann die „Northern Manufacturing Co.“ in Detroit, Michigan/USA, die bis 1905 unter diesem Namen firmierte, mit dem Bau von Automobilen, die den Markennamen „Northern „ erhielten. Das Unternehmen wurde von zwei ehemaligen Ingenieuren der Automobilfirma „Oldsmobile“ gegründet, nämlich J. D. Maxwell und Charles B. King, der übrigens auch die bekannten „King“-Automobile ins Leben gerufen hatte. Der erste Northern wurde aus diesem Grunde auf der Linie des „Oldsmobile“ gebaut und war ein echter „Gasbuggy“, ein hochrädriger Wagen mit Benzinmotor. Das Fahrzeug erhielt einen Ein- bzw. Zweizylinder-Motor. 1904 folgte der Typ „Silent Northern“, ein Einzylinder-Zweisitzer-Runabout, der sehr populär wurde. 1909 stellte die Firma die Produktion ein; sie wurde von „EMF“ erworben, wo bis 1912 Automobile dieser Bezeichnung gefertigt wurden.

Im runden Markenzeichen des „Northern“ waren ein Adler mit ausgebreiteten Schwingen, der Firmenname wie auch der Herstellerort „Detroit, Michigan/USA“, untergebracht. Der abgebildete Schriftzug „Northern“ stammt aus einem Werbesprospekt.

NOVA

GB 1971 – etwa 80er

1971 begann die „Automotive Design and Development Ltd“, kurz „ADD“, mit Sitz in Wollston, Southampton/England, ein Glasfiber-Coupé herzustellen, das dem italienischen „Lamborghini Miura“ ähnlich war und den Namen „Nova“ trug. Zunächst war der Supersportwagen auch unter der Bezeichnung „ADD“ bekannt geworden. Richard Oakes versah den „Nova“ mit einem „Volkswagen Käfer“-Fahrgestell. 1978 wurde der „Nova“ unter der Bezeichnung „The Nova Shop“ in Cricklade, Wiltshire/England, weitergebaut. Die Produktion war unbedeutend, und erst mit der neuen „Nova Cars Ltd“, die im selben Jahr gegründet wurde, begann der Nova-Automobilbau richtig. Der Wagen war u. a. auch als Coupé mit hochklappbarem Dach und Vierzylinder-„Volkswagen“-Boxermotor erhältlich. Etwa 1985 wurde der Firmenname wiederum in „Nova Sports Car Ltd“ geändert.

Der Markenname „Nova“ bedeutet „neu“. Die Firma betrachtete ihr Fahrzeug gleichsam als „neu aufleuchtenden Stern“. Man führte u. a. den modern gestylten Druckbuchstaben-Schriftzug „Nova“.

NSU

D 1905–1977

„NSU“, 1880 für den Bau von Strickmaschinen gegründet, kam 1897 als „Neckarsulmer Fahrradfabrik“ auf zwei Räder. 1901 folgten die ersten Motorräder. Die Bezeichnung „NSU“ wurde bald darauf für die ersten Automobile dieser Firma verwendet. Seit 1905 enstanden die NSU-Automobile in einer Heilbronner Fabrik. Diese wurde 1929 mitsamt dem Namensrecht an Fiat in Turin/Italien verkauft und für die Montageproduktion unter dem Markenzeichen „NSU-Fiat“ umfunktioniert. Zum großen Motorradhersteller entwickelte sich NSU in den 50er-Jahren, doch 1958 zwang die allgemeine Zweiradkrise zum Bau von Kleinwagen. Der 1958 gebaute „NSU Prinz“ wurde zum Erfolg. 1967 stellte man den „NSU RO 80“ mit „Wankel“-Motor vor, dem der „K 70“ mit üblichem Motor zur Seite gestellt wurde. Später ging NSU in Audi auf.

Das Markenzeichen der Neckarsulmer Fabrik war stets im Wandel begriffen, hier einige Andeutungen dazu: Emblem des „NSU Prinz – Wappen der Stadt Neckarsulm“; viereckiges NSU-Emblem – Vorbild das DB-Zeichen der Deutschen Bundesbahn usw. Ⓝ Ⓑ Ⓚ

NSU-FIAT

D/I 1932–1967/68

Vom Fahrrad- und Motorradbau her hatten die „NSU-Werke“ bereits einen ausgezeichneten Ruf, als man 1905 ins Autogeschäft einstieg. Nach Modellen eigener Konstruktion hatte man 1929 den Pkw-Bau zugunsten der Motorradherstellung zunächst eingestellt, da die Firma in finanzielle Schwierigkeiten geraten war. NSU wurde aber durch eine Bankhilfe saniert, und Fiat/Turin übernahm die Fertigungsanlage in Heilbronn. Ab 1932 wurden hier italienische Fiat-Automobile unter der neuen Bezeichnung „NSU-Fiat“ gebaut, unter denen auch eine Reihe in Italien populärer Fahrzeuge („500“, „1000“, „1100“) waren. Auch nach dem Krieg wurden die Wagen der „Deutschen Fiat AG“ noch als „NSU-Fiat“ geführt, ehe sie ab 1967/68 auch auf dem deutschen Markt unter dem Namen „Fiat“ angeboten wurden (s. „Neckar“).

Markenzeichen von NSU-Fiat war ein senkrecht gestelltes Rechteck, oben konvex, unten konkav gewölbt und von rechts oben nach links unten unterteilt. Im ersten Segment zeigte man den Markennamen „NSU“, im zweiten den Markennamen „Fiat“. Ⓝ Ⓑ Ⓚ

NUFMOBIL

Die Firma „Neumann & Fischer“ in Freiberg/Sachsen, die bereits 1898 gegründet wurde, baute 1924 dreirädrige offene und zweisitzige Kleinwagen mit dem Markennamen „Nufmobil“. Das ehemalige „Nufmobil“ besaß einen 0,7-Steuer-PS starken Motor, der seinen Platz hinter dem Vorderrad hatte. Das „Nufmobil“ konnte ohne Fahrerlaubnis und Zulassung gefahren werden. Auch eine Kfz-Steuer fiel nicht an.

D 1924

Der hier abgebildete Schriftzug „Nufmobil“ stammt aus einem Werbeprospekt der Firma „Neumann & Fischer“. Es ist zu vermuten, daß dieser Schriftzug auch am „Nufmobil“ zur Verwendung kam.

NUG

Die „NUG-Kraftfahrzeugwerke Niebaum, van Horn & Co.“ in Hannover ließen in einem mechanischen Betrieb in Herford von 1921 bis 1925 einen kleinen Vierzylinder-960 cm^3-18 PS-„NUG“-Motorwagen mit Spitzkühler herstellen. Dieser sportliche Zweisitzer benötigte dank seiner extrem schmalen Spur kein Differential. Die Rahmenfunktion übernahmen zwei überlange Längsblattfedern mit Traversen für die Motorlagerung. Bekannt ist nur der NUG-Typ „T“ von 1923. Es gab offene und geschlossene NUG-Versionen mit v-förmigen Kühlern und Drahtspeichenrädern. Das Fabrikat hat keine größere Verbreitung gefunden. Die Firma war vor allem als Hersteller von Gasgeneratoren bekannt.

D 1921–1925

Fahrzeuge dieser Marke trugen ein rundes Markenemblem mit der Bezeichnung „NUG“.

Ⓝ

NWF

Im Oktober 1946 wurde die Firma „Nordwestdeutsche Fahrzeugbau GmbH“ (NWF) auf dem Gelände eines ehemaligen Marine-Artillerie-Arsenals in Wilhelmshaven-Mariensiel gegründet. Nach Fertigung von Anhängern ging man zum Bau von Omnibusaufbauten u. a. für die deutschen Marken „Borgward“, „Ford“ und „Krauss-Maffei“ über. 1952 und 1953 hatte das NWF-Karosserieunternehmen auch Dreiachs-Doppeldeckeromnibusse gebaut. Nachdem der NWF-Omnibuskarosseriebau mehr schlecht als recht lief, bewarb sich die Firma als Lizenznehmer des deutschen „Fuldamobil“-Kleinwagens, der in Fulda produziert wurde. 1954/55 wurde daher das „Fuldamobil“ unter der Bezeichnung „NWF 200“ von der Wilhelmshavener Firma hergestellt. Man zog sogar eine regelrechte zweite Produktionslinie auf, doch 1955 mußte NWF Konkurs anmelden.

D 1954 – 1955

Die „Nordwestdeutsche Fahrzeugbau GmbH“ verwendete ein fünfeckiges Markenzeichen, das unten sehr spitz zulief. Im oberen Teil zeigte man die Initalen „N“ und „W“, unten den Buchstaben „F“.

Ⓝ

NYSA

Bevor in Nysa/Polen 1958 die Kleintransporterproduktion begann, hatte man in der „Zaklady Budowy Nadwozi Samochodowych“ Zulieferteile und Aufbauten für die Lastwagen „Star“ und „Lublin“ gefertigt. Dabei wurde auf Hauptbaugruppen des „Warszawa“ zurückgegriffen. Ursprünglich hatten aber die Kleintransporter „Zuk“ und „Nysa“ verschieden gestaltete Bodengruppen. Die seit 1958 entstandenen Kleinbusse und Lieferwagen mit Vierzylinder-2,1-Liter-Motoren wurden in Zusammenarbeit mit „Warszawa“ gebaut. Bekannt war der Kleinbus-Prototyp „Nysa N 57“ („Nysa“ Baujahr 1957). Die Rahmenkonstruktion auf einem steifen Gestell ermöglichte die schnelle Fertigung anderer Aufbau-Varianten. Der Prototyp besaß acht Plätze. Es folgten die Typen „N 59“ und „Nysa 501“. Dann gab es den „521“ und 1977 den „Nysa 522“ mit „Polski-Fiat“-Baugruppen.

PL 1957 – etwa 70er

Der Markenname Nysa leitete sich vom Herstellerort Nysa in Polen ab. Verwendet wurde ein rundes Emblem, das diesen Markennamen zeigte. Daneben gab es ein rundes Zeichen mit einer Art „Beflügelung“.

Ⓝ

OAKLAND

Die Marke „Oakland“ bestand von 1907 bis 1931. Ursprünglich wurden die Fahrzeuge von der „Pontiac Buggy Co.“ des Edward M. Murphy hergestellt. Bereits 1906 wurde die „Oakland Motor Car Co.“ in Pontiac, Michigan/USA, von „Cadillac“-Konstrukteur Alanson P. Brush und Murphy gegründet. 1907 baute man den ersten „Oakland“-Motorwagen mit Zweizylinder-2,5-Liter-20 PS-Motor. 1909 wurde „Oakland“ von „General Motors“ aufgekauft, 1913 stellte man den ersten Sechszylinder-Wagen her. Nach weiteren Modellen gab es von 1913 bis 1923 nur den Sechszylinder-ohv-Typ. 1926 wurde der erste „Pontiac“ hergestellt, der durch den niedrigeren Kaufpreis den früheren „Oakland“ langsam verdrängte. 1930 gab es noch eine Achtyzlinder-„Oakland“-Version auf Basis eines „Oldsmobile“-Modells, ein Jahr später wurde die Produktion eingestellt.

USA 1907–1931

Der Markenname „Oakland“ („Eichenland“) wurde an den früheren Fahrzeugen quer über dem Kühler angebracht. Spätere Versionen zeigten ein Queroval mit dem Markennamen. Es gab aber auch ein schildartiges Emblem mit Längsstreifen und dem schrägstehenden Markennamen. Ⓝ Ⓑ Ⓚ

ÖAF; GRÄF & STIFT

Im Jahr 1938 wurde das Aktienpaket der „Österreichischen Automobilfabrik AG, vormals Austro-Fiat“ vom italienischen Fiat-Konzern an die deutsche „Maschinenfabrik Augsburg-Nürnberg“ (MAN)“ verkauft. Das österreichische Unternehmen in Wien-Florisdorf hatte seit 1947 die Produktion in bescheidenem Umfang wieder aufgenommen, und 1947 konnte der 100. Lastkraftwagen auf der Wiener Frühjahrsmesse vorgestellt werden. Nach der weiteren leistungsstarken Versionen erfolgte 1971 der Zusammenschluß der „Österreichischen Automobilfabrik AG“ mit der Firma „Gräf & Stift AG“ zur neuen „ÖAF-Gräf & Stift“. „Gräf & Stift“ hatte bereits 1907 bis 1938 erfolgreich Automobile dieses Markennamens hergestellt. Bis heute ist ÖAF als Hersteller von Omnibussen und Lastkraftwagen auf dem österreichischen Markt vertreten.

A 1947 – heute

Die ÖAF – für „Österreichische Automobilfabrik“ – verwendete etwa ab 1947 ein rundes Emblem, das in einem Ring die Firmenbezeichnung und im Innern des Ringes die Initialen „A“ und „F“ zeigte.

Ⓝ Ⓑ Ⓚ

OGLE

GB 1961–1964

Der Industriedesigner David Ogle gründete 1954 eine eigene Firma und war eng mit dem Automobil verbunden. Er entwarf 1959 auf der Basis des „Riley"-Typs „1,5 litre" den ersten „Ogle". Ein Jahr später zog er mit seiner Firma nach Letchworth, Hertfordshire/England, um. 1961 wurde diese in „David Ogle Ltd" umgewandelt, und im gleichen Jahr erfolgte der Bau eines Grand Turismo-Wagens mit 1,5-Liter-„Riley"-Motor. 1962 erschien das „Ogle Mini"-Coupé mit Kunststoff-Karosserie, das später als „Ogle SX 1000" bekannt wurde. Als Antrieb diente ein „BMC Mini"-Motor. Im Alter von 40 Jahren kam Ogle 1962 bei einem Autounfall mit der Rennversion des „SX 1000", dem „Lightweight GT", ums Leben. Die Herstellungsrechte des „Ogle Lightweight GT" gingen an Norman Fletcher über, der dann Fahrzeuge des Namens „Fletcher GT" ins Leben rief.

Ogle verwendete u. a. ein senkrecht stehendes Rechteck mit einem Fabeltier, das einem Einhorn ähnlich war. Unter dieser Abbildung stand der Markenname „Ogle". Ein weiteres Markenzeichen zeigte den kleingeschriebenen Schriftzug „ogle" in Weiß auf gelbem Untergrund.

OHIO

USA 1910 – 1918

Bereits im September 1909 kam es in Toledo, Ohio/USA, zur Gründung der Firma „Ohio Electric Car Company". Stammkapital waren etwa 75000 US-Dollar. Zu den Gründern zählten Henry P. Dodge, Rathbun Fuller, Henry E. Marvin, James Brown Bell und Robert E. Lee. In den Jahren 1910 bis 1918 wurden Automobile gebaut, die den Markennamen „Ohio" erhielten. Die Elektroautomobile besaßen ein amerikanisches „Crocker-Wheeler"-Antriebsaggregat, eine Grifflenkung und Luftbereifung. Vier geschlossene Ausführungen wurden von der Firma „Ohio Electric Car Company" angeboten, die im Jahr 1918 den Elektromobilbau wieder einstellte.

Als Markenzeichen verwendete die amerikanische Firma ein Sechseck, in das der Markenname „Ohio" eingefügt war.

OLDSMOBILE

USA 1896 – heute

Ransom Eli Olds wurde am 3. Juni 1864 geboren. 1886/87 hatte er seinen ersten, noch mit Dampf angetriebenen Kraftwagen gebaut. 1891, nachdem er ein solches Modell bis nach Bombay/Indien verkaufen konnte, war für ihn der Weg in die Automobilindustrie offen. Im Jahre 1897 gründete er die „Olds Motor Vehicle Co." in Lansing, Michigan/USA. Nach der Herstellung zahlreicher Fahrzeuge wurde das Werk 1901 fast vollständig durch einen Brand vernichtet. Nur ein kleiner Einzylinder-Wagen mit gewölbtem Bugschild („Curved Dash") blieb übrig, der zum Vorbild vieler neuer Konstruktionen wurde. 1904 verließ Olds sein Werk und errichtete die neue Firma „REO". 1908 ging „Oldsmobile" an „General Motors", wo noch im gleichen Jahr Sechszylinder-Typen entstanden. „Oldsmobile" wurde zu einer führenden Marke dieses Konzerns, und bis heute gibt es Luxusversionen.

Das „Oldsmobile"-Emblem kam 1900 heraus und zeigte die Firmenbezeichnung und den Herstellerort. Über dem rotgoldenen Wappen liegt eine Schriftrolle mit dem Markennamen.

Ⓝ Ⓑ Ⓚ Ⓟ

OLTCIT; CITROËN

R 1981 – heute

Im Dezember 1976 kam es zwischen Citroën und zwei verstaatlichten rumänischen Gesellschaften zu einem Kooperationsvertrag. Die französisch-rumänische Gesellschaft „Oltcit S.A." in Craiova Cod/Rumänien wurde gegründet, in der „Citroën" 1985/86 einen Aktienteil von 36 Prozent hielt. „Oltcit" begann ein wirtschaftliches Automobil mit gleichem Markennamen zu produzieren, das speziell in Frankreich entwickelt wurde. Das Fahrzeug wurde im Oktober 1981 auf der Internationalen Messe in Bukarest vorgestellt. Es handelte sich um eine Limousine, die wahlweise von Motoren der Citroën-Modelle „LNA" und „GSA" angetrieben wurde. 1983 entstanden die Modelle „Oltcit Spezial" und „Club". Geplant war eine Verlängerung des Kooperationsvertrags zwischen der „Oltcit S.A." und „Citroën", der 1992 auslief.

Das Markenzeichen des rumänischen „Oltcit" setzt sich aus dem halbierten Citroën-Firmenzeichen zusammen, um das sich ein „O" für „Oltcit" schlingt. Mit diesem Emblem kommen die rumänischen Automobile seit 1987 in größeren Stückzahlen auch in Tschechien in den Handel. Ⓑ

OM

I 1918 – 1933

Viele Fusionen und Zusammenschlüsse ebneten den Weg für die berühmte Marke „OM" („Officine Meccaniche"). Die im Lokomotivenbau seit 1899 tätige Firma in Brescia/Italien erwarb sich einen Namen für ihre Tourenwagen und Roadster. Erst mit der Übernahme von „Züst" („Brixia-Züst") 1918 wurde OM eine Automobilmarke, obwohl man zunächst nur den „Brixia-Züst" mit Vierzylinder-25/35 PS-Motor fertigte. Parallel dazu wurden aber auch sportliche Vier- und Sechszylinder-Versionen, auch Rennfahrzeuge, hergestellt. Später setzte man auf Nutzfahrzeuge, zumal ein unter schweizerischer „Saurer"-Lizenz gefertigter Diesel sehr erfolgreich war. Ab 1930 kam das Ende des OM-Personenwagenbaus, drei Jahre später ging die Firma im Fiat-Konzern auf und verband sich Jahrzente danach mit dem „IVECO"-Nutzfahrzeugverbund.

Die italienischen OM-Fahrzeuge zeigten ein Queroval mit den Initialen „OM" für „Officine Meccaniche" auf blauem Untergrund.

Ⓝ Ⓑ Ⓚ

OMÉGA; OMÉGA-SIX

F 1922 – 1930

Die „Automobiles Oméga-Six" in Boulogne-sur-Seine/Frankreich stellte in den Jahren 1922 bis 1930 hochklassige und elegante Sportwagen her. 1922 wurde ein „Oméga-Six" erstmals auf dem Pariser Automobil Salon vorgestellt. Er besaß einen Sechszylinder-2,0-Liter-11 CV-Motor und ein Dreigang-Getriebe. Hervorragende Konstrukteure wie Ernest Henry und Gadoux, der auch Motoren entwickelte, erbrachten erstaunliche Leistungen bei der Konstruktion des Sportwagens, der auch nur als „Oméga" bekannt wurde. Es gab Versionen mit 2915 cm^3- sowie mit 1991 cm^3-Hubraum. Spätere Typen hatte man mit 3,0-Liter-Motoren und Viergang-Getriebe versehen. Aus finanziellen Gründen blieb es vornehmlich Privatfahrern vorbehalten, den französischen „Omega-Six" bei Rennen zu lenken; auch wurden nur wenige Automobile dieser französischen Marke hergestellt.

Der Markenname „Oméga-Six" wurde zur Unterscheidung zu „Oméga" gewählt. „Six" steht für die Sechszylinder-Motoren aller Modelle. Als Markenzeichen wählte man ein Queroval, das beidseitig spitz zulief und den Markennamen „Omega-Six" in leicht variierten Schriftarten aufwies.

OPEL

Die Opel-Firmengeschichte begann mit Adam Opel, der in einem nicht mehr genutzten Kuhstall die Fabrikation von Nähmaschinen eigener Konstruktion betrieb. 1862 wurde der Grundstein für die Firma gelegt, 1887 entstanden die ersten Fahrräder und Jahrzehnte später auch Motorräder. 1898 folgte der erste Opel-Motorwagen, noch als „Opel-Lutzmann" bezeichnet. Mit dem Lizenzwagen des französischen „Darracq", den man im Original aus Frankreich überführte, entstand die Basis für alle späteren Opel-Automobile. Bemerkenswert war der grünlackierte „Opel Laubfrosch" von 1924 mit 4/12 PS-Motor. Man baute im Laufe der Jahrzehnte Zwei-, Vier-, Sechs- und Achtzylinder-Versionen. Schon 1928 kam Opel zu „General Motors". Nach der Öffnung der Mauer 1990 konnte man als „Opel/AWE Pkw GmbH" auch in den Osten Deutschlands expandieren.

Das rote Opel-Markenzeichen geht auf das Jahr 1899 zurück. Das erste Emblem zeigte die Schrift Motorwagenfabrik – Rüsselsheim. Und der „Opel Omega" der 80er-Jahre zeigte auf der Motorhaube eine runde Plakette mit dem berühmten, inzwischen stilisierten „Opel-Blitz". Ⓝ Ⓑ Ⓚ Ⓟ

D 1898 – heute

ORIA; SIAL; LENTZ

Am 5. Juli 1906 wurde in Mailand die Firma „Società Italiana Automobili Lentz", kurz „SIAL" genannt, gegründet. Bei diesem italienischen Unternehmen wurden Automobile unter des Markennamens „Oria" unter Verwendung von unbekannten Patenten hergestellt. Der italienische „Oria" wurde aber auch als „Lentz" recht bekannt. Die SIAL stellte im Jahr 1907 auf dem Mailänder Automobil Salon konventionelle Vierzylinder-14/16 PS- sowie 20/24 PS-Motorwagen mit Kardanantrieb aus. Bereits ein Jahr später wurde der Automobilbau wieder aufgegeben.

Die Firma führte verschiedene Markenzeichen. Der hier abgebildete Schriftzug stammt von einem Kühler dieser Fahrzeuge und füllte dessen gesamte Fläche aus.

I 1906 – 1907

ORION

Der Schweizer Alfred Zürcher und sein Freund Huber gründeten 1898 eine mechanische Werkstätte in Zürich-Hottingen. Zürcher, der seine technischen Erfahrungen bei der Schweizer Waffen- und Automobilfabrik Martini in Frauenfeld/Schweiz sammeln konnte, wurde von Huber unterstützt. Im Juni 1900 gründeten die beiden die „Zürcher & Huber, Automobilfabrik Orion". In diesem Unternehmen baute man „Orion" genannte Motorwagen mit wassergekühlten Einzylinder-Motoren und vis-à-vis-Aufbau. Im gleichen Jahr konstruierte Zürcher auch einen Einzylinder-Lastwagen. 1903 begann man auch mit dem Import des amerikanischen „Oldsmobile Curved Dash", ein Jahr später wurde die Firma in eine AG umgewandelt. 1910 wurde der Orion-Personen- und Lastwagenbau eingestellt. 1918 kam es mit „Mathis" in Frankreich zu einer Zusammenarbeit.

Die Messingplakette mit integriertem Markennamen „Fabrique d'Automobiles – Orion – S.A." und Herstellerort „Zürich" stammt von einem 1903er-Lastkraftwagen mit Holzaufbau, der im Verkehrshaus in Luzern bewundert werden kann.

CH 1900 – 1910

ORIX

1952 entwickelte der einfallsreiche spanische Mechaniker Don Juan Ramirez aus Barcelona den Prototypen eines Automobils namens „Orix". Die Entwicklungsdauer für diesen Wagen soll vier Jahre beansprucht haben, wobei Ramirez sich hinsichtlich des Motors eng an den deutschen „BMW"-Boxermotor anlehnte. 1954 wurde der Wagen auf der Internationalen Messe von Barcelona ausgestellt. Den „Orix", der in etwa zwölf verschiedenen Ausführungen in Prototypen-Form gebaut wurde, hatte man u. a. als zweitürigen Viersitzer angeboten. Er besaß kleine Fenster und eine recht ansprechende glattflächige Karosserie. Als Antrieb diente ein luftgekühlter Zweizylinder-610 cm^3-27 PS-Motor. Es wurde auch vermutet, daß es sich bei diesem Motor um ein nachgebautes „Panhard Dyna"-Triebwerk handelte. Von 1952 bis 1954 wurden rund ein Dutzend Fahrzeuge gebaut.

„Orix" ist der Name einer sehr seltenen und flinken afrikanischen Gazelle. Als Markenemblem verwendete man vermutlich lediglich den Druckbuchstaben-Schriftzug „Orix".

E 1952 – 1954

ORYX; BMF; TEMPELHOF

Vor 1907 wurden bereits bei der Firma „Gottschalk" Fahrzeuge der Bezeichnung „BMF" („Berliner Motorwagen Fabrik") gebaut. Gottschalk fertigte vor allem Lieferwagen und Taximeter. Schon 1898 war das ab 1900 als „BMF" in Berlin-Tempelhof firmierende Unternehmen gegründet worden. Es gab auch eine Reihe von Fahrzeugen mit dem Markennamen „Tempelhof". Im Jahr 1907 konstruierte Willy Seck dann für die Firma „Bergmann" einen Motorwagen, der als „Oryx" bekannt wurde. Er besaß einen Vierzylinder-1,6-Liter-Motor und Planetengetriebe. Der Wagen war schlecht verkäuflich, und es folgten stärkere Versionen mit konventionellem Dreiganggetriebe. Im November 1911 ging die Firma an die „Dürkopp-Werke AG" in Bielefeld über, wo 1922/23 die letzten Fahrzeuge unter ursprünglichem Markennamen vertrieben wurden.

Der Name „Oryx" kommt aus dem Lateinischen und bedeutet „wilde Ziege" oder „Gazelle". Ein Markenemblem der deutschen „Oryx"-Automobile zeigte z. B. ein gewölbtes Queroval, das den Markennamen trug. Ⓑ

D 1907 – 1922

OSCA; MASERATI

Nachdem die Brüder Ernesto, Ettore und Bindo Maserati 1938 ihre bereits 1914 in Bologna/Italien gegründete und 1926 in „Officine Alfieri Maserati S.p.A." umgewandelte Firma an den italienischen „Orsi"-Konzern veräußert hatten, gründeten sie 1947 eine neue Firma mit dem Namen „Officine Specializzata Costruzioni Automobili" (OSCA) in Bologna. Diese neue Firma baute „OSCA" genannte Rennsport- und GT-Versionen mit kleinen Motoren bis zu 2,0-Liter Hubraum, wobei besonders die ab 1960 gefertigten Rohrrahmen-Coupés mit Aufbauten von „Michelotti" oder „Zagato" aus Italien ausgezeichnete Wagen darstellten. 1967 verschwand die Marke von der Bildfläche des Rennsportmarkts, wobei der Betrieb schon vier Jahre vorher von der Motorradfirma „MV Agusta" übernommen worden war. Die letzten OSCA-Renner besaßen V-Vierzylinder-„Ford"-Aggregate.

Das weltberühmte Markenzeichen des italienischen OSCA war ein rundes Emblem mit dem Stadtwappen von Bologna, wobei die untere Hälfte des Zeichens die Inschrift „OSCA", die obere Hälfte die Inschrift „Fratelli Maserati Bologna" zeigte. Ⓚ

I 1947 – 1967

OSELLA; ABARTH; FONDMETAL

I 1971 – etwa 1991

Enzo Osella war einer der engsten Mitarbeiter von Carlo Abarth, der sich in Turin/Italien als Auspuffanlagen-Fabrikant, Tuner und Automobil-Konstrukteur einen Namen machte. Als 1971 Abarth sein Unternehmen an Fiat verkaufte, überließ er dem inzwischen 50jährigen Enzo Osella viele Rennwagen-Zubehörteile und verhalf ihm damit zu benötigtem Startkapital. Ebenfalls 1971 gründete Osella seine gleichnamige Firma und setzte bis 1972 die von Abarth übernommenen Wagen unter dem Namen „Osella-Abarth" ein, ehe er im Jahr darauf den ersten eigenständigen „Osella PA 1" an den Start brachte. Über den Eigenbau von Osella-Sportwagen und Formel-2 kam Osella um 1980 in die Formel-1-Szene. 11 Jahre später existierte noch das Osella-Formel-1-Team, welches seinen „Osella FA 1/ME" mit V-Achtzylinder-„Ford-Cosworth"-Motor zum Einsatz brachte.

Osella führte ein senkrecht gestelltes Rechteck mit abgerundeten Ecken und doppelter Innenumrandung, in dem der Markenname „Osella" in steilen Kleinbuchstaben enthalten war.

OTIS; SULTAN

USA 1909 – 1912

Vor über 135 Jahren gründete Elisha Graves Otis (1812–1861) in New York ein kleines Werk zur Herstellung von Lastenaufzügen, aus dem im Laufe der folgenden Jahre ein Weltunternehmen wurde. Der Markenname „Otis" steht heute wie damals für technologischen Vorsprung. Mehr als 1250000 Otis-Anlagen sind heute in Betrieb. Dieses Unternehmen ist nicht nur stolz auf die Gestaltung von Aufzugkabinen, sondern auch auf die harmonische Anpassung von Schachttüren und Portalen an die Gebäudearchitektur. Der Name „Otis" stand aber nicht nur für Aufzüge, sondern von etwa 1909 bis 1912 wurden bei der Firma auch Frontmotor-Automobile produziert, die den Markennamen „Sultan" trugen. Allerdings liegen keinerlei nähere technische Angaben vor.

Das Otis- bzw. Sultan-Automobil führte als Markenzeichen ein Emblem, das den Markennamen „Otis" auf einer Weltkugel darstellte. Heutige Produkte der Firma zeigen lediglich den Druckbuchstaben-Schriftzug „Otis".

O.T.T.O

F 1901–1914

Nicht nur Gustav Otto in Deutschland baute Automobile dieses Namens, sondern auch eine Firma in Paris, die den Namen „Société Générale des Voitures Automobiles Otto" trug. Einen weiteren „Otto"-Motorwagen gab es auch in den USA. In Frankreich kamen die Fahrzeuge ab 1901 als Zweizylinder-10 PS- und Vierzylinder-20 PS-Typ heraus. Sie erhielten einen Kettenantrieb. 1907 stellte das französische Unternehmen einen 30 CV-Typ auf dem „Salon de l'Automobile" vor. 1912 gab es sogar Sechszylinder-Ausführungen. Bekannt war hierbei ein Sechszylinder-18/24 PS-Wagen, der das Ende der Otto-Automobilproduktion im Jahr 1914 einleitete, dem Jahr, in dem auch der Erste Weltkrieg begann.

Die französische Firma führte u. a. einen „O.T.T.O"-Schriftzug auf dem Kühler, dessen Einzelbuchstaben durch einen Punkt voneinander getrennt waren.

OTTO

D 1923 – 1927

Gustav Otto, Sohn des für die Konstruktion seines Viertakt-Motors weltberühmt gewordenen Nikolaus August Otto (1832–1891), war vor dem Ersten Weltkrieg Inhaber einer Flugzeugfirma namens „Otto Werke GmbH" in München, die später von „BMW" übernommen wurde. Von 1923 bis 1927 wurden aber auch Automobile mit Markennamen „Otto" gebaut. Für den Vortrieb verwendete man einen Sechszylinder-Motor aus dem Flugzeugbau. Neben dem „Otto 27/85 PS"-Typ gab es auch eine „L 8" genannte Version mit kleinerem Achtzylinder-18/80 PS-Triebwerk und Öldruckbremse. Es ist bekannt, daß die „Otto-Automobilwerft GmbH" in Starnberg/Bayern das Fahrzeug baute, in dem man zu dritt vorne Platz nehmen konnte. Mit seinen Automobilen verdiente Gustav Otto indes weniger Geld als mit der erfolgreichen Fertigung des „Flottweg"-Leichtmotorrads.

Hauptsächlich als Kühlerfigur verwendet wurde ein Ring, in dem waagrecht der Markenname „Otto" in Druckbuchstaben zu lesen war. Ein wappenähnliches Emblem enthüllt den Markennamen als Schrägband.

Ⓚ

OVERLAND; WILLYS-OVERLAND

USA 1903 – 1929

Im Jahr 1903 wurde in Terre Haute, Indiana/USA, die Firma „Overland Automobile Co." gegründet, die im selben Jahr ihren ersten „Overland" genannten Personenwagen auf den Markt brachte. Zu dieser Firma gehörte auch das Unternehmen „Standard Wheel Co.", das für „Overland" Automobile baute. 1907 übernahm John North Willys „Overland". Seither gab es sowohl „Willys"- als auch „Overland"-Fahrzeuge aus dem gleichen Haus. 1908 wurde die neue Firma „Willys-Overland Co." und mit Sitz in Toledo, Ohio/USA, ins Leben gerufen. Bekannt war der „Overland Model 41" mit auf die Hinterachse wirkendem Planetengetriebe, der 1910 vorgestellt wurde. Von 1914 bis 1932 wurden neu hergestelllte Automobile mit „Knight"-Schiebermotor als „Willys-Knight" vertrieben, der Markenname „Overland" existierte allerdings nur von 1903 bis 1929, dann sah man von diesem Namen für immer ab.

Der Name „Overland" bezog sich auf die berühmten „Overland Stage Coaches" (Überland-Reisepostkutschen). Als Markenzeichen verwendete man zunächst den einfachen Schriftzug „Overland", später ein Queroval mit gleicher Schrift. Ⓝ Ⓚ

PACIFIC; PORTLAND

USA 1914

Die Firma „Portland Cyclecar Company" in Portland, Oregon/USA, stellte im Jahre 1914 ein zweisitziges Cyclecar unter dem Markennamen „Pacific" vor. In diesem Fahrzeug saß man in Tandem-Sitzanordnung hintereinander. Als Antrieb diente ein luftgekühltes V-Zweizylinder-1,1-Liter-13 PS-Zweitakt-Antriebsaggregat, kombiniert mit einer Planetenrad-Kraftübertragung und Riemenantrieb. Der Preis lag bei rund 395 US-Dollar. Das Modell sollte lediglich Vorläufertyp eines neu geplanten viersitzigen Motorwagens sein, der als „Portland" gebaut werden sollte. Es waren Lewis I. Thompson und C. J. McPherson, die hinter dem „Pacific"- bzw. „Portland"-Automobilprojekt standen. Allerdings blieb es lediglich bei dem Vorhaben: Noch im gleichen Jahr wurde der „Pacific"-Automobilbau wieder eingestellt.

Als Markenzeichen für den kurzlebigen „Pacific" verwendete die Firma ein rundes Emblem mit dem Markennamen „Pacific" in Druckbuchstabenform.

PEEL

GBM 1962 – 1967

Der „Peel" wurde 1962 bis 1967 in Peel, auf der Isle of Man in der Irischen See, hergestellt. Dieser Kleinwagen war ein dreirädriger Ein- oder Zweisitzer. Das Kleinstcoupé besaß einen 49 cm^3-4,2 PS-„DKW"-Mopedmotor, kombiniert mit einem Dreigang-Getriebe. Etwa 100 Exemplare des Peel-Kleinwagens wurden gefertigt. Das Unternehmen hatte auch Erfahrungen in der Verarbeitung von Glasfiber sammeln können: Für den englischen „Mini" der „British Motor Co." (BMC) stellte man Coupé-Karosserien aus Glasfiber-Material her. Später gab es bei der Firma „Peel Engineering Co. Ltd" auch ein Fahrzeug mit Elektromotor.

Der Markenname „Peel" ist der des Herstellerorts und bedeutet zudem „Schale", denn es wurden Kunststoff-Schalen für die Peel-Kleinwagen-Karosserie verwendet. Im runden Markenzeichen zeigte man den Dreifuß aus der Mythologie, eventuell auch ein Rad-Symbol.

PEERLESS

USA 1900 – 1931

„Peerless" galt neben den amerikanischen Marken „Packard" und „Pierce-Arrow" zu den „Drei großen P" des amerikanischen Automobilbaus. Der erste Peerless-Motorwagen wurde 1900 von einer Fahrrad- und Wäschetrocknerfirma in Cleveland, Ohio/USA, entwickelt, die schon 1869 ihre Geschäfte aufgenommen hatte. Als Hersteller wurde die „Peerless Manufacturing Co." genannt. Nach weiteren Typen folgte 1904 ein von Louis P. Mooers konstruierter Rennwagen. Bekannt ist auch der „Green Dragon" („Grüner Drache"), mit dem das Image der 1905 neu firmierten „Peerless Motor Car Co." steil anstieg. 1915 gab es die ersten V-Achtzylinder-Typen, und 1924 baute man Sechszylinder-Wagen. Graf Alexis de Sakhnoffsky wurde als Konstrukteur engagiert, doch auch er konnte 1931 den Untergang von Peerless nicht mehr verhindern.

Zunächst verwendete man den schrägstehenden Schriftzug „Peerless" auf den Kühlern. Später stieg man auf eine Kühlerplakette mit dem Markennamen um. Ein weiteres rundes Emblem war mit einem Schild und einem Adler sowie dem Markennamen „Peerless" versehen. Ⓝ Ⓚ

PEERLESS; WARWICK

GB 1957–1960

Der 1957 bis 1960 von der in Slough, Buckinghamshire/England, beheimateten Firma „Peerless Cars Ltd" hergestellte „Peerless"-Sportwagen war ein zweitüriges „GT"-Coupé, versehen mit einem 2,0-Liter-„Triumph TR 3"-Motor. Der Prototyp des „Peerless Gran Turismo"-Coupés mit 2,0-Liter-Aggregat wurde im Herbst 1957 erstmals auf dem Pariser Automobil Salon gezeigt. Von dem englischen Konstrukteur Bernard („Bernie") Rodger, der ehemals für „Aston Martin" in England tätig war, stammte die Entwicklung des Sportwagens – eines eleganten Viersitzers mit Aluminiumaufbau, der auf einem Kastenrahmen mit Traversen montiert war. Als das Projekt mangels Rentabilität aufgegeben werden mußte, machte sich der Konstrukteur selbständig und führte die Produktion noch eine Weile als „Warwick" weiter.

Für die Produkte der Firma „Peerless Cars" in Slough/England verwendete man ein rundes Emblem, das die Bezeichnungen „GT" und „2 Litre" zeigte.

PEGASO

E 1951–1958;
1991 – heute

Im Jahre 1946 wurde das „Centro de Estudios Técnicos de Automoción" mit der Entwicklung eines Dieselmotor-Lastwagens beauftragt. Aus dieser Gesellschaft entstand 1948 die neue „Empresa Nacional de Autocamiones S.A.", kurz „ENASA" genannt, mit Sitz in Barajas bei Madrid, die Motoren und Ausrüstungen produzierte. Zugleich gab es Verhandlungen mit „Hispano-Suiza". Man baute nun Nutzfahrzeuge, die 1949 den Namen „Pegaso" erhielten und denen ab 1951 der erste Pegaso-Sportwagen des Typs „Z-102" folgte. In der Folge entstanden Coupés mit V-Achtzylinder-Motoren mit italienischen „Touring"-Sportaufbauten. Nachdem Konstrukteur Ricart 1958 die Firma verließ, ging es auch mit der Pkw-Marke „Pegaso" bergab. 1991 wurde der „Pegaso Z-103" von einer englischen Firma neu aufgelegt.

Das Markenemblem des spanischen Pegaso zeigte das geflügelte Pferd der griechischen Mythologie, Pegasus, weiß auf blauem Untergrund. Es steht für Geschwindigkeit und Kraft.

Ⓝ Ⓚ Ⓟ

PETER & MORITZ

D 1921–1925

1919 wurden die „Automobilwerke Peter & Moritz AG" in Eisenberg/Thüringen von Paul Otto Peter und Albert Karl Moritz gegründet. Sie stellten 1921/22 einen „Peter & Moritz" genannten Kleinwagen her, der dem englischen „Rover Eight"-Cyclecar nachempfunden war. Das Fahrzeug erhielt einen querliegenden Zweizylinder-1,3-Liter-Boxermotor, der mit den Zylindern auf beiden Seiten herausragte, wodurch das Aggregat besser gekühlt wurde. Später waren die Motoren wassergekühlt. Die Leistung stieg beim Übergang von Luft- auf Wasserkühlung von 12 PS auf 15 PS und später auf 22 PS an. In der Hauptsache fertigte das Werk einen 5/15 PS starken Touren- und einen 5/20 PS-Sportwagen. Man plante auch den Einbau eines Sechszylinder-Aggregats. Nach Absatzsorgen der Peter & Moritz-Wagen, die man mit zwei Schraubenschlüsseln zerlegen konnte, ging die Firma 1925 in Konkurs.

Als Markenzeichen verwendete man ein Queroval, das die beiden Bilderbuch-Figuren Max und Moritz von Wilhelm Busch am Steuer eines Peter & Moritz-Automobils sowie den Markennamen „Peter & Moritz" zeigte.

Ⓑ

PEUGEOT

F 1899 – heute

Neben „Panhard" gehört „Peugeot" zu den ältesten Automobilmarken Frankreichs. Einer seit dem 15. Jahrhundert nachweisbaren Dynastie entstammend, begann Armand Peugeot 1899 in seiner „Les Fils de Peugeot Frères" in Beaulieu-Valentigny/Frankreich mit dem Bau von Motorwagen nach „Daimler"-Lizenz, denen im Lauf der folgenden Jahrzehnte die unterschiedlichsten Modelle folgten. Bekannt war u. a. das Modell „Bébé" („Baby") der 20er-Jahre. Später übernahm man die Marken „Bellanger" und „De Dion-Bouton". Typisch für die spätere Typenreihe der dreistelligen Bezeichnungen „201", „202, „203", „403", „404", „504" usw. war die „0". 1964/65 verdichtete sich die Beziehung zu „Citroën". 1974 übernahm Peugeot die Aktienmehrheit dieser Firma. 1979 kam es zur Fusion mit „Chrysler France" zusammen mit „Talbot".

Das Markenzeichen von „Peugeot" zeigte einen Löwen, der dem Stadtwappen von Montbéliard und nicht, wie weit verbreitet angenommen wird, dem Wappen der französischen Stadt Belfort entstammt. In den 80er-Jahren fand man nur noch einen stilisierten Löwen.

Ⓝ Ⓑ Ⓚ Ⓟ

PEYKAN; PAYKAN

IR 1967 – heute

Mit Unterstützung von „Chrysler U.K." entstand 1962 in Teheran/Iran eine Automobilfabrik, in der später ein Derivat des englischen 1966er „Hillman Hunter" aufgenommen wurde. Dieser Wagen trug im Iran den Markennamen „Peykan" oder auch „Paykan". Bereits im September 1963 wurde die Herstellung von Bussen beschlossen, und ab dem Jahre 1967 kam es durch die „Iran National Industrial Machinery Co. Ltd" zum Bau von Automobilen. Infolge der Iranischen Revolution wurde 1979 die Peykan-Automobilproduktion vorübergehend unterbrochen, jedoch bereits 1981 neu gestartet. Im Jahresschnitt verließen Mitte der 80er-Jahre rund 70000 Personenwagen dieses Markennamens das iranische Werk. Im Jahre 1986 wurden von der neuen Firma „Iran Khodro Co." auch Busse und der französische „Renault R 5 GTL" montiert.

Das Markenzeichen des iranischen Peykan zeigte einen von einem Pferd gezogenen Streitwagen, der in der iranischen Kultur zu finden ist. Zudem hatte man in Landesschrift den Marken- bzw. Herstellernamen in einem schmalen Querrechteck eingegliedert.

PHILLIPS

USA 1979 – etwa 80er

Das 1979 erstmals vorgestellte „Phillips Berlina Coupé", gebaut von Charles Walter Phillips, der im Alter von 14 Jahren seinen ersten Wagen gekauft hatte und mit 21 bereits 32 Fahrzeuge besaß, war ein „Chevrolet Corvette" im Nostalgiegewand der frühen 30er-Jahre, in aufwendiger Handarbeit gebaut und mit allen technischen Finessen der Zeit versehen. Als Hersteller wurde die „Phillips Motor Car Co." in Pompano Beach, Florida/USA, genannt. Am 1. Mai 1980 siedelte die zur „Corporation" umgewandelte Firma auf ein neues Gelände über. Sie war nun in eine Maschinenbau-Abteilung und einen Teil, der sich mit Prototypen beschäftigte, untergliedert. Die noch 1985/86 bestehende Firma „Phillips International Trade Corporation" in Margate, Florida/USA, baute auf Basis der deutschen „Mercedes-Benz 500 SEL"-Limousine Luxusversionen des Phillips mit langem Radstand.

Als Markenzeichen verwendete „Phillips" ein rundes Emblem, das raumfüllend einen Adler mit weit ausschwingenden Flügeln zeigt.

PHILOS

F 1912 – 1923

Im Jahre 1912 begann die „Sociéte Anonyme Nouvelle des Automobiles Philos" in Lyon/Frankreich mit der Fabrikation von Automobilen, die unter dem Markennamen „Philos" vertrieben wurden. Vom französischen Philos gab es ein einziges Modell mit einem französischen Vierzylinder-1131 cm³-„Ballot"-Motor. Nach dem Ersten Weltkrieg wurden weiterhin Fahrzeuge der Marke „Philos" produziert, die mit französischen 7/11 PS-1328 cm³-, 14 PS-1779 cm³-„Altos"-Aggregaten bestückt wurden. Es gab auch noch Fahrzeuge mit 14 PS-1592 cm³-„Altos"-Motoren. Hierbei handelte es sich ausschließlich um Vierzylinder-Wagen. Auch fand ein gewölbter v-förmiger Kühler für den „Philos" seine Verwendung. Im Jahr 1923 wurde der Philos-Automobilbau wieder eingestellt. Die Automobilfirma „S.A. Jean Gras" hatte die ehemaligen Werke übernommen.

Die Firma verwendete für ihre Fahrzeuge u. a. einen schräg auf dem Kühler angebrachten und geschwungenen „Philos"-Schriftzug.

PIAGGIO; VESPA

I 1958 – heute

1884 eröffnete der spätere Senator Rinaldo Piaggio im Alter von nur 20 Jahren in Sestri Ponente bei Genua/Italien ein Sägewerk. Später fertigte man luxuriöse Inneneinrichtungen von Fahrgastschiffen, denen dann u. a. Eisenbahnwagen und Lastkraftwagenaufbauten sowie im Ersten Weltkrieg U-Boot-Abwehrboote, Flugzeugersatzteile und Flugzeuge folgten. Ende 1945 tauchte erstmals der Name „Vespa" für einen geplanten Motorroller auf, der ab dem nächsten Jahr für Jahrzehnte in Serie gebaut wurde. Über die Vespa kam man auf den „Ape"-Dreirad-Kleintransporter, dem weitere Versionen folgten. Von 1958 bis 1961 gab es einen „Vespa"-Kleinwagen, der auch in französischer Lizenz („ACMA") als „Vespa 400" gebaut wurde. 1994 baute man das „Vespacar P 500" und „703 V" mit Einzylinder-14 PS-Dieselmotor.

Markenzeichen war hauptsächlich ein Sechseck mit blauem Untergrund und integriertem Markennamen „Piaggio" nebst einem unbekannten Rundpfeil-Symbol. Ältere Fahrzeuge zeigten auch ein wappenähnliches Emblem – schräg geteilt und im linken Teil den Buchstaben „P" für „Piaggio". Ⓝ Ⓑ Ⓚ

PIC-PIC; PICCARD-PICTET; SAG

CH 1906 – 1922

Wie auch „Martini" gehörte die Marke „Piccard-Pictet", Kurzbezeichnung „Pic-Pic", zu den bedeutendsten Marken in der Schweiz. In den „Ateliers Piccard, Pictet et Cie." in Genf wurden ab 1906 die Pic-Pic-Automobile hergestellt. Auftraggeber war eine Finanzierungs- und Vertriebsgesellschaft namens „Société d'Automobiles à Genève" (SAG). Bis 1910 wurden die qualitativ hochwertigen Fahrzeuge unter der Markenbezeichnung „SAG" verkauft; erst anschließend erhielten sie den Namen „Piccard-Pictet" bzw. „Pic-Pic". Die Wagen gab es u. a. mit Vierrad-Bremsen und hydraulisch wirkenden Stoßdämpfern. Beim „Großen Preis von Frankreich" 1914 in Lyon setzte man zwei Pic-Pic-Fahrzeuge ein. Sie konnten zwar keinen Sieg verbuchen, wurden aber trotzdem als leistungsstark bezeichnet. Nach dem Ersten Weltkrieg kam eine schlechte Zeit für Pic-Pic, 1922 das Aus.

Die Piccard-Pictet- bzw. Pic-Pic-Typen „14/18 PS" und „18/22 PS" (1910 bis 1912) führten ein rundes Markenemblem, in dem die Bezeichnung „Pic-Pic" schwungvoll integriert war. Daneben gab es ein Zeichen mit Namen „Piccard, Pictet" und „Genève". Ⓑ

PIEPER

B 1899 – 1903

Die „Société des Etablissements Pieper" in Nessonvaux, Lüttich/Belgien, stellte von 1899 bis 1903 „Pieper" genannte Automobile her. Daneben baute man auch Fahrräder. Der Pieper von 1899 erhielt einen Einzylinder-3,5 PS- oder auch wahlweise einen Zweizylinder-6 PS-Motor mit Riemenantrieb und wurde als Zweisitzer angeboten. 1900 gab es bei dieser Firma auch Elektroautomobile, die ebenfalls als Zweisitzer verkauft wurden. Die Reichweite der Pieper-Automobile mit voll aufgeladenen Akkumulatoren lag bei etwa 80,5 Kilometern. Bei Pieper wurde auch ein ausgesprochen kurioses Modell mit benzinelektrischem Antrieb hergestellt. Hierfür verwendete man einen 3,5 PS-Motor, verbunden mit einem Elektroaggregat. Diese Einheit von Benzin- und Elektromotor war unter dem Sitz montiert. 1902 gab es noch einen Vierzylinder-12 PS-Typ, versehen mit einem Kettenantrieb.

Für die ersten „Pieper"-Motorwagen verwendete man einen Schriftzug, der an der Frontseite des Wagenaufbaus angebracht war.

PIERCE; PIERCE-ARROW

USA 1901–1938

Der „Pierce-Arrow“ wurde als „Aristokrat unter den amerikanischen Automobilen“ bezeichnet. George Norman Pierce, geboren 1846, und dessen Sohn Percy begannen 1873 mit Haushaltsgeräten. Seine Firma „George N. Pierce Co.“ in Buffalo, New York/USA, existierte seit 1865. 1892 begann man mit der Herstellung von Fahrrädern, denen schon 1901 der erste „Pierce-Arrow“-Motorwagen mit Einzylinder-2,75 PS-„De Dion“-Motor folgte. Pierce plante und realisierte nun größere Fahrzeuge. Ab 1903 hießen Rennfahrzeuge auch „Great Arrow“ oder auch „Pierce Great Arrow“. Pierce verstarb im März 1910, nachdem er sich vom Geschäft zurückgezogen hatte. Aufgrund der Weltwirtschaftskrise wurde „Pierce-Arrow“ von „Studebaker“ übernommen, wo man noch einen V-Zwölfzylinder-„Silver Arrow“ baute, aber bereits 1938 den unrentablen Automobilbau einstellen mußte.

Von 1906 bis 1928 verwendete man ein Sechseck mit Markennamen und Pfeil. Es gab auch ein querovales Zeichen mit Markennamen, Pfeil und der Zahl „8“ für den Achtzylinder-Motor.

Ⓝ Ⓑ

PIERCE

USA 1913 – heute

Die Firma „Pierce Manufacturing Co., Inc.“ in Appleton, Wisconsin/USA, ist kein Personenwagen-Hersteller, sondern wurde 1913 von Dudley Pierce zum Bau von Lastkraftwagen-Pritschen und Kutschen gegründet. Erst Ende der 40er-Jahre begann man auch mit der Herstellung von Karosserien, die für Feuerwehrfahrzeuge bestimmt waren, aber nur in geringer Stückzahl entstanden. Im Jahr 1957 baute Pierce für das Chicago Fire Department ein Beleuchtungs- und Generatorfahrzeug. Schon zu dieser Zeit verwendete man für Aufbauten Aluminium als Material, und ab 1959 spezialisierte sich Pierce als Zulieferer für Aufbauten der neu auf den Markt gekommenen „Snorkel“-Gelenkmasten. Ab 1968 konzentrierte sich die Firma ausschließlich auf die Produktion von Feuerwehrfahrzeugen („Commercial- und Custom-Pumper“, „Mini-Pumper“ und „Rescue-Trucks“).

Markenzeichen war ein Queroval, das den Namen „Pierce“ zeigte, wobei der Großbuchstabe „P“ in das Oval eingriff und der Kleinbuchstabe „e“ als Pfeil endete. 1979 erschien der erste Custom-Pumper aus eigener Entwicklung mit Markennamen „Pierce-Arrow“.

Ⓟ

PILGRIM

GB 1985 – heute

1985 wurde die Firma „Pilgrim Cars Ltd“ in Sussex/England gegründet. Im gleichen Jahr stellte man unter Firmenchef Dan Tanner den ersten „Pilgrim“ vor, der als Typ „Bulldog“ bestens bekannt wurde. Pilgrim baute als Spezialist glasfaserverstärkter Karosserien (GfK) für die unterschiedlichsten Replika-Anbieter Aufbauten und Kits („Cobra“, „Ferrari“ und „Jaguar“). 1989 gab es die Pilgrim-Versionen „Sumo“ und „Family Tourer“. Die Nachfrage nach stärkerer Motorisierung bewog die „Pilgrim Cars Ltd“ um 1989 zur zusätzlichen Konstruktion des „Sumo Mk II“. Diese „Cobra“-Replik mit „Ford Granada“-Fahrwerk nahm V-Sechszylinder-Motoren von „Ford“ mit wahlweise 2,8-Liter- bis 3,0-Liter-Hubraum und englische V-Achtzylinder-„Rover“-Aggregate auf. 1993 führte man den „Sumo Mk III“ ein.

„Pilgrim“ heißt „Pilger“. Für den Pilgrim-Roadster verwendete man ein Queroval mit blauem Untergrund, in das man den Markennamen „Pilgrim“ plaziert hatte.

PILOT

USA 1909 – 1924

Die Firma „Pilot Motor Car Co.“ in Richmond, Indiana/USA, baute in den Jahren 1909 bis 1924 Automobile, die den Markennamen „Pilot“ erhielten. Zunächst wurden die Fahrzeuge aus Fremdkomponenten zusammenmontiert. Neben der Herstellung eines zweisitzigen Roadsters folgte kurze Zeit später ein fünfsitziger Tourenwagen. Frühere Versionen erhielten auch Vierzylinder-35 PS-Motoren. 1913 gab es Sechszylinder-Typen, und die Vierzylinder-Modelle wurden aus den Listen genommen. Der Sechszylinder-Wagen erhielt einen 55 PS- bzw. 75 PS-„Teetor“-Motor. 1916 bot man einen Achtzylinder-Wagen an, den es wahlweise mit Rechts- oder Linkslenkung gab. Andere Versionen wurden mit amerikanischen Sechszylinder-50 PS-„Herschell-Spillman“-Motoren angeboten und ebenfalls bis 1924 gebaut. Im gleichen Jahr mußte Firmeninhaber George Seidel aufgeben.

Als Markenzeichen bzw. Kühlerfigur verwendete man u. a. einen Steuermann, der ein Schiffsruder steuert. Unter dieser Abbildung zeigte man zusätzlich die Bezeichnung „The Pilot“.

PILOT; PILOTWAGEN

D 1923 – 1928

Von 1923 bis 1928 baute man bei der „Pilotwagen AG“ in Bannewitz/Dresden auch Automobile. Die Geschichte der Firma begann aber im Grunde genommen bereits 1907, als Christian E. A. Orloff Hansen eine Chemiefabrik gründete. Um 1918 etablierte er sich mit einer Maschinenfabrik, den anschließenden „Pilotmotorenwerken“. Schon 1919 unternahm der angestellte Ingenieur Wippermann, ein talentierter Motorenkonstrukteur, Versuche, die Mehrventil-Technik bei einem Automotor zu verwirklichen. So kam es über die Motorenwerke am 8. August 1922 zur Gründung der „Pilotwagen AG“, wo man bis 1925 Automobile des Namens „Pilot“ bzw. „Pilotwagen“ fertigte. Wippermann hatte seinen Vierzylinder-Mehrventil-Motor am „Pilotwagen 6/22“, erfolgreich getestet. Bereits 1924 wurde die Firma von der „Sächsischen Waggonfabrik Werdau“ übernommen.

Für den „Pilot 6/22 PS“ verwendete man ein auf der Spitze stehendes Quadrat mit roten Ecken und gelben Balken, für den „Pilot 6/30 PS“ ein Quadrat mit roten Ecken und blauen Balken. Das Feld selbst war in Weiß, der Schriftzug „Pilot“ in Schwarz gehalten.

Ⓑ

PINGUIN; MEV; MÜTHING

D 1953 – 1955

Das „Passat Werk“ in Krefeld stellte 1952 ein Automobil mit dem Namen „Passat“ vor. Es war ein Kleinwagen auf der Linie amerikanischer Vorbilder. Ingenieur Kurt Faust stand hinter dem Projekt und suchte nach einem Vertreter und Partner für seinen „Passat“, den er in Romanus Müthing aus Silbach/Sauerland fand. Allerdings ging das „Passat Werk“ bankrott, und Müthing stand vor dem Nichts. 1953 stieg dieser mit neuem Compagnon bei der „Ruhr-Fahrzeugbau“ in Herne/Westfalen erneut in den Autobau ein: Von 1953 bis 1954 entstand das neue dreirädige „Pinguin“-Coupé mit luftgekühltem 200 cm^3-„ILO“-Motor, der das einzelne Hinterrad antrieb. 1953 gründete er die „MEV (Müthing-Elschenbroich-Volkhart) Studiengesellschaft für Kraftfahrzeugentwicklung“ in Herne, wo man bis 1955 ergebnislos am angekündigten neuen Pinguin-Kleinwagen herumbastelte.

Der Pinguin-Werbeprospekt zeigte den Markennamen „Pinguin“, wobei im oberen Teil des Buchstabens „P“ zwei Pinguine zu sehen waren.

PLAYBOY

Das dreisitzige „Playboy"-Cabriolet der Initiatoren Horowitz, Thomas und Richardson, das von 1946 bis 1951 in rund 95 Exemplaren gebaut wurde, war das vielgepriesene Miniautomobil der „Playboy Motor Car Corporation", die in Buffalo, New York/USA, ihren Sitz hatte. Der ehemalige „Packard"-Verkäufer Louis Horowitz war Vorsitzender der „Playboy Corporation". Um 1940 wurden Experimente mit Playboy-Ponton-Roadster-Prototypen durchgeführt. 1946 hatte man mit der Serienherstellung begonnen. Die ersten Versionen besaßen normales Stoffdach, später verwendete man das berühmt gewordene klappbare Stahldach, das zum Playboy-Warenzeichen wurde. Als Antrieb des Playboy diente ein Vierzylinder-40 PS starker „Hercules"-, später „Continental"-Motor. Ferner soll der Wagen selbstnachstellende Bremsen besessen haben. Nach 1951 verschwand die Marke.

USA 1946 – 1951

Das runde Markenzeichen des Playboy zeigte den Zylinder, Gehstock und die Handschuhe eines Gentleman. Zudem hatte man dem beidseitig beflügelten Emblem den Markennamen „Playboy" beigestellt.

PLUTO

Von 1924 bis 1927 wurden bei den „Ehrhardt Automobil Werken" in Zella-Mehlis/St. Blasii zwei bemerkenswerte Kleinwagen-Modelle vorgestellt. Bis 1924 hatte man teure Luxuswagen gebaut, danach folgte der Sechszylinder-„Ehrhardt-Szawe"-Wagen, der jedoch keinen Erfolg verbuchen konnte. Aus diesem Grund wurde die Lizenzproduktion des französischen „Amilcar" der „Société Nouvelle pour l' Automobile Amilcar" aufgenommen. Diese in Deutschland gebauten Lizenzfahrzeuge erhielten den Markennamen „Pluto". Das erste Automobil der neuen Marke war ein 1924 vorgestellter Vierzylinder-1,1-Liter-4/20 PS-Wagen, der auch mit Kompressor zu haben war. Den Pluto hatte man auch in einigen Wettbewerbsveranstaltungen mit unterschiedlichem Erfolg eingesetzt. Das Fahrzeug erfuhr jedoch keine weite Verbreitung, und 1927 wurde die Produktion aufgegeben.

D 1924 – 1927

Bereits 1923 wurde der deutsche „kleine Pluto", auf dessen Kühler der Kopf des antiken Gottes der Unterwelt zu sehen war, erstmalig auf der Berliner Automobil Ausstellung gezeigt.

Ⓝ Ⓑ

PLYMOUTH

Die Marke „Plymouth" wurde 1928 von der „Chrysler Corporation" in Detroit, Michigan/USA, ins Leben gerufen. Der Plymouth wurde zur Basis des Konzerns. Bis Amerika in den Zweiten Weltkrieg eintrat, hatte „Plymouth" bereits vier Millionen Automobile produziert. Insbesonders seit den 50er-Jahren gehörte „Plymouth" zu den Großen der amerikanischen Automobilszene. Man baute nun V-Achtzylinder-Typen bis zu 6,0-, später 7,0-Liter Hubraum, die so zu „muscle cars" wurden. 1959 stellte Chrysler als Antwort auf den „Chevrolet Corvair" den sportlichen „Plymouth Valiant" vor. Die Verflechtungen des Chrysler-Konzerns mit „Simca" in Frankreich, der britischen „Rootes"-Gruppe und „Mitsubishi" in Japan führten zu „Modellverschmelzungen", in die auch „Dodge" einbezogen wurde. Von seiner Popularität hat der Plymouth in den USA bis heute nichts eingebüßt.

USA 1928 – heute

Das Plymouth-Markenemblem war eine stilisierte Wiedergabe der „Mayflower" – jenes Schiffes, das 1620 die ersten Siedler von Plymouth/England nach USA brachte. Heute stellt man den bekannten „Penta-Stern" dar, ein Fünfeck, das die fünf Erdteile symbolisiert.

Ⓝ Ⓑ Ⓚ

POLSKI-FIAT; FSO

Der „Polski-Fiat" war ein Produkt der polnischen Firma „Fabryka Samochodow Osobowych" (FSO), die ihren Sitz in Warschau hat. Bereits von 1932 bis 1939 baute die FSO Fiat-Modelle in Lizenz unter dem Namen „Polski-Fiat". Es handelte sich um die Fiat-Typen „508" und „508 C". Später folgte das Modell „Fiat 125", der in Polen die Bezeichnung „Fiat 125 p" erhielt; 1968 wurde dieser Typ in Serie gebaut. Bereits 1961 kam es zum Lizenzbau der Fiat-Typen „1300" und „1500". Bestimmte Teile wurden noch im ehemaligen „Stoewer"-Automobilwerk in Szczecin (ehemals Stettin)/Polen, gebaut und 1974 nahm man die Typen „126" und „132" in Produktion. Seit April 1978 erfolgte der Export und Vertrieb der von FSO angebotenen Produkte, zu denen als Hauptträger der Polski-Fiat-Nachfolger „Polonez 1500" gehörte. 1981 wurde die Bezeichnung „FSO" eingeführt.

PL 1932 – 1981

Unter verschiedenen Markenemblemen gab es z. B. ein senkrecht stehendes Rechteck mit abgerundeten Ecken, beidseitigen Flügeln und dem integrierten Markennamen „Polski-Fiat". Ein anderes querformatiges Zeichen zeigte den Namen „Polski" und die Zusatzbezeichnung „Fiat".

Ⓝ

PONTIAC

Die Marke „Pontiac" kann auf eine lange Geschichte zurückblicken, die 1893 mit der Gründung der „Pontiac Buggy Co." in Pontiac, Michigan/USA, begann. Gründer war ein Edward M. Murphy. Dieser erwarb die Herstellungsrechte eines Zweizylinder-Typs, der von „Cadillac"- und „Brush"-Konstrukteur Alanson P. Brush entwickelt worden war. Im August 1907 wurde die „Oakland Motor Co." errichtet. General Motors-Gründer William C. Durant wurde auf „Oakland" aufmerksam. Im April 1909 verband sich „Oakland" mit „General Motors", im gleichen Jahr verstarb Murphy im Alter von nur 45 Jahren. 1926 gab es einen Ableger, der nun den neuen Namen „Pontiac" führte. 1933 etablierte man sich mit der „Pontiac Motor Co.", und nach Sechszylinder-Versionen gab es nun auch Achtzylinder-Typen. Bis heute existiert der Pontiac.

USA 1926 – heute

Bis zum Jahr 1955 trugen alle Modelle eine Plakette mit dem Profil ihres Namensgebers: Pontiac, Häuptling der Ottawa-Indianer. In Anspielung auf den eingebauten Sechszylinder-Motor erhielt das Markenzeichen außerdem den Schriftzug: „Pontiac – Chief of the Sixes".

Ⓝ Ⓑ Ⓚ Ⓟ

POPE; POPE-HART-FORD

Die Firmengeschichte von „Pope" begann eigentlich schon 1888. Als einer der größten Konzerne der damaligen jungen Nation war die „Pope Manufacturing Co." in Hartford, Connecticut/USA, die Firma für Herstellung der „Columbia"-Fahrräder, der „Crawford"-Wagen und -Kutschen sowie anderer Fahrzeuge mit Rädern bekannt. Schon um 1890 war „Pope" der größte Fahrradhersteller in den USA. Der Gründer der Firma, Oberst – später Colonel – Albert Augustus Pope, hatte mit aufgespartem Lohn aus dem Bürgerkrieg das Industrieimperium aufgebaut. In Hartford stellte man von 1903 bis 1914 Zwei- und Vierzylinder-Wagen her, ab 1911 auch Sechszylinder, die den Namen „Pope-Hartford" erhielten. 1915 wurden die Werksanlagen von der Flugmotorenfabrik „Pratt & Whitney" übernommen.

USA 1903 – 1914

Fahrzeuge der oben genannten Marken führten ähnlich gestylte Schriftzüge wie der des „Pope-Hartford".

PORSCHE

Ferdinand Porsche war seit 1899 als Automobilkonstrukteur tätig, aber erst 1948 entstand das erste „Porsche"-Automobil. Dieser Sportzweisitzer basierte auf dem „Volkswagen Käfer" und wurde von Sohn Ferry entwickelt. Den „Porsche 356" hatte man in der „Karosseriefabrik Reutter" produziert. 1951 verstarb Porsche, und Sohn Ferry führte die inzwischen eigene Sportwagenfabrik weiter. Unter seiner Leitung entwickelte sich „Porsche" zu einem führenden Unternehmen, welches insbesonders im Motorsport aktiv ist und bis heute mit leistungsstarken Modellen aufwartet. Bekannt sind die Typen „912" mit „Volkswagen"-Motor (1969), „911" mit Sechszylinder-Aggregat (1963), „924" mit Vierzylinder-Motor, „928" mit Achtzylinder-Motor (1976/77), „944" und der „Porsche Boxster" des Modelljahres 1993.

Im Wappenemblem von „Porsche" findet sich das springende Pferd aus dem Stuttgarter Stadtwappen. Das Hirschgeweih und die roten und schwarzen Streifen in Teilen des Schildes sind dem Wappen des ehemaligen Königtums Württemberg entnommen.

Ⓝ Ⓑ Ⓟ

A; D 1948 – heute

PORTARO

Bei „Portaro" handelt es sich um eine Marke der Firma „Sociedade Electro-Mecanica de Automoveis Ltda" (SEMAL) mit Sitz in Lissabon. 1974 begann man dort die Herstellung von allradgetriebenen Mehrzweckwagen des Markennamens „Portaro", die nach Lizenzen der rumänischen Geländewagenfirmen „Uzina Mecanica Muscel" (UMM) in Brasov/Rumänien und „ARO" entstanden. Rund 700 Fahrzeuge verließen die SEMAL-Werke in Lissabon pro Jahr. Die benötigten Motoren kamen von „Daihatsu" aus Japan und später „Volvo" aus Schweden. 1982 bot man nach Vorstellung anderer Portaro-Modelle den Typ „Pampas 260 D" an, der ebenfalls vom „ARO" abgeleitet war. Etwa 1985 folgte der „Portaro 230 PV" mit Vierzylinder-1297 cm^3-69 PS-Reihenmotor. 1987/88 gab es den „Portaro 280" mit Softtop, Hardtop, als Pick-up und Station-Wagon.

Im Markenzeichen zeigte man einen muskelbepackten Jüngling mit Stirnband und wehendem Haar, der zwischen zwei Wänden (Säulen ?) seine Kräfte spielen ließ. Unter diesem Muskelmann hatte man den Markennamen „Portaro" („der Träger") angepaßt.

P 1974 – heute

PRAGA; ČKD

„Praga" wurde 1907 als Teil der „Ersten Böhmisch-Mährischen Maschinenfabrik" unter der Bezeichnung „Prazska Tovarna na Automobilny" in Prag gegründet. Die Maschinenfabrik wurde 1909 Alleininhaberin und nannte die nun neu gebauten Automobile nach dem Namen des Produktionsortes „Praga". Die Fahrzeuge waren zunächst Nachbauten der Marken „Charron" und „Renault" und Lizenzbauten des „Isotta-Fraschini". Man stellte auch Sechs- und Achtzylinder-Luxuswagen her. 1929 kam es zur Fusion mit der tschechischen Firma „Českomoravska-Kolben-Danek" (ČKD). Nach 1945 wurde der Autobau nicht mehr aufgenommen, wohl aber die Fertigung von Lastwagen, wobei man mit „Tatra" zusammenarbeitete. 1964 wurde der Lkw-Bau in das Automobilwerk Letnany verlegt. Praga war einst größte tschechische Automobilmarke.

Der zweischwänzige Löwe der Stadt Prag wurde zum repräsentativen Markenzeichen des Praga. In frühen Jahren verwendete man lediglich einen Schriftzug des Markennamens auf den Kühlern, den man später in einen Kreis integrierte.

Ⓝ Ⓑ Ⓚ

A; ČS 1907 – 1947

PREMIER

Die „Premier Automobiles Limited" wurde 1944 in Bombay/Indien gegründet. Bereits 1939 war Seth Walchand Hirachand in die USA gereist, um Kooperationspartner zu finden. Mit der „Chrysler Corporation" konnte man 1940 entsprechende Verträge unterzeichnen. Aufgrund des Kriegsausbruchs verzögerte sich der Plan, und erst 1947 wurde in Kurla bei Bombay eine Fabrik aufgebaut, wo man bald „Dodge"-Automobile in Lizenz fertigte. 1950 traf man mit Fiat in Turin/Italien ein Lizenzabkommen über den Nachbau des Typs „Fiat 1100", der 1955 begann. Das Modell „1100 D" von 1962 stellte man 22 Jahre lang als „Premier Padmini" her. Premier ist Indiens größter Automobilproduzent. Der „Padmini" gehörte nach dem „Hindustan" zu den meistverkauften Fahrzeugen in Indien. Noch 1992/93 baute man Automobile und Nutzfahrzeuge.

Als Markenzeichen für die indischen Premier-Automobile verwendete man neben dem Schriftzug „Premier" auch ein fünfeckiges Emblem mit integrierter Markenbezeichnung „PAL" für „Premier Automobiles Limited". Diese Form setzte man auf einen nach unten spitz zulaufenden Winkel.

Ⓝ

IND 1955 – heute

PRESTO; NAG-PRESTO

Die „Presto-Werke Günther & Co. KG" in Chemnitz wurden vom späteren Kommerzienrat Georg Günther 1898 gegründet. Man baute Fahrräder, denen 1901 Motorräder folgten. Im gleichen Jahr zeigte man auf der „Leipziger Motor Schau" ein erfolgloses Gefährt, das als „Selbstfahrer-Coupé" angepriesen wurde. 1902 stellte man weitere Modelle vor, u. a. mit Einzylinder-8 PS- bzw. Zweizylinder-16 PS-Motor, aber erst 1907 sollten richtige Automobile gebaut werden. Zunächst montierte man den französischen „Delahaye", und 1908 tauchte der erste richtige „Presto" auf. 1926 übernahm Günther die „Dux"-Automobilwerke in Leipzig, wo man nun auch Presto-Lastwagen herstellte, und 1927 fusionierte „Presto" mit der „NAG". Die letzten Sechszylinder-Versionen, die zahlreiche technische Mängel aufwiesen, wurden bis 1928 noch als „NAG-Presto" verkauft.

Bei „Presto" verwendete man runde Embleme, in denen u. a. der Markenname „Presto", die Firmenbezeichnung und der Herstellerort enthalten waren. Ferner gab es ein geflügeltes Rad für den Fahrrad- und späteren Motorradbau.

Ⓝ Ⓑ

D 1901 – 1927;
1927 – 1928

PROTEK; TRIPPEL

Der deutsche Schwimmwagen-Pionier Hanns Trippel gründete 1949 die „Protek-Gesellschaft für Industrieentwicklungen" in Stuttgart zum Bau von Kleinwagen. Man führte zunächst Entwicklungsarbeiten an einem Coupé durch, das von einem deutschen „Horex"-Motorradmotor angetrieben wurde. Danach wurde der Betrieb nach Tuttlingen verlegt. Auf der Technischen Exportmesse in Hannover stellte die Firma im Mai 1950 erstmals ihr „Protek" benanntes Automobilprodukt vor. Das Fahrzeug war jedoch noch nicht serienreif, und nur ein halbes Dutzend Exemplare konnten die Werkshalle verlassen. 1951 zog Hanns Trippel wieder nach Stuttgart und gründete dort die neue „Trippelwagen-Verkaufsgesellschaft", die schon bald recht erfolgreich wurde. Der „Trippel"-Personenwagen hingegen wurde in den 50ern vom „Weidner Fahrzeugwerk" in Lizenz gebaut.

Als Markenzeichen verwendete „Protek" einen Autoreifen mit einem Schiffsschraubenantrieb im Inneren. Hierbei spielte man auf den fast schon legendären „Trippel"-Amphibien-Schwimmwagen an, der auf Basis eines deutschen „Volkswagen Käfer"-Fahrgestells entstanden war.

D 1949 – etwa 1951

PROTON; PERSHAN; PERSUAHAAN

MAL 1985 – heute

In Kuala Lumpur/Malaysia wurde Ende 1983 die „Pershan Automobil National" (malaysisch: „Persuahaan Otomobil Nasional") durch Zusammenarbeit der „Heavy Industries of Malaysia" mit der japanischen Automobil- und HiFi-Elektronikfirma „Mitsubishi" gegründet. Für mehr als eine halbe Milliarde Mark hatte Malaysia das Know-how für den Automobilbau von den Japanern gekauft. Ende 1985 konnte die „Pershan"- bzw. „Proton"-Autofabrik in Betrieb genommen werden. Proton baute auch koreanische „Hyundai Pony" bzw. „Hyundai Excel"-Fahrzeuge als Stufenheck und als Fließheck Variante nach, die wiederum nach japanischer „Mitsubishi"-Lizenz entstanden waren. Hauptsächlich verwendete man für den Proton Vierzylinder-1,3- bzw. 1,5-Liter-Motoren mit Leistungen zwischen 76 PS und 83 PS. Proton erhielt für die Fahrzeuge sogar Goldmedaillen.

Markenzeichen der malaysischen „Proton"-Automobile war ein gelber Stern auf dunkelblauem Untergrund. Die Umrisse zeigen die Form eines Diamanten, was wohl ein Anklang an das Markenzeichen von „Mitsubishi" ist.

PROTOS

D 1900 – 1927

Die „Berliner Motorenfabrik Protos" kam kurz nach der Jahrhundertwende mit einem leichten Ein- und Zweizylinderwagen heraus. 1904 folgte bereits ein Vierzylinder-Modell mit Doppelzündung, und ein Jahr später gab es einen kardangetriebenen Sechszylinder-Wagen. Protos beteiligte sich mit großen und leistungsstarken Motorwagen u. a. auch an der Fernfahrt New York – Paris von 1908. Im gleichen Jahr übernahm der „Siemens-Schuckert"-Elektrokonzern das Unternehmen und betraute Ernst Valentin mit neuen automobilen Konstruktionen. Den Verkauf der Protos-Automobile übernahm „Loeb & Co.", wo von 1909 bis 1914 auch „Luc" genannte Automobile produziert wurden. Mit nur einem Vierzylinder-2,6-Liter-Typ wurde die Protos-Herstellung nach dem Ersten Weltkrieg fortgesetzt. Als sie zu wenig Rendite einbrachte, sah man von einer weiteren Fertigung ab.

Markenzeichen der Protos-Automobile war eine Sonne mit dem Markennamen „Protos" und nach unten gerichteten Strahlen. Daneben verwendete man auch den schräg auf dem Kühler stehenden Schriftzug „Protos".

Ⓝ Ⓑ

PROTOS; HARRIS-COSTIN PROTOS

GB 1966 – 1968

Der englische „Protos"- bzw. „Harris-Costin Protos"-Formel-2-Rennwagen entstand erst Ende 1966 und wurde im März 1967 auf einer Rennwagen-Ausstellung („Selfridge's Department Store") in London-Knightbridge vorgestellt. 1966 hatte Ron Harris auf der „London Racing Car Show" seinen späteren Partner Frank Costin, den Bruder von Mike Costin (Motorenmarke „Cosworth", Automobilmarke „Marcos"), getroffen. Die Initiatoren des Harris-Costin Protos-Formel-2-Projekts waren Harris, Brian Hart, ein angesehener Motorenfabrikant, und Costin. Der Harris-Costin Protos wurde 1967 bei rund zwölf Rennen, u. a. Silverstone/England, Hockenheimring/Deutschland, Reims/Frankreich, erfolgreich eingesetzt. Nach 1967 begrub Frank Costin die Harris-Costin Protos-Projekte und brachte in den 60er-Jahren den „Costin Amigo" heraus.

Für den englischen „Harris-Costin Protos"-Formel-2-Rennwagen verwendete man ein Queroval mit steilen, eckigen Buchstaben, die den Namen „Protos" bildeten. Auf diesem Oval zeigte man in „Katzenohrenform" den Markennamen „Harris-Costin".

PUCH

A 1906 – 1925

Der Fahrradmechaniker Johann Puch aus Graz stellte 1901 sein erstes eigenes Fahrrad vor. Über den Bau von Fahrrad-Hilfsmotoren und „Puch"-Motorrädern kam er ebenfalls 1901 noch zum Automobilbau. 1906 stellte Puch eine neue Voiturette eigener Konstruktion mit Zweizylinder-Motor vor. „Puch"-Autos nahmen auch an zahlreichen Bergrennen und Alpenfahrten teil. 1912 kam es zwischen „Puch" und „Daimler" in England zu einer Kaufvereinbarung für „Knight"-Schiebermotoren. Mit dem neuen „Puch-Knight 14/38 PS" schlug man bei zahlreichen Alpenfahrten die Konkurrenz. Aus der „Johann Puch AG" wurde nach dem Ersten Weltkrieg ein Teil von „Austro-Daimler", wo der Puch-Automobilbau zunächst zugunsten der Zweirad-Fabrikation aufgegeben wurde. Heute produziert die „Steyr-Daimler-Puch AG" u. a. den beliebten „Puch G"-Geländewagen.

Frühe Puch-Fahrzeuge zeigten den einfachen geschwungenen Schriftzug „Puch". Das spätere Puch-Emblem war das Wappen des österreichischen Bundeslands Steiermark mit vier Segmenten in den Farben Grün und Weiß. In den grünen Segmenten hatte man ehemals Löwen integriert. Ⓝ Ⓑ Ⓚ

PUMA

BR 1964 – heute

Die „Sociedade de Automoveis Luminari Ltda" wurde 1962 auf Initiative von Gennaro Malzoni, eines nach Brasilien emigrierten Italieners, gegründet. Das erste Automobil war ein Coupé mit Vorderradantrieb. Man verwendete einen Dreizylinder-„DKW"-Motor, der von „VEMAG Brasil" produziert wurde. Die Marke „Puma" erschien jedoch erst mit dem nächsten Typ, der 1966 herauskam. 1975 nahm man den neuen Namen „Puma Industria de Veiculos S.A." an. Schon 1967 wurde die „VEMAG" von „Volkswagen do Brasil" übernommen und stellte die Produktion des bis dahin verwendeten „DKW"-Motors ein. Daraufhin unterzeichnete „Puma" einen Vertrag mit „Volkswagen" über die Lieferung von 1584 cm^3-Motoren. 1973 wurden ein neuer Vierzylinder-Motor mit 2512 cm^3 Hubraum bzw. ein Sechszylinder-„Chevrolet"-4093 cm^3-Motor verwendet.

Markenzeichen der brasilianischen Puma-Automobile war natürlich ein fauchender Pumakopf, unter dem man den Markennamen „Puma" anbrachte.

Ⓝ

PUNGS-FINCH

USA 1904 – 1910

Die „Pungs-Finch Auto & Gas Engine Co." in Detroit, Michigan/USA, stellte von 1904 bis 1910 neben den bekannten Gasmotoren auch „Pungs-Finch"-Automobile her. Firmengründer waren William Pungs und dessen Schwiegersohn E. B. Finch, die über knapp sechs Jahre gemeinsam einen Automobilbau aufzogen. Der Pungs-Finch war seiner Zeit technisch voraus. Er besaß ein Schubrad-Wechselgetriebe und einen Wellenantrieb. Man bot kräftige Zwei- und Vierzylinder-Wagen an, von denen einige 100 Exemplare gebaut wurden. 1905 folgte ein Tourenwagen mit 10,0-Liter-Motor, der als „Finch Limited" hergestellt wurde. Etwa 1908 hatte man den letzten „Pungs-Finch" gebaut, der aber noch 1910 in den Typenlisten der Firma geführt wurde. Dieses Modell „H" erhielt ein Vierzylinder-40 PS-5,8-Liter-Aggregat.

Pungs-Finch führte als Markenzeichen den schwungvoll gestylten Schriftzug „Pungs-Finch Limited".

P. VALLÉE

Die Firma „Société Colas“ in Blois/Frankreich stellte in den Jahren 1952 bis 1957 Automobile her, die den Markennamen „P. Vallée“ erhielten. Dieser besaß als attraktiv aussehender Zweisitzer einen französischen 125 cm³-„Ydral“-Motor und eine Gummifederung. Im Jahre 1957 annoncierte das Unternehmen noch ein neues Modell unter dem Namen „Chantecler“, das von einem 125 cm³- bzw. 175 cm³-Motor angetrieben werden sollte. Im gleichen Jahr wurde die Automobilproduktion wieder eingestellt, und die Marke verschwand vom französischen Automobilmarkt.

P. Vallée-Fahrzeuge zeigten auf der Frontseite einen Schriftzug gleichen Markennamens.

F 1952 – 1957

QUADRANT

Ende des letzten Jahrhunderts produzierte die ursprünglich in Birmingham/England seßhafte Firma „Quadrant Cycle Co. Ltd“ Fahrräder und pedalgetriebene Dreiräder. Dieses Unternehmen wurde von den Brüdern Walter und William Lloyd gegründet. William stieg bald aus dem gemeinsamen Unternehmen aus und stellte in der Folge sein erstes „Quadrant“ genanntes Motorrad vor. Von 1905 bis 1907 kam es durch die „Quadrant Works“ sogar zum Bau von Automobilen gleichen Markennamens. Das 1905 vorgestellte Fahrgestell dieses Cyclecars besaß ein Viergang-„Lloyd“-crossed rollers-Getriebe. Der vierrädrige Wagen wurde wahlweise von einem 14/16 PS- bzw. 20/22 PS-„White & Poppe“-Motor angetrieben. Besser bekannt wurden jedoch die Fahrräder, Tricycles und Motorräder der Firma – Produkte, mit denen die „Quadrant Motor Co.“ von 1901 bis 1929 bestand.

Den Markennamen „Quadrant“ verdankte die englische Firma einem patentierten Lenksystem, das die Gründer Walter und William Lloyd bereits 1883 erfunden hatten. Der abgebildete Schriftzug „Quadrant“ stammt aus einem Werbeprospekt der Firma von etwa 1904.

GB 1905 – 1907

QUAGLIOTTI

Carlo Quagliotti war Verkaufsagent für französische „Hurtu“-Fahrzeuge und zugleich Eigentümer der Firma „Auto Garage Quagliotti“ in Turin/Italien. Dort konstruierte er 1904 auch Fahrzeuge, die unter dem Markennamen „Quagliotti“ bekannt und mit ausländischen Komponenten zusammenmontiert wurden. Das italienische Fahrzeug erhielt Motoren der französischen Firmen „Aster“ und „De Dion-Bouton“. Auch war der Einbau eines Vierzylinder-16 PS-„Aster“-Antriebsaggregats geplant. Über technische Details des Quagliotti, von dem mit Sicherheit einige Einheiten gebaut wurden, liegen keine näheren Informationen vor. Quagliotti mußte mangels Kapitals den Automobilbau wieder aufgeben. Von 1902 bis 1907 hatte er auch Motorräder unter dem Firmennamen „Motocicli Carlo Quagliotti“ hergestellt.

Der gezeigte „Quagliotti“-Schriftzug stammt aus einer Werbeanzeige dieses kurzlebigen Automobil- und Motorradunternehmens.

I 1904

QUANTUM

Seit 1988 produziert die Firma „Quantum Sports Cars“ (QSC) in Lye West, später Stourbridge, West Midlands/England, einen viersitzigen Sportwagen auf „Ford Fiesta Mk I“- bzw. „Mk II“-Basis. Der Wagen wurde von den beiden Ingenieuren Mark und Harvey Wooldridge – 1990 kam der dritte Bruder Peter als Teilhaber hinzu – mit Hilfe neuester Technologien (CAD-Computersystem) entwickelt. Rund 16000 Kilometer an Testfahrten hatte man unternommen. Der „Quantum“ („Energie; Menge“) genannte Sportwagen mit seinem Kunststoff-Chassis wurde erstmals im Mai 1988 der Presse und Öffentlichkeit vorgestellt. Im März 1990 wurde eine weitere Version des englischen Fahrzeugs als „Series II“ präsentiert. Als Motorisierung standen alle Triebwerke der frontgetriebenen „Ford“-Typen zur Verfügung, inklusive der „1600er“-Turbomotoren des „Ford Escort RS“.

Als Markenzeichen für den englischen Quantum verwendete man ein rundes Emblem, das in Ringform die Firmenbezeichnung „Quantum Sports Cars“ und waagerecht die Kurzbezeichnung „QSC“ zeigte.

GB 1988 – heute

QUEST

Die Firma „Quest Racing Cars Limited“ in Maidstone, Kent/England, baute um 1986 Rennwagen, die unter dem Markennamen „Quest“ besonders im Heimatland bekannt wurden. Auch das Quest-Modell „FF 87“ des Modelljahres 1987 erreichte durchaus Bekanntheitsgrad. Außerdem konnte Johnny Herbert mit einem Rennwagen dieser englischen Marke einen berühmten Sieg verbuchen. Andrew Guye-Johnson war gleichfalls Pilot für das englische „Quest“-Rennteam. Er steuerte noch den Rennwagen-Typ „FF 86“ des Baujahrs 1986.

Das abgebildete Emblem zeigt den Schriftzug „Quest Racing“. Der Name „Quest“ bedeutet „Suche“, „Streben“ („Question“ = „Frage“).

GB 1980er

QUINCY-LYNN

1975 begann die „Quincy-Lynn Enterprises, Inc.“ in Phoenix, Arizona/USA, mit der Vorstellung von „Quincy-Lynn“ genannten Automobilen. Die Firma wurde von den talentierten Designern Robert Quincy Riley und David Lynn Carey gegründet. Es kamen Fahrzeuge mit den Namen „Urba Centurion“, „Urba Town Car“ und „Tri-Muter“ bzw. „Tri-Muter G“ auf den Markt. Eines der futuristisch aussehenden Modelle war der „Quincy-Lynn Tri-Muter G“, der 1980 als dreirädriges „commuter vehicle“, d. h. als Pendler-Fahrzeug, angeboten wurde. Er besaß eine Karosserie aus Fiberglas, spezielle Türen und wurde von einem amerikanischen 16 PS starken „Briggs & Stratton“-Motor angetrieben. Der „Quincy-Lynn Urba Town Car“ erhielt einen keilförmigen Aufbau mit holländischer „DAF“-ähnlicher Kraftübertragung. Quincy-Lynn rüstete den Prototyp mit einem Hybridantrieb aus.

Bei Quincy-Lynn verwendete man neben den ineinander verschlungenen Initialen „Q“ und „L“ auch den gesamten Markennamen.

USA 1975 – Ende 80er

RÁBA

Die „Magyar Waggon es Gepyar Reszenytarsasag", auch „Rába & Co.", in Raab bei Györ/Ungarn, wurde um 1896 gegründet. Schwerpunkt war die Fertigung von Eisenbahnwagen. Ab Anfang dieses Jahrhunderts befaßte sich „Rába" mit der Herstellung von Automobilen. Das erste Rába-Fahrzeug von 1904 war ein Wagen mit Allradantrieb und kleiner Ladefläche. Im gleichen Jahr baute man rund 20 Fahrzeuge für die Automobilfirma „Spitz" in Wien und fertigte für „Csonka" in Budapest benötigte Fahrgestelle. Von 1912 bis 1925 wurden die eigentlichen Rába-Automobile produziert. Mit Firmen- und Markennamen „Rába" begann man einen 35/45 PS-3,8-Liter-Wagen herzustellen, der in Lizenz der Firma „Prazka Tovarna na Automobilny" – „Praga" – gebaut wurde. Die Firma ist noch heute als Lkw-, Motoren-, Achsen- und Sattelschlepperproduzent bekannt.

H 1912 – 1925

Für die ungarischen „Rába"-Automobile verwendete man neben einfachen Schriftzügen auch ein rundes Emblem oder senkrechtes Oval mit Markennamen. Anfang der 90er verwendete man für Rába-Produkte nur noch den blauen Druckbuchstaben-Schriftzug.

Ⓝ

RABAG; RABAG-BUGATTI

Ab Ende 1920 firmierte die Automobilabteilung der „Werkzeugfabrik Funke" als „Rheinische Automobil GmbH" (RABAG), später in eine AG umgewandelt, in Düsseldorf. Mit dieser Gesellschaft wurde 1922 die „Automobilbau AG", kurz „ABAG" genannt, in Mannheim vereinigt, die ein Jahr zuvor aus der Automobilabteilung der „Union Maschinenfabrik" hervorgegangen war. Ebenfalls 1922 gliederte sich die RABAG in die erst nach dem Krieg eingerichtete „Karosseriefabrik Rogg & Co." ein. Noch im gleichen Jahr begann die RABAG unter dieser Bezeichnung mit dem Lizenzbau der Bugatti-Typen „22" und „23". Die Nachbauten (6/25 PS und 6/30 PS) wurden zum großen Erfolg. Der „RABAG-Bugatti" wich vom Original-Bugatti allerdings erheblich ab. Neben zwei- und viersitzigen Tourenwagen baute man bis 1926 auch mehrere Sport- und Rennwagen.

D 1922 – 1926

Als Markenzeichen verwendete man ein Queroval mit integriertem Markennamen „RABAG Lic. E. Bugatti". Die Bezeichnung „RABAG" stand für „Rheinische Automobil Bau GmbH".

Ⓝ Ⓑ

RAF; RAF-KNIGHT

Baron Theodor von Liebig, Oskar von Klinger und der Teppichfabrikant Manfred Ginskey gründeten 1907 in Reichenberg/Österreich eine Automobilfabrik, bei der im März 1908 die ersten Fahrzeuge unter der Markenbezeichnung „RAF" („Reichenberger Automobil Fabrik") gebaut wurden. Die Fertigung der benötigten Antriebsaggregate hatte die Firma „Linser", in Reichenberg übernommen. Paul Henze, ein hervorragender Konstrukteur und später für seine „Selve"-Konstruktionen bekannt geworden, entwickelte als Chefingenieur einige RAF-Automobile. Das Fabrikationsprogramm reichte vom kleinen Zweizylinder-Personenwagen bis zum großen Vierzylinder-Lastwagen. Im Modelljahr 1912 erwarb die „RAF" auch eine Lizenz zum Bau des „Knight"-Schieberventilmotors. Als die Firma ein Jahr später mit „Laurin & Klement" fusionierte, gingen die Lizenzrechte an diese Firma.

A 1908 – 1913

Eines der frühen Markenzeichen war ein rundes Emblem, das umgeben von Girlanden die Markenbezeichnung „RAF" zeigte. Ein weiteres querrechteckiges Emblem war kombiniert mit einem senkrecht stehenden. Auch dieses enthielt die Markenbezeichnung.

Ⓑ

RAILTON

In den 20er-Jahren hatte der englische Ingenieur Reid A. Railton für John Godfrey Parry Thomas gearbeitet, der ein leidenschaftlicher Rennfahrer war und schon 1917 für „Leyland" in England einen Luxuswagen konstruiert hatte. Railton arbeitete auch am legendären „Blue Bird"-Weltrekordwagen von Sir Malcolm Campbell mit. Bis 1933/34 war er mit Hochgeschwindigkeitsrennwagen beschäftigt. Ab 1933 entstanden aber auch die bekannten und rasanten „Railton"-Sportwagen. Schon zu Beginn hatte er sich dabei mit „Invicta"-Konstrukteur Noel Macklin verbunden und die „Railton Cars" in Cobham, Surrey/England, gegründet. Railtons Sportwagen, der mit einem 4010 cm^3-„Essex Terraplane"-Motor versehen wurde, entwickelte eine ansehnliche Höchstgeschwindigkeit von etwa 150 km/h. Der Typ wurde von 1934 bis 1939 und vereinzelt von 1945 bis 1949 gebaut.

GB 1933 – 1949

Für die Railton-Fahrzeuge verwendete man ein waagerechtes, langgezogenes Sechseck, in dem der Markenname „Railton" eingeschlossen war.

RALEIGH

1886 kaufte sich der englische Anwalt und Makler Frank Bowden in Frankreich ein pedalgetriebenes Dreirad und kam so auf die Idee, in seinem Heimatland England selbst Fahrräder zu produzieren. In der Raleigh Street in Nottingham/England begann er mit der Fabrikation seines „safety bicycle", und 1888 gründete er „The Raleigh Cycle Co.". Nur wenige Zeit später wurden die nun „Raleigh" genannten Fahrräder zum begehrten englischen Markenprodukt. Die Fahrrad- und Motorfabrik „Raleigh" stellte 1905, 1916 und in den Jahren 1933 bis 1936 aber auch Automobile her, die gleichfalls den Markennamen „Raleigh" erhielten. Bekannt waren die Dreirad-Fahrzeuge „Raleigh Safety Seven" von 1934, die man mit eigenen V-Motoren mit 750 cm^3 Hubraum versah. Die Konstruktion wurde 1935 an „Reliant", einen weiteren englischen Automobilhersteller, veräußert.

GB 1905; 1916;
1933 – 1936

Der Markenname „Raleigh" bezieht sich auf den Produktionssitz in „Raleigh Street", Nottingham/England. Das Markenzeichen zeigt den Markennamen, Firmenbezeichnung, Herstellerort und einen spitzschnabeligen Vogel.

Ⓑ Ⓚ

RALLY

1920 begann die „Automobiles Rally" in Colombes/Seine mit der Herstellung von Voituretten sportlicher Bauart, die unter dem Namen „Rally" vertrieben wurden. Die Firma konnte sich länger halten als andere französische Sportwagenhersteller, da es sich um eine solide Fabrik handelte, die gute und repräsentative Automobile herstellte. Die Aufbauten der Wagen wirkten elegant und waren gut ausgeführt. Als erste Rally-Typen entstanden leichte Cyclecars, die mit amerikanischen V-Zweizylinder-989 cm^3-„Harley-Davidson"-Motorradmotoren versehen wurden. Später ersetzte man sie durch Einbaumotoren der Firmen „Chapuis-Dornier", „CIME", „SCAP" usw. Im Jahr 1927 erschienen vier Rally-Modelle mit kraftvollen Motoren. Rally-Rennwagen waren auf wohlhabende Sportfahrer zugeschnitten. Der Rally war der französische Zweisitzer der Sportwagen-Klasse schlechthin.

F 1921–1933

Rally-Automobile führten u. a. ein rundes Emblem, das in zwei Ringen den integrierten Markennamen „Rally" zeigte.

Ⓝ

RALT

Der ehemalige „Brabham"-Konstrukteur Ronald („Ron") Tauranac hatte um 1975 einen neuen Formel-3-Rennwagen mit dem Namen „Ralt" konstruiert. In einer kleinen Werkstatt in der Nähe von Woking/England baute er den „Ralt" genannten Formel-Rennwagen, dem im Laufe der Jahre weitere folgten. Der neue „Ralt" erhielt die Bezeichnung „RT 1" für „Ron Tauranac – 1. Formel-Rennwagen". 1983 gab es auch einen „Ralt-Volkswagen", der vom dänischen „Volkswagen"-Werkspiloten John Nielsen gesteuert wurde. Pier-Luigi Martini war Pilot eines „Ralt" mit italienischem „Alfa Romeo"-Motor. Nach 1985 gab es den neuen „Ralt F 3000" mit „Ford-Cosworth"-Triebwerk. 1988 kam „Ralt" zur englischen „March"-Gruppe, wo der „Ralt 36" entstand. Noch in den 90er-Jahren existierte die Marke.

Für den englischen Ralt-Formel-Rennwagen des Typs „RT 3" verwendete man ein rundes Emblem, das den verschlungenen Markennamen „Ralt" zeigt.

GB 1975 – heute

RAMBLER; JEFFERY; NASH/AMC

Der Engländer Thomas Jeffery emigrierte in die USA. Er gründete mit R. Philipp Gormully die „Gormully & Jeffery" in Chicago, Illinois/USA. Dort wurden die „Rambler"-Fahrräder gebaut. Bereits 1897 entstand aber Jefferys erstes Fahrzeug mit Einzylinder-Benzinmotor. Um 1901 veräußerte er zusammen mit seinem Sohn Charles die gesamte Fahrradproduktion an Colonel Albert Pope (s. „Pope-Hartford"). In Kenosha, Wisconsin/USA, begann Jeffery nun eine Automobilproduktion aufzuziehen. Es entstanden zunächst kleine „Rambler"-Ein- und Zweizylinder-Modelle, die zuverlässig waren und gute Verkaufszahlen erreichten. 1914 führte Charles Jeffery die Reorganisierung des Werks durch, und der Rambler wurde nun als neuer „Jeffery" angeboten. 1950 lebte der Name „Rambler" innerhalb der „Nash"-Automobilproduktion als Modellbezeichnung nochmals auf.

Beim „Rambler" (dt.: „Wanderer") verwendete man u. a. ein Querrechteck, das den Firmennamen „Thos. R. Jeffery & Co.", den Herstellerort „Kenosha, Wis., USA" und den Markennamen „Rambler" zeigte.

Ⓝ Ⓑ

USA 1902 – 1913;
1913 – 1917;
1950 – 1970

RAMSES

Vor jahrtausendealten Pyramiden entstand das erste ägyptische Automobilwerk. Ingenieur George Hawi und der ehemalige Offizier der Luftwaffe, Essam Abu el Ela, beschlossen 1958 eine ägyptische Automobilproduktion aufzuziehen. Nach der Errichtung der „Egyptian Automotive Co." in der Nähe von Kairo entstand ein erster Prototyp, der mit britischen „Meadows Frisky"-Komponenten versehen wurde. Der Erfolg war gleich Null, da die Karosserie nicht besonders attraktiv ausfiel. Nun entwickelten die beiden Ägypter einen neuen Wagen, der in Zusammenarbeit mit der deutschen Automobilfirma „NSU" in Neckarsulm entstand. Diese lieferte Motoren, Getriebe, Chassis und Bodenplatten nach Ägypten. Im Frühsommer 1959 hatte man den ersten neuen „Ramses" fertiggestellt, der auf dem „NSU Prinz" basierte. 1973 wurde der Ramses-Automobilbau wieder eingestellt

Der Markenname „Ramses" lehnt sich an den legendären ägyptischen Pharao Ramses an. Als Markenzeichen verwendete man einen Streitwagen, der von Pferden gezogen und vom Pharao gelenkt wird. Dieser zielt mit Pfeil und Bogen auf seine Kriegsgegner.

ET 1959 – 1973

RAVEL

In der „Société Anonyme des Automobiles Ravel" in Besançon, Doubs/Frankreich, produzierten die Gründer und Firmeninhaber Joseph und Edouard Ravel ab 1923 „Ravel"-Automobile mittlerer Größe mit Vierzylinder-2,1-Liter-12 PS-Motor. Ferner besaßen diese Fahrzeuge ein Vierganggetriebe und vordere Radbremsen. 1925 fertigte man einen kleineren Typ mit 1,5-Liter-1460 cm^3-Motor. Drei Jahre später bot man ein Sechszylinder-2,5-Liter-2484 cm^3-Modell des Ravel an. Auch diese Marke überstand allerdings nicht die Weltwirtschaftskrise und verschwand 1928 vom französischen Automobilmarkt. Schon 1907 entwickelte übrigens Louis Ravel bei der Motorenbaufirma „Chapuis-Dornier" in Besançon zusammen mit dem Inhaber Amstoutz (Amstutz) den „Zenith"-Motor. Die Herstellungsrechte wurden dann an die „Automobiles Théophile Schneider" veräußert.

Den Markennamen des französischen „Ravel" hatte man in klassischer Druckbuchstabenform in ein langgezogenes Fünfeck mit Spitze nach oben integriert. Die Buchstabengröße stieg bis zum „V" hin an und fiel zum Ende hin wieder ab.

F 1923 – 1928

RAYMOND MAYS

Raymond Mays gilt als „Vater der britischen 'ERA'-Rennwagen" und wurde nach dem Krieg zum Mitbegründer der britischen Rennwagenfirma „BRM" („British Racing Motors"). Ab 1938 begann der ehemalige Rennfahrer in der von ihm gegründeten „Shelsey Motors Ltd" in Bourne, Lincolnshire/England, mit der Herstellung von eigenen, nach ihm benannten Sportwagen. Dabei handelte es sich um komfortable Cabriolets, die als sportliche Zweisitzer angeboten wurden und mit V-Achtzylinder-2,7-Liter-85 PS-Motoren versehen waren. Von seinen „Raymond Mays"-Sportcabriolets wurden aber nur fünf Exemplare produziert, und mit Ausbruch des Zweiten Weltkriegs 1939 mußte das Sportwagen-Unternehmen aufgegeben werden. In seiner kleinen Automobilwerkstatt wurden auch die berühmten britischen „ERA"- und „BRM"-Fahrzeuge montiert.

Das Markenzeichen der englischen Raymond Mays-Sportwagen zeigte ein waagerecht stehendes Karo mit Doppelrand. Im Innern hatte man den Markennamen in besonderer Druckbuchstabenform integriert.

GB 1938 – 1939

REEVES

Die von Milton O. Reeves in Columbus, Indiana/USA, 1896 bis 1898 produzierten Automobile wurden zunächst noch als „Highwheeler" (hochrädrige Motorwagen) angeboten und von Zweitakt-Motoren angetrieben. Die ersten fünf „Reeves"-Fahrzeuge wurden als „Motorcycles" bezeichnet und bekannt. Diese Wagen hatte Reeves für den Präsidenten der „People's Savings and Trust Company" mit amerikanischen „Sintz"-Antriebsaggregaten entworfen. Ab 1905 entstanden in der „Reeves Pulley Co." auch Vierzylinder-12 PS- bzw. 18/20 PS- und sogar Sechszylinder-Fahrzeuge – letztere mit Luftkühlung. Als Besonderheiten wurden die Wagen mit sechs („Sexto-Auto" – „The Reeves Sexto-Auto Co.") und gar acht („Octo-Auto") Rädern bestückt. Diese blieben jedoch Einzelexemplare. Schon 1910 wurde der eigentliche Reeves-Autobau beendet.

Die Firma Reeves verwendete für ihre frühen Motorwagen den schrägstehenden „Reeves"-Schriftzug.

USA 1896 – 1898;
1905 – 1910

REGAL; RMC

USA 1907–1917/18; 1917–1920

In den Jahren 1907 bis 1917/18 produzierte die Firma „Regal Motor Car Co." in Detroit, Michigan/USA, robuste Vierzylinder-Tourenwagen mit Markennamen „Regal". Ab dem Modelljahr 1915 kam es auch zur Vorstellung von Achtzylinder-Versionen. Den „Regal Underslung", der bis 1914 hergestellt wurde, gab es als offenen Zweisitzer und als geschlossene Coupé-Ausführung. Finanzielle Schwierigkeiten zwangen die Firmeninhaber im Februar 1918 zur Einstellung der Regal-Automobilherstellung. Bis 1920 wurde der amerikanische „Regal" auch unter der Bezeichnung „RMC" für „Regal Motor Company" und mit Sechszylinder-3,8-Liter-Motor in England verkauft. Der eigentliche Regal-Autobau endete bereits 1917/18, bei „Seabrook" in England wurden die Fahrzeuge noch bis zum Beginn der eigenen Automobilherstellung als „Seabrook-RMC" vertrieben.

Der Markenname „Regal" bedeutet „königlich". Markenzeichen war ein Queroval, das in der Umrandung den Firmennamen „Regal Motor Car Co.", den Herstellerort „Detroit, Mich." sowie im Innern des Emblems den Markennamen „Regal" zeigte.

REGAL T-BIRD

USA 1980er

Die Firma „Regal T-Bird Limited" in Madison, Wisconsin/USA, fertigte in Handarbeit Repliken, die dem originalen „Regal T-Bird" vom Jahr 1955 exakt glichen. Die Replik des Regal T-Bird erhielt eine Glasfiber-Karosserie und ein Fahrgestell des amerikanischen „Ford Mustang" der Baujahre 1974 bis 1978. Das benötigte Reserverad hatte man schräg am Kofferraumdeckel angebracht. Alle Räder besaßen Drahtspeichenfelgen. An den Fahrzeugseiten hatte man Bullaugen-Fenster eingelassen. Das Hardtop konnte abgenommen werden, so daß ein formschönes Cabriolet entstand. Als Antrieb diente ein V-Achtzylinder-5,0-Liter-„Ford"-Motor. Das Fahrzeug besaß zudem ein Automatik-Getriebe. Der amerikanische Regal T-Bird von 1955 war auch in dem amerikanischen Film „American Graffiti" des Regisseurs George Lucas eingesetzt worden.

Die Firma verwendete ein geflügeltes Emblem in querrechteckiger Form, in die man den Markennamen „Regal T-Bird" integriert hatte.

RELIANT

GB 1952 – heute

1935 übernahm Thomas L. Williams die Produktion des englischen „Raleigh", der hauptsächlich als kleiner Lieferwagen gebaut wurde. Kurz vor dem Zweiten Weltkrieg entstanden einige Personenwagen mit dem Vierzylinder-„Austin Seven"-Motor; ein kleiner Dreirad-Wagen – wie der Raleigh – kam im Jahr 1952 als „Reliant Regal" auf den Markt. Neben Dreirad-Fahrzeugen erschienen aber auch Vierrad-Wagen, meist sportlichen Zuschnitts, wie etwa der „Sabre" von 1961 oder der 1964 eingeführte „Scimitar", der in modifizierter Version auch heute noch gebaut wird. In unterschiedlichster Ausführung stellt die „Reliant Motor Co. Ltd." in Tamworth, Staffordshire/England, ausgezeichnet verarbeitete Fahrzeuge her. Die Karosserien wurden aus Kunststoff gefertigt, wobei das Design von der renommierten Design-Firma „David Ogle Ltd" kam.

Eines der bekanntesten „Reliant"-Markenzeichen dürfte wohl das Dreieck-Emblem sein, das den Namen „Reliant" und ein Tor mit zwei Türmen zeigt. Für den „Reliant Regal" verwendete man ein Dreieck, das einen Stern zeigte, der dem „Mercedes-Benz"-Stern zum Verwechseln ähnlich war. Ⓑ

REMINGTON

USA 1896–1904; 1910–13; 1914–15

Im Jahr 1816 gründete Eliphalet („Lite") Remington II. in Bridgeport, Connecticut/USA, eine „Remington"-Waffenfabrik. Auch in Utica, New York/USA, bestand eine Firma. Neben der Waffen- und Schreibmaschinenproduktion wurden von 1896 bis 1904 auch Automobile mit Markennamen „Remington" gebaut. Experimente mit Petroleum- und Flüssiggas-Motoren zahlten sich jedoch nicht aus, die Fertigung wurde wieder eingestellt. Familienmitglied Philo R. Remington baute von 1910 bis 1913 noch einmal konventionellere Automobile in Charleston, West Virginia/USA, die aber ebenfalls nur in geringer Stückzahl das Werk verließen, und auch der dritte Versuch im Jahre 1914 in Kingston, New York/USA, blieb so gut wie erfolglos.

Über ein „Remington"-Autoemblem liegen keine näheren Informationen vor. Das abgebildete Zeichen „Remington" wird noch heute für Produkte der Waffenfabrik verwendet.

RENAULT

F 1898 – heute

Louis Renault (gest. 1944) baute 1898 sein erstes kleines Automobil. Noch im selben Jahr gründete er zusammen mit seinen beiden Brüdern eine Firma, die sich auf leichte Automobile spezialisieren wollte. Die erste Limousine von „Renault" wurde 1899 vorgestellt, weitere Motorwagen folgten im Laufe der Jahrzehnte. Marcel Renault, der 1903 beim Rennen Paris-Madrid tödlich verunglückte, war zudem ein ausgezeichneter Rennfahrer und brachte seine persönlichen Erfahrungen auch in die Konstruktionsarbeit seines Bruders Louis ein. 1906 brachte „Renault" den ersten Sechszylinder-Wagen auf den Markt, später stellte man auf die Produktion rationeller Großserienwagen um. Der große „Renault" Anfang der 30er-Jahre war ein Achtzylinder-Typ in Stromlinienform. Neue Maßstäbe setzte der Typ „R 4". Bis heute steht „Renault" als Produzent in Frankreich an der Spitze.

Bei „Renault" gab es u. a. senkrechte Karos mit dem Namen „Renault" oder auch runde Zeichen. Ab 1925 ging man auf die Verwendung des Karo-Zeichens über, das bis heute immer wieder abgeändert wurde. Heute zeigt man dieses Emblem ohne Zebra-Muster. Ⓝ Ⓑ Ⓚ Ⓟ

REO

USA 1904–1936

Ransom Eli Olds, Gründer der amerikanischen Automarke „Oldsmobile", verließ 1904 seine Firma in Lansing, Michigan/USA, und errichtete im gleichen Ort eine neue Firma namens „REO Car Co.". Die nun „REO" genannten neu hergestellten Fahrzeuge wurden zunächst als Einzylinder-Wagen, dann mit Zwei- und Vierzylinder-Motoren vertrieben. Kurz vor dem Ersten Weltkrieg stand „REO" als Hersteller sogar vor „Oldsmobile". Diese Firma holte dann allerdings rasch wieder auf und konnte sich – im Gegensatz zu REO bis heute halten. Bekannt waren der „REO Wolverine" und „REO Flying Cloud" sowie der im Modelljahr 1931 in Paris präsentierte „REO Royale" mit Achtzylinder-Motor. Zur gleichen Zeit stellte sich das Ende des REO-Pkw-Baus ein. Nutzfahrzeuge der gleichen Markenbezeichnung wurden jedoch bis etwa 1957 fortgeführt.

Die Markenbezeichnung „REO" stand für den Namen des Firmengründers „Ransom Eli Olds". Das Zeichen zeigte diese drei Buchstaben ineinander verschlungen in einem geflügelten Emblem. Es gab aber auch runde Embleme mit Markenbezeichnung. Ⓝ Ⓑ Ⓚ

REVERE

USA 1915–1926

Der amerikanische „ReVere“ war in den 20er-Jahren einer der luxuriösesten Sportwagen in Amerika. Fahrzeuge dieser Marke wurden von 1915 bis 1922 bei der „Revere Motor Car Corporation“ in Logansport, Indiana/USA, und von 1922 bis 1926 von der neuen „ReVere Motor Company“ hergestellt. Der „ReVere“ wurde meist als Speedster vertrieben. Als hochwertige Sportwagen mit den Motoren von „Rochester-Duesenberg“ oder „Continental“ aus den USA bestückt, machten sich diese Fahrzeuge einen internationalen Namen. Die Fahrzeuge waren sehr beliebt; auch der König von Spanien fuhr einen Sportwagen dieser Marke. Den letzten ReVere gab es sogar mit zwei übereinanderliegenden Lenkrädern – das untere benutzte man (wegen der Übersetzung) nur für Parkmanöver. 1926 verschwand die Marke „ReVere“ vom amerikanischen Automobilmarkt.

Für den ReVere verwendete man runde Embleme, die teils einen Reiter mit Pferd und teils im Innern des Zeichens den Markennamen „ReVere“ zeigten. Über die Bedeutung von Reiter wie auch Markennamen liegen keine näheren Hinweise vor.

REX-SIMPLEX

D 1901–1918

„Hering & Richard“ etablierte sich in den 1890ern als Zulieferwerk für die aufstrebende Fahrradindustrie. Im Jahre 1901 entstand auch der erste Motorwagen, den man mit „De Dion-Bouton“-Motoren bestückt hatte. Die als „Rex-Simplex“ bezeichneten Automobile von ausgezeichnetem Ruf erhielten ab Modelljahr 1904 deutsche „Fafnir“-Antriebsaggregate. Ehemals in Ronneburg/Deutschland seßhaft, baute die Firma interessanterweise zunächst Kardan-, dann Kettenwagen. 1912 arbeitete der ehemalige „Protos“-Konstrukteur Ernst Valentin für „Hering & Richard“, ging dann aber zu „Russo-Balitique“. Unter Valentin entstanden sportliche „Rex-Simplex“-Tourenwagen mit Vierzylinder-4,5- und 7,4-Liter Hubraum. Nach 1918 wurde der Automobilbau aufgegeben, das Berliner Zweigwerk allerdings von „Elite“ für die Herstellung ihrer „Elitewagen“ übernommen.

Das querovale Markenzeichen der deutschen „Rex-Simplex“-Automobile zeigte den Markennamen. Der Markenname bedeutet sinngemäß „königlich einfach“ – Bezug auf die leichte Bedienbarkeit.

Ⓑ

REYNARD

GB 1973 – heute

Im Jahre 1973 tauchte der Markenname „Reynard“ im Zusammenhang mit Rennwagen nochmals auf. Adrian Reynard legte 1972 den Grundstein für sein Rennwagen-Unternehmen. Er konstruierte neben anderen Fahrzeugen 1973 seinen ersten Formel-Rennwagen. 1979 war ein erfolgreiches Jahr. David Leslie wurde auf einem Reynard-Formel „Ford 2000“ Englischer Meister, und der Chef selbst holte sich den Europatitel. 1984 entwickelte sich das Unternehmen sowie die mit ihm verbundene Herstellerfirma „Sabre Automotive“ zu einer großangelegten Fabrik in Bicester, Oxfordshire/England. Im Herbst 1987 konnte „Reynard“ den 100. gebauten Reynard-Formel-3-Rennwagen feiern. Bekannt war das Projekt „Reynard 87 SF FF 2000“. Etwa im Juni/Juli 1990 kündigte Adrian Reynard an, daß er die Absicht habe, 1992 in das Formel-1-Geschäft einzusteigen.

Das „Reynard“-Firmenemblem zeigt einen laufenden Fuchs. Das französische „Renard“ – oder englisch „Reynard“ bedeutet „Fuchs“. Ein Studienkollege von Adrian Reynard entwarf das Firmenlogo.

RHODE

GB 1921–1931

In den Jahren 1921 bis 1931 baute die „Rhode Motor Co.“ in Birmingham/England kleine wirtschaftliche Vierzylinder-Wagen mit dem Markennamen „Rhode“. Sie wurden als Zwei- und Viersitzer vorgestellt. 1924 fertigte man ein größeres Modell mit einem Vierzylinder-1232 cm^3-10,0-Liter-Motor. Vier Jahre später entstand ein neuer Wagen, der den Namen „Hawk“ („Habicht/Adler“) erhielt und zunächst mit einem 11/30 PS-Triebwerk ausgerüstet wurde. Mit dem Hawk zeigte sich jedoch schon das frühe Ende des englischen „Rhode“, obgleich in den Jahren 1925 bis 1927 noch leichte Lastkraftwagen der Bezeichnung „M & D“ – für „Mead & Deakin“ – gebaut wurden. Mit der Einführung des Hawk im Jahre 1928 verlor die Marke „Rhode“ an Reiz, das endgültige Ende führte die Weltwirtschaftskrise herbei. 1931 wurde der Rhode-Automobilbau eingestellt.

Markenzeichen war ein Queroval mit integriertem Markennamen „Rhode“ am Kühler der Fahrzeuge.

Ⓚ

RICART; RICART-ESPAÑA; RICART-PEREZ

E 1922–1928; 1928–1929

Wilfredo Pelayo Ricart, Spaniens wohl bekanntester Automobilkonstrukteur, war auch für die Konstruktion des schon fast legendären spanischen „Pegaso“-Sportwagens verantwortlich. Ricart gründete zusammen mit seinem Partner Francisco Perez de Olaguer y Feliu die „Sociedad Anonima de los Motores Ricart & Perez“ in Barcelona/Spanien. Gegenstand waren Reparatur von Automobilen sowie Herstellung von Präzisionsteilen und Motoren für die Industrie. 1922 wurden Rennwagen der Marke „Ricart“ bzw. „Ricart & Perez“ geplant und konstruiert. 1923 wurde die Firma wieder aufgelöst, und Ricart gründete kurze Zeit danach die „Sociedad Ricart“. Der erste „Ricart“ entstand 1922 als Wettbewerbswagen, der aber nicht in Serie ging. 1928–1929 kam es zu einer kurzfristigen Partnerschaft mit Francisco Battio (Marke „España“).

Für den ersten „Ricart & Perez“-Rennwagen verwendete man ein rundes Emblem. Für Fahrzeuge der Marke „Ricart“ hauptsächlich den schrägstehenden Schriftzug „Ricart“.

RICKENBACKER

USA 1922–1927

Captain Eddie Rickenbacker (1891–1973), Pilot im Ersten Weltkrieg, Rennfahrer – dem zeitweilig auch die legendäre Indianapolis-Rennstrecke gehörte – und einsatzfreudiger Unternehmer, begann 1922 mit dem Bau von Personenwagen, die seinen Familiennamen „Rickenbacker“ trugen. Seine dank zweier Schwungscheiben vibrationsfreien Motoren waren besonders elastisch. Es gab den „Rickenbacker“ als Sechs- und Achtzylinder-Typ, und mit einigen getunten Wettbewerbswagen sorgte „Rickenbacker“ für Schlagzeilen in der Motorpresse. 1926 zog sich der Firmengründer vom Geschäft zurück und überließ die Firma Barnes Everitt, der sie aber schon ein Jahr später schloß. Die Konstruktionsrechte am Sechs- und Achtzylinder-Motor verkaufte man an Jörgen Skaffte Rasmussens „Zschopauer Motoren-Werke“ in Zwickau/Sachsen (s. „Audi“).

Markenzeichen der Automobile war ein extravagantes Emblem, das neben dem Markennamen „Rickenbacker“ die Zahl „6“ – für den Sechszylinder-Motor – mit beidseitig geflügeltem Lorbeerkranz und einen Zylinder mit schrägliegendem Kreis enthielt.

RILEY

GB 1898–1969

Percy Riley stellte 1897 der Öffentlichkeit seine erste Voiturette vor, die mit Fahrradteilen kombiniert war. 1903 konstruierte er einen eigenen V-Zweizylinder-517 cm^3-Motor, der entweder mit Luft oder Wasser gekühlt werden konnte. Der erste „Riley"-Vierradwagen kam 1907 heraus und besaß bereits abnehmbare Speichenräder. Dadurch wurde Rileys Firma mit einem Schlag weltberühmt. 1919 entwickelte der Firmeninhaber zusammen mit seinem Bruder Stanley den aufsehenerregenden Kleinwagen „Riley 11" mit 1498 cm^3-Motor. 1926 folgte der erfolgreiche 1,1-Liter-„Riley 9 Monaco", ein Familienwagen und Sportwagen. 1928 gab es den ersten Sechszylinder-Wagen der Sportwagenmarke Riley, und 1935 stellte sich mit dem Achtzylinder-„Riley Adelphi"-Wagen ein neuer Erfolg ein. 1969 gab der „BMC"-Konzern die Marke Riley der „Riley (Coventry) Ltd" ganz auf.

Das Markenzeichen des englischen „Riley" stellte sich als waagrechtes Emblem dar, in dem man den Markennamen „Riley" eingearbeitet hatte.

Ⓝ Ⓚ

ROCHET-SCHNEIDER

F 1894–1932

1889 begannen Edouard Rochet und Théophile Schneider mit dem Fahrradbau. 1894 gehörte die „Société Anonyme des Automobiles Rochet-Schneider" dann zu den ersten Firmen Lyons, die sich auf den Autosektor wagten. Die Hersteller des „Rochet-Schneider" orientierten sich bei ihren ersten Motorwagen, 1894 vorgestellt, an deutschen Vorbildern. Sie kopierten z. B. den „Benz", und 1901 glich der „Rochet-Schneider" einem französischen „Panhard" bzw. deutschen „Daimler". 1903 hatte man sich am neuen deutschen „Mercedes"-Konzept orientiert. Es wurden nun schwere Kettenwagen produziert. Von 1906 bis 1951 wurden auch Nutzfahrzeuge gebaut, die sich eines guten Rufs erfreuten. In den 20ern hatte man bereits längere Zeit eigene Fahrzeuge vorgestellt, und es gab zahlreiche Hersteller, die unterschiedliche Rochet-Schneider-Typen in Lizenz fertigten.

Unter den verschiedenen Markenemblemen dürfte jenes am bekanntesten gewesen sein, das die Initialen „R" und „S" für „Rochet & Schneider" ineinander verschlungen, separat oder in einem senkrecht stehenden Rechteck zeigte.

Ⓑ

ROCKET; LIGHT CAR ROCKET

GB 1991 – heute

Der „Rocket" der etwa 1991/92 gegründeten englischen Firma „Light Car Co." in St. Neots bei Cambridge/England wird gerne als „Automobil der Dritten Art" bezeichnet. Rein äußerlich zeigt es alle Attribute eines traditionellen Formel-Rennwagens – Monoposto-Aufbau, freistehende Räder –, jedoch besaß der Wagen einen wassergekühlten Vierzylinder-1003 cm^3-143 PS-„Yamaha"-Reihenmotor. Dieses Aggregat stammte von einem japanischen „Yamaha FZR 1000"-Motorrad. Die Kraftübertragung für den Rocket-Rennwagen erfolgte über den Hinterradantrieb mit Differentialsperre. Geistiger Vater des Projekts war der technische Direktor von „McLaren" in England und Formel-1-Konstrukteur Gordon Murray, der einen Rennwagen für die Straße konstruierte. Der federleichte „Rocket" bzw. „Light Car Rocket" soll wie ein italienischer „Ferrari F 40" gelaufen sein.

Markenzeichen des englischen „Rocket" bzw. „Light Car Rocket" ist natürlich eine im Auftrieb befindliche Rakete („Rocket") in bunten Farben auf einer runden Plakette mit blauem Untergrund und Markennamen.

ROCKNE

USA 1931–1933

Die amerikanische Automobilmarke „Rockne" wurde innerhalb der „Studebaker Corporation" ins Leben gerufen. Die „Rockne Motors Corporation" erhielt ihren Namen nach dem des bekannten amerikanischen Footballcoachs Knut Rockne, der von 1918 bis 1931 in seiner Branche aktiv wirkte. Rockne diente der Firma „Studebaker" als Namensgeber und PR-Figur eines neuen Sechszylinder-Modells, das 1931 auf den Markt kam. Es handelte sich um einen preiswerten Mittelklassewagen, der von 585 bis 800 US-Dollar aufwärts zu haben war. Im Grunde war der Rockne eine kleinere Version des Studebaker. In den Jahren 1932 und 1933 wurden 30293 Exemplare des Rockne verkauft, bevor die Marke „Studebaker" wieder verstärkt in den Automobilmarkt eingriff. Bekannt ist der kurzlebige „Rockne Six" von 1931–1933, der mit einem Sechszylinder-3,1-Liter-Motor versehen wurde.

Für den Rockne verwendete man ein senkrecht stehendes Emblem mit seitlichen Schattenlinien. In diesem Zeichen hatte man den Markennamen „Rockne" vertikal integriert.

Ⓑ Ⓚ

RÖHR

D 1928–1935

Hans Gustav Röhr erwarb 1926 das stillgelegte „Falcon"-Automobilwerk in Oberramstadt/Deutschland, wo er seine langgehegten Automobilpläne verwirklichte. Sein neuer „Röhr 8" mit Achtzylinder-Aggregat und Schwingachsen wurde 1927 vorgestellt. Der „Röhr" machte sich bald einen guten Ruf aufgrund der soliden Verarbeitung und Fahreigenschaften. Ferdinand Porsche zeichnete ein neues Modell, das als „Röhr Olympier" – jedoch als Außenseiter – 1933 erschien. Im gleichen Jahr präsentierte man den „Röhr Junior" als modifizierte Ausgabe des tschechischen „Tatra 30". Es fehlten aber die finanziellen Mittel, um eine großangelegte Serienproduktion durchziehen zu können. Ende 1935 verkaufte die „Neue Röhr AG" ihre Anlagen an „Stoewer". Bereits 1931 ging H. G. Röhr zusammen mit seinem Chefkonstrukteur Joseph Dauben zu „Adler" in Frankfurt.

Als Markenemblem der deutschen „Röhr"-Automobile findet man u. a. ein rundes Zeichen, in dem der Buchstabe „R" für „Röhr" integriert ist. In einem weiteren Markenzeichen mit sechseckiger Längsform sind der Markenname „Röhr" sowie die Zahl „8" für Achtzylinder zu sehen.

Ⓝ Ⓑ

ROLLAND-PILAIN

F 1906–1931

„Rolland-Pilain" gehörte zu den Nobelmarken im sportlichen Bereich und profilierte sich im Grand Prix, ebenso wie in zahlreichen Bergrennen. Das 1906 in Tours/Frankreich gegründete Unternehmen baute zunächst konventionelle Vierzylinder-Wagen, später auch Sechszylinder- und Achtzylinder-Versionen. 1923 wurde ein Rolland-Pilain-Rennwagen beim „Grand Prix von Frankreich" von den Piloten Albert Guyot (s. „Guyot"; „Guyot Spéciale") und Victor Hémery eingesetzt. In den folgenden Jahren experimentierten Dr. Albert Schmid und auch Guyot mit dem „Schmid"-Patent-Schiebermotor, der nun in Rolland-Pilain-Fahrgestelle eingebaut wurde. Im Modelljahr 1931 mußte die Produktion des französischen Rolland-Pilain eingestellt werden, und 1934 verschwand der Markenname aus wirtschaftlichen Gründen gänzlich vom Markt.

Das Markenzeichen zeigte die drei Türme der Stadt Tours in Frankreich, des Produktionsorts für den Rolland-Pilain. Die Kühlerfigur – eine geflügelte Sphinx – war als Markenzeichen der Stolz der Firma.

Ⓝ Ⓑ

Unter rund 14 verschiedenen Kühlerfiguren der britischen Nobelmarke „Rolls-Royce ist „Spirit of Ecstacy“ – liebevoll auch „Emily“ oder „Phyllis“ genannt – wohl die bekannteste. Sie wurde von Charles Sykes nach Lord John Scott-Montagues Privatsekretärin Eleonor Thornton entworfen.

ROLLFIX

D 1933–1936

1933 bis 1936 wurden bei der „Rollfix-Eilwagen GmbH“ in Hamburg-Wandsbek die „Rollfix“-Dreiradwagen mit deutschem 200 cm^3-„ILO“-Zweitakt-Motor gefertigt. Der Bau dieses Wagens war ein Versuch, der Entwicklung standzuhalten. Nach ersten kleineren Modellen wurden die sogenannten „Eilwagen“ entwickelt, alle mit Vorsteckwagen, offenliegendem Motor, freilaufender Kette und dröhnender Haube. Dies waren vermutlich die markantesten Eigenschaften dieser deutschen Fahrzeuge. Die Dreiradfahrzeuge – ähnlich dem späteren deutschen „Fuldamobil“ – wurden auch unter der Bezeichnung „Rekord“ vertrieben. Ab 1934 übernahm die neugegründete Firma „Rollfix-Werke Frederic Schröder KG“ die Fabrikation der zweisitzigen und dreirädrigen Wagen, bei denen sich das einzelne Rad an der Heckseite des „Rollfix“ befand. Es gab auch Modelle mit zwei Hinterrädern.

Das runde Markenzeichen des „Rollfix“ zeigte eine strahlende Sonne und den Markennamen „Rollfix“ im Zentrum.

Ⓝ

ROLLIN

USA 1923–1925

Die „Rollin Motor Co.“ in Cleveland, Ohio/USA, baute in den Jahren 1923 bis 1925 Automobile mit dem Markennamen „Rollin“. Der „Rollin“-Vierzylinder-Wagen mit Vierzylinder-2,4-Liter-Motor und Vierradbremsen ließ sich schwer verkaufen, war aber trotzdem ein Wagen von bester Qualität. Konstrukteur war Rollin Henry White. Der verwendete Motor war dem des bekannten „Cletrac“-Traktors sehr ähnlich, der von einem „White“-Zweigwerk in Cleveland/USA produziert wurde. Die Markenbezeichnung „Cletrac“ stand für „Cleveland Tractors“. 1924 wurden etwa 6500 Exemplare des „Rollin“ vertrieben, doch kamen sie gegen die schweren und großen Sechszylinder-Automobile nicht an. White konzentrierte sich später ganz auf den Bau von Traktoren.

Fahrzeuge der Marke „Rollin“ trugen zeitweise auch das Markenemblem der „Cletrac“-Traktoren: Ein senkrechtes Rechteck mit abgerundeten Ecken, in dessen Zentrum schräg der Markenname „Rollin“ angebracht war. Der Hintergrund zeigte sich in einer Art Gitterstruktur.

Ⓑ

ROLLS-ROYCE

GB 1904 – heute

Frederick Henry Royce war Rennfahrer, erwarb später einen französischen „Decauville“, mit dem er nicht zufrieden war und versuchte sich aus diesem Grund als Konstrukteur. Am 1. April 1904 verließ der erste noch „Royce“ genannte Wagen seine Werkstatt. Er träumte von einem Luxuswagen, und durch das Zusammentreffen mit dem Industriellen Charles Stuart Rolls konnte er seinen Traum bald verwirklichen: Die Luxuswagenmarke „Rolls-Royce“ war geboren. 1905 entstand der erste V-Achtzylinder-Motor, doch drei Jahre später stand man vor dem Ruin, und nur mit Hilfe einflußreicher Freunde wurde die Firma am Leben erhalten. 1910 kam Rolls bei einem Flugzeugabsturz ums Leben, der Aufstieg der Firma indessen war nicht mehr aufzuhalten. Es folgte ein Luxuswagen nach dem anderen. 1931 kam die nahezu ruinierte Firma „Bentley Motors Ltd“ zu „Rolls-Royce“.

Die ersten englischen „Rolls-Royce“-Fahrzeuge trugen noch ein querovales Emblem. Dann ging man auf ein bis heute gültiges Markenzeichen in senkrechter Rechteckform mit abgerundeten Ecken und den ineinander verschlungenen Initialen „R“ und „R“ über.

Ⓝ Ⓑ Ⓚ Ⓟ

RONART

GB 1985 – heute

Der englische Ronart-Zweisitzer-Roadster verkörpert die Grand Prix-Technologie der 40er- und 50er-Jahre: großvolumiger Frontmotor, schmale Bereifung auf großdimensionierten Speichenfelgen und wuchtige Zentralverschlüsse zum schnellen Radwechsel. Die Idee für den britischen Ronart hatte Arthur Wolstenholme 1981 nach eingehender Betrachtung der legendären „Silberpfeile“ im Stuttgarter Daimler-Benz-Museum. Er entschloß sich zum Bau des „Ronart“ genannten Sportwagens, der in Design, Größe und Aussehen den Formel-1-Rennwagen („W 154“, „W 196“ von „Mercedes-Benz“, „Maserati 250 F“, „HWM Jaguar“ usw.) der 40er- und 50er Jahre entsprach. Die Firma in Dunsberry-Bretton, Peterborough/England, debütierte 1985 mit dem „Ronart W 152“, einem türlosen Roadster. 1992 gab es den „Ronart S 6“ in „British Racing Green“ und mit „Jaguar“-Aggregat.

Markenzeichen des „Ronart“ im Stil der 50er-Jahre war ein Queroval mit blauem Untergrund und dem integrierten Markennamen „Ronart“ in silberfarbenen Buchstaben. Der Markenname „Ronart“ setzte sich aus den Vornamen Arthur Wolstenholme und seiner Ehefrau Rona zusammen.

ROSENGART

F 1928–1955

Konstrukteur Jules Salomon, von „Citroën“ zu „Rosengart“ abgewandert, unterstützte Firmeninhaber Lucien Rosengart beim Bau eines Kleinwagens, der 1928 in den ehemaligen „Bellanger“-Automobilwerken in Neuilly/Seine entstand. Der Kleinwagen war ein Lizenzprodukt des bekannten englischen „Austin Seven“ mit Vierzylinder-Aggregat. Auch dessen Nachfolger gingen bis 1940 als „Rosengart“-Modelle vom Fließband. Bereits 1933 konnte „Rosengart“ zusätzlich eine Lizenz des deutschen frontgetriebenen „Adler Trumpf“ erwerben, dann folgten spezielle Ausführungen des „Citroën 11 CV“. Mit dem V-Achtzylinder-3,9-Liter-„Mercury“-Triebwerk entstand 1947 der „Rosengart Super Trahuit“. Ferner baute „Rosengart“ noch einige Kleinwagen mit Zweizylinder-Boxermotor, ehe im Jahre 1955 die Produktion wegen Unrentabilität eingestellt werden mußte.

Rosengart-Markenzeichen war u. a. ein Wappen mit silbernem Rand, in dem eine silberne Rose sowie der schräglaufende Schriftzug „Rosengart“ enthalten sind. Das Emblem fand sich auf dem Rosengart-Modell „LR 4 N 2“ wie auch auf dem Typ „LR 2“.

Ⓚ

ROTHWELL

GB 1901–1916

Die „Eclipse Machine Co. Ltd“ in Oldham, Lancashire/England, produzierte in den Jahren 1901 bis 1916 Automobile des Markennamens „Rothwell“. Nach mehreren erfolglosen Versuchen mit einem frontgetriebenen „Pennington“-Automobil konnte die Firma 1901 ihren ersten Wagen vorstellen, der mit einem konventionellen Einzylinder-6 PS-Motor versehen wurde. Diesem ersten Produkt folgten kurz darauf größere Modelle, so u. a. ein Vierzylinder-12 PS- bzw. 15 PS-Wagen. Von 1910 bis 1916 wurden die erfolgreichsten „Rothwell“-Automobile hergestellt. Diese Typen erhielten 25 PS-Motoren. Es kam auch zur Produktion von Einzylinder-9 PS- und Zweizylinder-10/12 PS-Modellen. Der 25 PS-Wagen dagegen war mit einem Vierzylinder-Motor ausgestattet, der im eigenen Werk entwickelt und gebaut wurde. Ungefähr 600 Exemplare des Rothwell wurden vor 1916 gebaut.

Im Markenemblem der Rothwell-Automobile waren der Firmenname „Eclipe Machine Co. – London“ und die Bezeichnung „The Rothwell“ enthalten. Das Zentrum war zudem von dem Initial „R“ für „Rothwell“ besetzt.

ROVER; LAND ROVER; RANGE ROVER

GB 1904 – heute

Die berühmte Fahrradfabrik „Starley and Sutton's" – 1877 in Coventry, Warwickshire/England, gegründet – taufte sich 1884 in „Rover" um und produzierte ab 1902 auch Motorräder. 1904 folgte der erste „Rover"-Motorwagen, und ab 1911 gab es leistungsfähige Typen, die von „Wolseley"-Konstrukteur Owen Clegg entwickelt wurden. Der Rover mit Vierzylinder-2,3-Liter-Motor blieb bis 1924 im Programm. Es folgten Zwei-, Vier-, Sechs- und Achtzylinder-Modelle, die den guten Ruf von „Rover" festigten. Als Meilensteine wurden die Versionen „P 4" und „P 5" genannt. 1964 gab es einen „Rover P 6" mit Vierzylinder-2,0-Liter-Aggregat und trapezförmigem Aufbau. Der „Rover 3500 SD 1" wurde als „Auto des Jahres 1977" ausgezeichnet, das die Linie der nächsten Jahre bestimmte. Bestens bekannt sind auch die Geländewagen „Land Rover" und „Range Rover".

Als Firmensymbol wählte man ein Wikingerschiff mit dem Kopf eines wilden Kriegers. Seit dem Jahre 1929 prangte das Schiff auf allen Fahrzeugen von „Rover". Dieses Emblem wurde im Lauf der Jahrzehnte bis heute mehrmals abgeändert. Ⓝ Ⓚ Ⓟ

ROVIN

F 1946–1959

In den 20er- und 30er-Jahren baute Raoul de Rovin Fahrräder. Sein Bruder Robert besaß in Paris ein Entwicklungsbüro und übte den Beruf eines Ingenieurs aus. Bereits 1920 und bis etwa 1934 bauten die beiden in ihren „Etablissements Raoul de Rovin" in Asnières/Seine – später Paris – Motorräder mit dem Namen „Rovin". Robert war ein bekannter Motorrad- und Automobilrennfahrer. Bereits vor dem Zweiten Weltkrieg hatte er in seiner Freizeit Kleinwagen gebaut. Im August 1945 stellte er sein neues Produkt vor, das er noch weiterentwickeln wollte. In den Anlagen von „Delaunay-Belleville" in Frankreich entstand 1949 der „Rovin" mit wassergekühltem Zweizylinder-10 PS-Motor und Kardanwellenantrieb. Der hübsche Zweisitzer mit seiner Ponton-Karosserie hatte ein Cabrioletverdeck und Kurbelscheiben in den Türen. Den Rovin gab es bis Ende 1959.

Als Markenzeichen verwendete „Rovin" ein Queroval mit eingesetztem Markennamen, wobei der Buchstabe „R" als Unterstrich des gesamten Namens diente. Ⓚ

RUDGE; RUDGE-WHITWORTH

GB 1912–1913

Auch der britische Motorradhersteller „Rudge" in Coventry, Warwickshire/England, baute in den Jahren 1912 bis 1913 Kleinwagen, die man mit luftgekühlten V-750 cm³-Motoren bestückt hatte. Sie erhielten zudem einen Riemenantrieb. Diese englische Firma gehörte zu den ganz Großen in der Fahrradbranche und war von Dan Rudge 1869 gegründet worden. 1894 verband man das Unternehmen mit der Fahrradfabrik „Whitworth Cycle Co." zur neuen Gesellschaft „Rudge-Whitworth". Die von 1912 bis 1913 hergestellten Automobile wurden nicht nur unter dem Markennamen „Rudge", sondern auch als „Rudge-Whitworth" bestens bekannt. Bereits 1908 stellte die Firma ein Speichenrad mit Zentralverschluß her, wofür sie ein Patent erhielt. Diese Erfindung führte im Automobilbau zu einer großen Wende.

Bekanntestes Emblem des Unternehmens dürfte wohl ein rundes Zeichen sein, das eine Hand, vermutlich mit Speichen-Hintergrund, zeigte. Ⓝ Ⓑ

RÜTTGER

D 1920–1922

Die „Carl Rüttger Motorpflug- und Automobilwerke" in Berlin-Hohenschönhausen stellten zwischen 1920 und 1922 Prototypen eines Vierzylinder-Wagens her, wobei es sich um Tourenwagen-Typen handelte, die als „Deutsche Einheitswagen" bezeichnet wurden. Bei der Konstruktion hatte der talentierte Konstrukteur Joseph Vollmer mitgewirkt. Zu einer Serienproduktion des „Rüttger" genannten Tourenwagens kam es jedoch nicht. Schon auf der III. Frankfurter Internationalen Messe hatte „Rüttger" einen 10/40 PS-Wagen ausgestellt. Das Fahrzeug wog 850 Kilogramm. Es besaß ein spezielles, heute eigenartig anmutendes Anlaß-System: Das Anlassen erfolgte nämlich mit komprimierter Luft aus einer Flasche, welche durch das Antriebsaggregat wieder aufgeladen werden konnte. Diese Anlage konnte zudem gleichzeitig zum Aufpumpen der Reifen verwendet werden.

Das „Rüttger"-Markenzeichen zeigte in einer Achteckform, dessen Seiten nach innen gewölbt sind, den Markennamen „Rüttger", dessen Ü-Pünktchen aus zwei Sternen mit Schweif gebildet sind.

RUGBY; STAR; DURANT

USA etwa 1923–1928; 1927–1928

Fahrzeuge der amerikanischen Marke „Star", hergestellt 1922 bis 1928 unter William („Billy") Crapo Durant, dem Gründer von „General Motors", wurden im Ausland mit dem Markennamen „Rugby" vertrieben. Der Rugby bzw. Star wurde in Elizabeth, New Jersey/USA, produziert. Zeitweilig hatte man ihn auch in anderen Fabriken des amerikanischen „Durant"-Konzerns montiert. Das Sechszylinder-Modell von 1927/28 erhielt abschließend noch den Markennamen „Durant".

Der amerikanische Rugby zeigte ein senkrecht stehendes Oval, in das ein hochformatiges Karo und der Markennamen „Rugby", blau mit weiß, eingestellt waren. Ⓑ Ⓚ

RUMPLER

D 1921–1926

Edmund Rumpler war ein vielseitig begabter Ingenieur aus Wien. Er wurde nicht nur wegen seinen Konstruktionen im Flugzeugbau, sondern auch mit der Herstellung von Automobilen bestens bekannt. Rumpler entwickelte einige interessante Automobile mit „Tropfenform"-Karosserie, also mit aerodynamischen Aufbauten. Ferner wirkte er auch an der Entstehung des ersten „Nesseldorf-Präsident", dem Vorläufer des späteren tschechischen „Tatra"-Motorwagens, mit und arbeitete u. a. bei „Adler" in Deutschland und „Spyker" in den Niederlanden. Nach dem Ersten Weltkrieg begann Rumpler in Berlin mit dem Bau seiner „Rumpler Tropfenwagen", die großes Aufsehen erregten und von denen ein Exemplar noch im Deutschen Museum in München bewundert werden kann. Dieser Sechszylinder-Wagen erhielt einen Sechszylinder-„Siemens & Halske"-Mittelmotor.

Markenzeichen von Rumpler bildete verständlicherweise eine Tropfenform, in der der Markenname „Rumpler" zu lesen war. Ⓝ

RUSSON

Ab 1949 begann die „Russon Cars Ltd" in Stanbridge, Bedfordshire/England, auf einem ehemaligen Militärflugplatz, wo einst „Vickers"-Bomber ihre Militärbasis hatten, mit dem Bau von Kleinwagen, die den Namen „Russon" erhielten. Die Kleinwagen entstanden in den Jahren 1951 bis 1952. Als Initiator dieses Projekts war Douglas Arthur Russel genannt, der vor dem Zweiten Weltkrieg mit Modellflugmotoren gehandelt hatte. Zudem war er Verleger einer Modellbau-Zeitschrift. Der 1950 vorgestellte „Russon" mit Einzylinder-197 cm³ „Villiers" Motor auch als „Russon & Son" bekannt geworden – hatte keinen Erfolg. Die Presse zeigte sich niederschmetternd. Doch man gab nicht auf, und bald folgte ein neues Modell, nun mit einem Zweizylinder-250 cm³-10 PS-„Excelsior"-Motor versehen. Bis 1952 wurden nicht mehr als 10 bis 15 Exemplare dieses Typs gefertigt.

Das Russon-Markenzeichen – der Name stand für „Russel & Son" – zeigte in einem schildartigen Emblem den Markennamen, der seitlich von Flügeln flankiert war.

GB 1951–1952

RUSTON-HORNSBY

Als Hersteller landwirtschaftlicher Maschinen sowie „Clerget"- und „BR 2"-Flugmotoren – im Ersten Weltkrieg – baute die Firma „Ruston & Hornsby Ltd" in Lincoln/England von 1919 bis 1923 auch einige Vierzylinder-Personenwagen. Ihre Herstellung war indessen zu aufwendig, um im Konkurrenzkampf der 20er-Jahre bestehen zu können. Der erste „Ruston-Hornsby"-Motorwagen, welcher die Typenbezeichnung „A 1" erhielt, besaß einen Vierzylinder-2,6-Liter-15,9 PS-Motor und ein Dreigang-Getriebe. Im Jahr 1920 stellte man dem Modell „A 1" den neuen Typ „A 3" mit 20 PS-Motor und 3,0-Liter-Hubraum zur Seite. 1923 erschien noch ein kleineres Modell mit 15 PS-Aggregat, ein Jahr später stellte die englische Firma ihre Automobilproduktion ganz ein.

Ruston-Hornsby führte ein Markenzeichen, das aus den beiden ineinander verschlungenen Buchstaben „R" und „H" für „Ruston & Hornsby" bestand.

GB 1919–1924

RUXTON

1926 versuchte Ingenieur William J. Muller die Karosseriefabrik „Budd" in Philadelphia, Pennsylvania/USA, für ein für die Zeit ungewöhnliches Automobilprojekt zu gewinnen. Es handelte sich um einen vorderradgetriebenen Sportwagen, den Archie M. Andrews von der Firma „Hupp" (Marke „Hupmobile") und Childe Harold Wills (Marke „Wills St. Clair") schließlich finanzierten. Sie gründeten in St. Louis, Missouri/USA, die neue Firma „Era Motors, Inc.", der auch die amerikanischen Marken „Moon" und „Kissel" angehörten. Den benötigten Achtzylinder-Reihenmotor besorgte man sich bei „Continental", die Aufbauten bei „Budd" und „Raulang" („Rauch & Lang"). Der Börsenmakler V. C. Ruxton, nach dem der Wagen benannt war, sollte der Hauptaktionär der Firma sein, verstand es jedoch, sich vor dem Zusammenbruch von „Ruxton" 1930 aus dem Geschäft zu ziehen.

Das Markenzeichen besaß Dreiecksform mit abgerundeten Ecken und nach unten zeigender Spitze. In diesem Emblem waren der Markenname „Ruxton" und die stilisierte Darstellung eines Greifen enthalten. Nähere Informationen über dieses Symbol liegen nicht vor.

USA 1929–1931

SAAB; SAAB-SCANIA

Der Industrie-Multi „Saab" ist Hersteller von Flugzeugen und Pkws, Computern, Waffen und Raketen und auch im Bereich der Nutzung neuer Energiequellen, wie etwa der Windkraft, tätig. Seine Geschichte läßt sich bis 1891 zurückverfolgen. Die „Svenska Aeroplan AB" (SAAB) in Linköping/Schweden wurde jedoch erst 1937 gegründet und begann ab diesem Jahr mit dem Bau von Flugzeugen. Die Automobilfertigung begann mit Ende des Weltkriegs und sollte eine Alternative zur Flugzeugherstellung darstellen. 1946 nahm ein erster „KP-92"-Prototyp als zweitürige Limousine mit Frontantrieb Gestalt an, und 1949 wurde die Serienherstellung des ersten „SAAB" eingeleitet. 1956 folgte der „Sonett", der auf dem Dreizylinder-Typ „93" basierte. 1965 entstand die neue „SAAB AB", und die Herstellung wurde nach Nyköping verlegt. 1967 kam es zur Fusion mit „AB Scania-Vabis".

Seit 1984 ist ein „SAAB-Scania"-Markenzeichen in Gebrauch: Es zeigt den gekrönten Geier, den Wappenvogel der südschwedischen Provinz Schonen. „Scania" ist die lateinische Bezeichnung für Schonen.

Ⓝ Ⓚ Ⓟ

S 1950 – heute

SABRA; AUTOCARS; ROM

Im Betrieb der „Autocars Co. Ltd" in Haifa/Israel, die 1958 auf private Initiative hin gegründet worden war, wurde ab 1960 auch der „Sabra" gebaut, eine Version des britischen „Reliant" der Firma „Reliant Engineering Co. (Tamworth) Ltd" mit Vierzylinder-1,2-Liter-„Ford Consul"-Motor. Von der englischen Firma „David Ogle Ltd" stammte das Design für den benötigten Kunststoffaufbau. Im Modelljahr 1963 folgte der „Sabra Sussita", und vier Jahre erschien der Typ „Gilboa". Auch diese Modelle erhielten „Ford"-Aggregate. Die „Rom Carmel Industries" in Haifa-Tirat/Israel, übernahm ab 1974 die Herstellung des von Reliant entwickelten Sabra-Designs. Das Ergebnis der neuen Konstruktion wurde später als „Rom" bzw. „Rom Carmel" vorgestellt. Der Rom Carmel wurde in Griechenland montiert und dort als „Attica Carmel 12" mit 1,3-Liter-„Triumph"-Motor bekannt.

„Sabra" ist der Name eines israelischen Kaktus, der in der israelischen Nationalflagge wie im runden Markenzeichen der Sabra-Fahrzeuge zu finden ist.

Ⓚ

IL 1960–1974

SACHSENRING

Nach dem Zweiten Weltkrieg wurden die „Horch-Automobilwerke" in Zwickau/Sachsen verstaatlicht. Nach der Übernahme hieß die Fabrik „VEB (Volkseigener Betrieb) Automobilwerke Horch", dann „VEB Automobilwerk Zwickau, ehem. Audi" (AWZ). Der „Sachsenring P-240" mit dem „Horch"-Markenzeichen wurde 1956 auf der Messe vom „VEB Kraftfahrzeug- und Motorenwerk Zwickau" (KMZ) vorgestellt. Dieses Modell wurde auch ab Juli 1957 vom VEB AWZ gebaut. Bereits 1957 ließ man den Namen „Horch" fallen und führte die Bezeichnung „VEB Sachsenring" ein. Bis Ende 1959 baute das „VEB Sachsenring Automobilwerk Zwickau" den ersten der „Trabant"-Baureihe, der noch die Typenbezeichnung „P 50" erhielt. Noch bis April 1991 – nach der politischen Wende 1990 – hatten die „Sachsenring Automobilwerke" den Trabant hergestellt.

Im unteren Teil des bekannten Horch-Markenemblems mit dem überkronten Initial „H" hatte man die Zusatzbezeichnung „VEB" eingegliedert. Dieses Emblem stand für den neuen „Sachsenring". Der „Trabant" führte zudem lange Jahre das stilisierte Initial „S" für „Sachsenring".

Ⓝ

DDR/D 1957 – etwa 1993/94

SALMSON

F 1921–1957

Die „Société des Moteurs Salmson" in Billancourt/Seine stellte von 1921 bis 1927 Automobile mit dem Namen „Salmson" her, benannt nach dem Ingenieur Emile Salmson (1859-1917). Bereits 1909 experimentierte Salmson mit siebenzylindrigen Radialmotoren, mit einem Auspuff pro Zylinder. Während des Ersten Weltkrieges baute das Unternehmen Flugmotoren, denen 1921 der erste von Emile Petit konstruierte „Salmson"-Wagen folgte. Es schlossen sich im Laufe der späteren Jahrzehnte die unterschiedlichsten Vierzylinder-Typen an. Während der 20er-Jahre gab es rasante Sportwagen, die auch einen Kompressor und zwei obenliegende Nockenwellen besaßen. Nach dem Krieg ging es mit der Firma bergab, und 1957 mußte der Salmson-Autobau aufgegeben werden. Renault hatte schon 1956 die Werksanlagen aufgekauft.

Das Salmson-Markenzeichen der 20er-Jahre beinhaltete die Firmeninitialen „SMS" für „Société des Moteurs Salmson". Der Schriftzug „Syst. Canton Urie" bezog sich auf die Geschäftspartner von Emile Salmson.

Ⓑ Ⓚ

SALMSON; BRITISH SALMSON

GB 1934–1939

In den Jahren 1934 bis 1939 produzierte die Firma „British Salmson Aero Engines Limited" in London einen Vierzylinder-1,5-Liter- und einen Sechszylinder-2,6-Liter-Wagen. Hierbei handelte es sich um französische Motoren, die in ein britisches Fahrgestell eingebaut wurden. Nach Produktion der Modelle „S 4 C" und „S 4 D" stellte man nach einer Fertigung von rund 350 Fahrzeugen die Produktion im Jahr 1939 wieder ein.

In dem geflügelten Markenzeichen war – aufgrund der Flugmotorenfertigung – auch im Emblem ein solcher zu sehen. Im Propeller hatte man den Markennamen „Salmson" und auch den Herstellerort „London" integriert.

Ⓑ

SARA

F 1923–1930

Der „SARA" kam im Jahr 1922 erstmals zur Vorstellung. Ein Jahr später begann die von den Partnern Tisserant und Piazzoli gleichfalls 1922 gegründete „Société des Applications à Refroidissements par Air" – auch „Société des Automobiles à Refroidissements par Air" („Gesellschaft für luftgekühlte Automobile") – mit Sitz in Courbevoie und Puteaux/Seine die Herstellung von „SARA"-Vierzylinder-Automobilen. Hinzu kamen dann auch Sechszylinder-Ausführungen. Auch beim 24-Stunden-Rennen in Le Mans konnte man den SARA bewundern. Man baute auch Limousinen und Coupés, und für zwei Jahre wurde der Wagen in Schottland unter dem Markennamen „Scotsman" („Schotte") in Lizenz hergestellt. Bekannt sind die französischen Versionen „SARA P 6", ein Tourenwagen, und „SP 7", eine Sportversion. 1930 kam das Ende die Firma, drei Jahre später verschwand die Marke.

Das Markenzeichen des französischen „SARA" enthielt die Markenbezeichnung und eine nicht deutbare Grafik, ähnlich einer Ranke. Das Emblem selbst wurde von einem an einer Seite offenen Ring umspannt.

SATURN

USA 1985 – heute

Die „General Motors Corporation" in Detroit, Michigan/USA, baute Ende 1983/Anfang 1984 ein neues Kompakt-Automobil mit Markennamen „Saturn". Dieser Prototyp, dessen Abmessungen zwischen einem „Opel Kadett" und einem „Opel Ascona" liegen, soll über einen im Verhältnis zur Fahrzeuggröße besonders geräuscharmen Innenraum verfügen und zudem extrem sparsam sein. „Saturn Corporation" hieß das neue 1985 gegründete und unabhängige Tochterunternehmen von „General Motors". Neben den Marken „Buick", „Cadillac", „Chevrolet", „Oldsmobile" und „Pontiac" soll die neue Marke „Saturn" als sechstes Glied in der General Motors-Kette fungieren, hauptsächlich Kompaktwagen herstellen und den Japanern Paroli bieten. Bekannt ist das über 200 km/h schnelle „Saturn Sports Coupé SC" des Modelljahrs 1991.

Den Namen „Saturn" führten Raketen, die den USA die bemannte Raumfahrt und damit die erste Landung auf dem Mond ermöglichten. Die amerikanische General Motors Corporation entlieh sich diesen Namen, der Fortschritt und Durchbruch symbolisiert.

Ⓟ

SAUBER; SAUBER-MERCEDES

CH 1968 – heute

Der Elektro-Ingenieur Peter Paul Sauber kaufte sich 1967 einen „Volkswagen Käfer", dessen Motor er solange auf Leistungsstärke tunte, bis man dem Wagen die Straßenzulassung versagte. 1968 wagte er sich an einen Eigenbau. Produkt war ein „Buggy", der scherzhaft den Namen „Käseschnitte" erhielt und einen keilförmigen Aufbau besaß. 1969 entstand das zweisitzige „Sauber C 1"-Gruppe 6-Rennwagen-Projekt. 1970 gründete man die „P. P. Sauber AG" in Hinwil bei Zürich. Es folgten Siege und neue Renner, so die Typen „C 2" bis „C 7". Der „Sauber C 8"-Rennsportwagen von 1986 besaß einen V-Achtzylinder-5,0-Liter-4973 cm^3-600 bis 650 PS-„Mercedes-Benz M 117"-Motor. Schon 1984 hatte sich Sauber mit Mercedes-Benz zu einer Renn-Kooperation verbunden. Daraus entstand der neue Name: „Sauber-Mercedes". 1993 kam der „Sauber C 12" als Formel-1-Renner heraus.

Das heutige Emblem zeigt lediglich den gelben Buchstaben „S" auf blauem Untergrund. Mit dem Buchstaben „C" innerhalb der Typenbezeichnungen bedankte sich Sauber bei seiner Frau Christine.

SAURER

CH 1897–1917

Die „Adolphe Saurer AG" in Arbon am Bodensee/Schweiz zählt zu den ältesten Autoherstellern der Schweiz. 1853 gründete Franz Saurer in St. Gallen eine Eisengießerei. Er baute Strickmaschinen, verlegte zehn Jahre später seinen Betrieb nach Arbon und expandierte. 1888 begann Adolphe Saurer neben der Fertigung von Textilmaschinen auch mit der Produktion von Einzylinder-Motoren. Diese trieben die ersten „Saurer"-Automobile von 1897/98 an. In Neuilly/Seine, Frankreich, eröffnete man ein Automobilzweigwerk, und 1904 gab es einen ersten vollständig in Arbon gefertigten Saurer-Personenwagen mit 22 PS-Benzinmotor. Adolphes Sohn Hippolythe entwickelte konventionelle Wagen mit u. a. Vierzylinder-24/40 PS-Motoren. 1917 wurde der Pkw-Bau eingestellt und man widmete sich verstärkt dem Bau der „Saurer"-Lastwagen, mit dem 1903 begonnen worden war.

Der Treppengiebel und das Giebeltürmchen des ehemaligen Wohnhauses der Familie Saurer in Arbon inspirierten 1910 zur neuen Gestaltung eines „Saurer"-Markenzeichens. Dieses Signet mit Schriftzug erfuhr bis 1911 weitere Veränderung und Verbesserung.

Ⓝ

SAPOROSHETS; SAS; ZAPOROSHETZ; ZAZ

SU 1960 – heute

Aus eigener Initiative begann das russische „Traktorenwerk Kommunard“ – Werksbezeichnung „ZAZ“ („Zaporoshetz“) 1959 in Zaporoshje/Ukraine mit der Produktion eines heckangetriebenen Kleinwagens mit luftgekühlten V-Vierzylinder-750 cm³-Motor. Deutliches Vorbild dabei war der „Fiat 600“. Bekannt war der „SMZ-SAZ“ Kleinwagen für Kriegsversehrte, von Anfang der 60er Jahre, versehen mit luftgekühltem Einzylinder- ca. 10-PS-Motor. Als „ZAZ 965“ kam der 890 cm³-Wagen auf keine nennenswerten Stückzahlen. 1968 erschien der Wagen mit größerem Aggregat als „Yalta“. In den 60er-Jahren wurde der „ZAZ“ auch in Belgien montiert, versehen mit französischem 950 cm³-„Renault“-Aggregat. Auch der „LUAZ“ wurde bei „Kommunard“ gebaut. 1981 folgte der „ZAZ 968 M“, der in modifizierter Version noch in den 90ern gefertigt wurde.

Der Zaporoshetz trug als Mittelding zwischen dem italienischen „Fiat 600“ und dem deutschen „Volkswagen“ im Westen den Spitznamen „Volksfiatowitsch“. Die Markenbezeichnung „ZAZ“ hatte man u. a. ins Blech der Fahrzeugfront eingestanzt. Ⓝ Ⓑ

SB; SLABY-BERINGER

D 1919–1924

Die Firma „Slaby-Beringer Automobilgesellschaft mbH“ in Berlin-Charlottenburg baute in den Jahren 1919 bis 1924 kleine ein- und zweisitzige Elektromobile mit Elektro- und Motorradmotoren der Markenbezeichnung „SB“ für „Slaby & Beringer“. Über 1000 Exemplare gingen nach Japan, denn der „SB“ hatte sich zum Verkaufsschlager entwickelt: Zwei Fahrzeuge dieser Marke waren so teuer wie ein normaler Benzinmotorwagen. In Japan kam es sogar zur Gründung einer Firma namens „The Japan and German Electric Cyclecar Co.“ mit Sitz in Osaka. Rudolf Slaby, Sohn von Prof. Dr. Ing. Adolf Slaby und Gründer der Firma „Telefunken“, war Konstrukteur des „SB“. Im Jahr 1925 übernahm J. S. Rasmussen (Automarke „DKW“) das deutsche Unternehmen und machte Slaby zum Direktor seiner Berliner Niederlassung.

Das Markenzeichen des deutschen „SB“-Motorwagens zeigte die verschlungenen Initialen „SB“ in einem Kreis.

SBARRO

CH 1971 – heute

Die Marke „Sbarro“ wird als Geheimtip für „Automobil-Gourmets“ genannt. Der 1939 geborene Italiener Franco Sbarro hatte schon immer ein besonderes Gefühl für Ungewöhnliches, darunter auch seine futuristischen Automobil-Kreationen. Bereits 1967 gründete er eine eigene Werkstatt in Les Tuileries-de Grandson/Schweiz, wo er den Bau von Rennsportwagen verschiedener Formeln aufnahm. 1968 entstanden die „Ateliers d'Etudes et de Constructions Automobiles S.a.r.l.“ (ACA) in Grandson bei Yverdon/Schweiz. 1972 entwarf und realisierte Sbarro ein sportliches Sicherheits-Coupé namens „SV 1“. Im gleichen Jahr änderte man den Namen in „Ateliers de Constructions Automobiles Sbarro S.a.r.l.“ um. Sbarro, der mit seinen Schöpfungen laufend auf Automobil-Ausstellungen vertreten ist, bietet auch heute noch Repliken, Einzelbauten, Prototypen und Sonderfahrzeuge an.

Unter verschiedenen Markenzeichen gab es z. B. 1974 ein „Sbarro-BMW“-Emblem für den „BMW 328“-Nachbau. Als Markenzeichen wurde das Original-„BMW“-Emblem verwendet, im Hupenring stand das Sbarro-Signet mit dem Windhund als Symbol der Schnelligkeit. Ⓝ

SCANIA; SCANIA-VABIS

S 1902–1912; 1914–1929

1900 baute die „Maskinfabrik AB Scania“ in Malmö/Schweden Fahrräder, 1901 entstand ein Versuchswagen, der nach seinem Konstrukteur Thorssion „Thorssinka Bilen“ genannt wurde. Diesem Typ folgte 1902 der „Svenssonka Bilen“. Ein kettenangetriebener Lastwagen war der nächste „Scania“-Wagen, für den man einen deutschen „Kämper“-Motor verwendete. Die Herstellung von „Scania“-Automobilen von 1902 bis 1912, bevor die Fusion mit „Vabis“ zur neuen Gesellschaft „Scania-Vabis“ stattfand, blieb jedoch recht gering. 1911 entstanden unter diesem neuen Namen hauptsächlich Nutzfahrzeuge. Bis 1929 gab es auch einige Personenwagen. Die vier letzten Pkws wurden nur auf ausdrücklichen Wunsch eines Kunden gebaut, ab dann konzentrierte sich „Scania-Vabis“ endgültig auf die Fertigung von Lastkraftwagen und Omnibussen. 1967 fusionierte „Scania“ mit „SAAB“.

Im alten Emblem findet sich der Markenname „Scania-Vabis“ als „Aktiebolaget“ (AG) sowie der gekrönte Adlerkopf aus dem Stadtwappen von Malmö/Schweden. Ⓝ Ⓚ

SCARAB

USA 1957 – etwa 1961

Lance Haugwitz von Reventlow war der Sohn des dänischen Grafen Haugwitz-Reventlow und der Woolworth-Erbin Barbara Hutton und gilt als Initiator und Konstrukteur des „Scarab“-Rennwagens, der im Mai 1960 erstmals beim Großen Preis von Monaco eingesetzt wurde. Zusammen mit Bruce Kessler war Lance Haugwitz von Reventlow zu Beginn der 50er-Jahre nach England gereist, wo er sich für die Konstruktionen des talentierten Brian Lister interessierte. In die USA zurückgekehrt, planten beide einen eigenen Rennwagenbau, und 1957 konnte der erste „Scarab“ der „Reventlow Automobiles, Inc.“ vorgestellt werden. 1958 erschien der „Scarab Mk I“-Sportwagen-Prototyp, der von Rennfahrer Reventlow entworfen worden war. 1959 entstanden Formel-1-Fahrzeuge, doch um 1961 – nach mehreren erfolglosen Einsätzen – wurde das Projekt endgültig eingestellt.

Markenzeichen dieser amerikanischen Sport- und Rennwagen war ein stilisierter ägyptischer „Scarabäus“ als Glücksbringer.

SCAT

I 1906–1932

Giovanni Ceirano gründete 1904 die Firma „Giovanni Ceirano Junior“. Später verließ er das Unternehmen und gründete im Juli 1906 die „Società Ceirano Automobili Torino“ (SCAT) in Turin/Italien. Diese Firma stellte etwa 500 Automobile her, die meist mit Vierzylinder-Motoren von 12 PS- bis 16 PS-Leistung bis 1909 versehen wurden. 1911/12 wurde der „SCAT“ bei den Rennen um die „Targa Florio“ erfolgreich eingesetzt. Bei SCAT gab es auch Vierzylinder-Typen, von 2722 cm³ bis 4710 cm³ Hubraum. Zu Beginn des Ersten Weltkriegs sah man vom Rennwagenbau wieder ab und konzentrierte sich auf die Herstellung normaler Personenwagen sowie von Flugzeug-Einbaumotoren. 1931 verließ Ceirano seine Firma und errichtete ein Jahr später die neue „Società Liguri Piemontese Automobili“ (SPA). 1932 stellte man bei SCAT die weitere Automobilproduktion ein.

Als Markenzeichen verwendete man ein nach oben gewölbtes Querrechteck in Jugendstil. In dem Zeichen waren der Firmenname sowie die Markenabkürzung „SCAT“ enthalten. Spätere Embleme zeigten diese Bezeichnung lediglich in einem Queroval. Ⓝ

SCHUCKERT; SIEMENS; SIEMENS-SCHUCKERT; PROTOS

D 1899–1900; 1907–1908; 1900–1926

Die „Nürnberger Elektrizitäts-AG, vorm. Schuckert & Co." baute vor der Übernahme durch „Siemens" 1903 in den Jahren 1899 und 1900 eine kleine Reihe von Elektro-Kleinwagen mit Markennamen „Schuckert". Aus dem von Schuckert übernommenen Automobilprojekt entwickelte sich 1907 ein Motorwagen, der im gleichen Jahr als „Siemens-Schuckert" zu einer kleinen Berühmtheit wurde. Er wurde von einem deutschen Vierzylinder-„Körting"-Motor angetrieben. Erst später wurde eine eigene Produktion von Motoren eingeleitet. Neben diesem Motorwagen gab es aber auch noch ein „Siemens"-Automobil, einen Lieferwagen mit Elektromotor. Mit der Übernahme der deutschen Automobilmarke „Protos" wurde der eigentliche Siemens- bzw. Siemens-Schuckert-Automobilbau aufgegeben.

Das bekannteste Markenzeichen von „Siemens-Schuckert" zeigte die Buchstaben „S" und „S".

Ⓑ Ⓚ

SCORPION

GB 1983 – etwa späte 80er

Im Jahr 1983 wollte der aus Swinden/England stammende Andy Hurdle mit seinem 30000 PS-„Scorpion"-Rennwagen den bisherigen Weltrekord von 1190,37 km/h brechen. Über das Ergebnis dieser versuchten Weltrekordfahrt liegen keine weiteren Informationen vor.

Als Markenzeichen verwendete man einen großflächigen „Scorpion", der auf den Rennwagen aufgemalt war.

SCRIPPS-BOOTH

USA 1913–1922

James Scripps-Booth baute 1908 im Alter von 20 Jahren ein monströses zweirädriges Fahrzeug mit V-Achtzylinder-Motor. 1912 folgte in Detroit, Michigan/USA, finanziert von seinem Onkel, der Marinemotoren baute, ein Wagen namens „Bi-Autogo". Das Fahrzeug war 25000 US-Dollar teuer und besaß einen V-Achtzylinder-6308 cm^3-Motor. Dann plante Scripps-Booth den Bau eines Cyclecars, wobei er sich für den Prototyp vom französischen „Bédélia" inspirieren ließ. Der Wagen wurde 1914 zunächst als „JD Rocket", dann als „Scripps Rocket" bekannt. Man gründete nun die „Scripps-Booth Cyclecar Co.". Der „Scripps-Booth" wurde als Tandem-Zweisitzer mit einem luftgekühlten Zweizylinder-„Spacke"-Motor versehen. 1916 gab es einen Tourenwagen mit V-Achtzylinder-Aggregat und Spitzkühler. Zwei Jahre später wurde die Firma von „General Motors" übernommen.

Das Markenzeichen des amerikanischen Scripps-Booth zeigte eine runde Form mit den Initialen „S" und „B", den Markennamen selbst wie auch den Herstellerort oder eine die Flügel ausbreitende Möwe, die vielleicht für den Marinemotorenbau des Onkels von James Scripps-Booth stand.

SEAGRAVE

USA 1914; 1960

1914 baute die in Columbus, Ohio/USA, seßhafte und auf Feuerwehrlöschgeräte spezialisierte „Seagrave Co." einige Prototypen eines Motorwagens mit dem Markennamen „Seagrave", der wahlweise von einem Sechszylinder-28/30 PS- bzw. 40/45 PS-Motor angetrieben wurde. Dieser frühe „Seagrave" diente u. a. zur Beförderung des Feuerwehrchefs und konnte mit einem Tank für chemischen Stoff und zwei Sitzen oder mit fünf Sitzen ohne Tank ausgerüstet werden. Die offenen Vierradwagen wurden nur 1914 gebaut, dann konzentrierte man sich wieder auf die Produktion von Feuerwehrgeräten. 1960 versuchte man sich bei der „Seagrave Fire Apparatus Co." erneut mit dem Bau eines Automobils. Diesmal handelte es sich um einen Versuch auf dem wachsenden Compakt-Car-Markt. Drei Prototypen wurden gebaut.

Bei „Seagrave" verwendete man ein Queroval als Emblem, in dem vier Dreiecke ein Gesamtdreieck bildeten. Zudem hatte man den Markennamen „Seagrave" und den Herstellerort „Columbus, Ohio" integriert.

SEARS; SEARS & ROEBUCK

USA 1906 – 1911

Die „Sears Motor Car Company" in Chicago, Illinois/USA, gehörte zu dem weltberühmten amerikanischen Warenhaus-Konzern „Sears, Roebuck & Co." und stellte von 1906 bis 1911 ausschließlich für dieses Haus einen „Sears" genannten Motor Buggy her. Als Antrieb diente ein luftgekühlter 10/12 PS-Boxermotor. Der Bau dieses hochrädrigen Motorwagens mit seinen Vollgummireifen wurde von den Besitzern der „Sears, Roebuck & Co.", Richard Warren Sears und Alvah Curtis Roebuck, angeordnet. Den „Sears", der von verschiedener Seite auch als „Sears & Roebuck" bezeichnet wurde, hatte man für Privatkäufer gebaut. Bei „Sears & Roebuck" konnte man auch Motorräder beziehen. Bei diesem großen Handelshaus war alles erhältlich, angefangen von der Stecknadel bis hin zum eigenen Begräbnisinstitut. Bekannt ist auch der Sears Tower mit einer Höhe von 443,17 Metern.

Bei „Sears" verwendete man unterschiedliche Schriftzüge und Markenzeichen. Bekannt ist der abgebildete Schriftzug.

SEAT

E 1953 – heute

Als einer der bedeutendsten Automobilhersteller Europas hat sich die „Sociedad Española de Automóviles de Turismo", kurz „SEAT" genannt, 1950 in Barcelona/Spanien konstituiert. Als erste Lizenzbauten erfolgten Fahrzeuge des italienischen „Fiat 600" sowie des „Fiat 1400". Sie kamen auf dem spanischen Markt in unterschiedlichen Varianten heraus. Allein vom „850" wurden ab 1966 650000 Einheiten produziert. 1969 folgte mit dem Typ „Seat 1430" das erste Modell mit markeneigenem Styling, das sich von Fiat zu lösen begann. Zu einer engen Zusammenarbeit kam es mit den Firmen „Daimler-Benz" (Dieselmotoren), „Karman" (Karosseriepressen) und „Porsche" (Motoren- und Getriebebau). Seit 1982 ist die „Volkswagen AG" am „Seat S.A."-Konzern beteiligt, den sie Anfang der 90er-Jahre übernahm.

Das Seat-Emblem der frühen 90er-Jahre wurde von Grafik-Experten der amerikanischen Werbeagentur „Landor" entworfen. Es sollte marktgerecht Fortschritt und Dynamik symbolisieren.

Ⓝ Ⓑ Ⓚ Ⓟ

SEIDEL; SEIDEL-AROP

D 1925–1926

Die „AROP-Gesellschaft Ladisch, Seidel & Co." in Berlin-Charlottenburg wurde 1919 zur Herstellung gummiloser Ersatzbereifung gegründet. 1925 erschien die Firma mit einem interessanten Automobil, welches zum Teil als „Seidel", „Seidel-Arop" und „Arop" bekannt wurde. Dieser Reisewagen entstand nach einem Entwurf des Konstrukteurs Richard Seidel und wurde als 1,0-Liter- bis 1,5-Liter-Motorwagen angeboten. Als Antrieb diente ein 4/20 PS- bzw. 6/24 PS-„Mauser"-Motor. Der „Seidel" besaß einen extrem langen Radstand (3,00 Meter), wobei die Anordnung von drei Sitzen nebeneinander möglich war. Die Räder waren einzeln an der Stahlblechwanne des Aufbaus aufgehängt. Es gab Versionen wie das „Victoria"-Cabriolet, kombinierte Personen-Lieferwagen, Krankenwagen ohne Inneneinrichtung und Limousinen. Allerdings wurden nur Prototypen bei „AROP" gebaut.

Die Markenbezeichnung „AROP" war Abkürzung für „Autoreifen ohne Pneu". Als Markenzeichen verwendete man zeitweilig ein rundes Emblem, das den Markennamen „Seidel" in Ringform zeigte und auf der Fahrzeugseite, insbesondere an den Lieferwagen, angebracht war.

SELFRIDGE

GB 1937; 1957

Das Londoner Warenhaus „Selfridge & Co. Ltd" sollte nicht unerwähnt bleiben, obwohl es selbst kein Automobil gebaut hat. „Selfridge's" ließ Fahrzeuge von Automobilfirmen nach unterschiedlichsten praktischen Wünschen bauen. Hierbei wurden die Firmen „Smith Electric Vehicle Co." oder „Sunbeam Motors Co. Ltd" beauftragt. So gab es 1937 einen „Selfridge"-Elektrolieferwagen, der als 12 bis 15 cwt-Fahrzeug von Sunbeam gebaut wurde. 20 Jahre später, 1957, gab es einen weiteren „Selfridge"-Lieferwagen, der vermutlich von der „Smith Electric Vehicle Co." als batteriegetriebenes Elektromobil gefertigt wurde. Harry Gordon Selfridge wurde 1857 in Ripon, Wisconsin/USA, geboren. 1906 kam er mit seiner Familie nach London, wo er ein Warenhaus errichtete, welches sich bald national und international hervorragenden Ruf erwarb.

„Selfridges" führt bis heute das berühmte „S" für „Selfridge" auf den Produkten. Das Initial „S" ist in einem zweiteiligen Lorbeerkranz integriert, der unten von einer Schleife gehalten wird und oben offen ist.

SÉNÉCHAL

F 1921–1929

Der Rennfahrer Robert Sénéchal aus Frankreich gründete die Firma „Sénéchal et Cie." in Courbevoie/Seine, die von 1921 bis 1923 unter diesem Namen firmierte und ab 1921 bis 1929 Automobile mit Markennamen „Sénéchal" herstellte. Neben den berühmten französischen Marken „Amilcar", „BNC", „Derby", „Lombard" und „Salmson" gehörte „Sénéchal" zu den besten kleinen Sport- und Rennwagen der 20er-Jahre in Frankreich. Die ersten Modelle dieser Marke besaßen einen V-Zweizylinder-„Train"- oder einen Vierzylinder-900 cm^3-bzw. einen 972 cm^3-„Ruby"-Motor. Mit einem Sénéchal wurde dreimal hintereinander das Rennen um den „Bol d'Or", nämlich 1923, 1924 und 1925, gewonnen. Ebenfalls 1925 wurde die Firma „Sénéchal et Cie." von dem französischen Automobilunternehmen „Chenard et Walcker" übernommen.

Als Markenzeichen verwendete man den schrägstehenden Schriftzug „R. Sénéchal" auf den Kühlern.

SHEFFIELD SIMPLEX

GB 1906–1922

Der von 1906 bis 1922 gebaute englische „Sheffield Simplex" war eines der grandiosen Automobile Englands der „Edwardian Era" und entstand in dem Unternehmen „Brotherhood Crocker", welches für Dampfmotoren berühmt geworden war. Die Fahrzeuge besaßen als Besonderheit einen Rundkühler und waren zudem mit einer zweipedaligen Steuerung ausgerüstet, wobei ein Pedal zur Betätigung von Bremsen und Kupplung, das andere zu Geschwindigkeitsänderungen diente. Bereits 1904 startete die Marke als „Brotherhood Crocker", der auf der Linie der „Mercedes"-Fahrzeuge basierte. Er wurde bei „Sheffield Simplex Motor Works Ltd" in Tinsley/Sheffield, Yorkshire/England, produziert. In den Jahren 1906/07 wurde der Name „Brotherhood Crocker" in „Sheffield Simplex" umbenannt. Bis 1922 wurden nur geringe Stückzahlen gefertigt.

Unter verschiedenen Markenzeichen gab es z. B. ein Queroval mit integriertem Markennamen. Ein anderes Emblem zeigte diesen in einer Art Fahnenform, wobei der Name „Sheffield" nach rechts, der Name „Simplex" darunter nach links „wehte".

SHERIDAN

USA 1920–1921

Die Firma „Sheridan Motor Car Company" in Muncie, Indiana/USA, stellte 1920 und 1921 „Sheridan"-Automobile unter Regie der „General Motors Corporation" her. Die Fahrzeuge wurden als Vierzylinder-35 PS- und Achtzylinder-80 PS-Wagen gebaut und erhielten ein amerikanisches „Northway"-Antriebsaggregat. Der etwa 2000 US-Dollar teure Sheridan sollte in etwa die Lücke zwischen den General Motors-Marken „Chevrolet" und „Oakland" schließen. 1922 wurde die Firma von William Crapo Durant, dem Gründer der „General Motors Corporation", erworben. Er ließ den alten Sheridan mit einem „Ansted"-Motor und neuem Kühleremblem zum „Durant"-Sechszylinderwagen („Durant Six") umbauen.

Das hochrechteckige Markenemblem zeigte vor einem eingestellten Dreieck das Initial „S", darunter den Markennamen „Sheridan" in Druckbuchstaben.

SHW

D 1924–1926

Die „Schwäbische Hüttenwerke AG" (SHW), ehemals eine GmbH, mit Sitz in Böblingen/Deutschland kam in den Jahren 1924 bis 1926 mit nur einem einzigen Wagen heraus, der als „SHW" bekannt wurde. Hierbei handelte es sich um eine technisch interessante Konstruktion mit einzeln aufgehängten Rädern, die von Prof. Wunibald Kamm (Marke „K-Wagen; Kamm-Wagen") stammte. Der Kleinwagen wies zudem einen Vorderradantrieb mit Soden-Vorwählgetriebe auf. Der SHW erhielt 1926 einen wassergekühlten Zweizylinder-20 PS-Boxermotor und eine selbsttragende Aluminium-Karosserie. Die Karosserie hatte man bei den deutschen „Zeppelin Werken" in Friedrichshafen am Bodensee gebaut. Noch 1936 wurde ein SHW für Versuchsfahrten eingesetzt. Heute kann ein restauriertes Exemplar im Deutschen Museum in München besichtigt werden.

Das runde Emblem enthielt die Buchstabengruppe „SHW" für „Schwäbische Hüttenwerke" in einer der Rundform angepaßten Form.

I 1926–1970

SIATA

Bei SIATA gab es zunächst ein schildartiges Emblem, das den gelben Buchstaben „S", ein schräg gelegtes Automobil sowie den Herstellerort „Torino" auf blauem Untergrund zeigte. Ein neueres rundes Zeichen enthielt ebenfalls das Initial „S" sowie die Bezeichnungen „SIATA Auto" und „Torino" (Turin).

Bereits 1914, zu Beginn des Ersten Weltkriegs, versuchte der Italiener Giorgio Ambrosini, der 1949 Gründer der italienischen Automobilmarke „SIATA" in Turin/Italien wurde, eine eigene Automarke ins Leben zu rufen. Mit zahlreichen Fremdkomponenten entstand ein Automobil, das den Namen „Vittoria" erhielt, dem jedoch kein Erfolg beschieden war. Ambrosini war zunächst mit dem Tunen von Fiat-Motoren und –Fahrzeugen sehr erfolgerich gewesen. Bis in das Jahr 1926 geht die Gründung seiner Firma „Società Italiana Applicazioni Trasformazioni Automobilistichi" in Turin, kurz „SIATA", zurück. 1960 begann eine enge Zusammenarbeit mit „Abarth" („Siata-Abarth"), auch gab es einige V-Achtzylinder-Wagen („Chrysler") mit selbsttragendem Aufbau sowie Oldtimer-Repliken auf „Fiat 850"-Basis („Siata Spring"), die dem englischen „MG TF" nachempfunden waren.

GB 1912–1919

SIDDELEY-DEASY

Markenzeichen war ein Queroval mit integriertem Markennamen „Siddeley-Deasy".

1909 war John Davenport Siddeley von „Wolseley" zur „Deasy Motor Car" gewechselt. Bereits in den Jahren 1906 bis 1911 produzierte die „Deasy Motor Car Manufacturing Co. Ltd" in Coventry, Warwickshire/England. Die Herstellung des „Deasy" wurde von Captain H. H. P. Deasy finanziell unterstützt. Nachdem 1911 der Deasy-Automobilbau wieder eingestellt worden war, produzierte man ab 1912 unter dem neuen Firmennamen „Siddeley-Deasy Motor Manufacturing Co. Ltd" in Coventry/England neue Vierzylinder-Automobile mit Markennamen „Siddeley-Deasy", die jedoch vom alten „Deasy"-Wagen abgeleitet waren. Es gab den Siddeley-Deasy auch mit sogenanntem „Curved Dash"-Kühler sowie Vier- und Sechszylinder-Wagen mit „Knight"-Aggregaten. 1919 fusionierte die „Siddeley-Deasy Motor Manufacturing Co." mit „Armstrong-Withworth" in England.

CH 1909–1914

SIGMA

Der Markenname „Sigma" ist nicht nur Abkürzung des Firmennamens, sondern auch ein Buchstabe des griechischen Alphabets. Dieser griechische Buchstabe war auch in dem runden Sigma-Kühleremblem integriert.

Ⓝ

John Meynet (1883-1938) war Radrennfahrer, Flieger und Offizier der französischen Armee in Genf. 1908 kaufte er die ehemalige Automobilfabrik „Lucia" in Chêne-Bougeries, einem Stadtteil von Genf, auf und konstruierte dort unter Mithilfe von Ingenieur Robert Faesch den ersten schweizerischen „Sigma". Fahrzeuge dieser Marke wurden von 1909 bis 1914 in der alten „Picker-Moccand"-Automobilfabrik durch die Firma „Société Industrielle Genevoise de Mécanique et Automobiles" (SIGMA) hergestellt. Es entstanden u. a. Vierzylinder-8/11 PS-Wagen mit rundem Kühler. 1911 konnte „Sigma" die Herstellungsrechte des „Knight"-Schiebermotors erwerben. Außerdem entstanden „Sigma"-Lastwagen.

F 1935–1981

SIMCA

Das wohl bekannteste Markenzeichen war das Schildemblem mit der stilisierten Schwalbe (frz. „aronde": schwalbenschwanzförmig) und der Markenbezeichnung „SIMCA". Der Hintergrund der Schwalbe war blau, der untere Teil für die weiße Markenbezeichnung rosa.

Ⓝ Ⓑ Ⓚ Ⓟ

Henry (Enrico)-Théodore Pigozzi, Schrotthändler aus Piemont und Fiat-Generalimporteur in Paris, übernahm die „Donnet"-Werkshallen in Nanterre/Frankreich, die zum Verkauf angeboten wurden. Er gründete 1934 die „Société Industrielle de Mécanique et Carosserie Automobile", kurz „Simca". Man nahm zunächst die Lizenz-Fertigung des „Fiat 500 – Topolino" auf, dem erst nach dem Zweiten Weltkrieg eigene Konstruktionen folgten. Der „Simca 5" und „8" entsprach dem „Fiat 500" bzw. „1100". 1951 gab es den „Aronde", der rund 11 Jahre ein Bestseller blieb. 1962 folgte der „Simca 1000". Spezial-Versionen waren der „Simca-Gordini" wie auch der „Simca-Abarth". Bereits 1951 übernahm „Simca" die französische Firma „Unic", und 1970 ging man mit „Chrysler France" und „Matra" zusammen (bis 1979: „Chrysler-Simca"). 1981 wurde der Name „Simca" aufgegeben.

USA 1907–1917;
1904–1907;
1915–1924

SIMPLEX; S & M SIMPLEX; CRANE-SIMPLEX

Unter anderem verwendete man bei „Simplex" den Schriftzug „Simplex" in alter Schreibweise.

Ⓚ

Die „Simplex Automobile Co." in New York und New Brunswick (Neu Braunschweig), New Jersey/USA, produzierte eines der renommiertesten Automobile der USA zur Vorkriegszeit. Die Geschichte des „Simplex" geht eigentlich bis 1904 zurück: A. D. Proctor Smith und sein Partner Carlton R. Mabley gründeten in New York die Firma „Smith & Mabley", die später auch als „S & M Simplex" bekannt wurde. Chefingenieur Edward Franquist konstruierte die ersten Fahrzeuge, die noch die Bezeichnung „S & M Simplex" trugen. 1907 mußte man Konkurs anmelden, und die Firma wurde von Herman Broesel und seinen Söhnen erworben, die sie nun in „Simplex Automobile Co." umtauften. 1915 wurde die „Crane Motor Car Co." in Bayonne, New Jersey/USA, übernommen, und die neuen Automobile erhielten den Namen „Crane-Simplex".

D 1911–1934

SIMSON; SIMSON-SUPRA

Das neugeschaffene Markenzeichen „Simson-Supra" mit dem kombinierten Buchstaben „S" wurde aus der Unterschrift von Leonhard Simson entworfen; das Typenschild war in Jugendstil gehalten.

Ⓝ Ⓑ Ⓚ

Die Geschichte von „Simson" kann man bis 1741 zurückverfolgen. In jenem Jahr kam es in Suhl/Thüringen zur Gründung einer Waffenfabrik, die 1856 in den Besitz der jüdischen Händler und Geldverleiher Löb und Moses Simson überging. Die Waffenfabrik wurde zu einer weltberühmten Firma. 1896 hatte man den Fahrradbau aufgenommen und 1911 stieg man in den Automobilbau ein. Bis 1934 wurden Fahrzeuge unter den Namen „Simson" bzw. „Simson-Supra" gefertigt, die brillant waren und mit Rennleistungen aufwarten konnten. Konstrukteur Paul Henze entwickelte einen vierventiligen Doppel-ohc-Motor mit Königswelle, der als Meisterleistung im Motorbau in die Geschichte einging. Den „Simson-Supra" gab es mit Sechszylinder-Aggregat. Von 1931 bis 1934 fertigte man sogar einen seitengesteuerten Achtzylinder-Typ, ehe die Firma den Automobilbau aufgab.

SINCLAIR

GB 1983 – etwa 1987

Clive Sinclair schrieb nicht weniger als 17 Elektronikbücher. Dann konstruierte er einen Heimcomputer, mit dem er viel Geld machte. 1979 verließ er die „Sinclair Radionics“ und errichtete die „Sinclair Research“, wo er 1984 den weltberühmt gewordenen „Sinclair QL“-Computer entwickelte und baute. „QL“ stand für „Quantum Leap“ (Quantensprung). Sinclair investierte Millionen in ein Elektroautomobilprojekt namens „Sinclair“ bzw. „Sinclairmobile C 5“, welches von der neuen „Sinclair Vehicles Ltd“ vertrieben werden sollte. Im Januar 1985 wurde das Fahrzeug, ein dreirädriger Einsitzer, vorgestellt. Der Wagen besaß einen geräuschlosen Elektromotor. Bereits im August 1985 quittierte der ultraleichte „Sinclair C 5“ wegen mangelnder Nachfrage seinen Dienst. 1987 kam das endgültige Ende für den Dreirad-Elektrowagen.

Für alle englischen Sinclair-Produkte, einschließlich des dreirädrigen Sinclair- bzw. Sinclairmobile C 5-Elektrofahrzeugs, verwendete man den eckigen Druckbuchstaben-Schriftzug „Sinclair“.

SINGER

GB 1905–1970

Die „Singer & Co. Ltd“ in Coventry, Warwickshire/England, begann 1904 mit der Fertigung von Dreirad-Fahrzeugen mit englischen Dreizylinder-ohc-„Lea-Francis“-Aggregaten. Ab 1906 gab es bereits konventionelle Vierradwagen mit z. T. englischen „White & Poppe“-Einbaumotoren. „Singer“ wurde auch im Motorsport recht bekannt. Der 1,1-Liter-Wagen von 1912 machte sich einen guten Namen. Im Modelljahr 1927 erschien der „Singer Junior“ mit 850 cm^3-Motor. Nach dem Krieg wurde der „Singer SM 1500“ als neuer Pontontyp angeboten. Durch die Einbeziehung in den „Rootes“-Konzern 1956 kam es zu einer Verschmelzung von Bauelementen des „Hillman“ („Hillman Minx“/„Singer Gazelle“). Mit der Übernahme der „Rootes Group“ durch „Chrysler UK“ wurde ab 1970 der Name „Singer“ als Markenname nicht weiter verwendet.

Bei Singer waren verschiedene Markenzeichen in Gebrauch. So gab es u. a. Schriftzüge dieses Namens und Embleme, in denen der Markenname integriert war. Diese Zeichen liefen in ihrer Form meist spitzförmig zu.

Ⓑ Ⓚ

SIZAIRE-BERWICK; SIZAIRE-FRÈRES; SIZAIRE-NAUDIN

F/GB 1913–1927;
F 1923–1929;
F 1905–1921

In Frankreich gab es die unterschiedlichsten Marken, die den Namen „Sizaire“ trugen. So existierte von 1905 bis 1921 die Marke „Sizaire-Naudin“, von 1913 bis 1927 in England und Frankreich die „Sizaire-Berwick“, und die „Sizaire-Frères“ gab es von 1923 bis 1929. Fahrzeuge der Marke „Sizaire-Berwick“ wurden von 1913 bis 1919 als aufwendige Vierzylinder-Wagen, dann bis 1928 vom britischen „Sizaire-Naudin“-Vertriebshändler „F. W. Berwick Ltd“ u.a. auch mit Sechszylinder-„Lycoming“-Motor gebaut. Als „Sizaire Frères“ entstand unter den Brüdern Maurice und Georges Sizaire ein 2,0-Liter-Wagen, der als erster Serien-Pkw Europas ringsum Einzelradaufhängung besaß. Für den „Sizaire-Naudin“ konstruierte Louis Naudin 1905 nach Plänen von Maurice Sizaire einen Zweisitzer-Sportwagen. 1911 erschienen Vierzylinder-Modelle, zehn Jahre später wurde der Bau eingestellt.

Der „Sizaire-Berwick“ führte ein Emblem mit den Initialen „SB“. Für die Marke „Sizaire-Naudin“ verwendete man eine runde Form mit Wimpel „CJL“ für „Charles Jarrott & Letts limited“.

ŠKODA

ČS 1923 – heute

1884 gründeten Václav Laurin und Václav Klement in Mlada Boleslav (ehemals Jungbunzlau) nordöstlich von Prag, Böhmen/Tschechoslowakei – heute Tschechien – eine Fahrradfabrik, in der später auch Motorräder und Automobile hergestellt wurden. Škoda besaß bereits eine gutgehende Waffenfabrik. Innerhalb weniger Jahre entstand der größte Industriekonzern Böhmens. 1899 wurde nach einer Umgruppierung die „Škoda AG“ aus dem Unternehmen. 1923 begann man mit der Lizenz-Fertigung des „Hispano-Suiza“, und 1925 – nach der Übernahme von „Laurin & Klement“ erschienen eigene Konstruktionen im Autobau, so der Typ „420“ und die Modelle „Octavia“, „Felicia“, „Popular“ und „Rapid“. 1964 bot man den Heckmotorwagen „MB 1000“ an, und noch Mitte der 90er-Jahre – 1991 erfolgte die Fusion mit „Volkswagen“ – baute man Autos.

In den 30er-Jahren tauchte dann das bis heute verwendete Markenemblem von Škoda auf, ein geflügelter Pfeil mit einem Auge für menschlichen Schöpfergeist und Wachsamkeit. Unter „Volkswagen“ kam in den 90er-Jahren die Bezeichnung „Auto“ hinzugefügt.

Ⓝ Ⓑ Ⓟ

SMITH; SMITH FLYER

USA 1916–1919

A. O. Smith baute von 1916 bis 1919 in seiner „A. O. Smith Corporation“ in Milwaukee, Wisconsin/USA, nur ein einziges Modell des „Smith“ bzw. „Smith Flyer“, der als fünfrädriger „Buckboard“ zur Vorstellung kam und für Kinder und Erwachsene geplant war. Die Firma war im Grunde eine Fahrradfabrik. Schon 1903 hatte Smith eine kleine Fabrik errichtet und erwarb 1914 die amerikanischen Rechte für das englische „Wall Auto Wheel“-Fahrzeug. Dieser Wagen besaß einen luftgekühlten Einzylinder-Motor und einen Kettenantrieb. Smith tauschte u.a. die Drahtspeichenräder gegen Scheibenräder aus und modifizierte auch den mechanischen Kraftantrieb. Dem Fahrzeug gab er den neuen Markennamen „Smith Motor Wheel“, das er zum Preis von rund 60 US-Dollar zu verkaufen gedachte. Das Design wurde 1919 von „Briggs & Stratton“ übernommen.

Für Smith-Produkte wurde u. a. der hier abgebildete Schriftzug „Smith“ verwendet.

SMYK

PL 1957–1958

„Smyk“ war der Name eines äußerst unkonventionellen polnischen Kleinwagen-Projekts, das im Konstruktionsbüro der „Kraftfahrzeug-Industrie“ in Warschau entstand. Mitkonstrukteure und Initiatoren waren der polnische Ingenieur K. Wojcickiego zusammen mit Zglizczynski und Zygadlewicz. Die erarbeitete Konstruktion sollte zwei Erwachsenen und zwei Kindern bequem Platz bieten, auch waren die Herstellungskosten niedrig zu halten. Bereits im zweiten Halbjahr 1957 stellte man bei der „Szczecinska Fabryka Motocykli“ einen ersten Prototyp vor. Der Einstieg in das Fahrzeug erfolgte durch die nach vorn aufklappbare Frontwand, wobei das Lenkrad wie auch die Armaturentafel, mit nach außen schwenkten. Der „Smyk“, der in seiner Grundform einer „BMW Isetta“ in etwa glich, war Wegbereiter für andere Kleinwagen.

Auf der Frontseite des Kleinwagen-Prototyps zeigte man ein Zeichen mit dem integrierten Markennamen „Smyk“. Über die Bedeutung des Markennamens liegen keine näheren Informationen vor.

SPA

In einem runden Markenemblem zeigte die Firma die drei Buchstaben „SPA“.

Ⓝ Ⓑ Ⓚ

I 1906–1926

Diese Marke wurde von Matteo Ceirano, einem Mitglied der Automobilbauer-Familie Ceirano, und Michele Ansaldi aus der Wiege gehoben. 1906 beschloß Ceirano seine Arbeit in dem im Jahr zuvor von ihm gegründeten Unternehmen „Itala“ aufzugeben und mit Ansaldi eine neue Firma zu gründen. Am 12. Juni 1906 riefen die beiden, die auch für „Brevetti-Fiat“ tätig waren, die „Società Piemontese Automobili Ansaldi-Ceirano“ (SPA) in Turin/Italien ins Leben. Die ersten „SPA“-Modelle, die noch im Gründungsjahr vorgestellt wurden, erhielten einen seitengesteuerten Vierzylinder-7785 cm^3-Motor, später folgten Sechszylinder-11677 cm^3-Versionen. 1916 gab es neben Touren-, Sport- und Rennwagen aber auch Nutzfahrzeuge und Flugmotoren. 1926 wurde „SPA“ von „Fiat“ übernommen, wo die Firma innerhalb des Konzerns ein Schattendasein führte.

SPARTAN

Der Markenname „Spartan“ bedeutet „Spartaner“, „spartanisch“ bzw. „äußerst einfach“. Für die „M.G.“-Nachbauten verwendete man ein Markenzeichen, das einen Spartaner als behelmten Krieger zeigt.

GB 1973 – heute

Von 1973 bis 1978 baute Jim McIntyre, der sich schon mehrere Jahre zuvor mit der Reparatur von Sportwagen erfolgreich seinen Lebensunterhalt verdient hatte, in seiner etwa 1972 gegründeten Firma „Spartan Car Co.“, mit Sitz in Nottingham/England, eine „Spartan“ genannte Replik des englischen „MG“-Modells „TF“. Dieser zweisitzige Roadster, der ab 1978 im neuen Firmensitz in Pinxton, Nottinghamshire/England, gefertigt wurde, erhielt einen Vierzylinder-„Ford“-Motor und eine Kunststoff-Karosserie. Noch im Modelljahr 1992 war die Firma „Spartan Car Co.“ mit ihren Bausätzen für „Ford Cortina Mk III“, „IV“ und „V“ auf dem britischen Kit-Car-Markt stark vertreten. Verwendung fanden u. a. „Ford Cortina“-Motoren von Vierzylindern mit 1300 cm^3 Hubraum bis hin zum V-Sechszylinder mit 2300 cm^3 Hubraum.

SPATZ; VICTORIA

Als Markenzeichen verwendete man natürlich einen stilisierten Spatzen, der auf dem Fahrzeugnamen „Spatz“ saß.

Ⓝ Ⓑ

D 1955–1957; 1957–1958

„Lieber einen Spatz in der Hand als eine Taube auf dem Dach“: Diese alte Volksweisheit hatte sich 1956 vorzüglich dafür geeignet, Reklame für ein Kleinmobil zu machen, das damals ganz neue Akzente setzte, nämlich der „Spatz“ und spätere „Victoria“. Die „Bayerischen Automobilwerke“ in Traunreuth bei Nürnberg wurden 1956 vom Werkzeugmaschinen-Fabrikant Harald Friedrich („Alzmetall, P. Meier & Friedrich“) gegründet. Dort wurde nach Entwürfen des Konstrukteurs Egon Brütsch (Marke „Brütsch“) 1956 und 1957 ein Kleinwagen namens „Spatz“ hergestellt, der eine Kunststoff-Karoserie besaß und von einem 200 cm^3-Motor angetrieben wurde. Von 1957 bis 1958 führten die „Victoria-Werke“ (Fahrräder und Motorräder) die Fertigung des dreisitzigen Kleinroadsters in eigener Regie fort. Sie versahen ihn mit einem aus dem eigenen Werk stammenden 250 cm^3-Motor.

SPEEDWELL

Die Fahrzeuge führten u. a. auch einen schrägstehenden Schriftzug „Speedwell“ auf den Kühlern.

Ⓚ

USA etwa 1900–1908

Die „Speedwell Motor and Engineering Co. Ltd“ in Reading, Berkshire/England, begann etwa 1900 mit dem Vertrieb von Automobilen unterschiedlicher Herkunft, aber auch Wagen der eigenen Marke „Speedwell“. Das Unternehmen unterhielt acht verschiedene ausländische Vertretungen. Es wurden Teile verschiedener Fabrikate zu neuen „Speedwell“-Automobilen zusammengebaut. 1904 bot man einen Einzylinder-700 cm^3-6 PS- bzw. 9 PS-Wagen sowie Zweizylinder-10 PS-Modelle an. 1905 stellte Speedwell Vierzylinder-14/16 PS- und 24/30 PS-Typen vor. Das Unternehmen mit Sitz in London nannte sich dann „New Speedwell Motor Co. Ltd“. 1906 gab es einen Speedwell mit horizontal geteilter Hinterachse, die man sich patentieren ließ, und im letzten Jahr, 1908, bot man noch einen Typ mit Sechszylinder-45/50 PS-Motor an.

SPEIDEL; PAUL SPEIDEL

Markenemblem war ein Querrechteck mit abgerundeten Ecken, in dem der Markenname „Paul Speidel“ in verschlungenen Buchstaben integriert war.

CH 1915 – 1922

Paul Speidel stellte in den Jahren 1915 bis 1922 in Genf Automobile her, die auch als „Paul Speidel“ bezeichnet werden. 1915 hatte Speidel seine erste Voiturette gebaut, die er mit einem französischen Vierzylinder-8 PS-„Chapuis-Dornier“-Aggregat versah. Im gleichen Jahr baute er auch Motorräder namens „Quick“ in kleiner Serie; später trugen sie den Namen „Speidel“. 1916 baute er weitere Motorwagen mit Tandem-Sitzanordnung und 8 PS-„Chapuis-Dornier“-Motor. Der 1920 gebaute „Speidel“, bzw. „Paul Speidel“, wurde auch auf dem Genfer Auto Salon ausgestellt. Etwa zehn Fahrzeuge dieses Typs mit 8 PS-„Müller-Vogel“-Motor und Viergangetriebe verließen die Werksanlagen. Die letzten Speidel-Wagen waren reine Rennfahrzeuge. Insgesamt hatten rund 15 Speidel-Automobile die Werkstätten verlassen.

SPERBER; NAW; COLIBRI

Die NAW verwendete, was nahelag, einen stilisierten Sperber als Markensignet. Ein Signet war ein mit der Spitze nach unten zeigendes, sich verjüngendes Dreieck.

Ⓑ

D 1911–1919

Die „Norddeutschen Automobilwerke“ (NAW) in Hameln bauten 1907 unter Direktor Paul Drechsler „Colibri“ („Kolibri“) genannte Automobile, denen ab 1911 auch Motorwagen mit Markennamen „Sperber“ folgten. Der etwas größere Sperber-Typ erhielt einen Vierzylinder-1,6-Liter-1592 cm^3-6/15 PS-Motor. Es handelte sich um einen ausgezeichneten Wagen, der auch nach dem Ersten Weltkrieg noch einige Zeit gefertigt wurde. 1913 gab es den „Sperber“ mit Vierzylinder-5/15 PS- und mit 6/15 PS-Motor. Bis 1919 wurden diese Modelle produziert. Mit der Übernahme der NAW durch die Automobilfirma „Selve Automobilwerke“, die nur eine kleine Abteilung des großen „Selve Motoren“-Konzerns darstellte, wurde 1919 die Produktion des Sperber-Motorwagens eingestellt. Die Marke „NAW“ wie auch die Marken „Colibri“ und „Sperber“ verschwanden bald darauf.

SPIESS

D 1992 – heute

Im Juli 1992 wurde vom neuen „Mega Star“-Sportwagen, dem „Spiess TC 522“, berichtet. Als Hersteller fungierte die „Spiess Car Division“ der neu gegründeten „Spiess-Fahrzeugbau GmbH & Co.“ – viertes Unternehmen der Spiess-Firmengruppe. Die Weltpremiere des neuen „Spiess TC 522“ fand in exklusivem Rahmen im Rumpf einer „Lufthansa Cargo“-Maschine am 21. September 1992 auf dem Frankfurter Flughafen statt. Das Fahrzeug besaß als 2+2-Sportwagen ein selbsttragendes Monocoque-Chassis aus Kohlefaser-Werkstoffen, während der Aufbau in Sandwich-Bauweise aus einem Kohlefaser-Aramid-Verbund entstand. Ein doppelt aufgeladener V-Achtzylinder-500 PS-Motor wurde vor der Hinterachse angeordnet. Firmenchef Robert Spiess und Chefkonstrukteur Karl Heinz Knapp planten den Sportwagen in kleiner Serie herzustellen; Kostenpunkt: rund 760000 DM.

Das neue „Spiess“-Markenzeichen: Eine hoch aufragende silberne Pyramide mit Initial „S“ für „Spiess“. Sie sollte zeigen, daß „die Spitze das Ziel ist“ und für „ein Stück Spitze“ im Automobilbau stehen. Dieses Markenzeichen sorgte für Furore.

SPYKER; SPIJKER

NL 1900–1925

Die wohl bekannteste holländische Automobilmarke ist „Spijker“, später auch „Spyker“ genannt. Die Brüder Jakobus und Henrik Spijker begannen bereits 1880 mit dem Pferdekutschenbau und übernahmen 1886 in Hilversum eine „Benz“-Motorenvertriebsagentur. 1898 kam es in Amsteldijk zur Gründung der „Industriële Maatschippij Trompenburg“. Man baute nun „Spijker“-Automobile, die man mit einem Zweizylinder-Motor – System „Benz“ – und Kardanantrieb versah. 1902 folgte ein Sechszylinder- und 1904 ein Vierzylinder-Typ. Der Sechszylinder erregte großes Aufsehen, denn er war der erste Wagen der Welt mit 8,7-Liter-Motor, Vierradantrieb und Bremsen an allen Rädern. Das Fahrzeug wurde in rund vier Versionen gebaut, wobei auch an einen Renneinsatz gedacht wurde. 1926 war man nach Fertigung von rund 150 Spyker-Automobilen gezwungen, aufzugeben.

Das Markenemblem der holländischen Spyker-Automobile, eine Luftschraube mit integriertem Drahtspeichenrad, symbolisierte auch die Interessen der Firma bei Flugzeugen und Flugzeugmotoren.

Ⓑ

STANDARD; STANDARD-TRIUMPH

GB 1903–1963

Die „Standard Motor Co.“ in Coventry, Warwickshire/England, nahm 1903 die Automobilherstellung auf. Zunächst wurde ein kleiner Zweizylinder-Typ gebaut, dem bald Vier- und 1906 Sechszylinder-Versionen folgten. Bis in die 30er-Jahre hinein fand sich bei „Standard“ eine große Vielfalt an Modellen und Motoren, von denen auch andere Automobilproduzenten profitierten. Einfachere Vierzylinder-Fahrzeuge blieben allerdings stets der Schwerpunkt der Produktion. 1945 übernahm das Unternehmen die britische Marke „Triumph“. Kurz darauf entstand ein Pontonwagen in selbsttragender Bauweise, der als Modell „Vanguard“ Karriere machte. Standard- und Triumph-Fahrzeuge teilten sich von nun an ihre Basiskonstruktionen. 1961 kam „Standard“ zum großen britischen „Leyland“-Konzern, und verschwand zwei Jahre später zugunsten von „Triumph“.

Anfang der 30er-Jahre verwendete man für Standard-Automobile ein geflügeltes Union Jack-Emblem, das den Markennamen „Standard“ und den Herstellerort „Coventry“ enthielt.

Ⓝ Ⓑ Ⓚ

STANLEY

USA 1897–1927

Die Zwillinge Francis E. und Freelan Ozro Stanley hatten mit dem Verkauf der Nutzungsrechte des von ihnen entwickelten Fotodruckverfahrens mit Trockenentwicklung (patentiert 1893) an die „Eastman Kodak Co.“ eine beachtliche Summe erwirtschaftet. Auch wurden die Brüder aus Lewistown, Maine/USA, mit ihren Dampfautomobilen namens „Stanley“ bzw. „Stanley Steamer“, die von 1897 bis 1925 hergestellt wurden, später recht bekannt. Zahlreiche andere Firmen bewarben sich um Lizenzen der erfolgreichen Automobile. Frank Marriott sorgte 1906 für Schlagzeilen, als er mit einem „Stanley Steamer“ erstmals eine Geschwindigkeit von über 200 km/h erreichte. In den frühen 20er-Jahren, als der eigentliche Dampfmotorwagenbau längst zuende war, baute die „Steam Vehicle Corporation of America“ noch immer schnelle Stanley-Automobile.

Bei Stanley führte man zunächst den geschwungenen Schriftzug „Stanley“. Später verwendete man ein oben gewölbtes Viereckemblem mit einem von vier Pferden gezogenen Streitwagen, der von einem Kämpfer gelenkt wurde. Das Zeichen wird flankiert von Weizen- und Hopfenstielen.

STAR; STARLING, STUART

GB 1898–1932; 1905; 1906

Die „Star“-Automobile der „Star Motor Co.“ zählten schon vor dem Ersten Weltkrieg zu den populärsten Fahrzeugen dieser Zeit. Star-Automobile wurden jedoch von 1897 bis 1932 gefertigt. Die ersten Fahrzeuge entstanden noch nach „Benz“-Vorbild. Bis 1905 fanden „De Dion“-Motoren unterschiedlicher Leistung Verwendung bei Star, dann baute man eigene Aggregate. Ebenfalls 1905 gab es die Marke „Starling“, und 1906 den „Stuart“. Es erschienen in den 20ern Vier- und Sechszylinder-Versionen, doch im Laufe der folgenden Jahre geriet Star durch die Konkurrenz der Großserienhersteller ins Abseits. 1928 mußte man sich mit „Guy“, einer Automobil- und Nutzfahrzeugfabrik, zusammenschließen. Der gewünschte Erfolg blieb trotzdem aus, und 1932 wurde die Fahrzeugfertigung bei „Star“ aufgegeben.

Markenzeichen für den englischen Star war natürlich der Stern im Emblem.

STAR

I 1905–1921

Die Firma „Società Torinese Automobili Rapid“ (STAR) in Turin/Italien baute von 1905 bis 1921 moderne Vierzylinder-Wagen mit wahlweise 2,3- bis 10,6-Liter-Motoren. Diese „Rapid“, aber auch „Star“ genannten Automobile wurden auch im Motorsport eingesetzt und konnten hier gewissen Erfolg verbuchen. Im Modelljahr 1910 konnte man den Rapid oder Star mit Druckluft-Anlasser bekommen, ab 1916 mit elektrischer Ausrüstung. 1921 wurde die Automobilproduktion eingestellt und das Werk geschlossen.

In das Markenzeichen integrierte man ein quer stehendes Karo mit der Markenbezeichnung „Star“ und nach außen führenden Sonnenstrahlen.

STEIGER; MARTINI-STEIGER

D 1920–1926; CH 1926

Bereits 1914 gründete der gebürtige Schweizer Walter Steiger im Rottal-Ort Burgrieden bei Laupheim/Deutschland, seine Maschinenfabrik, die unter dem Namen „Walter Steiger & Co." eingetragen wurde. 1920 begann man hier mit dem Automobilbau, der bis 1926 durchgeführt wurde. Die „Steiger" genannten Fahrzeuge wurden recht bekannt und geschätzt. Paul Henze, der auch bei „NAG" und „Simson" („Simson-Supra") tätig war, konstruierte einige Steiger-Wagen. Von 1923 bis 1925 konnten Fahrzeuge dieser Marke erfolgreich bei Wettbewerben eingesetzt werden. Dennoch blieb durch eine schwache Auftragslage das deutsche Automobilunternehmen vom Konkurs nicht verschont. Im Modelljahr 1926 wurde die Firma liquidiert. Walter Steiger ging in die Schweiz und rief bei „Martini" den neuen „Martini-Steiger" ins Leben, der aber gleichfalls kein Erfolg wurde.

„Fährst Du einen Steiger aus Burgrieden, bist Du das ganze Jahr zufrieden": So hieß es einst. Das runde Markenzeichen zeigte den Markennamen „Steiger" und einen Steinbock, symbolisch für das Bezwingen unterschiedlicher Höhen. Ⓝ Ⓑ

STEINWAY; STEINWAY-DAIMLER; AMERICAN MERCEDES

USA etwa 1888 – etwa 1896; 1905–1907

Die Geschichte des „American Mercedes" ist mit der amerikanischen und weltberühmten Piano-Firma „Steinway & Sons" verbunden. 1850 wanderte der deutsche Tischlermeister und Klavierbauer Heinrich Engelhard Steinweg mit seinen Söhnen nach Amerika aus und gründete nach einer Namensänderung als Henry Engelhard Steinway 1853 in New York die „Steinway & Sons". 1876 wurde William Steinway Chef der Firma. Er war wahrscheinlich der erste Amerikaner, der Gottlieb Daimlers Benzinautomobil zu Gesicht bekam. Mit ihm besprach er die Auswertung seiner Patente und konnte u. a. die Vertriebsrechte für seinen Motorwagen erwerben. Neben dem Verkauf dieser Wagen entstanden auch einige eigene Derivate namens „Steinway-Daimler". Um 1905 erhielten die amerikanischen Daimler-Fahrzeuge den Namen „American Mercedes".

Die Firma „Steinway & Sons" führte noch in den 90er-Jahren das abgebildete Markensignet auf ihren Produkten.

STEINWINTER

D 1977 – etwa 1988

Etwa seit Mai 1977 gab es einen Kleinwagen, der den Markennamen „Steinwinter" führte und von „Fiat" in Turin/Italien gebaut wurde. Er entstand auf der Basis des „Fiat 126". „Steinwinter" in Stuttgart hatte das Fahrzeug nur exportiert. Der Typ „250 L" besaß einen 250 cm³-15 PS- starken „Glas Goggomobil"-Motor. Beim „Steinwinter Amigo" von 1977 handelte es sich um ein deutsch-italienisches Gemeinschaftsprodukt. Das Chassis bestand aus einer tragenden Wanne, ausgeführt in Stahlblech. Im Mai 1985 führte das Renommee-Unternehmen „Steinwinter Fahrzeuge GmbH" Modelle wie den „Amigo" – inzwischen mit 650 cm³-23 PS-„Fiat 126"-Motor – und das „Junior"-Nachfolgemodell – den „Junior-M" – vor, der erstmals im Februar 1982 präsentiert worden war. Noch heute ist die „Steinwinter Lkw & Bus Entwicklungs- und Vertriebsgesellschaft mbH" im Nutzfahrzeugbau tätig.

Die Firma „Steinwinter" führte ein schildähnliches Emblem in gelber Farbe mit Markennamen „Steinwinter", Herstellerort „Stuttgart" und einem schwarzen Pferd, das vermutlich dem Stuttgarter Stadtwappen nachempfunden war. Ⓝ

STELLA; CIEM

CH 1906–1913; 1904–1906

Von 1904 bis 1906 stellte die „Compagnie d'Industrie Électrique et Mécanique" (CIEM) mit Sitz in Genf Motorwagen mit benzinelektrischem Antrieb her. Diese „CIEM" genannten Fahrzeuge ließen sich aber nicht besonders gut verkaufen. Ab 1906 entstanden neue Automobile mit neuem Markennamen „Stella" und Zwei- bzw. Vierzylinder-Benzinaggregaten. Die Firma war ursprünglich auf die Konstruktion von elektrischen Apparaten und Maschinen spezialisiert. Bereits 1881 war René Thury in dem Unternehmen als Chefingenieur tätig. Er hatte ein „steam tricycle" entwickelt. 1909 gab es einen von der Firma „Geissberger" in Zürich karosserierten Stella-Doppel-Phaeton mit Vierzylinder-16/24 PS-Motor. Man baute aber auch Lastwagen, die noch einen Elektroantrieb aufwiesen. Den Stella fertigte man bis ins Modelljahr 1913. Noch 1987 gab es Reste der Firma CIEM.

Als Markenzeichen für die Schweizer Stella-Automobile verwendete man ein rundes Emblem, das in steilen Buchstaben den Markennamen „Stella" zeigte.

STEVENS-DURYEA

USA 1902–1927

Der amerikanische „Stevens-Duryea" begann im Grunde genommen als „Hampden"-Prototyp. Etwa im Jahr 1900 gründete J. Frank Duryea, Bruder von Charles E. Duryea und als Automobilkonstrukteur bereits landesweit bekannt, die „Hampden Automobile & Launch Co." in Springfield, Massachusetts/USA. Die Brüder Duryea produzierten auch von 1895 bis 1913 Automobile, die als „Duryea" vertrieben wurden. 1901 verband sich J. F. Duryea mit der „J. Stevens Arms & Tool Co." in Chicopee Falls, Massachusetts/USA. Neben Kriegswaffen baute dieses Unternehmen auch Werkzeuge. 1902 entstanden in der früheren „Overmann"-Automobilfabrik in Chicopee Falls die ersten „Stevens-Duryea"-Zweizylinder-Automobile. Ab 1907 gab es nur noch Sechszylinder-Typen, hauptsächlich Tourenwagen. 1924 endete die Herstellung, nachdem Ray M. Owen die Firma übernommen hatte.

Stevens-Dureya führte ein stylistisch gut kreiertes Emblem, in dem der Markenname gezeigt wurde.

STEYR

A 1920–1940; 1953 – heute

Leopold Werndl gründete 1864 eine Waffenfabrik. Bei Kriegsende 1918 mußte er sich nach einem neuen Betätigungsfeld umsehen. 1920 erschienen die ersten „Steyr"-Automobile, die auch als „Waffenautos" bezeichnet wurden und von Hans Ledwinka („Nesselsdorf", „Tatra") entwickelt worden waren. Es waren Vier- und Sechszylinder-Modelle mit Spitzkühlern. Bekannt war der Achtzylinder-„Austria". Die „Steyr Werke AG" verbanden sich 1929 mit „Austro-Daimler" zur neuen „Steyr-Daimler-Puch AG". Nach dem Krieg baute man den „Haflinger" und dann den „Pinzgauer"-Geländewagen. Seit 1979 gibt es eine Zusammenarbeit mit „Mercedes-Benz" („Mercedes G"). In gemeinsamer Arbeit mit „BMW" entstanden ab 1982 Dieselmotoren. In der „Steyr"-Lkw-Abteilung hatte „MAN" inzwischen das Ruder übernommen.

Für Importfahrzeuge, z. B. Fiat-Automobile, fand ein „Steyr-Fiat"-Markenzeichen seine Verwendung. Die schwarze „Steyr"-Zielscheibe auf weißem Grund findet für alle Steyr-Produkte Verwendung. Ⓝ Ⓑ Ⓚ

STILL

D 1950 – etwa 1961

Die „Hans Still GmbH" wurde 1920 in Hamburg von Hans Still gegründet. Man befaßte sich zunächst mit der Reparatur elektrischer Maschinen und dem Bau halbautomatischer Aggregate zur Stromerzeugung. Im Zweiten Weltkrieg produzierte „Still" Notstromaggregate, Drehstrom- und Gleichstrommotoren usw. 1946 kamen neue Produktionszweige hinzu, u. a. der erste „Still" genannte Elektrowagen. 1949 nahm man den Bau von Gabelstaplern auf. 1950 präsentierte die „Hans Still Motorenfabrik" auf der Berliner Autoschau einen 1,5-Tonner-Elektrolieferwagen, der mit einer Batteriefüllung eine Reichweite von rund 70 Kilometern hatte. 1952 wurde, nachdem Hans Still tödlich verunglückt war, die Firma in eine AG umgewandelt, die heute noch als große Maschinenbaufirma existent ist. Etwa 1961 wurde nach einem Großbrand der Lieferwagenbau eingestellt.

Für den Still-Elektrolieferwagen wurde ein „Still"-Schriftzug verwendet, der an der Frontseite angebracht wurde. Das heutige Firmensignet zeigt einen der heutigen Zeit angepaßten Schriftzug „Still" zusammen mit einem Gabelstapler.

Ⓝ

STA. MATILDE

BR 1977 – heute

Die Geschichte der „Cia. Industria Santa Matilde" geht bis 1916 zurück. In jenem Jahr begann man in Conselheiro Lafaiete in Minas Gerais/Brasilien mit der Ausbeutung einer Mine, der Förderung von Mangan und dann – nach rund zehnjähriger Bergwerkstätigkeit mit der Reparatur von Eisenbahnwaggons. „Santa Matilde" wuchs, und die Gründung einer neuen Fabrik in Tres Rios/Brasilien, wurde beschlossen. 1959 baute man Traktoren, Bulldozer, Mähdrescher, und einige Zeit später stieg man in den Fiberglasbau ein. Erst 1977 wurde der „Santa Matilde SM 4.1" vorgestellt. Im gleichen Jahr wurde dieses 2+2-sitzige Sportcoupé in Rio de Janeiro produziert. Verwendung fanden Glasfiber-Aufbauten und Sechszylinder-4,1-Liter-4093 cm^3-171 PS-„Chevrolet"-Motoren. Weitere Versionen folgten, und noch 1993 gab es den „Santa Matilde SM 4.1" als Coupé und Cabriolet.

„Santa Matilde" führte für den Sportwagen ein Dreieck-Markenzeichen mit gewölbten Außenseiten. Im Innern hatte man die Initialen „S" und „M" für „Santa Matilde" eingefügt.

STODDARD-DAYTON

USA 1904–1913

Bereits 1870 hatten John W. Stoddard und dessen Sohn Charles G. Stoddard mit der Fertigung von landwirtschaftlichen Geräten und Maschinen begonnen. Stoddard baute aber auch Fahrräder. 1904 erschien die „Stoddard Manufacturing Co." in Dayton, Ohio/USA, mit einem Vierzylinder-Wagen, der zwei Jahre später durch einen Sechszylinder-3,3-Liter-„Rutenber"-Typ abgelöst wurde. Diese Vierzylinder-Wagen wurden von dem englischen Konstrukteur H. J. Edwards konstruiert, der bereits für die Firma „White's Cleveland Automatic Machine Company" tätig war und den bekannten „Cleveland"-Roadster konstruierte. Im Dezember 1904 gründete man die „Dayton Motor Car Co.", die bis 1912 existierte. Schon ab 1911 gab es auch Stoddard-Dayton-Typen mit „Knight"-Schiebermotoren. Stoddard gehörte zum amerikanischen „Briscoe"-Konzern, der Ende 1912 aufgelöst wurde.

Ein rundes Markenzeichen zeigte den gesamten Markennamen und die ineinander verschlungenen Initialen „S" und „D". Der Markenname „Stoddard-Dayton" setzt sich aus dem Namen der Firmengründer „Stoddard" und dem Produktionsort „Dayton" zusammen.

Ⓚ

STOEWER

D 1899–1939

Die Marke „Stoewer" ging aus einer der ältesten Autofabriken Deutschlands hervor. Die Brüder Emil und Bernhard Stoewer jun. waren große Pioniere im Automobilbau. Bernhard Stoewer sen. hatte in Stettin eine kleine Fabrik für Näh- und später Schreibmaschinen gegründet, zu denen Fahrräder und ab 1899 auch Pkws hinzukamen. Der 1899 vorgestellte „Stoewer" war noch ein Dreiradwagen, dem im gleichen Jahr eine vierrädige Ausführung folgte. 1900/01 fertigte man auch Elektromobile. Es folgten Last- und Personenwagen mit Zwei- und Vierzylinder-Aggregaten. 1906 erschienen Sechszylinder-Typen, und in den 20ern Tourenwagen und Wagen mit 11,1-Liter-Flugmotoren. 1919 baute man starke Achtzylinder-Modelle. Die letzten Stoewer-Modelle vor dem Krieg waren „Arkona" und „Sedina" mit Hinterradantrieb. Um 1945 wurde der Automobilbau gänzlich aufgegeben.

Auf den Kühlern fand der Greif, Wappenfigur Pommerns (Stettin/Pommern: heute das polnische Szczecin) Platz. „Stoewer" ist zudem das wendische Wort für „Stettin". Markenzeichen war u. a. ein wappenähnliches Emblem mit einem Greifen.

Ⓝ Ⓑ Ⓚ

STORERO

I 1912–1919

1884 ergriff Luigi Storero, nachdem er in der „Officine Martina" gearbeitet hatte, die Initiative und spezialisierte auf Herstellung von Aufbauten für von Pferden gezogene Straßenbahnen. 1904 saß Storero, Pionier der italienischen Motorszene, am Volant eines Fiat-Rennwagens mit 10,5 PS-Motor und nahm am berühmten Gordon-Bennett-Rennen teil, das damals durch den Taunus/Deutschland führte. 1905 kam es zur Gründung der „Società Garages Ruiniti Fiat-Alberti-Storero". Diese Firma wurde als Vertriebsgesellschaft mit Wartungsdienst für Fiat-Automobile errichtet. 1908 übernahm Fiat die Kontrolle für diese Firma. 1912 war Storero Teilhaber bei der „Scacchi", und im gleichen Jahr gründete er die „Storero Fabbrica Automobili" in Turin/Italien, die bis 1919 Vier- und Sechszylinder-Automobile namens „Storero" baute.

Im runden Markenzeichen der italienischen Storero-Automobile hatte man einen Adler und das Initial „S" integriert. Ferner war die Bezeichnung „Storero Automobili Torino" enthalten. Der Hintergrund des Zeichens war in Blau, der Adler in Gold gehalten.

Ⓑ

STRAKER-SQUIRE

GB 1906–1926

Adrian Squire konstruierte in den 30er-Jahren moderne Sportwagen mit dem Markennamen „Squire", die jedoch mit Fahrzeugen der Marke „Straker-Squire" nicht in Verbindung standen. Die Firma „Sidney Straker & Squire Ltd" in Fishponds bei Bristol – später in Edmonton bei London – mit den Inhabern Sidney Straker und L. R. L. Squire hatte bereits zur Jahrhundertewende mit dem Dampfmotorwagenbau begonnen; später folgten Benzinwagen. Von 1906 bis 1926 baute man Fahrzeuge des Markennamens „Straker-Squire". Es gab aber auch Nutzfahrzeuge dieses Namens. Die Sportwagen hatten einen ausgezeichneten Ruf. Der große Sechszylinder-Typ mit obenliegender Nockenwelle, 1921 vorgestellt, war ein zuverlässiger und leistungsstarker Wagen, der zum Schluß sogar mit hydraulischen Bremsen aufwartete.

*Markenzeichen des „Straker-Squire" war ein hochformatiges Rechteck mit abgerundeten Ecken und den verschlungenen Initialen „SS" für „**S**traker-**S**quire".*

STROHM; DE RELLA

D 1991 – heute

Der schwäbische Unternehmer (Wohnungsbau u. a.) Werner Strohm trat 1991 mit einem ungewöhnlichen zweisitzigen Sportwagen an die Öffentlichkeit, der zunächst die Bezeichnung „Tornado" bzw. „Tornado Turbo", dann „De Rella" erhielt. Bereits 1988 gab es von Strohm, seinem Sohn Bernd und Freund Erwin Veiel erste Entwürfe für diesen Traumwagen. Mittels einer Investition von rund einer Million Mark konnte das Projekt realisiert werden. Man gründete in Laichingen/Süddeutschland die „Automobilbau Strohm KG". Die ersten drei originalgetreuen Nachbildungen des „Lamborghini Countach" konnten im April 1991 vorgestellt werden. Anfang Januar 1993 gab es den „Strohm De Rella" wahlweise mit dem üblichen V-Sechszylinder-2995 cm^3-250 PS-„Renault-Alpine"-Motor oder mit 250 PS starkem V-Sechszylinder-„Renault-Alpine A 610"-Turbotriebwerk.

Markenemblem war ein Dreieck mit nach außen gewölbten Seiten. Der Untergrund war in Schwarz, der Markenname „Strohm" und der enthaltene Löwe in Gold gehalten.

STUDEBAKER

USA 1902–1964;
1964–1966

Peter Studebaker war holländischer Einwanderer. 1852 ließ sich ein Zweig der Familie in South Bend, Indiana/USA, nieder und etablierte sich im Pferdekutschenbau. Zu Beginn des Jahrhunderts war das Unternehmen die größte Kutschwagenfabrik Amerikas. 1902 begann der Einstieg in den Automobilsektor mit Karosserien und einem Elektrowagen. 1905 stellte die „Studebaker Corporation" einen Vierzylinder-„Garford"-Wagen mit Kardanantrieb vor. Dieser Typ trug aber noch den Namen des Chassis-Lieferanten. Erst ab 1912 gab es den eigentlichen „Studebaker" als Vier- und Sechszylinder-Typen. Die Marken „Erskine" und „Rockne" waren „Studebaker-Töchter". Ende der 30er-Jahre trat Raymond Loewy mit neuem Design auf, wobei insbesonders der „Flugzeugbug" der Frontpartie auffiel. 1954 ging man mit „Packard" zusammen, womit der Abstieg für „Studebaker" begann.

Bei „Studebaker" verwendete man die unterschiedlichsten Schriftzüge und Markenembleme. Vor allem steht das Autorad-Emblem für die Marke, mit dem man an das frühere Güterwagenrad anschloß.

Ⓝ Ⓑ Ⓚ Ⓟ

STUTZ

USA 1911–1935

Harry C. Stutz war einer der prominentesten Automobilkonstrukteure und Geschäftsmann in Indianapolis, Indiana/USA. Er konstruierte schon 1906 für die „American Motor Car Co." den „American Underslung" mit tiefliegendem Chassis. 1911 stellte Stutz in seiner „Ideal Motor Car Co." Sportwagen her, die neben dem 500-Meilen-Indianapolis-Rennen auch an anderen Wettbewerben teilnahmen. 1914 stellte man den legendären „Stutz Bearcat" vor, 1927 erschien der „Black Hawk", dem 1931 der berühmte „DV 32 Super Bearcat" mit Vierventil-Aggregat folgte. Aufgrund der Weltwirtschaftskrise mußte der „Stutz"-Automobilbau aufgegeben werden. Seit 1970 gibt es eine neue Gesellschaft „Stutz-Replika-Autos", die auf „Pontiac"- und „Cadillac"-Basis Nachbauten unter dem Namen „Stutz" herausbringt.

Von 1926 bis 1929 gab es ein schildförmiges geflügeltes Emblem mit integriertem „Stutz"-Markennamen. Für den nachgebauten Stutz der 70er-Jahre verwendete man ein rundes Markenzeichen mit der amerikanischen und italienischen Nationalflagge.

Ⓝ Ⓑ

SUBARU

J 1957 – heute

Der Vorgänger des japanischen Großkonzerns „Fuji Heavy Industries", gegründet 1917 von Chikuhei Nakajima, baute zunächst Flugzeuge. Nach 1945 kam es zur Auflösung des Konzerns. In einer der zwölf neugebildeten Gruppen nahm man die Produktion von stationären Antriebsaggregaten und Motorrollern auf, ehe wieder Nutzfahrzeuge und Schwertransportmittel aller Art gefertigt wurden. 1957 wurden erstmals Pkws der Marke „Subaru" hergestellt. Es waren Kompaktwagen mit 360 cm^3-Motor und Einzelrad-Aufhängung, denen im Laufe der nächsten Jahre die unterschiedlichsten Modelle folgten. Schon 1966 gab es den „Subaru 1000", der als „erstes Großserienauto Japans mit Frontantrieb" bezeichnet wurde. Mit seinem Nutzfahrzeug- und Pkw-Produktprogramm (u. a. Allradantrieb) gehört Subaru heute zu den international bedeutenden Anbietern Japans.

Die von „Fuji" präsentierten Automobile erhielten den Markennamen „Subaru", den japanischen Begriff für die Plejaden. Sechs der rund 150 Fixsterne symbolisieren die ehemaligen sechs Unternehmensbereiche des Konzerns.

Ⓝ

SUÈRE

F 1909–1931

Die Firma „J. Suère" in Paris stellte 1909 bis 1931 Automobile mit dem Markennamen „Suère" her. 1908 fertigte die Firma schon die bekannten „Velox"-Motoren, und ein Jahr später begann man in eigener Regie Automobile herzustellen. Bis etwa 1914 hatte das französische Unternehmen kleine Einzylinder-763 cm^3-8 CV-, Vierzylinder-1592 cm^3-, Vierzylinder-8 CV- und 10 CV-Modelle gefertigt. Die Motoren stammten von den „Etablissements Ballot", die auch rassige Sport- und Rennwagen mit Namen „Ballot" herstellten. Man verwendete ein Dreiganggetriebe und einen Wellenantrieb. In den 20er-Jahren stellte man Vierzylinder-1,2-Liter-, 1874 cm^3-„Ballot"- und Sechszylinder-2,0-Ausführungen her. Die Pariser Firma „Suère" mußte um 1931 die Produktion einstellen. Kurz zuvor hatte man noch einen Achtzylinder-3,2-Liter-Prototyp gebaut.

Bei Suère verwendete man allgemein den einfachen Schriftzug „Suère" mit einem großen geschwungenen „S". Das Suère-Markenzeichen zeigte sich als querstehendes Karo mit Markennamen, das seitlich von großen stilisierten Flügeln flankiert wurde.

Ⓑ

SUNBEAM

GB 1899–1937;
1953–1976

Fahrräder der Marke „Sunbeam" waren berühmt, anschließend folgten Motorräder und ab 1899 Automobile. Der erste „Sunbeam"-Prototyp entstand in Wolverhampton/England, und ab 1901 folgten bereits Vier- und Sechszylinder-Modelle. Unter dem französischen Konstrukteur Louis Coatalen avancierte „Sunbeam" vor 1914 zu einer beliebten Sport- und Rennwagenmarke. In den 20ern konnte man Siege bei Rennen, auch Grand Prix-Fahrten, verbuchen. Schon 1920 verband sich „Sunbeam" mit „Talbot" und „Darracq" zum neuen „STD"-Konzern. Diese Gruppe wurde 1935 wieder aufgelöst, die Marken von „Rootes" übernommen. Erst 1953 gab es wieder „Sunbeams", so z. B. Roadster und Cabriolets („Alpine", „Tiger"). „Rootes" kam später zu „Chrysler", und ab 1976 ließ man den Namen „Sunbeam" fallen.

Unter verschiedenen Markenzeichen und Schriftzügen war u. a. ein Queroval bekannt, das in einer gehämmerten Metallunterlage den Markennamen „Sunbeam" („Sonnenstrahl") in weich geschwungener Schriftart zeigt.

Ⓝ Ⓑ Ⓚ

J 1961 – heute

Die anfängliche „Suzuki"-Maschinenproduktion für die Textilverarbeitungsindustrie begann 1909. Erst etwa zehn Jahre später gab es die ersten Fahrräder und Motorräder. 1954 hatte man den Firmennamen von „Suzuki Loom Manufacturing Co.", die Webstühle baute, in „Suzuki Motor Co." abgeändert. Das erste Fahrzeug war der „Suzulight" von 1961. Dieser viersitzige Wagen wurde von einem luftgekühlten Zweizylinder-360 cm^3-Motor angetrieben. Drei Jahre später erschien der „Suzuki Fronte 800" mit Dreizylinder-Motor und Frontantrieb. Auf dem Automarkt ist Suzuki auch mit Industriefahrzeugen, u. a. auch mit Allradantrieb, stark vertreten. Populär wurden auch die Suzuki-Geländewagen, so die Modelle „SJ 410" oder „SJ 4113" mit 1,0- und 1,3-Liter-Motor. 1988 gab es den „Vitara" mit 1,6-Liter-Aggregat. Daneben bot man auch den „Suzuki Swift" oder den „Alto" an.

SUZUKI

Zu dem „S" als Firmenemblem hatte man sich im Oktober 1958 entschlossen; aus 300 Entwürfen von Kunststudenten wurde eine scharfkantige Form ausgewählt, die in den späten 80er-Jahren abgerundet wurde und somit die Entwicklung von Suzuki repräsentiert.

Ⓝ Ⓑ Ⓚ Ⓟ

CH/D 1990 – heute

Nicolas Hayek, Verwaltungsratpräsident des größten europäischen Uhrenkonzerns „SMH Schweizerische Gesellschaft für Mikroelektronik und Uhrenindustrie AG" in Biel war Initiator des geplanten umweltfreundlichen „Swatchmobils". Im Juli 1991 unterzeichneten „Volkswagen" und die „SMH" einen Vertrag zur Gründung einer gemeinsamen Herstellerfirma. Als VW-Vorstand Piëch wieder ausstieg, sprang „Mercedes-Benz" ein, und im Winter 1992 fuhr der Zweisitzer mit etwa 3,15 Meter Länge, Elektromotor, zusätzlichem Diesel- oder Benzinmotor und einem Verbrauch zwischen 3 und 4 Litern. Aus dem „Swatchmobil" wurde der ausgereifte „smart". Der nur 2.50 Meter kurze und 680 Kilogramm leichte „smart" überzeugte durch technische Kompetenz und faszinierte durch ein ausgeklügeltes Design-Konzept.

SWATCH; SWATCHMOBIL SMART

Für das Swatchmobil verwendete man das Markenzeichen der Schweizer Swatch-Uhren.
Der Name „smart" kam über „S watch – M ercedes – ART".

GB 1900–1931

Ähnlich wie die englische Fahrrad- und Automobilfirma „Humber" kam die seit 1898 bestehende „Swift of Coventry Ltd" unter Kontrolle der Marke „Bean" über die Nähmaschinen-, Fahrrad- und Motorradherstellung zum Automobilbau. Der erste „Swift" wurde nach dem Vorbild des bekannten englischen „MMC" 1900 in Coventry, Warwickshire/England bei der „Swift Motor Co. Ltd" hergestellt. Swift-Automobile gehörten zur Kategorie der Cyclecars, die meist mit Zweizylinder-Motoren und erst ab 1914 mit Vierzylinder-Motoren versehen wurden. In den 20er-Jahren war der Swift ein kleiner 1,2-Liter-Wagen, der es schwer hatte, sich gegen die aufkommende Konkurrenz zu behaupten. 1932 mußte der Swift-Automobilbau eingestellt werden. Die Rechte auf den Markennamen „Swift" und das Emblem wurden an die Firma „Kirk & Merrifield" in Birmingham/England für Fahrräder verkauft.

SWIFT

Im Emblem von Swift sollten fliegende Mauersegler (engl. „Swift") die Schnelligkeit der Automobile symbolisieren; das Kleeblatt verweist auf die irische Herkunft der Firmengründer.

GB etwa 1981 – etwa 1993

Die „Sylva Autokits Ltd" in Manby/Louth, Lincolnshire/England, hatte ihren Sitz ehemals in Lymington, Hampshire/England, und war schon 1981 für ihre „Sylva"-Sportwagen sehr bekannt. Sylva konnte sich mit erfolgreichen Fahrzeugen einen Namen in der 750er-Motorsportserie machen. Neben zahlreichen Rennversionen entstand auch eine hübsche Straßenversion mit modifizierter Front und großer Windschutzscheibe. Die ersten Sylva-Fahrzeuge basierten auf dem „Lotus Seven" und waren mit „Vauxhall"-Teilen bestückt. Schon 1989 hatte man den „Sylva Striker Clubman V 6" gebaut, der von einem V-Sechszylinder-2,7-Liter- etwa 180 PS-„Renault"-Motor angetrieben wurde. 1992 boten „Sylva" und „Phoenix Sports Cars Ltd" den offenen, zweisitzigen „Sylva Fury" an, dem die Typen „Striker Mk II" und „Mk II (Phoenix)" folgten.

SYLVA

Das englische „Sylva"-Markenzeichen zeigte sich in runder Form mit grauem Innenring und gelbem Untergrund. In der Mitte hatte man ein hellviolettes Dreieck integriert, in dem drei weitere grüne Dreiecke eingelassen waren. Das große Dreieck enthielt den Markennamen „Sylva" in grauer Farbe.

D 1905–1908; 1911–1915

1905 existierte in Weida/Thüringen die Firma „Weidaer Automobilwerke Schmidt & Kellner". Dieses Unternehmen plante die Herstellung von „Taifun" genannten Automobilen. Doch die Firma geriet schon 1907 in Konkurs. Das Unternehmen wurde von der Firma „Georg Kellner, Automobilfabrikation und Vertrieb" weitergeführt, die gleichfalls bereits 1908 erlosch. Ob diese Unternehmen tatsächlich Automobile des Markennamens „Taifun" hergestellt haben, ist nicht bekannt. Sicher ist allerdings, daß in Weida eine Gesellschaft namens „G. Kellner" etwa von 1911 bis 1915 Automobile herstellte. Über den Produzenten dieser Fahrzeuge, wie auch über eventuelle Modellreihen und Produktionszahlen, liegen keine näheren Informationen vor. Es kann jedoch angenommen werden, daß es sich bei beiden Firmen „Kellner" um ein und dasselbe Unternehmen gehandelt hatte.

TAIFUN

Die „Automobilwerke Taifun" in Weida/Thüringen verwendeten ein schildartiges Emblem, in dem ein Holzrad und mystische Gestalten abgebildet waren. Nähere Erläuterungen zu diesem Markenzeichen liegen nicht vor.

Ⓝ

D etwa Ende 20er; 1937

Ende der 20er-Jahre baute die Firma „Richard Talbot" in Berlin einige Elektrowagen mit dem Markennamen „Talbot". Diese Fahrzeuge fanden bei Elektrizitätswerken und anderen kommunalen Betrieben mäßigen Absatz. Das Berliner Unternehmen griff in der Regel auf handelsübliche Fahrgestelle zurück, die mit einem speziellen Elektrotriebsatz versehen wurden. In der deutschen Fachzeitschrift „Deutsche Fahrzeug-Technik" vom August 1937 war zu lesen: „Neue Fabrik elektrischer Lieferwagen – Die Firma Richard Talbot richtet auf einem Teil des früheren Geländes der Albatros-Flugzeugwerke in Berlin-Friedrichshagen eine Spezialfabrik für den Serienbau elektrischer Lieferwagen ein. Das Fabrikationsprogramm umfaßt zunächst Lieferwagen von 500 – 2500 Kilogramm Nutzlast. Mit der Produktion soll im August 1937 begonnen werden." Die Firma war schnell vergessen.

TALBOT

Für die Elektrofahrzeuge wurde der auf der Frontseite schräg stehende und schwungvoll gestylte Markenschriftzug „Talbot" verwendet.

TALBOT

GB 1903–1938;
1980 – etwa Ende 80er

Die Marke „Talbot“ in England existierte von 1903 bis 1938. 1906 gab es den ersten in London gebauten „Talbot“. 1913 fuhren Talbot-Wagen auf der „Brooklands“-Rennstrecke. 1919 wurden die Marken „Sunbeam“, „Talbot“ und „Darracq“ als „STD“-Konzern zsammengeführt, der 1935 aufgelöst wurde. Mit der Übernahme der französischen Chrysler-Tochter „Simca“ durch „Peugeot“ kam es zu einer Regeneration der alten britischen Traditionsmarke „Talbot“. Im den Talbot-Markenverbund wurden britische Marken wie „Hillman“, „Humber“ und „Sunbeam“ einbezogen, des weiteren auch die „Simca“-Modellpalette. Die Modelle der 80er-Jahre, gefertigt in England, Frankreich und Spanien, waren auf eine Ergänzung des „Peugeot“-Sortiments abgestimmt, die Fahrzeuge sind in vieler Hinsicht mit den „Peugeot“-Basismodellen identisch.

Das Markenemblem zeigt das Wappen der Adelsfamilie Shrewsbury und Talbot mit einem Hund – ein Mastiff, genannt „Talbot“ –, über dem die herzogliche Krone schwebt.

Ⓝ Ⓑ Ⓚ Ⓟ

TARASCHI

I 1958–1960

Nach 1945 reihte sich die „Officina Meccanica Bernardo Taraschi“ in die Reihe der italienischen Motoren- und Automobiltuner ein. 1947 konstruierte Taraschi, Techniker und populärer Formel-Rennfahrer der 50er-Jahre einen kleinen Sportwagen, der den Namen „Urania“ erhielt und als Zweisitzer mit Zweizylinder-„BMW R 75“-Motorrad-Boxermotor zur Vorstellung kam. Bei seinem Urania verwendete er entsprechend die abgewandelte Technik von Großserienmodellen. 1955 erschien der „Giaur“, auch als „Giannini-Urania“ bekannt geworden, mit Taraschi-Chassis und Vierzylinder-740 cm³-Motor. Taraschi baute dann von 1958 bis 1960 unter seinem eigenen Namen Taraschi-Monoposti für die Formel-Junior mit „Fiat“-Motor. Einer der formschönsten Junior-Grand Prix-Wagen von Italien war 1959 der Taraschi mit „Fiat 1100“-Triebwerk.

Auf einem der Taraschi-Rennwagen führte man den runden „Taraschi“-Namensschriftzug in einfacher Buchstabenform.

TARPAN; FSR

PL 1973 – heute

1973 testete man einen „Tarpan“ genannten Geländewagen, der in der Nähe der polnischen Messemetropole Poznan gebaut und von einem polnischen 2,0-Liter-70 PS-„Nysa“-Motor angetrieben wurde. Das Fahrzeug bot Platz für sechs Personen. Produziert wurde der Pickup-ähnliche Geländewagen seit 1974 von der Firma „Fabryka Samochodow Rolniczych“ (FSR) in Warschau. Anfänglich stammten Aggregat und Fahrwerk vom polnischen „Warszawa“, später verwendete man Komponenten des bekannten „Polski-Fiat/FSO 125 p“. 1980 erschien das Modell „FSR Tarpan 235“, dem 1983 der „FSR Tarpan F 233“ folgte. Bekannt war auch der „Tarpan Honker“ von 1989. Ab Januar 1988 kam der Tarpan auch auf den deutschen Automobilmarkt. 1993 hatte sich „Volkswagen“ bei der „FSR“ eingekauft, und in Folge wurde nun auch der „VW T 4“-Transporter dort montiert.

Als Markenzeichen des Tarpan zeigte man u. a. ein senkrecht stehendes Rechteck mit blauem Hintergrund. Oben steht der Name der Vertriebsgesellschaft, unten „FSR“ für die Firma.

Ⓝ

TATRA; NESSELSDORF

ČS 1923 – heute

Die Anfänge der Marke „Tatra“ gehen bis 1850 zurück, als Ignaz Schustala in Nesselsdorf, im damals noch österreich-ungarischen Kaiserreich, eine Karosseriefabrik errichtete. Nach stetiger Expansion begann man 41 Jahre später mit der Fertigung von Eisenbahnwaggons. Ab 1897 wurde der Automobilbau mit dem Zweizylinder-„Präsident“ aufgenommen. Weitere Modelle, wie z. B. „Météore“ und „Typ A“ folgten um 1899. 1906 entstand durch Dr. Hans Ledwinka der „S 20/30“ und 1910 der „S 40/50“ mit Sechszylinder-Motor. Nach dem Ende des Ersten Weltkriegs und tschechisch geworden, änderte man den Markennamen in „Tatra“. Heute gibt es neben den schweren Tatra-Lastwagen und -Industriefahrzeugen auch Pkws der „6er“-Baureihe (z. B. „T 613-3“ mit luftgekühlten V-Achtzylinder-3,5-Liter-Motor) und den V-Achtzylinder-MTX-Tatra-Sportwagen.

Der Markenname „Tatra“ ist der Name einer in Tschechien liegenden Gebirgskette, die die Grenze zu Polen bildet. Markenzeichen der frühen Jahre war ein Dreieck mit abgerundeten Ecken und nach unten zeigender Spitze.

Ⓝ Ⓑ Ⓚ

TAUNUS

D 1907–1909

Die „Taunus Automobilfabrik GmbH“ in Frankfurt am Main war eine Gründung ehemaliger Mitarbeiter der „Adler Fahrradwerke vorm. Heinrich Kleyer“, die gleichfalls in Frankfurt die bekannten „Adler“-Automobile baute. Bei „Taunus“ produzierte man in den Jahren 1907 bis 1909 leichte Lastwagen, Busse und auch Personenwagen, die den Namen „Taunus“ trugen. Die Personenwagen wurden von kopfgesteuerten Vierzylinder-Motoren angetrieben. Im Produktionsprogramm dieser kurzlebigen Autofirma um 1908 stand die Herstellung von Personenwagen des Typs „B“ mit 6/12 PS-Vierzylinder-Motor. 1909 stellte man den Taunus-Automobilbau wieder ein. Überwiegend waren in der Firma Luxuskleinautomobile entstanden. Von 1939 bis 1947/48 tauchte der Name „Taunus“ bei deutschen Automobilen wieder auf, und ab 1980 wurde er für „Ford“-Automobile aus Köln verwendet.

Das viereckige Markenzeichen der Taunus-Automobile war an den Seiten nach außen gewölbt und trug im äußeren Bildrand den Firmennamen sowie den Herstellerort. Im Innern zeigte man eine Stadtansicht vergangener Jahrzehnte.

TECNO

I 1964 – etwa Mitte 70er

Luciano Pederzani, gründete 1962 gemeinsam mit seinem Bruder Gianfranco die Firma „Tecno“ in Bologna/Italien. Die beiden Brüder machten sich zuerst als Hersteller von Karts einen Namen, bevor sie 1964 einen Formel-4-Rennwagen vorstellten, angetrieben von einem 250 cm³-„Ducati“-Motor. Einem Fahrzeug von 1965 mit 850 cm³-Mechanik des „Fiat“ folgte ein Jahr später ein Formel-3-Wagen mit englischem „Cosworth“-Triebwerk, mit dem Carlo Facetti, Giancarlo Baghetti und Clay Regazzoni in den Jahren 1967 und 1968 viele Erfolge verzeichnen konnten. Im Oktober 1968 wurden sieben „Tecno“-Rennwagen in Brand Hatch/England eingesetzt. Bis 1971 beschäftigten sich die Brüder mit dem Bau von Formel-3- und dann Formel-2-Rennwagen, denen Formel-1-Aggregate folgten. 1973 ließ Tecno die Rennwagen in England bauen. 1974 wurde es um die Firma zunehmend ruhiger.

Bei Tecno verwendete man ein Markenzeichen mit einem Krokodil, dem Markennamen „Tecno“, dem Herstellerort „Bologna – Italy“ und den berühmten Karos, die man in der Zielflagge bei Rennen findet.

TEILHOL

F 1972 – etwa Anfang 90er

Der französische „Teilhol" wurde Mitte der 70er-Jahre von der „Teilhol Voiture Electrique" (TVE) in Ambert, Puy-de-Dome/Frankreich, und Jahre später unter dem neuen Firmennamen „Teilhol S.A." in Courpière/Frankreich hergestellt und durfte in Frankreich ohne Führerschein gefahren werden. Schon ab 1972 baute „Teilhol" kleine Liefer- und Personenwagen mit der Markenbezeichnung „TVE", die vor allem als Behindertenfahrzeuge gedacht waren. In den 70er-Jahren stellte man die Modelle „Messagette" (dreirädrig), „Handicar" (vierrädrig) und „Citacome K 5" sowie „K 10" (vierrädrig) her. Die Dreirad-Fahrzeuge hatten das Einzelrad an der Heckseite und wurden über eine Kette angetrieben. In den späten 80er-Jahren baute „Teilhol" auch „Rodeo" genannte Geländewagen-Pick-ups für „Renault" in Frankreich.

Die Firma „Teilhol S.A." verwendete u. a. für ihre Fahrzeuge den Buchstaben „T" mit einem – vermutlich – stilisierten Blitz. Es gab auch Autos, die den kleingeschriebenen Schriftzug „teilhol" oder in einem Viereck nur den Kleinbuchstaben „t" allein zeigten.

TEMPELHOF; BMF

D 1901–1906

Die „Berliner Motorwagen Fabrik" (BMF)" stellte in den Jahren 1901 und 1906 Zweizylinder- und Vierzylinder-Personenwagen sowie Nutzfahrzeuge mit Reibrad-(Friktions)-Antrieb her. Sowohl unter der Marke „Tempelhof" als auch unter der Markenbezeichnung „BMF" liefen viele Fahrzeuge im Taxibetrieb.

Der hier abgebildete Druckbuchstabenschriftzug „Tempelhof" stammt aus einer „BMF"- bzw. „Tempelhof"-Werbeanzeige für Automobile.

TEMPERINO

I 1919- 1925

Der italienische „Temperino" ist zu den zahlreichen Versuchen der 20er-Jahre zu rechnen, ein einfaches und brauchbares Automobil herzustellen. Die Brüder Maurizio, Giacomo und Carlo Temperino, die aus dem Fahrrad- und Motorradgeschäft kamen, gründeten 1907 in Turin/Italien eine Automobil- und Motorradwerkstatt mit dem Firmennamen „Temperino M. & C.", später die „Società Anonima Temperino". Von 1908 bis 1910 hatte man einen Prototyp entwickelt und auch gebaut. Nach dem Ersten Weltkrieg begann man in einer verlassenen Fabrikationsanlage für Präzisionsgeräte erneut mit dem Bau von Automobilen. Vorwiegend entstand ein 8/10 PS-Wagen mit Markennamen „Temperino". 1919 gab es dann die neue Firma „Vetture Temperino S.A.", die V-Zweizylinder-1020 cm³-Motorwagen und Kickstarter fertigte. 1925 gab man aufgrund finanzieller Schwierigkeiten auf.

Das „Temperino"-Automobilemblem zeigte sich als Queroval, das schräg oder auch waagerecht auf den Kühlern angebracht wurde. Es enthielt den goldenen Markennamen „Temperino" wie auch den Herstellerort „Torino" (Turin). Das blaue Emblem war deutlich vom Jugendstil geprägt.

TEMPLAR

USA 1917–1925

Von 1917 bis 1925 baute die „Templar Motors Corporation" (auch „Templar Motor Car Co.") in Cleveland, Ohio/USA, Automobile des Markennamens „Templar". Im Werbeslogan hieß es: „Super-Fine Small Car". Der Templar war einer der bedeutendsten Versuche in den USA, nach dem Ersten Weltkrieg einen Luxuswagen in kleinerer Version herzustellen. A. M. Dean galt als einer der Designer. Karosserieform, Werkstoffe und Verarbeitung des Templar wurden als hervorragend bezeichnet. Die Firma leistete sich den Luxus, z. T. Aluminium-Karosserien anzubieten, die man mit rund 27 Lackschichten versah. 1917 entstanden ein Sechszylinder-3,5-Liter- und ein 4,3-Liter-Typ. Dieser leitete auch das Ende des „Templar" ein. Bis Herbst 1924 hatte man etwa 6000 Fahrzeuge der Marke gefertigt, wobei auch Vierzylinder-Versionen gebaut wurden. Bis 1925 wurde noch weitergebaut.

Der Markenname „Templar" leitete sich von den „Templer"-Kreuzrittern des Mittelalters ab. Markenzeichen war ein Queroval mit einem mit der Spitze nach oben gerichteten Dreieck, in dem ein Templer-Kreuzritter mit seiner Lanze enthalten ist. Darunter stand der Markenname „Templar".

TEMPO

D 1933–1956

Bei der „Vidal & Sohn" in Hamburg-Harburg wurden seit 1928 Lastendreiräder hergestellt. Ab 1933 gab es auch dreirädrige Pkws mit einzelnem Frontrad. Ab 1936 entstanden Vierradwagen. Nach dem Zweiten Weltkrieg waren es wieder leichte Nutzfahrzeuge („Hanseat", „Matador" und „Wiking"), die die „Tempo Werke GmbH – Vidal & Sohn" in großen Stückzahlen herstellte. „Rheinstahl-Hanomag AG, Werk Hamburg-Harburg" beteiligte sich 1965 an „Tempo". Damals wurde dort für den Bundesgrenzschutz auch der englische „Landrover" in Lizenz gebaut. Die letzten Dreiräder in Kombiwagen-Versionen entstanden 1956. Nach der 1969 erfolgten Eingliederung in die „Hanomag-Henschel Fahrzeugwerke GmbH" wurde im Werk „Hamburg-Harburg", entsprechend seiner ursprünglichen Bestimmung, die Produktion von Leichttransportern zunächst beibehalten.

Das „Markenzeichen der deutschen „Tempo"-Automobile zeigte eine Art Schießscheibe mit Ringen, in die man den Markennamen „Tempo" integriert hatte.

Ⓝ

TERROT

F 1910–1914

„Terrot" war einst größter Motorradhersteller Frankreichs. Die „Société Anonyme des Etablissements Terrot" in Dijon, Côte d'Or/Frankreich, konnte auf eine langjährige Geschichte zurückblicken, die ihre Ursprünge im schwäbischen Cannstatt/Deutschland hatte. Dort gründeten der Franzose Fouquet und der Werkmeister Charles Terrot zwei Werkstätten. Zurückgekehrt nach Frankreich beschloß Terrot, zusammen mit seinen Söhnen Fahrräder zu bauen, und in den 1890er-Jahren folgten „Terrot"-Motorräder. Unter diesem Namen entstanden von 1910 bis 1914 auch Automobile, wobei es bereits 1900 und 1902 erste Versuchswagen (Quadricycles und Tricycles) gab. Die „Terrot"-Vierzylinder- 8 PS-1244 cm³- und 10 PS-1460 cm³-Wagen der Jahre 1912 bis 1914 wurden recht bekannt. Später konzentrierte man sich wieder auf den Motorradbau, der um 1958 endete.

Bei „Terrot" verwendete man die unterschiedlichsten Markenzeichen. Es gab Schriftzüge in Druckbuchstabenversion und Embleme mit dem Markennamen „Terrot", dem Herstellerort „Dijon, Côte d'Or" und den Produktbezeichnungen „Cycles" und „Motocycles".

Ⓝ Ⓑ Ⓚ

THAMES

„Thames“ war eine berühmte Londoner Schiffsbauwerft, die 1902 noch die Produktion von kleinen Nutzfahrzeugen durchführte und 1906 Personenwagen des Markennamens „Thames“ herstellte. Die Firma „Thames Ironworks, Shipbuilding & Engineering Co. Ltd“ in London existierte bereits im Jahre 1857, vermutlich jedoch noch unter einem anderen Namen. Dieses renommierte englische Unternehmen baute auch die berühmte „Saltash Bridge“, hinzu kamen Königin Victorias Yacht „Fairy“ und 1858 ein Stahlschiff namens „Warrior“. Bis 1910 hatte die Firma rund 900 Schiffe produziert. Die Londoner „Thames Ironworks, Shipbuilding Co. Ltd“ stellte von 1906 bis 1914 u. a. schwere Lastkraftwagen mit Dampf- und Verbrennungsmotoren sowie Kleinbusse her, von 1906 bis 1911 aber auch einige Personenwagen, die hauptsächlich als Taxifahrzeuge Verwendung fanden.

GB 1906–1911

Unter verschiedenen Markenzeichen gab es u. a. einen Schriftzug in altenglischer Schrift. Ein Lastwagenmodell „300 E“ der Jahre 1957/61 zeigte ein anderes Emblem an der Frontseite, das gerahmt den Markennamen „Thames“ zeigte.

THOMAS; THOMAS FLYER

Zu Beginn unseres Jahrhunderts gehörte die amerikanische Firma „Thomas“ zu den ganz Großen der Automobilbranche. Der Ruhm währte allerdings nicht lange. Schon bald nach dem Erscheinen des „Thomas Model M Flyabout“ im Jahr 1910 verließen zahlreiche Ingenieure das Werk, einschließlich Gründer Thomas. 1912 war die Firma bankrott, wurde aber bis 1919 noch künstlich am Leben erhalten. Die von Erwin Ross Thomas 1903 bis 1918 in Buffalo, New York/USA hergestellten leistungsfähigen Tourenwagen mit Ein- und Dreizylinder-Motoren erhielten den Markennamen „Thomas“. Besondere Berühmtheit erlangte der „Thomas Flyer“, der im Jahr 1907 das Rennen New York–Paris gewann. 1918 mußte man den Automobilbau wieder aufgeben. Bis dahin wurden nur noch auf besonderen Wunsch einzelne Fahrzeuge gefertigt.

USA 1903–1918; 1905

Thomas-Markenzeichen waren grundsätzlich rund und zeigten den Buchstaben „T“ mit Markennamen. Für den Thomas Flyer wurde ein elegant geschwungener Schriftzug des Modellnamens „Thomas Flyer“ verwendet.

THORNYCROFT

„Thornycroft“ in Großbritannien war einer der ältesten Hersteller von kommerziellen Fahrzeugen. Die Geschichte dieser Firma geht bis 1864 zurück, als man sich im Schiffsbau etablierte. Die Anlagen lagen an der Themse in Chiswick/England. „Thornycroft“ baute zudem Dampfboiler für die Marine und betätigte sich anschließend im Bau von Straßenfahrzeugen. So entstand 1896 der erste Dampfmotorwagen durch John Thornycroft in Basingstoke, Hampshire/England. Der erste Wagen, der den Markennamen „Thornycroft“ trug und einen Verbrennungsmotor besaß, wurde im Jahr 1903 präsentiert. Es folgten große und schnelle Vier- und Sechszylinder-Wagen, die sich auch im Motorsport einen guten Namen machen konnten. Nach 1914 konzentrierte man sich bei „Thornycroft“ ganz auf den Bau von Nutzfahrzeugen und Schiffsmotoren.

GB 1903–1913

Unter anderem wurde ein interessant gestalteter Druckbuchstabenschriftzug des Markennamens verwendet, wobei die Buchstaben „T“ größer als die restlichen Lettern ausgebildet waren.

Ⓑ Ⓚ

TH. SCHNEIDER

Etwa im Jahr 1907 bot Louis Ravel dem Besitzer der französischen Motorenbaufirma „Chapuis-Dornier“, Amstoutz, seine Dienste an. Später stellten Ravel und Amstoutz Motoren her, die den Namen „Zenith“ erhielten. Als Théophile Schneider, einer der Mitbegründer der seit 1894 bestehenden Firma „Rochet-Schneider“ sich 1910 selbständig machte, verkaufte ihm Amstoutz die Herstellungsrechte für die Motoren, und Ravel unterstützte Schneider bei der Errichtung seiner neuen Gesellschaft, die unter dem Namen „Automobiles Théophile Schneider“ eingetragen wurde. In Besançon/Frankreich entstanden nun „Th. Schneider“-Automobile. Es gab Vier- und Sechszylinder-Ausführungen, mit denen man vor dem Ersten Weltkrieg auch erfolgreich im Rennsport teilnahm. Die Mittelklasse-Wagen der Marke „Th. Schneider“ gab es bis 1931.

F 1910–1931

Das Zeichen der französischen Marke zeigte sich als geflügeltes Emblem, das den Markennamen „Th. Schneider“ aufnahm.

Ⓝ

THURLOW

Die Firma „Thurlow & Company“ in Wimbledon/London baute im Jahr 1914 den Prototyp eines Dreiradwagens, der den Markennamen „Thurlow“ erhielt, jedoch erst 1920 in Serie hergestellt wurde. Für den Antrieb sorgte ein V-Zweizylinder-20 PS-„Precision“-Motor, mit einer Kette zum englischen „Sturmey-Archer“-Dreigang-Getriebe verbunden. Der Endantrieb erfolgte über Riemen. Das Antriebsaggregat konnte vom Fahrersitz aus gestartet werden. Bis 1921 hatte man den englischen „Thurlow“ gefertigt, es dürften jedoch nicht mehr als eine Handvoll an Exemplaren entstanden sein.

GB 1920–1921

Bei „Thurlow“ verwendete man den auf den Kühlern schrägstehenden Schriftzug des Markennamens.

TILBURY

Das französische Unternehmen „Martin Automobiles“ in Olonne-sur-Mer, an der Küste Westfrankreichs, welches seit über 15 Jahren im Automobilgeschäft vertreten ist, stieg 1992 auch mit Replika in Deutschland ein. Seit 1986 hatte sich die Firma bereits einen Namen auf dem französischen Markt gemacht. Mit der alltagstauglichen Oldtimer-Replika „Tilbury“ – auch als Bausatz erhältlich – erinnerte „Martin“ an den Automobilbau der 30er-Jahre. Auf Basis eines „Renault“-Plattformrahmens sorgten unter dem Kunststoffaufbau Motoren aus dem „Renault Clio NRJ“ für eine Leistung von maximal 70 PS, kombiniert mit einem Fünfganggetriebe. Chrom, Holz, Leder und Alpaka-Leder sorgten für ein luxuriöses Aussehen. Das „Tilbury“-Cabriolet bestach durch sein formschönes Aussehen, konzipiert und gebaut von einem Automobil-Rennsport-Team.

F 1986 – heute

Der französische „Tilbury“ zeigte als Emblem ein Queroval, in das man den geschwungenen Schriftzug „Tilbury“ integriert hatte.

TOFAS; MURAT

Das „Tofas" – auch als „Tofas-Murat" bzw. „Murat 124" – bezeichnete Automobil wurde ab 1971 in Istanbul von der Firma „Türkiye Otomobil Fabrikasi Ananim Sirketi" („Türkische Automobilfabrik AG") produziert und war eine Lizenzproduktion des italienischen „Fiat"-Modells 131 Mirafiori" bzw. dessen Vorgängermodell „124". 1986 stieg die Produktion bei „Tofas Otomobil Ticaret A.S." um 40 Prozent auf 42116 Einheiten pro Jahr. Der „Tofas Murat" war das einzige Modell dieser Marke und dadurch sehr beliebt. Die Fiat-Lizenz wurde 1986 in vier Versionen angeboten. Unter der Motorhaube des Typs „Murat Sahin" lag ebenso wie beim „Murat Dogan" und bei der Kombiwagen-Version „Murat Kartal" ein 1,6-Liter-75 PS-ohv-Motor. Auch noch Anfang 1992 war „Tofas" mit seinen Typen, die den „Fiat 131" zur Basis hatten, auf dem türkischen Markt vertreten.

TR 1971 – heute

Für den türkischen „Tofas" verwendete man ein Querrechteck, das auf rotem Untergrund und in Kunststoffausführung den Markennamen „Tofas" zeigte. Die Bedeutung des Buchstabens „K" auf der rechten Seite ist nicht klar.

Ⓝ

TOJEIRO; DAX TOJEIRO

„Tojeiro"-Wettbewerbswagen wurden Ende der 50er-Jahre in Barkway, Herfordshire/England, durchwegs mit Gitterrohrrahmen sowie mit „Bristol"-, „Coventry-Climax"-, „Jaguar"- und „MG"-Motoren gebaut. Bereits 1952 begann John Tojeiro in seiner „Tojeiro Automotive Development Ltd" die ersten „Tojeiro"-Sportwagen herzustellen. Verwendung fanden zunächst englische 1467 cm^3-„MG"-Motoren, die am populärsten für den „Tojeiro" wurden. Das „Tojeiro"-Sportwagendesign wurde später an die englische Firma „AC Ltd" verkauft, wobei für den „AC Ace" (As) John Tojeiro verantwortlich zeichnete. Aus diesem „AC Ace" entwickelte Carroll Shelby den „AC Cobra". 1985 übernahm der Designer bei der englischen Sportwagenfirma „DJ Sportcars" eine Stelle als technischer Direktor. 1987/88 erschien bei dieser Firma eine „Cobra"-Replik des „AC Cobra", der „Dax Tojeiro".

GB 1952 – heute

„Tojeiro" führte u. a. ein rundes Emblem mit blauem Untergrund, dem integrierten Markennamen „Tojeiro" und dem Herstellerland „England" sowie einen beidseitigen, halbierten Lorbeerkranz.

TORNAX

Die Firma „Tornax Motorfahrzeug-Fabrik Wewer & Schmidtmann" in Wuppertal-Langerfeld baute hervorragende „Tornax"-Motorräder und brachte im Modelljahr 1934 auch einen zweisitzigen, ebenfalls „Tornax" genannten Sportwagen mit frisierten 23 PS-„DKW"-Motor und Frontantrieb auf den Markt, der den Modellnamen „Rex" erhielt. Der von Ernst Wewer konstruierte Wagen war reichhaltig ausgestattet und von hohem Qualitätsstandard. Der „Tornax Rex" vermochte sich trotz dieser guten Eigenschaften allerdings nicht gegen den von „DKW" selbst angebotenen Sportzweisitzer durchzusetzen, und so kam es, daß man 1937 den „Tornax"-Automobilbau wieder aufgeben mußte. Motorräder gab es dagegen bis 1953. Mitte 1981 tauchte die Motorradmarke „Tornax" bei der neuen Firma „Tornax-Zweirad GmbH" wieder auf.

D 1934–1937

„Tornax" war die von Ernst Wewer schon 1926 etwas eigenwillig abgewandelte Bezeichnung für „Tornado", den gefürchteten Sturm- und Wirbelwind, und sollte Schnelligkeit und Kraft symbolisieren. Als Motiv für sein Emblem verwendete er einen aufgerichteten Löwen.

Ⓝ Ⓑ

TOYOTA

Kiichiro Toyoda richtete in den 1926 gegründeten „Automatic Loom Works Ltd", wo Webstühle gefertigt wurden, 1932 eine Fahrzeugbau-Abteilung ein. Dort begann man mit Vorarbeiten für ein Sechszylinder-Automobil. 1935 war der erste Wagen fahrbereit, der den Markennamen „Toyota" erhielt. Doch die Produktion hielt sich in Grenzen und wurde erst nach dem Zweiten Weltkrieg ausgeweitet. Die im Inland abgesetzten Wagen trugen noch die Bezeichnung „Toyopet", ehe man international den Namen vereinheitlichte. Inzwischen hatte sich „Toyota" an die Spitze der Automobilhersteller hinaufgearbeitet. Vom bescheidenen Vierzylinder-Aggregat bis zum V-Achtzylinder-Wagen, vom Geländewagen bis hin zum Schwertransporter reichte die Palette des Angebots. 1967 kam die japanische Marke „Hino" zum Toyota-Konzern, ein Jahr später übernahm man auch „Daihatsu".

J 1936 – heute

Eines der ersten „Toyota"-Markenzeichen besaß runde Form mit dem Markennamen „Toyota" in japanischer Schrift. Ab Januar 1989 wurden stufenweise für alle Modelle drei Ellipsen als neues Markenzeichen eingeführt.

Ⓝ Ⓚ

TRABANT

„Trabant" gehörte zu einer Gruppe von Firmen, die nach dem Zweiten Weltkrieg infolge der Reorganisation deutscher Firmen entstanden. Ein „VEB"-Betrieb übernahm die ehemaligen „Audi"- und „DKW"-Werke und begann 1949 unter der Bezeichnung „IFA F 8", die es bis 1955 gab, mit dem Bau von Automobilen. Bis 1958 trug die Firma die Bezeichnung „AWZ" (Automobilwerke Zwickau). Von 1955 bis 1959 hieß der Wagen „Zwickau P 70", und ab 1959 verwendete man bereits den Namen „Trabant". Der erste Wagen von 1958 hingegen war noch als " Zwickau P 50" bekannt. Als Antrieb diente ein Zweizylinder-500 cm^3-18 PS-Motor. 1962 hatte man den Motor auf 600 cm^3 Hubraum erhöht und seitdem ist der „Trabant" in zahlreichen Versionen und auch Einzelheiten weiterentwickelt worden. 1991 kam nach der Öffnung der Grenze die Produktion des ostdeutschen „Trabbi" zum Stillstand.

DDR/D 1959–1991

Hauptsächlich verwendete man den Schriftzug „Trabant" als Markenzeichen, wobei sich der obere Balken des Buchstaben „T" über den gesamten Markennamen hinwegzog. Dazu kam das „Sachsenring"-Emblem mit „S".

Ⓝ

TRACTA

Der talentierte französische Konstrukteur Jean Albert Grégoire, der in der französischen Geschichte des Automobils vielerorts mitgewirkt hatte und sich einen ruhmreichen Namen als Automobilkonstrukteur (u. a. Marke „Grégoire" 1945 – 1962) machen konnte, nannte den 1926 von ihm entwickelten Frontantriebswagen „Tracta". J. A. Grégoire begann in Asnières/Seine, Frankreich, mit dem Bau vorderradgetriebener Sportwagen. In den Jahren 1929 und 1930 erreichte der französische Tracta exzellente Plazierungen bei den „24 Stunden von Le Mans" in Frankreich. Im Modelljahr 1934 wurde die Produktion des „Tracta" wieder eingestellt. Große Stückzahlen wurden beim Tracta nie erreicht. Grégoire eröffnete ein Ingenieurbüro und entwarf u. a. für „Amilcar" in Frankreich den frontangetriebenen „Compound"-Wagen.

F 1926–1934

Der Markenname „Tracta" leitete sich von dem französischen Wort für Voderradantrieb, „Traction Avant", ab. Als Markenzeichen verwendete man ein Queroval mit dem eingesetzten Markennamen „Tracta" in Druckbuchstabenform.

Der von 1913 bis 1916 in Beaulieu hergestellte „Lion-Peugeot", war ein beliebter Wagen, den es in den Ausführungen „VD" bzw. „V4D" gab. Als Markenzeichen wurde der Löwe (frz. lion) gewählt, das Wappentier der Franche-Comté (Freigrafschaft Burgund).

Nur 1907 bis 1913 wurde der „Brush" in Detroit, Michigan/USA, hergestellt. Die abgebildete Kühlerform mit „Brush"-Schriftzug stammt von einem Modell des Jahres 1910. Bis zu diesem Jahr hatte man allein von diesem Typ rund 10000 Runabouts (Kleinwagen) und Lieferwagen gebaut.

TRESER

D 1981 – heute

Walter Treser, Ingenieur für Flugzeug- und Kraftfahrzeugbau, war Jungingenieur bei „Daimler-Benz“, Leiter bei verschiedenen Firmen und Rennfahrer u. a. auf „Lotus“. Er verließ nach internen Differenzen „Audi“ und errichtete 1981 die „Walter Treser GmbH, Automobiltechnik und Design“ in Hofstetten/Deutschland. 1982 stellte Treser seinen selbst entworfenen „Treser Quattro“ vor. Weitere exklusive Typen folgten in den nächsten Jahren. Er hatte mit seiner Tuningfirma, der 1985 die neue „Walter Treser Automobilbau GmbH“ in Berlin zur Seite gestellt wurde, großen Erfolg. Nach den Treser-Eigenbauten „Hunter“, „Largo“, „Liner“ und „Treser TR 1-Roadster“ (1988) tauchten ernste finanzielle Sorgen auf. Ein Jahr später geriet man in Konkurs. Trotzdem konnte man in den frühen 90er-Jahren den Automobil-und Zubehörbau mit eigener Tuningabteilung fortsetzen.

Emblem war eine Eins mit darunter plaziertem „Treser“-Schriftzug, dessen Form an das bekannte englische „Rolls-Royce“-Markenzeichen und an die Eins der ehemaligen „Audi“-Modelle der 30er-Jahre erinnerte.

Ⓝ

TRIAD; MALVERN

GB etwa 70er – heute

Die Firma „Malvern Autocraft“ in Malvern, Worcester/England, wurde noch 1992 von Rick Jones und Ian Browse geleitet, die beide bereits in den 70er-Jahren recht aktiv im Automobilgeschäft tätig waren. Rick Jones war schon seit über 15 Jahren in der englischen Vintage- und Kit-Car-Fahrzeugrestauration tätig, und sein Partner Ian Browse kam aus dem Ingenieurswesen, wurde Vertreter und baute dann Kit-Cars. Die beiden Konstrukteure entwarfen einen offenen Dreiradwagen, wobei sich das Einzelrad an der Heckseite des Fahrzeugs befand. Verwendung fanden hauptsächlich mechanische Komponenten des englischen „Mini“-Kleinwagens, insbesondere der Typen „Mk I“ und „Mk II“. Auch wurden einige „A-Series“-Motoren (vom 850 cm³- bis hin zum 1273 cm³-„GT“-Motor) verwendet. Der vorgestellte bootsförmige Dreiradwagen erhielt den Namen „Triad“.

Die Firma „Malvern Autocraft“ versah ihre Triad-Fahrzeuge mit dem altenglischen Schriftzug „Triad“.

TRIANGEL

DK 1918–1945

Die dänische Marke „Triangel“ war eine Außenseitermarke: Nachdem die Automobilfirma „Jan“ an die Autofirma „Thrige“ übergegangen war und man unter dem Namen „Triangel“ nach 1918 die Personenwagenherstellung nicht fortsetzen wollte, machten die Mehrheitseigentümer der Firma unabhängig hiervon einen anderweitigen Versuch, Kleinwagen eigener Fertigung in Dänemark an den Mann zu bringen. Dabei entstand eine kleine Anzahl von Kleinwagen mit Vierzylinder-12 PS-Motoren. Die benötigten Fahrgestelle hatte man noch während der Kriegsjahre in den USA käuflich erworben. Ein Dreierbündnis ergab sich im Jahre 1918 aus dem Zusammenschluß der dänischen Firmen „Anglo-Dane“, „Jan“ und „Thrige“. In dem neuen Unternehmen wurden nun Lastwagen und Omnibusse mit Markennamen „Triangel“ gefertigt. Die Marke überlebte bis 1945.

Das Markenzeichen war, der Wortbedeutung entsprechend, ein mit der Spitze nach oben gerichtetes Dreieck. Im Emblem hatte man den Markennamen integriert.

Ⓝ Ⓑ

TRIBELHORN; EFAG

CH 1902 – etwa 1920

Bereits 1898 wurden in Olten/Schweiz die „Mechanischen Werkstätten A. Tribelhorn & Cie. AG“ gegründet. 1902 war „Tribelhorn“ nach Feldbach am Züricher See bei Zürich/Schweiz, verlegt. Im Anschluß entstanden dort bis etwa 1920 Personen- und Lastwagen mit elektrischem Antrieb und Markennamen „Tribelhorn“. Sie wurden hauptsächlich an Hotelgesellschaften und auch an die Schweizer Post verkauft. Um den Absatz ihrer Elektrofahrzeuge zu forcieren, hatte die Firma sogar eine Kette von Ladestationen für Elektrofahrzeuge eingerichtet. Den Bau leichter Nutzfahrzeuge setzte auch die Nachfolgefirma „Elektrische Fahrzeug AG“ (EFAG) fort, die „Tribelhorn“ im Jahr 1919 übernahm. Die Tribelhorn-Elektromobilfabrik war auch als „Tribelhorn A. & Comp., Elektromobilfabrik & Bootswerft“ in Feldbach/Schweiz bekannt gewesen.

Es gab ein spezielles Tribelhorn-Warenzeichen, das die Initialen „ATG“ wie auch sechs gleiche Symbole des Elektrowesens zeigte. Die Initialen „A“ könnten für den Vornamen des Firmengründers, das „T“ für den Nachnamen und das „G“ für „Gesellschaft“ gestanden haben.

TRIDENT

Registered Trade Mark

GB 1966–1978

Der dem britischen „TVR“ der Firma „TVR Engineering Ltd“ nachfolgende Sportwagen, der als „Trident“ in den Jahren 1965 bis 1972 in Woodbridge, später Ipswich, Suffolk/England, produziert wurde, basierte zunächst auf dem englischen „Austin-Healey 3000“ und auf amerikanischen V-Achtzylinder-„Ford“-Versionen. „TVR“ existierte seit dem Jahr 1954. Der englische „Trident“, auch als „TVR Trident“ bekannt geworden, erhielt eine italienische „Fissore“-Aluminiumkarosserie, die vom Pariser Designer Trevor Fiore kreiert und noch 1965 auf dem Genfer Automobil Salon ausgestellt wurde. Das Coupé „TVR Trident“ besaß im Gegensatz zum ultrakurzen TVR eine von Kanten geprägte, gestreckte Karosserie. Nachdem 1965 TVR die Produktion einstellen mußte, brachte man den Wagen als eigene Marke „Trident“ bei der neuen „Trident Cars Ltd“ heraus.

Der Markenname „Trident“ bedeutet „Dreizack“, wobei man an den charakteristischen Dreizack des Meeresgottes Neptun/Poseidon dachte. In stilisierter Form war dieser in ein Viereck-Symbol mit Rahmen eingebracht. Es wurde aber auch ein eckiger „Trident“-Schriftzug verwendet.

TRIKING

GB 1980 – heute

Der englische Formel-1-Techniker Tony Divey wurde 1980 am Reißbrett von einer Laune überfallen – und erfand den „Triking“. Ursprünglich erhielt das offene Dreirad einen italienischen Zweizylinder-850 cm³-70 PS-„Moto Guzzi“-Motorradmotor. Dieser trieb das Hinterrad über eine Kardanwelle an. Getriebe und das Antriebsrad stammten ebenfalls von „Moto Guzzi“. Der über 50jährige Brite Divey fuhr fortan nur noch „oben ohne“. Seine nur rund 320 Kilogramm schwere „Morgan Three Wheeler“-ähnliche Replik fand reißenden Absatz. 1982 gab es einen „Triking“ mit V-Zweizylinder-949 cm³-71 PS-Motor und handgeschaltetem Fünfganggetriebe. Ferner besaß er einen Stahlrohrrahmen, eine Einzelradaufhängung an allen drei Rädern und Scheibenbremsen. Im Juni 1991 konnte „Triking“ das 100. Exemplar verkaufen.

Der Markenname „Triking“ dürfte sich vermutlich von „King of the trikes“ ableiten. Als Markenzeichen verwendete man ein mit der Spitze nach unten gerichtetes Dreieck. In diesem Emblem zeigte man den Markennamen, wobei der Buchstabe „K“ sich flügelartig über den gesamten Namen hinwegzog.

TRIPPEL; PROTEK

TRIPPEL

Ingenieur Hans Trippel, ein Pionier des Amphibienfahrzeugs, baute bereits 1932 im Alter von 24 Jahren seinen ersten Schwimmwagen. Dieses Gefährt war noch unter dem Namen „Land-Wasser-Zepp" bekannt und bestand auf Anhieb den ersten Test im Wasser. Später wurde das Fahrzeug dann als „Amphicar" bekannt. Weitere Typen wurden in den Jahren nach 1934 entwickelt und produziert. Sie erhielten den Namen „Trippel". Zu diesen Versionen gehörte auch das Modell „Trippel SG 6". Ab 1936 stellten die „Trippel-Werke" in Homburg/Saar einzelne Fahrzeuge mit deutschen „Adler"- und „Opel"-Motoren sowie Allradantrieb her. Während des Kriegs produzierte „Trippel" für miltärische Auftraggeber Schwimmwagen in den besetzten „Bugatti"-Werken. Noch 1994 baute der unermüdliche Konstrukteur neue Amphibienfahrzeuge mit genialer Technik.

Unter verschiedenen Markenzeichen und Emblemen war ein einfacher schräger Schriftzug in Gebrauch. Ein weiteres Emblem zeigte zudem das bekannte „Protek"-Emblem mit Reifen und integriertem Schraubantrieb.

D 1934–1944;
1950 – heute

Ⓝ

TRIRO

In den Jahren 1950 bis 1954 wurde von der in Möckmühl/Württemberg seßhaften Firma „TRIRO-Werk – Maschinenfabrik Möckmühl GmbH" in ihrer separaten Abteilung eine kleine Serie von dreirädrigen Transportern gefertigt, die den Markennamen „Triro" und die Bezeichnung „500" erhielten. Diese Fahrzeuge dürfen in die Kategorie der deutschen Liefer-Dreiräder „Goliath" aus Bremen und „Tempo" aus Hamburg-Harburg eingereiht werden. Als Antrieb für den deutschen „Triro 500" diente ein Einzylinder-Doppelkolben-9 PS-248 cm^3-„Triumph"-Zweitakt-Motorradmotor. Der Motor wurde mittels eines Gebläses luftgekühlt und war zudem mit einem Dreiganggetriebe mit Rückwärtsgang kombiniert. Die „Maschinenfabrik Möckmühl" baute noch Anfang der 90er-Jahre kleine „Agria" genannte Traktoren und Gartenbaumaschinen.

In dem dreieckigen Markenemblem zeigte man den Buchstaben „T", in dem wiederum senkrecht der vollständige Markenname „Triro" zu lesen war. Es gab aber auch einen speziellen, in Druckbuchstaben ausgeführten „Triro"-Schriftzug.

D 1950–1954

Ⓝ

TRIUMPH

„Triumph", die weltbekannte Motorradfabrik aus Coventry, Warwickshire/England, die in den frühen 90er-Jahren erneut von sich reden machte, wagte sich erst 1923 auf den Automobilsektor. Der „Super Seven" war eindeutig sportlich orientiert. Mit seinem Vierzylinder-Motor stellte er ein gutes Wettbewerbsfahrzeug dar. Weitere Vier- und Sechszylinder-Modelle waren ebenfalls im Motorsport erfolgreich. Es entstanden sogar Achtzylinder-Triumph-Versionen, die jedoch Außenseiter blieben. Die legendären Triumph-Roadster der „TR"-Baureihe konnten sich lange Jahre halten. Sie wurden 1953 ins Modellprogramm aufgenommen und überlebten die Konzernmarke „MG". Von 1962 bis 1980 gab es den kleinen „Triumph Spitfire". Bekannt war auch der „GT 6" der Jahre 1966 bis 1973. Im Modelljahr 1980 übernahm „British Leyland" die Marke „Triumph".

Bei Triumph gab es u. a. verschiedene schwungvoll gestaltete Schriftzüge oder auch eine Weltkugel in Blau und Rot mit dem Markennamen „Triumph".

GB 1923–1980

Ⓝ Ⓑ Ⓚ Ⓟ

TROJAN

Die Lastkraftwagenfabrik „Leyland" stellte von 1922 bis 1928 kleine Personenwagen mit Markennamen „Trojan" her. Das Fahrzeug erhielt einen recht simplen Vierzylinder-Zweitakt-Motor, kombiniert mit einem Planetengetriebe und differentialloser Hinterachse. 1928 wurde zur Fortführung der Produktion des englischen „Trojan" die Firma „Trojan Ltd" in Croydon, Surrey/England, gegründet. Man baute nun etwas modernere Versionen des „Trojan" bis 1935, z. B. ging man ab dem Modelljahr 1929 von Vollgummi- auf Luftreifen über. 1961 bis 1965 trat „Trojan" nochmals ins Rampenlicht des Automobilbaus, diesmal mit dem Lizenzbau der deutschen „Heinkel Kabine" sowie den letzten Exemplaren des beliebten englischen „Elva"-Sportwagens. In den späten 80er-Jahren fungierte „Trojan" noch als Oldtimer-Agentur.

Die „Trojan Ltd" bezog sich bei der Namensgebung auf die sagenumwobene Stadt Troja aus der griechischen Mythologie. Ihre Fahrzeuge trugen einen „Trojan"-Schriftzug, die Kühlerfigur zeigte das Brustbild eines behelmten trojanischen Kriegers.

GB 1922–1936;
1961–1965

Ⓚ

TRUFFAULT

In den Jahren 1907 bis 1908 baute die Firma „Société des Automobiles Truffault" in Paris eine riemenangetriebene, offene Voiturette (Kleinwagen), die den Markennamen „Truffault" erhielt. Ferner gab es für den Truffault einen Einzylinder-Motor (vermutlich „De Dion-Bouton" aus Frankreich), eine relativ lange und steile Lenksäule mit Volant, eigenartige Fahrzeugfedern, die mittels Öl (hydraulisch) arbeiteten und eine besondere Kombination von Rahmen und Aufbau. Das Fahrzeug besaß keine Windschutzscheibe. Über den Hersteller, wie auch über eventuelle Modellreihen und Produktionszahlen, liegen keine näheren Hinweise vor.

Markenzeichen war ein rundes Emblem, das neben dem Markennamen „Truffault" und dem Herstellerort „Paris" auch die Bezeichnung „Voiturette" führte.

F 1907–1908

TUCKER

„Tucker – das modernste Automobil der Welt" – unter diesem Motto wollte Preston Thomas Tucker nicht nur in den USA die harte Automobilfront aufbrechen. 49 Automobile wurden in Chicago, Illinois/USA, von 1946 bis 1948 in der ehemaligen Flugmotorenfabrik „Dodge Flugmotoren Werke" gebaut. Tuckers sogenannter „Sicherheitswagen" wies einen luftgekühlten Sechszylinder-Boxermotor mit hydraulischen Ventilstößeln und einem Automatikgetriebe auf. Ihm wurden jedoch Fälschung von Bilanzen und Vergehen gegen das Aktiengesetz vorgeworfen, so daß er seinen schnellen, sparsamen und auf Sicherheit ausgelegten aerodynamischen Personenwagen nicht weiterbauen konnte. 1950 wurde Preston T. Tucker zwar freigesprochen, verstarb aber bereits im Dezember 1956 an Lungenkrebs. Sein Leben wie die Geschichte seines Fahrzeugs wurde 1988 von Francis Ford Coppola verfilmt.

Für den kurzlebigen amerikanischen „Tucker" fand ein Wappen seine Verwendung, über dessen Bedeutung keinerlei nähere Hinweise vorliegen.

USA 1946–1948

Ⓝ

TURBO

D 1923–1924

Der 1923/24 von der Firma „Turbomotoren AG“ in Gaisburg/Stuttgart gebaute „Turbo“ bzw. das „Turbo-Leichtautomobil“ wurde von einem luftgekühlten Fünfzylinder-1,5-Liter-Sternmotor angetrieben und war mit 1920/21 in der Schweiz gefertigten Automobil gleichen Namens identisch. Der schweizerische Turbo war von der Firma „Automobilfabrik G. W. Müller & Co.“ in Zürich-Oerlikon gebaut worden. Im Vergleich zu diesem war der deutsche Turbo 1923 als 1540 cm^3-6/25 PS- und 1980 cm^3-8/32 PS-Modell zu haben, wobei es sich um Zwei- und Viersitzer leichter Bauart handelte. Diese ohv-Sternmotoren wurden mit einem drei- oder viergängigen deutschen „ZF“-Getriebe („Zahnradfabrik Friedrichshafen“) verblockt und besaßen einen Kardanantrieb. Zudem gab es eine deutsche Sportversion mit 2,0-Liter-1980 cm^3-75 PS-Motor.

Die deutsche „Turbomotoren AG“ verwendete für ihre Fahrzeuge einen schrägstehenden „Turbo“-Schriftzug in Großbuchstaben.

TURCAT-MÉRY

F 1898–1928

Der „Turcat-Méry“ aus Marseille war eines der ältesten Fabrikate Frankreichs. Die Firma wurde schon 1897 von Léon Turcat und seinem Schwager Simon Méry gegründet. Ein Jahr später entstand der erste Motorwagen mit liegendem Vierzylinder-Aggregat. Kurz darauf wurde mit „De Dietrich“ in Frankreich ein Vertrag abgeschlossen, der „Turcat-Méry“ verpflichtete, für die Lothringer Firma Motoren zu konstruieren. Es ist ferner bekannt, daß ein Turcat-Méry 1911 die erste Rallye Monte Carlo gewann. Es gab große und behäbige Vierzylinder-Wagen von 2,6- bis 6,3-Liter Hubraum, die ausgezeichnet verarbeitet waren. Nach dem Ersten Weltkrieg baute man kleinere Wagen mit Antriebsaggregaten anderer Hersteller, so z. B. von „CIME“ und „SCAP“ in Frankreich, die in Marseille gefertigt wurden. Die Weltwirtschaftskrise führte 1929 zur Einstellung des Turcat-Méry-Fahrzeugbaus.

Unter anderem gab es bei der französischen Marke runde und ovale Embleme, die den Markennamen „Turcat-Méry“ wie auch die Initialen „T“ und „M“ für den Markennamen, zeigten.

Ⓑ

TURICUM

CH 1904–1914

Von 1904 bis 1914 baute man in Zürich Automobile, die später den Markennamen „Turicum“ erhielten. Martin Fischer und Paul Verbrodt begannen mit der Herstellung eines luftgekühlten Einzylinder-Wagens, und auf einem Langstreckentest über die Alpen stellte die Firma die Zuverlässigkeit ihrer Fahrzeuge unter Beweis. In Uster/Schweiz begann man nun mit der Serienherstellung des Turicum in einer mechanischen Werkstätte. 1907 erschien das erste Fahrzeug mit Vierzylinder-Aggregat und Reibradgetriebe sowie einer Kraftübertragung per Kette. Der Verkauf lief gut an, dennoch verließ Fischer 1909 die Schweizer Firma und begann im Anschluß eigene „Fischer“-Fahrzeuge herzustellen. Unter der Aufsicht des neuen Konstrukteurs, Arthur Rebling, wurde der Turicum modernisiert. Nach Ende des Ersten Weltkriegs wurde die Produktion nicht mehr fortgeführt.

„Turicum“ war der lateinische Name für „Zürich“. Als Markenzeichen wurden z. B. der schwungvoll gestaltete Schriftzug „Turicum“ oder auch eine querrechteckige Messingplatte mit nach innen gewölbten Seiten und integriertem Markennamen verwendet.

TURNER

GB 1951–1966

Dieser englische Automobilhersteller steht in keinem Zusammenhang mit seinem Namensvetter, der ehemals gleichfalls in Wolverhampton/England, ansässigen Automobilfirma. In den Jahren 1951 bis 1966 baute die Firma „Turner Sports Cars Ltd“ in Wolverhampton, Staffordshire/England, Sportwagen mit Markennamen „Turner“. Nach den ursprünglichen Ideen des Firmengründers John („Jack“) H. Turner, der 1916 in Wales geboren wurde, sollten ausschließlich Rennwagen hergestellt werden. Jack Turner produzierte einige Turner-Sportwagen mit englischen „Austin“- und „Coventry-Climax“-Motoren. Später verwendete man auch von „Ford“ und „BMC“ Motoren. Der Turner-Sportwagen wurde als attraktiver Roadster wie auch als Coupé angeboten und entstand in rund 200 Exemplaren.

Das englische Markenzeichen zeigte ein rundes Emblem mit Fabeltier und Flügeln, das sich auf der anderen Emblemseite widerspiegelte. Zudem hatte man den Markennamen „Turner“ in dieses Zeichen integriert.

TVR

GB 1954 – heute

Die Firma „TVR“ wurde unter dem Namen „Layton“ gegründet. 1966 erhielt sie ihren endgültigen Namen „TVR“. Der erste Wagen dieser englischen Marke besaß eine Glasfiber-Wabenkarosserie und einen 1100 cm^3-„Austin A 40“-Motor. Es entstanden rund 30 Exemplare eines Modells mit offenen Verdeck. Sie erhielten in den USA den Markennamen „Jomar“. Ursprünglich verwendete man für den TVR englische „Coventry-Climax“- oder „Ford“-Antriebsaggregate. Dann ging man auf die Verwendung von 1600 cm^3-„MG-A“- und 1800 cm^3-„MG-B“-Motoren über. Der „TVR Trident“ von 1965 wurde drei Jahre später mit 1,6-Liter-„Ford Cortina“-Motor neu vorgestellt. 1970 kamen die Versionen „Vixen“ und „Tuscan“, 1980 der „Tasmin“ und 1983 der „Tasmin 350“ mit V-Achtzylinder-3,5-Liter-„Rover“-Triebwerk auf den Markt. Die heutigen TVR-Typen sind nostalgische Neuauflagen.

Als Markenzeichen verwendete man die Buchstabenfolge „TVR“, die für den Vornamen „Trevor“ des Firmengründers Wilkinson steht. Dieses Markenzeichen änderte sich in späteren Jahren stilistisch nur geringfügig.

Ⓝ Ⓑ Ⓟ

TYRRELL

GB etwa 50er – heute

Das Formel-1-Team „Tyrrell“ wurde von Robert Kennedy („Ken“) Tyrrell gegründet, nachdem er in den 50ern einen Anteil an einem „Cooper 500“-Formel-3-Renner hatte erwerben können. 1957 war Tyrrell bereits in der Formel-2 gelandet. Seine Verwandlung vom Holzhändler aus Surrey/England zum Team-Manager begann. In den nächsten zehn Jahren wurde der Name „Tyrrell“ zum Synonym für Erfolge in der Formel-2 und Formel-Junior. Dem folgte Ende der 60er-Jahre Tyrrells Aufstieg zum Formel-1-Team-Manager. 1971: Die Formel-1-Hersteller-Championade ging an „Tyrrell“, nur 12 Monate nach der Vorstellung seines ersten Rennwagens. 1975/76 erschien der ungewöhnliche sechsrädrige „Tyrrell P 34“. Die „Tyrrell Racing Organisation Ltd“ setzte im Sommer 1987 beim Großen Preis von Deutschland ihren neuen „Tyrrell 016“ mit Achtzylinder-„Cosworth“-Triebwerk ein.

Markenzeichen der Formel-1-Rennwagen war der Schriftzug „Tyrrell“.

Ⓑ

TZ; TZ SIDER

E 1956–1966

1956 brachten die „Talleres Zaragoza" in Saragossa (Zaragoza)/Spanien eine sehr kleine Limousine mit schwungvoller Kotflügellinie heraus. Das Fahrzeug erhielt die Markenbezeichnung „TZ" bzw. „TZ Sider". Das Fahrzeug sah mit seiner kleinen Karosserieform wie ein verkleinertes „normales" Automobil aus, besaß einen selbsttragenden Aufbau in Pontonform und eine Panorama-Heckscheibe. Der Wagen bot vier Personen Platz. Als Antrieb diente ein luftgekühlter Zweizylinder-350 cm^3-18 DIN-PS-Zweitakt-Motor – nach anderen Quellen 296 cm^3 mit knapp 15 PS Leistung – mit einem Vierganggetriebe. Der Motor trieb – für die damalige Zeit noch ungewöhnlich – die Vorderräder an; es wurden rund 95 km/h erreicht. Das spanische Fahrzeug mit seiner hydraulischen Bremsanlage wurde bis etwa 1959 hergestellt. In manchen Katalogen wurde er noch bis 1966 geführt.

Die Markenbezeichnung „TZ" stand für den Namen der spanischen Firma „Talleres Zaragoza". Die Bezeichnung „Sider" kam über den zuerst gewählten Typennamen „Lider". Der bereits gewählte Schriftzug war in beiden Arten lesbar.

UAP; DACIA

R 1968 – heute

Unter der Bezeichnung „Uzina de Autoturisme Pitesti" (UAP) in Colibasi-Judetul Arges/Rumänien, fertigte man ab 1968 Automobile, die den rumänischen „Dacia 1300" zum Vorbild hatten, der wiederum auf dem französischen „Renault R 12" basierte. Der rumänische „UAP" war im Heimatland recht bekannt geworden.

Als Markenzeichen für den UAP verwendete man ein Schildemblem, das die Bezeichnung „UAP" und darunter einen auf Felsblöcken stehenden und die Schwingen ausbreitenden Vogel (Adler?) zeigte.

Ⓝ Ⓑ

UAZ; TUNDRA

SU 1961 – GUS heute

1941 wurde in Uljanovsk/Sowjetunion die Firma „Samara" gegründet, aus der später die „UAZ" wurde. Man begann zunächst mit der Herstellung von Lastkraftwagen, und ab 1954 gab es den „UAZ" auch als Geländewagen-Modell „GAZ 69 AM", von dem bis 1965 immerhin 250000 Exemplare gebaut wurden. Seitdem wird dieser Typ unter Lizenz auch in Rumänien und Nordkorea hergestellt. Der „UAZ 469 B", der im Modelljahr 1972 herauskam, ist das modernste russische Geländefahrzeug. Es ist wahlweise mit Benzin- oder Dieselaggregat erhältlich und wegen seiner Robustheit auf allen europäischen Märkten recht beliebt, obwohl es hinsichtlich der Leistungsfähigkeit anderen Geländewagen-Typen unterlegen ist. Der UAZ ist auch als „Tundra" bekannt geworden. Das erste Modell dieser Bauform („UAZ 469") wurde 1961 vorgestellt.

Der russische „UAZ", Abkürzung für den Firmennamen „Uljanovsk Avtomobilny Zavod", führte einen Druckbuchstabenschriftzug in russischer Sprache, der an der Frontseite der Geländewagen ins Stahlblech gepreßt wurde. Neuere Versionen zeigten ein Vogel-Emblem mit großen stilisierten Flügeln. Ⓑ

ULTRA; ULTRA LIMOUSINE

USA 1964 – heute

Bereits 1964 existierte in Los Angeles, Kalifornien/USA, die Firma „Ultra Limousine Corporation", die bestens als Karosserie-Unternehmen bekannt ist und sich speziell mit ihren „stretch-limos" (Langlimousinen) einen hervorragenden Namen machen konnte. Die Firma wurde auf dem Gebiet dieser Fahrzeugumbauten wegweisend. Unter der Leitung von Vini Bergeman gab es verlängerte Limousinen auf Basis deutscher, italienischer und amerikanischer Serienfahrzeuge, so u. a. von „Ferrari", „Mercedes-Benz 500 SEL", „Cadillac" usw. Das amerikanische Unternehmen kann viele prominente Kunden, wie z. B. Hollywood-Star Sylvester Stallone oder Larry Hagman, verzeichnen. Noch Ende 1989 bot „Ultra Limousine" den „Ultra Rossa" (Basis „Ferrari Testarossa") mit 5,79 Meter langem Aufbau und im Heck angebrachtem ursprünglichen Mittelmotor an.

Der abgebildete „Ultra"- bzw. „Ultra Limousine"-Schriftzug stammt aus einem 1990er-Werbesprospekt dieses amerikanischen Renommee-Unternehmens.

ULTRAMOBILE

D 1904–1908

Als Lizenzbau des amerikanischen „Olds Curved Dash" gab es in Deutschland sowohl das „Polymobil" als auch das von 1904 bis 1908 gebaute „Ultramobile", das in den ersten beiden Jahren im Auftrag einer Berliner Firma bei der „Fahrzeugfabrik Eisenach", die auch Fahrzeuge mit Markennamen „Wartburg" herstellte, entstand. Später wurde es bei der „Akkumulatoren- und Elektrizitätswerke AG, vorm. W. A. Boese & Co." in Berlin gefertigt. Abweichend vom amerikanischen Original gab es ab 1906 auch eine Zweizylinder-Ausführung. Im Jahre 1908 wurde die Produktion mangels Rentabilität aufgegeben. Das deutsche Ultramobile – nach den Worten der Vertriebsfirma „Deutsche Ultramobilgesellschaft m.b.H." in Berlin-Halensee „der beste Gebrauchswagen der Welt für Aerzte, Landwirthe, Geschäftsleute" – besaß u. a. einen 8-9 HP-Motor und erreichte rund 40 km/h.

Der abgebildete Schriftzug „Ultramobile" stammt aus einem Werbeprospekt der Firma „Deutsche Ultramobilgesellschaft m.b.H.".

UMM; COURNIL

P 1965 – heute;
P 1978 – heute

Bereits 1965 entwickelte der Franzose Bernard Cournil einen Allrad-Mehrzweckwagen als Militärfahrzeug mit „Peugeot"-Benzin- oder Dieselmotor. Dieses Fahrzeug zählte selbst in Frankreich zu den Raritäten. In größeren Stückzahlen wurde dieser Wagen, der heute in vielerlei Hinsicht modernisiert ist, bei der portugiesischen Firma „Uniao Metalo-Mecanico" (UMM) gefertigt, die besonders für Metallverarbeitung bekannt ist. Zu einer Kooperation mit diesem Unternehmen und „Cournil" kam es im Jahre 1978. Bekannt waren die Modelle aus dem gleichen Jahr: „UMM 490" und „UMM 494" mit französischen „Indenor"-Motoren. Auch wurden „UMM 4x4 Diesel" oder „UMM 4x4 Cournil" angeboten. 1983 erschien der „UMM Dakary" mit Vierzylinder-1995 cm^3-79 PS-Motor. Im Modelljahr 1991 bot man eine auf 4857 Millimeter verlängerte UMM-Geländewagenausführung an.

Als Firmenzeichen verwendete man ursprünglich ein waagrecht stehendes Viereck mit abgerundeten Ecken, in die man die Bezeichnung „UMM" sowie „4x4 Diesel" integrierte. Ein neueres Logo zeigte in gleicher Form ein Pfeil-Symbol und die Markenbezeichnung „UMM".

UNDERBERG; SALVATOR

Beim Namen „Underberg" denkt man sofort an den berühmten deutschen Magenbitter des langjährigen Familienunternehmens. Nur wenige wissen, daß ein Mitglied dieser weitverzweigten Familie in Frankreich auch Automobile mit dem Markennamen „Underberg" – später „Salvator" – hergestellt hatte. Die Firma „Société Underberg et Cie." in Nantes/Frankreich begann im Jahr 1899 mit dem Bau einer Voiturette, die den Markennamen „Underberg" erhielt und von einem Einzylinder-Motor angetrieben wurde. Diesem Modell folgten später noch größere Typen mit Kettenantrieb. Ende 1909 sah man von der französischen Underberg-Automobilherstellung wieder ab. Bekannt ist, daß der erste Underberg als zweisitzige Voiturette (Kleinwagen) mit luftgekühltem französischen Einzylinder-3 PS starken „Gaillardet"-Motor vorgestellt wurde.

F 1899–1909

Am 24. November 1906 ließ die Firma „Société E. Underberg et Cie." ihr neues Markenemblem – ein senkrechtes Oval in blauer Farbe mit Lilie – in das Handelsregister von Nantes eintragen.

UNIBUS

In den 30er- und 50er-Jahren hatte der „Unibus" („The Ideal Runabout"), der von der Firma „Gloucestershire Aircraft Co. Ltd" in Cheltenham/England als „The Car on the two Wheels" hergestellt wurde, trotz seiner ungewöhnlichen Form motorisierte Gefährten. Das Fahrzeug glich mehr einem verkleideten Motorrad oder Motorroller als einem Automobil, da es nur zwei Räder besaß. Es wurde von der Firma „The Service Motor Co. Ltd" in London vertrieben und als ideales Gefährt für Land- und Einkaufsfahrten in der Stadt bezeichnet. Es wurde als vibrationsfrei, einfach zu bedienen, komfortabel sowie ökonomisch bezeichnet. Die Fahrleistung lag bei etwa 5 bis 40 km/h. Nähere Hinweise über das Unibus-„Motorrad-Automobil" oder über den Hersteller liegen nicht vor.

GB etwa 30er – 50er

Der abgebildete Schriftzug „Unibus" stammt aus einem Werbeprospekt der englischen Vertriebsfirma.

UNIC

1897 hatte Georges Richard mit dem Bau von Automobilen unter eigenem Namen begonnen. Nach einer Zusammenarbeit mit Henri Charles Brasier im „Richard-Brasier"-Konzern, wo auch „Brasier"-Automobile entstanden, gründete er ein neues Unternehmen, das ab 1905 Automobile mit dem Markennamen „Unic" herstellte. Das Modellprogramm bestand zunächst nur aus Zwei-, dann aus Vier- und Sechszylinder-Typen. Diese Versionen konnten sich auch in den 20er-Jahren eines guten Rufs erfreuen. In den Jahren 1926 bis 1929 gab es nur einen 11 CV-Typ als Einheitsmodell. Später konzentrierte man sich wieder auf größere Fahrzeuge. Dann stieg man verstärkt in den Lastkraftwagen- und Omnibusbau ein. 1951 kam „Unic" zu „Simca", und als dieses Unternehmen mit „Chrysler France" fusionierte, wurde „Unic" eine Marke im „Fiat"-Nutzfahrzeugbereich („IVECO").

F 1904–1939

Ursprüngliches Markenzeichen von „Unic" (dt.: „einheitlich" – Einheitsmodell) war ein rundes Emblem mit der Bezeichnung „Georges Richard – Unic" und dem Herstellerort „Puteaux" an der Seine/Frankreich. Die Schriftfarbe war in Gold gehalten.

Ⓝ Ⓚ

UNICAR; SUPERSPORT

Etwa im Mai 1974 kamen in Kalifornien/USA, sogenannte Rikscha-Motorräder auf den Markt. Die Ölkrise in jenen Jahren ließ den automobilistischen Spieltrieb neue Blüten treiben. Eine der originellsten Konstruktionen war ein von der Firma „Unicar" in Orange, Kalifornien/USA, hergestelltes Fahrzeug, das den Namen „Supersport" erhielt. Es war im Grunde genommen eine moderne Ausgabe des alten „Threewheelers" (Dreiradwagen) von der britischen Firma „Morgan". Für den Antrieb fand ein japanischer Vierzylinder-500 cm^3-„Honda"-Motorradmotor Verwendung, der 48 PS leistete. Dieses Dreirad basierte auf einem Stahlblechrahmen, der mit einem Aufbau aus Fiberglas verkleidet wurde und hinten über solide Träger verfügte, an denen das Motorrad angeschraubt war. Die Lenkung arbeitete ähnlich wie die eines normalen Automobils.

USA 1974

Für das Dreirad-Mobil verwendete man den Schriftzug „Supersport", der seitlich angebracht war.

UNIPOWER; UNIPOWER GT; QUASAR

Die Herstellung von Fahrzeugen der Marke „Unipower" wurde schon 1953 von Val Dare-Bryan und Ernie Unger bei einem Rennen in Goodwood/England beschlossen; es sollte eine Art Coupé-Version des englischen „Lotus Seven" entstehen. Der Prototyp wurde bei „Roy Pierpoint" in Aluminium gefertigt und 1965 mit einem Gitterrohrrahmen versehen. 1966 begann die Firma „Universal Power Drives Ltd" in Perivale, Middlesex/England, mit der Herstellung von Sportwagen mit Glasfiber-Aufbauten. Diese Fahrzeuge erhielten den Markennamen „Unipower". In den Jahren 1966 bis 1970 wurde ein „GT"-Coupé mit Gitterrohrrahmen und englischem 1,3-Liter-„British Motors Corporation-Mini"-Motor gebaut. 1968 baute man noch den futuristischen „Unipower Quasar", auch als „Quasar" bekannt geworden.

GB 1966 – 1970; 1968

*Der Markenname „Unipower" kam vom Firmennamen „**Uni**versal **Power** Drives Ltd". Die Firma führte einen Schriftzug des Markennamens, aber auch ein Markenzeichen in stilisierter Flügelform. Inmitten dieses Emblems hatte man das Initial „U" integriert.*

UNIQUE AUTOCRAFT

Die Firma „Unique Autocraft Ltd" in Templefields, Harlow/England, baute bereits vor dem Jahre 1990 glasfaserkarosserierte Bausatz-Fahrzeuge, die mit den unterschiedlichsten Motoren bestückt wurden. Anfang 1990 gab es weitere Konstruktionen, so z. B. Nachbauten des legendären englischen „AC Cobra", der nun bei diesem Unternehmen den Markennamen „Unique Autocraft Python Roadster" und V-Achtzylinder-Motoren von „Chevrolet", „Ford", „Jaguar" oder „Rover" erhielt. Noch im Modelljahr 1992 bot die Firma „Unique Autocraft" ihren „Python Roadster" an, bei dem sich die Verantwortlichen an dem legendären britischen „AC Cobra" orientiert hatten.

USA etwa 80er – heute

Die „Unique Autocraft Ltd" verwendete für ihre Produkte den elegant gestylten Markenschriftzug „Unique Autocraft".

UNITÁS; UNITÁS-UHER; UNITÁS-TATRA

Für den ungarischen „Unitás" bzw. „Unitás-Tatra" verwendete man z. B. einen die Schwingen ausbreitenden Adler mit einem Wappen im Zentrum.

Nach dem Ersten Weltkrieg wurde in Budapest die „Unitás Automobil Ipar es Kereskedelmi R.T." gegründet. 1927 hatte „Unitás" mit der tschechischen Firma „Ringhoffer" einen Vertrag über den Lizenzbau des Tatra-Pkws Typ „12", der von Nesselsdorf gebaut wurde, abgeschlossen. Der Aufbau wurde auf das Chassis der „Tatra Werke" aufgebaut. 1928 wurde unter Ingenieur Simon Fellner der erste „Unitás-Tatra" gebaut. In fünf Jahren hatte man etwa 500 Autos produziert: Es waren Cabriolets, Limousinen und andere Fahrzeuge. Einige kleine Lastwagen standen ebenfalls auf der Produktionsliste. In der Zeit der Weltwirtschaftskrise hatte „Unitás-Tatra" die Unitás-Pkws zu Lastwagen umgebaut. Bis 1931 wurde ein Unitas-Kleinwagen gebaut. Nach seinem Konstrukteur Ödön Uher sollte der Wagen „Unitás-Uher" heißen.

H 1928–1931

UNITED STATES

Als Markenzeichen verwendete die „United States Motor Company" ein wappenähnliches Gebilde, das den Firmennamen wie auch die Bezeichnung „Economy Utility" zeigte.

1910 wurde in New York die „United States Motor Co." gegründet. Mit dieser neuen Gesellschaft versuchte Benjamin Briscoe einen ähnlichen Automobil-Konzern ins Leben zu rufen wie die amerikanische „General Motor Corporation" (GMC) in Detroit, Michigan/USA. Selbst einige weitere Automobilfirmen, wie die „Alden Sampson Manufacturing Co." aus Detroit/USA, „Brush Runabout Co." in Detroit/USA, „Columbia Motor Car Co." in Hartfort, Connecticut/USA, „Dayton Motor Car Co." in Dayton, Ohio/USA (Hersteller der bekannten „Stoddard-Dayton"-Automobile) und die „Maxwell-Briscoe Motor Co." in Tarrytown, New York/USA, waren in diesem neuen Konzern integriert. Vom gleichen Unternehmen wurden 1911 auch Taxifahrzeuge mit Markennamen „Titan" hergestellt. Am 12. September 1912 ging die Firma an den Konkursverwalter über.

USA 1910–1912

UOP SHADOW; SHADOW

Das Firmenlogo von „UOP Shadow" war die Abkürzung von „Universal Oil Products". Der von Dan Nichols gebaute CanAm-Renner war in seiner Karosserieform flach wie ein Schatten (engl.: „shadow").

Bei dem Namen „UOP Shadow" handelt es sich um eine Abkürzung für den amerikanischen Sponsor „Universal Oil Products", der sich am amerikanischen „Shadow"-Formel-1-Team im Jahr 1971 beteiligte. 1973 wurde „Universal" als Sponsor gewonnen, daraufhin stieg „Shadow" in den Formel-1-Rennsport ein. Nichols richtete sich in England eine Werkstatt für die Herstellung von „Shadow"-Formel-1-Rennwagen ein. Der erste Rennwagen dieser neuen Marke trug die Bezeichnung „DN 1" – vermutlich stellvertretend für den „Dan Nichols-No. 1-Rennwagen". Angetrieben wurde er von einem V-Achtzylinder-„Cosworth"-Motor. Um 1980 verkaufte Nichols seinen erfolglosen Rennstall an Teddy Yip. Das neue Team erhielt den Namen „Theodore Racing".

USA 1973 – etwa 1980;
1970 – etwa 1980

URD; UNGAR

Die Markenbezeichnung „URD" stand für „Ungar – Deutschland". Auf dem Fahrzeug hatte man die drei Buchstaben der Markenbezeichnung sowie das bekannte „BMW"-Emblem angebracht.

Ernst Ungar aus Deutschland fuhr im Jahre 1982 mit seinem „URD 81 C"-Gruppe C-Sportwagen für Deutschland. Über den Konstrukteur und Rennfahrer Ungar, wie auch über technische Details seines „URD 81 C" liegen keine näheren Informationen vor. Vermutlich kam es hier zum Einbau eines „BMW"-Antriebsaggregates oder zur Verwendung von Komponenten der gleichen Marke.

D etwa 80er

UREN; SAVAGE

Die „Jeff Uren Ltd" verwendete für ihre Produkte u. a. den Druckbuchstabenschriftzug „Uren"; für den Fahrzeugtyp „Savage" (dt.: wild) war der gleichlautende Schriftzug mit dem stilisierten Kopf einer Raubkatze in Gebrauch.

1969 kam es durch eine Verbindung der Firma „Jeff Uren Ltd" in Hanwell/London mit der „Ford Motor Co." in Dearborn/England, zur Herstellung von „Ford Capri"-Abänderungen, die unter Jeff Uren den Markennamen „Uren" trugen, aber auch als Typ „Savage" bekannt wurden. Diese Sonderversionen gab es mit V-Sechszylinder-3,0-Liter-Motoren. Im Jahr 1972 stellte die Firma „Race Proved Ltd, Jeff Uren" weitere Modelle, so u. a. die Typen „Savage SS", „Cortina 2000 GXL" und „Savage GT", als Zweitürer her. Bekannt war auch der Typ „Comanche", der ebenfalls eine „Ford Capri"-Karosserie aufwies. Es gab auch Modelle, die mit anderen Aufbauten versehen wurden. Nähere Hinweise über die Firma selbst liegen nicht vor.

GB 1969 – etwa 70er

URSUS

Markenzeichen des polnischen Ursus war ein Zahnradsymbol mit dem Markennamen „Ursus" im Zentrum. Das runde Emblem hatte man in der Mitte einer dreigeteilten Flügelform integriert. „Ursus" ist das lateinische Wort für „Bär" und sollte wohl für die „Bärenkräfte" des Wagens stehen.

Um 1921 bis 1925 existierte in Polen eine Automobilmarke namens „Ursus". Fahrzeuge dieser polnischen Marke wurden von der Gesellschaft „Fabrique d'Automobiles Ursus" in Czeckovice bei Warschau hergestellt. Über den Hersteller, wie auch über eventuelle Modellreihen und mögliche Produktionszahlen liegen keinerlei nähere Hinweise vor.

PL etwa 1921 – etwa 1925

US GULLWING

USA 1981

Bereits etwa 1980 plante der gebürtige Bayer Toni Ostermeier den legendären deutschen „Mercedes-Benz 300 SL“ in exklusiver und formgetreuer Bauweise nachzubauen. Das Original hatte man schon 1954 bis 1957 produziert. Zu diesem Zweck gründete er in South Vermont, Gardena, Kalifornien/USA eigens die Firma „Gullwing Cars, Inc.“, (auch als „US Gullwing Co.“ geführt) in der der erste „US Gullwing“ genannte „Mercedes-Benz 300 SL“-Nachbau entstand. Neben dem Aluminium-Aufbau besaß der Wagen einen eigenkonstruierten und gebauten Gitterrohrrahmen im Stahlprofil. 1984 bediente man sich der Technik der „Chevrolet Corvette“, dann der des „Chrysler“ (Motor), bis sich Ostermeier für den Einbau eines „Mercedes-Benz“-Typ „116“ („280 SE/SEL“)-Motors entschloß. Der Preis des „US Gullwing“, der eine Geschwindigkeit von 195 km/h erreichte, lag immerhin bei stolzen 160.000,– DM.

„Gullwing“ bedeutet übersetzt ‚Mövenflügel‘, stellvertretend beim „Mercedes-Benz 300 SL“ für seine nach oben aufschwingenden Türen (Flügeltüren).

UTILIS

F 1923–1925

Camille Lafarge stellte von 1923 bis 1925 in Courbevoie/Seine bei Paris ein Cyclecar mit Holzrahmen her, das den Markennamen „Utilis“ erhielt und wahlweise von einem französischen Einzylinder-344 cm³-Zweitakt-„Train“. bzw. Zweizylinder-688 cm³-Motor angetrieben wurde. Zudem versah man den französischen Wagen mit einem Zweiganggetriebe und Riemenantrieb, der als Endantrieb diente.

Als Markenzeichen verwendete die Firma ein waagerechtes Karo, in dessen Rand man die Bezeichnung „joint l'utile à l'agréable“ („verbindet das Nützliche mit dem Angenehmen“) angebracht hatte. Der Markenname „Utilis“ kommt aus dem Lateinischen und heißt „nützlich“.

UVA; TAG

GB 1982 – heute

Die „Unique Vehicle & Accessory Co. Ltd.“, kurz „UVA“ genannt, wurde 1982 von Alan Arnold und Terry Lee in Newbury, Berkshire/England, gegründet. Das Unternehmen hatte sich auf die Ausrüstung von Sport- und Rennfahrzeugen spezialisiert. UVA baute 1982 die erste „M 6“-Replik. Hierbei handelte es sich um einen Nachbau des legendären britischen „McLaren“-Rennwagens. Der erste „UVA M 6“ wies in jener Zeit noch die Bodengruppe des „Volkswagen Käfer“-Modells auf. Erst 1985 ersetzte man das Chassis gegen eigenkonstruierte Fahrgestelle. Hinzu kamen ein V-Achtzylinder-Motor und neu entwickelte Radaufhängungen. 1986/87 gab es von UVA ein „Fugitive“ genanntes Freizeitautomobil, dem weitere Modelle folgten. Im März 1990 wurde die Firma von der „TAG Automotive Ltd“ in Whitchurch, Hamshire/England, übernommen.

Verwendet wurde auch ein rundes Emblem, das die drei Buchstaben „UVA“ zeigte. Ein neueres Emblem war ähnlich, aber stärker stilisiert.

VABIS; SCANIA-VABIS; SURAHAMMAR

S 1897–1915

Als ältester schwedischer Personenwagenhersteller darf die Gesellschaft „Vagnfabrik AB i Södertälje“ bezeichnet werden, die bereits 1897 Motorwagen herstellte, die noch mit Markennamen „Surahammar“ verkauft wurden. Mit der Wagenbautradition der „Ekenbergska Vagnfabriken“, gegründet 1839, errichtete Philip Wersén im Jahre 1891 ein neues Werk in Södertälje/Schweden zur Produktion von Eisenbahnwaggons. Später entstanden Zwei- und Vierzylinder-Modelle der schwedischen Marke „Vabis“, die sich in bescheidenen Stückzahlen absetzen ließen. 1911 ging „Vabis“ mit der ebenfalls in Schweden beheimateten Firma „Maskinfabriks AB Scania“ zusammen. So entstand die neue Firmenbezeichnung „AB Scania-Vabis“, und 1969 verband man sich mit der „Saab Aktiebolag Ltd“ in Lidköping/Schweden zur neuen „Saab-Scania Aktiebolag Ltd“.

Die Bezeichnung „Vabis“ setzt sich aus den Initialen des kompletten Firmennamens „Vagnfabriks Aktiebolaget i Södertälje“ zusammen.

Ⓝ Ⓚ

V.A.G.; VOLKSWAGEN; AUDI

D 1978 – heute

„V.A.G.“ ist Markenzeichen für die Vertriebsgesellschaft der Firmen „Volkswagen“ und „Audi“, ähnlich der ehemaligen französischen „GFA“, in der auch die französische Marke „Unic“ einige Zeit integriert war. Es steht nicht für die Marke selbst. In der „V.A.G.“ genannten gemeinsamen Absatzorganisation werden seit 1978 Fahrzeuge dieser deutschen Marken verkauft und betreut. Zum „Volkswagenwerk“ gehören außer den Anlagen in Wolfsburg ausgedehnte Betriebe in Hannover, Emden, Kassel, Salzgitter und Braunschweig. Seit der politischen Wende ist „Volkswagen“ auch in Ostdeutschland präsent.

Ob das Kürzel „V.A.G.“ für „Volkswagen AG“, „VW und Audi AG“ oder „Volkswagen und Audi Gruppe“ steht, ist nicht eindeutig zu bestimmen. Die Buchstabengruppe wird in Weiß auf blauem Untergrund abgebildet.

Ⓝ Ⓑ

VAJA; VALEŠ

ČS 1929–1930

Der tschechoslowakische „Vaja“ war ein Produkt der Firma „Valeš“, die in Prag-Kobylinsy seßhaft war. Das Fahrzeug war ein typischer Vertreter der Cyclecar-Ära und besaß einen Zweizylinder-750 cm³-12 PS-„Itar“-Viertakt-Motor. Der Vaja wurde in den Jahren 1928/29 als Roadster und dreisitziges Coupé angeboten. Das Fahrzeug wog rund 300 Kilogramm und erreichte eine Geschwindigkeit von rund 65 km/h. Verwendung fand u. a. auch ein V-Zweizylinder-996 cm³-„JAP“-Einbaumotor. Mit diesem Aggregat erreichte der Wagen etwa 80 km/h. Der Vaja kostete in jener Zeit rund 18500 tschechische Kronen.

Der abgebildete Druckbuchstabenschriftzug ist einer „Vaja“-Werbeanzeige entnommen.

VALE; VALE SPECIAL

Der Markenname bezog sich auf den Londoner Stadteil „Vale" und war in eigenartig grafischer Form u. a. in einem Viereck-Emblem integriert.

GB 1932–1936

1932 begann die „Vale Engineering Co. Ltd" in Maida Vale bei London mit der Herstellung leichter Sportwagen, die als „Vale" bzw. „Vale Special" bis 1936 in rund 100 Exemplaren gebaut wurden. Die ersten Fahrzeuge wurden zunächst mit englischen modifizierten 832 cm^3-„Triumph"-Motoren mit stehenden Ventilen versehen. Man bot den Vale meist als hübschen zweisitzigen Sportwagen an. Mehr als zwei Exemplare verließen den kleinen Betrieb pro Woche jedoch nicht, und die Sorgfalt, mit der sie verarbeitet waren, ließ eine Serienproduktion nicht zu. 1933 bot das Werk einen viersitzigen Tourenwagen als Typ „Tourette" an. Der „Vale Special" erhielt einen vom „Triumph Seven" verwendeten „Super Eight"-Motor. Der Vale-Vierzylinder-Sportwagen erhielt anfänglich einen 850 cm^3-„Triumph Seven"-, später 1,5-Liter-„Coventry-Climax"- und „Meadows"-Motor.

VALVELESS; LUCAS VALVELESS; RALPH LUCAS

Der Name „Valveless" bedeutet „ventillos". Markenzeichen war ein rundes Emblem, das die Buchstabengruppe „DBS" für „David Brown & Sons" sowie den Markennamen zeigte.

GB 1907–1914

Der „Valveless", auch als „Lucas Valveless" bezeichnet, hatte seinen Namen von dem ventillosen Zweitaktmotor, mit dem er im Jahr 1907 vorgestellt wurde. Er war Nachfolger des bekannten „Lucas Valveless" („Ralph Lucas"). Der „Lucas Valveless" wurde von 1901 bis 1908 in Blackheath/South London hergestellt. Die Konstruktion von Ralph Lucas wurde an die Firma „David Brown Ltd" verkauft („Aston Martin"). „Valveless" wurde diesem Unternehmen einverleibt, und 1908 gründete man die neue Firma „Valveless Cars Ltd" in Huddersfield, Yorkshire/England. Fahrzeuge der Marke „Valveless" besaßen einen Zweitaktmotor ohne Ventile. F. T. Burgiss, der auch als Konstrukteur ehemals für „Humber" und nun für David Brown tätig war, war auch für weitere Valveless-Konstruktionen verantwortlich. Der Zweizylinder-Valveless blieb nur bis 1914 im Produktionsprogramm.

VANDEN PLAS; VAN DEN PLAS

Vanden Plas führte ein senkrecht stehendes Oval mit dem schwungvoll gezeigten Buchstaben „P", der wohl gleichzeitig „V" war. Zusätzlich stand im Emblem eine Krone. Ein weiteres Zeichen war der elegant geformte Schriftzug „Vanden Plas".

GB/B 1960–1980

Die Ursprünge der belgischen Karosseriefirma „Van den Plas" kann man bis in das Jahr 1880 zurückverfolgen. In diesem Jahr begann Guillaume Van den Plas in seiner Hufschmied-Werkstätte mit der Fertigung von Achsen für von Pferden gezogene Kutschen. Die Tochterfirma der belgischen Karosseriefabrik „Van den Plas" in Brüssel schrieb sich „Vanden Plas" und stellte in den 30er-Jahren vorwiegend Tourenwagen- und Cabriolet-Karosserien für fremde Auftraggeber her, so u. a. für „Alvis", „Bentley" und „Lagonda" in England. „Vanden Plas" kam 1945 zu „Austin" in England und wurde als Modell- bzw. Markenname erstmals 1948 benutzt. Der „Vanden Plas Princess" war die Luxusausführung des „Austin A 135". Die Gesellschaft „British Motors Company" (BMC) und später „British Leyland" (BL) gab De Luxe-Versionen einzelner Modelle weiterhin diesen Namen.

VAN DIEMEN

Der Markenname „Van Diemen" kam von „Van Diemenss Land", dem alten Namen für Tasmanien. Als Markenemblem verwendete man ein rundes Zeichen mit einem stilisierten „Van Diemen"-Rennwagen und dem Markennamen „Van Diemen" selbst.

GB 1973 – heute

Im Jahr 1973 gründete der Engländer Ralph A. Firman mit einem Kompagnon aus Tasmanien in Snetterton, Norwich/England, die Firma „Van Diemen International Racing Service Ltd". In diesem Unternehmen entstanden im Laufe der folgenden Jahre die unterschiedlichsten Rennwagen. Der erste dieser Art war der „F.A. 73", der gleich auf Anhieb die englische „BOC"-Meisterschaft gewann. Bereits 1984 konnten angeblich über 1000 Van Diemen-Rennwagen gefertigt werden. Die englischen Van Diemen-Formel-1-Rennwagen wurden vom Ex-„Lotus"- und „Ensign"-Konstrukteur David Baldwin entwickelt. Die „Formel Ford"-Renner gab es mit englischen 1,6- bzw. 2,0-Liter-Motoren von „Ford". Fahrzeuge dieser Marke wurden auch in zahlreiche ausländische Staaten ausgeführt. Noch in den frühen 90ern wurden englische Van Diemen-Rennwagen gebaut.

VANWALL

*Vanderwell dachte vermutlich bei der Namensgebung seines Rennteams an seinen Namen „**Van**derwell" und an seinen 4,5-Liter-Ferrari Thin**wall** Special". An den Rennwagen zeigte man den Schriftzug „Vanwall".*

GB 1954–1959

„Vanwall" taufte der millionenschwere und bekannte britische Kolbenring- und Kugellagerhersteller C. A. („Tony") Vanderwell einen Rennwagen, der die deutschen und italienischen Grand Prix-Siege durch englische ablösen sollte. Er schuf schon 1951 aus einem 4,5-Liter-„Ferrari" den „Thinwall Special", mit dem Vanderwell den Sieg im englischen Grand Prix errang. Der erste Vierzylinder-2,0-Liter-1988 cm^3-„Vanwall Special" – auf „Norton"-Motorrad-Rennmotoren basierend – besaß eine „De Dion"-Hinterachse. Sein Debüt gab er 1954 in Silverstone/England. Zahlreiche Fahrer, wie Mike Hawthorn, Harry Schell oder Stirling Moss, fuhren Vanwall-Rennwagen. Im Jahr 1958 – nach sechs Grand Prix-Siegen – ging die Markenweltmeisterschaft (für Formelwagen etabliert) an „Vanwall". Moss siegte auch beim Großen Preis von Holland. 1959 stieg Vanderwell aus dem Rennsport aus.

VAR

Die Bezeichnung „VAR" stand für den Familiennamen des Konstrukteurs „Varrone". Als Markenzeichen wurde ein Sechseck verwendet, in dem diese Buchstaben integriert waren.

CH 1924

Gianni Varrone trat nach dem Studiumabschluß in eine kleine Autofabrik ein, die als „Nesselsdorfer Wagenbaufabrik" bekannt war und wo später der „Tatra" entstand. 1903 baute Varrone den ersten Prototyp eines Motors mit liegendem Zylinder. Aufgrund dieses Erfolgs verbesserte er im Laufe der Zeit die Motoren der ersten Wagen mit stehendem Zylinder bei der „Wagenbaufabrik", indem er Block und Zylinderkopf in einem Stück aus Aluminium gießen ließ. Bis 1921 war Varrone für verschiedene Firmen tätig, so auch für die Automobilfabrik „Austro-Daimler". Dann gründete er in Hard, Vorarlberg/Österreich, nahe der Schweizer Grenze, eine eigene Firma. Er entwickelte 1923 den Prototyp eines „VAR" genannten Kleinwagens, der von einem Zweizylinder-300 cm^3-6,5 PS-Zweitakt-Boxermotor angetrieben wurde. Die Produktion konnte nicht realisiert werden.

VARLEY-WOODS

GB 1918–1921

Von 1918 bis 1921 entstanden in England „Varley-Woods"-Automobile. Diese Fahrzeuge wurden von 1918 bis 1919 von der „High Speed Tool Co. Ltd" in Acton/West London gebaut. Im Juli 1919 reorganisierte der britische Ingenieur E. V. Varley Grossmith seine Firma in „H.S. (High Speed) Motors Ltd". Der britische Kieferchirurg Henry Bolam steuerte einen erheblichen Teil des benötigten Gründungskapitals bei. Bis 1920 wurde der Varley-Woods in Acton, West London, und zugleich in Wolverhampton/England unter gleichem Namen hergestellt. Ebenfalls 1919 und bis 1920 baute auch die „Turner's Manufacturing Co. Ltd" in Wolverhampton Automobile dieser Marke. Varley-Woods-Fahrzeuge wurden aus verschiedenen Fremdkomponenten assembliert. Erste Modelle besaßen einen v-förmigen Kühler, eine „Torpedo"-Karosserie und 1795 cm^3-„Dorman"-Motoren.

Der Markenname „Varley-Woods" entstand aus den Namen Ernest Vernon ***Varley*** *Grossmith und Robert* ***Woods.*** *Als Emblem von 1919 verwendete man ein senkrecht stehendes Rechteck mit den Initialen „V" und „W" und dem gesamten Namen „Varley-Woods".*

VAUXHALL

GB 1903 – heute

Die Maschinen- und Schiffsbaugesellschaft „Vauxhall Iron Works Co. Ltd" in Luton, Bedfordshire/England, begann 1903 in London auch mit der Fertigung von „Vauxhall"-Automobilen. Besonders bekannt wurde der von Konstrukteur Laurence Pomeroy entwickelte Wagen mit leistungsstarkem Vierzylinder-Aggregat, der eine fünffach gelagerte Kurbelwelle besaß. Vor 1914 war Vauxhall eine gern gesehene Marke bei Langstreckenrennen, wo man insbesondere Tourenwagen einsetzte (z. B. gab die „Prinz-Heinrich-Fahrt" dem „Prince Henry"-Typ seinen Namen). Ab 1905 war die neue „Vauxhall Motors Ltd" entstanden. Um 1927/28 wurde das Automobilunternehmen eine Tochtergesellschaft von „General Motors" und damit ein Großserienhersteller, der jedoch an Tradition nichts verlor. In den 30er-Jahren stellte man starke Sechszylinder-Modelle vor.

Der Name „Vauxhall" geht etymologisch auf den normannischen Ritter Fulk le Bréant zurück, der sein Domizil in London „Fulk's Hall" nannte, woraus der Volksmund „Vauxhall" machte. Im Markenzeichen war immer der Vogel Greif des Ritters Fulk enthalten.

Ⓝ Ⓑ Ⓚ Ⓟ

VECTOR

USA 1972 – heute

Gerald („Jerry") A. Wiegert hatte Industrial Design im „Art Center College of Design" studiert, dort sein Diplom für Fahrzeugkonzeption (Technischer Zeichner) gemacht und viele Preise eingesammelt. Später war er bei „General Motors" in Detroit, Michigan/USA, und bei „Toyota" in Tokio tätig. Dann plante er einen eigenen Automobilbau. Zunächst wurde 1972 die „Vehicle Design Force" in Venice, Kalifornien/USA, gegründet, wo er seinen ersten futuristisch aussehenden „Vector W 2" konstruierte, der von einem Doppelturbomotor angetrieben wurde. Es war ein als „Luxusrakete der Superlative auf Rädern" bezeichneter Verschnitt eines italienischen „Lamborghini Countach" oder deutschen „Mercedes-Benz C 111". Mit die letzten Typen von 1992/93 waren der „Vector W 8 Twinturbo" und der „Vector WX 3" mit einer neuen Verglasung ohne sichtbare Fugen.

Als Markenzeichen wurden ein modern gestylter Druckbuchstabenschriftzug „Vector" sowie ein futuristisch gehaltenes Markenemblem verwendet. Eines der Embleme von etwa 1994 zeigte ein mit der Spitze nach unten zeigendes rotes Dreieck mit Einschnitt, wodurch ein „V" entsteht.

VEHMA; TORRERO

CDN 1986 – etwa 90er

Der etwa 1964 nach Kanada eingewanderte österreichische Werkzeugmacher Manfred Gingl fand 1965 bei der „Dieomatic Products, Inc." als Arbeiter eine Anstellung. Diese Firma fusionierte 1969 mit der „Magna Electronics Corporation Ltd". 1973 wurde aus dieser die neue „Magna International, Inc.", die sich nach und nach zu einem der größten Zulieferer zahlreicher nationaler und internationaler Automobilproduzenten entwickelte. In einer immens steilen Karriere avancierte Gingl 1981 zum stellvertretenden Präsidenten und Geschäftsführer von „Magna" (Umsatz 1989: Rund 1,45 Billionen kanadische Dollar). Gingl gründete die neue „Vehma International, Inc." und entwickelte ab 1986 den „Vehma Torrero". Im Februar 1989 war das erste „Vehma Torrero"-Concept Car, ein viersitziges Hochleistungs-Freizeitsport-Fahrzeug mit eigenem Motor fertiggestellt.

Der „Torrero"-Hersteller „Vehma International, Inc." verwendete sein eigenes Logo mit einem Kreis, der aus fünf Buchstaben „V" bestand. Zudem gab es einen eigenen „Torrero"-Schriftzug, den man an der Frontseite dieses ungewöhnlichen Allradantrieb-Wagens anbrachte.

VELAM

F etwa 1954–1957

Die Firma „Société Véhicule Léger à Moteur" (VELAM) mit Sitz in Surèsnes/Seine im früheren „Talbot"-Autowerk, war Anfang der 50er-Jahre französischer Lizenznehmer für den italienischen „ISO Isetta"-Kleinwagen. Im Frühsommer des Jahres 1954 wandelte „Velam" das italienische Vorbild mit seinen runden Formen und vorderer Einstiegstür zu einer eigenen Version um. Die französische „Velam Isetta" erhielt gegenüber dem italienischen Original hochgesetzte Scheinwerfer und eine verschraubte vordere Stoßstange, die an der Fronttür befestigt war. Selbst die Heckpartie wurde abgeändert. Als Antrieb diente nun ein 10,5 DIN-PS-236 cm^3-Zweitakt-Doppelkolben-Motor. Im Oktober 1954 wurde der neue Velam-Prototyp auf dem Pariser Automobil Salon ausgestellt. 1955 baute man bereits rund 1220 Exemplare, trotzdem mußte 1957 die Produktion eingestellt werden.

Als Markenzeichen zeigte man auf der Fronttür lediglich die Großbuchstaben „VELAM".

VELIE

USA 1909–1928

Schon Anfang dieses Jahrhunderts war die Firma „Velie Carriage Co." in Moline, Illinois/USA, ein renommierter amerikanischer Kutschwagenhersteller. 1902 wurde einer der Velie-Söhne, Willard Lamb Velie, Direktor beim amerikanischen Landmaschinenproduzenten „John Deere Co." 1908 gründete man die Gesellschaft „Velie Motor Vehicle Co.", die von 1909 bis 1916 und von 1916 bis 1928 als „Velie Motor Corporation" auch „Velie" genannte Vier- und Sechszylinder-Automobile herstellte. Der jährliche Ausstoß betrug in den 20er-Jahren zwischen 5000 und 9000 Automobilen. Willard Lamb Velie erhielt später die Generalvertretung für „John Deere"-Landmaschinen (Automarke „Deere"), wodurch seine Automobilfirma eine gute finanzielle Absicherung erfuhr. Mit dem Tode Velies im Jahr 1928 wurde die Automobilproduktion eingestellt.

Markenzeichen war der Buchstabe „V", in dem man zusätzlich den Markennamen „Velie" integriert hatte.

Ⓝ Ⓑ

VELOREX

Der „Velorex“ war der einzige tschechoslowakische Kleinwagen der Nachkriegszeit aus Hradec Králové (Königsgrätz), jedoch einer der skurrilsten überhaupt. Er wurde seit Ende 1958 bis etwa 1971/72 gefertigt und später unter dem Firmennamen „VD Velorex“ in Solnice/Rychnov (Nordböhmen) hergestellt. Das tschechische Werk war auch für seine Motorräder gleichen Markennamens bestens bekannt. Ende der 40er-Jahre wurden verschiedene Betriebe in Ostböhmen in der Produktionsgemeinschaft „Velo“ – später „Velorex“ – zusammengeschlossen. Die Motorradfabrik „Velorex“ baute kleine Dreiradwagen mit 250 cm³- oder 350 cm³-Motorradmotoren. Es wurden auch Vierradwagen mit diesem Motorradmotor angeboten, die bei „JaWa“ hergestellt wurden.

Als Markenzeichen verwendete man den auf der Frontseite schräg angebrachten Schriftzug „Velorex“.

Ⓝ

ČS 1958–1972

VENTURI; MVS

Die „Fabrique Venturi“ in Nantes stellte vor ungefähr neun Jahren ihren ersten Sportwagen vor, der noch mit einem Vierzylinder-2,2-Liter-„Peugeot 505“-Motor bestückt war. Der neue „Venturi“ der frühen 90er-Jahre war ein Kraftpaket ohnegleichen. Die Firma stellte den zweisitzigen Sportwagen mit Kunststoffaufbau 1991/92 weitgehend in Handarbeit her. Das Venturi-Coupé erhielt nun Motoren von 159 bis 191 kW-Leistung und erreichte damit Geschwindigkeiten von 245 bis 270 km/h. 1993 bot man den Venturi als Typ „210“ (Coupé und Cabriolet) mit V-Sechszylinder-2458 cm³-210 PS-Motor, das Limousinen-Modell „260“ mit V-Sechszylinder-2849 cm³-260 PS-Motor, das „260 Coupé Atlantique“ mit V-Sechszylinder-2849 cm-260 PS-Motor und den „Trophy“ mit V-Sechszylinder-2975 cm³-400 PS-Motor an.

Als Markenzeichen verwendete man ein rotes Queroval mit einer blauen Dreiecksform, die nach außen gewölbte Seiten und einen silbernen Adler enthielt, sowie den Markennamen „Venturi“ selbst.

Ⓝ

F 1991 – heute

VERITAS; DYNA-VERITAS

1947 war es von den Besatzungsmächten des Zweiten Weltkriegs in Deutschland noch verboten, eine Firma zu gründen. Trotzdem setzten sich der Kaufmann Lorenz Dietrich, der Münchner Rennfahrer Georg („Schorsch“) Meier und der damalige BMW-Ingenieur Ernst Loof, der auch Ex-Champion im Motorradsport war, in Hausen am Andelsbach zu einer „Arbeitsgemeinschaft“ zusammen. Sie gründeten im März 1948 die Firma „Veritas GmbH“, die Rennsportwagen des Markennamens „Veritas“ herstellte. Besonders bekannt wurde der „Dyna-Veritas“ von 1949, der in Zusammenarbeit mit „Panhard“ in Frankreich und unter Verwendung von „Dyna-Panhard“ („Panhard Dyna 100“)-Teilen entstand. Im Mai 1950 wurde ein zweitüriges, zweisitziges Dyna-Veritas-Cabriolet produziert. Die Marke „Veritas“ stand allerdings unter unglücklichem Stern und mußte 1953 aufgeben.

Der lateinische Markenname „Veritas“ bedeutet „Wahrheit“.

Ⓝ

D 1948–1953;
1949–1950

VERMOREL

Landwirtschaftliche Zerstäubermaschinen, Hobel- und Schleifmaschinen, hergestellt von Antoine Vermorel und Sohn Victor, genossen bereits 1850 einen guten Ruf. 1890 erwachte in den beiden die Idee, pferdelose Fahrzeuge zu bauen. Wenig später realisierte Victor Vermorel in Villefranche/Beaujolais-sur-Saône sein erstes „Vermorel“-Automobil. Der 1908 von der neu gegründeten Firma „Etablissements Victor Vermorel“ gebaute erste Vermorel war ein Einzylinder-Wagen. Bereits 1902 hatte man mehrere Versuche mit Motorwagen unternommen. Dann folgte eine Vierzylinder-Version in konservativer Bauweise, die bis in die 20er-Jahre beibehalten wurde. Der Vermorel galt als ein zuverlässiger und haltbarer Wagen. Diesen guten Ruf hatten auch die bis 1932 gefertigten „Vermorel“-Lastkraftwagen.

Bei einigen Automobilen zeigte man die auf dem Kühler schräg stehende Aufschrift „Vermorel“ in geschwungenen Zügen.

F 1908–1930

VERONA

Jürgen Warmuth, der sich in Aschaffenburg einen renommierten Karosserie-Fachbetrieb aufbaute, reiste in den frühen 80er-Jahren nach Amerika, um sich über einen geplanten Automobilbau zu informieren. Milt Brown baute in Berkeley, San Francisco/USA, den klassischen „Apollo Verona“-Roadster und räumte Warmuth für 1984 eine Option auf die „Verona“-Lizenzvergabe für Europa ein. Bis 1987 hatte dieser ein passendes Gitterrohr-Chassis entwickelt. Zudem verwendete er für seinen deutschen „Verona“-Zweisitzer-Roadster die gesamte Technik von „BMW“. Inzwischen war in Aschaffenburg die neue „Verona Automobile GmbH & Co. KG“ gegründet worden, die 1994 „E. S. W. Automobile GmbH“ hieß. Weitere Modelle mit Sechszylinder-2,5-Liter-170 PS- bzw. 3,5-Liter-211 PS-„BMW“-Motor entstanden in den folgenden Jahren.

Den verwendeten „Verona“-Schriftzug hatte man in Blau gehalten, dagegen zeigte sich das runde Markenemblem des deutschen Verona in Gelb. Im Innern waren der Markennamen und der Buchstabe „V“ untergebracht. Das runde Markenzeichen umrahmte zusätzlich ein breiter silberner Ring.

D 1984 – heute

VERONAC

Die „Veronac Automobile Enterprises Ltd“ in London, Ontario/Kanada, baute 1981 eine Replik, die den Namen „Corsair“ führte. Sie basierte auf dem legendären amerikanischen „Duesenberg“ der Jahre 1929/30. Diese Nachbildungen wurden aber auch unter dem Markennamen „Veronac“ bekannt. Die Karosserie des „Veronac“ bzw. „Corsair“ bestand aus Aluminium oder Stahlblech. Zudem verwendete man u. a. V-Achtzylinder-400 PS-„General Motors“-Motoren. Die kanadische Firma baute ihre Fahrzeuge nur auf Bestellung und offerierte eine Reihe von Nachbildungen berühmter amerikanischer Nostalgiemarken, so z. B. des „Auburn Speedster“, „Auburn Phaeton“, „Cord 812 Phaeton“ und verschiedener Modelle der „Duesenberg“-Roadster „J“ und „SJ“, einschließlich des „Gurney Nutting SJ“-Roadsters zum Preis von stolzen 210000 US-Dollar.

Die Firma führte einen v-förmig gestalteten „Veronac“-Schriftzug.

CDN 1981 – etwa
Ende 80er

VESPA; PIAGGIO

I 1913–1916;
F 1958–1961

In Italien gab es die Marke „Vespa" zweimal, in Frankreich einmal. 1913 entstand ein Kleinwagen namens „Vespa", Typ „8 HP". Dieser konventionelle Wagen wurde von Clemento Antonelli in Modena bis 1916 gebaut. Er besaß einen Vierzylinder-1458 cm³-1,5-Liter-20 PS-Motor, kombiniert mit einem Dreiganggetriebe und Kardanwelle. Mit einer Vespa nahm Antonelli auch am Rennen „Parma-Poggio di Berceto" teil und erreichte dabei den 2. und 4. Platz. 1914 kam durch Kriegsbeginn das Ende des Vespa-Wagens. Mit einer Lizenz für den italienischen Vespa-Kleinwagen des renommierten „Piaggio"-Konzerns fertigte man 1958 bis 1961 in Fourchamboult, Nièvre/Frankreich einen anderen Vespa mit der Bezeichnung „400", der von einem 400 cm³-Zweitakt-Motor im Heck angetrieben wurde.

Beim französischen Vespa-Kleinwagen verwendete man neben einem Emblem in querovaler Form mit integriertem Markennamen „Vespa" auch ein schildartiges Zeichen, das den Buchstaben „P" für „Piaggio" und die Bezeichnung „ACMA" für die Firma zeigte.

Ⓝ Ⓑ

VESTA; RHINO

D 1981 – heute

Die noch Mitte der 90er-Jahre existierende Firma „VMB Vesta Maschinenbau GmbH & Co. KG" in Rheinstetten-Mörsch/Deutschland, wurde bereits 1965 von Dipl.-Ing. (FH) Karl Rinker als „VESTA Rinker KG" in Karlsruhe gegründet und beschäftigte sich ab diesem Jahr mit der Fertigung von Werkzeugen und Flugzeugteilen. 1978 zog man nach Rheinstetten um, und drei Jahre später wurde ein Geländewagen-Amphibienfahrzeug namens „Rhino" entwickelt, das noch 1992 in wesentlich verbesserter Ausführung hergestellt wurde. 1983/84 bot man den Wagen als „Rhino ATV 4x4" mit Vierradantrieb und Vierradlenkung an. Am Anfang der Rhino-Produktion stand das Schweizer „Croco"-Geländefahrzeug, das sich als nicht besonders geeignet herausstellte.

„VESTA" stand für die ehemalige Bezeichnung „Verbund Stahlschnitten", die Modellbezeichnung „ATV" für „All Terrain Vehicle". Der Markenname „Rhino" bezieht sich auf das gleichfalls sehr starke und robuste Rhinozeros. Beim Schriftzug „Rhino" waren auch die Hörner eines Rhinozeros dargestellt.

VETTER

D 1932 – etwa Ende 30er

Die „Walter Vetter Fahrzeugbau GmbH & Co." in Bad Cannstatt ist eine ruhmreiche Karosseriefirma, die im Januar 1922 von Walter Vetter (1896-1972) gegründet wurde. Diese Firma konnte sich insbesondere im Omnibusbau einen Namen machen. Sie baute aber auch spezielle Rennwagen-Versionen, so z. B. den ungewöhnlichen „Mercedes-Benz SSKL" von 1932 auf. Das Design stammte vom bekannten Aerodynamiker Baron Koenig-Fachsenfeld. Manfred von Brauchitsch wurde am 22. Mai 1932 mit diesem Wagen „Avus-Sieger". Ein weiteres Beispiel von exklusiven Arbeiten durch „Vetter": Professor Wunibald Kamm („K-Wagen", „Kamm-Wagen") ließ 1936 seinen ersten aerodynamischen Versuchswagen bei „Vetter" einkleiden. Neben diesen Ausführungen karosserierte „Vetter" im Laufe ihrer Zeit auch dessen unterschiedliche Personenwagen.

Bei „Vetter" verwendete man hauptsächlich ein rundes Emblem mit dem Buchstaben „V", der von einem Omnibus gekreuzt wird. Dieses Zeichen wird noch heute verwendet.

Ⓝ

VICTORIA; VICTORIA SPATZ; BAG

D 1900–1909;
1957–1958

In den Jahren 1900 bis 1909 baute die „Nürnberger Fahrrad- und Motorradfabrik Victoria" auch eine Reihe von Automobilen, die man mit Ein-, Zwei- und auch Vierzylinder-Antriebsaggregaten versah. Diese Motoren stammten zum Teil aus eigener, zum Teil aus fremder Produktion, so z. B. von den deutschen Firmen „Fafnir" und „Körting". Da man sich mit der Herstellung von Fahrrädern einen größeren kommerziellen Erfolg versprach, gab man den Automobilbau wieder auf. Erst 1957 unternahm „Victoria" einen zweiten Anlauf mit der Übernahme eines Kleinwagen-Projekts von Egon Brütsch von den „Bayerischen Autowerken" (BAW) in Traunstein/Deutschland. Dieser „Spatz" genannte Kleinwagen wurde nun fast unverändert bei „Victoria" unter eigenem Namen und unter Verwendung eines betriebseigenen Triebwerks bis 1958 gebaut und verkauft.

Victoria war die altrömische Siegesgöttin, die auch im Markenemblem der Nürnberger Fahrrad-, Motorrad- und kurzzeitigen Automobilfirma stand. Einige Embleme hatte man sogar mit einem Siegeskranz umrandet.

Ⓝ Ⓑ

VIKING

USA 1929–1930

Die „Olds Motor Works" in Lansing, Michigan/USA, stellten unter Kontrolle des amerikanischen „General Motors"-Konzerns eine Reihe bemerkenswerter Automobile her. So gab es im Jahr 1929 einen neuen Wagen, der mehr für den luxuriösen Automobilmarkt konzipiert war und dem „Oldsmobile F-28" folgte. Dieses Fahrzeug erhielt den Markennamen „Viking". Der Viking war dem damaligen amerikanischen „La Salle"-Luxuswagen in seinem Aussehen sehr ähnlich, aber billiger. Als Antrieb diente ein V-Achtzylinder-4,3-Liter-4244 cm³-81 bhp-Motor. Neben einem „Convertible Coupé" gab es einen „Sedan" (Limousine) und auch einen „Close-Couple Sedan". Aufgrund der amerikanischen Wirtschaftskrise konnte der inzwischen rund 1700 US-Dollar teure „Viking" nur bis Ende 1930 überleben, dann stellte man die Produktion wieder ein.

Der Markenname „Viking" bedeutet „Wikinger". Das runde Emblem hatte entweder gelbgrünen oder blauen Farbton und zeigte den Buchstaben „V" für „Viking" oder auch für den verwendeten V-Achtzylinder-Motor.

Ⓚ

VIM

USA 1914–1916

In Philadelphia, Pennsylvania/USA, baute die Firma „Touraine Motor Car Co." Liefer- und Lastkraftwagen unter der Markenbezeichnung „Vim", die im technischen Aufbau identisch mit dem amerikanischen „Touraine" waren. Die meisten dieser Fahrzeuge wurden nur auf besondere Order hergestellt. Das erste Fahrzeug von 1914 war ein Cyclecar, über das so gut wie keine näheren Informationen vorliegen; mit Sicherheit kam es jedoch nie aus dem Prototypen-Stadium heraus. 1916 kam das Ende der „Touraine"-Automobile, bis 1923 wurden aber die„Vim"-Nutzfahrzeuge noch weitergebaut.

Markenemblem der Nutzfahrzeuge war ein Schild mit weißem Rand, in dem man im oberen hellblauen Teil in dunkelblauer Schrift den Markennamen „VIM" darstellte. Die untere Emblemhälfte war in Rot gehalten. Über die Bedeutung der Bezeichnung „Vim" liegen keine Informationen vor.

VINCENT

Die Firma „Dwornik Engineering" in Chiseldon/Swindon, Wiltshire/England, stellte auf einer Ausstellung für Kit-Car-Fahrzeuge in Kenilworth/England im Jahr 1989 einen interessanten offenen Sportwagen mit Markennamen „Vincent" aus. Konstruiert wurde der Sportwagen von Martin Vincent, der seinen ersten Wagen 1984 vorgestellt hatte. Hierbei lehnte er sich eng an den englischen „Riley MPH" des Jahres 1934 an, ohne ihn zu kopieren. Den englischen Vincent gab es in Bausatz-Version oder auch als Komplett-Fahrzeug. Als Antrieb diente ein englischer 1600er-„Ford"-(Kent)-Motor mit einem Hubraum von 1566 cm³ und einer Leistung von 85 PS. 1992 wurde der „Vincent" noch mit „Triumph"-Bremsen und „Triumph"-Vorderachse angeboten.

Der Markenname leitet sich vom Namen des Konstrukteurs Martin Vincent ab. Als Markenemblem verwendete man ein stilisiertes Flügelzeichen mit blauem Untergrund, auf dem man den Markennamen „Vincent" schwungvoll eingepaßt hatte.

Ⓝ

GB 1984 – heute

VINOT; VINOT & DEGUINGAND

Die Firma „Vinot et Déguingand" baute 1901 ein erstes Automobil mit stehendem Zweizylinder-Antriebsaggregat und Kettenantrieb. Kurz darauf stellte man größere Versionen vor, so u. a. Vier- und Sechszylinder-Modelle, die zum Teil auch mit Kardanwellenantrieb versehen waren. Mit der Übernahme der Firma „Gladiator" im Jahre 1909 gab es „Vinot"-Fahrzeuge, die mit dem „Gladiator" identisch waren. In etlichen Wettbewerben („Coupe de l'Auto") errangen Vinot-Fahrzeuge vordere Plätze. Die Fahrzeuge, die in Puteaux wie auch in Nanterre/Frankreich gebaut wurden, konnten auch im Ausland großen Erfolg verzeichnen. In den 20er-Jahren gingen jedoch die Umsätze zurück, was zur Folge hatte, daß die Fabrik in Nanterre ihre Tore schließen und an „Donnet" (Automarke „Donnet-Zédel") verkauft werden mußte. 1928 wurde das letzte Fahrzeug der Marke hergestellt.

Unter anderem wurde auch ein viereckiges Markenemblem verwendet, das den Markennamen, die gesamte Firmenbezeichnung und den Namen des Herstellerorts zeigte. Der Schriftzug stammt aus einer Werbeanzeige des französischen Unternehmens.

F 1901–1926

VIOTTI

Die Firma „Carrozzeria Vittorio Viotti" in Turin schuf eine Vielzahl von Sonderversionen auf „Fiat"-Fahrgestellen. Die 1921 gegründete Firma war besonders durch ihre „Giardinetta" (Gärtner/in)-Fahrzeug-Versionen recht bekannt geworden, die auf Fahrgestellen unterschiedlicher italienischer Serienwagenhersteller aufgebaut wurden und höchste Stückzahlen erreichten. „Viotti" wurde als der bedeutende Hersteller spezialkarosserierter kleiner „Fiat"-Typen bezeichnet. Aber auch zahlreiche Fahrzeuge anderer Marken erhielten sportliche Coupé- und Cabriolet-Aufbauten. Bis zum Ende des Viotti-Karosseriebaus im Jahr 1964 fertigte man noch verschiedene Sportwagenaufbauten für unterschiedliche italienische Automobilhersteller.

Firmenzeichen war ein schwungvoll ausgeführter „Viotti"-Schriftzug, in dem zugleich der Name des Herstellerortes „Torino" (Turin) integriert war.

I 1921–1964

VISSER; VISSER LEEUWARDEN

„Visser" bzw. auch „Visser-Leeuwarden" ist eine berühmte niederländische Karosseriefabrik. Sie wurde 1917 von G. Visser in einem kleinen Dorf namens Ee im Norden der Niederlande gegründet, wo man mit der Produktion von landwirtschaftlichen Geräten begann. In den 20er-Jahren wurde eine größere Werkshalle in Leeuwarden/Holland in Betrieb genommen. Man fertigte Kutschen und Handkarren, denen nach dem Ersten Weltkrieg Automobilkarosserien folgten. In dieser Zeit waren drei Söhne des Firmengründers im Werk beschäftigt, und das Unternehmen erhielt auch den neuen Namen „Carrosseriefabriek Gebr. Visser B. V.". Man nahm die Fertigung von Ambulanzfahrzeugen und Lastkraftwagen mit unterschiedlichen Aufbauten auf. Von den 50er-Jahren an bis heute konzentrierte sich die Firma auf die Fertigung von Ambulanzwagen.

Bei „Visser" bzw. „Visser-Leeuwarden" verwendet man heute ein rundes blaues Emblem, das vermutlich drei stilisierte fliegende Möwen zeigt.

NL 1917 – heute

VISTRO; STROSEK

Der deutsche „Porsche 928 S" gilt in Fachkreisen als eines der besten Automobile der Welt. Die Firma „Auto Design Strosek GmbH" setzte die Weiterveredelung dieses Luxussportwagens in die Tat um. Vittorio Strosek ist selbständiger Automobil-Designer und begann seine Karriere nach einem Automobildesign-Studium an der Bergischen Universität in Wuppertal. Der „Vistro 70", ein kombinierter Stadtfamilienwagen, der auch große Beachtung in der Presse fand, wurde von Vittorio Strosek als Examensarbeit geschaffen. Der junge Designer, heute namhafter „Porsche"- und „Lamborghini"-Exklusiv-Tuner, war nach seinem Examen 1971 für ein Jahr bei einem großartigen Designer, Luigi Colani, tätig. Im Laufe der Jahre nahm der Name „Strosek" kontinuierlich an Renommee zu.

Für den „Vistro 70" verwendete Strosek ein Emblem, das vermutlich den Buchstaben „S" darstellen sollte. Das eigentliche „Auto Strosek"-, heute „Strosek"-Markenzeichen, zeigte zwei Dreiecke, die in entgegengesetzte Richtungen zeigen. Diese Dreiecke standen für „Auto Vittorio", später „Auto Strosek".

D 1970; 1972 – heute

VOISIN; AVIONS-VOISIN; VOISIN BISCOOTER

1919 hatte sich Ingenieur Gabriel Voisin dem Automobilbau zugewandt. Er war als Flugzeugkonstrukteur bekannt, der 1919 die „SA des Aéroplanes G. Voisin" gegründet hatte. Mit einem von „Citroën" konstruierten, aber nicht genutzten „18 CV"-Typ mit 4,0-Liter-Motor und „Knight"-Schieberventilen stieg er in den Autobau ein. Der Wagen trug die Bezeichnung „Voisin C 1". Voisin war Exzentriker und dies zeigte sich auch bei seinen Wagen. Er schuf extravagante Aufbauten, die nicht immer aerodynamischen Erkenntnissen folgten. 1921 gab es einen besonderen V-Zwölfzylinder-Wagen, der 1930 in Kleinserie gebaut wurde. 1939 zog sich Voisin zurück und entwarf nach dem Krieg nur mehr einen Kleinwagen mit Einzylinder-Zweitaktmotor („Voisin Biscooter") für einen spanischen Hersteller.

Das Markenzeichen von Gabriel Voisin zeigte genau wie seine Flugzeuge den ägyptischen Skarabäus-Glücksbringer.

Ⓚ

F 1914–1939

VOLANIS

F 1980 – heute

Antoine Volanis wurde 1948 in Saloniki/Griechenland geboren. Nachdem er sein Technik-Studium abgeschlossen hatte, versuchte er sich im Karosserie-Design französischer „Renault"-Fahrzeuge und machte dort ein einjähriges Praktikum. 1971 bis etwa 1980 war er für den Raumfahrt- und Automobilkonzern „Matra" in Frankreich als verantwortlicher Ingenieur tätig. Im November 1980 eröffnete er ein eigenes Designstudio namens „Design Volanis" mit Sitz in Argenteuil/Frankreich, und drei Jahre später war er einer der bedeutendsten Designer Europas. Im März 1984 präsentierte er einen ungewöhnlichen, zukunftsweisenden fünftürigen Familienwagen, den „Volanis Helios", mit aerodynamischer Frontpartie und großzügigen Glasfenstern, dem bald eine sportlich aussehende Limousine gleicher Fensterart folgte.

Selbst das Firmenlogo von Volanis war futuristisch geprägt. Es zeigte den Schriftzug „Volanis", wobei man dem Buchstaben „V" ein „A" für den Vornamen Antoine aufsetzte. Der Schriftzug war in Blau gehalten.

VOLKSWAGEN

D 1936 – heute

Der von der Reichsregierung 1934 mit der Konzeption eines „Deutschen Volkswagens" beauftragte Ferdinand Porsche entwickelte jenen Heckmotor-Wagen, für dessen geplante Großserienproduktion 1938/39 in der Nähe von Fallersleben ausgedehnte Werksanlagen entstanden. Vor Kriegsbeginn hatte man eine Reihe von Versuchsfahrzeugen vorgestellt, wobei ein Teil sogar bei „Daimler-Benz" in Stuttgart entstand. Nur eine sehr geringe Anzahl der damals noch „KdF"-Wagen („Kraft durch Freude") genannten Fahrzeuge ging in Wolfsburg in Serie. Von 1940 bis 1944 wurden zunächst Kübel- und Schwimmwagen für das Militär gebaut. Erst ab 1946 startete man die Serienproduktion des „Volkswagen Käfer"-Modells, der mit über 25 Millionen Exemplaren das bislang meistgebaute Automobil aller Zeiten ist. Unzählige Varianten und Lizenzvergaben folgten.

Das Volkswagen-Markenemblem entstand im Jahr 1937. Es wurde mit geringen Abänderungen hinsichtlich der Breite der Buchstaben und des Ringes beim „VW"-Zeichen bis heute so belassen.

Ⓝ Ⓑ

VOLKSWAGEN-PORSCHE

D 1969–1976

Die Kooperationsfirma „VW-Porsche Vertriebs-GmbH" in Ludwigsburg wurde 1969 von „Volkswagenwerk" und „Porsche" für Vertrieb und Betreuung des Gemeinschaftsmodells „VW-Porsche 914" gegründet. Dieser neue Sportwagen wurde im gleichen Jahr auf der Frankfurter Ausstellung erstmals gezeigt. Das Fahrzeug hatte man hauptsächlich mit „Volkswagen 411"-Komponenten bestückt. Als Antrieb diente wahlweise ein Vierzylinder-1,7-Liter-1679 cm^3-„Volkswagen 411"- oder ein Sechszylinder-2,0-Liter-1991 cm^3-„Porsche 914/6"-Motor. 1972 ersetzte man das „Porsche 914/6"-Triebwerk durch ein Vierzylinder-2,0-Liter-100 bhp-Aggregat des „Porsche 914/2.0". 1973 wurde der Hubraum von 1,7-Liter auf 1,8-Liter erhöht. Im Mai 1976 wurde vom Bau des VW-Porsche abgesehen. Der „Porsche 914", wie er in den USA hieß, war dort wesentlich beliebter als in Europa.

Für den VW-Porsche benutzte man ein Emblem, das das „VW"-Markenzeichen in Verbindung mit dem „Porsche"-Schriftzug zeigte.

Ⓝ

VOLL

D 1984 – heute

1926 wurde die Firma „Voll" von Josef Voll in Würzburg-Heidingsfeld gegründet. Die spätere „Karosseriefabrik Voll oHG" stellte auf „Borgward"- und „Opel Blitz"-Basis Karosserien her. Von 1976 bis 1984 kam es zur Produktion von Motor-Caravans. 1984 folgte die Fertigung von „Opel Ascona"-Cabrios und dem englischen „Vauxhall Cavalier Convertible" (Cabrio). Schon in den 70er-Jahren nahm Walter Schätzle, späterer Hersteller des Berliner „AWS Shopper"-Kleinwagens, mit „Voll" Verhandlungen über den Lizenzbau des „AWS Piccolo" auf. Es wurden sogar zwei Prototypen hergestellt. 1985 wurde „Voll" von der „George Hammond-Group", die in Dover/England beheimatet ist, übernommen. Um 1989 entstanden noch Spezialversionen für die Schwedische Post auf Basis des „Opel Kadett", und man baute für „Bitter" in Deutschland Prototypen.

Bei „Voll" führte man hauptsächlich einen Druckbuchstabenschriftzug, der im Laufe der Jahrzehnte laufend verändert wurde. Es gab Ausführungen in Blau und 1988 einen Schriftzug, bei dem der Buchstabe „O" des Firmennamens „Voll" mit roter Farbe ausgefüllt ist.

Ⓝ

VOLL & RUHRBECK

D 1920–1945

Die „Karosseriefabrik Voll & Ruhrbeck" in Berlin und Essen war in den 20er- und 30er-Jahren recht aktiv und erfolgreich. Bereits auf der ersten Deutschen Automobil Ausstellung nach dem Ersten Weltkrieg, 1921, war „Voll & Ruhrbeck" mit fünf qualitativ hervorragend verarbeiteten Personenwagen vertreten. Hierbei erregte insbesonders ein Coupé auf Basis des „Horch 10/30 PS"-Chassis Aufsehen. „Voll & Ruhrbeck" bauten auf Fahrgestellen unterschiedlicher Automobilhersteller, u. a. von „Audi", „Benz", „Maybach", „Mercedes-Benz", die verschiedensten Karosserien. Auch der bedeutende Karosseriebauer Albert Heidemann (geboren 1907), der sich 1946 in München mit einer eigenen Firma namens „Heidemann Karosseriebau" selbständig machte, hatte für „Voll & Ruhrbeck" gearbeitet. Dort führte man nach dem Ende des Zweiten Weltkriegs den Karosseriebau nicht mehr fort.

Man verwendete u. a. ein linsenförmiges Emblem mit der Bezeichnung „Karosserie Voll & Ruhrbeck – Berlin-Charlottenburg". Ein weiteres Markenzeichen gleicher Form zeigte die Buchstaben „V" und „R" für „Voll & Ruhrbeck".

VOLPE

I 1947–1949

1947 tauchte in Mailand ein Kleinstwagen auf, der den Markennamen „Volpe" (Fuchs) trug. Als Hersteller wurden mehrere Firmen – die „Società di Construzioni Meccaniche e Aeronautiche", das Unternehmen „Società Lombarda di Navigazioni Aereo, Officine Caproni" und die „Anonima Lombarda Cabotaggio Aereo" – genannt. Mit hohem Werbeaufwand hatte man diesen hübschen Kleinwagen ohne Türen, aber mit Verdeck, abgesehen. Als Antrieb verwendete man einen Zweizylinder-124 cm^3-6 PS-Zweitaktmotor. Ingenieur Colombo hatte den Volpe für die Mailänder Firma „ALCA" entwickelt. Er sollte bei dem renommierten Flugzeugunternehmen „Aero-Caproni" gebaut werden. 1949 erschien der Volpe in leicht modifizierter Version als neuer italienischer „Bertoni" (nicht zu verwechseln mit der italienischen Karosserie- und Designfirma „Bertone").

Der Markenname „ALCA" war Kurzbezeichnung für den Firmennamen „Anonima Lombarda Cabotaggio Aereo". Als Markenemblem verwendete man den senkrecht zu lesenden Schriftzug „Volpe" (Fuchs) in Druckbuchstaben, der die gesamte Form des Kühlers einnahm.

I 1946–1963

Von 1946 bis 1963 gab es in Italien Rennwagen der Marke „Volpini", die man in Mailand gefertigt hatte. Bereits vor dem Zweiten Weltkrieg hatte man sich bei „Volpini" auf das Präparieren von Sportwagen und Antriebsaggregaten spezialisiert. Volpini-Fahrzeuge wurden von Gian Paolo Volpini selbst gesteuert. Er begann bereits 1946, Sportwagen mit 1100 cm^3-Motoren herzustellen, denen kleine einsitzige Formel-3-Rennwagen folgten, die von Egidio Arzani konstruiert waren. 1958 begann die Firma mit der Produktion von einsitzigen Rennwagen der Formel-Junior, die mit „Fiat"-Motoren ausgestattet waren. Ein Jahr später folgten neue Konstruktionen, die der des britischen „Vanwall"-Formel-1-Rennwagens ähnelten. „Volpini" beschränkte sich um 1963 wieder ausschließlich auf Motoren-Tuning und stellte 1972 endgültig alle Aktivitäten ein.

VOLPINI

Markenzeichen war ein rundes Emblem mit – vermutlich – grünem Untergrund, in dem der Buchstabe „V", die Namen der beiden Konstrukteure Volpini und Arzani, der Name des Herstellerorts und eine Schlange gezeigt wurden. Die Schlange dürfte vom Mailänder Stadtwappen herstammen.

S 1927 – heute

Pläne für eine Automobilherstellung in Schweden hatte Assar Gabrielsson, Verkaufsleiter bei der „SKF-Kugellager-Fabrik" in Göteborg/Schweden bereits in den frühen 20er-Jahren, ehe er sie 1926 gemeinsam mit seinem Partner Gustaf Larson realisierte. Am 26. April 1927 rollte der erste „Volvo" aus der in Göteborg neu gegründeten „Volvo AB". Es war ein erstklassig gebauter Vierzylinder-Tourenwagen. Man baute im Laufe der folgenden Jahre Vier- und Sechszylinder-Modelle, wobei auch der Lastwagenbau intensiv durchgeführt wurde. 1953 war der „Volvo PV 444" („Buckelvolvo") das meistverkaufte Auto in Schweden. 1972 übernahm das Werk ein Drittel des holländischen „DAF"-Unternehmens, 1975 wurde der Rest angekauft. Es entstand dabei die neue Firma „Volvo Car BN". Noch heute ist die „Volvo Car Corporation" bestens als Automobil- und Nutzfahrzeughersteller bekannt.

VOLVO

Der Markenname „Volvo" kommt vom lateinischen „volvere" („drehen", „rollen", „wälzen"). Der Ring mit dem Pfeil ist das alte schwedische Zeichen für Eisen und Symbol für den Fortschritt.

Ⓝ Ⓚ

D 1915–1945

Von 1915 bis 1945 baute die ehemals in Plauen/Vogtland, Sachsen, seßhafte Firma „Vogtländische Maschinenfabrik AG" Lastkraftwagen, die den Markennamen „Vomag" erhielten. Diese Fahrzeuge wurden weltberühmt. Vor 1914 wurden noch keine Lastkraftwagen, dafür aber Druckmaschinen, Rotationsmaschinen und mechanische Webstühle, gefertigt. Die Firma hieß ehemals noch „Vogtländische Maschinenfabrik AG in Plauen im Vogtland, Sachsen, vorm. J. C. und H. Dietrich", gegründet 1895. Die beiden Weltkriege wurden als Ursache für die Umstellung auf das Produkt Lastkraftwagen genannt und diese waren es auch, die die neuen Produkte und auch die Firma selbst zerstörten.

VOMAG

Der Markenname „Vomag" ist Kurzbezeichnung für „Vogtländische Maschinenfabrik AG". Als Markenzeichen verwendete man ein Queroval mit integriertem, Schriftzug „Vomag". Ein anderes Zeichen in Dreiecksform enthielt den Buchstaben „V" und war in einen Ring eingeschlossen.

Ⓝ Ⓑ

D 1926–1928

Oberingenieur Richard Bussien, Inhaber zahlreicher Patente, versuchte in den Jahren 1926 bis 1928 unter dem Markennamen „Voran" einen Frontantriebswagen zu vermarkten. Er gründete eine Firma namens „Voran-Automobilbau AG" mit Sitz in Schönau bei Chemnitz. 1926 ging aus ihr die neue „Gesellschaft für Maschinen, Handel und Industrie" hervor. Das „Voran"-Fahrzeug konnte jedoch erst 1930 – mit der Angliederung der Firma an die „AEG" und somit an die „NAG„(„Neue Automobil Gesellschaft") – realisiert werden. Gemeinsam mit dem Konstrukteur Paul Henze baute Bussien den V-Achtzylinder-„NAG"-Frontantriebswagen. Er wies zwar technisch einige interessante Aspekte auf, hatte aber zur Zeit der Wirtschaftskrise noch weniger Chancen als zuvor, und so kam es, daß das Projekt bereits 1934 mit Produktionseinstellung bei der „NAG" ad acta gelegt wurde.

VORAN

Das Markenzeichen zeigte zwei runde Kreise, die ineinander übergriffen. Im linken Kreis hatte man die Buchstabenfolge „VOR" und im rechten Kreis die Buchstaben „AN" für „Vorderradantrieb" eingesetzt.

Ⓑ

USA 1990 – heute

Im Januar 1990 stellte die Firma „Dolphin Vehicles" in Campbell, Kalifornien/USA, ein dreirädriges Automobil mit futuristisch aussehender Karosserieform her. Das Fahrzeug trug den Markennamen „Dolphin" bzw. „Dolphin Vortex", wurde aber auch unter dem Namen „Vortex" bekannt. Bei diesem Wagen, der als Bausatzfahrzeug betrachtet werden kann, befand sich das Einzelrad an der Heckseite. Nähere Informationen über die Firma oder das Fahrzeug selbst liegen nicht vor. Es ist jedoch anzunehmen, daß das amerikanische Unternehmen auch noch Mitte der 90er-Jahre existent war.

VORTEX; DOLPHIN

Der abgebildete „Vortex"-Schriftzug stammt aus einer Werbeanzeige der amerikanischen Automobilfirma und zeigte den Namen in moderner Grafik.

D 1924

Im Jahr 1924 gab es in Deutschland eine Firma namens „Voss & Schorn", die einige Automobile mit Markenbezeichnung „Voscho" herstellte. Weder über die Wagen noch über den Hersteller liegen nähere Informationen vor.

VOSCHO; VOSS & SCHORN

Für den Motorwagen wurde ein schwungvoll gestylter „Voscho"-Schriftzug verwendet. Die Markenbezeichnung war eine Kurzform des Firmennamens „Voss und Schorn".

GB 1902–1928

VULCAN

1902 begann die „Vulcan Motor Manufacturing and Engineering Co. Ltd“ in Southport, Lancashire/England, mit dem Bau der ersten Motorfahrzeuge mit Markennamen „Vulcan“. Diese Firma gehörte zu den ältesten Autoherstellern Großbritanniens, war jedoch besser für ihre Nutzfahrzeuge bekannt. Bereits von 1896 bis 1899 führten die Brüder Thomas und Joseph Hampson Experimente mit Motorwagen bei der „T. & J. Hampson & Co.“ durch, doch erst 1902 wurde die erste „Vulcan“ genannte Einzylinder-Voiturette präsentiert. Ab 1906 firmierte man als „Vulcan Motor and Engineering Co. (1906) Ltd“. Es folgten Zwei- und Vierzylinder-Wagen. 1909 gab es einen Sechszylinder-Typ. 1919/20 verband man sich mit der Firma „Bean“, von der man sich aber wieder löste. Die letzten Vulcan-Wagen besaßen Vierzylinder-„Dorman“-Aggregate. 1928 wurde der Autobau aufgegeben.

Unter verschiedenen Markenzeichen gab es auch ein Querrechteck mit seitlichen Spitzen und dem integrierten Markennamen „Vulcan“. Auch gab es eine Kühlerfigur, die den römischen Gott Vulcanus als Schmied zeigt.

Ⓚ

A 1910–1926

WAF

Die ersten von der „Wiener Automobil-Fabrik Ges.m.b.H., vormals Ferdinand Trummer, ehemals Bock & Hollender OHG“ 1911 hergestellten Fahrzeuge waren von „Bock & Hollender“ konzipierte Wagen. Diese leistungsstarken Vierzylinder kamen noch vor 1914, dann wieder 1920 heraus. Der Bau der „WAF“-Automobile erfolgte längere Zeit durch die Firma „Ferdinand Trummer“ auf Rechnung der „Bock & Hollender OHG“. Die „WAF“ ging aus der ebenfalls in Wien seßhaften Automobil- und Motorradfirma „Bock & Hollender“ hervor, die 1905 Motorräder und in den Jahren 1899 bis 1919 Automobile unter ihrem Namen gebaut hatte. Es folgten bei der „WAF“ dann aufwendig gebaute Sechs- und Achtzylinder-Modelle, wobei letzteres einen Motor besaß, der aus zwei zusammengekoppelten Vierzylinder-Aggregaten bestand. 1926 wurde der Automobilbau wieder aufgegeben.

Bei der „WAF“ – Kurzbezeichnung für „Wiener Automobil-Fabrik“ – führte man ein rundes Markenzeichen, das die Firmenbezeichnung, die Kurzbezeichnung und den Namen des Herstellerorts Wien enthielt.

Ⓝ Ⓑ

GB 1965 – etwa 70er

WALKER

Etwa 1965/66 entstanden durch Rob Walker in seiner Firma „Rob Walker – Corsley Garage Ltd“ in Warminster, Wiltshire/England, nach Vorbild der amerikanischen „Ford Tin Lizzie“ Roadster-Karosserien für Eigenbau-Fahrgestelle. Die deutsche Sportwagenfirma „Porsche“ hatte dem englischen Whisky-Fabrikanten Rob Walker einen Rennwagen überlassen, den Stirling Moss dann 1960 beim „Grand Prix von Syracus“ klar führte, bis ihn ein Ventilschaden zum Aufgeben zwang. Das war die überzeugendste Vorstellung der Formel-2-„Porsche“ jener Zeit. Später siegte Stirling Moss mit einem „Walker-Porsche“ vor dem Werkswagen von Joakim Bonnier und Graham Hill (beide inzwischen tödlich verunglückt) beim 200-Meilen-Rennen.

Unter anderem verwendete „Rob Walker“ ein rundes Emblem, das im inneren Teil den Markennamen und außen zahnradähnliche Gestaltung zeigte.

A; ČS 1908–1936

WALTER

Tschechoslowakische „Walter“-Automobile waren eigentlich nur in ihrem Heimatland bekannt, obgleich sie auch dort nicht gerade ein sehr verbreitetes Fabrikat darstellten. Der junge Mechaniker und Maschinenschlosser Josef Walter, Jahrgang 1873, begann 1900 in Prag-Smichov neben der Reparatur von Fahrrädern und Wagen auch Motorräder herzustellen. 1908 kam es zur Fertigung des ersten „Walter“ genannten Automobils, eines Dreirad-Wagens, versehen mit V-Zweizylinder-500 cm³-Motor. Schon wurde die neue „Walter & Spol. A.S., Tovarna na auto a letecké motory“ in Jimonice bei Prag gegründet. Neben den imposanten Walter-Wagen baute man auch eine Reihe von Flugmotoren mit relativ großem Erfolg. Nach der Fertigung von unterschiedlichsten Automobilen mußte „Walter“ 1936 aufgrund der politischen Lage (Nationalisierung des Werks) aufgeben.

Als Markenzeichen verwendete man ein Wappen mit aufgesetztem Ritterhelm und Federbuschen. In diesem Wappen hatte man zwei senkrechte Segmente angeordnet, die den gebauten Flugzeug-Sternmotor und drei fliegende Vögel enthielten.

Ⓝ Ⓑ

D 1911–1939

WANDERER; WANDERERMOBIL

1900 begannen Richard Jänicke und Johann Baptist Winklhofer in den „Wanderer Werken“ in Chemnitz Fahrräder und ab 1902 auch Motorräder herzustellen. 1905 folgte der erste Zweizylinder-Versuchswagen „Wanderermobil“. 1912 war die Entwicklung abgeschlossen, der neue Wagen wurde als „Puppchen“ bekannt und als Prototyp für alle weiteren Fahrzeuge richtungsweisend. 1926 wurde der Wanderer-Typ „W 10“ gebaut, und zwei Jahre später folgten weitere Wagen mit 2,0-Liter-8/40 PS- bzw. Sechszylinder-10/50 PS-Motoren. Es traten wirtschaftliche Schwierigkeiten auf, die 1932 zur Kooperation mit den sächsischen Automarken „Audi“, „DKW“ und „Horch“ zeangen. Es entstand die „Auto Union“. Ab 1935 gab es die „W“-Typen, u. a. den „W 25 K“ mit Kompressor. Nach dem Krieg verschwand die Marke vom Markt.

Das Modell „Wanderer Puppchen“ zeigte ein besonderes Emblem als Verbindung von Queroval und einem Ring: 1929 wurde das Firmenzeichen der „Wanderer Werke AG“, das „Wanderer-Flügelzeichen“, als Warenzeichen gesetzlich geschützt. Ⓝ Ⓑ

USA 1910–1913

WARREN; WARREN-DETROIT

Der Immobilienmakler und Postmeister Homer Warren gründete in Detroit, Michigan/USA, zusammen mit einem ehemaligen Verkaufsagenten der Autofirma „Olds Motor Works“ und W. H. Radford, der ehemals bei der Autofirma „Hudson“ die Stellung eines Ingenieurs einnahm, im Herbst 1909 eine Automobilfabrik namens „Warren Motor Car Company“. Dort wurden ab 1910 eine Reihe sportlicher Vier- und Sechszylinder-Wagen hergestellt, die den Markennamen „Warren“ erhielten. Diese amerikanischen Motorwagen erlangten aber nur regionale Bedeutung. 1913 gab es Automobile mit Sechszylinder-6,2-Liter-Motor. Bekannt war hierbei der Typ „Resolute“ („der Entschlossene“), ebenfalls mit einem Sechszylinder-Aggregat. Die Typennamen „Pilgrim“ („Pilger“) und „Wolverine“ („Vielfraß“) waren den beiden Vierzylinder-Typen vorbehalten. Bereits 1913 wurde der Automobilbau eingestellt.

Beim amerikanischen Warren-Automobil des Modelljahrs 1911 verwendete man einen waagerecht auf dem Kühler angebrachten „Warren“-Schriftzug.

WARREN-DETROIT; WARREN

USA 1910–1913

In den Jahren 1910 bis 1913 stellte die Firma „Warren Motor Car Company“ in Detroit, Michigan/USA, Automobile her, die zunächst den Markennamen „Warren“, dann den Markennamen „Warren-Detroit“, erhielten. Bekannt war der Warren-Detroit mit Vierzylinder-3707 cm³-Antriebsaggregat. Er trug zudem die Typenbezeichnung „30“. Das Modell „12-40“ erhielt einen 4416 cm³-Motor. Die Preise bewegten sich zwischen 1250 US-Dollar für die kleineren und von 1500 US-Dollar bis etwa 2600 US-Dollar für die größeren Automobile.

Das Markenemblem des amerikanischen Warren-Detroit stellte eine Wappenform dar, in die man den geschwungenen Markenschriftzug „Warren-Detroit“ integriert hatte.

WARSZAWA

PL 1951–1972

Bereits in den Jahren 1932 und 1939 hatte man in Polen den „Polski-Fiat“ in Lizenz gebaut, doch die Kriegsjahre machten alle Produktionen und weiteren Pläne zunichte. Um 1947/48 unterschrieb man mit „Fiat“ in Italien einen Vertrag über die Lieferung von Kraftfahrzeuggeräten sowie den Bau einer Kraftfahrzeugfabrik in Polen. Diese Entscheidung war durch die Vorkriegstradition der Fabrik „Polski-Fiat“ beeinflußt. Im Jahr 1951 hatte das polnische „FSO“-Werk („Fabryka Samochowdow Osobowych“) mit der Herstellung des russischen „Pobeda“ („Pobieda“) begonnen, der in Polen die Modellbezeichnung „Warszawa“ bekam. Den Wagen baute man jetzt allerdings mit leistungsstärkerem Motor. Erst mit Übernahme einer neuen Fiat-Lizenz im Jahr 1972 wurde die Herstellung des „Warszawa“ eingestellt.

Für den polnischen „Warszawa“ („Warschau“) hatte man unterschiedliche Markenzeichen verwendet, wobei auch das bekannte FSO-Emblem zusammen mit dem Markennamen „Warszawa“ zur Abbildung kam.

Ⓚ

WARTBURG

D 1898–1904

Bereits 1898 wählte Heinrich Ehrhardt, Besitzer der in Eisenach/Thüringen ansässigen „Fahrzeugfabrik Eisenach“ und „Krupp“-Konkurrent, den Namen „Wartburg“ für seine in Lizenz gefertigten französischen „Decauville“-Wagen. Man stellte aber auch einige Elektromobile her, und 1902 folgte der erste Vierzylinder-Wagen. Zu den Konstrukteuren, die für „Wartburg“ arbeiteteten, gehörte auch der talentierte Ingenieur Willy Seck, der auch die ersten „Dixi“-Modelle entwickelte. Unter dem Namen „Dixi“ wurden bis zur Übernahme durch die „Bayerischen Motoren Werke“ (BMW)“ alle Fahrzeuge aus Eisenach verkauft. Schon im Jahr 1903 verschwand die Marke „Wartburg“ ganz und wurde erst von BMW wieder zum Leben erweckt. Von 1929 bis 1930 baute die Firma dort in Lizenz von „Austin“ (England) das populäre Modell „Austin Seven“.

Bei der Namensgebung stand die Wartburg in Eisenach Pate.

Ⓝ

WARTBURG

DDR/D 1928–1991

1928 hatten die „Bayerischen Motoren Werke“ (BMW) die „Eisenacher Fahrzeugfabrik“ aufgekauft. 1930 kam man mit einem zweisitzigen 748 cm³-Wagen heraus, der den Modellnamen „Wartburg“ erhielt. Den Namen „Wartburg“ verwendete man 1930/31 für eine sportliche Roadster-Version des kleinen „3/15 PS“ mit Vierzylinder-Aggregat. Alle BMW-Fahrzeuge wurden bis zum Zweiten Weltkrieg dort gebaut, einige Typen noch bis 1956 in der enteigneten Firma unter der Marke „EMW“. Dann übernahm das Werk den Vorkriegs-„DKW“, der nach dem Krieg als „IFA F 9“ mit Dreizylinder-Zweitakt-Motor erschienen war und in Eisenach als „Wartburg“ weiterentwickelt wurde. Als Markenname tauchte „Wartburg“ erst 1956 wieder auf. Er wurde auch in viele Länder exportiert. Am 10. April 1991 verließ der 1836695. „Wartburg“ das Werk.

Beim „Wartburg“ der neueren Zeit zeigte man auf den Fronthauben die geflügelte Wartburg. Es gab auch einen schwungvoll gestylten Schriftzug „Wartburg“, den man in den späten 80er-Jahren bzw. Anfang der 90er moderner gestaltet hatte.

Ⓝ

WARWICK

GB 1957–1962

1957 begann man Fahrzeuge der englischen Sportwagenmarke als „Peerless“ zu vermarkten. Bis zum Ende des Jahres 1957 wurden etwa 250 Exemplare der Marke „Peerless“ produziert, doch er blieb ein Außenseiter. Bernie Rodger, Konstrukteur des alten „Peerless“, gründete 1960 in Colnbrook/England, eine neue Gesellschaft namens „Bernard Rodger Developments Ltd“, wo der neue „Warwick“ von 1957 bis 1962 gebaut wurde. Der Wagen war der direkte Nachfolger des „Peerless“ bzw. „Peerless GT“ und entsprach diesem in fast allen Einzelheiten. Als Antriebsaggregat besaß er einen Vierzylinder-2,0-Liter-„Triumph“-Motor. Die Kunststoff-Karosserie des recht attraktiv geformen, knapp viersitzigen Sportcoupés wurde von der englischen Firma „James Whitson & Co.“ hergestellt. 1962 fand der letzte „Warwick“ als Coupé einen Abnehmer, und die Marke „Warwick“ verschwand.

Verwendet wurde ein rundes Emblem, in dem man einen Turm, den Markennamen „Warwick“ und die Motorenbezeichnung „2 Litre“ zeigte. Das Gebäude dürfte in Warwick/England zu finden sein.

WATERMAN; ARROWBILE

USA 1937–1958

Waldo Dean Waterman war der erste Kalifornier, der fliegen lernte. Er baute in Amerika zahlreiche „Flugautos“. 1937 wurde in der von ihm in Santa Monica, Kalifornien/USA, gegründeten „Waterman Arrowbile Corporation“ der „Arrowbile“ gefertigt, der auch als „Waterman“ bzw. „Waterman Arrowbile“ bekannt wurde. Dieses „Flugauto“ besaß einen modifizierten amerikanischen Sechszylinder-„Studebaker Dictator“-Motor. Bei Studebaker konnte Waterman Interesse für sein neues „Flugauto“ wecken. Die Firma erwarb fünf Fahrzeuge und führte eine Werbekampagne durch. Der Waterman Arrowbile besaß eine Art Druckschraubenpropeller und drei Räder, wobei sich das Einzelrad hinten befand. Nur ein Prototyp wurde gebaut, dann stellte man das Projekt endgültig ein.

Auf dem „Flugauto“ hatte man die Bezeichnung „Waterman Arrowbile“ angebracht. Der Name „Waterman“ zeigte sich in einer Art Dreieckform.

WAUKESHA

Als Markenzeichen führte man u. a. einen auf den Kühlern der Fahrzeuge angebrachten schwungvoll gestylten Schriftzug „Waukesha“.

USA 1906–1910

1906 wurde in Waukesha, Wisconsin/USA, die Firma „Blue Front Garage“ errichtet, die sich neben der Reparatur und dem Waschen von Automobilen auch mit dem Vertrieb von Fahrzeugteilen beschäftigte. Bald bauten die Inhaber Harry L. Horning und Fred Ahrens Bootsmotoren. Mit finanziellem Background eines Farmers namens Allan Stebbins wurde die Gesellschaft „Waukesha Motor Co.“ gegründet, in der man die Motoren unter neuem Markennamen weiter produzierte. Diese „Waukesha“-Antriebsaggregate wurden in den unterschiedlichsten Nutzfahrzeugen und Personenwagen eingebaut. Von 1906 bis 1910 entstanden sogar einige „Waukesha“ genannte Automobile, die natürlich betriebseigene Motoren erhielten. Der Waukesha wurde nur auf besonderen Wunsch einzelner Kunden gefertigt.

WAVERLEY; WAVERLEY-ELECTRIC; POPE-WAVERLEY

Für den „Waverley“ bzw. „Waverley Electric“ verwendete man den besonders formschön gestalteten und geschwungenen Schriftzug „Waverley“ bzw. „Waverley Electric“.

USA 1898–1903; 1908–1914

Der „Waverley“, hauptsächlich als „Waverley Electric“ bekannt geworden, entstand aus einer Verbindung der Firmen „American Electric Vehicle Co.“ in Chicago, Illinois/USA, und der „Indiana Bicycle Co.“ in Indianapolis, Indiana/USA. 1898 und 1899 baute man Automobile der Marke „Waverley“ bei der „Indiana Bicycle Co.“ in Indianapolis/USA, und 1900 bis 1901 wurde der Bau dieser zweisitzigen Elektro-Automobile unter dem neuen Namen „American Bicycle Company“ im selben Ort weitergeführt. In den Jahren 1901 bis 1903 stellte die „International Motor Car Co.“, ebenfalls in Indianapolis/USA, den Waverley Electric her. Die „Indiana Bicycle Co.“ gehörte zum bekannten „Pope-Konzern (Automarken u. a. „Pope“, „Pope-Hartford“, „Pope-Toledo“, „Pope-Waverley“). Die in großen Stückzahlen bis 1916 gebauten, preiswerten Wagen hatten elegante Coupé-Aufbauten.

WAVERLEY

Fahrzeuge der englischen Marke „Waverley“ besaßen ein rundes Emblem, das den Markennamen „Waverley“, den Namen des Herstellerortes „London“ wie auch den Buchstaben „W“ für „Waverley“ zeigte.

GB 1910–1931

Auch in England gab es eine Automobilmarke „Waverley“. Von 1910 bis 1915 produzierte die „Light Cars Ltd“ in Willesden/London und von 1919 bis 1931 die neue „Waverley Cars Ltd“ in London. Vernon Trier half beim Bau des englischen „Marlboro“-Automobils für die englische Firma „T. B. André & Co. Ltd“ mit. 1909 stellte die „T. B. André“ auf der „London Show“ einige „Marlboro“-Fahrzeuge und einen von Trier mit englischem „JAP“-Motor versehenen, „Waverley“ genannten Motorwagen aus. Bei den ab 1910 gebauten Waverley-Fahrzeugen handelte es sich um kompakte Vierzylinder-Wagen, die wahlweise mit französischen „Chapuis-Dornier“- bzw. mit englischen „Coventry-Simplex“-Motoren bestückt wurden. Bereits 1931 mußte man den Automobilbau wieder aufgeben, denn die Firma wurde ein Opfer der Weltwirtschaftskrise.

WAYNE

Der amerikanische Wayne hatte seinen Namen zur Ehre Generals Anthony Wayne, der nicht nur im Amerikanischen Bürgerkrieg zu Ruhm gelangte. Als Markenzeichen verwendete man u. a. ein rundes Emblem, das den Markennamen „Wayne“ sowie den des Produktionsorts zeigte.

USA 1904–1908

Die „Wayne Automobile Company“ in Detroit, Michigan/USA, stellte von 1904 bis 1908 leichte Zwei- und Vierzylinder-Automobile mit dem Namen „Wayne“ her. Als Initiator wurde u. a. auch William E. Kelly genannt, der den Wagen auch konstruierte. Kelly hatte schon 1901 einen Motorwagen in experimenteller Version gebaut. Auf dieser Grundlage entstand 1904 der neue „Wayne“. Der erste Wagen dieser Marke war ein Tourenwagen, und innerhalb eines Jahres wurde der Wayne in nicht weniger als fünf verschiedenen Versionen angeboten. Annähernd 600 Wayne-Automobile wurden 1907 hergestellt. Im Juni 1908 wurde „Wayne“ mit der Automobilfirma „Northern Manufacturing Co.“ aus Detroit/USA verbunden, die um 1909 vom Automobilkonzern „EMF“ („Everitt-Metzger-Flanders“) erworben wurde.

W & E

Für die Produkte der „W & E Electric“ verwendete man einen Druckbuchstabenschriftzug „W & E“ aus Plastik. Das weitere Firmenzeichen stammt aus einem Werbeprospekt.

GB etwa 40er – heute

Die „W & E Electric Vehicles“ in Shropshire und Shrewsbury/England, eine Subfirma des englischen Elektromobilherstellers „Smith Electric Vehicles Co.“ mit Sitz in Gateshead, Tyne and Wear/England baut bis heute die unterschiedlichsten Elektrofahrzeuge der Bezeichnung „W & E“. „Smith Electric“ war mit der Tochtergesellschaft „W & E Electric“ einer der größten Elektrofahrzeugproduzenten der Welt und zudem das führende Unternehmen im englischen Raum. Schon 1945 hatte die Karosseriefirma „Northern Coachbuilders Ltd“, zusammen mit der „Smith Delivery Vehicles Ltd“, ein Demo-Modell eines vierrädrigen Kleinlieferwagens hergestellt, den man mit einem Elektroantrieb versah. W & E-Fahrzeuge wurden in erster Linie für das Transportwesen (Personen und Güter), im Flughafenbereich und u. a. in der Kommunalverwaltung eingesetzt.

WEARWELL; WOLF

Als Markenzeichen wurde u. a. ein „Wearwell“-Schriftzug verwendet, bei dem der Buchstabe „W“ als große Schleife in Form einer liegenden Acht gebildet war.

GB 1899–1905

Von 1899 bis 1905 baute die „Wearwell Motor Carriage Co.“, später „Wearwell Motor Co.“, mit Sitz in Wolverhampton, Staffordshire/England, Automobile mit dem Markennamen „Wearwell“. Beim dem englischen Fahrzeug des Jahres 1899 handelte es sich um eine Voiturette, die man mit einem luftgekühlten Zweizylinder-Motor, der seinen Platz unter dem Sitz erhielt, bestückte. Der Wearwell besaß eine gewisse Ähnlichkeit mit einem französischen „Decauville“ jener Zeit. Es wurden nur wenige Fahrzeuge dieser Bauart gefertigt. Thomas H. Parker stellte von 1901 bis 1902 Automobile in den „Wearwell“-Werken her, die von Parker konstruiert wurden und den Namen „Parker“ sowie Zweizylinder-10 PS-Verbundmotoren (Dampfmotor) erhielten. Ab 1901 baute „Wearwell“ auch „Wolf“, „Wearwell“ und „Wolfruna“ genannte Motorräder. 1905 gab es den letzten „Wolf“ mit 7/8 PS-Motor.

WEBER

CH 1899–1906

Die „Gießerei- und Maschinenfabrik J. Weber & Co." in Uster/Kanton Zürich begann im Jahr 1899 mit der Lizenzfertigung von Dreiradfahrzeugen. Das Unternehmen baute in relativ kurzer Zeit eine größere Anzahl dreirädriger Automobile der Marke „Rapid". Johann Webers zweiter Sohn Johann entschied sich dafür, die Fabrikation von Motorwagen aufzunehmen. Hierbei unterstützte ihn Franz Brozincevic, späterer Gründer der berühmten Schweizer Lastkraftwagenmarke „FBW". Im Jahr 1900 entstanden so bei „Weber" auch Vierrad-Wagen eigener Konstruktion, erst mit stehendem, dann mit liegend eingebautem Einzylinder-Antriebsaggregat. Die sehr teuren Weber-Wagen ließen sich aber nur schwer absetzen, so daß man ihre Herstellung im Jahre 1906 wieder aufgab.

An der rechten Außenseite eines Weber-Automobils des Modelljahrs 1902 hatte man die abgebildete Namensplakette angebracht.

WEBER; MOTEC

D 1989 – heute

Die Tuning-Firma „Motec" in Manching/Süddeutschland baute Mitte 1990 für ein Königshaus im Mittleren Osten eine luxuriöse „Audi"-Stretch-Limousine, welche von einem V-Achtzylinder-Motor angetrieben wurde und um 90 Zentimeter auf eine Gesamtlänge von 5,80 Metern verlängert wurde. Der Preis lag bei über 300000 DM. Vom gleichen Kunden wurden 12 „Motec"-Stretch-Limos bestellt. Aufgrund der lang anhaltenden Golfkrise wurden die Aufträge gestoppt, der Karosseriebetrieb mußte im Dezember 1990 geschlossen werden. Einige Zeit später wurde die noch heute existierende „Weber Gesellschaft für technisches Autozubehör + Form mbH" gegründet, die unverdrossen dem „V.A.G."-Konzern treu blieb. Nun baute man Langversionen des „Audi V 8" für den Mittleren Osten. Auch wurden „Porsche"- und „Mercedes-Benz SL"-Wagen veredelt.

Markenzeichen der Firma „Weber GmbH" ist ein fliehendes Pferd, dessen fliegender schwarzer Schweif den Buchstaben „W" formt. Ein Symbol für den Wandel der Transportmittel.

WEGMANN

D 1925–1926

Von der „Waggonfabrik Wegmann & Co." in Kassel wurden in den Jahren 1925 bis 1926 in geringen Stückzahlen auch Sportwagen des Markennamens „Wegmann" hergestellt. Man verwendete ein Vierzylinder-Antriebsaggregat, zum Einsatz kamen vermutlich auch Vierzylinder-4/20 PS-1016 cm^3-„Steudel"-Motoren mit Dreiganggetriebe und Wellenantrieb. Der erste Wegmann wurde 1925 auf der Berliner Automobil Ausstellung als offener Zwei- und Dreisitzer mit wassergekühltem Zweizylinder-4/20 PS-Boxermotor im Heck, Kardanantrieb und stromlinienförmiger Holzkarosserie mit Kunstleder-Bespannung vorgestellt. Es war der einzige Pkw, den „Wegmann" hergestellt hatte. 1951 präsentierte man auf der Frankfurter Messe einen neuartigen Akkumulatoren-Bus mit „Still"-Elektromotor. Eine Serienfertigung kam nicht zustande.

„Wegmann" führte hauptsächlich ein Dreieck-Markenemblem, in dem man den Markennamen „Wegmann" wie auch den Buchstaben „W" zeigte.

WEIDNER; WEIDNER-CONDOR; WEIDNER 70 S

D 1957–1958

Bereits 1922 gab es im Schweizer Jura ein „Condor"-Kleinwagen-Projekt, aber erst etwa 35 Jahre später unternahm man damit einen neuen Anlauf: 1950 stellt der deutsche Schwimmwagen-Konstrukteur, Ingenieur Hanns Trippel, einen „Condor" genannten Sportwagen vor, der von einem 600 cm^3-Boxermotor angetrieben wurde. Nach Modifizierung erhielt der Wagen später den Namen „Marathon". Das Fahrzeugwerk „Weidner OHG" in Schwäbisch-Hall/Deutschland, interessierte sich für dieses Fahrzeug und plante ihn unter dem neuen Namen „Weidner Condor" bzw. als Weidner 70 S", in Serie herzustellen. Er wurde in rund 200 Exemplaren tatsächlich von Friedrich Weidner und Sohn Reinhold in deren Firma gefertigt. Der „Weidner S 70" blieb ebenso ein Prototyp wie sein Nachfolger mit deutschem Dreizylinder-677 cm^3-„Heinkel"-Antriebsaggregat und Kunststoff-Karosserie.

Für den „Weidner" verwendete man einen Schriftzug, bei dem der Buchstabe „W" großzügig geschwungen war. Daneben existierten auch andere Schriftzüge.

WEIGEL

GB 1906–1909

Danny M. Weigel, der von „Talbot" kam, war eine bedeutende Persönlichkeit in der britischen Automobilindustrie. Bereits im Jahr 1900 war er Direktor der britischen Gesellschaft „British Automobile Commercial Syndicate", die als „Talbot"-Importeur in jener Zeit gut bekannt war. Weigel gründete im 1906 eine eigene Automobilfirma namens „Weigel Motors Ltd" im Londoner Vorort Kensington und ließ große Vier- und Sechszylinder-Modelle bei einem Unternehmen bauen, das eigentlich Rasierklingen produzierte. Es handelte sich hierbei um die „Wilkinson Sword Co. Ltd", die in Acton/London ihren Firmensitz hatte. 1909 erschienen auch Rennwagen mit Achtzylinder-Aggregaten. Sie stellten den letzten Versuch dar, sich zu profilieren. Die Firma „Weigel" wurde im gleichen Jahr von der „Crowdy Ltd" erworben.

Die englischen Motorwagen zeigten einen auf den Kühlern schräg angebrachten geschwungenen Schriftzug „Weigel".

WEINEM

CH 1980 – etwa 90er

Bereits 1979 war Jörg Weinem aus Horgens/Schweiz von der Idee besessen, eine Replik des englischen „AC Cobra" anzufertigen. 1980 begann Weinem in seiner Firma „Jörg Weinem Cobra-Automobile" in Horgens, den legendären „Cobra 427" nachzubauen. Er versah diese neue Version mit Scheibenbremsen an allen vier Rädern und baute einen starken amerikanischen V-Sechszylinder-„Ford"- bzw. einen amerikanischen 5,7-Liter-„Chevrolet"-Motor ein. Diese Replik stellte er 1981 auf dem Genfer Automobil Salon aus. Der neue „Cobra 427" war ein Zweisitzer. Auf Wunsch konnten die verwendeten Antriebsaggregate bis zu 400 PS Leistung gesteigert werden. Ferner besaß der Schweizer „Weinem" bzw. „Weinem Cobra" eine deutsche „Opel"-Vorderachse sowie vom englischen „Jaguar" entliehene hintere Radaufhängungen.

Der Druckbuchstabenschriftzug „Cobra Weinem" stammt aus einem Prospekt.

WEINSBERG

D etwa 20er – heute

Gustav Alt und Wilhelm Schumacher gründeten 1912 die „Karosseriewerke Weinsberg GmbH (KW)" im Weinberg-Städtchen Weinsberg/Württemberg. 1992 konnte die Firma ihr 80jähriges Firmenjubiläum feiern. 1914 übernahm der Reutlinger Franz Eisenlohr die florierende Firma, die noch vor dem Ausbruch des Zweiten Weltkriegs eine kleine Serie von „Volkswagen"-Kübelwagen produzierte. In den 20er-Jahren hatte man für die unterschiedlichsten Fahrzeughersteller des In- und Auslands, u. a. Porsche, hervorragend gebaute Aufbauten geliefert. 1970 verkaufte die „Deutsche Fiat AG" in Heilbronn als neuer „Weinsberg"-Besitzer an eine Bielefelder Treuhandfirma, und in den 80ern kaufte sich der amerikanische Sonnendachhersteller „ASC" bei „Weinsberg" ein. 1991 übernahm er die Firma vollständig.

Die Markenbezeichnung „KW" stand für „Karosseriewerke Weinsberg". Diese Bezeichnung findet man auch noch heute an den Produkten des renommierten deutschen Unternehmens.

WEISS; WM; WEISS MANFRED

H 1924–1930

Bereits um 1832 wurde in Budapest-Csepel ein Unternehmen errichtet, aus dem sich ein Metallbetrieb herauskristallisierte. Der um die Jahrhundertwende von Manfred Weiss gegründete Industriebetrieb fabrizierte zunächst landwirtschaftliche Maschinen und Hausartikel, ehe auch eine Reparaturabteilung für Kraftfahrzeuge eingerichtet wurde. 1920 erwarb Manfred Weiss Lizenzen zum Nachbau von Fahrzeugen verschiedener italienischer Firmen wie „Officine Meccaniche" (OM), „Società Automobili e Motori" (SAM) und „Ansaldo". 1928 baute man auch Karosserien für den amerikanischen „Ford A"-Typ, vor allem in Lastwagenausführung. Kleine, sportliche Wagen mit Vierzylinder-Zweitakt-Motoren entstanden bei „Weiss" unter dem Namen „Weiss Manfred". 1929 wurde jedoch der Personenwagenbau nicht mehr fortgesetzt. „Weiss" baute ab 1950 nur noch Lastkraftwagen.

Unter anderem gab es ein rundes Zeichen, das die Initialen „W" und „M" für „Weiss Manfred" auf einer angedeuteten Weltkarte zeigte. Bekannt ist auch das schildartige Emblem des Modells „Pente" von 1947/48.

Ⓝ

WEKTOR

D 1988 – heute

Johann Bergmeier aus Untergiglbach-Ortenburg/Deutschland, ehemals Mechaniker, Landmaschinenspezialist und Lastwagenverkäufer, entschloß sich 1988, auf dem Autozubehör-Sektor tätig zu werden. Durch einen Zufall kam ein Bekannter mit einem japanischen „Toyota Supra Turbo" in seinen Betrieb. Bergmeier beschloß, solche Fahrzeuge nach seinen Vorstellungen optisch und auch motorisch weiter zu veredeln. Nach sechs Monaten stand das Endprodukt, der neue „Wektor"-Typ in „Competition"-Breitversion, fahrbereit auf den Rädern. Bis Oktober 1991 konnte er in seiner neugegründeten Firma „Wektor Automobile" rund 70 Exemplare in ganz Europa verkaufen. Der Preis der ersten 1991er-Version mit Sechszylinder-3,0-Liter-330 PS-(420 PS)-Turbo-Antriebsaggregat lag bei rund 120000 DM.

Der neue Wagen erhielt eine modern gestylte „Wektor"-Schrift bzw. ein senkrecht stehendes Rechteck als Markenemblem mit schwarzem Untergrund und gelbem Initial „W". Zudem zeigte dieses Emblem im oberen und unteren Teil einen gelben und roten Streifen.

WELCH

USA 1901–1911

Die Brüder Fred S. Welch und Albert R. Welch bauten 1901 ihr erstes Automobil mit einem Zweizylinder-20 PS-Motor, der eine Konstruktion von Fred S. Welch war. Dieses Fahrzeug wurde noch von der Firma „Chelsea Manufacturing Co. Ltd" in Chelsea, Michigan/USA, hergestellt, die bereits vor der Jahrhundertwende von A. R. Welch gegründet worden war. Der neue Wagen wurde erstmals bei der „Chicago Automobile Show" ausgestellt. Er wurde in Chelsey und später Pontiac, Michigan/USA, von 1903 bis 1911 gefertigt und war bekannt für seine qualitativ ausgezeichneten ohv- und ohc-Motoren. 1910 wurde die Firma „Welch Motor Car Company" von „General Motors" aus Detroit, Michigan/USA, übernommen, wo ein gutes Jahr später zugunsten anderer „General Motors"-Fabrikate die Welch-Automobilproduktion zum Stillstand kam.

Markenzeichen war der elegant geschwungene Schriftzug „Welch".

WELLEYES; FIAT

WELLEYES

I 1898

Der Name „Welleyes" ist mit den italienischen Automobilmarken „Fiat" und „Ceirano" untrennbar verbunden. Ursprünglich plante Graf Emanuele di Bricherasio lediglich, die Entwicklung und den Bau von Automobilen bei der italienischen Automobilfirma „Ceirano" zu finanzieren. Doch es wurde mehr daraus. Der erste Wagen von 1898 war der „Welleyes", dessen Name auch auf den gleichfalls produzierten Fahrrädern stand. Im Fiat-Gründungsjahr 1889 wurde in der Hinterhof-Werkstatt der kurz zuvor übernommenen Turiner Firma „Ceirano & C." der erste „Fiat", ein Zweizylinder-3,5 PS-Typ „Duc vis-à-vis" (Karosserie, in der man sich gegenübersaß) gebaut, der eine Höchstgeschwindigkeit von knapp 40 km/h erreichte. Bei weiteren Typen sah man von der Bezeichnung „Welleyes" ab und verwendete nun den Namen „F.I.A.T.".

Der abgebildete Druckbuchstabenschriftzug stammt aus einer „Welleyes-F.I.A.T." bzw. vermutlich einer „Ceirano"-Werbeanzeige.

WENDAX

D 1950–1951

Im Frühjahr 1947 suchte Professor Möbius die „Draisinenbau Dr. Alpers" in Hamburg auf und gab ein Automobil in Auftrag, da es in jener Zeit Automobile nur auf Bezugscheine gab. Erste Zeichnungen wurden angefertigt und man dachte an die Verwendung eines 150 cm³-„ILO"-Motors. Das Fahrzeug sollte die Form eines Roadsters mit Wetterverdeck haben. Nach rund sechs Monaten entstand durch Ing. Heinrich Paartz der erste Kleinwagen. Dr. Alpers, Chef des Unternehmens, sah in der Herstellung weiterer Fahrzeuge ein gutes Geschäft, zumal seine 1900 gegründete Firma ehemals bereits Lastendreiräder namens „Wendax" gefertigt hatte. Von 1936 bis 1940 hatte es zudem den „Wendax WL 120" gegeben. 1950 und 1951 entstand also ein weiterer „Wendax"-Kleinwagen mit deutschem Zweizylinder-„ILO"-Motor und Frontantrieb. 1951 wurde Konkurs angemeldet.

Der Markenname „Wendax" leitete sich z. T. vom Namen der „Wendenstraße" ab, in der diese Fahrzeuge gebaut wurden. Als Markenzeichen verwendete man einen Schriftzug, bei dem der letzte Buchstabe „x" eine Schleife bildete, die sich unterhalb des Schriftzugs mit dem Buchstaben „W" verband.

WENDLER

D 1919 – heute

Erhard Wendler, einer der ganz großen Karossiers Deutschlands, eröffnete 1840 ein Wagenbaugeschäft in Reutlingen/Deutschland, das sich zu einem der ältesten deutschen Renommee-Unternehmen der Karosseriebranche entwickelte. 1871 übergab Wendler die Firma an seine beiden Söhne Adolf und Karl. Der Übergang vom Kutschen- zum Karosseriebau vollzog sich relativ spät. Erst ab 1919 begann man mit der Fertigung von Automobilkarosserien. Es entstanden die unterschiedlichsten Aufbauten für zahlreiche in- und ausländische Automobilhersteller, so z. B. „Bugatti“ in Frankreich, „Maybach“ in Deutschland, „Steyr“ in Österreich usw. Auch wurden Stromlinienfahrzeuge nach „Patent Jaray“ gefertigt. Außerdem baute man bei „Wendler“ eine relativ große Anzahl von schnellen Fahrzeugen nach Koenig-Fachsenfeld- oder „Kamm“-Entwürfen.

Ein Wendler-Markenzeichen besaß die Form einer aerodynamischen Automobilkarosserie, die zu den Hauptprodukten der Firma gehört. Innen zeigte man die Schrift „Karosserie Wendler Reutlingen“.

WENKELMOBIL

Wenkelmobil

D 1904–1907

Der deutsche Ingenieur Max Wenkel war um die Jahrhundertwende Tabakpflanzer in Java. Dort hatte er sich einen Kleinwagen gebaut, den er mit einem französischen „De Dion“-Motor bestückte, kombiniert mit einem Friktions-(Reibrad)-Getriebe aus lederbezogenen Holzscheiben. Diese Anordnung ließ sich Wenkel patentieren. 1904 gründete Wenkel unter Beteiligung des Verlagsbuchhändlers Schneider und des Dipl.-Ingenieurs May die Firma „Automobilwerke Schneider & Co.“ in Berlin. Noch im selben Jahr stellte man in diesem Unternehmen den „Wenkelmobil“-Kleinwagen mit erwähntem Reibrad-Getriebe her, der bis 1907 in Produktion blieb. Die luft- bzw. wassergekühlten Ein- und Zweizylinder-Motoren kamen von „De Dion“ aus Frankreich und inzwischen auch von „Fafnir“ aus Deutschland.

Der Schriftzug „Wenkelmobil“ stammt aus einer zeitgenössischen Anzeige der deutschen Automobilfirma.

WERNER

WERNER

F 1906–1914

1906 begann die französische Firma „Werner Frères et Cie.“ in Billancourt bei Paris mit der Herstellung von Automobilen, die den Markennamen „Werner“ erhielten und ursprünglich auf dem französischen „Sizaire-Naudin“-Motorwagen basierten. „Werner“ war in Frankreich eine sehr bekannte Firma. Ihre Inhaber, die Brüder Werner, waren als Pioniere im Motorradbau weltberühmt geworden; bis 1914 stellten sie aber auch Automobile her. Hierbei handelte es sich um Zwei- und Vierzylinder-Voituretten, die man mit Antriebsaggregaten von „De Dion“ aus Frankreich bestückte. Daneben gab es bei „Werner“ größere Ausführungen mit 4,0-Liter Hubraum, die hin und wieder im Motorsport auftauchten. Mit dem Ausbruch des Ersten Weltkriegs stellte man den Automobilbau wieder ein.

Der abgebildete Schriftzug ist einem „Werner“-Prospekt jener Jahre entnommen.

WESLAKE; EAGLE-WESLAKE

GB/USA 1967 – etwa Ende 70er

Zu Beginn der 50er-Jahre eröffnete der Rennmotor-Konstrukteur Harry Weslake eine Werkstatt für Rennmotoren in Rye, Sussex/England. Nach Jahren des Erfolgs wurde 1966 in England von den Konstrukteuren Harry Weslake, Len Terry und Aubrey Woods der „Eagle“-Typ „58“, ein Formel-1-Grand Prix-Rennwagen, entworfen. Ex-„Lotus“-Chassis-Konstrukteur Terry übernahm auch den Entwurf des „Eagle T 1 G“-Rennwagens. Dieser „Eagle“ entstand in der Firma „All American Racers, Inc.“, die von Dan Gurney 1964 in Rye, Sussex/England, gegründet und nach dem Ausstieg Carroll Shelbys etwa Ende 1967 nach Santa Ana, Kalifornien/USA, verlegt worden war. Das Grand Prix-Debüt hatte der „Eagle-Weslake“ mit englischem „Coventry-Climax“-Motor 1966 in Belgien.

Als Markenzeichen führte man einen Adler („eagle“), der von dem Buchstaben „G“ umschlossen war. Dieser Buchstabe könnte für den späteren Weslake-Produzenten „ Dan Gurney“ gestanden haben.

WESTCOTT

USA 1912–1925

Bereits 1896 wurde von Burton J. Westcott in Richmond, Indiana/USA, die „Westcott Carriage Co.“ gegründet, aus der 1910 die „Westcott Motor Car Co.“ entstand. 1909 stieg man in den Automobilbau ein. Der „Westcott“ erwarb sich rasch einen guten Namen für seine Zuverlässigkeit und Robustheit. Bald wurden auch in Springfield, Ohio/USA, Automobile gebaut. Die ersten sogenannten „Assembled Cars“ vom Herbst 1910 erhielten Vierzylinder-45/50 PS-„Rutenber“-Motoren. 1911 wurde ein „Westcott“ unter dem Fahrer Harry Knight beim berühmten „500-Meilen-Rennen-von-Indianapolis“ eingesetzt. Man baute große sechs- und siebensitzige Fahrzeuge mit Vier- und Sechszylinder-„Continental“-Motoren für eine anspruchsvolle Klientel, wobei sich der hohe Aufwand offenbar nicht auszahlte: Die überschuldete Firma wurde 1925 verkauft.

Für den Westcott verwendete man hauptsächlich ein rundes Emblem, das im Zentrum den Buchstaben „W“ zeigte. Im äußeren Ring waren die Firmenbezeichnung „The Westcott Motor Car Co.“ sowie der Herstellerort „Springfield, Ohio – USA“ zu leben.

WESTFALIA

Westfalia

D 1906–1914; 1911–1913

Bei der „Ramesohl & Schmidt AG“ in Oelde/Westfalen und Bielefeld baute man von 1906 bis 1913 eine Anzahl hochwertiger Ein- und Zweizylinder-Wagen, denen dann auch Vierzylinder-Versionen folgten, für die man Motoren von „Fafnir“ aus Deutschland bezog. „Westfalia“ wa bereits 1899 gegründet worden. Die um 1906 neu errichtete separate Automobilabteilung – man stellte als Hauptprodukt Milchseparatoren her – stand unter der Aufsicht der Direktoren R. Riefenberg und F. Ramesohl. Die Firma wurde auch als „Ramesohl & Schmidt AG, Automobilfabrik Westfalia-Motorwagen“ bekannt. Das Bielefelder Werk übernahm 1913 „Hansa“ aus Varel/Norddeutschland, und bis zum Ausbruch des Ersten Weltkriegs wurde in Oelde die Fertigung zweier Vierzylinder-Ausführungen fortgesetzt.

Als Markenzeichen der Westfalia-Automobile der Firma „Ramesohl & Schmidt AG“ verwendete man den geschwungenen Schriftzug „Westfalia“, der quer auf den Kühlern der Fahrzeuge zu sehen war. Der Name „Westfalia“ stand natürlich für das Land Westfalen.

Ⓑ

WESTFALIA

D etwa 1929 – heute

Die Geschichte der Firma „Westfalia-Werke Franz Knöbel & Söhne KG“ in Wiedenbrück/Deutschland wie die der Familie Knöbel läßt sich weit zurückverfolgen. Schon 1887 eröffnete Franz Knöbel eine eigene Werkstatt für Sattlerei und Polsterei. Nach dem Ersten Weltkrieg expandierte die Firma, die seit 1917 „Franz Knöbel Wagen- und Sattlerwarenfabrik“ hieß. 1922 trug sie den neuen Namen „Fahrzeugfabrik Westfalia Franz Knöbel + Söhne OHG“. Später übernahm man die Vertretung der amerikanischen Autofirmen „Oakland“ und „Pontiac“, einige Zeit darauf kam „Citroën“ aus Frankreich hinzu. Franz Knöbel jun. konstruierte eine Kugelkupplung, und damit begann die Herstellung von Anhängern und Anhängerkupplungen sowie von Wohnwagen, Motorhomes usw., den Hauptprodukten der heutigen „Westfalia-Werke“.

Die Knöbels stammten aus Niederbayern, aus der Gegend von Knöbeling. Die Knöbelstraße in München bezeugt noch heute die bayerische Herkunft dieses Namens. Als Markenzeichen für „Westfalia“ verwendete man das auf den Hinterbeinen stehende Pferd aus dem Landeswappen Westfalens.

WESTFIELD

GB 1982 – heute

Die „Westfield Sports Cars Ltd“ in Kingwinford-West Midlands bei Birmingham/England wurde 1982 von Chris Smith gegründet. Schon 1966 begann er am Steuer eines englischen „Turner“-Wagens Rennen zu fahren. 1968 konnte er den Pokal für den „Clubman of the Year“ in der „Players Gold Liga“ erringen. Nach weiteren erfolgreichen Rennen plante er in den Sportwagenbau einzusteigen und gründete die „Westfield Sport Cars“. Inzwischen ist die Firma zu einem der größten Kit-Car-Hersteller Europas geworden. 1982 stellte Smith den „Westfield Eleven“ vor, versehen mit dem Flair der 50er-Jahre und einem – wahlweise – „MG-Midget“- oder „Austin Sprite“-Motor. Dem folgte der „Westfield Seven“. Weiterentwicklungen der 90er-Jahre waren die Modelle „Westfield SE“ mit „Ford“-Aggregaten, „Sei“, „Westfield S Eight“ sowie „ZE i“ von 1993.

Im runden Westfield-Markenzeichen ist in weißer Schrift auf blauem Untergrund der Markenname „Westfield“ zu lesen. Der Name ist über eine Art Strahlensymbol gelegt.

WESTINGHOUSE; MARTA

USA 1901–1907;
F 1904–1912;
H 1909–1912

„G. Westinghouse & Co.“ hieß die Werkstätte von George Westinghouses Vater, einem geschickten Mechaniker und Erfinder mit sechs Patenten. Westinghouse, der 1914 verstarb, stieg zusammen mit Thomas A. Edison in das Elektrizitätswesen ein und wurde sein großer Konkurrent. Die in Pittsburg, Pennsylvania/USA, ansässige Elektrofabrik „Westinghouse Electric & Manufacturing Co.“ baute von 1901 bis 1907 Vierzylinder-Wagen mit Markennamen „Westinghouse“, die auch von Tochterfirmen in Frankreich und Ungarn („Marta“) gebaut wurden. Als französisches Tochterunternehmen des amerikanischen Elektrokonzerns stellte die „Société des Automobiles Westinghouse“ in Le Havre von 1904 bis 1912 Vierzylinder-Automobile, ebenfalls mit Markennamen „Westinghouse“ her, die wiederum als „Marta“-Wagen in ungarischer Lizenz gebaut wurden.

Unter verschiedensten Markenzeichen und Plaketten gab es eine stilisierte Weltkugel mit dem Namenszug „Westinghouse“als rundes Emblem mit dem integrierten Buchstaben „W“. Auf Lokomotiven war eine Plakette angebracht. Ⓝ

WFM; OSA

PL 1958

Die „Warszawska Fabryka Motorcicli“ (auch „Warszawska Fabryka Motocyklova“), kurz „WFM“ genannt, wurde 1947 in Warschau gegründet und als Motorradfabrik bestens bekannt. 1958 entstand sogar der Prototyp eines dreisitzigen Mikro-Kleinwagens, der den Typennamen „Fafik“ trug. Dieses Fahrzeug, das die Lücke zwischen Motorrad und Automobil schließen sollte, besaß an den Hinterrädern eine kleinere Spur als vorn. Der „WFM Fafik“ besaß neben 14-Zoll-Rädern überdimensionale Heck- und Front-Panoramascheiben, einen Einzylinder-147 cm^3-6 PS-Zweitakt-Motor, der ohne Differential im Heck zum Einbau kam. Die Geschwindigkeit lag bei rund 70 km/h. Die Türen waren nach alter Technik noch nach hinten angeschlagen. Der polnische Staat lehnte eine finanzielle Unterstützung für einen geplanten Serienbau ab.

Die Firma führt für ihren Kleinwagen den einfachen Druckbuchstabenschriftzug „WFM“.

WHIPPET; WILLYS; WILLYS-OVERLAND

USA 1926–1927

Besonders bekannt, auch in Europa, wurde der 1926 vorgestellte „Whippet“, ein wirtschaftlicher, langlebiger Vierzylinder-Wagen, der noch als „Willys-Overland“ verkauft wurde, als die nachfolgenden Mittelklassewagen der 30er-Jahre nur mehr „Willys“ hießen. Die Firma „Whippet-Overland Company“ in Toledo, Ohio/USA, nahm in den 20er-Jahren eine Spitzenposition ein, was die Verkaufszahlen anbelangte. Man bot wie „Ford“ billige Großserienwagen an. Mit Namen „Whippet“ kam Ende 1926/Anfang 1927 ein neuer Vierzylinder-Wagen auf den Markt, der im Preis sogar den „Ford T“ noch unterbot. Der Whippet war Amerikas kleinstes Fahrzeug mit Vierzylinder-30 PS- oder mit Sechszylinder-40 PS-Motor.

Ein Emblem besaß hochrechteckige Form, die nach oben hin gewölbt war. Im Inneren des Zeichens zeigte man den Namen „Willys-Overland“, Blumenornamente und die Bezeichnung „Whippet Four“ für den Vierzylinder-Whippet. Ⓝ Ⓑ Ⓚ

WHISPER; HOPE; HOPE WHISPER

DK 1982 – etwa Ende 80er

1982 begann man in Dänemark mit der Entwicklung eines Elektroautomobils, das den Markennamen „Hope“ bzw. „Hope Whisper“ erhielt und recht bekannt wurde. Initiator war die „Hope Computer Corporation A/S“ (HCC). Im Oktober 1982 hatte man eine neue Tochtergesellschaft mit dem Namen „Hope Automobile Industries A/S“ ins Leben gerufen. Sie sollte das „Hope“-Elektromobilprojekt fortführen. Am 31. Dezember 1983 entstand die neue „Hope Motor Co. A/S“. Der „Whisper“, der auf den ersten Blick einem „Citroën“ ähnelte, besaß Platz für vier Personen und wurde von einem 20 PS-Motor angetrieben. Im Oktober 1984 änderte man den Namen in „Whisper Electric Car A/S“ um. Bis Mitte 1985 hatte man bereits 30 Prototypen gebaut. Bis 1987 war der Whisper mit Chassis und Türen des „Volkswagen Polo“ im Gespräch.

Markenzeichen waren zwei Schriftzüge für die dänische Firma „Hope“ (in Computerschrift) und für den „Whisper“.

WHITE

USA 1900–1918

Die Nähmaschinenfabrik „White" in Cleveland, Ohio/USA, eröffnete 1900 eine neue Abteilung zur Herstellung von Dampfautomobilen. Der „White Steamer" erwarb sich einen guten Ruf, brillierte in motorsportlichen Veranstaltungen und wurde auch von vielen hochgestellten Persönlichkeiten der USA geschätzt. 1910 gab es auch „White"-Personen- und Lastkraftwagen mit „Otto"-Verbrennungsmotoren, erst Vier-, dann Sechszylinder, zum Teil als konstruktiv aufwendige Vierventiler. Den Lkw-Bau setzte man fort, als der Bau von Personenwagen 1918 – mit ganz geringen Ausnahmen – eingestellt wurde. Rollin White, einer der Söhne des Firmengründers, hatte auch den „Rollin"-Personenwagen hergestellt. 1951 erwarb „White" die Lkw-Firma „Sterling" u. a. 1981 kam „White" zu „Volvo", und es entstand die neue „Volvo White Truck Corporation".

Dank der etwas konfusen Firmengeschichte fand man in späteren Jahren White-Trucks unter den verschiedensten Bezeichnungen. Der Schriftzug „White" stammt aus einem Prospekt der Automobil-Werbeabteilung.

Ⓝ Ⓚ

WHITE STEAM CAR

GB 1903

In London gab es 1903 eine Firma, die vermutlich Dampfmotorenwagen unter dem Markennamen „White" bzw. „White Steam Car" angeboten hatte. Über die englische Firma wie auch über technische Modelldaten, liegen keine Informationen vor. Ob das englische Unternehmen lediglich als Vertriebsorganisation für amerikanische „White"-Dampfmotorwagen oder auch direkt als Hersteller englischer „White"-Fahrzeuge fungierte, ist nicht eindeutig zu klären.

Die Firma verwendete eine Plakette mit der Bezeichnung „White Steam Cars" und der Ortsangabe „King Street, Regent Street, London West".

WHITLOCK; LAWTON

GB 1903–1932

Die „Henry Whitlock & Company" war als königliche Kutschwagenbau-Firma seit 1778 bekannt. 1903 wurde das Unternehmen als Automobilvertretung genannt. Im selben Jahr begann man in einem Zweigbetrieb der alteingesessenen englischen Kutschenfabrik in London – unter dem neuen Firmennamen „Whitlock Automobile Co." – mit der Herstellung von Automobilen, die zunächst den Namen „Whitlock-Century", später den Markennamen „Whitlock", erhielten. Dieses Unternehmen existierte in den Jahren 1903 bis 1932. Es entstanden eine große Anzahl unterschiedlicher Zwei-, Vier- und Sechszylinder-Wagen. Whitlock-Fahrzeuge wurden aber 1914 auch unter dem Markennamen „Lawton" vertrieben, nachdem die Firma „Lawton-Goodman Co." 1913 die Majorität von „Whitlock" übernommen hatte. Whitlock wurde auch „Coachbuilder to the Royal Family" genannt.

Für die englischen Automobile verwendete man einen elegant geschwungenen „Whitlock"-Schriftug, wobei der Ausläufer des Buchstabens „W" sich oberhalb des Namens hinwegzog, einen Bogen machte und unterhalb des Buchstabens „c" endete.

Ⓑ

WHITLOCK-ASTER

GB 1904

Der berühmte Kutschwagenhersteller „Henry Whitlock & Co.", der 1903 mit zunächst „Whitlock Century", später nur „Whitlock" genannten Automobilen in den Automobilbau einstieg, baute 1904 auch Fahrzeuge, die den Markennamen „Whitlock-Aster" trugen. Der Name bezog sich auf die verwendeten französischen „Aster"-Antriebsaggregate und z. T. auch Fahrgestelle. Auch diese Wagen wurden in verschiedenen Typen vorgestellt. Sie besaßen u. a. Zweizylinder-10/12 PS-Motoren bzw. 12/14 PS- oder auch Vierzylinder-18/22 PS- bzw. 24/30 PS-Motoren. Im Unterschied zu den Zweizylinder-Versionen mit ihren verstärkten Holzrahmen erhielten die Vierzylinder-Wagen einen Rahmen aus Stahl.

Für den englischen Whitlock-Aster-Motorwagen verwendete man einen Schriftzug, der schräg auf dem Kühler angebracht war.

WICHITA; WICHITA FALLS

USA 1914

Die „Wichita Falls Motor Co." in Wichita Falls, Texas/USA, baute 1914 ein Cyclecar mit amerikanischen V-Zweizylinder-„Spacke"-Motor und dem Markennamen „Wichita" bzw. „Wichita Falls". Dieser Kleinwagen besaß einen Riemenantrieb – anderen Quellen zufolge eine lange Kette, die zur Hinterachse führte –, und die Vorderachse war mit einer Lenkung verbunden und dadurch drehbar. Das Fahrzeug war als Tandem-Zweisitzer, also so ausgebildet, daß der „Beifahrer" hinter dem Fahrer saß. Die Konstruktion stammte von Walter H. Ilg, Enio Salminen und Theodor T. Lane. Etwas ungewöhnlich waren die verwendeten Fahrrad-Kotflügel und das Planetenrad-Getriebe. Ein anderes Modell soll den Namen „Rival" („Rivale") getragen haben. Noch im gleichen Jahr wurde der Bau des Cyclecars eingestellt, und Lane baute 1915 „Lane"-Automobile.

Der hier abgebildete „Wichita"-Schriftzug stammt von der Kühlerfront eines Lastkraftwagens von etwa 1905. Dieser Schriftzug dürfte in ähnlicher Weise auch beim „Wichita"-Cyclecar Verwendung gefunden haben.

WIDI

B 1963

Schöpfer des „Widi"-Rennwagens aus den frühen 60er-Jahren war der Belgier Willy Widar, der noch 1993 in der Nähe von Lüttich/Belgien alte Rennwagen restaurierte. Der Widi entstand – nach den Worten seines Konstrukteurs – aus purer Kapitalnot, weil sich dieser damals keinen Rennwagen der kleinen Sportwagen-Kategorie leisten konnte. Der Wagen ähnelte in seinem Äußeren dem eines englischen „Lola Mk I". Auch das Chassis dieses Modells als Gitterrohr-Rahmen mit Kunststoff-Karosserie stand dem belgischen Widi-Rennwagen Pate. Als Antrieb verwendete Widar einen 1249 cm^3-„Coventry-Climax FWE"-Motor. Über die Anzahl der in kleiner Serie hergestellten „Widi"-Fahrzeuge liegen keine näheren Informationen vor. Ein Exemplar wurde Ende der 80er-Jahre vom Rennfahrer Stirling Moss bei einer Auktion ersteigert und bei einigen Rennen historischer Art eingesetzt.

Der rotlackierte „Widi"-Rennwagen besaß ein mit der Spitze nach unten zeigendes Dreieck-Emblem, in dem die Markenbezeichnung „Widi" zu lesen war. „Widi" ist aus dem Namen des belgischen Konstrukteurs „Willy Widar" zusammengesetzt.

WIESMANN

D 1985 – heute

Die Brüder Friedhelm (Dipl.-Kaufmann) und Martin Wiesmann (Dipl.-Ingenieur) aus Dülmen-Merfeld/Deutschland waren in einer Autofirma groß geworden und hatten schon seit früher Kindheit davon geträumt, einmal ein eigenes Automobil zu bauen. 1985 hatten sie in „Heimarbeit" während ihrer Freizeit die ersten Modelle des „Wiesmann Roadsters" entworfen. Als technische Basis sollte die bewährte „BMW"-Technik der Typen „325 i" oder „534 i" dienen. 1988 wurde die „Wiesmann Auto-Sport GmbH + Co." angemeldet. Die Firma hat sich inzwischen als Hardtop-Hersteller im In- und Ausland einen guten Namen gemacht. Einige Daten des Roadsters von 1991: Gitterrohrrahmen mit zusätzlichem seitlichen Aufprallschutz, Vierzylinder-„BMW"-, Sechszylinder-2500 cm³-„BMW"- oder Sechszylinder-3500 cm³-„BMW"-Motor, Motorleistungen bis zu 211 PS.

Markenemblem war ein stilisierter Wiesmann-Roadster mit Markennamen.

Ⓟ

WIKOV

ČS 1929–1936

Bereits im Jahr 1878 eröffnete der Maschinenschlosser František Wichterle im mährischen Prostejov eine kleine Fabrik zur Herstellung landwirtschaftlicher Maschinen. Anfang des 20. Jahrhunderts galt sie als die größte ihrer Art im damaligen k.u.k. Österreich-Ungarn. Im gleichen Ort ansässig war der Unternehmer Dr.-Ingenieur František Kovárik. Die 1918 gemeinsam gegründete und zunächst auf landwirtschaftliche Fahrzeuge spezialisierte Firma „Wichterle & Kovárik" in Prostejov/Tschechoslowakei kam 1929 zum Automobilgeschäft. Zuvor hatte man bereits einige Kleinlastwagen hergestellt. Unter dem Markennamen „Wikov" entstanden kleine Vierzylinder-1,1-Liter-Automobile in Lizenz des italienischen „Ansaldo", später auch extravagante Stromlinienwagen. 1,5- und 2,0-Liter-Modelle folgten in den 30er-Jahren, auch gab es Versuche mit einem Achtzylinder-Reihenmotor.

Das Markenzeichen des tschechischen „Wikov" aus „Wichterle und Kovárik" besaß sechseckige Form. Über die Bedeutung der Person mit Hammer liegen keine näheren Informationen vor.

Ⓝ

WILKINSON

GB 1903–1904; 1912–1913

Die Geschichte der ehemaligen „A. J. Wilkinson & Co.", die in Boston/England als Eisenwarengeschäft fungierte, kann man bis 1772 zurückverfolgen. „Wilkinson" war bereits vor der Jahrhundertwende zum weltberühmten Klingenhersteller geworden, und die spätere „Wilkinson Sword Co. Ltd" in Langley Hall/England ist für ihre Rasierklingen und andere Klingenprodukte ebenso bekannt geworden. Sie besaß auch eine eigene Automobilabteilung. Von 1903 bis 1913 entstanden bei „Wilkinson" in London, wo auch die englischen „Weigel"-Automobile gefertigt wurden, Fahrzeuge des Namens „Wilkinson". Der Wilkinson-Typ „24 HP" der Modelljahre 1903/04 stellte noch eine Lizenz des belgischen „De Cosmo" dar und trug zeitweise noch den Markennamen „Wilkinson-De Cosmo". Ein 1913 vorgestellter Wilkinson-Kleinwagen war Vorläufer des englischen „Deemster".

Der abgebildete Schriftzug „Wilkinson-De Cosmo" stammt von einer zeitgenössischen Werbeanzeige.

WILLIAMS

GB 1977 – heute

Frank Williams' englisches Grand Prix-Team hatte über 50 Grand Prix-Siege und über sechs World Championships seit Gründung der „Williams Grand Prix Engineering Ltd" im Jahr 1979 gewonnen. Nach fünf Grand Prix-Siegen in der Saison 1979 verhalf der „Williams FW 07 B" dem Australier Alan Jones zum Weltmeistertitel. Es war ein ausgesprochen zuverlässiges Fahrzeug, das 21mal in den WM-Punkträngen landete. Es siegte sechsmal – fünfmal gewann Jones, einmal Carlos Reutemann. Mit einem herkömmlichen Saugmotor, einem konventionellen Fahrgestell und mit nur einem Sieg in einem Grand Prix gewann der Finne Keke Rosberg die letzte Weltmeisterschaft mit einem Achtzylinder-„Cosworth"-500 PS-Triebwerk. 1992 gab es noch den „Williams-Renault FW 14 B" mit „Renault V 10-RS 3 C"-Antriebsaggregat. Bis heute leitet Frank Williams sein erfolgreiches Formel-1-Rennteam.

Das Markenzeichen „Williams" findet man an der äußersten Bugspitze der „Williams"-Formel-1-Renner. Das silbern und blau gehaltene Emblem zeigt den Buchstaben „W" und den vollständigen Markennamen. Es gab aber auch Embleme nur in Weiß und Blau.

Ⓑ

WILLIAMS

USA etwa 80er – etwa 90er

Noch im Jahr 1990 existierte die Firma „Williams Motor Works Corporation", in Gardena, Kalifornien/USA, die sich insbesonders der Verwandlung von amerikanischen Luxusfahrzeugen, wie zum Beispiel des „Cadillac" in „Long Stretch"-Limousinen widmete. Diese überlangen Limousinen wurden im In- und Ausland an Persönlichkeiten des öffentlichen Lebens und reiche Geschäftsleute vertrieben. Über die amerikanische Karosseriefirma, wie auch über ihre zahlreichen Produkte, liegen keine näheren Informationen vor.

Als Markenzeichen verwendete die „Williams Motor Works Corporation" den buschigen Helm eines römischen Heerführers, unter dem man den Markennamen „Williams" angebracht hatte. Warum die Firma diesen Helm verwendete, ist nicht bekannt.

WILLS SAINTE CLAIR

USA 1921–1927

Der Hochleistungswagen „Wills Sainte Clair" wurde nach seinem Initiator und Erfinder Childe Harold Wills (1878–1940) benannt, der auch zur Entwicklung des „Ford T"-Modells beigetragen hatte. Wills hatte bis 1919 bei „Ford" gearbeitet und dort auch den berühmten und schwungvollen „Ford"-Schriftzug entworfen. Mit 1,5 Millionen Dollar machte er sich selbständig und gründete die „C. H. Wills & Co.", aus der dann 1923 nach der Reorganisation die „Wills Sainte Claire Co." in Marysville, Michigan/USA, entstand. Der Wagen, den es von 1921 bis 1927 gab, galt als einer der besseren der 20er-Jahre. Wills lag an der Herstellung exzellenter Fahrzeuge, die er mit V-Achtzylinder-Motoren mit zwei obenliegenden Nockenwellen versah. Auch diese kleine Firma wurde von der Weltwirtschaftskrise nicht verschont. 1935 übernahm die amerikanische „Chrysler Corporation" die Fabrik.

Das Wills Sainte Claire-Emblem zeigte eine „Grey Goose" (Graugans), die über Wälder und Seen der amerikanischen Landschaft hinwegfliegt. Dieses Emblem führte insbesondere das zweisitzige und zweitürige V-Achtzylinder-Wills Sainte Claire-Modell „Gray Goose".

Ⓝ Ⓑ Ⓚ

WILLYS; OVERLAND; WILLYS-OVERLAND

In Terre Haute, Indiana/USA, begann die Firma „Standard Wheel Co." 1902 mit der Herstellung eines Einzylinder-Runabouts, mit dem sie jedoch wenig Erfolg hatte, bis der New Yorker Automobilkaufmann John North Willys die Geschäftsleitung übernahm. Unter seiner Regie wurden ein Vier- und zwei Sechszylinder-Modelle entwickelt, die sowohl mit dem Markennamen „Willys" als auch „Overland" auf den Markt kamen. Von „Pope" (Automarke „Pope", „Pope-Hartford") übernahm „Willys" 1910 eine Fabrik in Toledo, Ohio/USA, in die der Firmensitz verlegt wurde. In Toledo wurden – wie auch bei „Ford" in Detroit – während des Krieges die berühmten „Jeep"-Fahrzeuge gebaut, das größte Kapital bei der Übernahme der Firma 1953 durch „Kaiser" (Automarke „Kaiser", „Kaiser-Frazer"). Den letzten Willys, der die Bezeichnung „Aero" trug, gab es im Modelljahr 1956.

Bei „Willys" führte man die unterschiedlichsten Kühlerembleme. So gab es z. B. ein Querrechteck mit nach oben gewölbtem Rand oder ein Queroval mit Firmenbezeichnung und Namen des Produktio Ⓝ Ⓑ Ⓚ

USA 1909; 1916–1918; 1930–1963

WILLYS AMERICAR

1939 hatte man den Markennamen „Overland" bei der „Willys-Overland Co." endgültig aufgegeben. Man kämpfte sich mehr schlecht als recht mit neu vorgestellten Modellen durch, bis die Automobilproduktion für den Zivilbedarf gestoppt wurde. Statt des bekannten und bereits um 1933 produzierten „Willys Americar", dem Nachfolgemodell des „Willys 77", konstruierte man während der Zeit des Zweiten Weltkrieges unter J. W. Frazer den „Jeep", der eigentlich erst 1963 mit diesem Namen in Produktion ging.

Das Willys Americar-Emblem zeigte den sogenannten „American Eagle" mit weit ausschwingenden Flügeln, in denen man den Markennamen „Willys Americar" eingesetzt hatte.

USA etwa 1933

WILLYS-KNIGHT

Der amerikanische „Overland" avancierte bis 1914 zu einem der populärsten Wagen Amerikas, während der „Willys" für seinen Vierzylinder-„Knight"-Schieberventilmotor bestens bekannt wurde. Der erste „Willis"-Wagen kam 1914 heraus, dem im gleichen Jahr der bis 1933 produzierte „Willys-Knight" folgte. Dieser Wagen war im Grunde ein „Edwards-Knight": 1914 hatte man die Lizenzrechte für den amerikanischen „Knight"-Doppelschieber-Motor, der von Charles Yates Knight konstruiert worden war, durch Aufkauf der in Konkurs gegangenen Firma „Edwards Motor Co." erworben. Der solide Vier- und Sechszylinder-Willys-Knight wurde 1913 bis 1915 von der amerikanischen Automobilfirma „Garford Motor Car Co." – ehemals „Marion Motor Car Co." – in Elyria, Ohio/USA, gefertigt; dort wurden auch „Garford" genannte Automobile gebaut.

Für den Willys-Knight verwendete man hauptsächlich runde Markenzeichen, die zudem noch ein Querrechteck mit dem eingearbeiteten Markennamen aufwiesen. Im Innern des runden Emblems zeigte man die miteinander verbundenen Buchstaben „WK". Ⓝ Ⓚ

USA etwa 1913–1933

WILLYS-OVERLAND; WILLYS; OVERLAND

Die Marke „Willys" konnte 1963 ihren beinahe 50. Geburtstag feiern. John North Willys aus Elmira, New York/USA, war ein talentierter Automobilkaufmann, Geschäftsmann und Autoverkäufer bei der „American Motor Car Sales". Die von 1903 bis 1905 existierende „Standard Wheel Co." in Terre Haute, Indiana/USA, war Vorgängerfirma der „Overland Co.", die nach Indianapolis, Indiana/ USA, verzog und dort von 1905 bis 1907 existierte. 1907 übernahm J. N. Willys die marode Firma und baute sie als neue „Willys-Overland Co." aus, die ihren Sitz in Toledo, Ohio/USA, erhielt. Man baute bis 1963 die unterschiedlichsten Fahrzeuge, wobei es die Marken „Willys", „Willys-Americar", „Willys-Jeep", „Willys-Knight" und „Willys-Overland" gab. 1963 wurde die Firma, inzwischen zur „Kaiser-Jeep Corporation" firmiert, geschlossen.

Unter anderem gab es einen Schriftzug, der den Namen „Willys" im bekannten amerikanischen Militärlook und den Schriftzug „Overland" in der von Overland damals verwendeten Schriftart zeigte. Ⓝ Ⓑ Ⓚ

USA 1909; 1916–1918; 1930–1963

WINCHESTER

Im Sommer 1909 plante man bei der Firma „Winchester Repeating Arms Co." in New Haven, Connecticut/USA, in die Automobilbranche einzusteigen. Es sollte ein Stammkapital in Höhe von 1000000 US-Dollar für den Bau zweier Modelle bereitgestellt werden. Diese Gerüchte erwiesen sich jedoch als falsch: Ein „Winchester"-Automobilbau wurde niemals nachgewiesen. Vielmehr machte sich die Firma einen ruhmreichen Namen als Hersteller von Gewehren. Die Marke „Winchester" der Firma „U.S. Repeating Arms Co., Inc." in New Haven, Connecticut/USA, ist bis heute als größter Jagd-, Sportwaffen- und Munitionshersteller der USA bestens bekannt. G. W. Bersett war noch 1993 Präsident der „Winchester Division – Olin Corporation", die ihren Sitz in East Alton, im amerikanischen Bundesstaat Illinois, hatte.

Bei der amerikanischen Waffenfirma verwendete man den abgebildeten „Winchester"-Schriftzug, der Rot auf Schwarz zum Abdruck kam.

USA 1909

WINCHESTER

Die „Winchester Automobile (West End) Ltd" in Chelsea/London brachte um 1963 „Winchester"-Taxifahrzeuge heraus, die recht interessant waren. Die Automobile wurden mit einer Kunststoff-Karosserie und einem englischen 43 PS starken „Perkins"-Dieselmotor mit 1,6-Liter Hubraum versehen. Die gebogene Stirnscheibe war für ein britisches Taxi etwa Ungewöhnliches. Das für den Aufbau verwendete Kunstharz wurde bei der Firma „British Resin Products" entwickelt. Karosserie und Zusatzteile wurden von der Firma „James Whitson and Co. Ltd" – einer alten Karosseriefirma in West Drayton, Middlesex/England – geformt, die sich seit 1956 auf glasfaserverstärkten Kunststoff spezialisiert hatte. Über weitere Modelle der Firma „Winchester" und ob dieser Fahrzeuge noch heute gebaut werden, ist nichts bekannt.

Markenzeichen der englischen Firma war ein Querrechteck mit abgerundeten Ecken. In dieser Form wurde der Markenname „Winchester" in altenglischer Schrift integriert. Ⓑ

GB 1963

WINDHOFF

D 1908–1914

Der Name „Windhoff“ war in der Kraftfahrzeugbranche mehrfach vertreten. Bei der Firma „Ernst Windhoff Motoren- und Fahrzeugfabrik“ in Rheine/Deutschland, stellte man ab 1904 zunächst Motoren, Fahrzeugteile und Kühler her, und aus Berlin kamen ab 1924 auch die berühmten „Windhoff“-Motorräder. Hans Windhoff, der Bruder des Firmeninhabers, machte sich 1907 mit einer Konkurrenzfirma selbständig. Die von 1908 bis 1914 angebotenen starken Vier- und Sechszylinder-Wagen kamen aus einer Tochtergesellschaft der Firma in Rheine; sie genossen einen guten Ruf und galten als qualitiv hochwertig. Mit Ausbruch des Ersten Weltkriegs wurde die Automobilproduktion bei „Windhoff“ eingestellt und später nicht wieder aufgenommen. Knapp die Hälfte des gesamten Firmenjahrhunderts – 47 Jahre – prägte der Lokomotivenbau.

Bereits zu Beginn des Automobilbaus gab es ein Zeichen, das in den Messingkühler integriert war und Firmennamen sowie Herstellerort zeigte. Auch Querovals mit dem berühmten gespiegelten „W“ wurden verwendet. Im Eisenbahnbau war das geflügelte „W“ in Gebrauch. Ⓑ

WINDSOR

USA 1929–1930

Von 1929 bis 1930 entstanden in St. Louis, Missouri/USA, bei der „Moon Motor Car Co.“ Automobile mit dem Markennamen „Windsor White Prince“ („Weißer Prinz“) bzw. „Windsor White“. Der „Windsor Prince“ bzw. „Windsor White“ war ein anderes Automobilprojekt dieser amerikanischen Firma, die auch als „Windsor Corporation“ bekannt geworden ist. Daneben gab es „Moon“-Automobile, die mit dem Markenemblem des „Windsor“ versehen waren. Der fünfsitzige Windsor-„Sedan“ (Limousine) wurde von einem Achtzylinder-88 PS-Motor der Firma „Continental“ mit einem Hubraum von 4,4-Liter angetrieben. Er besaß hydraulische Bremsen und eine automatische Zentralschmierung. Im April 1929 wurden die Sechszylinder-„Moon“-Automobile umbenannt und erhielten ebenfalls den neuen Markennamen „Windsor“. 1930 kam das Ende des amerikanischen „Windsor“.

Der amerikanische Wagen erhielt zunächst seinen Markennamen nach dem Namen des „White Prince of Windsor“, dem „Prince of Wales“. Das Emblem zierte eine Krone mit drei weißen Federn, unter der der Markenname „Windsor“ integriert war.

WINTHER

USA 1920–1923

Die „Winther Motors, Inc., Division of Winther Motor Truck Co.“, mit Sitz in Kenosha, Wisconsin/USA, baute in den Jahren 1920 bis 1923 neben Lastkraftwagen auch Personenwagen, die den Namen „Winther“ führten. Bereits im November 1919 annoncierte Firmeninhaber Martin P. Winther die geplante Herstellung eines Personenwagens, der dann tatsächlich gebaut wurde. Der Winther, der erstmals im Mai 1920 die Werksanlagen verließ und der erst im Mai 1921 auf der Chicagoer Automobile Show“ zur Vorstellung kam, erhielt einen Sechszylinder-„Herschell-Spillman“-Motor und auch andere angelieferte Automobil-Komponenten. Vermutlich wurden in den vier Jahren der Herstellung des fünfsitzigen Tourenwagens nicht mehr als etwa 500 Exemplare gefertigt, bevor man sich wieder verstärkt auf die Lkw-Fertigung konzentrierte, die von 1917 bis 1927 durchgeführt wurde.

Bekannt war das abgebildete Winther-Markenzeichen, das die Bezeichnung „Winther Motor Trucks“ führte.

WINTON

USA 1896–1924

Alexander Winton zählt zu den bekanntesten Automobilpionieren der USA. In Cleveland, Ohio/USA, betrieb er seit 1891 eine Fahrradfabrik. Wintons erster Motorwagen entstand 1896. Winton war übrigens auch der erste Amerikaner, der an einem Rennen in Europa, dem berühmt gewordenen „Gordon-Bennett-Rennen“ von 1900, teilnahm. Aufsehen erregte auch eine Non-Stop-Fahrt San Francisco–New York, die 1903 von einem „Winton“ erstmals bewältigt wurde. 1905 erschien der erste Vierzylinder-Winton-Motorwagen mit Kardanantrieb. Im Ersten Weltkrieg lieferte man große Stückzahlen an die US Army. Anschließend stellten sich finanzielle Probleme ein, und Winton mußte 1924 seine Betriebsanlagen an „General Motors“ verkaufen. Im Anschluß konzentrierte er sich wieder auf den Bau von Schiffsdieselmotoren. Alexander Winton verstarb im Jahre 1932.

Bestens bekannt ist das Markenzeichen des „Winton Six“, das in runder Form diese Bezeichnung zeigte. Der Hintergrund des Emblems war wie der Schriftzug „Winton“ in Blau gehalten.

WISCONSIN SPECIAL

USA 1922

Im Jahre 1922 gab es in den Vereinigten Staaten von Amerika einen Rekordwagen, der als „Wisconsin Special“ in die Annalen der amerikanischen Rennwagen-Geschichte einging: Sigmund Haugdahl erreichte in jenem Jahr mit dem amerikanischen „Wisconsin Special“ eine für die damalige Zeit sagenhafte Rekordgeschwindigkeit von 290 km/h. Nähere Informationen und technische Daten über den amerikanischen Rekordrennwagen liegen jedoch nicht vor.

Als Namenszug zeigte man den mit geschwungenen Buchstaben auf den Rennwagen aufgemalten Schriftzug „Wisconsin Special“.

WITKAR; COCK

NL 1974

1974 gab es in Amsterdam das „Witkar“-Projekt. Es handelte sich um Elektro-Fahrkabinen, die in diesem Jahr präsentiert wurden. An Ladestationen warteten Oberleitungen statt Steckdosen, und zudem besaßen diese Zweisitzer eine großzügige Rundumverglasung. Eine ganze Wagenkette sollte später einmal all jenen zur Verfügung stehen, die Mitglied des elektrofreundlichen „Witkar“-Clubs sind oder werden wollten. Die Elektroautos, durch Akkumulatoren gespeist, sollten an speziellen „Witkar“-Bahnhöfen abgestellt und gegen Einwurf von Münzen benutzt werden und am Ende der Fahrt beim nächsten Bahnhof abgestellt werden können. Dort sollte man wieder auf neue Fahrzeuge und Münzen treffen. Bis etwa 1975 gab es vermutlich lediglich ein Exemplar, und es blieb beim Plan einer Club-Gründung. Im Juni 1986 unternahm Luud Schimmelpenninck allerdings einen zweiten Anlauf.

Die holländischen Fahrzeuge wiesen an der unteren Frontseite den Schriftzug „Witkar“ („Weißes Auto“) mit dem Zusatz „Cock“ auf.

WITTEKIND

Bereits 1922 wurden die „Wittekind-Werke GmbH" – später „Wittekind Automobile GmbH" – gegründet und später in eine AG umgewandelt. Von 1922 bis 1925 stellte die „Wittekind Automobil AG" in Berlin-Lichterfelde Kleinwagen von 1000 cm^3-4/12 PS (Zwei- und Dreisitzer mit Dreigang-Getriebe) bis 6/24 PS-Motorleistung (mit Viergang-Getriebe und Platz für fünf Personen) als „Wittekind" her. Hierbei handelte es sich um Vierzylinder-Wagen, die ohne allzu großen Erfolg vertrieben wurden. Technisch boten sie keine erwähnenswerten Besonderheiten. Der Wittekind mit 1000 cm^3-4/12 PS-Motor wurde als Dreisitzer in offener Version 1922/23 vorgestellt. 1923/24 bot man einen 1300 cm^3- und einen „6/18 PS"-Typ mit 1500 cm^3-Motor und Platz für fünf Personen an. 1924/25 wurde der „Wittekind"-Automobilbau eingestellt.

Markenzeichen war der kriegerische Held und Sachsenfürst „Widukind", der auch als „Wittekind" bekannt wurde. Er kämpfte seit 778 gegen Karl den Großen, bis er sich 785 taufen ließ. Den Markennamen „Wittekind" hatte man nach Runenschrift-Art in das Emblem integriert.

D 1922–1925

WOLF

Walter Wolf, geboren 1939 in Liebenau bei Graz/Österreich, wanderte nach dem Krieg als Flüchtlingskind nach Kanada aus, machte seine ersten Dollars als Tellerwäscher, Holzfäller, Lieferwagenfahrer und Skilehrer. Nebenbei studierte er Flugzeugbau. Mit geliehenen kanadischen Dollars kaufte er sich eine Baufirma. Mit 27 Jahren verdiente er seine erste Million. Nun stieg er auf Öl um und erwarb Bohrinseln in der Nordsee. 1975 stieg er mit dem Aufkauf des englischen „Hesketh"-Formel-1-Rennstalls in die Formel-1 ein, wobei er auch noch 60 Prozent Anteile des „Williams"-F1-Teams übernahm. Das „Wolf-Williams"-Team war unter „Walter Wolf Racing" bekannt. Jackie Ickx, Arturo Merzario, Jody Scheckter, James Hunt, Keke Rosberg u. a. fuhren für „Wolf". Bereits 1976 feuerte Wolf Team-Manager Frank Williams. 1979 löste er seinen F1-Rennstall wieder auf.

Markenzeichen der „Walter Wolf Racing" war der überdimensionale Buchstabe „W", in dem ein Wolf gezeigt war. Der Untergrund des „W" war in Rot, die Schrift in Gold und der Rest des Fonds in Dunkelblau gehalten.

GB 1975

WOLSELEY

1899 nahm erstmals ein „Wolseley" an der „1000-Meilen-Fahrt" durch England teil. Man hatte bei „Wolseley" in Birmingham, wo Herbert Austin Chefkonstrukteur war, schon 1896 mit dreirädrigen Motorwagen experimentiert. Innerhalb weniger Jahre avancierte die Firma zum Marktführer in Großbritannien. Wolseley-Rennwagen nahmen an allen großen Wettbewerben teil. Als Austin sich 1905 selbständig machte, nahm John Davenport Siddeley seine Position ein und entwickelte neue Vierzylinder-Wagen entwickelte. In den 20er-Jahren kamen ausgezeichnete Sechszylinder auf den Markt. Die „Wolseley Motors Ltd" ging 1927 in Konkurs. William Morris trat auf den Plan und integrierte die Firma in seine Gruppe, der bereits „Morris" und „MG" angeschlossen waren. 1977 wurde das traditionsreiche Fabrikat schließlich aus dem Programm gestrichen.

Unter anderen gab es ein querovales Markenzeichen, das den Markennamen „Wolseley-Siddeley" und den Firmennamen „Vickers Ltd" zeigte. Das bekannteste Emblem dürfte wohl das geflügelte Oval gewesen sein, in dem man lediglich den Markennamen „Wolseley" integriert hatte. Ⓝ Ⓑ Ⓚ

GB 1896–1906; 1911–1975

WOLSIT; WOLSELEY ITALIA

WOLSIT

Die „Legnano di Società Anionima Wolseley Italiana" wurde im Januar 1907 in Legnano/Italien gegründet. Diese Firma war auch „Officine Legnanesi Wolsit" bekannt geworden. Ziel dieses Automobilunternehmens war es, die in England von der Firma „Wolseley Motor Car Ltd" entwickelten Motorwagen in Lizenz zu bauen. Aufgrund der Wirtschaftskrise kam es nicht zur Expansion, und bereits 1909 war man zur Schließung des neuen Autowerks gezwungen. Die Firma war eine Kombination der Brüder Macchi (Automarke „Macchi") aus Varese/Italien und der englischen Firma „Wolseley Tool and Motor Car Co. Ltd" aus Birmingham/England gewesen. Es gab mit der Markenbezeichnung „Wolsit" die unterschiedlichsten Typen.

Die Markenbezeichnung „Wolsit" stand für den Firmennamen ***„Wolseley Italiana"****. Der abgebildete Schriftzug stammte aus einer Anzeige der Firma aus jenen Jahren.*

I 1907

WOLVERINE; REO

Fünf Fabrikate dieses Markennamens gab es von 1907 bis 1909 in den USA. Sie waren alle im amerikanischen Bundesstaat Michigan zuhause, hatten jedoch nur geringe lokale Bedeutung. Als Modellname tauchte der Name „Wolverine" auch bei der „REO Motor Car Co." in Lansing, Michigan/USA, öfters auf. In Wahrheit war dieser „Wolverine" ein kleinerer „REO" der „Flying Cloud"-Serie der Jahre 1927/28, den man als separate Marke und als sogenanntes „Assembled Car" bei dem amerikanischen Unternehmen führte. Als Antrieb diente ein Sechszylinder-50 PS-„Continental"-Motor. Angeboten wurde der Wolverine in zweitüriger Ausführung wie auch in Viersitzer-Version, als 2/4-sitziger Cabriolet-Roadster (Karosserieform), als fünfsitziger „Brougham" (Karosserieform). Im Dezember 1928 stellte „REO" noch ein Modell namens „Mate" her.

„Wolverine" heißt „Vielfraß" – ein Tier, das man auch im Emblem der Marke „Wolverine" darstellte. Außerdem zeigte das runde und geflügelte Zeichen die Zahl „6" – vermutlich für den verwendeten Sechszylinder-Motor –, durch die sich der „Vielfraß" zwängt.

USA 1927–1928

WORLDMOBILE

Schon 1927 gab es die Firma „Relay Motors Corporation" in Lima, Ohio/USA. Aus dem Unternehmen entwickelte sich ein weiteres mit Namen „Service-Relay Motor Corporation" und Sitz in Lima/USA. Von 1927 bis etwa 1928 entstand dort eine große sechssitzige Limousine, die den Namen „Worldmobile" erhielt. Angetrieben wurde der neue Wagen von einem Achtzylinder-4,5-Liter-sv-„Lycoming"-Reihenmotor. Bereits 1926 war in Cleveland, Ohio/USA, die Gründung einer Firma namens „Worldmobile Co." geplant gewesen. Das Interieur des späteren „Worldmobile" entstammte aus einem 1926er-„Paige", und die Kotflügel fand man beim 1924er-„Jewett", der zur „Paige Co." gehörte. Nur rund sieben Prototypen wurden hergestellt. Das „Worldmobile" befand sich lange Zeit in der berühmten Automobilkollektion „Harrah's" in Reno, Nevada/USA.

Markenzeichen des „Worldmobile" war ein waagerecht stehendes Rechteck mit abgerundeter linker und rechter Seite. In der Mitte hatte man – vermutlich – zwei Seiten der Weltkugel dargestellt.

USA 1927 – etwa 1928

WRIGLEY; AMERICAN SIMPLEX; AMPLEX

USA 1906–1910; 1913; 1914

Von 1906 bis 1910 baute die „Simplex Motor Car Co." in Mishawaka, Indiana/USA, „American Simplex"-Automobile. 1912 wurde auch der Firmenname in „Amplex Motor Car Co.", 1914 in „Amplex Manufacturing Co." umgewandelt. Nach geschäftlichem Ärger konnte die Firma 1914 vom berühmten Kaugummi-Produzenten William Wrigley Jr. erworben werden. Er hatte den Plan, den „Amplex" weiterbauen zu lassen. Dazu kam es jedoch nie, und er kehrte zu seinem ursprünglichen Geschäft zurück, nachdem er in der in Auburn, Indiana/USA, seßhaften Automobilfirma „Auburn" einen großen Konkurrenten erkannte. Über die Form des kurzlebigen „Wrigley"-Motorwagen des Jahres 1913, von dem vermutlich nur Prototypen existierten, liegen keine näheren Informationen vor.

Der hier abgebildete Schriftzug stammte von einem 1995er-Briefbogen der deutschen „Wrigley GmbH", die in München/Deutschland ihren Firmensitz hatte.

WSK; MIKRUS; MEDUZA

PL 1960

Bereits 1938 stellte die Firma „Wytwornia Sprzetu Komunikacyjnnego" („Fabrik für Verkehrsgeräte") in Swidnik/Polen, Leichtmotorräder mit der Markenbezeichnung „WSK" her. Das Unternehmen war die führende Motorradfabrik Polens. Es entstand 1956 ein Kleinwagen mit Ponton-Karosserie, Einzelradaufhängung und einem im Heck untergebrachten 300 cm^3-15 PS-Zweitakt-Motor. Den Motor entlieh man aus dem WSK-Motorrad. Der zweite Prototyp wurde von einem Mitarbeiter des Motorenwerks in eigener Regie mit einem modifizierten Aufbau versehen. Die ersten Exemplare erhielten die Modellnamen „Mikrus" und „Meduza". Ein weiteres Modell war der „Mikrus 3000" mit luftgekühltem Zweizylinder-14 PS-Motor. 1958 begann die Serienproduktion. 1960 kam das Aus.

Für den polnischen WSK verwendete man eigenartig geformte Embleme, die die Kurzbezeichnung „WSK" für den Firmennamen zeigten. Ein Emblem des „Mikrus" der Jahre 1956/57 besaß runde Form, in der ebenfalls eine eigenartige Grafik eingegliedert war.

WYNER

A 1903–1908

Die „Maschinenbauanstalt und Kesselschmiede Franz Xaver Komarek" in Wien, deren Spezialität die Erzeugung kleiner Dampfmaschinen war, baute um 1900/01 zunächst für den Eigenbedarf einen Dampflastwagen. Die Erzeugnisse dieser bekannten Firma wurden vom Autohaus „Michael A. Wyner", ebenfalls in Wien, vertrieben. Basierend auf den Konstruktionselementen der französischen „Peugeot"-Voiturette von 1902 ließ Wyner durch anonym gebliebene Techniker einen Kleinwagen entwerfen, der in Wien gebaut wurde. Später übernahm die „Simmeringer Waggon-Fabrik" aufgrund des guten Verkaufserfolgs den Bau weiterer Wyner-Automobile. Der ab 1903 von Michael Wyner angebotene „Wyner Populaire" besaß einen Zweizylinder-Motor, der von „De Dion" aus Frankreich stammte. Im Modelljahr 1908 ging die österreichische Firma bankrott.

Der abgebildete Schriftzug stammt von einem Briefbogen der Firma „Michael A. Wyner".

XENON

D 1988

1986 entstand die Idee zum Prototypenbau eines aerodynamisch zugeschnittenen Sportwagens, der dann den Namen „Xenon" erhalten sollte. Er erhielt zunächst einen Vierzylinder-1760 cm^3-129 PS-„Volkswagen GTI 16 V"-Motor. Die Projektleitung lag bei Prof. Dipl.-Ing. Klaus Limberg. Das Team bestand aus Prof. Joseph Gallitzendörfer und den Studenten der Fachhochschule für Gestaltung in Pforzheim Ingo Feuerherdt, Frieder Lang, Frank Pfisterer, Michael Plessing und Frank Spörle, die das Ziel hatten, als erste Kfz-Studenten der Welt ein 1:1-Modell abzuliefern. Der „Xenon", der 1988 auf der „Greger Racing Show" in München auch ausgestellt wurde, war gut durchkonzipiert. Das Fahrzeug besaß einen Gitterrohrrahmen, Achsen von „Porsche" und einen Mittelmotor, an dessen Stelle auch ein V-Achtzylinder-„Mercedes-Benz"-Motor verwendet werden könne.

Der Sportwagen-Prototyp zeigte den futuristisch gestylten Schriftzug „Xenon". Xenon ist ein Edelgas und chemisches Element, das spurenweise in der Luft vorkommt. Es wird in Hochleistungs-Entladungsröhren zur Erzeugung einer tageslichtähnlichen Lichtstrahlung verwendet.

YAK

GB 1969

Ende 1969 bis 1970 kam es durch die „Grantura Plastics Ltd" in Blackpool, Lancashire, England, zur Herstellung von leichten, geländefahrzeugartigen Automobilen, die als „Yak" bezeichnet wurden und den britischen „British Leyland Mini Moke" ähnlich waren. Dieser „Yak" war als Nachfolger des in England nicht mehr hergestellten „Austin Mini Moke" gedacht. Ab 1979 gab es aber auch noch einen anderen „Yak" bzw. „Yak Yeoman", der als offener Geländewagen bei den „Manchester Garages" in Manchester/England entstanden war. Er erhielt einen Rohrrahmen, den man mit kunststoffbeschichteten Aluminiumplatten beplankte. Als Antrieb für den Yak Yeoman, der vermutlich bis in die frühen 80er-Jahre gebaut wurde, diente ein V-Vierzylinder-1700 cm^3-71 PS-Motor – nach anderen Quellen ein 54 PS-„Ford Escort"-Aggregat – mit Allradantrieb.

Das Yak ist ein Rind der tibetanischen Hochländer in 4000 bis 6000 Meter Höhe und wird dort vielfach als Haustier gehalten. Für den englischen Wagen verwendete man u. a. einen am Fahrzeug angebrachten „Yak"-Schriftzug in Druckbuchstabenform.

YALE

USA 1900–1907

Bereits 1899 annoncierte Ezra E. Kirk in Toledo, Ohio/USA, die Herstellung eines Motorwagens, der 1900 als „Yale" vorgestellt und von einem Einzylinder-Motor angetrieben wurde. Der in Toledo gebaute Wagen kam aus einer Fahrradfabrik, die an ihrem Automobilexperiment bald bankrott ging. 1902 wurde der Yale von der neu firmierten „Kirk Manufacturing Co." bis 1903 weitergebaut und zunächst mit einem wassergekühlten Zweizylinder-10 PS-Motor – nach anderen Quellen 14/18 PS-Motor – bestückt. Ebenfalls 1902 erfolgte der Automobilbau auch durch die neue „Consolidated Manufacturing Co." in Toledo, Ohio/USA, die aus einem Kombinat bestand und zahlreiche hervorragend gebaute „Yale"-Motorräder produzierte. 1904 stellte man V-Zweizylinder-Versionen und 1905 einen Vierzylinder-Typ des Motorwagens vor. Zwei Jahre später kam das Ende.

Das abgebildete „Yale"-Markenzeichen wurde insbesondere an den Motorrädern dieser amerikanischen Marke verwendet. Über die Form des tatsächlichen Yale-Automobilemblems liegen keine näheren Informationen vor.

Ⓚ

YAMAHA

Die „Yamaha Corporation“ in Japan, unter ihrem heutigen Präsidenten Hiroshi Kawakami, kann auf eine sehr lange Geschichte zurückblicken. Torakusu Yamaha (1851–1916) hatte 1887 sein erstes eigenes Harmonium gebaut. 1914 begann „Yamaha“ – noch als „Nippon Gakki Co. Ltd“ bekannt – neben der Fertigung von Klavieren und Orgeln nun auch Harmonikas und Xylophone zu produzieren. 1954/55 stieg man erfolgreich als neue „Yamaha Motor Co.“ in den Motorradbau ein. Es entstanden leistungskräftige Motoren, wobei auch die Formel-1-Teams als Abnehmer fungierten. 1992 wartete Yamaha mit einem Personenwagen, einem sensationellen Formel-1-Renner, auf. Erst 1993 gab es die neue „Yamaha OX 99-11“-Rennwagen-Designstudie mit Zwölfzylinder-Motor. Im Modelljahr 1994 wurden verstärkt Kleinwagen-Studien betrieben.

J 1992 – heute

Das Yamaha-Markenzeichen zeigt drei gekreuzte Stimmgabeln, die den Werdegang des japanischen Großunternehmens von einer Klavierfabrik zum Weltunternehmen symbolisieren.

Ⓝ Ⓑ Ⓚ

YAXA

Charles Baehni hatte 1898 eine Anstellung bei dem in Neuilly/Seine nahe Paris seßhaften Schweizer Konstrukteur Charles-Edouard Henriod. Ein Jahr später nahmen beide zusammen am berühmten Rennen Paris-Bordeaux teil. Zum Einsatz kam hierbei ein „Henriod“-Auto mit einem Motor, der von Baehni selbst konstruiert worden war. 1908 kehrte dieser in sein Heimatland Schweiz zurück. 1912 begann er in Genf eine Reihe von Vierzylinder-Automobilen mit „Zürcher“-Motoren (Automarke „Zédel“) zu bauen. Der als „Yaxa“ angebotene Wagen wies ungewöhnlicherweise mittig angeordnete Getriebeschalt- und Handbremshebel auf. Durch eine spontan auf 100 Fahrzeuge ausgelegte Produktion geriet Baehni in finanzielle Bedrängnis, zumal seine Betriebseinrichtungen eine rationelle Fertigung kaum erlaubten. 1914 wurde der letzte schweizerische Yaxa ausgeliefert.

CH 1912–1914

Der Yaxa führte ein wellenförmiges Markenzeichen in waagerechter Form, das den Markennamen „Yaxa“ in Druckbuchstaben zeigte.

YDRAL

Die Einbaumotorenfirma „Ydral“ dürfte vermutlich schon vor den 20er-Jahren in Frankreich existiert haben und lieferte an die unterschiedlichsten Automobilhersteller des In- und auch Auslands ihre beliebten Motoren. Abnehmer waren die Firmen „Motorcycles New Map“ in Lyon-Montchat, die „Société Anonyme Scooters Bernadet“ in Châtillon-sous-Bagneux/Seine, „Charles Mochet“, die „Etablissements Poinard“ in Cachan, die „Société Nationale de Construction Aéronautique“ in Lyon, die „Etablissements Malterre Frères“ in Paris und u. a. die Firma „Société Air-Tourist“ in Paris. In der zweiten Hälfte der 50er-Jahre lieferte dieses französische Motorradunternehmen noch Zwei- und Viertakt-Einbaumotoren für die Leichtkrafträder vieler französischer Kleinfirmen. Über die Firmengeschichte des Ydral-Motorenunternehmens liegen keine näheren Informationen vor.

F etwa 20er – etwa Ende 50er

Bei Ydral verwendete man als Markenzeichen ein quer stehendes Karo, das den Markennamen „Ydral“ in Druckbuchstaben und dem Karo angepaßter Form zeigte.

YEC; YORKSHIRE

Die „Yorkshire Engine Co.“ in Sheffield, Yorkshire/England, baute 1907 und 1908 neben ihren berühmten Dampflokomotiven auch für den Arbeitseinsatz, also nicht für den öffentlichen Personentransport bestimmte Fahrzeuge. Daneben gab es einige Automobile, die unter der Markenbezeichnung „YEC“ bekannt wurden. Eigene Motoren mit Namen „Farley“ wurden in die verschiedensten Ländern exportiert, und mehrere Fabriken besaßen „Yorkshire“-Dampflokomotiven, die von „YEC“ produziert wurden. Die Firma „British and Colonial Mercedes Daimler Syndicate Ltd“ beauftragte YEC, ein gleichnamiges Automobil herzustellen, das dasselbe Design aufweisen sollte wie der damalige „Mercedes“-Typ „30 HP“, der nach London eingeführt wurde. Aufgrund eines Rechtsstreits wurde beschlossen, den YEC-Automobilbau einzustellen.

GB 1907–1908

Die Markenbezeichnung „YEC“ war die Kurzform für den gesamten Firmennamen „Yorkshire Engine Company“. Der abgebildete „Yorkshire“-Schriftzug stammt von der Markenplakette eines Yorkshire-Dampftraktors.

YEU TYAN

Die „Yeu Tyan Machinery Manufacturing Co. Ltd“ in Taipei (Teipeh)/Taiwan – ehemals Formosa/China – wurde 1964 gegründet. Die „Yeu Tyan Manufacturing Co. Ltd“ wurde eigens für die Produktion von Motorrollern und Getrieben errichtet. 1972 kam es zu einer Zusammenarbeit mit „Piaggio & Co.“ in Italien, wo Motorroller und Kleinlastenroller gebaut wurden. 1976 schloß man mit „Peugeot“ einen Lizenzvertrag zum Bau französischer „Peugeot“-Modelle in Taiwan, und 1970 wurde der erste taiwanische „Yeu Tyan Peugeot 504 GL“ vorgestellt, dem weitere Typen folgten. 1981 arbeitete die Firma mit „Daihatsu“ zusammen. Die „Yeu Tyan Enterprise Group“ gliederte sich 1990/91 in selbständige Geschäftszentren auf (Automobile von „Peugeot“ und „Daihatsu„; Motorroller; Schwerindustrie und Aluminium-Räder).

ROK etwa 1979 – heute

Für Yeu Tyan-Produkte wurde hauptsächlich das hier abgebildete sechseckige Emblem verwendet. Das „PGO“-Markenzeichen wurde insbesondere im Produktbereich „Motorroller“ eingesetzt.

YLN ; YUE LOONG

Die Automobilfabrik „Yue Loong Engineering Co. Ltd“ auf Taiwan kam um 1953 zur Eintragung. Ab demselben Jahr wurde dort bereits der amerikanische „Jeep“ aufgrund eines Abkommens mit der argentinischen Tochtergesellschaft „Kaiser Corporation“ (Automarke „IKA“) in Lizenz gefertigt. Dann kam es bei der neuen „Yue Loong Motor Co. Ltd“ zum Bau des japanischen „Datsun Bluebird“, den man 1965 mit geringen Modifikationen als „YLN 705“ herausbrachte. Als Lizenz der japanischen „Nissan Motor Co.“ entstanden Nachbildungen, wie z. B. des ehemaligen „Datsun Cherry“, der seit dem Vertrag zwischen „Alfa Romeo“ und „Nissan“ in Europa auch als „Arna“ bekannt war. Es wurden aber auch Nachbauten des „Sunny“, „Laurel“ und diverser Lieferwagen wie auch Pick-ups gefertigt. Auch weiterhin ist geplant, „Nissan“-Typen zu übernehmen.

ROK 1953 – heute

„YLN“ ist die Kurzform von „Yue Loong Motor Co. Ltd“. Es gab aber auch die Bezeichnung „YLM“ als Variante zur Abkürzung des Firmennamens. Das gezeigte Markenzeichen wurde für die Produkte dieser Firma verwendet.

Ⓟ

YORK; PULLMAN

USA 1903–1905; 1905–1909; 1907

Die Firma „Broomell, Schmidt and Steacy“ in York, Pennsylvania/USA, stellte um 1903 Dampfapparaturen her. 1903 begann man mit dem Bau von „Pullman“ genannten Automobilen, deren erster Prototyp von Albert P. Broomell konstruiert worden war. Einige Fahrzeuge wurden aber auch von der „Hardinge Co.“ nach einem Design von A. P. Broomell gebaut. Broomells erste Konstruktion war noch ein sechsrädriger Wagen, der sich als untauglich erwies. Von dem daraufhin neu gebauten Fahrzeug war Samuel E. Baily, Präsident der „York Carriage Co.“, sichtlich beeindruckt. Man gründete für die Herstellung des nun „York“ genannten Wagens die „York Automobile Co.“ in York/USA, die aber im Grunde nur auf dem Papier bestand. Von 1905 bis 1907 wurde das Fahrzeug mit Vierzylinder-18/20 PS-Motor gebaut. Ab 1907 verwendete man wieder den Namen „Pullman“.

Das York-Emblem besaß querrechteckige Form mit runder linker und rechter Seitenfläche. Innen hatte man den Markennamen „York“ in Druckbuchstaben eingebracht.

YUGO; ZASTAVA

YUG 1953; 80er – etwa 1992

Den „Yugo“ gab es nnerhalb des jugoslawischen „Zastava“-Konzerns bereits seit 1953, doch tauchte er richtig erst in den 80er Jahren in Deutschland auf. Der Konzern „Zavodi Crvena Zastava“ (ZCZ) in Craquievaz bei Belgrad ist eines der größten Industrie-Unternehmen im alten Jugoslawien. Schon 1904 produzierte diese Firma militarische Ausrustungen und führte Mitte der 50er- bis zum Krieg in den frühen 90er-Jahren einen Automobilbau mittels italienischer „Fiat“-Lizenz durch. Der Yugo ist ein Kleinwagen auf Basis des italienischen „Fiat 127“ mit 1,1-Liter-„Fiat“-Motor. Er wurde 1984 auch auf dem Pariser Automobil Salon präsentiert. Seinen Import in die USA hatte der kanadische Sportwagenhersteller Malcolm Bricklin (Automarke „Bricklin“) übernommen. Aufgrund des Kriegsausbruchs in den 90ern kam kein „Yugo“-Kleinwagen mehr nach Deutschland.

Fur Fahrzeuge der jugoslawischen Marke „Yugo“ verwendete man ein rundes Emblem mit dem stilisierten Buchstaben „Y“. Unter diesem Buchstaben hatte man zwischenzeitlich auch den gesamten Markennamen „Yugo“ angebracht.

Ⓝ Ⓟ

Z; ZAMBON

I 1914–1915

Giuseppe Cravero, der auch konstruktiv am italienischen „Florio“-Motorwagen maßgeblich beteiligt war, entwarf vor dem Ersten Weltkrieg den Prototyp eines Automobils, das von der „Officine Meccaniche Beccaria“ in Serie hergestellt wurde. 1914 übergab Cravero die Konstruktionspläne eines neuen Wagens an die „Officine Meccaniche A. Zambon & C.“ in Turin, die auf die Herstellung von Autokomponenten spezialisiert war. Dadurch kam es zur neuen Bezeichnung „A. Zambon e C., Automobili Z – Licenza Cravero“. Im Juni 1914 produzierte man das Modell „4 Z“, das bis 1915 in Produktion blieb. Als Antrieb diente ein Vierzylinder-3690 cm^3-Motor, kombiniert mit einem Vierganggetriebe und Kardanantrieb. 1915 plante man die Fertigung von „5 Z“-Sport- und Tourenwagen. Es blieb jedoch bei der Planung, und 1915 sah man von einer weiteren Produktion ab.

Das abgebildete Warenzeichen stammt aus einer „Z“-Werbeanzeige jener Jahre.

Z; ZBROJOVSKA

ČS 1924–1939

Auch in der Tschechoslowakei gab es eine Automobilmarke der Kurzbezeichnung „Z“. Gefertigt wurden die Automobile bei der ursprünglichen Waffenfabrik „Akciova spolecnost Československá zbrojovska“ in Brünn (Brno), die nach dem Ende des Ersten Weltkriegs nach einem neuen Betätigungsfeld suchte. Bretislav Novotny entwarf zunächst ein Automobil, das noch den Namen „Disk“ trug und von einem Zweitaktmotor angetrieben wurde. Novotny ging mit seiner Konstruktion zur Firma „Koland“ in Prag, wo Fahrzeuge des Namens „EnKa“ entstanden, dann zu Dr. Kabeš, der die „Aero“-Fahrzeuge herstellte. In Brünn wollte man aber im Automobilgeschäft bleiben und produzierte Zweizylinder-Zweitaktmotoren nach „DKW“-Konzeption, aber auch bemerkenswerte Vier-, Sechs- und Achtzylinder-Wagen. Den tschechischen „Z“-Wagen gab es in verschiedenen Karosserievarianten.

Das Markenzeichen zeigte eine Art Spirale, in deren Zentrum man den Buchstaben „Z“ für „zbrojovska“ integriert hatte. Diese Spirale könnte den stilisierten Lauf einer Waffe darstellen, für deren Herstellung die tschechoslowakische Firma bestens bekannt war.

Ⓝ

ZAGATO

I 1919 – heute

Ugo Zagato gründete im April 1919 in Mailand seine „Zagato & C.“, aus der im Laufe der Zeit die weltberühmte Karosseriefirma „Carrozzeria Zagato“ wurde. Zagato war hinter „Bertone“ Gründer des zweitältesten italienischen Karosserie-Unternehmens für Automobil-Spezialkarosserien. Basis für Zagato-Sonderversionen waren zunächst „Fiat“-Serienmodelle. Hinzu kamen u. a. die Marken „Alfa Romeo“ und „Lancia“. Nach dem Krieg stieg Ugo Zagatos Sohn Elio auch in den Bau von Rennwagen ein. So gab es Spezialaufbauten für den „Fiat Testa d'Oro“ und für den „750 Gran Turismo“. Weitere „Zagato“-Versionen folgten. Inzwischen karosserierte man auch ausländische Autos. Die neue „Zagato Car S.R.L.“ baute um 1985 den „Aston Martin V8 Zagato“ auf, und 1993 gab es die Typen „Zagato Bambu“ und „Seta“, denen der „Zagato FZ 93“ auf „Ferrari Testarossa“-Basis folgte.

Das „Z“ ist bis heute Markenzeichen für die leichtesten stromlinienförmigen und sportlichen Aufbauten, die nie ins Uferlose gerieten oder chrombehangen waren. Seit drei Generationen steht es für Funktionalität und formschönen Wagenbau.

Ⓝ Ⓚ

ZAKSPEED

D 1984 – heute

Erich Zakowski, geboren 1933 in Ostpreußen, machte sich 1957 selbständig. Zakowski machte sich als Lkw- und „Ford“-Händler einen guten Namen, ehe er „Haus- und Hoftuner“ von Ford in Köln wurde. Nach Jahren des Erfolgs im Rennsport, beschloß Zakowski in den frühen 80ern auch den Einstieg in die Formel-1. 1984 war der „Zakspeed“-Formel-1-Renner fertiggestellt. In jenem Jahr war schon von der neuen „Zakspeed Rennsport GmbH & Co. KG“ die Rede, wobei noch die „Zakspeed Engineering GmbH & Co. KG“ in Niederzissen hinzukam. Im Februar 1986 konnte man einen weiteren Formel-1-Rennwagen namens „Zakspeed ZAK 861“ vorstellen, dem weitere Versionen folgten. Ende Januar 1990 hieß es, daß Zakspeed aus der Formel-1 aussteigen wolle, Grund war die Finanzschwäche des Teams. Doch Erich Zakowski plante ein Comeback.

Im Markenzeichen zeigte sich der Name in Druckbuchstaben, wobei sich das „Z“ unten bis zum Buchstaben „d“ zog. Ein anderes Zeichen war zackenförmig und trug die Inschrift „Zakspeed Formula Racing“.

Ⓑ

ZANDER

D 1985 – heute

1985 beschloß der Autofan, Rallye-Fahrer und Kaufmann Günter Zander, sein Hobby und seine Begeisterung für exklusive, individuelle Autos zum Beruf zu machen. Im August des gleichen Jahres wurde zunächst ein Zubehör-Versandhandel eröffnet, der auch einen rund 150, später 260 Seiten starken Katalog an seine Kunden verteilte. Nach Expansion der Firma bezog man 1987 neue Räume in Darmstadt. Die „Zander-Exclusiv-Tuning" wurde ins Leben gerufen, und 1989 wurde der Weg mit eigenem Styling und exklusiven Eigenentwicklungen konsequent vorangetrieben. Das Ergebnis fand europaweit Beachtung und Bewunderung: Dazu gehörten Flügeltüren-Umbauten im Stil des legendären „Mercedes-Benz 300 SL" für den „Opel Manta B", den „Volkswagen Golf" u. a. Im März 1993 stattete das Unternehmen einen „BMW" der „3er"-Serie mit „Gullwing Doors" (Möwenflügel-Türen) aus.

Das Firmenlogo besteht aus zwei spiegelbildlichen Löwen, dem Sternzeichen Günter Zanders und seiner Freundin. Löwen stehen nun einmal für Kraft, Mut und Erfolg.

ZASTAVA; YUGO

YUG 1953 – heute

Der Konzern „ZCZ" („Zavodi Crvena Zastava") in Craquievaz bei Belgrad ist eines der größten Industrieunternehmen Jugoslawiens und als Waffen- und Werkzeugmaschinenfabrik bestens bekannt. 1953 hatte man den Automobilbau aufgenommen und zwar unter „„Fiat"-Lizenz. Eines der ersten Fahrzeuge war die einheimische Ausführung des „600", worauf der „1300" folgte. Dieser Wagen war recht beliebt. Mitte der 70er-Jahre konzentrierte sich die Herstellung bei „Zastava" auf den Typ „101", eine jugoslawische Version des „Fiat 128". Er besaß zwar noch das gleiche Antriebsaggregat, das Heck des Aufbaus wurde aber von Grund auf neu gestaltet. Im Gegensatz zum kompakten, viertürigen „Fiat 128" mit Stufenheck bekam der „Yugo 101" eine Heckklappe. Mit dem Krieg in Jugoslawien in frühen 90er-Jahren kam zunächst auch das Ende des „Yugo".

Beim kleinen „Zastava", der als Lizenz des „Fiat 600" gebaut wurde, verwendete man u. a. ein rundes Emblem, das die Buchstabengruppe „ZCZ" zeigte. Daneben gab es auch einen einfachen Druckbuchstabenschriftzug der Marke „Zastava".

Ⓝ Ⓟ

ZASTROW

D etwa 1976 – heute

Norbert Zastrow , geboren 1952, gründete 1976 in Kranenburg/Deutschland eine Firma, die als „Zastrow Autosport" bis heute als Tuning-Unternehmen bekannt ist. Bis 1980 hatte „Zastrow" für andere Firmen, z. B. „Arden", „Lexmaul", „WRG" und andere Tuningfirmen in Deutschland, Karosserieteile entwickelt und hergestellt. Ab etwa 1980 hatte Zastrow sein eigenes Programm und eigenes Vertriebsnetz aufgebaut. Der erste eigene Zastrow-Kunststoff-Kit wurde 1981 für den „Volkswagen Käfer" entwickelt. Weitere Kits (Bausätze) folgten in nächster Zeit für die unterschiedlichsten Fahrzeuge. Ab 1985 gab es Umbauten für „Audi", „Ford", „Opel" und „Volkswagen". Selbst für ausländische Marken wie „Alfa Romeo" entstanden nun solche Karosserie-Bausätze. Bekannt war der 1988er-„De Tomaso à la Zastrow". 1991 wurde die neue „Zastrow Car Sport GmbH" errichtet.

Das Markenzeichen zeigte einen die Flügel ausbreitenden Adler, der auf dem Markennamen „Zastrow" ruht. Der Adler war in Rot, der Schriftzug in Schwarz gehalten. Bei einem neueren Schriftzug hatte man einen nach links blickenden Adlerkopf dem Buchstaben „Z" angegliedert.

ZEBRA

CH 1973

Pierluigi Bernasconi und Meinrad Fleury aus Moutier/Schweiz planten die Konstruktion eines Rennwagens, der auch für den Einsatz im Vergleich mit Werkswagen anderer Firmen tauglich sein sollte. Die beiden, die auch ein Jahr später beim Schweizer Extrem-Tuner Franco Sbarro gearbeitet und beim amerikanischen Rennwagen-Konstrukteur „McNamara" in Deutschland Erfahrungen gesammelt hatten, hatten nach rund sieben Monaten den ersten Prototyp konstruiert. Es entstand ein vernietetes Monocoque-Chassis, das mit einem englischen „Ford Cosworth 1500"-Motor (220 PS) kombiniert war. Den Aufbau des „Zebra" genannten Rennwagens hatte man aus Polyester gefertigt. Der Wagen wurde erstmals 1973 auf dem Genfer Automobil Salon gezeigt. Kurz darauf siegte das Fahrzeug unter Jacques Boillat beim „Drei-Stunden-Rennen von Hockenheim" in Deutschland.

Der Schweizer Rennwagen zeigte lediglich einen einfachen Druckbuchstabenschriftzug „Zebra".

ZÉDEL; DONNET-ZÉDEL

F; CH 1906–1923; 1924–1934

1897 gründete Ernst Zürcher in Neuchâtel/Schweiz eine Fabrik für die Herstellung von Einbaumotoren, die hauptsächlich für Motor- und Dreiräder bestimmt waren. In Partnerschaft mit Hermann Lüthi gründeten beide dann die Firma „Zürcher & Lüthi", auch „Z & L" genannt. Diese später „Zédel" genannte Firma entschloß sich erst 1906 zur Fabrikation von Automobilen in Saint Aubin bei Freiburg. Der erste „Zédel" war ein leichter Kleinwagen mit Vierzylinder-Motor, Kardanantrieb und einer Zweisitzer-Karosserie. Daraufhin siedelte das Automobilunternehmen nach Pontarlier/Frankreich um, während das Motorenwerk zunächst in Saint Aubin blieb. 1907 gab man den Betrieb in Frankreich wieder auf, und 1908 stellte „Zédel" einen viersitzigen 10/12 PS-Wagen vor. Um 1923 schloß sich „Zédel" mit der Firma „Donnet" zusammen („Donnet-Zédel"-Automobile).

Der Markenname „Zédel" entstand aus der phonetischen Zusammenziehung der beiden Initialen „Z et L", also „Z ed el". Als Markenemblem zeigte man u. a. ein rundes Zeichen mit den ineinander übergehenden Initialen „Z" und „L".

Ⓑ Ⓚ

ZENA

I 1907–1908

Am 7. Juli 1906 gründete man in Genua mit einem Stammkapital in Höhe von 600000 Lire die Firma „Fabbrica Automobili Zena", die 1907 und 1908 Automobile mit Markennamen „Zena" herstellte. Präsident des Unternehmens war Garibaldi Coltelletti. 1907 brachte man mehrere „Zena"-Modelle auf dem Turiner Automobil Salon zur Ausstellung. Weiterhin wurden Modelle mit Einzylinder-Motor (Typen „N 1 A" mit einer Leistung von 6 PS, „N 1 B" mit einer Leistung von 8 PS), Zweizylinder-Aggregat, mit Vierzylinder-Motor (Typen „N 1 C" mit 10 PS Leistung und „N 2" mit einer Leistung von 14 PS) und Sechszylinder-Motor (Typ „N 3" mit 20 PS Leistung) vorgestellt. 1908 wurde das Unternehmen liquidiert. Der Grund war die schwere Wirtschaftskrise, die Ende des ersten Jahrzehnts Italien und damit auch das kleine genuesische Werk „Zena" beeinträchtigte.

Der abgebildete Schriftzug „Zena" ist einer zeitgenössischen Werbeanzeige dieses italienischen Automobilunternehmens entnommen. Über die Bedeutung des Markennamens liegen keine näheren Informationen vor.

ZENDER

D 1983 – heute

Hans-Albert Zender, geboren 1946, gründete etwa 1968 die Firma „HAZ“ in Bassenheim bei Koblenz. 1970 fertigte er erste Kotflügel-Verbreiterungen für den „NSU TT/TTS“. 1972 erhielt die Firma den Namen „Zender“. 1979 wurden in Mülheim-Klärlich/Deutschland größere Anlagen bezogen. Zender veredelte nun Fahrzeuge aller Art. Vier Jahre später entstand die neue „Zender Exclusiv-Auto“, und im gleichen Jahr hatte die Zender-Design-Studie „Vision 1“ mit Fünfzylinder-„Audi“-Motor Premiere. Dem „Vision 1 S“ folgte 1985 der „Vision 2“ mit hochkarätiger Technik. Ein weiteres Jahr später stellte man den „Vision 3“ vor, der für den Einbau von Sechs- oder Achtzylinder-Motoren konzipiert war. 1991 zeigte die „Zender GmbH“ ihren „Zender Fact 4 Spider“, einen Sportwagen mit V-Achtzylinder-250 PS-Motor, der jedoch ein Einzelstück bleiben sollte.

Der Schriftzug „Zender“ selbst blieb immer unverändert. Nur für den „Vision 1“ wurde ein modern gestylter Schriftzug verwendet. Der Anfangsbuchstabe „V“ wurde aber als eigenes Symbol für den „Vision“ angewandt.

ZEPPELIN; MAYBACH

D 1924 – etwa 1927

Bei „Zeppelin“ denkt man unwillkürlich an das Luftschiff des Grafen Ferdinand von Zeppelin (1838–1917) und an die Katastrophe von Lakehurst/USA, bei dem 1937 das „LZ 129“-Luftschiff „Hindenburg“ verbrannte und damit das Zeitalter des Luftschiffbaus beendete. Die Firma „Zeppelin“ jedoch entwickelte sich ständig weiter. Bekannt war die mittels sechs Millionen Mark „Nationalhilfe“ 1908 gegründete „Luftschiffbau Zeppelin GmbH“ in Friedrichshafen am Bodensee, die 1924 bis etwa 1927 Aufbauten für zahlreiche deutsche „Maybach“-Modelle, u. a. den „W 3“ (Aluminium-Sportroadster) fertigte. Ebenfalls 1924 war der „Maybach Motorenbau“ bereits eine Tochterfirma der „Luftschiffbau Zeppelin“. In den 20er-Jahren war das Unternehmen bestens als Karosseriehersteller für „Maybach“-Modelle bekannt. Aus der „Luftschiffbau Zeppelin GmbH“ entstanden mehrere Firmen.

Unter verschiedenen Markenemblemen der „Luftschiffbau Zeppelin GmbH“ zeigte man auch den Buchstaben „Z“, der von einem waagrechten Zeppelin gekreuzt wird.

Ⓝ Ⓑ Ⓚ

ZETA

AUS 1964–1967

1963 bis 1967 baute die Firma „Lightburn & Co. Ltd“ in Camden bei Adelaide/Südaustralien Automobile mit dem Markennamen „Zeta“. Das australische Unternehmen, dessen Direktoren schon seit längerer Zeit mit Interesse die Kleinwagen-Entwicklung in Europa verfolgten, spezialisierte sich auf die Herstellung von Produkten wie kompakte Küchengeräte, andere Elektrogeräte und Boote aus Fiberglas. Zugleich wurden in diesen Jahren italienische „Alfa Romeo“-Modelle für den australischen Markt gefertigt, wobei auch das „Zeta“-Design eine große Rolle spielte. Es dauerte aber einige Zeit, bis der erste „Zeta“, für den der englische „Mini“ Pate stand, auf den Rädern stand. Das Fahrzeug war ein Kombiwagen mit luftgekühltem Zweitakt-Motorradmotor von „Villiers“ aus England und Einzelradaufhängung. Einige Zeta-Typen gab es auch als Sportwagen.

Der hier abgebildete „Zeta“-Schriftzug stammt aus einer zeitgenössischen Werbeanzeige der Firma „Lightburn & Co. Ltd“. „Zeta“ ist das italienische Wort für „Z“.

ZIMMER

USA 1980 – etwa 90er

Ab etwa 1980 begann die Firma „Zimmer Motor Cars Corporation“ in Pompano Beach, Florida/USA, als „Motorhome“-Produzent auch mit der Herstellung von „Zimmer Golden Spirit“ genannten Personenwagen im Stil der 30er-Jahre, versehen mit einem amerikanischen „Ford“-Chassis und -Antriebsaggregat. Das „Zimmer“-Nostalgie-Coupé wurde von einem V-Achtzylinder-4,2-Liter-Motor angetrieben, kombiniert mit einem Automatikgetriebe. Der erste „Zimmer Golden Spirit“ basierte noch auf dem amerikanischen „Ford Mustang“, ab 1983 auf dem „Ford Thunderbird“. Auch in den folgenden Modelljahren blieb dieser Typ bis auf wenige Details unverändert. 1986 folgte der neue „Zimmer Elegance“, in dessen Innenraum es weder an Gold noch an Leder oder Kristall fehlte. Im gleichen Jahr entstand das „Zimmer Quick Silver“-Mittelmotor-Coupé im Stil späterer Jahrzehnte.

Den Kühler des „Zimmer Golden Spirit“ zierte ein vergoldeter Adler mit ausgebreiteten Flügeln. Daneben gab es ein Markenzeichen, das nur den Buchstaben „Z“ in goldener Farbe zeigte. Ein rundes Emblem enthielt gleichfalls diesen Buchstaben, der hier jedoch links und rechts von Flügeln flankiert war.

ZIS

SU 1936–1956

Der „ZIS“ war die erste Luxuslimousine der ehemaligen Sowjetunion. 1931 wurden die „AMO“-Werke völlig modernisiert und erhielten den neuen Firmennamen „Zavod Imieni Stalina“, kurz „ZIS“. Im Modelljahr 1936 wurde die erste kleine Automobilserie mit dem amerikanischen Achtzylinder-5650 cm^3-„Buick“-Reihenmotor bestückt, und drei Jahre später erschien der neue „ZIS 101“, der mit seiner aerodynamischen Karosserie dem momentanen Trend in den USA folgte. Bis 1940 blieb der Wagen im Produktionsprogramm. 1946 kam „ZIS/ZIL“ mit einem Luxuswagen heraus, einer Kopie des amerikanischen „Packard 160/180 Super Eight“, versehen mit Sechszylinder-140 PS-Motor. Der Wagen wog stolze 2500 Kilogramm und hatte eine Länge von 6,00 Metern. Er wurde als Dienst- und Repräsentationswagen, als Taxi- und Ambulanzfahrzeug bis 1958 produziert.

Für den russischen ZIS verwendete man verschiedene runde und wappenförmige Markenzeichen, die die Bezeichnung „ZIS“ zeigten.

Ⓝ

ZŤS ŠKODA

ČS etwa 80er – etwa 90er

Die Firma „ZŤS – Závody Ťažkého Strojárstva“ (dt.: „Betriebe des schweren Maschinenbaus“) in Trnava/Tschechoslowakei, baute vermutlich noch in den späten 80er- bzw. frühen 90er-Jahren den tschechischen „Škoda“-Bus „S 1203“ als „ZŤS“ nach. Beim Typ „S 1203“ handelte es sich um eine geschlossene Kombiwagen-Ausführung; dieser Version wurde mit gleicher Modellbezeichnung auch ein offener Pritschenwagen zur Seite gestellt. Die tschechoslowakische Maschinenbau-Gesellschaft fertigte aber neben diesen Lizenzfahrzeugen auch „Poclaim“-Straßenbagger in Lizenz. Nähere Informationen über diesen tschechischen Hersteller, über andere Produkte, eventuelle Lizenzmodelle und Produktionszahlen, liegen nicht vor.

Als Markenzeichen verwendete man u. a. ein rundes Emblem, das die drei Buchstaben „ZŤS“ miteinander verbunden zeigte. Statt des üblichen „Škoda“-Emblems auf dem Kühlergrill zeigte man nur den „Škoda“-Typenschriftzug „S 1203“.

Ⓝ Ⓑ Ⓟ

ZÜNDAPP

D 1956–1958

Die „Zündapp-Werke“ in Nürnberg, später in München, unternahmen mehrmals den Versuch, ins Automobilgeschäft zu kommen. 1931 ließ sich „Zündapp“ von Porsche einen Personenwagen entwerfen, der einen Fünfzylinder-Sternmotor im Heck und schon etliche Merkmale des späteren „Volkswagen“ aufwies. Der Wagen ging aber nicht in Serie. Statt dessen erschien 1958 der viersitzige „Zündapp Janus“, konstruiert unter dem Arbeitstitel „Delta“ bei den „Dornier“-Flugzeugwerken. In dem bis Ende 1958 gebauten 250 cm³-Kleinwagen saßen die Passagiere Rücken an Rücken. Aufgrund der japanischen Zweiradimporte hatte „Zündapp“ zahlreiche Schwierigkeiten, die Produktion wurde unrentabel. 1984 mußte „Zündapp“ das Unternehmen aufgeben, die Motorradanlagen und sämtliches Inventar bis hin zur kleinsten Schraube wurden an die Volksrepublik China veräußert.

*Der Markenname „Zündapp“ stand für „**Zün**der und **App**aratebau“. Für Automobile und Motorräder verwendete man verschiedene Zeichen. Der „Zündapp Janus“ hatte eigene Embleme, so u. a. einen „Janus“-Schriftzug oder auch eine Darstellung mit dem doppelgesichtigen Gott Janus.* Ⓝ Ⓑ Ⓚ

ZÜST; BRIXIA-ZÜST

I 1905–1917

Als Vorgängermarke von „OM“ firmierte die von Roberto Züst 1906 gegründete Firma „Züst“ (auch „Brixia-Züst“) als Automobilfabrik. Es gab das Fabrikat bis 1917. Robert (Roberto) Züst war seit 1871 Partner der Gießerei „Güller & Groff“ (gegr. 1854), die in Intra am Lago Maggiore/Italien ihren Sitz hatte. Er übernahm diese Firma, wobei sie den neuen Namen „Güller & Züst“ erhielt. 1893 wurde Züst alleiniger Inhaber, und man baute nun in den 90er-Jahren des 19. Jahrhunderts Dampfmaschinen und Turbinen. 1903 errichtete man die „Ing. Roberto Züst Fabbrica Italiana di Automobili S.A.“ in Mailand, wo u. a. Vierzylinder-Wagen gebaut wurden. 1906 kam es zur Gründung der „Brixia-Züst S.A.“ in Brescia, wo der „Brixia-Züst“ entstand. Züst-Automobile hatten über die Landesgrenzen hinaus einen guten Ruf.

Das querrechteckige Markenemblem war unten und oben konvex nach außen gewölbt und zeigte im Innern den Markennamen „Züst“. Das Weltkugel-Markenzeichen mit dem die Welt umfahrenden Schiff ist Emblem der heute noch existierenden Speditionsfirma „Züst & Bachmeier“.

ZUK; FSC

PL etwa 1958 – heute

In Lublin/Polen existierte bereits in den 30er-Jahren ein Werk, in dem Kraftfahrzeug-Zubehörteile hergestellt wurden. Besondere Bedeutung bei der Entwicklung einer eigenständigen Nutzfahrzeugindustrie nach dem Zweiten Weltkrieg hatte das Lastkraftwagenwerk „FSC“ in Lublin. Hier entstand ab 1951 der Lastkraftwagen „Lublin“ als „Gaz 51“-Lizenz. 1958, ein Jahr vor Herstellungsende des Lublin, begann die Produktion der ersten Serie des Kleintransporters „Zuk“. Dieses Fahrzeug war Jahrzehnte später immer noch im Modellprogramm, allerdings inzwischen in einigen Teilen stark modernisiert. Von 1968 bis 1973 baute man rund 50 Prototypen des „Zuk 40“, die sich offensichtlich am französischen Transporter „Peugeot J 7“ orientierten. Selbst 1992 konnte man polnische „Zuk“-Varianten – Kombiwagen – noch in Deutschland sehen.

Das polnische „Zuk“-Markenemblem zeigte eine Wappenform mit der integrierten Firmenbezeichnung „FSC“, dem Namen des Herstellerorts „Lublin“ und einem nicht eindeutig zu bestimmenden Tier, das einem springenden Steinbock ähnelt.

ZWICKAU; P 70

DDR 1955 – etwa 1959

„Zwickau“ war die Markenbezeichnung des in der DDR produzierten Zweitakters „P 70“, der im Modelljahr 1955 dem „IFA-DKW F 8“ folgte. Der Name „Zwickau“ war in den Jahren 1929 bis 1932 schon einmal bei „Audi“ in Sachsen für einen Achtzylinder-Wagen verwendet worden. Das erste Automobil mit Kunststoff-Karosserie war eben der „P 70“-Zweitakter, der als „Zwickau“ im Juni 1955 in Serie ging. In den Jahren 1955 bis 1959 baute das „VEB Automobilwerk Zwickau“ (AWZ) diese Fahrzeuge. Bei den Werksanlagen handelte es sich um frühere stillgelegte Fabriksanlagen von „Audi“. 1959 erhielt der nach seiner Herstellungsstadt Zwickau benannte Fronttriebler mit Zweitaktmotor den neuen Markennamen „Trabant“. Auch die Produktion dieses Wagens mußte Anfang der 90er-Jahre nach dem Fall der Mauer aufgegeben werden.

Der gezeigte Schriftzug „Zwickau“ sowie die Modellbezeichnung „P 70“ sind einer zeitgenössischen Werbeanzeige entnommen.

Ⓝ

Quellen- und Personenverzeichnis

Folgenden Personen, die an der Entstehung dieses Markenzeichen-Katalogs mitgewirkt haben, soll herzlich gedankt werden:

GR = Grafik
FO = Fotos
KO = Korrektur
MA = Markenzeichen
TU = Text-Unterlagen
ÜB = Übersetzung

AUGUSTIN, Hans (Minimus-Infos); Fürstenfeldbruck ÜB engl.; TU; MA

BAMLER, Albrecht (PR Fa. MTU GmbH (Maybach-Archiv); Friedrichshafen TU; MA

BARETTA, Michael (PR Baretta Motors, amerik. Fahrzeuge); München TU; MA

BARNEA, Jackob (Präsident des OACA; Oldtimer-Treff-Wien); Wien TU; MA; FO

BAUMSTARK, Renate (PR Fa. Matra Division GmbH); München TU; MA

BEYENBURG, EMDE, MEYER (PR Fa. General Electric) ; Hürth-Efferen TU; MA

BIEBL, Judith; München KO

BÖRNER, CHRISTIAN (Beckmann-Archiv); Pinneberg TU; MA

BÜNEMANN, U. (PR Fa. Hertz); Frankfurt am Main TU; MA

COSTANTINO, Augusto (Buch “Marche Automobilistiche Italiane”) MA

DIEHM, Susanne (PR Fa. Gillette); Berlin TU; MA

DÜRING Dr., Friedrich (Tatra-Club-Präsident); Salzburg TU; MA

DUMBS, Wolfgang; Würzburg ÜB engl.

ENGELS, H. P. (PR Fa. Bendix); Neunkirchen, Saar TU; MA; FO

FISCHER, Mathilde; München ÜB frz.

FLEISCHER, Hannes (Presse u. Design-Studio; Archiv) ÜB engl., TU; MA

FRIEDEBACH, Gisela; München GR

GARBATY, Hugo (Garbaty-Archiv); Villiers St. Frédéric/Frankreich TU; MA

GARPULAK, Erika (PR Fa. Zündapp, aufgelöst); München TU; MA

GEERING, Heiner jun. (Marcos Club-Archiv); Regensdorf/Schweiz TU; MA

GERHARD, Gabriele (PR Fa. Flohr-Otis GmbH); Berlin TU; MA

GLASER, Christel (Fa. Siemens-Archiv); München TU; MA

GOLTZ, Gerhard (Anstecknadel-Sammlung); Oberursel TU; MA

GRÄF KR. Dipl.-Ing., Rudolf (priv. Gräf & Stift-Archiv); Wien TU; MA

GUARINO, Gennaro; München ÜB ital.

HAGENBAUER, Henning W. (PR Fa. Lotec Automobile GmbH); Kolbermoor TU; MA

HAMMERSCHMIDT, Siegfried (priv. Archiv); Aarau/Schweiz TU; MA

HASENKNOPF, Hermann (Anstecknadel-Sammlung); Bischofswiesen MA

JÄSCHKE, Martin (Velorex-Archiv); Thaining TU

JEWELL, Brian (Buch “Motor Badges & Figureheads”); London MA

JUNGJOHANN, Rudolf (priv. Aermacchi-Archiv); Dietenhofen TU; MA

KISSELMANN, W. D. (Panhard Club Deutschland-Archiv); Karlsruhe TU; MA

KLETZKE (PR Fa. Zündapp, aufgelöst); München TU; MA

KNÖRLE, W. (PR Fa. OMC Outboard Marine Deutschland GmbH); Mannheim TU; MA

KOCZOREK, H.; LEPERS, Willi (te Neues Verlag); Kempen MA; LITHO

KÖNIG S.; München ÜB engl., frz.

KORNER, Ursula; München GR

KRESING, Hermann-Josef (priv. Sylva-Archiv); Bad Sassendorf TU; MA

KUHN, Michael (Steyr-Puch-Freundeskreis-Archiv); Filderstadt TU; MA; FO

KUNERT, Klaus (PR Fa. Wanderer Werke, aufgelöst); München TU; MA; FO

KYRIAN, Oldrich; Eching bei München ÜB ung.

LAMBERT, Edouard † (priv. Archiv); Lausanne TU; MA

LERCH, Hr. (PR Fa. Lerch & Söhne, poln. Fzge.); Glaslern-Erding MA

LIPCSEY Dipl.-Ing., Lázló (PR Fa Ganz Elektrotechn. Werke); Budapest TU; MA

MANNHEIMER, Max (priv. Tatra-Archiv); Haar b. München ÜB tschech., ung.; TU; MA; FO

MARSCHALEK, Franz (priv. Kelmark-Archiv); Reinheim TU; MA; FO

MAURER, Hans (priv. Maurer-Union-Archiv); Schwaig/Nürnbg. TU; MA

MELKUS, Heinz (PR Fa. Autohaus Melkus GmbH); Dresden TU; MA; FO

MELTZER, Erik (Voscho); Alfeld TU; FO

MENZ, Patricia und Wolf-Dieter (Gillet); Gräfelfing ÜB frz.; TU; MA

MERSCH, Horst (priv. Garbaty-Archiv); Oberrot TU; MA

MERTENS-RICHTER, A. (PR Fa. Alfred Ritter GmbH; Hotzenblitz) TU; MA

METSCH (PR Fa. Caterpillar/Zeppelin); Garching-München TU; MA

METTERNICH, Michael Graf von (PR – Allg. Schnauferl Club); Wellbach TU

MÜLLER, Dierk (PR Fa. MVG - Mathé-Additive Vertriebs GmbH); Soltau TU; MA

MUMMELTHEY, Werner; Berlin ÜB schwed.

NENTWIG, Roswitha; München KO

NEULING Dipl.-Ing., Siegfried (priv. Pilotwagen-Archiv); Bannewitz TU; MA

NEUMANN Dr., O. (PR Fa. John Deere); Mannheim TU; MA

OBERMAIER, Klaus; München GR

OSTERMAYER, Regina; München GR

PANKOKE Dr., Werner (PR Fa. Hymmen GmbH); Bielefeld TU; MA

PFANDER, Stefan (PR Fa. Deutsche Wrigley GmbH) TU; MA

PFEIFER (PR Fa. Caterpillar/Zeppelin); Garching-München TU; MA

PFRETZSCHNER, Heinz † (priv. Oldtimer-Archiv); München TU; MA

RASMUSSEN Dr., Ove (priv. DKW/Slaby-Behringer-Archiv); Maintal TU; MA

REUSS, Hans-Jürgen (PR Fa. MTU); Friedrichshafen TU; MA; FO

REUTHER, Petra; München ÜB engl., frz.

RIESS (PR Fa. Pianohaus Lang; Steinway-Daimler); München TU; MA

RINSMA, Hans P. (Visser-Leeuwarden-Archiv); GD Blija/Niederlande TU; MA; FO

ROSELLEN; Hanns Peter (Buch "Deutsche Kleinwagen") MA

ROSENKRANZ, Karel (Direktor Techn. Museum Tatra A.S.); Koprivnice TU; MA; FO

ROTHENBERGER, Helga (PR Fa. Ferdinand Bethäuser GmbH); Nürnberg TU; MA

RUPPERT Dr. (Diavolino-Archiv); Schloßberg; TU

SCHERER Dr., E. (Fa. Züst & Bachmeier AG"); München TU; MA

SCHINMEYER, K. (Journal-Verlag Schwend, Remington); Schwäb. Hall TU; MA

SCHLAUTKÖTTER, Georg (priv. Dixi-Wartburg-Archiv); München TU; MA

SCHMID, Ernest (Buch "Schweizer Autos"); Lausanne MA

SCHMIDT, Uwe (PR Fa. John Deere); Mannheim TU; MA

SCHMIEDER, Heinz (priv. Framo/Barkas-Archiv); Frankenberg TU; MA

SCHRIEWER (PR Fa. Klöckner-Humboldt-Deutz); Köln TU; MA; FO

SEIDEL, Ute; München ÜB span.

SEKORA, Franz (Deutsches Patentamt-Pressestelle); München TU; MA

SICK van HEES, Hans (priv. Condor-Archiv); München TU; FO

SIEMENS, Ruprecht von (priv. Protos-Archiv); München TU; MA; FO

SMIDT, Hermann (priv. De Dion-Archiv); Gräfelfing TU; MA

SOCHATZKY (PR Fa. Adam Opel AG); Rüsselsheim TU; MA; FO

SZABÓ, Julius (priv. ung. Oldtimer-Archiv); Puslaszemes/Ungarn TU; MA

TANNENBERGER (PR Fa. Metzeler Kautschuk GmbH); München TU; MA

TEMONER, Luis; Poing b. München ÜB span.

THOMAS, Ralph P. (PR Fa. Du Pont de Nemours); Bad Homburg TU; MA; FO

TÜCHERER, Hans-Jürgen (allg. Kfz-PR-Archiv); Neu-Ulm TU; FO

TWEDDELL, Klaus (Archiv für engl. Fahrzeuge); Lippborg, Lippetal TU; FO; MA

VITZTHUM, Rolf (allg. Kfz.-Archiv); München TU; FO

VOSS Dipl.-Ing, Dietmar (PR Fa. Klöckner-Humboldt-Deutz); Köln MA; FO

WASKÖNIG, Peter (PR Fa. el.di.car); Saterland TU; MA

WEBER Dr., Klaus (priv. techn. Archiv); Grafing b. München TU

WEIFFENBACH, Rainer K. (Presse Club Motor & Tourist) TU; MA

WELTE, Rainer (PR Fa. Weidner Fahrzeugwerk); Schwäb. Hall TU; MA

WESSEL Dr. (Fa. Mannesmann-Archiv); Düsseldorf TU; MA; FO

WIDERA, Walter; München ÜB engl.

WIERSCH Dr., B. (PR Fa. Volkswagenwerk); Wolfsburg TU; MA, FO

ZANKL, Andreas (priv. Wyner-Archiv); Velburg-Ronsoiden TU; MA; FO

ZEICHNER, Walter (allg. Archiv – Autoprospekte); München TU; MA

ZIELINSKI; JEZEWSKI (Buchverlag); Warschau ÜB poln.